本书为国家社会科学基金重大委托项目"中华思想通史"（20@ZH026）项目成果

南开大学／中国社会科学院大学教材

王伟光 主编

（上册）

Introduction to the General History of Chinese Thought

中华思想通史绪论

中国社会科学出版社
南开大学出版社

图书在版编目(CIP)数据

中华思想通史绪论：全两册 / 王伟光主编 . —北京：中国社会科学出版社，2020.10

ISBN 978 – 7 – 5203 – 6893 – 3

Ⅰ.①中… Ⅱ.①王… Ⅲ.①思想史—中国 Ⅳ.①B2

中国版本图书馆 CIP 数据核字（2020）第 140970 号

出 版 人	赵剑英
责任编辑	王　茵　李凯凯
责任校对	赵雪姣
责任印制	王　超

出　　版	中国社会科学出版社
社　　址	北京鼓楼西大街甲 158 号
邮　　编	100720
网　　址	http://www.csspw.cn
发 行 部	010 – 84083685
门 市 部	010 – 84029450
经　　销	新华书店及其他书店

印刷装订	北京君升印刷有限公司
版　　次	2020 年 10 月第 1 版
印　　次	2020 年 10 月第 1 次印刷

开　　本	710×1000　1/16
印　　张	59.5
字　　数	747 千字
定　　价	298.00 元（全两册）

凡购买中国社会科学出版社图书，如有质量问题请与本社营销中心联系调换
电话：010 – 84083683
版权所有　侵权必究

总 目 录

上 册

前　言 …………………………………………………………… 1

导　论　编撰中华思想通史，构建中华思想史当代中国
　　　　马克思主义学派 ……………………………………… 1
第一章　编撰《中华思想通史》的任务和意义、指导思想
　　　　和基本原则 …………………………………………… 95
第二章　中华思想史的学科定位和学术特色 ………………… 226
第三章　中国社会形态演进历史与发展道路 ………………… 349

下 册

第四章　中华思想的形成、演变和发展 ……………………… 499
第五章　中华优秀传统思想"一以贯之"的精神基因 …… 688

主要参考文献 …………………………………………………… 920

目 录

（上 册）

前 言 ………………………………………………………… 1

导论 编撰中华思想通史，构建中华思想史当代中国马克思主义学派 ……………………………………… 1

一 中国特色社会主义新时代呼唤中华思想史的创新研究 …………………………………………… 1

二 站在时代高度，把握时代主题，梳理、提炼中华优秀思想一脉相承的脉络和精华 …………… 9

三 一以贯之地把历史唯物主义的立场、观点和方法贯穿到中华思想史编研的全过程 …………… 35

四 研究编撰中华思想史必须始终坚持的重要原则 …… 42

五 按照中国社会形态历史发展的真实顺序，科学划分中华思想的历史分期 ………………………… 56

六 重在提炼中华思想"一以贯之""一脉相承"的思想精要 ……………………………………………… 72

七 外来宗教必须走中国化的道路，宗教要与主流社会相适应是中华宗教思想的要义 …………… 82

八 用历史唯物主义态度科学认识道德，乃至思想的阶级性与继承性问题 ………………………… 86

第一章 编撰《中华思想通史》的任务和意义、指导思想和基本原则 ⋯⋯ 95

第一节 编撰《中华思想通史》的时代背景 ⋯⋯ 97
一 大的历史时代条件下的意识形态斗争必然是长期而复杂的 ⋯⋯ 98
二 新时代中国意识形态安全面临着新的问题和挑战 ⋯⋯ 105
三 建设具有强大凝聚力和引领力的社会主义意识形态 ⋯⋯ 112
四 建设社会主义文化强国需要研究和传承中华优秀思想 ⋯⋯ 118

第二节 编撰《中华思想通史》的任务 ⋯⋯ 123
一 集成中华思想的丰富资源 ⋯⋯ 123
二 辨析中华思想的精华和糟粕 ⋯⋯ 126
三 探寻中华思想的进程与规律 ⋯⋯ 130
四 弘扬中华思想的优良传统 ⋯⋯ 136
五 促进中华思想的当代创新 ⋯⋯ 137

第三节 编撰《中华思想通史》的意义 ⋯⋯ 140
一 厚植中华民族伟大复兴中国梦的理论滋养 ⋯⋯ 141
二 发掘远大理想和共同理想的思想基因 ⋯⋯ 143
三 凝聚中华民族发展进步的思想共识 ⋯⋯ 147
四 筑牢中华民族的价值观基础 ⋯⋯ 151
五 增强当代中国人民的思想自信 ⋯⋯ 153
六 丰富中国化马克思主义的思想要素 ⋯⋯ 156
七 扩大中华优秀思想的国际影响力 ⋯⋯ 157

第四节 编撰《中华思想通史》的指导思想 ⋯⋯ 160
一 站在唯物史观的人民立场上考察中华思想史 ⋯⋯ 161

二　运用唯物史观的基本原理和基本观点指导中华
　　　　思想史研究 ································ 162
　　三　运用唯物史观的基本方法进行中华思想史分析 ······ 171
第五节　编撰《中华思想通史》的基本原则 ············ 178
　　一　以社会史为基础研究思想史 ···················· 178
　　二　以主流意识形态为思想史发展线索 ·············· 185
　　三　注重挖掘和体现人民的思想史 ·················· 190
　　四　以开阔的国际视野观察思想史 ·················· 193
　　五　遵循历史与逻辑相统一的原则 ·················· 207
　　六　史料研究与理论阐释相结合 ···················· 216

第二章　中华思想史的学科定位和学术特色 ············ 226
第一节　中华思想史研究的对象、内容和范围 ··········· 227
　　一　什么是思想 ·································· 227
　　二　什么是思想史 ································ 236
　　三　思想史与其他各史的区别与联系 ················ 243
　　四　中国思想史与中华思想史 ······················ 252
　　五　中华思想史的内涵和外延 ······················ 256
　　六　中华思想史研究的主要对象 ···················· 265
第二节　从中国思想史到中华思想史的研究历程 ········· 266
　　一　中国传统的思想史记叙方式和著述方式 ·········· 267
　　二　近代以来中国思想史研究方式和叙述方式的
　　　　转型 ·· 274
第三节　研究编撰《中华思想通史》的学术任务 ········ 281
　　一　《中华思想通史》的学术要求 ·················· 282
　　二　《中华思想通史》的学术特点 ·················· 283
　　三　《中华思想通史》的学术目标 ·················· 295

第四节　中国思想史马克思主义学派的学术地位
　　　　和特色 ···················· 304
　　一　中国思想史马克思主义学派的形成 ········ 305
　　二　中国思想史马克思主义学派的学术进展 ······ 316
　　三　中国思想史马克思主义学派的学术特点与方法 ··· 329
第五节　构建中华思想史当代中国马克思主义学派 ······ 334
　　一　创建中华思想史当代中国马克思主义学派的
　　　　必要性 ···················· 335
　　二　中华思想史当代中国马克思主义学派的标志性
　　　　特征 ····················· 340
　　三　打造中华思想史当代中国马克思主义学派的
　　　　着力点 ···················· 347

第三章　中国社会形态演进历史与发展道路 ········ 349
第一节　中国原始社会与文明起源 ············· 353
　　一　关于"原始社会"的基本概念 ··········· 354
　　二　旧石器时期与母系社会 ·············· 355
　　三　新石器时期与父系社会 ·············· 358
　　四　第一次社会转型：私有制的产生与文明社会的
　　　　形成 ····················· 368
第二节　中国奴隶社会 ··················· 370
　　一　关于"奴隶社会"的基本概念 ··········· 371
　　二　奴隶社会的生产关系与阶级结构 ·········· 372
　　三　奴隶制国家的形成与发展 ············· 383
　　四　奴隶社会的政治制度与治理方式 ·········· 386
　　五　春秋战国时期社会形态的转型 ··········· 389
第三节　中国封建社会 ··················· 402

一 关于"封建社会"的基本概念 …………………… 403
二 封建社会的生产关系与经济结构 ………………… 405
三 封建社会的阶级关系和阶级斗争 ………………… 418
四 封建制度的成熟定型与阶段性发展 ……………… 419
五 封建社会的政治制度、治理方式和统治手段 …… 427

第四节 中国半殖民地半封建社会 …………………………… 433
一 关于"半殖民地半封建社会"的基本概念 ……… 433
二 封建经济逐步解体和资本主义经济的产生和
发展 …………………………………………………… 435
三 半殖民地半封建社会形成与阶段性发展 ………… 440
四 半殖民地半封建社会的政治结构与新阶级
的产生 ………………………………………………… 444
五 中国人民的反帝反封建斗争与新民主主义革命的
胜利 …………………………………………………… 447

第五节 中华人民共和国成立、社会主义制度确立和
社会主义初级阶段 …………………………………… 454
一 关于"共产主义社会""社会主义社会""新民主
主义社会"的基本概念 …………………………… 455
二 中华人民共和国成立和新民主主义社会向社会主义
初级阶段的过渡时期 ………………………………… 457
三 中国正处于社会主义初级阶段 …………………… 465
四 社会主义建设时期 ………………………………… 468
五 社会主义改革开放新时期 ………………………… 478
六 中国特色社会主义新时代 ………………………… 489

前　言

《中华思想通史绪论》（以下简称《绪论》）是整个《中华思想通史》项目的灵魂和总纲，是统一《中华思想通史》（以下简称《通史》）项目编研人员的认识、思路、写法的前提和基础。所谓"纲举目张"，对《通史》项目来说，完成了《绪论》，整个《通史》项目也就完成了一半任务。

一　关于《绪论》撰写的四个阶段

从 2015 年 1 月正式启动到 2020 年 2 月定稿，《绪论》撰写整整用了 5 年时间。

第一阶段为提纲拟定阶段，从 2015 年 1 月 9 日至 2015 年 12 月 20 日。2014 年 10 月 31 日召开《通史》项目正式启动大会，项目启动之初就已拟定《绪论》写作任务。2014 年 12 月 5 日第 6 次工作会议，方克立提出尽快启动《绪论》工作的建议。2015 年 1 月 9 日第 7 次工作会议决定正式启动《绪论》编撰。在 2015 年 5 月 28 日第 10 次工作会议上，就《绪论》为什么写、怎么写、写什么，根据王伟光初拟的《绪论》写作思路，编委会进行了深入讨论和统一思想。期间，就详尽提纲、写作思路、写作分工等多次召开会议、反复酝酿准备，最终由王伟光拟定详尽写作提纲。

第二阶段为撰写阶段，从 2015 年 12 月 2 日至 2018 年 8 月 1 日。2015 年 12 月 2 日第 13 次工作会议编委会确定了提纲，组建了写作班子，正式进入撰写阶段。王伟光担任主编。第一章说明编撰《通史》的时代背景、意义和目标，邓纯东、金民卿负责。第二章说明编撰《通史》的指导思想和基本原则，左玉河负责。第三章说明编撰《通史》的学科定位和学术特色，杨艳秋、凌文超负责。第四章说明中国社会形态的演变和中国发展道路，王启发、解扬、刘仓负责。第五章说明中华思想的形成、发展和演变，郑大华、李红岩、江向东负责。第六章说明中华思想的精华，余新华负责。期间，经多次完善提纲、撰改文稿，2016年12月形成第1稿。

2017年2月22日第22次工作会议开始，成稿一章讨论一章，修改并形成了《绪论》的第2稿。王伟光负责，余新华、李红岩、方军共同统改第2稿。导论由王伟光撰改。第一章由邓纯东、金民卿撰改，余新华修改，王伟光作了3次修改统稿。第二章由左玉河撰改，第一章、第二章合并成新的第一章，李红岩统稿，王伟光作了3次统改统稿。第三章由杨艳秋撰改，部分内容调整到新的第一章，其余构成新的第二章，由李红岩统稿，王伟光做了4次修改。第四章由王启发、解扬、刘仓撰改，调整为新的第三章，余新华、李红岩统稿，王伟光又作了3次修改统稿。第五章由郑大华、李红岩、江向东撰改，调整为第四章，方军、余新华、李红岩修改，王伟光作了3次修改统稿。经2018年3月24日第36次工作会议编委会审议，形成了提交于8月份统稿会的第3稿。

第三阶段为统稿阶段，从2018年8月1日至2019年7月13日。2018年8月1日至5日在中国社会科学院党校北戴河校区召开集体统稿会，作者和部分专家逐章逐节逐段逐句集体修改第3稿。会后，王伟光反复修改统稿，形成了第4稿。2019年4月25日第50次工作会议即第27次编写会议，讨论第4稿。会后各位作者对文稿作了修订,王伟光于 2019 年 6 月 7 日至 10 日集中统改,形成了提交编委会的第 5 稿。2019 年 7 月 12 日至 13 日,第 52 次工作会议编委会集体审定。各章作者又进行了修订,王伟光统稿,于 2019 年 9 月 15 日形成第 6 稿。王伟光于 2019 年 9 月 16 日统改导论、第一章、第二章、第三章、第四章,2019 年 11 月 21 日完成了第 7 稿。

第四阶段为定稿阶段,同时也是第五章成稿阶段,从 2019 年 11 月 22 日至 2020 年 2 月 10 日。2014 年 12 月 5 日第 6 次工作会议,编委会讨论《绪论》编写思路时,王伟光即要求安排一章回答中华思想"一以贯之"的中国精神到底是什么,明确提出一定要梳理、挖掘、概括出中华优秀传统思想"一以贯之""一脉相承"的思想精华。2015 年 5 月 28 日第 10 次工作会议明确专辟第六章,阐述中华优秀传统思想的精华。只有完成第六章,《绪论》才能完成。当时考虑从几千年的思想史进程中,从浩如烟海的典籍中,从海量丰富的思想资料中,探求出"一脉相承"的精神基因,有极大的难度。故《绪论》第六章暂时没有启动,请余新华考虑并注意收集资料。

2019 年 4 月 30 日第 50 次工作会议正式启动了《绪论》第六章写作。2019 年 1 月 4 日第 48 次工作会议责成郑大华同志尽快拟定 10 个条目的思想精华。2019 年 3 月 29 日第 49 次工作会议讨论,明确第一、二章合并,第六章改为第五章,确定了第五章的写作思路。王伟光负责,李红岩协助。2019 年 4 月 3 日第 51 次会议拟定了写作提纲,明确第五章再增写 4 个条目,共写 14 节。随后撰写第五章并形成第 1 稿。2019 年 8 月 21 日第 53 次会议,王伟光明确提出要把第五章写成《通史》项目的传世、上乘、精品之作,增加了一个条目,成 15 节,经作者努力形成第 2 稿。

2019 年 9 月 6 日至 2019 年 10 月 3 日,王伟光对第五章第 2

稿作了第一轮统改,又请各位作者补充了一些内容。2019年12月6日至2020年1月10日,王伟光又对第五章第3稿作了第二轮统改。2020年2月14日至2020年2月20日,王伟光对第五章第4稿作了第三轮统改。在三轮统改中,李红岩协助王伟光做了文字和组织协助工作。在第五章写作过程中,郑大华承担的工作量最大。撰写了第五章的10个条目的初稿。第五章最终定稿,《绪论》最终完成了。

第一节"自强不息"的奋斗精神,郑大华、李红岩撰写。第二节"厚德载物"的道德修养,郑大华、杨艳秋撰写。第三节"天下兴亡、匹夫有责"的爱国主义,郑大华撰写。第四节"苟日新、日日新、又日新"的创新精神,郑大华、左玉河撰写。第五节"小康""大同""天下为公"的社会理想,郑大华、夏春涛、张志强撰写。第六节"和而不同"的处世之道,杨艳秋撰写。第七节"民为邦本、强国富民"的民本思想,郑大华、左玉河撰写。第八节"法道自然、天人合一"的自然生态观,郑大华撰写。第九节"四海为家、天下为一"的"大一统"政治理念,郑大华撰写。第十节"德法相辅"的治国方略,王启发、刘仓撰写。第十一节"知行合一、躬行实践"的贵在实干观,郑大华撰写。第十二节"实事求是"的求真精神和思想方法,金民卿撰写。第十三节唯物主义和辩证法的哲学精华,王伟光、李红岩撰写。第十四节中华思想逻辑形式,李红岩撰写。第十五节在创造性转化和创新性发展中弘扬光大中华优秀传统思想,金民卿撰写。

二 关于《绪论·导论》的撰写

《绪论·导论》(以下简称《导论》)是《通史》的灵魂,《导论》又是《绪论》的灵魂。在《绪论》撰写之初,没有设计《导论》。《绪论》修改过程中,作者们逐步认识到,整个

《绪论》应该有一个《导论》，作为《绪论》的灵魂，把《绪论》所涉及的重大问题，在《导论》中阐述清楚，便于《绪论》作者统一思想，统一写法。

在2018年1月9日第33次工作会议，正式达成撰写《导论》的共识。王伟光亲自动笔撰写《导论》，从2018年1月17日春节前夕，即开始构思《导论》的思路和提纲，从春节假期到4月20日前后写了改、改了写，完成了《导论》第1稿，提交2018年4月20日第48次工作会议编委会讨论。根据编委会的意见，王伟光于2018年7月初修改完成了第2稿。根据暑期北戴河统稿会的意见，王伟光再修改形成第3稿。进一步经修改到2019年1月9日第48次工作会议形成了第4稿。王伟光2019年9月15日至2019年国庆节期间完成第5稿的修订统稿，提交了10月8日第45次工作会议讨论。再修改后于2019年11月定稿，即第6稿，形成现在的八个问题的《导论》格局。王伟光每一稿都修改不下10遍。2019年11月，王伟光以"构建中华思想史当代中国马克思主义学派——关于研究编撰中华思想通史的若干问题"为题在2019年第11期《中国社会科学》杂志上正式发表。《导论》成为《通史》项目统一思想的总纲。

《绪论》是每位作者勤奋劳动的成果。《绪论》编写组召开27次编写工作会，逐章逐句讨论修订。王伟光从头至尾逐字逐句修改全书7轮，每轮不下10遍。《绪论》是集体智慧的结晶，《绪论》提纲和正文是提交编委会广泛征求意见的成果。

编委会办公室主任余新华、副主任李红岩、周群参与了《绪论》组织工作，周群具体负责日常运转。办公室成员窦兆锐、刘宇、郭飞（此前朱昌荣、吴四伍、王亚红、张云华、李政君曾作为办公室成员）全程参与了《绪论》文字编辑和管理工作。

　　王伟光于 2020 年 4 月审阅了提交出版社的书稿，最后审阅了出版清样。

导论　编撰中华思想通史，构建中华思想史当代中国马克思主义学派

为探索中华民族绵延不绝的精神内因和思想动力，推出真正代表中国特色社会主义新时代哲学社会科学研究水平，深刻反映中国道路、中国精神和中国学术的标志性成果，中国社会科学院党组2014年10月决定启动大型科研项目——《中华思想通史》（以下简称《通史》）编撰工程。这是中国社科院重大学术创新工程，上溯远古，下迄当今，其目的就是通过研究编撰中华思想史，构建中华思想史当代中国马克思主义学派，全面揭示中华民族五千年的思想变迁发展历程，挖掘、总结、概括、弘扬中华优秀思想的精髓要义和核心基因，揭示中华民族一脉相承、一以贯之的优秀思想的源与流，展现支撑中华民族生生不息、奋发图强的思想源泉、精神动力和道德遵循，为中华民族的伟大复兴做出无愧于历史和时代的思想贡献。《通史》项目主要成果有：《中华思想通史》《中华思想通史绪论》《中华思想通史资料长编》《中国社会形态史纲》《构建中华思想史当代马克思主义学派》等。

一　中国特色社会主义新时代呼唤中华思想史的创新研究

以中共十八大召开为标志，中国特色社会主义进入新时代。

新时代呼唤中华思想史的创新研究。思想是对历史与实践的深刻把握、理论反映和精神传承。人类思想史与人类社会发展史相一致，人类思想史是人类发展史的精神记忆与思想精粹。认知当今现实，必须学习历史，学习历史理应学习思想史，研究历史必须研究思想史。"推古验今，所以不惑。先揆后度，所以应卒。"[①]不了解中国的历史特别是思想史，难以全面把握当代中国的社会状况，难以全面把握当代中华民族的初心、抱负和梦想，难以全面把握中国人民选择的发展道路和奋斗目标。

中国共产党历来高度重视中华优秀传统思想。毛泽东说："学习我们的历史遗产，用马克思主义的方法给以批判的总结，是我们学习的另一任务。我们这个民族有数千年的历史，有它的特点，有它的许多珍贵品。对于这些，我们还是小学生。今天的中国是历史的中国的一个发展；我们是马克思主义的历史主义者，我们不应当割断历史。从孔夫子到孙中山，我们应当给以总结，承继这一份珍贵的遗产。这对于指导当前的伟大的运动，是有重要的帮助的。"[②]

习近平接过历史重担，继承了毛泽东等中共历代领导人对中国历史及其优秀传统思想的科学态度，特别强调中国共产党人不是历史虚无主义者，不是文化虚无主义者，而是中华优秀传统思想文化的传承者和弘扬者，鲜明地表达了中国共产党对中华优秀传统思想文化的正确立场和基本原则。他指出："人类已经有了几千年的文明史，任何一个国家、一个民族都是在承先启后、继往开来中走到今天的。"[③] "当代中国是历史中国的延续和发展，

[①] 黄石公：《素书·求人之志章第三》。

[②] 毛泽东：《中国共产党在民族解放斗争中的地位》，《毛泽东选集》第2卷，人民出版社1991年版，第533—534页。

[③] 习近平：《在纪念孔子诞辰2565周年国际学术研讨会暨国际儒学联合会第五届会员大会开幕会上的讲话》，人民出版社2014年版，第7页。

当代中国思想文化也是中国传统思想文化的传承和升华，要认识今天的中国、今天的中国人，就要深入了解中国的文化血脉，准确把握滋养中国人的文化土壤。"① 中华优秀传统思想文化"体现着中华民族世世代代在生产生活中形成和传承的世界观、人生观、价值观、审美观等，其中最核心的内容已经成为中华民族最基本的文化基因"②。"在5000多年文明发展中孕育的中华优秀传统文化，在党和人民伟大斗争中孕育的革命文化和社会主义先进文化，积淀着中华民族最深沉的精神追求，代表着中华民族独特的精神标识。"③ "要加强对中华优秀传统文化的挖掘和阐发，使中华民族最基本的文化基因同当代中国文化相适应、同现代社会相协调，把跨越时空、超越国界、富有永恒魅力、具有当代价值的文化精神弘扬起来，激活其内在的强大生命力，让中华文化同各国人民创造的多彩文化一道，为人类提供正确精神指引。"④ 中华优秀传统思想积淀着中华民族最深沉的精神追求，是中华民族生生不息、发展壮大的丰厚滋养，也是中华民族的突出优势，是我们文化软实力的深厚基础。"只有坚持从历史走向未来，从延续民族文化血脉中开拓前进，我们才能做好今天的事业。"⑤ 在带领中国人民进行革命、建设、改革的长期历史实践中，中国共产党人始终注意汲取中华优秀传统思想中积极的养分。我们今天的思想是从几千年中华优秀传统思想发展过来的。要用社会主义意识形态战胜资本主义意识形态，就不能割断历史、丢弃中华

---

① 习近平：《在纪念孔子诞辰2565周年国际学术研讨会暨国际儒学联合会第五届会员大会开幕会上的讲话》，人民出版社2014年版，第12页。
② 同上。
③ 习近平：《在中国文联十大、中国作协九大开幕式上的讲话》，人民出版社2016年版，第4—5页。
④ 同上书，第15—16页。
⑤ 习近平：《在纪念孔子诞辰2565周年国际学术研讨会暨国际儒学联合会第五届会员大会开幕会上的讲话》，人民出版社2014年版，第14页。

优秀传统思想，而是必须发扬光大中华民族优秀传统思想。当然，我们不能隔断与世界优秀思想的联系，对世界优秀思想也要兼容并蓄。

习近平站在唯物主义历史观的高度，充分肯定了中华优秀传统思想的内在价值，为研究编纂中华思想史提供了理论指南。

第一，中华优秀传统思想是中华民族的不朽灵魂。

思想是一个国家、民族的灵魂。无论哪一个国家、民族，如果不珍惜自己的思想，丢掉了思想这个灵魂，这个国家和民族是立不住也发展不起来的。中华民族的优秀传统思想就是中华民族的"魂"。中华民族所创造的文明之所以历经五千多年而不衰，就是因为没有抛弃优秀传统思想，没有割断精神命脉，其"魂"一直延绵至今。中国优秀传统思想对中华文明的形成、维系和发展起着至关重要的作用，我们务必要珍视中华民族自强不息的"魂"。

习近平纵览历史，站在时代高度深情地说："博大精深的中华文化，为人类文明进步作出了不可磨灭的贡献。经过几千年的沧桑岁月，把我国56个民族、13亿多人紧紧凝聚在一起的，是我们共同经历的非凡奋斗，是我们共同创造的美好家园，是我们共同培育的民族精神，而贯穿其中的、最重要的是我们共同坚守的理想信念。"[①] 中华优秀传统思想强调人在社会中的位置与责任，注重自强不息、厚德载物、刚健有为的理想信念和道德追求，这是中华民族最根本的精神基因。中华优秀传统思想文化所倡导的大一统、讲仁爱、重民本、守诚信、崇正义、尚和合、求大同等理念，牢固积淀在中华民族的思维模式和行为方式中，深刻影响着一代又一代中华儿女。中华优秀传统思想是中华民族共

---

① 习近平：《在第十二届全国人民代表大会第一次会议上的讲话》，《人民日报》2013年3月18日第1版。

有的精神家园,是中华民族生命力、凝聚力、创造力的重要源泉和内在动力。

第二,中华优秀传统思想是中国社会发展进步的精神力量。

中华优秀传统思想对中华民族和中国社会的进步产生了深刻影响,记载了中华民族自古以来在建设家园的奋斗中开展的精神活动、进行的理性思维、创造的思想成果,反映了中华民族的精神追求,是中华民族生生不息、发展壮大的思想滋养。习近平深刻指出:"包括儒家思想在内的中国传统思想文化中的优秀成分,对中华文明形成并延续发展几千年而从未中断,对形成和维护中国团结统一的政治局面,对形成和巩固中国多民族和合一体的大家庭,对形成和丰富中华民族精神,对激励中华儿女维护民族独立、反抗外来侵略,对推动中国社会发展进步、促进中国社会利益和社会关系平衡,都发挥了十分重要的作用。"①

第三,中华优秀传统思想是中国共产党治国理政的智慧资源。

习近平高度重视中华优秀传统思想对于我们党治国理政的重要意义,提炼出了许多关于安邦济世、治国理政的优秀思想。比如,关于道法自然、天人合一的思想,关于天下为公、大同世界的思想,关于自强不息、厚德载物的思想,关于以民为本、安民富民乐民的思想,关于为政以德、政者正也的思想,关于脚踏实地、实事求是的思想,关于知行合一、经世致用、躬行实践的思想,关于清廉从政、勤勉奉公的思想,关于俭约自守、力戒奢华的思想,关于和而不同、和谐相处的思想,关于安不忘危、存不忘亡、治不忘乱、居安思危的思想,等等。他指出:"中国优秀

---

① 习近平:《在纪念孔子诞辰2565周年国际学术研讨会暨国际儒学联合会第五届会员大会开幕会上的讲话》,人民出版社2014年版,第5页。

传统文化的丰富哲学思想、人文精神、教化思想、道德理念等，可以为人们认识和改造世界提供有益启迪，可以为治国理政提供有益启示，也可以为道德建设提供有益启发。"[1] 这些重要思想为中国共产党长期执政、执好政，领导人民夺取中国特色社会主义伟大胜利提供了重要的思想借鉴。要解决今日中国和世界面临的许多难题，不仅需要运用中华民族和全人类今天创造和发展的思想智慧，而且需要运用中华民族和全人类历史上储存的思想智慧，使之造福中国、造福人类。

第四，中华优秀传统思想是涵养社会主义核心价值观的道德源泉。

中华传统思想博大精深，学习和掌握其中的各种优良精华，对树立正确的世界观、人生观、价值观大有益处。中华优秀传统思想素以道德教化为特色而闻名于世。习近平指出："古人说：'大学之道，在明明德，在亲民，在止于至善。'核心价值观，其实就是一种德，既是个人的德，也是一种大德，就是国家的德、社会的德。"[2] 他进而指出："国无德不兴，人无德不立。如果一个民族、一个国家没有共同的核心价值观，莫衷一是，行无依归，那这个民族、这个国家就无法前进。"[3] 中国是一个有着14亿人口、56个民族的大国，必须确立反映全国人民共同认可的价值观，使全体人民同心同德、团结奋进，其功在当代，利在千秋。习近平指出："中华文明绵延数千年，有其独特的价值体系"[4]，"植根在中国人内心，潜移默化影响着中国人的思想方式和行为方式。今天，我们提倡和弘扬社会主义核心价值观，必须

---

[1] 习近平：《在纪念孔子诞辰 2565 周年国际学术研讨会暨国际儒学联合会第五届会员大会开幕会上的讲话》，人民出版社 2014 年版，第 7 页。

[2] 习近平：《青年要自觉践行社会主义核心价值观——在北京大学师生座谈会上的讲话》，人民出版社 2014 年版，第 4 页。

[3] 同上。

[4] 同上书，第 7 页。

从中汲取丰富营养，否则就不会有生命力和影响力。"① 他如数家珍，列举了"民惟邦本""和而不同""天行健，君子以自强不息""大道之行也，天下为公""天下兴亡，匹夫有责""言必信，行必果""仁者爱人""与人为善""己所不欲，勿施于人""扶贫济困""爱国爱民"等思想理念。习近平提出党员干部要做到的"三严三实"（严以修身、严以用权、严以律己，谋事要实、创业要实、做人要实），也是从儒家几千年来倡导的"修身、齐家、治国、平天下""吾日三省吾身"等理念中提炼、改造而来。他认为："像这样的思想和理念，不论过去还是现在，都有其鲜明的民族特色，都有其永不褪色的时代价值。"② 我们提倡的社会主义核心价值观，富强、民主、文明、和谐，自由、平等、公正、法治，爱国、敬业、诚信、友善，"把涉及国家、社会、公民的价值要求融为一体，既体现了社会主义本质要求，继承了中华优秀传统文化，也吸收了世界文明有益成果，体现了时代精神"③。

第五，中华优秀传统思想是当代中国马克思主义的理论营养。

毛泽东在《唯心历史观的破产》一文中指出："从一八四〇年的鸦片战争到一九一九年的五四运动的前夜，共计七十多年中，中国人没有什么思想武器可以抗御帝国主义。旧的顽固的封建主义的思想武器打了败仗了，抵不住，宣告破产了。不得已，中国人被迫从帝国主义的老家即西方资产阶级革命时代的武器库中学来了进化论、天赋人权论和资产阶级共和国等项思想武器和政治方案，组织过政党，举行过革命，以为可以外御列强，内建

---

① 习近平：《青年要自觉践行社会主义核心价值观——在北京大学师生座谈会上的讲话》，人民出版社2014年版，第4页。
② 同上书，第7页。
③ 同上书，第5页。

民国。但是这些东西也和封建主义的思想武器一样，软弱得很，又是抵不住，败下阵来，宣告破产了。一九一七年的俄国革命唤醒了中国人，中国人学得了一样新的东西，这就是马克思列宁主义。"① "中国人民学会了的马克思列宁主义的新文化，即科学的宇宙观和社会革命论……第一仗打败了帝国主义的走狗北洋军阀，第二仗打败了帝国主义的又一名走狗蒋介石在二万五千里长征路上对于中国红军的拦阻，第三仗打败了日本帝国主义及其走狗汪精卫，第四仗最后地结束了美国和一切帝国主义在中国的统治及其走狗蒋介石等一切反动派的统治。马克思列宁主义来到中国之所以发生这样大的作用，是因为中国的社会条件有了这种需要，是因为同中国人民革命的实践发生了联系，是因为被中国人民所掌握了。任何思想，如果不和客观的实际的事物相联系，如果没有客观存在的需要，如果不为人民群众所掌握，即使是最好的东西，即使是马克思列宁主义，也是不起作用的。我们是反对历史唯心论的历史唯物论者。"② 马克思主义是解救中国、推动中国走向繁荣富强的中国特色社会主义道路的指导思想和理论基础。然而，马克思主义如果不与中国的实际相结合，不从中华优秀传统思想中汲取养分、汲取精华，就会变成形而上的空中楼阁，在中国的大地上发挥不了现实作用。中华优秀传统思想既是中国化马克思主义的"源"，同时也是中国化马克思主义的"流"。中华优秀传统思想是中国化马克思主义的理论养料，中国化马克思主义的血管里始终流淌着中华优秀传统思想的血液。譬如，毛泽东思想蕴含着丰富的中华优秀传统思想，实事求是思想路线就是马克思主义认识论的中国化表达。习近平新时代中国特色社会主义思想也吸取了丰富的中华优秀

---

① 《毛泽东选集》第4卷，人民出版社1991年版，第1513—1514页。
② 同上书，第1515页。

传统思想。

二 站在时代高度,把握时代主题,梳理、提炼中华优秀思想一脉相承的脉络和精华

回顾人类思想史,一切划时代的思想都在于它回应了当时时代最迫切的问题。正如马克思所说,"问题是时代的格言,是表现时代自己内心状态的最实际的呼声。"① 时代、时代问题、主流意识形态,这是研究思想史必须搞清楚的三个关键词。任何思想都是时代的产物,都是根据时代的需要,对重大时代问题的理论应答。每个时代都有每个时代占统治地位的思想,任何占统治地位的思想都是回答该时代问题的主流意识形态。研究一定历史条件下的思想成果,全面地阐释该思想成果的价值与意义,搞清楚它的精神实质,必须首先搞清楚该思想成果之所以能形成的时代条件,搞清楚它回答了什么样的时代问题,与之相对立的思想是什么,必须把该思想成果放在一定的时代背景下来认识。

第一,我们仍然处在马克思主义经典作家所判定的"历史时代",站在马克思主义时代观的高度认知中华思想史。

编撰中华思想通史,创建中华思想史当代中国马克思主义学派,从事这样一件学术创新的大事情,应当搞清楚当下处在一个什么样的时代,面临着什么样的时代问题;怎样站在时代的高度梳理、总结、概括中华思想史的脉络和精粹。

关于时代的判断,有各种各样的说法,分别体现着不同的内涵。比如,有的提出"人类社会经过了石器时代、铜器时代、铁器时代、机器时代、电子时代",现在"进入了信息时代"。还有的说,"人类历史经过了渔猎时代、农耕时代、工业时代,现在进入到后工业时代"。还有的说,"人类文明发展划分为原

---

① 《马克思恩格斯全集》第1卷,人民出版社1995年版,第203页。

始文明时代、农业文明时代、工业文明时代和知识文明时代",等等。这些说法是从某个学科角度,从某个视角出发对时代问题的概括,都有可取之处。但是从马克思主义观点来看,判断人类社会发展的大的历史时代,要以唯物史观来定义时代,来判断我们所处的时代。

时代概念具有广义和狭义之分。广义的时代概念是从历史观的角度对人类社会发展大的历史时代的判定。狭义的时代概念是从某个特定的角度对社会发展某个历史时期的判定。马克思主义唯物史观关于广义时代的概念,是从生产力所决定的生产关系出发,以社会经济形态为标准对大的历史时代的判定。要把唯物史观从社会形态出发判断的时代概念与从其他视角出发判断的时代概念区别开来。使用广义的时代概念,站在广义的时代观上来看,我们今天到底处在什么样的时代呢?回答这个问题,首先就要回答以什么标准判断时代;然后再用正确的标准判断时代,回答我们现在究竟处在什么时代。

恩格斯在《共产党宣言》1883年德文版序言中指出:"每一历史时代[①]的经济生产以及必然由此产生的社会结构,是该时代政治的精神的历史的基础;因此(从原始土地公有制解体以来)全部历史都是阶级斗争的历史,即社会发展各个阶段上被剥削阶级和剥削阶级之间、被统治阶级和统治阶级之间斗争的历史;而这个斗争现在已经达到这样一个阶段,即被剥削被压迫的阶级(无产阶级),如果不同时使整个社会永远摆脱剥削、压迫和阶级斗争,就不再能使自己从剥削它压迫它的那个阶级(资产阶级)下解放出来。"[②] 马克思、恩格斯在《共产党宣言》中明确指出:"我们的时代,资产阶级时代,却有一个特点:它使阶级

---

① 着重号为引用者所加。
② 《马克思恩格斯文集》第2卷,人民出版社2009年版,第9页。

对立简单化了。整个社会日益分裂为两大敌对阵营,分裂为两大相互直接对立的阶级:资产阶级和无产阶级。"① 他们进一步说明:"在过去的各个历史时代,我们几乎到处都可以看到社会完全划分为各个不同的等级,看到社会地位分成多种多样的层次。在古罗马,有贵族、骑士、平民、奴隶,在中世纪,有封建主、臣仆、行会师傅、帮工、农奴,而且几乎在每一个阶级内部又有一些特殊的阶层。"② 他们又说明:"从封建社会的灭亡中产生出来的现代资产阶级社会并没有消灭阶级对立,它只是用新的阶级、新的压迫条件、新的斗争形态代替了旧的。"③

根据以上马克思主义经典作家的论述,可以得出这样的结论:

一是唯物史观的"历史时代"概念,是指占统治地位的社会形态所历经的整个历史进程。

马克思主义经典作家明确提出了"历史时代"概念,就是唯物主义历史观所指的大的"历史时代"。唯物史观的"历史时代"概念是指占统治地位的社会形态所历经的整个历史进程,该历史时代的进程从该社会形态取代前一社会形态在人类社会占据统治地位起,历经兴盛、衰落,直到为下一社会形态所取代而不再占据统治地位止。当然,每一个历史时代可以划分为不同的发展阶段。在资本主义社会时代,已经历经了自由竞争资本主义阶段、垄断资本主义阶段,现在正处在现代垄断资本主义阶段。

二是必须以唯物史观为武器,把"经济的社会形态"作为历史时代根本判断标准。

唯物史观是判断历史时代的思想武器。运用唯物史观判断历史时代,就要看一看该历史时代的生产力是什么,生产关系是什

---

① 《马克思恩格斯文集》第 2 卷,人民出版社 2009 年版,第 32 页。
② 同上书,第 31—32 页。
③ 同上书,第 32 页。

么，经济基础是什么，上层建筑又是什么。也就是说，从生产力所决定的生产关系、经济基础，由这一基础所决定的"经济的社会形态"或称"社会经济形态"出发来判断历史时代。看一看占据统治地位的"经济的社会形态"的本质是什么，也就知道该历史时代是什么。

三是人类历史已先后历经原始社会、奴隶社会、封建社会、资本主义社会等时代，经过社会主义社会（包括当代中国社会主义初级阶段）过渡，将来逐步进入共产主义社会时代。

按照唯物史观关于社会形态演变一般规律理论，根据"经济的社会形态"的根本性质来划分历史时代，可以把历史时代划分为原始社会、奴隶社会、封建社会、资本主义社会等时代，经过无产阶级专政的社会主义过渡，将来进入消灭阶级剥削、压迫与阶级斗争的新时代，即进入共产主义社会时代。马克思在1859年《〈政治经济学批判〉序言》中更为明确地说道："大体说来，亚细亚的、古希腊罗马的、封建的和现代资产阶级的生产方式可以看作是经济的社会形态演进的几个时代。资产阶级的生产关系是社会生产过程的最后一个对抗形式，这里所说的对抗，不是指个人的对抗，而是指从个人的社会生活条件中生长出来的对抗；但是，在资产阶级社会的胎胞里发展的生产力，同时又创造着解决这种对抗的物质条件。因此，人类社会的史前时期就以这种社会形态而告终。"[①] 马克思这里讲的"亚细亚的"生产方式是指原始社会的生产方式，"古代的"生产方式是指奴隶社会的生产方式。唯物史观的社会形态演变一般规律理论告诉我们，人类社会经过原始社会、奴隶社会、封建社会、资本主义社会等时代，最终经过社会主义社会过渡而将进步到共产主义社会时代，这是人类社会发展的一般规律。社会形态演变的一般规律并

[①] 《马克思恩格斯文集》第2卷，人民出版社2009年版，第592页。

不排除人类历史发展某个阶段上的某个国家、某个民族、某个地区的演变特例，即某个国家、某个民族、某个地区可能发生突变式的发展。19世纪末20世纪初，当资本主义列强把世界瓜分完毕时，中国已经不可能经过完整的资本主义社会形态发展阶段，而沦为半殖民地半封建社会。中国共产党领导中国人民在半殖民地半封建社会基础上经过新民主主义革命和社会主义革命，建立了社会主义制度，走出了一条非资本主义的中国特色社会主义发展道路，实现了跨越式发展。这既是历史的偶然，又是历史的必然。

四是当今世界仍然处于马克思主义经典作家所判断的"历史时代"。

运用唯物史观的标准判断，我们现在究竟处在什么样的历史时代呢？马克思、恩格斯在《共产党宣言》中明确指出，我们的时代，即"资产阶级的时代"。从时代的根本性质和大的历史进程来看，目前仍然处于马克思主义经典作家所揭示的资本主义社会形态占统治地位的历史时代。马克思主义经典作家认为，人类社会的历史时代已经前进到资本主义社会代替封建社会而占据统治地位的历史发展进程。从全球范围来讲，现在仍然是资本主义社会形态占主导地位的历史时代，而这个时代又是经过社会主义社会过渡，逐步最终取代资本主义社会而进入共产主义社会的历史时代。在该时代无产阶级及广大被剥削阶级如果不通过推翻最后一个剥削社会，即通过消灭最后一个剥削阶级的社会革命，使整个社会永远摆脱阶级剥削、压迫和阶级斗争，就不能解放全人类，从而也就不可能最终使无产阶级自己解放自己，就不可能以一个新的社会形态取代资本主义社会形态。共产主义必然代替资本主义，需要经过一个漫长的历史过程。当然，在今天世界资本主义体系内已经产生了相当的社会主义因素，在全世界已经产生了若干社会主义国家。

五是在资本主义社会时代，在思想领域集中表现为无产阶级与资产阶级两种根本对立的意识形态斗争。

在资本主义社会时代，无产阶级与资产阶级的阶级矛盾和阶级斗争必然反映在思想领域，表现为社会主义和资本主义两种意识形态的斗争。马克思、恩格斯在《共产党宣言》中指出："至今所有一切社会的历史都是在阶级对立中演进的，而这种对立在各个不同的时代又是各不相同的。但是，不管这种对立具有什么样的形式，社会上的这一部分人对另一部分人的剥削却是过去一切世纪所共有的事实。所以，毫不奇怪，各个时代的社会意识，尽管形形色色、千差万别，总是在一定的共同的形态中演进的，也就是在那些只有随着阶级对立的彻底消逝才会完全消逝的意识形态中演进的。"① 自从原始共产主义社会解体以来的人类历史都是阶级斗争的历史。阶级社会的阶级对立与斗争决定了阶级社会不同性质的意识形态的对立与斗争。阶级社会的社会思想是该社会的阶级、阶级矛盾和阶级斗争的意识形态反映。在奴隶社会，代表奴隶主阶级利益的统治阶级思想与作为被统治阶级的奴隶阶级的思想之间存在不可调和的对立和斗争。封建社会贯穿着地主阶级思想与农民阶级思想的对立与斗争。中国历史上，通过农民起义所反映出来的农民阶级代表人物的主张与封建地主阶级代表人物的主张反映着阶级之间的分歧与斗争。资本主义社会贯穿着工人阶级与资产阶级的思想斗争。毛泽东鲜明地指出："无产阶级要按照自己的世界观改造世界，资产阶级也要按照自己的世界观改造世界。"② 两种世界观的斗争就是资本主义社会阶级之间的思想斗争。毛泽东断言，在我国社会主义现阶段，在意识形态领域"社会主义和资本主义之间谁胜谁负的问题还没有真

---

① 《马克思恩格斯全集》第4卷，人民出版社1958年版，第489页。
② 《毛泽东著作选读》下册，人民出版社1986年版，第785页。

正解决"①。可以说，社会主义和资本主义在意识形态领域谁胜谁负的问题，还需要一个相当长的时间才能解决。列宁在《卡尔·马克思》一文中明确教导我们："马克思主义提供了一条指导性的线索，使我们能在这种看来扑朔迷离、一团混乱的状态中发现规律性。这条线索就是阶级斗争的理论。"② 一定要学会运用阶级观点和阶级分析方法梳理中华民族历史上的思想史，梳理出中华民族历史上每一个大的历史时代占统治地位的主流意识形态和与该主流意识形态相对立的意识形态的思想斗争史。

六是资本主义社会时代最终必将为共产主义社会时代所替代。

习近平指出："事实一再告诉我们，马克思、恩格斯关于资本主义社会基本矛盾的分析没有过时，关于资本主义必然消亡、社会主义必然胜利的历史唯物主义观点也没有过时。这是社会历史发展不可逆转的总趋势，但道路是曲折的。资本主义最终消亡、社会主义最终胜利，必然是一个很长的历史过程。"③ 资本主义社会在创造巨大社会财富的同时，加大了贫富差距、两极分化、不可克服的矛盾，从而也创造了自己的掘墓人，一步一步走向自己的反面。在资本主义的整个发展进程中，其内在矛盾不断激化，经历了激化、缓和、再激化、再缓和……直至激化到再也不能缓和而导致最终灭亡。资本主义不可克服的基本矛盾的最现实的表现就是不可解脱的两极分化，且这种两极分化又不断得到强化。资本主义社会的两极分化表现为两个层次：一是资本主义国家本国内部的地区与地区、民族与民族、阶级与阶级、阶层与阶层之间的两极分化不断强化；二是世界范围内国家与国家、地

---

① 《毛泽东著作选读》下册，人民出版社 1986 年版，第 785 页。
② 《列宁全集》第 2 卷，人民出版社 2012 年版，第 39 页。
③ 习近平：《关于坚持和发展中国特色社会主义的几个问题》，《十八大以来重要文献选编》（上），中央文献出版社 2014 年版，第 117 页。

区与地区、民族与民族、阶级与阶级、阶层与阶层之间的两极分化也不断强化。两极分化的一极是高度垄断的资产阶级利益集团，垄断资本主义国家的国民也仅仅是享受到资本主义利益集团高额利润的一杯羹；另一极是整个工人阶级及广大劳动人民的贫困、落后；发展中的国家、地区和民族的贫困、落后。资本主义国家内部越来越两极分化，整个世界也越来越两极分化。当代资本主义国家内部的动荡，全球的动荡都跟两极分化有关系，两极分化的背后则是不可克服的资本主义基本矛盾。

从英国资产阶级革命到现在，上下几百年的历史过程，人类社会历经了封建社会在世界的解体，资本主义生产方式在全世界占统治地位，从繁荣、兴盛再到内在矛盾不断激化而至衰落。实际上，资本主义一产生，其内部就产生了反对资本主义的力量和因素：工人阶级和新的社会形态萌芽。在资本主义社会时代，始终贯穿着社会主义与资本主义、工人阶级与资产阶级两种命运、两种力量、两种前途的斗争，一直到工人阶级通过无产阶级革命和无产阶级专政消灭压迫、剥削和阶级斗争，最终迎来新的社会形态为止。

2008年爆发的金融危机再次说明了资本主义的内在矛盾是不可避免的、不可调和的、不可克服的。中国特色社会主义表现出新社会形态强劲的生命力，说明社会主义和共产主义最终是不可战胜的，是必然的历史发展趋势。尽管目前全球总体上还是资本主义强、社会主义弱，但是社会主义是新生事物，一定能够经过无产阶级革命和无产阶级专政，消灭人类历史最后一个阶级社会——资本主义社会，使人类进入一个没有剥削、压迫、阶级差别和阶级斗争的无阶级的新的社会形态。

第二，中国特色社会主义已经进入了一个新的发展时代，从中国特色社会主义新时代的视域出发研究中华思想史。

编撰中华思想史，创建中华思想史当代中国马克思主义学派，不仅要了解大的历史时代背景，还要了解今天中国处在一个什么历史方位上，只有从全世界大的历史时代和中国所处历史方位两个角度，才能真正吃透研究中华思想史的意义与价值，才能搞清楚中华思想史源自何方、流向何处，梳理出其发展逻辑与实质要义。

中国特色社会主义新时代所使用的"时代"概念，不是历史观上的广义的"历史时代"概念，而是从我们党和国家事业发展的角度提出来的中国特色的"时代"概念。这两种"时代"概念在唯物史观基础上既有区别，又是辩证统一的：从党和国家事业出发认定的时代隶属于广义的"历史时代"，广义的"历史时代"又是由狭义的具体的时代所组成。依据唯物史观所作出的广义的"历史时代"的结论是正确的；新时代特指中国特色社会主义已经站在一个新的历史起点上，进入一个新的历史阶段，处在一个新的历史方位上，这个重大政治判断也是正确的。只有站在大的历史时代背景下和我国新时代的特殊国情这一特定历史方位上进行观察和研究，才能科学确定中华思想史的学科定位和学术特色。

习近平指出："中国特色社会主义进入新时代，在中华人民共和国发展史上、中华民族发展史上具有重大意义，在世界社会主义发展史上、人类社会发展史上也具有重大意义。"[①] 研究中华思想史不仅要从大的"历史时代"背景下来考量，也要从大的"历史时代"条件下中国特色社会主义新时代的背景下来考量，要从国际和国内两个历史视角出发来认识中华思想发展史。只有站在马克思主义唯物史观关于"历史时代"的广阔视野中，站在中国特色社会主义进入新时代的特定角度上，将两种时代判

[①] 习近平：《决胜全面建成小康社会　夺取新时代中国特色社会主义伟大胜利——在中国共产党第十九次全国代表大会上的报告》，人民出版社2017年版，第12页。

断角度结合起来，才能真正理解中国特色社会主义进入新时代的伟大意义。也只有深刻理解新时代的伟大意义，才能牢牢把握中华思想的过去、现在和未来，才能充分认清源远流长的中华优秀传统思想的历史意义，才能深刻理解编撰中华思想通史的当下价值和深远影响。

一是中国特色社会主义进入新时代，开辟了中华民族伟大复兴的新格局，创造了继承与创新中华优秀传统思想的新境界，在中华人民共和国发展史和中华民族发展史及中华思想发展史上具有重大意义。

在中华人民共和国发展史上，我们现在已经踏上了建设社会主义现代化强国的新征程，在站起来、富起来的基础上，进一步解决强起来的时代主题，建设社会主义现代化强国。这说明中华人民共和国发展已经进入一个新的历史阶段，正致力于到21世纪中叶实现中华民族伟大复兴。这在中华民族发展史上是一件了不起的大事，在中华思想发展史上也是一件了不起的大事。

创造伟大物质文明的民族必将创造伟大的精神文明。中华民族是人类最伟大的民族之一，曾经创造了人类历史上最为辉煌的物质文明，也创造了最为恢宏的精神文明，创造了曾经长期走在世界前列的哲学、政治、经济、文化、科技、教育、军事、伦理、文学、艺术、宗教等思想观点。然而，在17世纪中叶资本主义工业革命后，中华民族却停滞了巨人的脚步，落后于时代。从1840年鸦片战争开始，中国逐步沦落为西方资本主义列强欺压剥削的半殖民地半封建社会。中华民族不仅从物质生产上落后于时代，在思想意识和精神面貌上也落后于时代。从那时起，中华民族有志之士为了中华民族的重振，努力挖掘中华优秀传统思想和吸收外国先进思想，并致力于两者的有机结合，不断为追求真理、选择解救中国的思想利器和复兴之路而进行着前赴后继、流血牺牲的努力奋斗。从鸦片战争到太平天国起义，从洋务运动到甲午战争，从戊戌变法到辛亥革命，中华民族先进分子依照他们所提出的一个又一个思想观点和救国方案，发动的一轮又一轮挽救中华民族危亡的大业，一次又一次地遭受失败。毛泽东一针见血地指出："帝国主义的侵略打破了中国人学西方的迷梦。很奇怪，为什么先生老是侵略学生呢？中国人向西方学得很不少，但是行不通，理想总是不能实现。多次奋斗，包括辛亥革命那样全国规模的运动，都失败了。"① 这些失败的根本原因就在于，没有先进思想的指导，没有先进思想武装起来的先进政党的领导，没有找到正确思想指导下的适合本国情况的发展道路。用使西方列强发展起来的资产阶级思想武器、用曾经辉煌显赫的中国传统思想武器无法根本改变中国人民的精神面貌和思想状况，也无法根本扭转中国积贫积弱的状况，也无法根本实现中华民族的振兴。

俄国十月革命的成功给中国人民带来了新的希望，带来了思想启蒙和解放的新机会。毛泽东指出："这时，也只是在这时，中国人从思想到生活，才出现了一个崭新的时期。中国人找到了马克思列宁主义这个放之四海而皆准的普遍真理，中国的面目就起了变化了。"② 在十月革命启发下，从失败的教训中，从比较借鉴中，中华民族先进分子深刻认识到，当人类历史进入到资本主义历史时代，资本主义列强绝不允许落后国家独立自主地选择资本主义的富民强国之路，落后国家只能成为资本主义列强的附庸。选择中国传统思想或资产阶级思想都无法作为解救中国的精神武器，只有选择引领世界潮流的先进思想——马克思主义，并把马克思主义与中国的实际国情和优秀传统思想相结合，走非资本主义的社会主义道路才是唯一的出路。中华民族先进分子坚定

---

① 《毛泽东选集》第4卷，人民出版社1991年版，第1470页。
② 同上。

地选择了马克思主义，选择了社会主义和共产主义，创建了中国工人阶级和中国人民的先锋队组织——中国共产党。从此，中华民族的思想意识和精神面貌发生了根本改变，这既是中华民族命运的根本转折点，又是中华思想发展的一个新的生长点。

以马克思主义为行动指南的中国共产党成立后，中华民族伟大复兴就有了成功的希望。一代又一代中国共产党人坚持马克思主义指导思想，并与中国实际相结合、与中华优秀传统思想相结合，高举社会主义和共产主义的旗帜，不断前进、不断探索、勇于变革、勇于创新，既开创了具有中国特色的新民主主义和社会主义革命道路、具有中国特色的社会主义发展道路，取得了革命、建设、改革的伟大成就，创造了一个又一个人间奇迹，使中华民族以崭新姿态屹立于世界的东方，又在创造人类物质文明的基础上创造了人类先进的精神文明，开辟了中国特色社会主义新时代和中华民族伟大复兴新格局，创造了中华思想伟大创新的新境界。

二是中国特色社会主义进入新时代，开启了世界社会主义运动复苏发展的新征程，形成了 21 世纪当代中国马克思主义的最新成果，在世界社会主义发展史、社会主义思想史和马克思主义及其中国化发展史上具有重大意义。

1848 年《共产党宣言》发表，科学社会主义问世，社会主义从空想变为科学，科学社会主义日益成为工人阶级夺取政权并建立社会主义制度的现实运动。在马克思主义指导下，列宁成功领导了十月革命，建立了世界上第一个社会主义国家，科学社会主义从理论变成了现实。在十月革命和社会主义苏联的带动下，世界社会主义运动在 20 世纪上半叶迎来一次高潮，民族解放和无产阶级革命运动风起云涌，一批社会主义国家纷纷建立。社会主义作为崭新的社会形态，脱胎于资本主义世界，登上世界历史舞台，成为历史的真正现实。科学社会主义思想作为人类的先进思想，一旦为时代所接受、为人民所掌握，便引领了时代思想潮流，从而开辟了人类思想发展史、世界科学社会主义思想发展史的新纪元。

社会主义作为新生事物，其发展并不是一帆风顺的。由于复杂的主客观原因，在西方资本主义势力的强大攻势及其"和平演变"下，苏联和东欧社会主义国家在社会主义实践中偏离了马克思主义的正确方向，离开了科学社会主义基本思想，最终导致20世纪后期发生了东欧剧变、苏联解体等一系列重大事件，世界社会主义遭受了严重挫折，进入低谷。

正是在这一大的历史背景下，自20世纪50年代以来，毛泽东带领全党、全国人民独立自主地探索适合中国国情的社会主义建设道路，坚持并发展毛泽东思想；邓小平带领全党和全国人民开创了改革开放和中国特色社会主义新时期，创立了中国特色社会主义理论体系；江泽民、胡锦涛带领全党和全国人民不断推进中国特色社会主义的伟大事业，丰富了中国特色社会主义理论体系；习近平带领全党全国人民进入中国特色社会主义新时代，创立了习近平新时代中国特色社会主义思想，使中国特色社会主义理论体系焕发出新的光辉，使马克思主义这一时代的思想精华与中华优秀传统思想相结合再放异彩，马克思主义中国化思想进入了新的时代，中华思想发展进入了新时代。

中国特色社会主义进入新时代，意味着科学社会主义在21世纪的中国焕发出强大生机活力。在习近平新时代中国特色社会主义思想指引下，中国共产党以强大的战略定力，牢牢坚持科学社会主义基本原则，坚定不移地走中国特色社会主义道路，经受住了社会主义低潮的考验，西方敌对势力搞"颜色革命"的考验，资本主义世界经济危机的考验，抵制了西方所鼓吹的"普世价值""宪政民主"等错误思潮，有力地打破了所谓的"共产主义失败论""历史终结论"，有力地回击了"社会主义低潮综合征",不断战胜腐朽落后的资产阶级意识形态,发展了先进文明的社会主义意识形态。

如果说20世纪是社会主义拯救了中国,那么在很大程度上可以说,21世纪则是中国发展了社会主义,向世界展示了社会主义的美好图景。正是中国在21世纪扛起了社会主义大旗,以新时代的伟大成就和伟大目标再次证明了科学社会主义的正确性和社会主义制度的优越性,为科学社会主义注入了新的原创性成果。正如十月革命在20世纪初开辟了人类历史和世界社会主义发展新纪元一样,中国特色社会主义在21世纪初揭开了世界社会主义运动始出低谷走向复苏发展的新局面,为人类思想文明创造了新的辉煌。

三是中国特色社会主义进入新时代,拓展了发展中国家通过非资本主义道路走向现代化的新途径,造就了人类文明发展新的模式和新的思想成果,在人类社会发展史及思想发展史上具有重大意义。

马克思通过对人类历史发展、特别是资本主义历史发展的科学研究,提出了著名的"世界历史"理论。他认为,世界进入资本主义历史时代,把世界连成一片,人类历史由此进入了"世界历史"时代,即资本主义社会时代。在"世界历史"时代,先进入资本主义而成为世界列强的国家,在第一次世界大战前就已经把世界瓜分完毕了,它们从自身资本利益出发,绝不允许落后国家再独立自主地走资本主义的强国之路,强迫后发国家变成自己的附庸,服从自己的利益,半殖民地半封建旧中国的悲惨遭遇就是铁证。

马克思晚年研究东方社会,研究非资本主义发展道路,提出落后国家可以不经过资本主义制度的"卡夫丁峡谷",走出一条非资本主义的发展道路,即落后国家可以不经过资本主义制度的苦难,而通过社会主义制度实现现代化,这就是著名的跨越

"卡夫丁峡谷"的设想。中国特色社会主义的成功发展使这个设想成为现实，为落后国家实现现代化和赶超世界先进国家提供了新希望新选择新方案新思想，人们进一步看到了经由社会主义而进入共产主义的历史必然曙光。俄国十月革命的例证，中国特色社会主义的例证，说明了马克思晚年关于非资本主义道路的设想要成为现实，需要满足一定的历史条件，在基本的具体客观条件已经具备时，主观条件就成为关键。

资本主义囿于其固有的本质，总是竭力阻止其他国家的独立发展，以利于自己转嫁危机和掠夺资源，它们不仅动用经济的、政治的、军事的力量来制约其他国家，而且动用意识形态机器，利用文化软实力向全世界兜售所谓的"普世价值""西方现代性"等观念，打造西方现代化模式唯一性的神话。纵观当今世界，许多国家已经深陷这种资本主义意识形态神话的陷阱难以自拔。"二战"以后在民族解放运动中争得独立的新兴国家，选择走资本主义道路的，罕见有成功的，要么发展不起来，要么即便获得了某种程度的发展，也摆脱不了西方资本主义大国的控制而难以获得完全的独立。一些国家为捍卫独立主权和利益，拒绝接受西方现代化模式，则往往因为西方资本主义发达国家的制裁或"颜色革命"而陷入混乱境地。如何开辟出一条新路，既实现快速发展又保持社会稳定，既对外开放吸收世界先进文明又保持自身的独立自主，既同发达资本主义国家在竞争中合作又不成为他们的附庸，既与外国先进思想文化融合发展又坚持自己的文化自信、思想自信，成为世界上发展中国家共同追索的重大问题。

中国特色社会主义成功地破解了这个难题。它把市场经济与社会主义制度、经济快速发展与保持社会稳定、对外开放与独立自主、世界先进思想与本国优秀传统思想有机地结合起来，开辟了一条在改革开放中实现社会主义现代化的新路，实现了从站起来、富起来到强起来的历史性跨越。中国特色社会主义的成功发展表明，中国作为一个曾经相对落后的半殖民地半封建国家，不经过资本主义制度的"折磨"，走出一条非资本主义的中国特色社会主义道路，一跃成为世界第二大经济体，极大地拓展了发展中国家通向现代化的途径，给世界上那些既希望加快发展又希望保持自身独立的国家和民族提供了新选择，为解决人类问题贡献了中国智慧、中国思想和中国方案。

第三，依据大的"历史时代"背景下中国特色社会主义新时代的历史定位，从物质生产方式所决定的思想与存在互动的变化中探索中华思想史。

有什么样的时代，就会产生什么样的时代主题，就会产生什么样的时代人物，解答历史提出的时代课题，产生代表时代前进方向的先进思想。唯物史观大的"历史时代"和在该时代大的历史框架中的中国特色社会主义新时代，为我们梳理、总结、概括中华思想发展史提供了宏大的时代背景和时代条件。

马克思主义哲学不仅认为社会存在决定社会思想，而且还认为，社会思想对社会存在具有相对独立性、具有积极或消极的能动作用，具有自身的发展规律与历史逻辑。遵循思想的相对独立性和能动作用的特点，遵循思想发展特有的规律，才能梳理好中华思想史的发展脉络，提炼出其内在精华。

正确思想不仅能动地反映世界，而且可以通过指导实践能动地改造世界。研究思想史不是被动地研究人类思想史上出现的人物、流派及其观点，而是要积极地从物质与精神、存在与思想的辩证关系运动过程中来研究、把握思想的地位与作用。既要看到思想是由存在决定的，又要看到思想积极的或消极的能动作用。仅仅从社会存在出发去说明思想，不是思想史研究的全部任务；完整地研究思想史，更重要的是看到思想对社会发展所起到的积极的或消极的能动作用，取其精华，有利于当代思想的积蓄发展，让思想发挥更加积极的社会历史作用。

毛泽东在《人的正确思想是从哪里来的?》一文中指出:"一个正确的认识,往往需要经过由物质到精神,由精神到物质,即由实践到认识,由认识到实践这样多次的反复,才能够完成。这就是马克思主义的认识论,就是辩证唯物论的认识论。"①这段话被概括为著名的"物质变精神,精神变物质"的"两变"思想。"两变"思想是马克思主义唯物论辩证法关于存在与思想关系的高度概括。一方面坚持了存在决定思想的唯物主义观点;另一方面也揭示了思想具有相对独立性并反作用于存在的辩证观点。要深刻理解辩证唯物论的"两变"思想,遵照"两变"思想来研究中华思想史。

所谓物质变精神,是指人们通过实践认识客观事物,产生感性认识并进而上升到理性认识,形成关于客观事物的感觉、知觉、表象以及理论、观点、主张等,从而以思想的形式认识把握客观事物。

所谓精神变物质,是指人们根据对于客观事物之本质和规律的认识,在思想指导下,制定路线、方针、政策、计划、方案、办法,将思想付诸行动,转化成改造客观世界的实践活动,从而改变、改造客观世界达到预想的目的,也就是说将精神的力量转化为物质的东西,变主观的东西为客观的东西。

物质变精神重要,精神变物质同样重要。毛泽东曾经以大理石为例,说明精神变物质的道理。大理石有许多种,有天然的大理石,有人造的大理石。为什么人能造大理石?是因为认识了大理石的化学构造,认识了大理石生成的化学过程,人就可以造出大理石,精神就可以变为石头。精神变物质的过程,不仅是精神反作用于物质、理论指导实践、形成物质成果的过程,而且也是检验认识正确与否的过程。当处在物质变精神的认识过程的第一

---

① 《毛泽东文集》第8卷,人民出版社1999年版,第321页。

阶段，这时候的精神、思想、理论、政策、计划、办法等是否正确地反映了客观外界的规律，还没有得到证明，还不能确定其是否正确。只有进到认识过程的第二个阶段，即由精神到物质、由思想到存在的阶段，把第一个阶段得到的认识放到社会实践中去，检验这些理论、政策、计划、办法等是否能得到预期的成功，才能对于人们的认识是否正确做出检验和判定。一般说来，成功了的就是正确的，失败了的就是错误的。人们的认识经过实践的检验，又会产生一个飞跃。这次飞跃，比起前一次飞跃来，意义更加伟大。因为只有这一次飞跃，才能证明认识的第一次飞跃，即从客观外界的反映过程中得到的思想、理论、政策、计划、办法等，究竟是正确的还是错误的，此外再无别的检验真理的办法。人们也只有经过由精神到物质的过程，才能最终达到认识的目的。因为人们认识世界的目的，只是为了改造世界，此外再无别的目的。承认精神变物质，同样也坚持了马克思主义唯物论、辩证法。

思想的能动作用是多方面的，主要表现在：能够反映外部世界，具有认识的作用；在反映的基础上，思想表现出预见的作用；在反映、预见的基础上，思想还起着确定目标和任务的作用。人们认识世界是为了改造世界，而要改造世界就要事先有改造的"蓝图"，确定"要做什么和不要做什么"。确定目标和任务，是任何一种有意识的行为所必须具备的条件。"蜜蜂建筑蜂房的本领使人间的许多建筑师感到惭愧。但是，最蹩脚的建筑师从一开始就比最灵巧的蜜蜂高明的地方，是他在用蜂蜡建筑蜂房以前，已经在自己的头脑中把它建成了。"[①] 在社会生活发展过程中，根据现实的条件和需要，人们必须确定不同发展阶段的目标和任务。为了实现共产主义这个最终目的，就要根据社会发展

---

① 《马克思恩格斯选集》第2卷，人民出版社2012年版，第169—170页。

的规律和主客观条件，确定不同发展阶段上的具体目标和任务。例如，在我国现阶段，就是要坚持和贯彻执行党在社会主义初级阶段的基本理论、基本路线、基本方略，实现把我国建设成为富强、民主、文明、和谐、美丽的社会主义现代化强国的宏伟目标。在反映、预见和确定目标的基础上，思想还起着指导方向、制定路线、设计计划、选择方案等作用，解决"怎么做和不怎么做"的问题。思想还通过理论观点、理想信念、情感理念、道德毅力等精神的力量驱动人们积极从事改造世界的实践。

思想的能动作用，一般来说具有两种不同的性质，一种是促进事物的发展，一种是阻碍事物的发展。只有符合客观实际的思想，才能正确地指导人们的行动，促进事物的发展。不符合客观实际的思想，归根到底要把人们的行动引向错误的道路，阻碍事物的发展。符合历史进步要求的思想对历史发展起着积极的推动作用；而违背历史发展进步要求的思想对历史发展起着消极的阻碍作用。要总结发扬那种从客观实际出发、符合客观规律、促进事物发展的思想的能动作用。要看到，中华民族每到危急时刻，总能转危为安，并繁荣发展到今天，如果中华民族没有特有的文化自信和思想自信，是不可能的。古罗马帝国、拜占庭帝国、奥斯曼帝国等很多民族曾强盛一时，但最终都衰落了，这与这些民族缺乏强大的、持久的文化自信、思想自信不无关系。

马克思指出："如果从观念上来考察，那么一定的意识形式的解体足以使整个时代覆灭。"[1] 思想的能动作用是巨大的、难以估量的。先进革命的意识形态的问世，可以催生一个崭新时代的诞生；落后保守的意识形态的崩溃，也可以加速一个垂死时代的灭亡。马克思主义作为具有强大凝聚力和引领力的共产主义意识形态，其诞生意味着资本主义时代必将为新的时代所替代。中

---

[1] 《马克思恩格斯文集》第8卷，人民出版社2009年版，第170页。

华思想发展进程中新旧意识形态的更迭，同样促进了中国历史新旧时代的变迁。思想史研究的一个重要目的，就是从思想史与社会史的互动进程中，从意识形态和社会历史兴衰变化的互动进程中，反观、预测、把握人类社会历史和人类思维历史发展的客观规律。

思想具有能动的反作用主要表现在以下几个方面，研究编撰思想史同样也要注意到这几个方面的特点：

一是思想与社会存在的发展变化存在不完全同步性。

一般来讲，社会存在与社会思想是同步的，但也不尽然。社会思想既可能落后于社会存在，也可能会超越社会存在。某一思想，当它赖以存在的物质条件根本改变之后，还可能存在一个相当长的时期，并对社会的发展起着一定的阻碍作用。与此相反，先进的思想却有一定的超前性，能够在一定程度上深刻反映社会存在的现实矛盾，科学地预见社会发展的未来趋向，于人们的社会实践起着指导和动员的作用。譬如，春秋战国时期，法家思想代表了新兴封建社会取代奴隶社会的进步要求，对当时中国社会发展起到了促进作用，具有一定的超前性，研究中华思想史就要承认法家思想的历史进步性。中国封建社会的儒家思想，对于封建社会制度起到了维系巩固的作用，但是到了封建社会晚期，又对社会进步产生了阻碍作用，具有一定的落后性。对于儒家思想，一定要用历史的眼光认识其两面性。要站在历史时代大背景条件下，从具体时代条件出发研究编撰中华思想史。

经济上先进的国家，其思想不一定是先进的；经济上落后的国家，其思想也不一定必然落后。譬如，18世纪法国在经济上落后于英国，但当时法国的唯物主义哲学却超过了英国；到19世纪，经济上落后、政治上分裂的德国，又以辩证法哲学超越了法国的机械论哲学，孕育了马克思主义哲学；19世纪末，经济落后的俄国是列宁主义的故乡；20世纪到21世纪，经济文化相对落后的中国极大地推进了马克思主义的时代化、大众化和中国化。之所以出现这些情况，是由于当时产生这些思想的国家其社会矛盾特别尖锐，导致它们成为社会变革的中心：18世纪末法国是欧洲革命的中心，19世纪中叶革命中心转移到德国，19世纪末革命中心又转移到俄国，到20世纪至21世纪中国又成为经济政治文化相对落后的东方国家社会主义革命、建设和改革开放的聚焦点。20世纪以来，一直到21世纪，中国共产党人把马克思主义推进到了新的发展阶段，创造了马克思主义与中国实践相结合的马克思主义中国化的新的理论成果，创建了毛泽东思想、邓小平理论、"三个代表"重要思想、科学发展观和习近平新时代中国特色社会主义思想，推进了21世纪马克思主义的承继创新发展。

二是思想的独立性是在由社会存在决定的前提下的相对独立性，是有条件的，归根到底是由社会的物质基础和条件决定的。

思想有其相对独立的内在逻辑，有其自身的发展规律。但先进的思想不可能凭空产生，只有在社会发展达到一定程度时，它才可能产生。譬如马克思主义，是在自由竞争资本主义历史条件下产生的工人阶级世界观和方法论的思想体系，如果没有资本主义的确立和资本主义内在矛盾的充分暴露，马克思主义不可能形成。但共产主义社会形态还没有诞生，马克思主义经典作家对未来社会的发展只能描绘出大概的蓝图，而不可能详尽预见具体的细节。在中华人民共和国成立以前，中国是经济文化相对落后的半殖民地半封建国家，在特定条件下之所以能够接受马克思主义，并产生与实际相结合的中国化马克思主义——毛泽东思想，也仍然是以经济发展达到一定的水平为前提的。如果当时我国的资本主义经济没有发展到一定的水平，没有在一定程度上成长起来的工人阶级，那么马克思主义为中国先进分子、为中国人民所接受也是不可能的。另一方面社会制度已经先进了，落后的思想也还会顽固地存在，但是它不可能在其物质基础消灭之后长久地存在。如果社会环境和条件发生了实质性变化，思想或迟或早也会发生相应的变化。

三是在阶级社会中，人们的思想在不同程度上带有阶级性。

经济上占统治地位的阶级，在思想上也必然占统治地位。在考量中国进入阶级社会的思想发展脉络时，一定要从阶级分析出发认识中国阶级社会的思想史人物及其流派、观点。在阶级社会中，任何思想都被打上阶级的烙印，不存在所谓超阶级、超历史、超时代的思想史人物及其流派、观点。

利益决定思想，而不是思想决定利益。在阶级社会中，不同的阶级由于所处的社会经济地位、所处的社会关系不同，由于阶级地位和阶级利益不同，决定了他们思想的不同以至根本对立。不同阶级的思想，实际上是不同阶级对自身的经济利益和社会经济关系的反映。即使在同一阶级、同一人群共同体当中，人们的思想也经常存在着一定的差异。这是因为，人们的思想在反映一定的客观对象时，与他所处的地位有关，同时又要受到他所处的社会环境的影响，是由当时的社会经济政治状况所决定的。对于同一个客观对象，人们的思想反映往往是不同的。观察中华思想史上的人物、流派及其观点，最重要的要看到它站在什么样的阶级立场上为哪个阶级说话，其背后是怎样的阶级利益使然。

四是思想在人类社会的发展中具有历史性，社会存在的变化发展决定思想的变化发展。

由于社会总是处于不断的变化和发展中，因此与之密切相联系的思想，也必然要相应地变化和发展。每一社会都有与其相应的思想。随着社会物质生活条件、人们的社会关系的变化，人们的思想也会发生或早或迟、或快或慢、或大或小的变化，从而表现出时代性、历史性特征。

社会生产在不断发展，整个社会也在不断进步。与此相适应，思想的内容和形式也在不断更新。在原始社会，生产力水平极其低下，没有私有制，生产资料和产品都归原始公社全体成员所有，人们共同生产，平均分配劳动产品，每个人都完全依赖于集体。在这种生活状况下，人们不可能产生私有观念，而只能有朴素的、原始的集体观念。在原始社会的一定时期，杀死没有劳动能力的老人和战争俘虏，自然被认为是合乎道德、正常的。因为当时劳动产品极其有限，没有劳动能力的老人和战争俘虏成了氏族和部落的巨大负担，如果不杀死他们，就会危及其他人甚至整个部落的生存。然而，如果今天依然这样做，那就是惨无人道的行为，指定受到道德舆论的谴责和法律的制裁。

随着原始公社的解体，原始的公有制被私有制所代替，社会分裂为阶级，朴素的、原始的集体观念也就被私有观念所代替，出现了剥削阶级和被剥削阶级的思想对立。同是私有制社会，在奴隶制、封建制和资本主义社会里，思想也很不相同。

伴随着生产力的发展，特别是工业的出现，世界进入资本主义历史时代，无产阶级作为独立的政治力量登上历史舞台，于是，产生了无产阶级的意识形态——共产主义。它是无产阶级的阶级思想，是无产阶级的生存状况、阶级地位和历史要求的反映，揭示了人类解放的一般条件和规律。它科学地反映了客观世界和历史发展的规律，是有史以来最先进的社会思想。随着社会主义革命的彻底胜利，私有制和剥削制度的彻底消灭，在公有制经济高度发展的基础上，经过长期的宣传和教育，共产主义将逐渐发展成为全人类共同的思想。

社会的变化带来思想的变化，思想的变化又会影响社会的变化。人类思想史实际上就是人类社会形态演变史的理论反映；思想是社会形态变革的先声，又是社会形态发展的精神动力。一般来说，人类社会的变革首先是经济上发生变化，生产力和生产关系发生变化；经济的变化引起政治的变化，引起社会结构的变化，在阶级社会主要是阶级结构，其后是文化、思想结构的变化。从反作用来看，思想变化往往是经济、政治、社会变革的先声，成为社会变革的精神力量。例如，明清时期的工商业发展已经冲击到封建土地制度和封建社会经济基础，阶级关系也发生了相应变化。如果没有外国资本主义势力的入侵，中国封建社会也会缓慢地进入资本主义社会。明清之际也相应地产生了一批进步的思想家，提出了进步的思想。外国资本主义的侵入使中国独立自主走资本主义发展道路受到梗阻，沦为半殖民地半封建社会，社会的转型使中国的社会矛盾空前激烈，形成了激烈的思想斗争，产生了强烈的图强图新图变思想。

思想是在一定历史条件下产生的，同时又受到一定时代的历史条件的制约。人们的思想是历史的、具体的，从来不存在什么抽象的、超历史的、超时代的、永恒不变的思想。思想变化的原因，归根到底要到历史时代的物质生产方式的变化中去寻找。时代的变迁，社会形态的更替，决定着观念的转变和新的思想的形成，研究编撰中华思想史一定要遵循这样一个逻辑。

五是为中华思想的发展理出一条清晰、明确的脉络和主线，挖掘出中华思想的精华。

结合大的历史时代和当今中国特色社会主义新时代的特征，实现中华优秀传统思想创造性转换、创新性发展，为实现"两个一百年"奋斗目标和中华民族伟大复兴的中国梦服务。这是中华思想史研究编撰的出发点和落脚点。

研究编撰《通史》：**一是无论从时间断限还是从思想脉络来看，都要贯通古今。**要将中华民族在漫长历史长河中形成的优秀思想挖掘总结、提炼集成起来，为中国共产党总结历史、开创未来提供丰富的思想资源，为世界文明和人类智识的提升做出属于中华民族的奉献。

二是既要挖掘传承中华优秀传统思想，又要融合会通外来先

进思想。要深入探寻中国历史上的思想宝藏，同时注意中华思想对优秀外来思想的吸收融合，从中国与世界、历史与现实的双重维度深入发掘中华优秀传统思想的精髓内核，探索中华民族绵延不绝的内在精神，为中华民族走向复兴不断注入精神力量。

三是明确马克思主义中国化理论成果，习近平新时代中国特色社会主义思想在中华思想史上的地位和作用。从中华文明历史变迁的角度，审视鸦片战争以来，尤其是中国共产党成立以来中华思想发展轨迹，从学理上筑牢马克思主义中国化理论成果、习近平新时代中国特色社会主义思想在中华思想史上的地位作用，弘扬几千年中华优秀传统思想和马克思主义相结合所形成的先进思想，即中国化马克思主义、习近平新时代中国特色社会主义思想。

英国哲学家罗素曾经说："中国至高无上的理论品质中的一些东西，现代世界极为需要。"① 经过多年努力和积累，思想史的研究已经渐渐抵近中华思想的核心，开始向中华优秀传统思想的内核发起考问与探索，希冀发掘出中华民族最深层的精神追求，提炼出中华优秀思想的精神标识。完成《通史》编撰工程既是当代中国发展的需要，也是中国人民对世界发展的贡献。这是一项艰巨的学术任务，必须拿出跨越古今的气魄、百炼成钢的毅力、玉汝于成的精神，在注重思想史连续性与广阔性的同时，充分注意中华优秀传统思想与世界先进思想的融合，中华传统优秀思想与马克思主义的结合，为当代中国化的马克思主义找到中华优秀传统思想的原始基因和发展动力，进而在服务国家和民族的进程中，在中华民族奉献于世界的进程中，凸显中华思想的时代价值和伟大意义。

如何对待中国历史上的优秀思想，近代以来有两种极端的观

---

① ［英］柏特兰·罗素：《中国问题》，秦悦译，学林出版社1996年版，第151页。

点：一种是把传统思想看作一团漆黑的文化虚无主义，一种是固守旧有传统思想糟粕的文化保守主义。习近平要求必须坚持辩证取舍、批判改造、推陈出新、古为今用的正确方针和科学态度。他指出："要加强对中华优秀传统文化的挖掘和阐发，努力实现中华传统美德的创造性转化、创新性发展，把跨越时空、超越国度、富有永恒魅力、具有当代价值的文化精神弘扬起来，把继承优秀传统文化又弘扬时代精神、立足本国又面向世界的当代中国文化创新成果传播出去。"① "要处理好继承和创造性发展的关系，重点做好创造性转化和创新性发展。"② "要善于把弘扬优秀传统文化和发展现实文化有机统一起来，紧密结合起来，在继承中发展，在发展中继承。"③ 必须运用马克思主义的立场观点方法，厘清哪些是应该吸取的精华，哪些是必须剔除的糟粕；同时立足新的实践，对中华优秀传统思想做出合乎逻辑的新阐释，为中华优秀传统思想注入新的时代内涵和现实价值。

要实现研究编撰《通史》的初衷，拿出经得起历史与时代检验的精品之作，就要经历恩格斯所说的痛苦的"脱毛"过程。"虑天下者，常图其所难。"④ 推进《通史》研究编撰，既是思想史研究者树论立说的重要机遇，更是主动回应时代关切，以自身所学贡献于中华文明不断繁盛的使命担当。要深刻把握新时代中国哲学社会科学的地位与任务，通古今之变化、发思想之先声，为深入贯彻落实习近平新时代中国特色社会主义思想，坚定文化自信、思想自信，更好地构筑中国精神、中国价值，凝聚中国力

---

① 习近平：《不断提高运用中国特色社会主义制度有效治理国家的能力》，《习近平谈治国理政》第1卷，外文出版社2018年版，第106页。
② 习近平：《培育和弘扬社会主义核心价值观》，《习近平谈治国理政》第1卷，外文出版社2018年版，第164页。
③ 习近平：《在纪念孔子诞辰2565周年国际学术研讨会暨国际儒学联合会第五届会员大会开幕会上的讲话》，人民出版社2014年版，第11页。
④ 方孝孺：《深虑论》。

量，作出中华思想史当代马克思主义学派应有的贡献。

伟大的时代催生伟大的精神产品。中国特色社会主义伟大实践不断激发理论创新、学术创造的活力，为思想史研究打开了世界性的宏阔视野，奠定了中华思想走向世界的理论与现实根基。思想是时代的精华，学派是思想的果实。研究编撰《通史》要适应时代需要，不断回应重大时代关切，不断提出有客观依据、经得起实践和历史检验的原创性思想和学术观点，推出具有时代思想高度、代表国家学术水准的思想史研究成果。在与国际学术平等对话的过程中，努力塑造和形成思想史研究的中国学派，为打造具有中国特色、中国风格、中国气派的哲学社会科学创新体系作出自己的贡献。

三 一以贯之地把历史唯物主义的立场、观点和方法贯穿到中华思想史编研的全过程

当前，中华民族正处于伟大复兴的历史节点上，处于夺取中国特色社会主义伟大胜利的关键时期。打造具有鲜明中国特色、中国风格、中国气派的中华思想史创新体系，必须坚持正确的政治方向和学术导向，这是中华思想史研究出成果、出人才、出影响力的根本保证。

马克思主义是当代中国理论学术的旗帜和灵魂。"坚持以马克思主义为指导，是当代中国哲学社会科学区别于其他哲学社会科学的根本标志，必须旗帜鲜明加以坚持。"[①] 在思想史研究领域，必须坚持马克思主义的指导地位，始终高扬唯物史观旗帜，以唯物史观为指导。

思想是行动的先导，理论是研究的指南。唯物史观是当代中国史学的旗帜和灵魂，也是中华思想史学科的本旨和指南。唯物

---

① 习近平：《在哲学社会科学工作座谈会上的讲话》，《人民日报》2016年5月19日第2版。

史观的创立是人类思想史上的一场伟大革命,赋予了人类正确认识社会及历史的唯一科学的世界观和方法论。它把唯心主义从社会历史领域中彻底地清除出去,从而彻底地解决了历史观乃至历史学领域唯心主义占统治地位的状况。如果没有马克思创立唯物史观,人们对社会生活及其历史的认识还会在黑暗中摸索。正如列宁所言:"过去在历史观和政治观方面占支配地位的那种混乱和随意性,被一种极其完整严密的科学理论所代替……它把伟大的认识工具给了人类。"① 运用唯物史观开展中华思想史研究,"若排云雾而顿见太清,若登泰山而所视廓如"②。背离了唯物史观,则似"以折锥探地而浅地,以屋漏窥天而小天"③。研究编撰《通史》,创建中华思想史当代中国马克思主义学派,离开唯物史观的指导,就会流于表面,变成一纸空言,甚至走向反面。

五四新文化运动最大的贡献,就是给中国知识分子带来了新的思想武器——马克思主义,有了这个思想武器才有了中国化的马克思主义,才能革封建社会的命、革帝国主义的命、革官僚资本主义的命,才能建立站起来、富起来又强起来的新中国,才有今天中国特色社会主义蓬勃发展。从思想史研究来看,正因为有了马克思主义的立场、观点和方法,有了唯物史观,研究中华传统思想才有了根基,才能分清楚哪些是真精华,哪些是真糟粕。中华人民共和国成立后,特别是改革开放以来,思想史研究领域异彩纷呈、硕果累累,但思想史研究在回应重大时代关切、形成具有鲜明中国特色的思想史马克思主义学派方面,离国家和人民的要求还有不小的距离;思想史研究领域的一些错误观点,特别是近年来以历史虚无主义、历史复古主义为代表的错误思潮,严重败坏正常的学术生态,造成人们的思想混乱,尤为值得警惕。

---

① 《列宁选集》第 2 卷,人民出版社 2012 年版,第 311 页。
② 《六祖坛经》,契嵩本。
③ 同上。

史学本身具有鲜明意识形态性，思想史研究更离不开意识形态视域。当前存在的历史虚无主义、历史复古主义，其错误倾向集中体现为"三化"：一是把马克思主义、唯物史观"边缘化"，把马克思主义唯物史观的指导地位和作用"虚位化"；二是主张离开中国共产党的领导、离开正确政治方向的所谓"纯学术"化，误入学术研究"去政治化"的治学歧途；三是否定哲学社会科学具有鲜明的意识形态性，主张学术研究"去意识形态化"。这"三化"集中表现为"告别革命"。所谓"告别革命"，不仅要告别中国共产党领导的新民主主义革命和社会主义革命，历史上一切推进社会进步的革命都要告别。这实际上是一种逆历史进步趋势而动的历史唯心主义，是否定唯物史观指导的错误历史观。这股错误思潮，最终是要否定中国共产党的领导，否定社会主义制度。这股错误思潮也侵入了思想史研究领域，造成了某些不良的研究倾向，如离开具体时代条件、社会形态和经济基础，离开社会形态一般发展规律，离开有文字记载以来人类历史都是阶级斗争历史的史实，离开阶级和阶级斗争这条主线，离开统治阶级占统治地位的主流意识形态，来研究思想史，把思想史碎片化，把思想史编排成为一个个毫无任何历史联系的、毫无阶级关系的单个思想史人物及其观点的罗列堆砌。

魏征在《谏太宗十思疏》中说道，"求木之长者，必固其根本；欲流之远者，必浚其泉源"。五四运动以来，一批中国先进知识分子选择以马克思主义作为哲学社会科学研究的理论指南和方法论基础，这是由中国历史条件所决定的中国哲学社会科学的正确选择。当时中国先进分子所面临的首要问题是正确认识中国社会，找到解救中国的药方，这就必须掌握改造中国社会的先进思想武器，唯物史观理所当然地成为中国先进分子所最先接受的思想武器。在史学研究领域，一批史学家自觉接受唯物史观，开始运用唯物史观指导史学研究，试图运用唯物史观的立场、观点、方法梳理中国思想史的学术脉络，涌现了一批重要学者，取得了显著成果，留存下一批经典著作。李大钊等人处于中国思想史马克思主义学派的开创阶段，主要成就是提出必须要运用马克思主义唯物史观来分析研究中国思想史，坚持了不同于其他学派的、具有鲜明马克思主义唯物史观特色的思想史研究基本立场；到了郭沫若等人的中国思想史马克思主义学派的确立阶段，运用唯物史观对中国思想史的基本线索进行了梳理，奠定了马克思主义学派基础；再到侯外庐等人的中国思想史马克思主义学派的推进阶段，运用唯物史观，坚持思想史与社会史相结合，对中国思想史进行了系统的研究，形成了鲜明的马克思主义学派；至改革开放新时期，步入中国思想史马克思主义学派的创新阶段。尽管受当时的历史条件和环境限制，以往的马克思主义学派有这样或那样的局限，但中国思想史马克思主义学派的基本学科体系已经确立。现在，历史已经把中华思想史的创新任务赋予我们这一代学人。

马克思主义哲学既是认识问题的世界观，又是解决问题的方法论。将马克思主义哲学世界观运用到对世界的思考认识上，为思想方法，运用在解决实际问题上，为工作方法。马克思主义的思想方法和工作方法是马克思主义世界观和方法论在实际工作中的具体运用，也是在科学研究工作中的实际运用。毛泽东说："马克思主义有几门学问：马克思主义的哲学，马克思主义的经济学，马克思主义的社会主义——阶级斗争学说，但基础的东西是马克思主义哲学。这个东西没有学通，我们就没有共同的语言，没有共同的方法，扯了许多皮，还扯不清楚。有了辩证唯物论的思想，就省得许多事，也少犯许多错误。"[①] 把马克思主义思想方法和工作方法运用于中华思想史研究，就有了锐利的思想

---

① 《毛泽东文集》第 6 卷，人民出版社 1999 年版，第 396 页。

武器和共同的语言，就能统一思想、统一认识、统一方法。只有掌握马克思主义思想方法和工作方法，建立共同的语境，才能确保《通史》的政治方向和研编质量。研究编撰《通史》的过程就是运用马克思主义的思想方法和工作方法展开对中华思想史上的人物、流派及其论点的研究分析，从而得出科学、正确结论的过程。在中华思想史研究领域，坚持马克思主义思想方法和工作方法，说到底就是坚持唯物史观的思想方法和工作方法，也就是坚持唯物史观的立场、观点和方法。

第一，必须坚持唯物史观的基本立场。

立场问题，说到底就是为什么人的问题。从根本上讲，一定要站在人民的立场上，而不是站在少数人的立场上研究思想史。站在人民的立场上，就能够看清历史上的思想家是站在什么人的立场上说话、著述的，就能辨清思想史上的是非曲直、先进落后。百余年前，梁启超批评旧史学"知有朝廷而不知有国家""知有个人而不知有群体"[1]。悉览近百年思想史研究成果，许多都没有摆脱以精英人物为主的窠臼，也没有摆脱历史唯心主义的局限，有意或无意地过分夸大思想家的个人作用，忽视人民群众的地位。开展中华思想史研究、构建中华思想史当代中国马克思主义学派必须彻底扭转这种趋势，客观、全面、辩证地分析各个时代的思想，将研究主体放在人民群众身上、将研究重点放在真正代表人民大众的进步思想上，撰写出一部真正属于人民的思想史，书写一部无愧于时代、人民，经得起历史检验的精品力作。

第二，必须坚持唯物史观的基本观点。

唯物史观是由一系列基本原理、基本观点构成的科学体系，生产的观点、阶级的观点和群众的观点是唯物史观最基本的观点。用这些基本观点分析中华思想史，就会搞清楚中华思想史上

---

[1] 梁启超：《变法通议》。

的各个流派、各种观点是从哪来的，为什么人说话，说什么样的话，起什么样的作用。唯物史观认为：物质经济根源是思想的根本原因，生产力是历史发展的根本动力。强调物质经济的最终原因，强调生产力的决定作用，并非主张片面的僵死的经济决定论和庸俗唯生产力论，而是在客观地看待经济和生产力因素的决定、基础作用的同时，看到生产关系对于生产力、上层建筑对于经济基础的相对独立性和反作用力，辩证地把握物质与精神、存在与思维、实践与认识和经济基础与上层建筑的相互作用，把握各种因素的交互作用，认识隐藏于偶然性背后的历史必然性，认识社会历史发展的客观规律，认识思想于历史发展的积极或消极作用，从而科学地说明中华优秀传统思想的产生、发展及于中华民族历史进步的作用。

唯物史观认为，"（从原始土地公有制解体以来）全部历史都是阶级斗争的历史"[①]。正是生产工具的发展、生产力的发展，导致了生产关系、经济关系的变化，导致了阶级的产生和阶级关系的演变，导致了政治的和思想的上层建筑的发展和变化。理解一定时代的阶级和阶级关系，成为理解那个时代的要枢。如果不认可奴隶社会以来的社会都是阶级斗争的历史，不认可阶级观点和阶级分析方法，不认可阶级斗争必然导致无产阶级专政，那就阉割了唯物史观的核心要义，唯物史观就变成唯心史观。必须坚持按照阶级分析的方法进行思想史研究与编撰。统治阶级的思想是什么、被统治阶级的思想又是什么，对于唯物主义、唯心主义，形而上学、辩证法，儒、道、墨、法、经、释、玄、理、心、实等学说都要站在阶级分析的高度来认识、来分清楚。譬如，中国封建社会贯穿了地主阶级和农民阶级的思想斗争，存在地主阶级内部改革派和保守派之间的思想斗争，研究中国封建社

---

① 《马克思恩格斯选集》第1卷，人民出版社1995年版，第252页。

会的思想史，就要做这样的阶级分析。

唯物史观认为，推动历史进步的真正动力是人民群众，强调人民群众是历史的真正主人和根本力量，并不是否认个人和英雄人物的历史作用，而是站在更加宏大的基础上，辩证地把握人民群众与少数历史人物的关系，看到整体社会发展的真正主人。在思想史研究中，要坚持人民创造历史的理念，同时也要注重思想家、理论家、学问家的作用。诚如恩格斯所说："如果要去探究那些隐藏在——自觉地或不自觉地，而且往往是不自觉地——历史人物的动机背后并且构成历史的真正的最后动力的动力，那么问题涉及的，与其说是个别人物，即使是非常杰出的人物的动机，不如说是使广大群众、使整个整个的民族，并且在每一民族中间又是使整个整个阶级行动起来的动机；而且也不是短暂的爆发和转瞬即逝的火光，而是持久的、引起重大历史变迁的行动。"[1] 总体上说，唯物史观揭示了生产力与生产关系、经济基础与上层建筑这一社会基本矛盾的运动规律，揭示了历史真正动因与历史活动主体（个人、阶级、人民群众）的辩证关系，揭示了人民群众与个别历史人物的辩证关系，为把握人类思想运动的轨迹和逻辑提供了有效的认识视野，为研究编撰《通史》开启了科学之门。

第三，必须坚持唯物史观的基本方法。

唯物史观既是科学认识社会历史现象的世界观，又是正确分析社会历史问题的方法论。经济分析、阶级分析、利益分析是唯物史观的基本分析方法。用这个基本方法分析中华思想史，就能够分清不同思想的所属阵营，精华是什么，糟粕又是什么。一切社会历史问题，包括社会意识问题，都是由经济根源引发的，一定要从经济入手才能认清为什么会产生各种思想，才能分清哪家

---

[1] 《马克思恩格斯文集》第 4 卷，人民出版社 2009 年版，第 304 页。

思想是为哪家经济、政治需求服务发声的。在阶级社会，一切思想无不打上阶级的烙印，认识研究阶级社会的思想，必须坚持阶级分析。阶级社会的经济利益关系表现为阶级利益关系，进行阶级分析就要分析思想背后的阶级利益需求。一切阶级的意识形态都是由阶级利益决定的，受阶级利益所支配，坚持阶级分析必须进行利益分析。只有这样，才能把唯物史观分析方法彻底贯彻到中华思想史的研究中，把中华思想发展的线索厘清、弄透、搞明白。

四　研究编撰中华思想史必须始终坚持的重要原则

以唯物史观为指导，就必须学会运用唯物史观立场、观点、方法，即马克思主义思想方法和工作方法，作为思想史的根本认识方法和研究方法，以指导中华思想史的研究和编撰。

第一，坚持从社会存在出发的原则，实现思想史与社会史相结合。

马克思、恩格斯指出："不是人们的意识决定人们的存在，相反，是人们的社会存在决定人们的意识。"[1] "意识［das BewuBtsein］在任何时候都只能是被意识到了的存在［das bewuBtsein］，而人们的存在就是他们的现实生活过程。"[2] 从社会存在看思想，从社会史看思想史，就可以看出，有什么样的社会存在，就有什么样的思想，有什么样的社会发展史就有什么样的思想史。思想史上的一切范畴、概念、观点都是当时社会关系的理论反映，是人们为了反映这种社会关系而制造出来的范畴、概念和观点。按照马克思的说法，是移入人脑的观念化的外部事物的反映。从社会存在看思想，从社会发展史看思想史，这是研究

---

[1] 《马克思恩格斯选集》第2卷，人民出版社2012年版，第2页。
[2] 《马克思恩格斯选集》第1卷，人民出版社2012年版，第152页。

思想史必须遵循的一个重要原则。任何一个社会占统治地位的思想都是由该社会时代条件所决定的。原始社会占统治地位的思想是由原始社会条件所决定的，奴隶社会、封建社会都是如此。资本主义社会条件决定资本主义社会占统治地位的思想，社会主义社会条件决定一定要建立强大的、占统治地位的社会主义意识形态。

恩格斯指出："历史从哪里开始，思想进程也应当从哪里开始。"[①] 思想是存在的反映，人类思想的历史轨迹是人类社会历史轨迹的再现，社会发展的规律和思想发展的规律大体上是相吻合的。思想史上的每一个重要概念和范畴，都有当时历史时代条件的特定内涵。人类思想是由社会存在决定的，但又具有相对独立性、具有反作用力，表现为超前性或滞后性、被动性或主动性。要通过社会存在找到思想是怎样产生的，反映什么，又要看到思想对社会产生怎样的作用、怎样发挥作用，看看哪些思想是先进的、有益于社会进步，哪些是落后的、阻碍社会发展。探索原始社会人们思想的萌发，要注意到公有制这一原始社会的经济基础。正是在原始社会公有制这一经济关系中，人们从事社会实践活动，集体劳动、集体生活、集体分配，这是观察原始社会思想起源的出发点，人们的集体劳动实践催生了原始社会人们的公有观念和集体观念。在与自然的斗争中，在生产劳动实践中，在人与人的交往中，产生了原始的思想萌芽，并影响了人们各方面的认识。以原始人的意识为例，人类对火、水、土、生命、血族、部落等的认知，产生了原始思想的萌芽，如图腾崇拜、神话、巫术的缘起等，既有唯物的猜测，也有唯心的成分；既有先进的内容，也有落后的因素。图腾崇拜反映了人类对自身起源的探索，是在追问人是从哪来的，猜测某个氏族、部落的人是由某

---

① 《马克思恩格斯选集》第 2 卷，人民出版社 2012 年版，第 14 页。

种动物变来的，与人是从类人猿进化来的科学判断不无联系。研究思想史的范畴概念，必须注意当时的社会历史条件。以"天下为公"为例，奴隶社会奴隶主讲的"公""公田"，与"普天之下，莫非王土"含义相通，是奴隶主阶级的公有观；封建社会帝王讲的"公""朕即国家"，实质是封建统治阶级的公有观；孙中山讲的"公""天下为公"，代表了中国民族资产阶级替代封建社会的意愿，是民族资产阶级的公有观。在不同的社会历史条件、背景下，"公"的内涵是不一样的。当然，不同社会的"公"又都具有普遍性，不同时代先进的中国人身上具有先公后私、公而忘私的品质，是值得继承提倡的。

社会形态发展史是人类社会史的基础。唯物史观提出了"经济的社会形态"概念，建构了社会形态演变一般规律的理论。从社会存在出发看思想，就要坚持运用马克思主义关于社会形态的分期理论，科学划分思想史的分期。社会历史分期与思想史分期大体是一致的。

一定要坚持从社会形态的马克思主义分期的视域出发考察人类思想史，同时考量每个历史时代中华思想史的主流意识形态及其对立面的意识形态，即占统治地位的统治阶级的思想及其对立面的思想。这是马克思主义史学学派必须坚持的研究原则，是同其他史学流派的基本区别。从不同类型社会形态的条件、状况和性质出发，揭示出思想产生的时代本质和历史特征，探求思想演变与社会变迁之间的内在关系，考问思想是怎样反映社会存在的，对社会发展又起到了怎样的作用。

人的本质是社会关系的总和。研究社会史就要研究人与人的社会关系史。研究思想，研究思想史，就要研究思想关系史。人类思想不是一个一个孤立的、毫无联系的单个人的思想，而是互相联系的人的社会的思想。研究思想不是单纯就思想而研究思想，而是要研究思想关系，研究思想不是单独研究哪个人物、哪个流派、哪个观点,而是要从社会关系看思想关系,要研究人物间的、流派间的、观点间的由社会关系所决定的思想关系。思想关系不是从思想上寻找,而是从社会关系中寻找,从物质关系中寻找。

人的思想是从哪里来的呢?是社会存在决定的,从社会实践来的,社会存在决定人的思想要经过一个复杂的社会实践过程。毛泽东在《人的正确思想是从哪里来的?》这篇文章中指出:"人的正确思想,只能从社会实践中来,只能从社会的生产斗争、阶级斗争和科学实验这三项实践中来。"[①] 人的思想来自社会实践,这就是马克思主义的认识论。中华优秀传统思想是中华民族在长期的生产、生活和阶级斗争实践中形成的。人的社会思想是人的社会物质生产、生活过程及其条件的反映。一个人具有什么样的社会思想,主要由其生活的社会环境条件所决定,既与他所处的社会地位、受到的社会教育和社会关系等密切相关,更与他的社会实践密不可分。研究中华思想史的人物、流派以及其观点,一定要放在特定的历史条件、历史环境、历史背景下考量,从他们所处的社会关系、阶级地位来考量,从他们所从事的广泛的社会实践中来挖掘,看一看他们背后的利益驱动,才能搞清他们所持思想的真实意图。

当然,人们的思想并不是社会存在的被动反映,人的思想对社会发展起着能动的反作用。社会史决定思想史,思想史反映社会史,同时思想史也体现了思想对社会能动的反作用。思想史研究的一项重要任务就是要揭示思想与社会存在的互动关系和互动作用,对思想史与社会史的互动过程作出符合历史事实和历史规律的描述和解释。

侯外庐的《中国思想通史》将思想史与社会史研究相结合,

[①] 《毛泽东文集》第8卷,人民出版社1999年版,第320页。

坚持社会形态的马克思主义分期，并试图从这一分期出发揭示中国思想史的发展规律，影响很大，推崇者众。要以侯外庐的中国思想史研究为榜样，坚持思想史与社会史研究相结合，写出一部融通多样、包罗广泛而又深刻揭示中华思想源流的中华思想通史。

第二，坚持从人民的立场出发的原则，书写人民思想史。

人民是历史的真正主人、历史的真正主体、历史的真正创造者，人民既创造了物质财富，又创造了精神财富。人民群众是伟大思想家的母亲，人民群众的丰富实践是人类优秀思想的源泉，人民群众是人类优秀思想的真正源头。汉代著名唯物主义哲学家王充在《论衡》中讲道，"知屋漏者在宇下，知政失者在草野"。研究思想史离开了对人民群众的关注、对人民群众实践的关注，就无法深入探求人类思想的精华。不能把思想史写成只是才子佳人的思想史，要把对人民思想史研究与对思想家的思想成果研究结合起来，在重视思想家们的思想成果的同时，必须关注人民群众的社会思潮、文化风俗、情感需求和价值取向，编撰出代表中国人民的中华思想史，把思想的历史重新还给人民。

要站在唯物主义历史观的立场上来认知思想史，深刻理解人民创造思想的真正意义，人民思想应该是代表人民根本利益、反映历史进步趋势的思想，这是人民思想史的核心要义。正确认识人民思想史，就要正确理解人民的科学内涵。一般来说，人民是指对社会历史发展起推动作用的人们，是指社会中占绝大多数的人们，其中最稳定的主体部分是从事物质资料生产的劳动群众。在阶级社会中，人民包含不同的阶级、阶层和集团。人民是一个历史的范畴，在不同的历史条件下，实际内涵是不同的。不同历史条件下的人民指不同的人的社会共同体，在不同社会的不同的历史条件下，"人民"的具体内涵是不同的。奴隶社会的人民，主要指奴隶，还包括一部分受奴隶主压迫的被统治阶级，比如自由民等。在封建社会代替奴隶社会的转变时期，代表先进生产力的地主阶级也应属于人民范畴。在新民主主义革命时期，民族资产阶级属于人民的范畴。中华各民族人民直接或间接创造了中华思想，要为中华各民族人民的思想创造树碑立传。按照马克思主义唯物史观关于历史人物个人作用的观点，研究人民思想史，不能否认学问家、思想家、理论家、政治家的个人历史作用。思想家个人的思想成果要流传下去，起到历史进步作用，必须有利于社会前进，归根到底必须要反映人民的愿望，体现历史的前进方向。人民赞成不赞成、支持不支持、拥护不拥护，是判断是不是人民思想的重要标准。

这里所指的人民思想，是在这样的意义上讲的：一是一切间接或直接地产生于人民群众或由人民群众所提供素材的思想。也就是说，有些思想直接取之于民，有些思想本身就是人民的一员提出来的，如毛泽东、邓小平、习近平等共产党的领袖人物，就是人民的一员，他们的思想就是人民的思想。二是一切产生于人民群众实践，对人民群众实践有正面反映的思想。三是一切反映历史进步、有利于生产力发展的思想。人民思想应当代表人民群众意愿，体现人民群众要求。有的思想虽然不是人民直接提出来的，但经由当时的先进知识分子概括、提升，反映了人民的呼声，代表了人民的要求，如，"水能载舟，亦能覆舟"的民本思想等。四是一切人民群众在民间直接或间接地表达出来的思想。有的思想是人民直接提出来的，如陈胜吴广起义时喊出"王侯将相，宁有种乎"的口号。所谓人民的思想史，就是站在人民的立场上，体现人民的实践需要、利益诉求和价值观念，代表社会历史的前进方位，打上人民的铭印，体现中华民族思想变迁的发展轨迹和内在规律的思想历史。思想是人民创造的，同时也是通过思想家的历史活动反映出来的，要把研究人民的思想与研究思想家、理论家、政治家的思想有机地结合起来。

撰写人民思想史，一方面要高度重视历史上人民群众的创造与实践，重视历史上被统治阶级的思想创造。要特别细心搜集和整理历史上人民群众的思想观念，尤其是注意挖掘历史上普通中国人心中绵延几千年而不绝如缕、并在当今时代仍然发挥着作用的精神追求、道德观念和思想认识。另一方面也要高度重视历史上统治阶级的思想，既要看到历史上统治阶级思想中落后的一面，也要注意历史上统治阶级思想在其上升时期的进步的一面，从历史正反两方面的经验教训中总结当代思想建设可资借鉴的思想资源。中国封建社会的朝代更替，是由当时社会矛盾的激化引起的，人民大众特别是农民群众，在推动王朝更替过程中发挥了重要的历史作用，他们的思想需要我们进一步收集整理。人民思想不完全等同于哪个具体老百姓个人口中说出来的思想。不同时代思想家的思想，只要体现人民的根本长远利益，具有历史进步价值，同样也可以认定为人民的思想。总体而言，对于人民思想史，要历史地看待、科学地分辨，并在研究中不断深化认知。

第三，坚持从占统治地位的思想出发的原则，提炼主流意识形态脉络和精华。

马克思、恩格斯指出："统治阶级的思想在每一时代都是占统治地位的思想。"[①] 所谓主流意识形态，当然是在某一历史时代"占统治地位"的"统治阶级的思想"。主流意识形态首先是占主导地位的政治思想，如在奴隶社会就是"礼治"的思想。梳理主流意识形态，除了政治思想外，还要注意梳理哲学思想和宗教思想。马克思说，真正的哲学是"时代精神的精华"，是"文明的活的灵魂"，要梳理出占统治地位的哲学思想，如封建社会的儒家哲学思想。一个时代的宗教思想从另一个角度反映社会存在，也要着意梳理。占主流的政治思想、哲学思想、宗教思

---

① 《马克思恩格斯选集》第1卷，人民出版社2012年版，第178页。

想这三个方面缺一不可，都要注意把握。当然经济思想、文化思想、军事思想等其他思想也要挖掘，但不一定面面俱到。

以主流意识形态为统纲，政治思想为重点，哲学思想为主脉，兼顾经济、文化、军事、教育、宗教等思想，剔除糟粕，梳理出中华思想的精华与糟粕，以把握思想发展的内在逻辑。在不同的社会形态中，主流意识形态是由当时的社会存在条件、人们的社会实践所决定的。在原始社会，以公有观念和集体观念作为主流意识形态，同时存在原始宗教崇拜以及其他思想萌发，如原始的哲学意识的萌发。原始社会向奴隶社会的过渡时期，同时也是非阶级社会向阶级社会的转变时期，家庭、私有制、阶级和国家在这一时期产生，随之产生家庭观念、私有观念、王权观念、国家观念、阶级（等级）观念等，尽管这些观念存在一定的历史局限性，但与原始社会相比，这是人类从愚昧到文明的思想进步，这是人类思想史上的重要转折与发展，是人类思想的深化与提升。

恩格斯的《家庭、私有制和国家的起源》是唯物史观的经典之作，也是思想史研究者的必读经典。学习恩格斯这部经典著作，学会运用贯穿全书的马克思主义思想方法和工作方法研究思想史，可以清晰地看出中华思想史的大体脉络。自原始社会解体以来人类社会的全部历史都是阶级斗争的历史。中华思想史上第一个成体系的主流意识形态——"礼治"思想，是随着中国奴隶社会的形成而发展的，"礼治"思想是奴隶社会等级制度的理论反映，具备一整套系统的理论构架，对维持奴隶社会的制度，起着非常重要的精神维护和固化作用。奴隶主阶级用礼制、用烦琐的仪式将社会等级固定下来，并用"礼治"思想论证等级压迫的合法性，用"君君、臣臣、父父、子子"证明奴隶社会制度的合理性，维系固化奴隶制度，成为奴隶社会统治阶级思想，"礼治"思想体系构成中国奴隶社会的思想主线。

春秋战国时期是中国封建社会代替奴隶社会的社会转型时期，"百家争鸣"又是这一时期现实矛盾和斗争的思想表现。

封建统治阶级及其历朝历代都历经由夺取政权到执政，从大治到兴盛，再到衰落，最后没落垮台的"历史周期"。法家学说在封建地主阶级登上政治舞台的过程中发挥了积极作用。商鞅变法所秉持的法家思想，是对"礼治"思想的否定，实质上是为封建制度开路，为新兴地主阶级张目，是为奴隶制度向封建制度的变革服务的。在封建地主阶级夺取政权初期，实行法家思想黄老之术以稳定社会秩序是必需的。儒学开始强调"克己复礼"，是为了适应维护奴隶社会制度需要应运而生的。发展到封建社会，为了适应封建统治阶级需要，儒学转变为封建社会的统治阶级思想。儒家思想经过董仲舒的改造，转变成封建社会统治阶级思想，是为巩固封建秩序和政权，治理国家，安抚知识分子，统治百姓服务的，用"亲亲尊尊"迷惑民众，用"温情脉脉的面纱"掩盖封建专制统治的实质。法家思想逐步退出统治阶级主流思想的历史舞台，作为封建社会的主要理论支撑——儒家，便取而代之。在中国封建社会漫漫历史长河中，国家哲学思想说到底就是儒家哲学思想。两汉经学、魏晋南北朝玄学是儒学的变异，主张避世是玄学对当时封建社会战乱状态的反映。庄子的避世思想，"不知周之梦为蝴蝶与？蝴蝶之梦为周与？"是与春秋战国时激烈的社会动荡相关，曲折地反映了社会转型。到封建社会，继经学之后，在魏晋南北朝战乱的背景下，社会动荡催生了玄学，躲避现实的庄子思想被发展成为思想一流，体现出高度的思想连续性。隋唐思想的主体是儒学，但在该时期大量吸收外来思想，如佛学，与儒学共生，都是为了维持封建政治统治。佛教进入中国与中国本土宗教共处并逐步中国化，出现儒道佛合流的趋势。从经学到玄学，从玄学到理学，从理学到心学，为维护封建统治，儒学越发朝着唯心主义理性化、精致化的方向发展，越来越顽固地维持封建地主阶级的统治地位。著名的"鹅湖之会"实质上是客观唯心主义和主观唯心主义两大阵营的一场争论。客观唯心主义衰落，主观唯心主义兴盛。王阳明的心学已经使儒学发展到了登峰造极的地步，编织得非常精美、非常理性、非常系统。一方面反映出封建主流思想理性思维和辩证法思维的提升，另一方面也反映出维护封建统治的强烈的阶级意识。王阳明指出："破山中贼易，破心中贼难。"①"山中贼"即指农民起义者，他认为剿灭农民起义是容易的，但解决农民起义者的思想问题是很难的。这反映出中国封建社会后期封建统治阶级与农民阶级的思想斗争，王阳明的心学正是为了维护封建统治阶级的统治，特别是思想统治的需要而服务的。儒学既有精华，也有糟粕。完全否定它，不是唯物主义历史观点，但把它捧得过高，也是片面的，应当历史地、辩证地看待儒学。

中华封建社会能够维持两千年左右的时间不发生根本性、制度性、颠覆性的变化，只是改朝换代，与儒学思想维系作用关系极大。研究中华思想史的一个目的，是要摒弃儒学落后的成分，把其所包含的中华优秀传统思想的精华保留下来，为我们今天的现实服务，为实现中华民族伟大复兴的大业服务，为建设强大的社会主义主流意识形态和核心价值观、建设中国特色社会主义文化强国、建设中国特色社会主义服务。

编撰中华思想史一要"通"，二要"贯"。"通"即一脉相承，"贯"即一以贯之。要从阶级状况、经济基础和社会形态的演变来把握"通贯"。从阶级状况、经济基础和社会形态的演变来看每一历史时代占统治地位的统治思想的变化，就会搞清楚儒学"克己复礼"的实质，儒学又为什么转变为封建儒学，由封建儒学变成经学、玄学，进而变成理学、心学，到明清又为什么

---

① 《王阳明全集·与杨仕德薛尚谦书》。

产生对立的实学。主流意识形态内在地反映了一个社会的主流价值观。要集中梳理体现中华民族一脉相承、一以贯之的主流意识形态和核心价值观。

中华文明是世界上罕见没有中断的古老文明。在五千多年的历史长河中，中华民族所创造的物质文明、制度文明与精神文明源远流长，博大精深。编撰《通史》的基本要求，就是要运用唯物史观的立场、观点和方法，从纷繁复杂的思想史料当中搜集、整理、分析、研究中华思想发展演进历程，通过对思想史料的去伪存真、去粗取精，梳理出一条明确的中华思想发展主流脉络，梳理出中华民族思想基因的密码，作为贯穿全书的灵魂。

思想是文化的灵魂、核心。中华民族在漫长而曲折的历史长河中，形成了源远流长的优秀思想成果，博大精深的中华优秀传统思想是中华民族的精神家园，也是中华民族生存发展的思想根基。故对待中华传统思想必须抱尊重和继承的科学态度。尊重是继承的前提，但仅有尊重是不够的，必须对其作科学分析，对其进行批判性继承和创新性发展。习近平指出："我们要对传统文化进行科学分析，对有益的东西、好的东西予以继承和发扬，对负面的、不好的东西加以抵御和克服，取其精华，去其糟粕，而不能采取全盘接受或者全盘抛弃的绝对主义态度。"[1] 中华优秀传统思想积淀着中华民族最深厚的精神财富，体现了中华民族优良的精神标识。

从中华民族最早的优秀传统思想到今天的中国特色社会主义理论体系和社会主义核心价值观都是一脉相承、一以贯之的，始终要突出这一主流，不能割裂。中华文明历史悠久，从先秦子学、春秋儒学、两汉经学、魏晋玄学，到隋唐佛学、儒释道合

---

[1] 习近平：《牢记历史经验历史教训历史警示 为国家治理能力现代化提供有益借鉴》，《人民日报》2014年10月14日第1版。

流、宋明理学、明清实学，经历了数个学术思想繁荣时期。在漫漫历史长河中，产生了道、儒、墨、名、法、阴阳、农、杂、兵等各家学说，涌现了老子、孔子、庄子、孟子、荀子、韩非子、董仲舒、王充、何晏、王弼、韩愈、周敦颐、程颢、程颐、朱熹、陆九渊、王守仁、李贽、黄宗羲、顾炎武、王夫之、洪秀全、康有为、梁启超、孙中山、鲁迅等一大批思想家，留下了浩如烟海的思想遗产。中国古代大量鸿篇巨制中包含着丰富的哲学社会科学内容、治国理政智慧，为人们认识世界、改造世界提供了重要依据，也为中华文明提供了重要内容，为人类文明作出了重大贡献。

从中华思想中吸收的优秀成分很多，究竟哪些属于中华思想最精华的内核？中华文明延续数千年，自有其内在的最基本的精神基因。要发掘、梳理和弘扬中华思想基因，就要关注中华思想中的世界观、人生观、价值观和审美观等核心观点。从原始社会到封建社会，一切代表当时先进生产力，代表社会进步的阶级阶层都具有"天行健、君子以自强不息"这一共有的精神基因，展现了中华民族生生不息的精神。这就从思想层面上解释了中华民族为什么能够跌倒了再站起来，不断发展壮大的原因，这就是文化自信。文化自信说到底是思想自信。中华民族从古代文明发展至今，靠的是内在的、不断承接的中国精神、中国思想、中国道德、中国文化，研究中华思想史要致力于构建中华民族的文化自信和思想自信。

第四，坚持从具体问题具体分析出发的原则，把一定的思想史人物及其思想成果放在一定的历史条件下研究。

研究思想史必须把一定的思想史人物及其思想成果提到一定历史范围之内来考究。列宁指出："在分析任何一个社会问题时，马克思主义理论的绝对要求，就是要把问题提到一定的历史范围之内。"① 历史上任何人和事都离不开其存在的历史条件，任何思想史人物及其思想都离不开特定的历史环境，要始终坚持具体问题具体分析的研究原则，把一定的思想史人物及其思想放在特定的历史环境中来认识，避免把思想史研究归于一种碎片化、微观化、细节化、非政治化、非意识形态化的所谓超越历史的抽象的实证考据；避免从历史细节中挑出一些片段，不顾前因后果，不讲时间地点，不问大是大非，作出违背历史事实和历史规律的判断。譬如，不能用今天的眼光看春秋战国时期的法儒之争，要放到当时的历史条件下来认识。春秋战国时期是从奴隶社会向封建社会过渡的激烈转型期，与社会转型、社会矛盾相一致则是思想上的较量与斗争，法儒之争则是新旧社会转型的思想之争。研究思想史历史人物，与研究其他重要历史人物一样，一定要依据在当时特定的历史条件，用历史唯物主义的科学态度来认识，既不必人为拔高，也不必故意贬抑，亦是实事求是地回到历史场景之中，全面地、充分地掌握材料，认真分析材料之间的内在联系，既充分把握人物所处的历史背景，又充分把握人物及其思想在中华思想史上的位置和作用。

第五，坚持从思想斗争史出发的原则，梳理中华思想对立与斗争、借鉴与融合的主线索。

马克思主义哲学辩证法告诉我们，对立统一规律是宇宙间的根本规律。矛盾无处不在、无时不有、贯穿一切，是一切事物发展变化的根本原因。社会史如此，思想史也如此。列宁一针见血地指出："思想史就是思想的更替史，因此，也就是思想的斗争史。"② 研究思想史，就要研究思想更替史、思想斗争史。思想永远是在对立斗争中发展的，如果讲思想不讲对立，只讲调和，

---

① 《列宁全集》第25卷，人民出版社2017年版，第232页。
② 同上书，第117页。

这样来研究思想史是不符合思想史发展内在逻辑的。人类思想发展史中，正确与错误的斗争是永远不会完结的。就拿宇宙观来说，始终存在唯物论与唯心论、辩证法与形而上学的斗争，最早人们认为宇宙是天圆地方，认为宇宙是神创造出来的。后来又有了地心说、日心说，发展到今天的宇宙大爆炸理论……为了坚持日心说，哥白尼被活活烧死。从中可以看出，正确思想是在斗争中发展起来的。哲学上讲的斗争是哲学范畴，是就对立统一的根本规律，就对立的绝对性、统一的相对性而言。在思想斗争中，既有争论也有相互借鉴、融合发展。研究中华思想史，不能惧怕对错误思想的批判。要坚信真理，就要坚持正确的战胜错误的思想斗争原则。从总体和主线索上来说，有文字记载以来的人类思想史也是阶级之间的思想斗争史。思想的、意识形态的、文化的斗争是社会矛盾的反映，真理是在斗争中发展起来的。要正确分析中华思想史中先进与落后、正确与错误、科学与愚昧、善的与恶的、美的与丑的思想矛盾与斗争。以先进与落后思想的分野为例，任何时期的统治阶级处在上升时期都是革命、先进的，而到了没落时期则转变为保守、落后的。要用阶级分析的方法科学运用史料，分清思想的先进与落后、精华与糟粕，分清哪种思想属于哪个阶级、阶层、利益集团，属于哪个阵营。梳理中华思想史要把每一时期主流意识形态及与之对立的意识形态的较量作为中心线索来研究。

研究中华思想史一定要研究思想斗争史。任何一个新的社会形态因素都是在原有社会形态中孕育出来的，新的社会形态因素必然孕育新的思想。任何一个历史时代都存在新旧两种社会形态的较量与斗争，也必然展现为新旧两种思想的较量与斗争。新思想起着推进社会进步的作用，旧思想起着阻碍社会进步的作用。当然也不能简单贴标签、搞对号入座，要实事求是。

创建中华思想史当代中国马克思主义学派，研编经得起时间、历史、实践和人民检验的扛鼎之作,是弘扬中华优秀传统思想,巩固马克思主义在思想文化领域指导地位,建设中国特色社会主义文化强国的重要举措,也是光荣且艰辛的哲学社会科学学科、学术和话语体系创新工程。中华思想历史悠久、博大精深、包容并蓄,既是中国人民弥足珍贵的精神财富,又是世界人民伟大文明的瑰宝。研编《通史》,构建中华思想史当代中国马克思主义学派,既要继承传统,更要勇于创新,既要立足中国又要放眼世界,从中华优秀传统思想和主流意识形态的视角,挖掘出蕴含在中华优秀传统思想中的主流精华,为中国特色社会主义现实服务。

五 按照中国社会形态历史发展的真实顺序,科学划分中华思想的历史分期

根据马克思主义关于原始社会、奴隶社会、封建社会、资本主义社会、共产主义社会的"五种社会形态"演变一般规律理论和共产主义必经无产阶级专政的社会主义过渡原理,按照我国历史发展大体上的原始社会、奴隶社会、封建社会、半殖民地半封建社会和社会主义初级阶段(含和平恢复和社会主义过渡时期)的发展顺序,中华思想通史大体分为"五大历史时代""四个转型时期""三大历史段"。

"五大历史时代"为中国原始社会思想史时代、中国奴隶社会思想史时代、中国封建社会思想史时代、中国半殖民地半封建社会思想史时代、中国社会主义初级阶段(含和平恢复和社会主义过渡时期)思想史时代。"四个转型时期"是指中国不同社会形态变化之间的思想史转型期,夏王朝的建立标志着中国原始社会的结束和奴隶社会的开端,是奴隶社会代替原始社会的思想史转型时期;春秋战国是奴隶社会逐步解体和封建社会逐步形成、封建社会代替奴隶社会的思想史转型时期;鸦片战争后,我

国进入半殖民地半封建社会，是社会主义初级阶段代替封建社会的思想史转型时期；中华人民共和国成立，经过短暂的国民经济恢复和向社会主义过渡，进入社会主义社会初级阶段，这是向未来社会主义高级阶段发展的思想史转型时期。"三大历史段"，从原始社会早期到封建社会晚期1840年鸦片战争为止是中华古代思想历史大段；从1840年鸦片战争至1949年中华人民共和国成立之前是中华古代传统思想向中华现代思想转折的中华近代思想历史大段；从1949年中华人民共和国成立至今是中华现代思想历史大段。

研究中华思想史，要注意把所有的思想史转型期上移到上一个社会形态时代来写。通过社会形态演变来考察思想史的演变，可以看到原始社会向奴隶社会转型过程中，最重要的是产生了私有制，从而产生了私有观念、家庭观念、王权观念、国家观念、阶级（等级）观念等与私有制出现相关的思想。从公有观念、集体观念转变到私有观念、家庭观念、王权观念、国家观念、阶级（等级）观念，是因为经济基础、社会生产和生活方式发生了根本变化。奴隶社会的知识分子将私有观念、王权观念、国家观念、阶级（等级）观念概括为反映奴隶社会严格等级制度，即反映阶级对立制度的"礼治"思想体系。"礼治"思想是私有制的奴隶社会制度的反映，是奴隶制社会阶级关系、社会关系的反映，反映了当时奴隶主统治阶级的主流意识形态。中国社会发展到今天，每一个历史节点的转变都是惊心动魄的，要把几个主要节点写清楚，要把主要节点上思想产生、转变背后的生产力、生产关系、经济基础、政治的上层建筑都发生了哪些变化，与之相关的社会形态发生了哪些变化写清楚，思想的转变就呼之欲出了。例如，把春秋战国之交奴隶社会到封建社会的社会转型、结构变化写清楚，对诸子百家思想产生的根基就交代清楚了，有的思想主张推动社会前进，有的思想主张维持社会现状，有的思想主张有所作为，有的思想主张无为而治，有的思想主张折中主义，有的思想主张逃避主义，就会看得异常清楚。

与中华思想史"五大历史时代""四个转型时期"和"三大历史段"相一致，迄今为止的中华思想发展历史，大致经历了"起源""形成""发展""转型"和"繁荣"五个发展阶段。一是原始社会及向奴隶社会转型的原始社会晚期是中华思想的起源阶段；二是奴隶社会及向封建社会转型的春秋战国时期是中华思想的形成阶段；三是封建社会是中华思想的发展阶段；四是半殖民地半封建社会是中华思想的转型阶段；五是社会主义初级阶段（含和平恢复和社会主义过渡时期）是中华思想的繁荣阶段。

第一，原始社会及向奴隶社会转型的原始社会晚期是中华思想的起源阶段。

最早在原始社会的旧石器时期，中华先民的原始意识即已萌发，发展到新石器时期，中华先民的原始观念初步形成。与十分低下的社会生产力及其原始公社公有制相适应，中华先民孕育了原始的公有观念、集体观念、平等观念和民主观念，孕育出了原始信仰、原始巫术、图腾崇拜和神话传说。

到了原始社会晚期，人类由母系社会发展到父系社会晚期，陶器、青铜器等工具的发明，生产力的进一步发展，使得人们生产的劳动产品，除维持自身最低生活需要之外，开始有了一定剩余，于是私有财产开始出现，随着旧的劳动分工、私有制、阶级分化的出现以及向奴隶社会的转型，孕育了私有、家庭、等级（阶级）、王权、国家等观念，反映奴隶社会生产关系、阶级关系和奴隶主利益的"礼治"思想开始萌生。出现了萌芽状态的唯物主义与唯心主义，辩证法与形而上学的哲学意识，产生了最原始的天文、地理、宗教、算术、文学、艺术等观念。

第二，奴隶社会及向封建社会转型的春秋战国时期是中华思想的形成阶段。

青铜器的广泛应用，推进了社会生产力的长足发展，奴隶社会生产方式逐步成熟，其经济基础及其上层建筑逐步确立，奴隶主阶级与奴隶阶级分野对立鲜明，大量考古发现证明我国奴隶社会的生成、成熟、发展和衰落。经过夏、商与西周奴隶社会的建立和发展，萌生于原始社会晚期的代表奴隶主阶级的"礼治"思想逐渐发展成为奴隶社会中占统治地位的主流意识形态，君、臣、父、子，贵贱、上下、尊卑、亲疏各有名分和严格区分，体现了奴隶社会严格的阶级等级制度。

春秋战国时期，社会生产力得到较大提高，尤其是铁器的发明与使用，井田制逐步瓦解，产生了新的剥削阶级——地主阶级和新的被剥削阶级——农民阶级，奴隶社会开始向封建社会转变。在社会结构、阶级结构发生重大转折的背景下，夏、商与西周以"礼治"为核心的奴隶社会主流意识形态和"礼乐征伐自天子出"的社会统治秩序崩衰，"礼崩乐坏"已成为当时的社会常态。与此同时，随着学在官府的打破和私人讲学之风的兴盛，产生了一个被称之为"士"的新的社会阶层，他们从各自依附并所代表的阶级、阶层和利益集团的立场出发，就社会转型以及社会、人生的种种问题提出看法与主张，形成"诸子百家"及其学说，相互间展开激烈论争，这就是历史上的"百家争鸣"，中华思想即形成于这一阶段。此后两千多年的中华传统思想，大都是这一阶段所形成的诸子百家及其学说的传继和取舍。

法儒之争是春秋战国时期中华思想斗争史的主线索，是新兴封建地主阶级与没落奴隶主阶级思想斗争的理论反映。法家学说主张用封建制度代替奴隶制度，儒家学说则极力维护奴隶制度。儒家的创立者孔子虽然是春秋时期的鲁国人，但在孔子之前，后来被称为儒家"五经"的典籍即已存在。孔子时期的儒家学说及其哲学依据是力图维护奴隶制的意识形态，孔子一生的最大理想就是恢复周礼，他公开声称"吾从周"。然而"礼崩乐坏"、奴隶社会向封建社会的转型以及国家从分裂走向统一已是那一时期社会的发展趋向，尽管孔子一生周游列国之间，传播他的所谓"仁学"思想，然而没有几个统治者愿听。春秋战国到汉初，儒家只是诸子百家中的一家，它不仅没有得到官方的认同，而且还遭到过秦始皇"焚书坑儒"的打压，支持新兴封建地主阶级的法家学说被初起的封建统治阶级奉为统治思想。

第三，封建社会是中华思想的发展阶段。

铁制工具的广泛使用与推广，极大地带动了封建生产力的发展，造就了封建社会的生产方式。占统治地位的封建土地所有制和自给自足的自然经济，封建地主阶级与农民阶级的严重分化对峙，构成中国封建社会的主要特点。以此为经济基础的中国封建社会的政治制度，是高度集权的封建君主专制制度。作为中华传统思想的占统治地位的儒学是服从和服务于这一经济制度和政治制度的官方意识形态。

由于法家学说反对守旧，主张变革，适应了从奴隶制度向封建制度转化的时代需要，因而成为新兴地主阶级的思想政治武器。在依据法家思想的治理下，落后的秦国强盛起来，统一了中国，建立了第一个中央封建集权制的统一国家。秦朝作为中国历史上第一个"大一统"的封建制国家始终奉行法家学说。

西汉立国之初，统治集团实际奉行的是法、道家提倡的黄老之术。但是，随着汉王朝封建统治的逐步稳固，统治阶级需要调整统治方式及思想。为适应封建"大一统"的中央封建集权制国家的政治需要，西汉武帝时期，董仲舒提出"罢黜百家，独尊儒术"和设立"五经博士"的建议，受到统治者赞赏。武帝死后，经过不太长的时间，儒学成为西汉王朝的统治思想，并被此后的历代封建王朝所崇奉。经过封建社会长期的凝练、打磨和融合，儒学成为两千年间在中国封建社会占统治地位的地主阶级的统治思想。尽管历代封建统治阶级也吸收利用了法家治理国家的有益主张，甚至有些统治阶级的思想政治人物提出"外儒内法"的主张，但总体上法家学说逐渐暗淡下来，不再被地主阶级尊奉为统治思想。

为什么代表奴隶主阶级利益的孔子儒学会转变成为封建社会地主阶级的主流意识形态儒学呢？

一是奴隶社会的统治思想与封建社会的统治思想，其剥削阶级的本质是一致的，这是孔子儒学转化为封建地主阶级统治思想的社会阶级原因。

奴隶社会与封建社会是两种不同的社会形态。从奴隶社会到封建社会，是人类历史发展过程社会形态的进化。但是，作为剥削制度，它们在阶级剥削本质上却又是一致的。马克思主义经典作家认为，在阶级剥削社会，不管阶级对立采取什么样的形式，但一阶级对另一阶级的剥削却是一切阶级剥削社会的共有事实。尽管一切阶级剥削社会的主流意识形态千差万别，但总是在某些共同形式中运动。孔子儒学的历史命运，证明了马克思恩格斯论断的科学性。尽管奴隶社会是人类历史上第一个剥削社会形态，但它与封建社会乃至资本主义社会一样，都是建立在压迫阶级和被压迫阶级的对立之上的。尽管奴隶制度消亡了，为奴隶制度服务的意识形态，却依然会存在下来转而为封建制度服务。封建社会的阶级结构，与奴隶社会具有一个共同属性，那就是都属于具有严格等级制度的阶级剥削社会，这就进一步巩固了两个不同社会形态的剥削阶级意识的一致性。由于中国奴隶社会的宗法关系在封建社会得以保留和发展，宗法关系与等级关系相结合，成为掩盖阶级矛盾、维护封建统治的重要支柱。这是孔子儒学能够转化成为地主阶级意识形态的社会阶级原因。

孔子的思想政治主张是对统治阶级有利的。奴隶主阶级欢迎它，稳定了政权的地主阶级照样欢迎它。孔子的"天命"论，奴隶主阶级需要，地主阶级同样需要。即使在资本主义社会，虽然阶级结构发生了变化，但剥削阶级与被剥削阶级的对立结构没有改变，儒学仍在统治阶级思想范畴意义上受到吹捧，儒学也会转而为资本主义制度服务。在半殖民地半封建的旧中国，凡是逆历史潮流而动的势力都大树特树儒学，作为统治阶级维护统治的思想。由于儒学政治主张与历代统治者的政治主张具有共同的阶级立场，因此，一切维护剥削制度的剥削阶级都会把孔子奉为"至圣先师"。

到了社会主义社会，由于剥削制度被彻底拔除，作为统治阶级统治思想的儒学，其社会存在基础不复存在。但是，由于传统的惯性，在人们的思想意识中，传统儒学影响依然程度不等地存在。一些顽固的复古主义者，还会利用儒学的顽固性，试图替代社会主义的指导思想。当然，这是枉费心机的倒退行为。社会主义对待儒学的态度，是从建设社会主义新文化的立场出发，剔除其糟粕，吸取其精华，实现创造性转化，为实现中华民族伟大复兴服务。这与历代统治者把儒学尊奉为统治阶级统治思想，在根本性质上是完全不同的。

二是秦汉以后，随着封建制度的稳固，地主阶级成为掌握政权的统治者，日益走向反动，这是孔子儒学转化为封建地主阶级统治思想的社会历史条件。

春秋时期，孔子站在没落奴隶主阶级立场，主张倒退，反对进步；主张保守，反对革新。这对于处于奴隶制度向封建制度转型过程中的新兴地主阶级来说，是不能接受的。因此，新兴有为的地主阶级所运用的思想武器是法家思想。秦孝公时，商鞅运用法家思想及其严厉的政治措施，对守旧的贵族与儒生进行了严厉打击。秦始皇统一中国后，采用"焚书坑儒"的极端措施，对孔子儒学实行了严厉镇压。一直到西汉早期，孔子儒学仍受到封建地主阶级的冷落。

然而，随着奴隶社会复辟危险的消失，地主阶级政权日益稳固，地主阶级和农民阶级的矛盾日益尖锐，维护封建统治秩序成为地主阶级的第一需要，而农民阶级的反抗斗争，乃至农民革命成为地主阶级竭力防止的对象。受历史辩证法规律支配，地主阶级从春秋战国时期新兴有为、积极进取的革命阶级，成为守成落后的反动阶级。地主阶级中的极端保守派，率先抛弃了其上升时期的革命性，自觉地向反面方向转化。在这种历史条件下，法家学说不再成为统治阶级的主流意识形态，孔子儒学逐渐适应地主阶级的需要，受到了地主阶级的推崇。

毛泽东指出："客观事物中矛盾着的诸方面的统一或同一性，本来不是死的、凝固的，而是生动的、有条件的、可变动的、暂时的、相对的东西，一切矛盾都依一定条件向它们的反面转化着。"① 法儒两家的政治易位，正是如此。这种政治易位，符合春秋战国之后阶级斗争的形势，也符合儒法两家的思想品格。孔子创立儒学的目的，虽然是为没落的奴隶主阶级服务，但是，它从来就具有强烈的为统治阶级服务的本性，在坐稳了江山的地主阶级看来，是最合乎其政治需求的。法家思想虽然具有积极进步的品格，但也有自身的缺陷，随着形势的发展，条件的变化，西汉之后，法家思想的影响作用越发下降，并在某种程度上被儒学化了。当然，法家思想有时也被地主阶级内部的革新派所尊奉，法儒之间的斗争往往集中在地主阶级内部的革新派与保守派之间。

---

① 《毛泽东选集》第 1 卷，人民出版社 1991 年版，第 330 页。

三是孔子之后，儒学发生分化，不同阶级利益的代表纷纷对儒学进行改造，提出新的阐释，产生新样态儒学，以适应时代的发展变化，这是孔子儒学转化为封建地主阶级统治思想——儒学的社会思想基础。

从春秋到西汉中期，儒家只是诸子百家中的一家。随着社会急剧变化，儒家也发生着变化。孔子之后，儒分为八，又主要发展演变为两派：一派是以孟子为代表的与法家相悖的唯心主义儒学；一派是以荀子为代表的吸纳法家思想的唯物主义学派。支持新兴地主阶级的法家通过荀子的学生韩非、李斯等人，为封建制度的建立作出很大贡献。秦汉之际，奴隶主复辟的局面依然存在，但巩固统治、维护封建统治的任务很急迫，因此，杂糅了法儒道诸家元素但以儒家思想为源的荀子学派占了上风。西汉王朝初建时期，封建统治不稳固，封建统治阶级实际崇尚以道法两家主张为依据的黄老之学与刑名之术。两汉时期的儒学，特别是经今古文学派之争，均与荀子学派具有密切的关系。清末时期的一些学者甚至认为，两千年之儒学实际是荀学。这样的观点虽未必确切，但反映了荀学的重要历史作用与地位。随着封建统治的巩固，儒学不断地向占统治阶级地位的统治思想逼近。到汉武帝时期，董仲舒对儒学进行了彻底的唯心主义改造，消除了其中荀子学派的积极内容，使之成为与封建统治完全相适应的意识形态。孟子所代表的唯心主义儒学，以心性之学为根本，到了宋代以后，由于理学的倡导而得到弘扬。儒学的不断变化，对法家学说的有利于统治阶级需要内容的吸收，对朴素唯物主义因素的唯心主义改造，都是它能够成为封建社会统治思想的重要思想前提。

在漫长的封建社会，儒学经过了不同的发展时期，展现了不同的理论形态，涌现出一大批著名的思想家和学问家，为中华传统思想的形成和发展作出了重大贡献。两汉经学是儒学成为封建社会统治思想的第一个发展形态,两汉经学又有今古文之分,以儒为主,融合了道家、法家思想,是具备一定理论形态的统治思想。魏晋玄学受到佛学和道家的影响与渗透,但其本质仍然具有儒学的内核,只是失去了儒学某些进取性,反映了战乱背景下人们的消极避世想法。宋明理学适应封建统治需要,发展成为精致化的、系统化的以唯心主义哲学为根据的封建统治思想。理学有客观唯心主义理学、主观唯心主义理学之分。随着封建统治越来越走向反动,理学也越来越向唯心主义精致化方向发展,越发主观唯心主义化了。王阳明心学成为中国封建社会历史上编织得最系统、最精致,也是最具有迷惑性的封建儒学,属主观唯心主义。当然,从儒学占统治思想地位以来,在儒学阵营中也出现了反传统儒学唯心主义和形而上学思想的朴素唯物主义和辩证法思想学派。儒学再发展,产生了代表新兴的工商业社会阶层的实学,是从儒学阵营杀出来的反儒学唯心主义的唯物主义学派。作为中华思想主体的儒家思想始终是两千多年封建社会的主流意识形态。

中国封建社会存在了两千多年,大致可分为前期、中期和晚期。在前期和中期,作为封建社会的统治者地主阶级处于上升和发展阶段,具有一定的思想活力,代表地主阶级利益的某些思想、主张及措施在某种程度上体现了时代的需要。与此相适应,无论是封建社会前期的秦汉和魏晋南北朝五代十国,还是封建社会中期的隋唐和宋辽金的思想成果,都在中华思想史上占有极其重要地位,尤其是汉唐时期的思想,产生过世界性的重要影响,为人类文明做出过极其重要的贡献。但到了封建社会晚期,地主阶级日益走向没落,封建制度弊端逐渐暴露。明中叶以后,随着新的社会经济因素的孕育与增长,一方面,中华传统思想中以儒学为主要代表的封建正统思想走向衰落;另一方面,反映工商阶层利益和要求的新思想开始萌生,为中华传统思想注入了新鲜内容。

在封建社会，地主阶级是统治阶级，农民阶级是被统治阶级，中国封建社会的经济剥削和政治压迫方式，决定了农民阶级和地主阶级之间的矛盾始终是封建社会的主要矛盾。由于地主阶级对于农民阶级的残酷经济剥削和政治压迫，农民阶级反抗地主阶级剥削和压迫的斗争异常尖锐和激烈。中国历史上的农民起义和农民战争的次数之多、规模之大，世界各国无出其右者，它沉重打击了地主阶级的统治，或多或少推动了封建社会的向前发展。农民起义的代表性人物，如陈胜吴广提出的"王侯将相，宁有种乎"、黄巢提出的"天补均平"、钟相杨幺提出的"均平富，等贵贱"、李自成提出的"均田免粮"等，直到太平天国提出的"天朝田亩制度"等反映平等要求和大同社会的思想，极大地丰富和充实了中华优秀传统思想的内涵。

第四，半殖民地半封建社会是中华思想的转型阶段。

自1840年爆发的鸦片战争的失败，中国一步步沦为半殖民地半封建社会。资本主义工商业的发展一定程度上冲击了中国封建社会的生产关系，产生了新的生产力和生产关系，产生了新生的资产阶级和工人阶级。由于中国特殊的国情，资产阶级又分为官僚资产阶级和民族资产阶级，官僚资产阶级同封建地主阶级和帝国主义势力一道构成中国社会的反动阶级，是中国革命的对象。民族资产阶级又可分为上层和中下层，上层民族资产阶级对帝国主义和封建主义的软弱性和妥协性更为明显，而中下层民族资产阶级对帝国主义和封建主义的革命性更强烈。但无论上层还是中下层，民族资产阶级都属于人民的范畴，是革命团结和争取的对象。毛泽东在《中国革命和中国共产党》一文中指出，半殖民地半封建社会的性质，决定了帝国主义与中华民族的矛盾、封建主义与人民大众的矛盾是中国近代社会的主要矛盾，反对帝国主义侵略和封建主义压迫是中国革命的主要任务。1919年以前，领导革命的是民族资产阶级，革命在性质上属于旧民主主义革命；1919年五四运动之后，领导革命的是无产阶级及其先锋队中国共产党，革命在性质上属于新民主主义革命。

中华近代思想发展与中国近代的特殊国情是一致的。1840年鸦片战争后，在"西力东侵"和"西学东渐"的冲击和影响下，中华传统思想开始了从中国古代传统向近现代的转型，这一过程是极其艰难、曲折和复杂的。西方思想的传入既是中华传统思想从中国古代传统向近现代转型的助力，又是中华传统思想从中国古代传统向近代转型的阻力，中西思想的冲突与融合，是旧民主主义革命时期中华思想演变的一个重要特征。1919年五四运动之后，尤其是1921年中国共产党成立，受马克思主义传入的影响，中华传统思想开始发生新的质变。

伟大的资产阶级民主革命先行者孙中山先生曾经试想通过改良的道路来实现国家的富强，然而甲午战争的失败，使他认识到了清政府的顽固腐朽，毅然决然地抛弃了改良主义方案，于1894年11月成立了中国第一个革命团体——兴中会，力图通过武装革命推翻清王朝统治，于是爆发了辛亥革命。辛亥革命是中国民族资产阶级领导的以反对封建专制制度、推翻封建君主、建立资产阶级共和国为目的的资产阶级民主革命，它集中反映了中国人民争取民族独立、振兴中华的深切愿望，结束了在中国延续几千年的封建君主专制制度，适应了近代中国社会发展的要求，促进了民众的思想觉醒和解放，意义非凡，影响深远。然而，"无量头颅无量血，可怜购得假共和"。由于中国民族资产阶级的天生软弱性和两重性，它不能胜任中国革命的领导重任，辛亥革命的果实很快被袁世凯窃取，随后发生袁世凯、张勋复辟帝制和曹锟贿选等丑剧，帝国主义列强操纵中国政治、把持中国经济命脉，军阀割据混战的格局远未被撼动，中国社会性质并没有得到实质性改变。

在近代中国历史上，旨在救国救民的斗争和探索，每一次都在一定的历史条件下或多或少推动了社会进步，各种努力和尝试均以失败告终，各种处方皆不能解救中国。到底什么办法才能救中国，实现中国的现代化？究其主观上的根本原因就是没有正确的思想引导。除了不触动封建根基的旧式农民起义方案和所谓力图自强的局部改良方案以外，旧民主主义的民族复兴方案，其指导思想不过是资产阶级政治理论，是资产阶级启蒙和革命时期的人权、民主、博爱、自由等思想武器，其主要目标是发展资本主义的经济、政治和文化，建立现代资本主义国家。为什么西方在资产阶级思想武器指导下可以成功地进行资本主义民主革命，建立资产阶级国家，走现代化的强国之路，旧中国却办不到，资产阶级思想武器为什么在旧中国失灵？这是由中国所处的具体客观条件所决定的。中国在明朝中晚期已经萌发了资本主义生产方式，如果没有国际资本主义的干涉，中国也可以按照一般历史发展规律，走资产阶级民主革命之路。当中国向资本主义发展之时，西方资本主义国家的先行发展使得世界进程进入了帝国主义和无产阶级革命阶段，帝国主义已把世界殖民地分割完毕。国内外条件，帝国主义列强、封建统治阶级和官僚买办阶级都不允许中国建立独立富强的资产阶级民主共和国。帝国主义列强入侵中国的目的，是从其自身利益考虑，要永久地控制、剥削中国，绝不容许中国成为强大的资产阶级民主共和国，必须维持和强化中国的半殖民地半封建制度。帝国主义需要与封建势力和官僚资本勾结，不允许中国民族资产阶级强大起来，不允许在中国这块土地上进行资产阶级民主革命。在帝国主义、官僚买办资产阶级和封建统治阶级的强压下，中国民族资产阶级担当不起民主革命的领导任务。在资产阶级思想指导下，由软弱的民族资产阶级及其政党领导的旧式民主革命是不可能解救中国的。

资产阶级思想不能解救中国，那么中国传统儒学是否还能起到复兴中华的作用？经过与西方思想的冲突与融合，中华传统思想的主体构成和价值取向开始发生根本变化。近代以来，儒学已不能适应历史发展，无法解决中国的现实问题，儒学逐渐被中国民族资产阶级的旧民主主义思想取代，后又被马克思主义思想取代。当封建君主专制制度进一步把儒学强化成为束缚人们思想解放、阻碍社会发展进步的严重思想桎梏时，服从和服务于封建君主专制制度的儒学也不可避免地出现了危机，尤其是到了鸦片战争后，面对西方近代思想和文化的挑战与冲击，儒学的危机日益严重起来。人们在反思中国之所以落后挨打、遭受资本主义列强的欺凌和侵略时，深刻认识到儒学作为思想武器早已不适应现代社会进步的需要了，甚至起到思想阻力作用。加之民国初年袁世凯、康有为等人为复辟帝制而对儒学加以利用，由此而来，随着五四新文化运动的兴起，儒学也就自然成了人们批判的主要对象，不少思想家和学者纷纷投身到"打倒孔家店"的行列。尽管到了"九一八"事变后，也有现代新儒学以及其他一些思想家和学者积极致力于儒学的发掘和弘扬，但总的来看，儒学的危机并没有完全消解，人们在寻找中国落后的根源时，往往归结为儒学的消极影响。中华人民共和国成立后很长一段时期内，儒学仍然日渐下滑。直到改革开放新时期，人们反思到，作为中华传统思想的核心内容，儒学是精华与糟粕并存，正确的态度和做法是吸取精华，弃其糟粕，对其精华加以发扬光大，以助力文化自信心的增强和中华民族的伟大复兴。

值得注意的是，五四运动前后，中国思想界出现了三大思潮：一是马克思主义和中国化马克思主义的先进思想；一是资产阶级自由主义的西化思潮；一是以现代新儒学思想为代表的文化保守主义思潮。中国共产党把马克思主义作为指导思想，与中国实际相结合，创建了中国化马克思主义，指导中国革命、建设和改革取得成功，马克思主义和中国化马克思主义取得了统治思想的地位。另两股思潮，即自由主义的西化思潮和以现代新儒学为代表的文化保守主义思潮，在中国具体革命实践的对垒中经不起实践的检验而败下阵。一些进步的现代新儒学代表人物愿意接受马克思主义指导，并努力去做。而自1989年以来，中国思想界却出现了一股鼓吹大陆新儒学以取代马克思主义指导地位的错误思潮，要求重建"政治儒学"，企图把中国变成一个以儒学为国教的政教合一国家，其批判矛头直接指向马克思主义和中国化的马克思主义，企望让儒学在中国大陆重新取得"独尊"地位。中国大陆新儒学是一股反对马克思主义的错误思潮，它坚持崇儒反马、复古更化的错误主张，妄想"儒化中国"，以儒学来取代马克思主义的指导地位，在政治上比现代新儒学走得更远。它不仅没有继承儒学的精华，相反的是发展了儒学的糟粕，与中国共产党历来对儒家思想的科学主张背道而驰。

毛泽东指出："十月革命一声炮响，给我们送来了马克思列宁主义。十月革命帮助了全世界的也帮助了中国的先进分子，用无产阶级的宇宙观作为观察国家命运的工具，重新考虑自己的问题。走俄国人的路——这就是结论。"[①] 十月革命的成功对中国先进知识分子产生巨大的震撼和影响，开阔了眼界，使他们探索中国民主解放之路的方向发生了根本转变。经过比较西方各种思潮、各种社会主义思想，中华民族的先进分子认识到决定中国人民命运的不是资产阶级，不是资本主义，不是资产阶级思想武器，而是工人阶级、中国共产党、科学社会主义和马克思主义。中国先进知识分子冲破了资产阶级民主思想的藩篱，冲破了旧民主主义民主、科学、爱国的精神局限，接受了马克思主义。历史潮流不可阻挡。中国最早的马克思主义者李大钊豪放地预言：

---

① 《毛泽东选集》第4卷，人民出版社1991年版，第1471页。

"试看将来的环球,必是赤旗的世界!"以马克思主义为指导、代表工人阶级这一新生先进阶级的中国共产党应运而生,担负起领导中国革命、建设和改革,建设社会主义强国的伟大使命,中国人民的精神面貌、中国的面貌焕然一新。在中国革命、建设和改革的伟大历程中,在马克思主义中国化的过程中,马克思主义与中国实际相结合、与中国优秀传统思想相结合,是马克思主义中国化的特征之一。新民主主义革命时期马克思主义中国化最显著的成果,是毛泽东思想的形成。毛泽东思想是马克思主义中国化的第一个理论形态,是马克思主义与中国实际的第一次伟大结合,是中华现代思想的第一次伟大飞跃。

第五,社会主义初级阶段(含和平恢复和社会主义过渡时期)是中华思想的繁荣阶段。

1949年中华人民共和国成立后,经过短暂的和平恢复和向社会主义的过渡,社会主义制度的建立和完善,中国社会主义道路的艰辛探索,推动毛泽东思想在社会主义条件下不断充实和丰富。改革开放以来,中共十一届三中全会开启了社会主义改革开放新时期,创立和发展了以邓小平理论、"三个代表"重要思想和科学发展观为主要内容的中国特色社会主义理论体系。中国特色社会主义理论体系是马克思主义中国化的第二个理论形态,是马克思主义中国化的创新成果,是马克思主义与中国实际的第二次伟大结合,是中华现代思想的第二次伟大飞跃。中国特色社会主义进入新时代,形成了习近平新时代中国特色社会主义思想。习近平新时代中国特色社会主义思想是中国特色社会主义理论体系的组成部分,是21世纪当代中国马克思主义的新的理论形态,是马克思主义与时代特征和中国实际的又一伟大结合,是中华现代思想的又一伟大飞跃。中华现代思想的伟大飞跃推进了中华思想发展、创新和繁荣。

六 重在提炼中华思想"一以贯之""一脉相承"的思想精要

每个时代总有属于它自己的社会主题。每一时代统治阶级中的政治人物和思想家围绕所处时代面临的社会主题而提出的思想、观念和主张，构成社会的主流意识形态，构成思想史的主要线索。每一个时代的"主流意识形态"，居于支配地位的是政治思想。在考察和研究中华思想的"形成""发展""转型"和"创新"阶段时，重点考察和研究的是政治思想，同时考察哲学思想、宗教思想以及其他思想。除主流思想外，非主流思想，尤其是那些具有进步思想倾向的非主流思想，如唯物主义、辩证法、反神学反宗教和被统治阶级思想，也是思想史研究的重要内容之一。

第一，中华优秀传统政治思想主要是"大一统"国家政治观念。

"大一统"作为维护国家在政治和文化上高度统一的主流意识形态，起源和形成于奴隶社会国家形成前后，及向封建社会过渡的春秋战国时期，到了秦汉时期已发展成为统治阶级的意识形态。

建立和巩固"大一统"国家是秦始皇、汉武帝时期的基本国策。此后的两千多年中，尽管有时也出现过数个政权并立的局面，如魏晋南北朝、五代十国时期，但"大一统"国家理念则已深深根植于中华民族的心灵之中，构建"大一统"国家、维护国家统一和民族团结不仅是中国传统社会的主流意识，也是历代政治人物和思想家的不懈追求。这是中华民族历经磨难而国脉始终不绝，中华文明从未中断的精神内因。当然，"大一统"国家理念及其意识形态也给中华民族的发展造成过消极的影响，这就是在"大一统"国家理念及意识形态的影响下，封建君主中央集权专制制度的建立和强化，束缚了人们的思想。如果说在封建社会的前期和中期，封建君主中央集权专制制度对于维护国家统一和社会稳定、兴修大型水利工程、促进和保护社会生产力发展等方面发挥过积极作用的话，那么，到封建社会晚期，封建君主中央集权专制制度的进一步强化，则成了束缚人们思想解放、阻碍社会发展进步的严重枷锁。与此相一致，鸦片战争爆发后半殖民地半封建社会时期的进步政治思想，是反思和批判封建君主专制制度，以及对西方资产阶级民主思想和制度的引进、学习和实践。五四运动后，在马克思主义和十月革命的影响下，走俄国人的路，引进、学习和实践马克思主义和科学社会主义的政治思想和制度，又成了以中国共产党人为代表的中国人民的选择。中华人民共和国成立，建立了符合中国国情的社会主义制度，中华优秀传统思想的"大一统"国家观念的合理成分，必然成为当代中国马克思主义的重要传承。

第二，中华优秀传统价值观主要是"自强不息"的奋斗精神。

中华思想之所以延绵数千年而仍有其强大的生命力，中华民族之所以历经数度劫难而转危为安、"浴火重生"，并从1840年后遭受西方列强侵略的沉沦中走向复兴，这与中华思想"一以贯之"的优秀传统价值观分不开，这就是"自强不息"的奋斗精神。

"自强不息"一词最早出现在成书于战国时期的《周易》中，其思想源头则可追溯到远古时期的神话和传说，这些神话和传说反映了中华先民与自然、与天神、与命运的顽强搏击和英勇抗争，表现出知难而进、坚忍不拔、自强不息的奋斗精神和思想基因。春秋战国时期是中华思想的形成阶段，作为中华思想之优秀传统价值观念的"自强不息"的奋斗精神也形成于这一时期。形成于这一时期的中华传统思想元典中就包含有丰富的刚健有为、勇猛精进的思想。如《周易》就多次提及"刚"之必要，如"刚健而文明，应乎天而时行"①。再如"刚健、笃实、辉光，日新其德"②等。《系辞传》上篇称"日新之谓盛德，生生之谓易"③；《杂卦传》则有"《革》去故也，《鼎》取新也"④。其他儒家经典同样提倡刚健自强、日新精进。秦汉以后，人们在诠释、解读中华传统思想元典过程中，不断传承、发挥和弘扬着"自强""弘毅""日新""健动"等思想，从而使自强不息的奋斗精神在中华思想发展过程中不断延续，一直激励着中华儿女奋发向上，敬业进取。

进入近代，外国资本主义的入侵，民族危机的日益加深，更进一步拓展了"自强不息"的含义，拓展到民族和国家的自强，以"自强不息"的奋斗精神来挽救"民族危亡"成为半殖民地半封建社会中华民族的时代最强音。1840年鸦片战争失败后不久，面对以英国为首的西方资本主义列强的侵略，魏源提出了"师夷之长技以制夷"的主张，他要人们相信，中国虽然在鸦片战争中失败，但只要"厉精淬志"，发愤图强，奋起直追，就一定会"风气日开，智慧日出，方见东海之民，犹西海之民"，赶上甚至"反甲西洋"⑤。

中国共产党自1921年成立之日，"就把实现共产主义作为党的最高理想和最终目标，义无反顾肩负起实现中华民族伟大复兴的历史使命，团结带领人民进行了艰苦卓绝的斗争，谱写了气吞山河的壮丽史诗"⑥。她之所以能由小变大、由弱变强，领导中国人民夺取了反帝反封建的最后胜利、建立起中华人民共和国，

---

① 《周易·大有》。
② 《周易·大畜》。
③ 《周易·系辞》。
④ 《周易·杂卦》。
⑤ 魏源：《海国图志》卷2，岳麓书社2011年版，第39页。
⑥ 《党的十九大报告辅导读本》，人民出版社2017年版，第13—14页。

也正是继承和发扬了自古以来中华民族的这种"自强不息"的奋斗精神。正如毛泽东所说:"我们中华民族有同自己的敌人血战到底的气概,有在自力更生的基础上光复旧物的决心,有自立于世界民族之林的能力。"① 这就是民主主义革命时期中国共产党人的自强不息之奋斗精神的写照。

中华人民共和国成立后,面临一穷二白的处境和外敌入侵的威胁,我们又在中国共产党领导下经过二十几年的艰苦奋斗,经过四十年的改革开放,建成了经济总量位居世界第二的社会主义国家,这同样是自强不息之奋斗精神的结果。与此同时,自强不息的奋斗精神,也得到了更进一步的弘扬与提升。党的十八大以来,习近平在多个场合的讲话中引用儒学经典中的"天行健,君子以自强不息",激励国人自强不息、创新创造。中共十九大宣告我们已进入中国特色社会主义新时代。进入新时代,要有新气象、新作为,要实现"两个一百年"的奋斗目标和中华民族伟大复兴的"中国梦",必须继承和发扬自古以来中华民族的自强不息之奋斗精神。

第三,中华优秀传统经济思想主要是在先的"重农""强国富民"和其后的"以农立国""以商富国""以工建国"等主张。

中华优秀传统经济思想源远流长。中华文明主要发源于黄河流域和长江流域,受地理环境和气候条件的影响,农业、农村、农民状况的好坏直接关系到国家的安危和社会的稳定。中国自古以来的经济思想就围绕"重本抑末"而展开,"以农为本""重本抑末",发展农业,强国富民的"重农"思想自奴隶社会尤其是奴隶社会向封建社会过渡的春秋战国时期已经形成。早在殷周时期就出现了重视农业的观念,在相关甲骨卜辞、青铜铭文等材

---

① 《毛泽东选集》第1卷,人民出版社1991年版,第161页。

料中都有体现。《国语·周语》中说:"夫民之大事在农,上帝之粢盛于是乎出,民之蕃庶于是乎生,事之供给于是乎在,和协辑睦于是乎兴,财用蕃殖于是乎始,敦庞纯固于是乎成,是故稷为大官。""义利之辩"成为经济思想的主要争论,重利观成为"重农"观念的重要理论支撑。战国中后期,多数思想家都提到"重本"和"强国富民"的主张,其中以荀子较有代表性。他说:"强本而节用,则天不能贫;养备而动时,则天不能病;修道而不贰,则天不能祸。"① 强调了加强农业生产的必要性。他认为只有农业才是创造物质财富的唯一部门,"士大夫众则国贫,工商众则国贫,无制数度量则国贫。下贫则上贫,下富则上富。故田野县鄙者,财之本也;垣窌仓廪者,财之末也。"② 发展农业是商鞅变法的重要内容。商鞅说:"国之所以兴者,农战也"③,认为:"入使民尽力,则草不荒。出使民致死则胜敌。胜故而草不荒。富强之功可坐而致也"④,强调农业是衣食之本,发展农业生产是国家富强的途径。管仲认为:"国多财则远者来,地僻举则民留处","仓廪实则知礼节,衣食足则知荣辱"⑤,体现了重农的思想。孟子、韩非子及《吕氏春秋》都主张重农。韩非子提出"富国以农,距敌恃卒"⑥,强调要"富国"必须使民众专力于农业。

南宋时期,随着江南商品经济和工商业阶层的发展,作为对重农思想的补充和修正,重商思想逐步彰显。南宋永嘉学派集大成者叶适,在坚持重本、坚持农本是"王业"基础的前提下,清醒地认识到发展工商业对国家和社会的重要作用。他讲究

---

① 《荀子·天论》。
② 《荀子·富国》。
③ 《商君书·农战》。
④ 《商君书·算地》。
⑤ 《管子·牧民》。
⑥ 《韩非子·五蠹》。

"功利之学",以事功理论为支撑,主张"通商惠工,以国家之力扶持商贾、流通货币"①。反对传统的重本抑商,即重视农业、轻视工商业的政策。他将民富作为国富的基础,主张重民富民,通过推进工商业发展以富民。从南宋以来,叶适事功重商思想是商品经济在意识形态上的反映。明中叶以后,虽然随着新的经济因素的萌生,有些思想家和政治家对"重农"思想提出过批评或修正,但"以农为本""重农""强国""富民"始终是历代封建王朝所遵奉的基本国策,其在经济思想上的主导地位也从来没有发生过动摇。

进入到半殖民地半封建社会后的19世纪70—90年代,由于中国自给自足的自然经济在西方商品经济冲击下的解体与近代资本主义工商业经济的产生,加上受传入的西方近代经济思想的影响,中国传统的"重农"思想先后受到具有"重商主义"性质的"以商立国"思想和具有"重工主义"性质的"以工立国"思想冲击,一些先进的中国人相继提出了"商战"和"实业救国"的主张。尽管如此,无论是重农主张还是重工、重商主张都没有离开"强国富民"这一目的。20世纪20年代初,受第一次世界大战后"西方文化没落论"和英国"重农学派"理论的影响,建立在对西方资本主义工业化及其结果反思基础上的"以农立国论"被提了出来,然而这并不是传统"重农"思想的简单回归。"九一八"事变后的30年代,为了探索民族危机下中国经济的发展道路,思想界曾围绕中国应该"以农立国"还是"以工立国"展开过激烈讨论。通过思想论争,人们对于中国经济发展道路的认识上升到了一个新水平,形成发展农业与发展工业相辅相成、互为条件的认识,提出了"以农立国,以工建国"的具有中国特色的经济思想。

---

① 叶适:《习学记言》。

当然，真正理解中华优秀传统经济思想并吸收世界经济思想的当属中国共产党人。毛泽东在领导中国社会主义经济建设实践中，形成了一系列关于社会主义经济建设思想，构成毛泽东思想的重要组成部分，如"以农业为基础，以工业为主导"，"四个现代化"和重视价值规律作用、发展社会主义商品经济实现强国富民的伟大目标等重要思想。改革开放以来，中国共产党人提出和发展了社会主义市场经济理论和中国特色社会主义政治经济学，作为中国特色社会主义理论体系的组成部分。

第四，中华优秀传统哲学思想主要是唯物主义和辩证法思想。

中华优秀传统哲学思想，在其发展进程中形成相当实力的唯物主义和极其丰富的辩证法思想，构成中华优秀传统哲学的精华。中华传统哲学思想发展进程中始终贯穿着唯物主义与唯心主义、辩证法与形而上学的论争。中华优秀传统哲学思想的唯物主义和辩证法精华，是在论辩进程中发展起来的。在古代中华民族那里，既产生了朴素的唯物主义和辩证法思想，也出现了早期的唯心主义和形而上学思维方式。

在商周时期已经产生了朴素唯物主义思想。《周易》从自然界与人类社会复杂多变的事物现象中，概括出阴与阳两种属性的事物现象，作为天地万物的本源。直到战国时期出现了"五行"说，到西汉流行起来。《尚书·洪范》认为，构成物质世界的是五种基本元素——金、木、水、火、土。用"五行"这些当时人们在生产和生活中常见的具体物质形态，作为世界万物的本源，在自然物质本身中寻找事物的根源，当作自然现象无限多样统一的基础，认为世界上复杂的事物，皆是自然万物的生成变化，表现出一种自发、朴素、直观的唯物主义。

与古希腊时期大体相当的春秋战国时期，道家、儒家、法家、墨家等诸子百家纷纷表述了自家的哲学观点，百家争鸣，开启了中华传统哲学的鼎盛时期，为后来中华传统哲学思想发展确立了基本的理论范式和风格。春秋战国时期，正是封建制度代替奴隶制度的社会大变革时期，新兴地主阶级与保守奴隶主阶级之间的斗争，反映在哲学思想上，表现为唯物主义和唯心主义两条主线的论战。孔、孟为代表的儒家唯心主义，在本体论方面主张"畏天命"，维护唯心主义天命论；在认识论方面，主张"生而知之"的唯心主义先验论。以老、庄为代表的另一派唯心主义，宣扬"宿命论"，主张人在自然面前无所作为，从另一个角度宣扬唯心主义先验论。荀子和他的学生韩非代表了唯物主义，在本体论上，反对把"天"说成是主宰一切的有意志的上帝的唯心主义，把"天"解释为物质的天即自然界，认为气才是构成万物和人的最根本的物质，否认人们必须服从天命，提出"制天命而用之"的"戡天"思想，主张发挥人的能动性；在认识论上，反对唯心主义先验论，主张唯物主义反映论，提出知识和才能是后天学习得来的。墨子承认外部世界的实在性，主张唯物主义经验论，他强调耳目之实的感性认识，把对外部事物的直接感觉看作认识的来源和根据，但过分夸大感性认识的作用。

封建社会战胜了奴隶社会。"罢黜百家，独尊儒术"，与中国封建社会"大一统"的政治理念一样，儒家哲学也成为中国封建社会的官方哲学。随着封建社会的衰落，儒家哲学越发钻进唯心主义和形而上学的死胡同。儒家哲学是以唯心主义为主要内容和流派的，当然，包括春秋战国时期的孔孟儒学、两汉经学、宋明理学等都不乏唯物主义和辩证法精粹。为适应封建地主阶级统治，汉代董仲舒把谶纬迷信、神学与哲学结合起来，建立了目的论唯心主义哲学体系。东汉唯物主义哲学家王充针锋相对地反对董仲舒的唯心主义目的论，提出元气自然论。他一方面继承了朴素唯物主义传统，另一方面又发展了朴素唯物主义，坚持无神论，把中华传统哲学唯物主义思想推向一个新的高度。

魏晋玄学主张"贵天论"，以抽象的本体说代替神学的上帝说和目的论的"天人感应"说，使传统唯心主义哲学更狡猾、更隐蔽、更思辨、更精巧。著名的唯物主义哲学家范缜提出"神灭论"，有力批驳了"神不灭论"和佛教因果报应说，对形神关系做了唯物主义解释。范缜的唯物主义和无神论思想是这一时期唯物主义的代表思想。

宋明理学则把孔孟儒家哲学以来的唯心论发展到中华传统哲学唯心主义体系的顶峰。他们把"道""理""太极"等作为世界万物的本体，并与整个封建伦理道德密切联系起来，由它来囊括整个自然和社会，为封建社会的"四条绳索"（政权、族权、神权、夫权）提供了哲学依据。宋明理学分为两大派：一派是二程（程颐、程颢）、朱熹的客观唯心主义理学；另一派是陆九渊、王阳明的主观唯心主义心学。

王安石、张载、陈亮、叶适、王夫之、颜元、戴震等在与宋明理学的唯心主义哲学论争的过程中，把中华传统哲学唯物主义思想向前推进了一大步。他们强调，物质的"气""器"是第一性的，是本源，而"道""理"只是第二性的，是派生的，坚决反对和驳斥了超越事物之上的"道""理"为本体的唯心主义本体论。他们针对唯心主义本体论提出的体用、心性等问题，做了针锋相对的解答，从而把自然观、认识论、方法论等哲学各个方面贯通起来，构成了中华优秀传统思想比较完整的唯物主义哲学体系。中华传统唯物主义哲学虽然在自然观方面坚持了唯物论，但他们在社会历史领域仍然是唯心主义。

到了近代，由于中国国情所致，中国资产阶级具有严重的两面性，中国资本主义没有条件发展起来。中国近代资产阶级政治家、思想家倾向于机械唯物主义、庸俗进化论，唯物主义不彻底，缺少革命辩证法。

辩证法和唯物主义本来应该是一家，但在中华传统哲学思想发展史中却长期分离。往往辩证法与唯心主义结合在一起，一些唯心主义哲学家有着丰富的辩证法思想，而其辩证法思想又为唯心主义体系所闷死。有些唯物主义哲学家兼有辩证法的思想，而有些较为坚决的唯物主义哲学家却又往往陷入形而上学的泥坑。

辩证法思想是中华优秀传统哲学的精华。《易经》《洪范》就包含素朴的辩证法思想，认为阴阳两种势力的变化矛盾是推动世界万事万物变化发展的推动力，提出阴阳对立谋和的思想。春秋战国诸子百家的思想也包含大量的辩证法思想。老庄的道家、孔孟的儒家，还有墨家、兵家、辩家、阴阳家都包含富有价值的辩证法思想。《道德经》《孙子兵法》是辩证法的上乘之作。汉初的《黄帝内经》、唐朝李筌的兵书，含有较为丰富的辩证法思想。中国古代佛教思想也包含大量的辩证法思想。宋明理学仍内含一定的辩证法思想。王安石、张载到王夫之等则在唯物主义立场上把中华传统哲学朴素辩证法思想提高到一个新的水平。"穷则变、变则通、通则久"的变易思想，贯穿在中华传统哲学的辩证法思想中。当然在中国封建社会辩证法思想发展进程中，也长期存在与辩证法思想对立的"天不变，道亦不变"的形而上学观。

真正继承并发扬光大中华优秀传统哲学思想的是中国共产党人。他们实现了马克思主义哲学的真正中国化，不断开拓马克思主义哲学与中华优秀传统哲学思想相结合的新境界。

中华优秀传统思想"一以贯之""一脉相承"的精神基因极其丰富，除上述阐述到的，还有如"厚德载物"的道德修养，"天下兴亡、匹夫有责"的爱国主义，"苟日新、日日新、又日新"的创新精神，"小康""大同"的社会理想，"和而不同"的处世之道，"民为邦本、强国富民"的民本思想，"道法自然、天人合一"的自然生态观，"德法相辅"的治国方略，"知行合一、躬行实践"的贵在实干观，"实事求是"的求真精神和思想方法，唯物主义和辩证法的哲学精华，等等。

七　外来宗教必须走中国化的道路，宗教要与主流社会相适应是中华宗教思想的要义

自古以来，中国就没有形成一个全国性的一统天下的宗教。因为中华传统思想自萌生那天起，便重人文而轻鬼神。孔子告诫他的学生："未能事人，焉能事鬼"①；"务民之义，敬鬼神而远之，可谓知矣"②。他自己从来"不语怪力乱神"③。这是中华传统思想不同于其他一些民族思想的最显著特点。标志着中华传统思想形成的诸子百家及其学说，无论是儒家，还是道家，抑或法家、墨家、名家、农家、阴阳家以及其他各家，都是思想或学术而非宗教，当然不可否认墨家也还有某些宗教因素。

中国的本土宗教是道教，道教产生于东汉时期，道教产生后虽然尊老子为教主，但老子是春秋战国时期道家的创始人，其学说与宗教风马牛不相及，道家与道教不是一码事。

佛教是西汉之际从古印度传入中国的，是外来宗教。在魏晋时期，无论是佛教，还是道教，其影响都非常有限。佛教和道教的大规模传播并产生重要的社会影响是在魏晋之后南北朝时期，与这一时期的社会战乱有着非常密切的直接联系。社会战乱使人们无法把握自己的生死和命运，只好求助于菩萨或神仙的保佑，希望在佛教或道教那里获得安身立命之所。加之信仰佛教成为僧人，可逃避兵役和徭役，佛家田产亦可逃税，这更增强了佛教对人们的吸引力。佛教因而得到迅速发展。但佛教作为外来宗教，它与中国本土思想、宗教和文化不可避免地存在着矛盾甚至冲

---

① 《论语·先进》。
② 《论语·雍也》。
③ 《论语·述而》。

突，更何况佛教的发展还严重影响到封建王朝的兵役、徭役和税收，影响到社会的安定，所以南北朝时期曾发生过两次大规模的由封建王朝所发动的灭佛运动，一些进步的思想家也对佛教的教义进行过批判。

到了唐代，无论佛教还是道教，都有了进一步发展，形成道教、佛教和儒学"三足并立"的局面。佛教经过与中国本土思想、文化和宗教的长期冲突与融合，开始中国化，最终成为中国化的宗教——禅宗。佛教和道教的发展，尤其是佛教的中国化，对儒学构成了严重的挑战。在道教发展和佛教中国化的同时，反佛教、反神学的思想也在兴起和发展，一些思想家从维护儒学之正统性的立场出发，批判佛教及其学说。经过五代十国的动乱，进入宋代后，道教，尤其是佛教对儒学的挑战更加严重。佛教提出的有关宇宙和人生的许多命题，都是儒学不曾论及或论及不多的问题，如果对这些问题不能给予回答，要维护儒家学说的正统地位，并使儒学在与佛教、道教的竞争中得到发展是根本不可能的。加上受佛教中国化经验的启迪，一些思想家开始援佛、道入儒，引用道教尤其是佛教的心性学说、理事论等有关宇宙和人生的看法，对儒学作出新阐发，这是产生宋明理学的一个重要内因。程朱一派建立起以理为本体的形而上学的理论体系，吸取了华严宗理事论某些理念；陆王一派注意吸收了禅宗心性学说，建立了以心为本体的形而上学的理论体系。从南北朝时期大规模的灭佛运动，到唐代的儒佛道"三足并立"，再到宋明时期的儒佛道"三者合流"，儒学、佛教和道教终于从激烈冲突走向了融合发展。外来的佛教虽然丰富了中华传统思想，但外来宗教不实现中国化必将被中华文明淘汰，它不仅没有从根本上改变儒家作为中华主体思想的基本内容和价值取向，相反还被中华传统思想逐渐同化，走上外来宗教中国化的道路，成为中华传统思想的重要组成部分。儒学、佛教和道教从冲突走向融合的历史说明，中华思想具有很强的包容性和开放性，这也是中华思想之所以生生不息、延绵数千年依然有其强大生命力的重要原因。

历史上中国宗教与国家的关系始终是不离不弃的，从来没有达到政教合一的程度。说到底，宗教是为政治服务的，当宗教有利于国家政权时，就会受到统治阶级的支持，一旦危害国家政权时，统治阶级就会采取剪灭的政策。

进入半殖民地半封建社会后，宗教方面的一个重要变化是，儒学、佛教和道教的融合进一步扩展到学术领域，晚清民国的不少思想家和学者都是儒、佛、道兼通，尤其儒、佛兼通，既是著名的儒学学者，也是著名的佛学学者，儒学和佛学都成了他们从事学术研究、阐发自己学术思想的重要来源。特别是佛教进一步学术化，是晚清民国佛教发展的一个重要取向。和佛教学术化的取向相反，儒学则发生了宗教化的取向。戊戌变法期间，康有为认为西方有国教而强、中国无国教而弱，主张改儒学为国教，立孔子为教主，他自己则当中国的马丁·路德，面对帝国主义掀起的瓜分中国的狂潮，提出了保国、保种、保教的主张。康有为所提出的保国，即保以爱新觉罗氏为皇族的大清国；保种，即保以汉族为主体的中华民族；保教，即保以孔子为教主的孔教。民国初年，他又发起了一场颇具声势的孔教运动，要求将孔教纳入宪法，立为国教，结果遭到以陈独秀为代表的进步思想家的反对。这也是五四新文化运动兴起的一个重要原因。

宗教方面的另一个重要变化，是西方基督教和天主教的大量传入和影响。早在1840年鸦片战争之前，一些西方传教士就来到中国，从事传教活动，但那时的传教是非法的，规模也不大。鸦片战争后，特别是第二次鸦片战争后，西方列强用大炮轰开了中国大门，并通过1860年签订的《北京条约》取得了在中国传教的合法性，于是传教士们纷纷来到中国，他们受所在国教会的派遣，深入到中国的城市、村镇和民族边疆地区，传播上帝

"福音"。一方面，由于传教士在传播上帝"福音"的同时，又创办了不少教会学校和报刊，翻译和出版了一些西学书籍，从而将西方先进的科学文化知识和教育理念传入中国，这在客观上促进了中国近代科学教育事业的产生和发展，促进了人们思想和文化观念的变革。另一方面，传教士所传播的上帝"福音"不仅与中国传统的思想和文化格格不入，而且不少传教士是一身二任，既是传播上帝"福音"的传教士，又是西方列强侵略中国的急先锋，他们为西方列强侵略中国绘制地图，搜集情报，制造舆论，有的还与当地土豪恶棍相勾结，强占民产，武断乡曲，干预诉讼，甚至左右地方官吏的升迁，这就不可避免地激起了以儒学为价值依归的广大士绅和下层民众的反对。自西方传教士大规模进入中国那天起，反"洋教"运动的"教案"就不断发生，规模最大、影响最大的是发生在1900年的义和团运动。义和团运动本质上是一场以反"洋教"为旗帜的反帝爱国运动，但在运动中又表现出了较为浓厚的愚昧落后和盲目排外的倾向。既爱国，又愚昧和排外，这可以说是中国近代反"洋教"运动的一个显著特点。进入20世纪20年代，随着新民主主义革命运动的兴起，在中国共产党的领导下，中国人民在废除不平等条约的斗争中，又掀起了反对帝国主义利用宗教进行文化侵略的非基督教运动和收回教会教育权运动，沉重打击了帝国主义在华的侵略势力。

中国宗教包括被汉化的外来宗教，除了包容性、开放性的特点外，还兼具守法爱国、利乐众生等优点，例如周恩来在抗战时期对佛教人士题词中写道："上马杀敌、下马学佛"，赞扬了中国佛教人士的爱国壮举，这也是中国宗教能融入中华思想文明大流中的重要原因。

中华人民共和国成立，社会主义制度确立，党和国家一方面在群众中加强无神论教育和宗教管理；另一方面主张宗教自由，引导外来宗教走中国化的道路，引导宗教与社会主义相适应，提倡宗教爱国守法、自主自立办教，依法取缔邪教异端，推动了佛、道、伊斯兰、基督、天主等宗教的健康发展。

八 用历史唯物主义态度科学认识道德，乃至思想的阶级性与继承性问题

新中国成立以来，伦理学界乃至哲学界关于道德的阶级性和继承性问题展开过广泛的争论，说到底无非是这样两个问题：一、在阶级社会中，相互对立的或不同的阶级有没有共同的道德；二、剥削阶级的道德能否继承。回答这两个问题，单凭道德现象例证的罗列或只就某个侧面进行逻辑的推演，是不能得出正确结论的。只有用历史唯物主义的基本立场、观点和方法对道德现象及其相关的社会现象进行科学分析才能得出正确的结论。对道德的阶级性和继承性问题的认识，同样适用于对思想的阶级性和继承性的认识。

马克思主义认为道德作为意识形态的上层建筑，是社会存在的反映，道德的形成、发展和变化，是受人们的社会存在诸因素制约的，最终是由社会生产方式所决定的。

第一，社会的物质经济条件是道德的基础，道德的形成、发展、变化最终受其制约。

人类所赖以生存的衣食住行等生活条件、自然地理环境、物质生产的谋取方式（生产方式）是人类的道德观念所赖以存在的基础。例如，人们生活环境的不同（其生活环境则是由自然地理条件、生产力发展状况所决定的衣食住行等诸条件）会形成不同的民族风俗习惯，形成不同的道德规范。例如，袒胸露背的服饰在热带非洲被认为是正常的道德风尚，而在东方的一些国度里则被认为是不道德的。在人类社会物质生产生活诸因素中，起决定作用的是物质生活资料的谋取方式，即生产方式。原始社

会的维护共同利益、热爱劳动、团结互助、群婚等道德原则与原始共产主义的生产力和生产关系发展状况相适应；奴隶主虐奴、鄙视劳动、自私等道德同奴隶社会的生产方式相一致；封建社会地主阶级的忠君、男尊女卑、三纲五常、厌恶劳动等与农民阶级的平等、勤劳、节俭等之间的道德对立是与封建社会的经济关系相适应的；资本主义社会资产阶级的利己主义原则是同资本主义剥削制度相一致的；无产阶级集体主义原则是与社会化大生产的生产力发展状况相适应的……一定的社会经济条件决定了一定的社会道德范畴。例如，伦理学界经常列举的"勿偷盗"的道德规范，只是基于私有制这种经济关系的道德现象，在原始共产主义社会，财产公有，偷盗问题不存在，何来"勿偷盗"的道德规范？况且在阶级剥削社会，偷盗问题也是有阶级属性的，在剥削阶级和被剥削阶级看来，对同样的偷盗问题有着不尽相同，甚至相反的看法；到了发达的共产主义社会，物质极大丰富，这种道德范畴也会归于灭亡。再有，婚配道德观念也有其发展过程。在原始社会群婚状态，发生性关系的男女离异并不能看作是不道德的，对于松散的对偶婚，男女离异也是允许的，只有在私有制社会产生了一夫一妻制婚姻后，离异才被看作是不道德的（但是这种婚姻道德则是以女子因经济原因不得不委身于男子、以卖淫嫖娼等社会丑恶现象为补充）。那么到了共产主义社会，双方感情不和而分离是道德的，虚伪地保持夫妻关系则是不道德的。可见，一定的社会经济条件决定一定的道德观念，当经济条件变化时，道德观念或迟或早总是要随之发生变化的，适合于一切条件、一切时代、一切阶级的永恒的道德原则是根本不存在的。不同的民族，不同的阶级，甚至不同时期的人处于相似的社会生活条件、相似的经济条件中，那么就存在为社会所共同接受、共同遵守的道德共同点，但无论如何这是相对的。如人类阶级剥削社会都是基于私有制这个共同的经济基础，但在不同的历史条件下，私有制发展为不同的阶段，道德也是与一定的历史阶段相适应，任何经济条件只是在一定条件、一定范围内相似。例如，先公后私、大公无私，这是在私有制以来的社会中为不同的阶级所共同提倡的道德规范。这种道德规范之所以为各个阶级所提倡，在于每个阶级都存在如何处理个人与本阶级整体利益的关系的问题，因此，每个阶级都要推崇本阶级先公后私的突出人物作为典范。但这种道德共同性是相对而言的：一是剥削阶级的本性是贪婪的，劳动人民，尤其是工人阶级是讲集体互助的，工人阶级作为整个阶级是大公无私的；二是在不同的历史条件下，"公"的具体、历史、阶级的内容不同。

第二，除经济关系以外，其他社会关系也给予道德的形成、发展、变化以深刻影响。

道德作为反映和调整人与人、人与社会之间的行为规范的总和，其所反映的社会关系不仅包括生产关系，而且包括其他广泛的社会关系，如家庭关系、朋友关系、民族关系、集体关系，等等。这些社会关系一方面受制于经济关系，另一方面也具有相对独立性。因此，作为社会存在反映的道德，不仅表现为直接受经济关系的影响，或通过其他社会关系而受经济关系的影响，而且也受除经济关系以外的其他社会关系的影响。如果把一切道德观念的形成都简单地归结于经济关系直接所然，那是一种并不能完全说明问题的解释。例如尊老爱幼，这是人类发展史上处理人与人之间亲密关系的重要道德原则，这种道德是直接同人与人自然繁衍的共同利益相适应的，产生于人与人的自然关系，当然在不同历史条件下有不同的社会内容。再有，讲卫生、爱干净，文明礼貌是人类社会自进入文明社会以来所共同遵守的道德原则，同人类保持良好的环境、保持身体健康的共同利益有关。在人类社会发展进程中，也会形成某些为一定时代、一定的阶级所共同认可的道德。但这仍然是相对的，即使不准随地吐痰，也不是永恒的，一旦人们自觉地尽这种责任，这种道德也就失去了存在的意义。

第三，作为意识形态的道德观念一经产生，也有其相对的独立性，道德观念的发展也受其内在规律影响，也有其自身的逻辑发展规律。

在人类的道德发展中表现出某些逻辑的连续性和共同性，从道德本身的逻辑发展来看，当一种道德体系不适应已经发展的历史条件时，人们总是在新的历史条件下慢慢地约定俗成，兼收并蓄旧道德的合理成分，形成新的道德规范，然后由思想家加以概括形成道德理论体系。把道德概念的逻辑发展仅仅解释成"语言沿用"或"抽象继承"是不合适的。道德的这种逻辑发展当然包括某种共性的东西。如爱国主义，这不单单是名词沿用，也不是抽象继承，它始终含有人们对自己祖国所担负的道德责任，这种道德的逻辑继承性包含着共同性。无论哪个时代的爱国主义，无论具有何种阶级内容、何等的阶级局限性，都包含热爱祖国、为祖国献身的道德责任，这种道德的逻辑继承性包含着共同性。当然爱国主义在不同的历史时期，都有不同的历史内容。爱国主义者所热爱的祖国都是具体的、历史的，而不是抽象的、超历史的、超现实的。岳飞所热爱的祖国是封建社会的宋朝，而今天我们所倡导热爱的祖国，是中国特色社会主义中国。

从上述分析中，我们可以得出这样一个的结论：任何道德遵循都不是永恒的。但是囿于共同的历史条件、共同的公共生活关系、共同的道德发展规律，也会形成一定的适用于一定时代、一定条件、一定阶级的共同道德准则，但这是相对的、有条件的。这就是道德的共性与个性、绝对性与相对性的统一。由此，必须运用历史唯物主义立场、观点和方法，认识和解释道德的阶级性和继承性。

第一，关于道德的阶级性。

在阶级社会中，最基本的、最主要的、最大量的道德规范、道德准则是阶级的道德，是有鲜明的阶级性的。因为阶级社会不过是一定社会经济关系发展到一定阶段的产物，这种经济关系必然制约、影响整个上层建筑和意识形态，当然包括道德。各阶级由于在生产关系中所处的地位不同，阶级利益必然不同。不同的阶级地位和阶级利益决定了不同的人们的生活实践的差别和对立，从而形成不同的、甚至完全对立的道德观念、情感、原则和规范。因此，一方面各个阶级从维护本阶级的利益出发，需要把道德作为阶级统治和斗争的工具，另一方面各阶级的经济地位和阶级利益决定了必然形成本阶级特有的道德体系。因此，在阶级社会中，各个阶级都有各自不同的道德体系，对立的阶级有着相互对立的道德体系，他们在道德根本原则上必然是互相敌对，所以阶级社会的道德体系必然有阶级性。

然而，在阶级社会中，也存在为几个不同阶级、甚至对立的阶级所承认、所共用的道德准则。这是因为：一是由于道德是受经济基础决定的，所以在同一个社会经济基础上形成的各个阶级的道德都处于一个统一体中，有共同的历史背景、处于同一发展阶段，必然有许多共同之处。例如，处于一个共同经济基础之上，有共同生活风俗习惯的民族，尽管分成不同的阶级，但是都有为共同的民族所遵从的道德；二是由于各个阶级既然生活在一个共同社会中，都要进行相互交往，那么必然会形成不同于阶级关系的其他人与人的关系，这样必然会有一些起码的、必要的、共同承认的调整这种关系的社会公德；三是由于道德的相对独立，任何阶级的道德体系在其发展中必然具有历史的连续性和逻辑的承续性，要兼收并蓄才能发展，那么在阶级社会的道德发展史中必然表现出某种联系、某种承续性和共同性。尽管如此，道德的共同性方面或多或少、直接间接地受社会发展的经济状态制约、受阶级社会中阶级关系的制约。尽管这一道德规范为各个阶级所共同承认，但每个阶级对这一规范的理解不同，所采取的态度不同、所采取的立场不同、实行的程度不同，或多或少地有着不同历史内容、不同阶级内容的解释和实践。

总之，在阶级社会中最基本的道德范畴、以理论形态存在的道德体系是有阶级性的，是阶级的道德。也有一些共同性的道德规范，但仍然是要受阶级的局限的，因而是相对的、有条件的。

认识道德的阶级性问题，必然要弄清这样几个问题。一是认清剥削阶级道德理论的超阶级的虚伪形式与其道德理论的阶级实质。历史上剥削阶级道德体系往往具有超阶级性的虚伪性，万不能以此论证道德共同性。譬如，平等观念在阶级社会中有鲜明的阶级内容，不同的阶级有不同的平等观。例如，资产阶级作为剥削阶级，其平等观虽打着全人类平等的招牌，其实质追求的是资产阶级的平等。二是把道德的理论体系和具体的道德规范、社会公德区别开。在阶级社会中道德理论体系往往都是有阶级性的，但是某些具体的社会规范、社会公德可以是共同的。三是勿把偶然的、特殊的、脱离一般规律的特例作为整个现象来看。"单独的个人并不'总是'以他所从属的阶级为转移，这是很'可能的'。"[①] 在纷乱复杂的社会中，特例是存在的，某个人不以本阶级的道德规范为准则，而采取另一个阶级道德的现象是存在的，但这是特例，要把特例与一般现象区别开来。四是勿犯抽象继承性的错误。在历史上，有许多的道德规范，如"忠""勇""爱"，等等，无论哪一个社会，无论哪一个阶级都曾使用过，这并不说明这些规范是普遍的、抽象的，它往往只是形式上的沿用。实际上这些范畴就其最一般意义上只是表达了人与人、人与社会关系中的某个特定方面的一般道德责任，如"忠"主要是

[①] 《马克思恩格斯选集》第 1 卷，人民出版社 1972 年版，第 183 页。

人与人、个人与社会之间的特定的道德责任，但是这种特定的道德责任在不同的社会历史条件、不同的阶级关系中，是有其具体的历史内容的，在阶级社会中具有阶级性。五是我国的社会主义初级阶段不同于其他阶级社会，是一个阶级正在逐步然而又是相当漫长地走向消亡，但同时是在漫长的消亡进程中又保留了阶级差别、矛盾和斗争的社会发展阶段。社会主义越发展，其道德的共同性成分、非阶级性就越多。因此，不能用社会主义初级阶段的道德情况来说明整个阶级社会。社会主义道德的阶级性在其性质上、程度上与存在阶级对立和阶级剥削的剥削制度的社会不完全相同。

第二，关于道德的继承性。

道德的阶级性问题一解决，道德继承性问题就会得到解决。人类共同的社会历史发展的连续性，道德体系本身的逻辑发展必然造成道德发展的连续性和继承性。在剥削阶级社会中，剥削阶级的道德同样具备这些条件，同样也有可继承的一面。一是任何一个剥削阶级在其上升时期总是有其顺应历史潮流、代表新的生产力的积极方面，这积极的方面是与历史发展相一致的，那么该阶级顺应历史发展，在新的生产关系基础上所形成的道德范畴当然有其可继承的方面。二是在一定的社会中，互相对立的阶级同处一个统一体中，也必然存在不同阶级所共同关心的共同利益。那么剥削阶级处理这种共同的社会利益的道德规范也有其可取的一面。如遭受外敌进攻，保家卫国对绝大多数阶级阶层都是必须的；统治阶级的爱国主义道德情操也是可以批判继承的。三是统治阶级内部也分上中下、左中右不同阶层，一般地说其下层往往接近人民、同情人民，或者从阶级的自身利益出发提出在一定时期一定范围内多少能够反映劳动人民的利益要求。与此相适应，在统治阶级道德与劳动人民道德根本对立的前提下，在一定历史时期和一定历史条件下，统治阶级所提倡的道德也会或多或少与劳动人民道德有共同之处，这些道德成分也是可以继承的。四是任何统治阶级在其顺应历史、接近人民的某个侧面上，表现出来的道德规范必然会继承前人道德体系中的积极成分。这种道德体系的连续性和继承性是不可否认的。

总之，马克思主义者应当依据基本的历史事实确定对历史上剥削阶级社会的道德的科学态度。一概否定或一概肯定都是错误的。在批判否定的同时，要对多少反映社会进步要求、与劳动人民利益一致、对今天社会主义实践有积极意义的道德成分或因素，加以批判地改造和接受，这才是科学的态度。只有持这种态度，才能正确解决对剥削阶级社会的道德的批判继承问题。道德是社会意识形态的组成部分，是社会思想的组成部分，对道德的阶级性、共同性、继承性问题的历史唯物主义态度，也是对社会思想的正确态度，在分析认识中华传统思想时也应采取这种历史唯物主义的科学态度。

创建中华思想史当代中国马克思主义学派，是中华思想史研究的一项重要任务。创建中华思想史当代中国马克思主义学派不可能一蹴而就。"博学切问，所以广知。高行微言，所以修身。"[①] 中华思想史当代中国马克思主义学派需要更多兼具史学家和思想家气质的学者，需要更多将思想与时代、历史与现实勾连、对接起来的思想史家，需要更多站在思想和时代的制高点上，对当代中国和世界的发展作出更多哲学思考，并为国家和民族的未来提供科学的战略决策建议的真正的马克思主义思想史学家。

理论学术进步的一个重要条件在于学术队伍的接续、思想的传承、人才的辈出。有什么样的人才，就会有什么样的成果。研编《通史》打造中华思想史当代中国马克思主义学派，关键是

---

① 黄石公：《素书》。

要有一支高素质的人才队伍。在中华思想史的编研过程中要加强人才建设。通过聚集人才，特别是组织中青年学者参与中华思想史研究，努力造就一批坚信马克思主义、能自觉运用马克思主义立场观点方法进行思想史研究的高端学术人才，推出一批博通古今、学贯中西、坐得了冷板凳、功底扎实的跨学科、复合型人才，培育一批具有高度学术自觉兼具国际视野和世界眼光、能够在国际交流中直接对话、有实力争夺思想史研究国际话语权的国际型学术英才，最终形成中华思想史当代中国马克思主义学派的人才队伍。

马克思曾在《政治经济学批判〈序言〉》中写道："我的见解，不管人们对它怎样评论，不管它多么不合乎统治阶级的自私的偏见，却是多年诚实研究的结果。但是在科学的入口处，正像在地狱的入口处一样，必须提出这样的要求：'这里必须根绝一切犹豫；这里任何怯懦都无济于事。'"[1] 编撰中华思想史力作，构建中华思想史当代中国马克思主义学派是一个长期的、艰难的过程，但只要我们坚持以唯物史观为指导，坚持理论和方法的创新、学派和话语创新，就将前途光明、灿烂而充满希望，就一定能形成有品格、有尊严、有质量的当代中华思想史学科创新体系，就一定能在新的历史条件下有所发现、有所突破、有所创造，作出具有世界意义的重要贡献。

---

[1] 《马克思恩格斯选集》第2卷，人民出版社2012年版，第5页。

第一章　编撰《中华思想通史》的任务和意义、指导思想和基本原则

　　研究编撰《中华思想通史》必须站在时代的制高点上。每一个时代的社会实践都会提出思想上的要求并推动思想的发展，那些真正反映时代本质、适应时代要求的思想也引领和推动着社会的进步。必须深刻理解人类所处的大的历史时代和当代中国新的历史方位，从这样的时代背景出发去认识当代中国思想发展格局，去研究几千年来的中华思想发展脉络和规律，辨析其历史的和现实的意义及价值，在历史和现实的基础上实现创造性转化和创新性发展，更好地服务于新时代中国特色社会主义事业和人类进步事业。没有这样的立足点，我们的研究就有可能陷入"不知有汉、无论魏晋"的境地。

　　当今人类依然处于资本主义社会形态占统治地位并逐步向社会主义社会过渡的大的历史时代，时代本质没有根本改变但已呈现许多新的阶段性特征，社会主义与资本主义两种制度、两条道路之争是这一时代的主线，从而决定了社会主义与资本主义两种意识形态的斗争必将长期存在，并伴随新的阶段性特征而日益复杂；在大的历史时代框架下，中国特色社会主义进入了新时代，彰显了社会主义的强大生命力，也引起资本主义列强的忌惮和围猎；社会主义与资本主义制度之争、道路之争的特殊时代格局，增加了中国意识形态安全尖锐复杂性，国内思想文化领域存在着

冲击社会主义意识形态的错误思潮，西方敌对意识形态渗透的力度不断加强，中国遭遇"和平演变"和"颜色革命"的风险也不断增大。必须增强危机意识、国家安全意识、意识形态安全意识，随时应对各种复杂多变的形势，做好防范"和平演变""颜色革命"的工作，以清醒的头脑和高超的能力应对意识形态挑战，建设强大的社会主义意识形态，建设社会主义文化强国，更好地构筑中国精神、中国价值、中国力量，增强新时代的中国人民思想自信。

新时代中国人民思想自信的深层依据就在于中国特色社会主义伟大实践，在于马克思主义的指导，在于中国共产党领导人民创造的先进文化，在于中华民族五千多年创造的优秀思想。我们要立足人类文明最新发展，洞悉当代世界深刻变化，认清自身所处历史方位，顺应当代中国社会深刻变革，探索中华优秀传统思想对于人类和中国发展的重大影响，为新时代中国特色社会主义发展提供思想资源和理论滋养。

深入系统地研究和梳理中华思想，对于全面发展新时代中国特色社会主义至关重要。集成中华思想的资源，揭示中华思想的发展规律，发掘中华思想的精华，弘扬中华思想的优秀传统，推动中华思想的当代创新，有利于进一步坚定共产主义远大理想和中国特色社会主义共同理想，厚植中华民族伟大复兴中国梦的理论根基，凝聚中国人民发展进步的思想共识，增强当代中国人民的思想自觉，提升中华思想的国际影响力。这正是研究编撰《通史》的根本动因和目标所在。

研究编撰《通史》，必须坚持以马克思主义为指导，将唯物史观基本立场、观点和方法贯彻到底。唯物史观是马克思主义关于社会历史发展问题的总立场、总观点和总方法，深刻揭示了人类历史发展的根本动因、总体进程、一般规律和必然趋势，科学说明了社会的基本结构和历史发展的终极原因，提供了求解人类思想发端、形成、发展、作用及其规律的锁钥，是研究中华思想史必须坚持的根本指导。唯物史观纠正了唯心史观本末倒置的缺点，为科学探究人类思想的发展历史找到了最可靠而又最科学的立足点。唯物史观既是科学的历史观，也是科学的方法论，既是唯物的，又是辩证的，指导我们如何从坚实的基础上和宏观的背景下去理解思想的发展和演变，探寻中华思想发展历程及其演进规律。就思想与社会的关系而言，社会进程决定思想进程，思想进程是社会进程的反映，然而思想进程又具有相对独立性，有自身发展的演变逻辑，可以反作用于社会进程。从社会史看思想史，又从思想史看社会史，社会史与思想史相结合，是研究思想史的基本原则。

牢牢坚持唯物史观的立场、观点、方法，呼应时代的召唤，确立"人民思想史"的学术理念并把它作为系统梳理、总结、编纂、宣传中华优秀思想的核心话语，在广泛继承、借鉴既有思想史研究成果的基础上，打造"上下打通""纵横覆盖""总体集成"，真正代表我们这个时代认识水平，深刻反映中国学术、中国精神和中国道路的标志性成果，形成以马克思主义为指导、体现人民立场、上下贯通、纵横全面为特点的中华思想史当代中国马克思主义学派，为推动当代中国哲学社会科学的繁荣发展，为实现中华民族伟大复兴的中国梦，贡献出不负历史、不负时代、不负人民的思想智慧。

第一节　编撰《中华思想通史》的时代背景

当今世界依然处于马克思主义早已指明的大的"历史时代"，但已经发生重大而深刻的变化，呈现出许多新的阶段性特征；在这个大的历史时代中，中国特色社会主义经过长期发展进入了"新时代"。世情国情的深刻变化，凸显了思想建设和意识形态建设的特殊重要性。在世界社会主义运动曲折发展和国内社会主要矛盾深刻变化的情况下，中国社会主义意识形态面临的形势尖锐而复杂，迫切需要探索中华优秀思想对于人类和中国的重大影响，为新时代中国特色社会主义发展提供思想资源和理论滋养，以建设强大的社会主义意识形态，加快建设社会主义文化强国，增强新时代中国人民的思想自信。

一 大的历史时代条件下的意识形态斗争必然是长期而复杂的

明确历史时代本质及其阶段性特征，才能更好地站在大的历史时代的制高点上，以积极的态度应对时代提出的新挑战，明确当前意识形态斗争的现实基础、历史源流、深层本质和具体特点，从而更好地理解研究编撰中华思想史的时代条件和意识形态背景。

第一，当今人类依然处于资本主义社会形态占统治地位并逐步向社会主义社会过渡的大的历史时代。

在《共产党宣言》中，马克思恩格斯从人类历史发展规律和社会形态演进的角度深刻指出：人类正处于"资产阶级时代"[①]，这就是资本主义生产方式在全世界占统治地位、资本主义社会形态在全世界成为主导社会形态的历史时代。在这个大的历史时代中，资本主义生产关系长期维持其统治地位，资本主义在繁荣和危机的交织中持续发展，经过了自由竞争的资本主义和垄断资本主义两个历史阶段，正在进入新的历史阶段。这个历史时代同时也是资本主义社会向社会主义社会过渡的历史时代，随

---

① 《马克思恩格斯文集》第 2 卷，人民出版社 2009 年版，第 32 页。

着国际共产主义运动的兴起和不断发展,"资产阶级的灭亡和无产阶级的胜利是同样不可避免的"①,这是历史发展不可逆转的总趋势。

当今人类所处的时代尽管同马克思所处的时代相比发生了巨大而深刻的变化,但资本主义社会形态占统治地位的时代本质并没有发生根本性改变。首先,资本主义的社会生产力依然十分强大,当今世界的科技创新理论、科技创新团队、核心技术成果都还主要集中在以美国为代表的资本主义发达国家。其次,资本主义的自我调整和社会治理能力依然很强,通过宏观管理、经济改革、改善民生等方式进行体制性自我修复的努力依然在进行,在一定时期内能够缓和社会矛盾和阶级关系,资本主义国家民众的制度认同并没有发生根本性撕裂。再次,资本主义依然存在着强大的转嫁、转移、转化危机的能力,还控制着世界经济政治秩序的规则制定和解释权,能够通过经济、政治或军事的手段掠取世界资源、攫取剩余价值,以维持其制度的存在。上述这些情况表明,资本主义社会所能容纳的生产力还有发挥的空间,彻底摧毁资本主义全部生产关系的条件尚未成熟,资本主义社会彻底崩溃的时刻尚未到来。正如马克思所说:"无论哪一个社会形态,在它所能容纳的全部生产力发挥出来以前,是决不会灭亡的。"②

资本主义生产方式占统治地位的时代本质意味着,资本主义固有的内在矛盾必然会不断造成新的经济和社会危机,使资本主义社会时代在其不同阶段上呈现新的阶段性特征。2008 年金融危机以来,资本主义国家长期陷入全面的经济和社会危机,经济发展长期处于低迷状态,社会治理难以摆脱困境,不同政党之间相互倾轧,热点地区的战火和恐怖事件不断发生,资本主义在世

---

① 《马克思恩格斯文集》第 2 卷,人民出版社 2009 年版,第 43 页。
② 同上书,第 592 页。

界上的影响力和控制力不断下降，"东升西降""社兴资衰"的历史发展势头已经显现。习近平指出："许多西方国家经济持续低迷、两极分化加剧、社会矛盾加深，说明资本主义固有的生产社会化和生产资料私人占有之间的矛盾依然存在，但表现形式、存在特点有所不同。"[1] 这些新的阶段性特征再次证明马克思所说的"两个必然"历史趋势是不可避免的，资本主义时代必然要过渡到社会主义和共产主义时代。

事实上，资本主义时代从其诞生之日起就蕴含着自身的否定性因素——社会主义思想和运动，"资产阶级不仅锻造了置自身于死地的武器，还产生了将要运用这种武器的人——现代的工人，即无产者"[2]。十月革命后，社会主义从科学理论上升到社会制度实践，打破了资本主义一统天下的局面，人类社会进入了两种制度在斗争中长期并存、两种力量消长变动的世界格局当中。尽管世界社会主义运动在20世纪80年代后期出现了严重曲折，尽管当今世界力量对比的总体状况依然是"资强社弱"，社会主义社会形态在同资本主义社会形态的对比中尚不占据统治地位，但资本主义所感受到的压力感和危机感伴随着社会主义国家的发展而与日俱增。资本主义和社会主义两种制度、两条道路谁战胜谁的问题始终存在，并越发激烈。

第二，大的历史时代条件下资本主义和社会主义两种意识形态的斗争始终存在并日益复杂。

资本主义和社会主义两种制度长期并存和斗争的时代格局，资本主义占统治地位并逐步向社会主义过渡的时代本质，资本主义不断走向衰落和社会主义不断走向胜利的时代现实，决定了两种意识形态的较量长期存在，而在当今时代又异常尖锐和复杂。

---

[1] 习近平：《在哲学社会科学工作座谈会上的讲话》，人民出版社2016年版，第14页。
[2] 《马克思恩格斯文集》第2卷，人民出版社2009年版，第38页。

在资本主义社会形态占据统治地位的情况下,资本主义意识形态始终占据统治地位,而社会主义意识形态则处于弱势,但作为新生力量具有强大生命力。随着社会主义战胜资本主义的历史进程不断推进,社会主义意识形态将不断强大起来,资本主义意识形态则一步步衰落下去,最终先进的、正确的思想要战胜落后的、腐朽的思想。这是两种思想斗争不可逆转的总趋势,是把握当今世界思想发展态势的根本立足点。

资产阶级在其上升阶段代表了历史发展方向,提出了"自由""平等""民主""人权"等同封建主义意识形态相对立的思想体系,用以号召和动员本阶级及其联盟者推翻封建政治制度并战胜封建意识形态。资产阶级取得政权后,其特定历史阶段上的历史进步性逐步丧失,资本主义意识形态成为占统治地位的思想,与其赖以存在的社会基础即资本主义关系一样日益显示出其腐朽性,成为维护资本主义制度、掩饰社会矛盾的虚假性思想体系,压制更先进阶级的革命斗争和更先进的意识形态。马克思指出:"资产者的假仁假义的虚伪的意识形态用歪曲的形式把自己的特殊利益冒充为普遍的利益。"[①] 恩格斯针对资本主义意识形态的虚假性指出:"意识形态是由所谓的思想家通过意识、但是通过虚假的意识完成的过程。"[②] 西方马克思主义理论家马尔库塞也曾论述过,资本主义文化有一个从"否定性"文化转向"肯定性"文化的逆转过程:资产阶级文化在上升时期具有否定性的特点,但"在资产阶级统治开始稳固后,就愈发效力于压抑不满之大众,愈发效力于纯为自我安慰式的满足。它们隐藏着对个体的身心残害"[③]。这种文化就是要"对既定秩序起着巩固

[①] 《马克思恩格斯全集》第 3 卷,人民出版社 1960 年版,第 195 页。
[②] 《马克思恩格斯选集》第 4 卷,人民出版社 2012 年版,第 642 页。
[③] [美]赫伯特·马尔库塞:《现代文明与人的困境——马尔库塞文集》,李小兵等译,上海三联书店 1989 年版,第 124 页。

而不是否定的作用"①，粉饰和维护资产阶级统治。

十月革命胜利后，人类进入资本主义与社会主义两种制度在并存中斗争、在斗争中共处的新阶段。资本主义一开始就将苏维埃政权视为心腹大患，力图将社会主义制度和意识形态扼杀在其发展壮大之前。但是，伴随着消灭社会主义制度图谋的失败，以及社会主义苏联的繁荣发展，资本主义不得不同社会主义在特定条件下进行合作，而在合作中又从来没有停止过围攻和消灭的行动。

由此，国际意识形态斗争的特点发生了重大变化，颠覆与反颠覆、渗透与反渗透、演变与反演变、争夺与反争夺的较量从来没有停止，而且随着时代变化不断呈现出新的特征。在资本主义国家内部，资产阶级对意识形态的控制从未放松过，持续不断地在思想领域中反对马克思主义、反对社会主义和共产主义，力求清除国家内部的社会主义思想和运动，对各种左翼思想进行了镇压和破坏，20世纪50年代在美国猖獗的麦卡锡主义就是这样。在国际上，资本主义国家为遏制社会主义的发展壮大，结成联盟共同对付社会主义国家，建立了以美国和欧洲为首的北大西洋公约组织；为反击资本主义的进攻，以苏联为首的社会主义阵营结成华沙条约组织予以反击。

冷战时期，资本主义国家加紧对社会主义国家进行意识形态渗透，不断加大"和平演变"的力度，而苏联、东欧等社会主义国家却在意识形态工作上犯了严重错误，逐步背离马克思列宁主义基本原理，忽视并逐步放弃科学社会主义基本原则，否定苏共党的领袖和革命历史，任由历史虚无主义、民主社会主义、普世价值论等错误思想泛滥。在西方长期"和平演变"和自身严

---

① ［美］赫伯特·马尔库塞：《单面人——发达工业社会意识形态研究》，左晓斯、张宜生、肖滨译，湖南人民出版社1988年版，第50页。

重错误的双重作用下，20世纪80年代末、90年代初发生了苏联解体、东欧剧变的严重事件，世界社会主义运动跌入低谷。习近平总结道："苏联为什么解体？苏共为什么垮台？一个重要原因就是意识形态领域的斗争十分激烈，全面否定苏联历史、苏共历史，否定列宁，否定斯大林，搞历史虚无主义，思想搞乱了，各级党组织几乎没任何作用了，军队都不在党的领导之下了。最后，苏联共产党偌大一个党就作鸟兽散了，苏联偌大一个社会主义国家就分崩离析了。"① 习近平一语中的，切中要害。

第三，苏联解体、东欧剧变后西方意识形态渗透呈现新的特点，并把"和平演变"的重点集中指向中国。

苏联解体、东欧剧变后，资本主义对社会主义的意识形态渗透与和平演变的攻势不仅没有停止，而且以新的内容和形式变本加厉地推进。苏联解体、东欧剧变发生后，资产阶级思想家在庆贺"社会主义失败"的同时，提出了新的意识形态理论，福山的"历史终结论"和亨廷顿的"文明冲突论"就是典型代表。

"历史终结论"把内含不同阶级、不同政治实体、不同国家利益的争端和冲突，"去阶级化""去政治化""去意识形态化"后，归结为"争取认可"的斗争，把阶级斗争、政治冲突、意识形态交锋抽象成"学术性"话题，概括成为不同价值取向的冲突；在此基础上认为，共产主义和社会主义"争取认可"的斗争已经终结，资本主义意识形态代表了人类文化价值观发展的顶峰，美国式民主制度模式代表了人类政治文明发展的顶峰，世界其他地方的人们只要以此为标准，向着这个顶峰发展就行了。② "文明冲突论"声称，冷战结束之后世界范围内的斗争，已经不再是社会制度和意识形态的斗争，而是不同文明之间的冲

---

① 《十八大以来重要文献选编》（上），中央文献出版社2014年版，第113页。
② 参见［美］弗兰西斯·福山《历史的终结及最后之人》，黄胜强、许铭原译，中国社会科学出版社2003年版。

突，西方文明正在遭受着中华文明、阿拉伯文明的严重挑战，西方国家必须增强忧患意识，团结起来打击伊斯兰文明，遏制中华文明。[①]

这两种理论集中体现了资本主义意识形态渗透的新特点：一是力求将意识形态斗争以不同文明之间冲突的形式呈现出来，掩盖意识形态斗争背后的政治本质、阶级内涵和制度属性；二是力求将意识形态之争以普世价值的方式呈现出来，转化为不同价值观之争，将两种不同社会制度之争解释为自由、民主、人权同专制、集权、蔑视人权的斗争；三是力求将意识形态之争以学术性话语的方式呈现出来，以学术的名义阐释西方主流价值观的合理性和普世性，并运用西方意识形态理论框架来阐释和抨击其他国家的发展实践；四是力求将意识形态之争隐蔽在大众文化的形式之下，通过世俗化、娱乐化的形式达到潜移默化的渗透效果。

苏联解体、东欧剧变后，资本主义国家意识形态攻击和渗透的主要矛头集中对准中国，企图实现"和平演变"中国的目的。一方面，不断变换花样地提出所谓的"中国威胁论""黄祸论""遏制中国论""中国崩溃论"等论调，选择性地回避中国的繁荣发展，而集中报道中国的负面信息，污蔑、攻击、"妖魔化"中国，败坏中国在国际上的形象。另一方面，加紧意识形态渗透和入侵的步伐，以基金会为平台，以学术交流、干部培训等方式，重点指向领导干部、知识分子、青年学生等，力求实现"颜色革命"的目的。新自由主义在中国传播就是典型，通过出版物、大学讲坛、学术讨论等渠道广泛传播，并在大学开办新自由主义理论的专题课程，经过长时间渗透，新自由主义已经在我国政治、经济、文化、教育等领域造成了恶劣影响。2008年金

[①] 参见［美］萨缪尔·亨廷顿《文明的冲突与世界秩序的重建》，周琪、刘绯、张立平等译，新华出版社2010年版。

融危机之后，这种理论虽然已经破产，但在我国的影响仍然不可小觑。

历史和现实昭示人们，任何占统治地位的社会形态都不可能自动消亡，任何统治阶级都不可能自动退出历史舞台，任何统治阶级的意识形态也不可能自动放弃自己的阵地。随着资本主义的不断衰落，资本主义意识形态将倍加努力地维护自身所赖以存在的社会形态，抵制和攻击社会主义，不断加大资本主义意识形态的渗透力度。社会主义国家所面临的意识形态斗争将持续不断，意识形态领导权、管理权和话语权上的争夺将异常激烈。

二 新时代中国意识形态安全面临着新的问题和挑战

在资本主义社会形态占统治地位的大的历史时代条件下，中国特色社会主义经过长期发展进入了新时代。这个重大的历史性进步在中华民族发展史、世界社会主义运动史和人类文明发展史上，都具有极其重要的意义。在资本主义国家长时间陷入危机的同时，中国特色社会主义以其辉煌成就彰显了科学社会主义的强大生命力，世界赞同和拥护社会主义的声音不断增强，坚持和发展社会主义的力量不断壮大，昭示着世界社会主义运动正在从低谷中逐步走向复兴，这也必然引起资本主义国家的嫉恨和围攻。由此，新时代中国维护意识形态安全的压力也必然不断增加，意识形态工作的复杂性和艰难度也会更大。

第一，新时代国内意识形态安全工作的复杂性不断增加。

中国特色社会主义进入新时代，我国的经济实力、科技实力、国防实力等已经进入世界前列，国际地位得到了空前的提升，迎来了中华民族从站起来、富起来到强起来的历史飞跃，中华民族伟大复兴展现出前所未有的光明前景。

但是，在重大历史成就面前，我们必须清醒地认识到，中国特色社会主义新时代不只是一个敲锣打鼓、欢庆胜利的时代，更是一个迎接新任务和新挑战的时代，一个需要承担更大责任和使命的时代。进入新时代，我国的社会主要矛盾发生了关系全局的历史性变化，已经转化为人民日益增长的美好生活需要和不平衡不充分的发展之间的矛盾。人民在经济、政治、文化、社会、生态等方面的需要日益丰富和提高，而发展不平衡不充分的一些突出问题却尚未解决，民生领域存在短板，脱贫攻坚任务艰巨，社会矛盾交织叠加，全面依法治国任务繁重，中国共产党的建设方面存在不少薄弱环节，等等。这就要求我们必须适应矛盾变化的新要求，更好地推动人的全面发展、社会全面进步，承前启后、继往开来、在新的历史条件下继续夺取中国特色社会主义伟大胜利，决胜全面建成小康社会、进而全面建设社会主义现代化强国，不断创造美好生活、逐步实现全体人民共同富裕，奋力实现中华民族伟大复兴中国梦，日益走近世界舞台中央、不断为人类作出更大贡献。

解决新的矛盾，完成新的任务，需要全国人民统一思想、凝神聚气，但是我们在意识形态领域却存在着一系列不容忽视的问题。随着社会主义市场经济的全面发展，改革开放的深入推进，中国思想领域出现了一元化主导意识形态同多样性社会思潮并存的局面。除了作为主导性意识形态的马克思主义外，还有各种各样的社会思潮，其中有一些具有明显错误倾向甚至反动政治色彩的思潮，对社会主义意识形态建设带来极大冲击，尤其值得注意。

我国经济社会在短时间内的快速发展，改革开放伟大社会革命的深入推进，必然会带来一系列新的问题，遭遇一系列新的挑战，这些发展中出现的突出问题要依靠全面深化改革和进一步发展来解决。党和国家已经制定一系列重大政策决策。但是，一些人却不是这样，他们不是努力推进发展、解决问题，而是将改革中出现的问题，归结为社会主义制度"不合理"，归结为党和政府"不作为"，归结为马克思主义"指导不灵"。在思想上对马克思主义失去信仰、对中国特色社会主义失去信念、对党和政府失去信任、对改革开放失去信心，动摇乃至颠覆共产主义和中国特色社会主义理想，企图用民主社会主义、普世价值论等西方意识形态理论来"替代"中国特色社会主义理论，使中国出现颠覆性错误，走上改旗易帜的邪路。

苏联解体、东欧剧变后，世界社会主义运动遭遇挫折、进入低谷，中国共产党人以对马克思主义和社会主义的坚定信念，带领中国人民顶住了来自各方面的压力，坚决捍卫和不断发展中国特色社会主义。但是，一些人却在挫折和困难面前犯了严重的"社会主义低潮综合征"，理想信念动摇，精神严重缺钙，甚至被演变成为资本主义意识形态的俘虏和代言人，处处以资本主义意识形态为圭臬，对中国特色社会主义道路、制度、理论和文化横加指责。对此，习近平尖锐地指出："有的人奉西方理论、西方话语为金科玉律，不知不觉成了西方资本主义意识形态的吹鼓手。"[①] 这些人在国内与西方资本主义意识形态渗透遥相呼应，诽谤党和国家领导人，诋毁革命烈士和英雄人物，力图消解中国人的"红色情结"，用历史虚无主义恶意歪曲和攻击党史、国史、革命史，企图通过否定历史达到否定现实的目的。

与此同时，思想领域的一些学者不敢勇于当战士而是乐于做爱惜羽毛的绅士，个别意识形态工作部门的领导干部做了骑墙派、看风派，对于错误思潮和反动言论，态度立场不鲜明，虽不支持但也不明确制止和反对，实际上纵容甚至鼓励了错误思想的泛滥，这就使得我国的意识形态形势更加复杂。

第二，大的"历史时代"框架中的新时代条件下西方意识形态渗透与和平演变的力度不断加大。

中国特色社会主义新时代，是在资本主义社会形态占统治地

[①] 《习近平谈治国理政》第 2 卷，外文出版社 2017 年版，第 327 页。

位的大的历史时代中形成的新时代，也可以说是在资本主义占统治地位的国际环境中发展起来的中国特色社会主义新时代，形成了两种制度在斗争中并存的特殊条件。

中国日益走向世界舞台的中央，中国声音的世界影响力日益增强，极大地激发了世界人民向往社会主义的同时，也毫无疑问地危及了资本主义制度在全球的统治地位。这种打破资本主义国家长期控制的世界经济政治秩序态势，遏制了资本主义列强对世界霸凌行为的突破，造成以美国垄断资本为代表的西方垄断资本主义对中国的和平发展愈加忌惮，不断从经济、军事、政治、文化等方面加强对中国的攻击力度。新时代中国遭遇"和平演变""颜色革命"的威胁甚至遭受侵略的风险不断增大，意识形态和国家安全工作面临的新形势更加严峻，正如习近平所说："意识形态领域斗争依然复杂，国家安全面临新情况。"[①]

在与社会主义中国的较量中，西方敌对势力在加大同中国经济摩擦的同时，不断加大对中国意识形态围攻的力度，企图依靠打一场"没有硝烟的战争""和平演变"中国，对中国进行全方位、多渠道的意识形态渗透。长期以来，境外敌对势力对我西化、分化的政治图谋始终未变，随着形势的发展，其意识形态渗透的方式、途径和特点发生了新的变化。

继续打着"普世价值论""公民社会""西方宪政论"等旗号，不断向中国国内输入各种危害社会主义的非马克思主义、反马克思主义思想，甚至把一些资产阶级思想披上马克思主义的外衣传入中国，故意混淆科学社会主义的基本概念，用新自由主义、民主社会主义等各种各样的"主义"，对中国特色社会主义进行"污名化"，冲击马克思主义的指导地位，破坏中国特色社

[①] 习近平：《决胜全面建成小康社会　夺取新时代中国特色社会主义伟大胜利——在中国共产党第十九次全国代表大会上的报告》，人民出版社2017年版，第9页。

会主义共同理想和共产主义远大理想。

撕下了虚伪的面纱，资产阶级的核心价值观和政治意图由幕后走向台前，更加注重渗透效果的现实化、具体化、应用化，把意识形态渗透工作不断升级为颠覆制度和政府的反动政治力量，依托借力各种非政府组织，制造反华舆论，在中国培植反政府的社团组织和精英人士，利用中国发展中存在的某些热点敏感问题进行炒作发挥，制造一系列危害社会稳定的极端化群体性事件。

借助强大的互联网技术优势，把传统途径与新兴媒介结合起来形成意识形态渗透合力，注重渗透方式的立体化，注重渗透对象的年轻化，注重渗透工作的长期化，试图把互联网打造成为和平演变的主要平台，把颜色革命的对象集中指向"年青一代"或称"互联网一代"，采用极端的历史虚无主义手法攻击党史国史上的领袖人物和革命英烈，诱导"年青一代"在否定历史之后走向反对现实。

在国外敌对势力策动下，一些分裂分子伺机运动，一些国内外反华、反党、反社会主义势力相互呼应，借助各种舆论工具败坏国家形象、制造舆论事端、激化社会热点事件，策动一些重大的广场抗议活动、街头政治事件甚至恶性暴恐事件，企图弄乱思想领域、危害国家安全，对国家团结统一、中国共产党的执政地位、意识形态工作都构成了严峻挑战。

在中国特色社会主义在大的历史时代框架中进入新时代的重大历史进程中，在当前国际上两种制度、两条道路的较量中，西方敌对势力对社会主义中国的意识形态斗争日益激烈，而这种意识形态较量又同国家利益、民族利益的诉求，同复杂的民族问题、宗教问题，同维护人类面临的共同问题相互交织在一起。资本主义意识形态在渗透中，往往披上普世的、人权的、全人类的、道德的外衣，甚至冠以社会主义的言辞，掩饰其剥削阶级意识形态的实质，模糊人们的清醒判断和思想认识。

第三，经济全球化和社会信息化对意识形态之争产生重大影响。

经济全球化在给人类生存状态带来根本性改变的同时，也持续影响着人们思想的发展变化。各民族之间的思想交流与碰撞、冲突与融合，成为全球化的重要特征，在这种充满着内在矛盾与辩证统一的过程中，社会主义与资本主义两种意识形态斗争尤为凸显。反映西方资本主义意识形态的文化产品在全球流通，对发展中国家的人们尤其是年轻人产生了重大影响，尤其是国际互联网的迅速发展，把不同国家、不同民族的生活方式、思想观念都卷进了一个新的时空序列当中，不同思想的碰撞和交锋，意识形态的冲突和斗争在所难免。改革开放40年来，中国的国际影响力得到巨大提升，放眼世界、心怀天下的中国人民总以兼济天下为荣，致力于同世界人民一道推动世界共同发展，构建人类命运共同体。但是，影响力提升以及良好意愿并不意味着中国的意识形态就是安全的。必须清醒地看到，发达资本主义国家借助其在国际政治经济秩序中的主导性力量及其在文化技术上的优势，源源不断地将他们的生活方式和思想观念输送到全世界，包括中国在内的广大发展中国家，在意识形态和文化安全方面正面临着严峻挑战。

互联网技术在文化领域的广泛运用，对意识形态工作产生了重要影响。网络文化具有隐蔽性、离散性、草根性等特点，几乎每一个人都可以成为信息的发布者和传播者，都可以借助各种新媒体平台发表自己的政治见解和利益诉求。由于网民价值取向上的多元性、政治信息多源性、政治意志复杂性、利益诉求多样性等特征，一些不健康、不正确的思想因素借助于网络对主流意识形态造成一定程度的冲击和破坏；一些嘲弄历史英雄、楷模榜样和理想信念的历史虚无主义作品对社会主义核心价值观构成一定程度的消解；一些网络产品对社会主义意识形态进行吞噬和改造，侵占主流思想作品的数量和范围，篡改主导文化作品的意义，误导大众对主流文化作品的理解；一些网络产品宣扬实用主义、消费主义、享乐主义等价值观，日益侵蚀、消解大众的政治追求、理想信念；一些网站聚焦于负面信息，制造耸人听闻的"标题党"，对社会热点、焦点话题进行大肆炒作；一些网站被某些西方势力所利用，或自觉充当某些敌对势力活动的工具，成为错误思潮传播和西方意识形态渗透的阵地，传播错误和反动的社会思潮，抵制甚至恶意攻击社会主义意识形态。

与此同时，在互联网意识形态管理方面，我们还存在着本领恐慌的问题。传统意识形态传播渠道大多数是纸质、影视和人际传播介质，意识形态管理基本上是采取把关人自上而下地对生产者、媒体和受众进行传统管理的方式，这种管理方式对于网络媒体是远远不够的，因为网络用户实现了读者、作者、传播者的身份一体化，微博、微信网状链接的传播特性在短期内汇聚了超强能量，目前我国的网络意识形态管理基本上还是按照直接管理方式进行，这造成了在网络意识形态管理上的滞后。

针对意识形态工作面临的问题和挑战，习近平指出："经济建设是党的中心工作，意识形态工作是党的一项极端重要的工作"[①]，经济建设工作搞不好要翻船，意识形态工作搞不好要变色。这是中国共产党人在新时代条件下对意识形态工作重要性的高度自觉。必须坚定马克思主义的理论自信，坚定中国特色社会主义的道路自信，不断提升对社会主义先进文化的自信，夯实国家意识形态和文化安全的坚实基础，壮大中国特色社会主义的文化软实力，以先进的社会主义意识形态来凝聚人心，在有效抵御资本主义意识形态渗透的同时，形成全党全国人民气势磅礴的精神力量。

---

① 《习近平谈治国理政》第 1 卷，外文出版社 2018 年版，第 153 页。

三 建设具有强大凝聚力和引领力的社会主义意识形态

意识形态对社会实践具有强大的反作用。任何一个社会制度的建立、发展和巩固，都需要有强大的意识形态来支撑。建立强大的社会主义意识形态，事关中国共产党的前途命运，事关国家长治久安，事关民族凝聚力和向心力，事关新时代中国特色社会主义事业的兴衰成败。面对新时代我国意识形态安全面临的重大问题和挑战，必须增强危机意识、国家安全意识、意识形态安全意识，充分认识意识形态工作的极端重要性，建设具有强大凝聚力和引领力的社会主义意识形态。正如习近平指出的："建设具有强大凝聚力和引领力的社会主义意识形态，是全党特别是宣传思想战线必须担负起的一个战略任务。"[1] 新时代意识形态建设一定要在增强凝聚力和引领力上下功夫，坚持以立为本、立破并举，随时应对各种复杂多变的形势，做好防范"颜色革命"的工作，用社会主义意识形态武装头脑，凝聚共识，汇聚力量。

第一，建设强大的社会主义意识形态必须继承和发扬中国共产党的意识形态工作的优良传统和宝贵经验。

在长期的革命建设改革过程中，中国共产党始终把思想建设和意识形态工作作为一项基础性工作看待。在革命战争时期，毛泽东就强调："掌握思想领导是掌握一切领导的第一位。"[2] "掌握思想教育，是团结全党进行伟大政治斗争的中心环节。如果这个任务不解决，党的一切政治任务是不能完成的。"[3] 在社会主义建设时期，他进一步提出："政治工作是一切经济工

---

[1] 《举旗帜聚民心育新人兴文化展形象 更好完成新形势下宣传思想工作使命任务》，《人民日报》2018年8月23日第1版。
[2] 《毛泽东文集》第2卷，人民出版社1993年版，第435页。
[3] 《毛泽东选集》第3卷，人民出版社1991年版，第1094页。

作的生命线。"① 在改革开放初期,邓小平提出:"我们一定要把思想政治工作放在非常重要的地位,切实认真做好,不能放松。"② 他在领导改革开放和现代化建设的过程中,坚决反对资产阶级自由化思潮,并告诫全党这是一项需要长期坚持而不能松懈的工作。面对世界社会主义运动进入低潮、西方加紧对中国进行"分化""西化"的严峻形势,江泽民指出:"思想宣传阵地,社会主义思想不去占领,资本主义思想就必然会去占领。"③ 在领导新时代中国特色社会主义事业发展中,习近平提出:夺取中国特色社会主义新胜利,更加需要坚定自信、鼓舞斗志,更加需要同心同德、团结奋斗;我们必须把人民对美好生活的向往作为我们的奋斗目标,既解决实际问题又解决思想问题,更好强信心、聚民心、暖人心、筑同心。长期以来,中国共产党始终牢牢掌握意识形态工作领导权,有效维护我国政治安全和文化安全,有力反对资本主义意识形态的渗透和挑战,以社会主义意识形态的强大凝聚力和引领力,把全体人民紧紧团结在一起,形成了坚持和发展中国特色社会主义的强大力量。这种良好的传统和经验必须要牢牢坚持。

第二,建设强大的社会主义意识形态必须坚持和发展马克思主义。

意识形态是有旗帜方向的,社会主义意识形态就是要高举马克思主义的旗帜,高举中国特色社会主义的旗帜。马克思主义是立党立国的根本指导思想,背离或放弃马克思主义,党就会失去灵魂、迷失方向,国家就会犯颠覆性错误。在坚持马克思主义指导地位这一根本问题上必须坚定不移,任何时候任何情况下都不能有丝毫动摇。建设强大的社会主义意识形态,必须牢牢坚持马

---

① 《毛泽东文集》第6卷,人民出版社1999年版,第449页。
② 《邓小平文选》第2卷,人民出版社1994年版,第342页。
③ 《江泽民文选》第1卷,人民出版社2006年版,第160页。

克思主义，做好做强马克思主义宣传教育工作，用马克思主义的立场观点方法武装头脑、教育群众，增强人民精神力量；坚持马克思主义在我国哲学社会科学领域的指导地位，建设具有中国特色、中国风格、中国气派的哲学社会科学；把握正确舆论导向，提高主流意识形态的传播力、引导力、影响力、公信力，巩固壮大社会主义意识形态阵地。

马克思主义并没有结束真理，而是开辟了通向真理的道路。面对新时代的要求，必须与时俱进实现理论创新，推动马克思主义的中国化、时代化、大众化，把坚定"四个自信"作为建设社会主义意识形态的关键。当前，建设强大的社会主义意识形态，首要的就是要加强马克思主义理论武装工作，坚持不懈地用习近平新时代中国特色社会主义思想武装全党、教育人民、推动工作，在学懂弄通做实上下功夫，推动当代中国马克思主义、21世纪马克思主义深入人心、落地生根，让中国共产党的创新理论"飞入寻常百姓家"。正如习近平所强调的："必须推进马克思主义中国化时代化大众化，建设具有强大凝聚力和引领力的社会主义意识形态，使全体人民在理想信念、价值理念、道德观念上紧紧团结在一起。要加强理论武装，推动新时代中国特色社会主义思想深入人心。"[1]

第三，建设强大的社会主义意识形态必须培育和弘扬社会主义核心价值观。

中共十八大报告明确指出："倡导富强、民主、文明、和谐，倡导自由、平等、公正、法治，倡导爱国、敬业、诚信、友善，积极培育和践行社会主义核心价值观。"社会主义核心价值观站在推进社会主义制度发展的高度，维护和发展中国广大人民

---

[1] 习近平：《决胜全面建成小康社会 夺取新时代中国特色社会主义伟大胜利——在中国共产党第十九次全国代表大会上的报告》，人民出版社2017年版，第41页。

利益的高度，吸收和发扬人类文明发展的高度，体现了中国特色社会主义的制度特征和实践要求、反映了社会主义建设规律和共产党执政规律，既吸收了中华民族的优秀传统思想、反映了中国人民的共同愿望和理想追求，又吸收了世界各个民族各种制度优秀文明成果、体现了人类历史发展的普遍规律和基本趋势，反映人类共同的理想愿望和价值追求。培育和践行社会主义核心价值观，对于巩固马克思主义在意识形态领域的指导地位、巩固全党全国人民团结奋斗的共同思想基础，对于促进人的全面发展、引领社会全面进步，对于集聚全面建成小康社会、全面建设社会主义现代化强国、实现中华民族伟大复兴中国梦的强大正能量，具有重要现实意义。

建设强大的社会主义意识形态，一定要把培育和弘扬社会主义核心价值观作为凝魂聚气、强基固本的基础工程，作为一项根本任务切实抓紧抓好。正如习近平所强调的："要强化教育引导、实践养成、制度保障，把社会主义核心价值观融入社会发展各方面，引导全体人民自觉践行。"[①] 要把握用社会主义核心价值观引领社会思潮的辩证法，夯实引领的方法论基础，力争做到在多元中立主导，在多样中谋共识，在差异中求融合；建立社会主义核心价值观的文化领导权，使之成为意识形态国家机器的重要组成部分，形成有利于社会主义核心价值观建设的舆论强势；强化理论导向和文化凝聚力，形成全社会对社会主义核心价值观的文化和心理认同，形成符合社会主义核心价值观的思维方式、思想认同和心理认同，使社会主义核心价值观成为全社会的共同理想和自觉追求，成为社会主义新人的核心标准；以社会主义核心价值观为指向，从深层次转化人们的道德角色和个人自我认知

---

① 《举旗帜聚民心育新人兴文化展形象　更好完成新形势下宣传思想工作使命任务》，《人民日报》2018年8月23日第1版。

方式，从他律约束到自律约束，从外在的身份约束到内在的自我自觉约束；创建社会主义核心价值观的生产和再生产机制，把社会主义核心价值观贯穿和深化到经济、政治、文化、社会建设各个方面，拓展核心价值观的传播途径、引领平台；建立社会主义核心价值观与人们生活方式的同构机制，把社会主义核心价值观渗透到人们的生活方式和交往实践当中，成为人们日常生活的基本遵循；建立社会主义核心价值观的发展机制，不断拓展社会主义核心价值观的发展空间，始终保持社会主义核心价值观理论创新的开放性；建立社会主义核心价值观建设的制度保障机制。

第四，建设强大的社会主义意识形态必须同错误思想进行坚决的斗争。

如果说，坚持和发展马克思主义，培育和践行社会主义核心价值观，是"立"的工作，那么反对和批判错误思潮就是"破"的工作。

当今时代，各种思想观点相互激荡，不同意识形态相互渗透，文化意识形态安全形势日趋复杂。西方国家的意识形态输出和渗透从来没有停止，而且越来越以学术化的形态展开，编制了一系列所谓的"普世价值"和普适标准，输出了一系列包含着意识形态内容的教材，派出大批学者宣讲符合自己意志的学术话语，大量培养遵循自己标准的所谓学术精英，以学术发表、会议、评奖等形式推广西方的价值理念、发展模式和学术标准。中国早已成为西方国家意识形态渗透和学术话语传播的重点地区。

西方意识形态渗透在中国理论界已经得到了相当程度的响应。一些学者、学术机构甚至某些意识形态部门，陷入对"洋教条"的膜拜当中。一些人根本不细究或者故意掩盖西方学术标准背后的意识形态指向，以适应全球化、思想解放、学术自由的名义，打着"异质性""包容性"的旗号，搞指导思想多元化，力图动摇甚至取消马克思主义；一些人把新自由主义、普世价值论、历史终结论、"宪政论""公民社会论"等意识形态话语平移到国内，大力推广并视为学术标准，仿佛不使用这些话语就是学术水平的缺失，反之才是"学术英雄""思想精英"。坚守马克思主义或本土性学术话语的学者对这些做法提出质疑和批评时，往往被视为"缺乏时代感""传统保守"等。对于这些具有鲜明政治色彩的错误思想，必须以高度的理论自觉和坚定的理论定力，旗帜鲜明地加以反对和批判，敢于和善于进行理论斗争，决不能受任何外来势力左右，为任何特殊利益集团绑架。正如习近平所指出的，"要旗帜鲜明坚持真理，立场坚定批驳谬误"[①]。

值得注意的是，在马克思主义研究领域也存在着一些模糊认识。一些人刻意高抬"生存论""生活论""主体论""过程哲学"的地位，力图降低辩证唯物论和历史唯物论的地位；一些人把西方某些学者的观点进行包装，套上马克思主义的名头，在中国思想界宣扬，制造马克思主义多元化的迷雾；一些人主观地"制造"出马克思的马克思主义、恩格斯的马克思主义、列宁的马克思主义，青年马克思主义、中年马克思主义、晚年马克思主义，割裂马克思主义的整体性和一脉相承性，并挖空心思地搜索这些"不同的"马克思主义之间的对立；一些人把马克思主义文本化、学院化、晦涩化，变成研究者的个人化理论建构，切断了马克思主义同人民群众沟通的渠道。对于这些包含着错误倾向的理论观点，必须处理好尊重差异同坚持马克思主义指导地位的关系、坚持基本原理同学术创新的关系、基本原理统一性与学术研究多样性的关系、政治性话语与学术性话语的关系，澄清模糊认识，坚决抵制把马克思主义碎片化、庸俗化，维护马克思主义的科学性、整体性。

---

① 《举旗帜聚民心育新人兴文化展形象　更好完成新形势下宣传思想工作使命任务》，《人民日报》2018年8月23日第1版。

第五，建设强大的社会主义意识形态必须全面做好网络意识形态工作。

当前，网络已经成为意识形态斗争的新战场。必须科学把握引领网络文化发展方向，大力加强对网络文化的价值观引领，既要引领好网络文化的发展方向，又要有力抵制腐朽的、错误的思想动向；既要坚持社会主义意识形态规范性，又要掌握意识形态对网络文化引领的技巧；既要在网络文化发展中强调最大的包容性，又要坚决维持意识形态底线的不可触动性；既要坚持社会主义核心价值观的严肃性，又要发挥网络文化在促进民主、政治透明和社会监督等方面的重要功能，使社会主义核心价值观深入到广大网民、手机用户等新媒体使用者的头脑中，成为人们的共同理想和自觉追求，形成符合核心价值观的思维方式、思想认同，强化社会主义意识形态的文化领导权和话语权。习近平强调，"必须科学认识网络传播规律，提高用网治网水平，使互联网这个最大变量变成事业发展的最大增量"[①]。这就要求必须要解决好网络意识形态管理的"本领恐慌"问题，真正成为运用现代传媒新手段新方法的行家里手，牢牢掌控网络意识形态斗争的主动权，特别是要针对敌对势力利用网络舆论环境和"翻墙"进行意识形态渗透活动，深入开展网上舆论斗争和反渗透斗争，建设一支社会主义网络舆情与评论队伍，确保网络意识形态工作的健康发展，维护国家意识形态安全和社会稳定。

四 建设社会主义文化强国需要研究和传承中华优秀思想

坚持和发展新时代中国特色主义事业，不仅要繁荣发展强大

[①] 《举旗帜聚民心育新人兴文化展形象　更好完成新形势下宣传思想工作使命任务》，《人民日报》2018年8月23日第1版。

的社会主义经济、政治、社会、生态，同时要繁荣发展强大的社会主义文化，建设社会主义文化强国，更好构筑中国精神、中国价值、中国力量，为人民提供精神指引，不断强化人们的思想自信。这种思想自信突出地体现在对马克思主义理论的高度自信，对中华优秀思想的高度自信，这就决定了一定要在马克思主义指导下，深入研究和全面传承中华优秀思想，推进中华优秀思想在新的时代条件下创新转化和繁荣发展。

第一，建设社会主义文化强国是新时代中国特色社会主义的内在要求。

新时代中国特色社会主义，是统筹推进"五位一体"总体布局的社会主义，是协调推进"四个全面"战略布局的社会主义，是与统揽伟大斗争、伟大工程、伟大事业、伟大梦想的"四个伟大"相辅相成的社会主义。新时代中国特色社会主义的系统性、总体性告诉我们，离开文化建设这个重要内容，就不是真正的新时代中国特色社会主义。正如习近平所指出的："只有物质文明建设和精神文明建设都搞好，国家物质力量和精神力量都增强，全国各族人民物质生活和精神生活都改善，中国特色社会主义事业才能顺利向前推进。"[①] 在新时代，中国共产党带领中国人民为之不懈努力的奋斗目标就是要建设社会主义现代化强国、实现中华民族的伟大复兴。中国共产党对新时代中国特色社会主义的新目标和新征程作出了战略部署：到2020年，全面建成小康社会、实现第一个百年奋斗目标，在此基础上乘势而上开启全面建设社会主义现代化国家新征程，向第二个百年奋斗目标进军；从2020年到2035年再奋斗15年，基本实现社会主义现代化；从2035年到21世纪中叶再奋斗15年，把我国建成富强、民主、文明、和谐、美丽的社会主义现代化强国。社会主义现代

[①] 《习近平谈治国理政》第1卷，外文出版社2018年版，第153页。

化强国的五个标志告诉我们,文化建设是一个灵魂性工程,文化繁荣是现代化强国的重要构成。必须要以马克思主义为指导,坚守中华文化立场,立足当代中国现实,结合当今时代条件,发展面向现代化、面向世界、面向未来的,民族的、科学的、大众的中国特色社会主义文化,推动社会主义精神文明和物质文明协调发展。在新的历史起点上坚持和发展中国特色社会主义,就是要实现中华民族伟大复兴的中国梦。中华民族伟大复兴是一个总体性目标,既包含着文化建设的重要内容,也离不开它所提供的思想理论支撑。必须坚持中国特色社会主义文化发展道路,激发全民族文化创新创造活力,建设社会主义文化强国。这就是中共十九大报告所指出的:"文化是一个国家、一个民族的灵魂。文化兴国运兴,文化强民族强。没有高度的文化自信,没有文化的繁荣兴盛,就没有中华民族伟大复兴。要坚持中国特色社会主义文化发展道路,激发全民族文化创新创造活力,建设社会主义文化强国。"[①]

新的时代条件下,建设社会主义文化强国的核心任务,就是要不断增强中国特色社会主义道路自信、理论自信、制度自信、文化自信。道路自信,就是坚信中国特色社会主义道路是实现社会主义现代化的必由之路,是创造人民美好生活的必由之路。理论自信,就是坚信中国特色社会主义理论体系是指导党和人民沿着中国特色社会主义道路实现中华民族伟大复兴的正确理论,是立于时代前沿、与时俱进的科学理论。制度自信,就是坚信中国特色社会主义制度是当代中国发展进步的根本制度保障,是具有鲜明中国特色、明显制度优势、强大自我完善能力的先进制度。

相比较之下,文化自信,是更基础、更广泛、更深厚的自

[①] 习近平:《决胜全面建成小康社会 夺取新时代中国特色社会主义伟大胜利——在中国共产党第十九次全国代表大会上的报告》,人民出版社2017年版,第40—41页。

信。正如习近平所指出的："我们说要坚定中国特色社会主义道路自信、理论自信、制度自信，说到底是要坚定文化自信。文化自信是更基本、更深沉、更持久的力量。"① 文化自信从本质上来说就是对一种文化意义的自信。讲中国文化自信，就是中国人对中国文化意义和价值的充分肯定，对自身文化生命力的坚定信念。当代中国的文化自信并不是一般性的文化自信，而是有特定的社会制度内涵和时代特征的，是中国特色社会主义的文化自信。正是这种特定的制度内涵和时代特征，规定了当代中国文化的特殊本质和特定意义。之所以突出地强调这个问题，就是因为一些人在谈到文化自信时，往往忽略了当代中国文化自信的特殊规定性，把特称的中国特色社会主义文化自信泛化为一般的文化自信，或只说成是对中国传统文化的自信。例如，有的人对中办和国办印发的《关于实施中华优秀传统文化传承发展工程的意见》不做准确的把握，提出"全面复兴中国传统文化"的口号，一些媒体甚至把这个口号作为标题大加传播。这个问题如果不搞清楚，就很容易陷入"以儒代马""儒化中国"的思想误区，甚至被某种政治化学术遮蔽。

中国特色社会主义文化，源自中华民族五千多年文明历史所孕育的中华优秀传统文化，熔铸于党领导人民在革命、建设、改革中创造的红色文化和社会主义先进文化，植根于中国特色社会主义伟大实践，积淀着中华民族最深层的精神追求，代表着中华民族独特的精神标识。新时代发展中国特色社会主义文化，就是以马克思主义为指导，坚守中华文化立场，立足当代中国现实，结合当今时代条件，发展面向现代化、面向世界、面向未来的，民族的科学的大众的社会主义文化，推动社会主义精神文明和物质文明协调发展，不断增强新时代中国的文化自信。

---

① 《习近平谈治国理政》第 2 卷，外文出版社 2017 年版，第 339 页。

第二，研究和传承中华优秀思想是增强文化自信的重要基础和内容。

中华优秀传统文化是中华民族的文化根脉，其蕴含的思想观念、人文精神、道德规范，不仅是我们中国人思想和精神的内核，对解决人类问题也有重要价值。绵延几千年的中华优秀传统思想，是当代中国人民思想自信的深厚基础。中华民族有着深厚文化传统，形成了富有特色的思想体系，体现了中国人几千年来积累的知识智慧和理性思辨。这是我国的独特优势。中华文明延续着我们国家和民族的精神血脉，既需要薪火相传、代代守护，也需要与时俱进、推陈出新。必须要加强对中华优秀思想的挖掘和阐发。正如习近平所强调的："要把优秀传统文化的精神标识提炼出来、展示出来，把优秀传统文化中具有当代价值、世界意义的文化精髓提炼出来、展示出来。"[①]

当然，研究和传承中华优秀思想，并不是故步自封地排斥外来的文化和思想，而必须贯彻融通创新的思想发展方法，实现多种思想资源的融合贯通，推动中华优秀思想的当代创新发展。2016年5月，习近平在哲学社会科学座谈会上指出，建构中国特色哲学社会科学，要坚持不忘本来、吸收外来、面向未来，在马克思主义指导下，把不同的思想资源进行融通创新。这个观点当然适用于研究和传承好中华优秀传统思想。我们就是要以马克思主义为指导，坚守中华文化立场，立足当代中国现实，结合当今时代条件，融通古今中外各种思想资源，特别是要把握好马克思主义、中华优秀传统思想和国外优秀思想三方面资源，既要向内看又要向外看，既要向前又要向后看，坚持为人民服务、为社会主义服务，坚持百花齐放、百家争鸣，坚持创造性转化、创新

[①] 《举旗帜聚民心育新人兴文化展形象　更好完成新形势下宣传思想工作使命任务》，《人民日报》2018年8月23日第1版。

性发展，坚持古为今用、洋为中用，创造具有中国特色、符合时代特点、遵循文化发展规律的当代中国思想成果，不断铸就中华思想发展的新辉煌。

研究编撰《通史》，就是要坚持马克思主义特别是唯物史观指导，加强对中华优秀传统思想的挖掘和阐发、继承和弘扬，使中华民族最基本的文化基因和思想精华与当代文化相适应、与现代社会相协调，把跨越时空、超越国界、富有永恒魅力、具有当代价值的优秀思想内容弘扬起来，推动中华文明特别是中华优秀思想繁荣发展，激活其持久而强大的生命力，让中华优秀思想同各国人民创造的多彩文明一道，为人类提供正确精神指引。

第二节　编撰《中华思想通史》的任务

研究编撰《通史》的重要任务，就是要系统梳理、总结、编撰、宣传中国优秀传统思想，阐明中华民族一脉相承、一以贯之的思想源流，发掘中华民族生生不息的精神基因，集成中华思想的丰富资源，汲取中华思想的精华，揭示中华思想的发展规律，汲取精华，去其糟粕，弘扬中华思想的优秀传统，构建中华思想史当代中国马克思主义学派，全面推动中华优秀传统思想的转化和发展，丰富和发展当代中华思想，抵御西方腐朽、落后、敌对的意识形态渗透，维护国家文化安全，建设社会主义文化强国，增强中国人民思想自信自强。

一　集成中华思想的丰富资源

在五千多年的文明发展史上，勤劳智慧的中华民族不仅创造了发达的物质文明，而且创造了灿烂的精神文明，为人类文明的发展进步做出了不可磨灭的巨大贡献。

生产技术是精神文明发展的基础。中国古代的造纸术、印刷术、火药、指南针等伟大发明，不仅极大地促进中华文明的发展，而且极大地推动了人类的科技进步，为人类文明做出了巨大贡献。造纸术和印刷术的发明和广泛应用，不仅加快了思想传播的速度，而且扩大了思想传播的范围，极大地促进了不同国家、民族之间的思想交流，推动了中华思想乃至世界思想的发展。例如，制造火药和火器的方法传到欧洲以后，在欧洲城市市民反对君主专制的过程中发挥了巨大作用。正如恩格斯所说："火器一开始就是城市和以城市为依靠的新兴君主政体反对封建贵族的武器。以前一直攻不破的贵族城堡的石墙抵不住市民的大炮；市民的枪弹射穿了骑士的盔甲。贵族的统治跟身披铠甲的贵族骑兵队同归于尽了。"[①] 指南针传到欧洲航海家的手里，使他们有可能实现发现美洲新大陆的航行和环球航行，为开辟世界市场、发展世界贸易、推动文明交流奠定了物质基础。

源远流长的中华思想，延续了中华文明的思想血脉，积淀了中华民族最深层的精神追求，代表着中华民族独特的精神标识，滋养着中华民族的发展进步。在绵延不断的文明发展中，中华民族产生了众多杰出的思想家，留下了影响深远的思想智慧，浩如烟海的思想典籍承载着中华民族丰厚的思想成果。习近平指出："包括儒家思想在内的中国传统思想文化中的优秀成分，对中华文明形成并延续发展几千年而从未中断，对形成和维护中国团结统一的政治局面，对形成和巩固中国多民族和合一体的大家庭，对形成和丰富中华民族精神，对激励中华儿女维护民族独立、反抗外来侵略，对推动中国社会发展进步、促进中国社会利益和社

[①] 《马克思恩格斯文集》第9卷，人民出版社2009年版，第174页。

会关系平衡,都发挥了十分重要的作用。"①

思想是文化的灵魂。从广义上来说,文化是人类所创造的一切物质和精神的总和,与自然相对应。思想是思维活动的结果,属于理性认识,包括价值观念,是文化的内核,影响人们的价值判断和社会实践。有着数千年历史的中华传统思想像一座宝库,每一个历史时期都产生了一批杰出的思想家,留下了许多珍贵的思想遗产和经典著作,推动了中华思想不断地向前发展,为中华民族和全人类的文明进步作出了巨大贡献。这些思想财富需要当代中国人去挖掘并在新的历史条件下发扬光大。

中华文明之所以历经五千多年而不衰,成为世界几大古文明中唯一没有中断的文明,一个至关重要的原因就是中华传统文化中包含了众多优秀思想。中华优秀传统思想,强调个人在社会中的地位与责任,注重自强不息、厚德载物、刚健有为的理想信念和道德要求;倡导讲仁爱、重民本、守诚信、崇正义、尚和合、求大同的思想理念;坚持"常思奋不顾身,而殉国家之急""捐躯赴国难,视死忽如归""位卑未敢忘忧国""天下兴亡,匹夫有责""苟利国家生死以,岂因祸福避趋之"的爱国传统等。这些优秀传统思想伴随着中华民族的发展进步,特别是近代以来,从辛亥革命到五四运动,从抗日战争到全国解放战争,从新民主主义革命斗争的伟大胜利到中国特色社会主义的辉煌发展,已经深深地积淀在中国人的思维模式和行为方式中,深深熔铸到中国人民的精神深处,为中华民族的生生不息、发展壮大提供了丰厚的思想滋养。

不论走多远,我们始终离不开自己的精神家园。我们的思想,说到底是脱胎于中华优秀传统思想的;我们的实践,无论如

---

① 习近平:《在纪念孔子诞辰 2565 周年国际学术研讨会暨国际儒学联合会第五届会员大会开幕会上的讲话》,人民出版社 2014 年版,第 5—6 页。

何都不可能离开中华优秀传统思想的深远影响。全面梳理中华优秀思想，是一种总结历史、面向未来的思想自觉。研究编撰《通史》，就是要以马克思主义唯物史观为指导，对中华民族五千多年思想发展的历史进行深入发掘和梳理，在全面考察与总结中华思想的过程中，准确认知和把握其思想内核与精神实质，力求把中国思想发展历程中所形成的哲学、史学、文学、政治学、经济学、宗教学等各方面的思想资源，进行综合归纳，形成中华思想资源的大集成，为更好地宣传和弘扬中华优秀传统思想、正确地理解和吸收中华传统思想中的精华，提供切实有效的依据。

二 辨析中华思想的精华和糟粕

思想史研究并不是简单地对所有思想资料进行汇总，而是要进行思想的整理，从中发掘出合理的、对人类文明具有启发的思想精华。要在全面集成的基础上，对中华传统思想的优秀内容和糟粕成分进行系统梳理和深度辨析。阐明要延续的中华传统思想的精华内容和合理内核，加以保留、传承和弘扬；对糟粕部分加以剔除和批判，避免其对当代中华思想造成冲击和侵害。

中华思想对人类文明最主要的贡献，集中地体现在其创造和保留了大量的思想精华，为本民族和全人类文明的发展作出了杰出贡献。中华传统思想的精华是中华民族艰辛探索的结晶，是祖祖辈辈生生不息、自强日新的精神动力与经验总结。在保存下来的优秀传统思想资源中，有大量探索宇宙自然和人生社会的深刻智慧，可以为当代治国理政与人类未来发展提供宝贵的借鉴。毛泽东在论述新民主主义革命时指出："中国现时的新政治新经济是从古代的旧政治旧经济发展而来的，中国现时的新文化也是从古代的旧文化发展而来，因此，我们必须尊重自己的历史，决不能割断历史。"① 习近平在论述中国传统文化的转化和发展时也强调，中国优秀传统思想中蕴藏着解决当代人类面临的难题的重要启示。继承和发扬中华传统思想的精华，既是社会发展的现实需要，也是我们义不容辞的责任。

吸收中华传统思想的精华，剔除中华传统思想的糟粕，关键在于树立正确区分精华与糟粕的标准。毛泽东曾以"民主的、革命的"来界定传统思想的精华，用"封建性的"来指称糟粕性内容。在当今时代，必须坚持以马克思主义为指导，以中国特色社会主义实践为试金石，确定取舍扬弃的标准，辨析哪些是精华、哪些是糟粕。具体来说，就是要看这些传统思想，是维护人民利益还是反对人民利益，是促进生产力发展还是妨碍生产力发展，是推动历史进步还是阻碍历史进步，是具有长期的历史传承性还是仅仅存在于短暂的历史阶段内，是能够被当代人们吸收借鉴并服务于当今时代发展还是不利于当今时代发展，是能够实现创造性转化和创新性发展还是仅仅停留在历史当中而不能实现现代转化。

基于这样的思考，在当今时代条件下，发掘中华传统思想的精华，剔除传统思想的糟粕，要在以下几个方面进行努力。

第一，充分揭示中华传统思想中的唯物论传统、辩证法因素与人民性思想。

中华古代思想中具有悠久的唯物论传统。商周发展起来的阴阳五行论认为，水、火、木、金、土五种物质是世界的本原。荀子提出"形具而神生"，王充提出"天地合气，万物自生"，张载认为"太虚不能无气，气不能不聚而为万物"，王夫之认为"气"是阴阳变化的实体，"理"乃是变化过程所呈现出的规律性，理是气之理。这些都是物质第一性、意识第二性的唯物主义思想的朴素反映，构成了中华思想史上影响深远的唯物主义传

---

① 《毛泽东选集》第 2 卷，人民出版社 1991 年版，第 708 页。

统。与此同时，朴素辩证法思想在中华古代思想中十分丰富。《周易》"一阴一阳"、二气交感的宇宙论哲学，塑造了中国人基本的思维方式；讲究对立统一与运动变化的辩证法思想在中国哲学中普遍存在，不仅是存在于唯物主义思想家的思想体系中，也大量存在于唯心主义思想家的思想中，甚至遍及于普通人的生活观念中。中华传统思想中也包含着丰富的"民本"思想内容，例如"以人为本""民惟邦本""民贵君轻"等。深入挖掘和整理这些传统思想中的优秀资源，不但有助于推动马克思主义世界观与方法论的宣传教育，也有助于全面准确地把握马克思主义与中华思想的关系，为马克思主义中国化奠定基础。

第二，辨析与澄清长期或者特定时期内被误解的优秀思想资源。

一种深刻复杂的思想，在流传过程中被教条化、简单化的情况屡见不鲜，这甚至可以说是一种不可避免的思想传播的状况。中华古代思想家讲究以身立言、言传身教，有些思想家只留下了一些对话记录、思想片段，这也给后人理解他们的思想带来了一些困难，往往只能通过其日常书信、语录等来发掘其思想。例如，儒家经典《论语》、朱熹的《朱子语类》、王阳明的《传习录》等就是如此。由此，思想的转述、传播与理解，也就更加困难。近现代以来，随着时代巨变，学术研究范式与概念体系发生了深刻变化。一些学者机械地以现代学术研究的方法、标准、概念去表述古代的思想观念，有许多思想往往被简单化和碎片化，有的则被长期误读、误用或歪曲。《通史》试图通过全面展示传统思想，正本清源，对种种误解甚至歪曲进行系统的、有说服力的辨析与澄清。

第三，发扬长期被统治阶级意识形态所压制和排斥的、具有进步性的思想内容。

思想作为上层建筑是由经济基础所决定的。在特定的历史时期，符合统治阶级利益的思想意识形态占据统治地位，而不符合统治阶级利益但具有历史进步性的思想被排斥、打压甚至销毁。例如，《墨子》《论衡》等较多反映下层人民群众生活和思想的著述，曾经长期受到过冷落；晚明思想家李贽的反专制思想和著作曾经遭到压制和摧残；一些来自民间的作品长期被作为"不登大雅之堂"的内容而遭到鄙弃；清代文字狱更是直接禁毁了大量为统治阶级所忌惮的、富有革命性和进步意义的思想与著述。对于这些因统治阶级打压而影响受限的思想和著作，《通史》本着"人民思想史"的基本立场，通过广泛搜集文献和吸收学界研究成果，予以重视、还原和再现。

第四，剔除传统思想中的糟粕性内容，特别是对今天社会发展带来极大危害的内容。

中国有着两千多年的封建社会史，封建专制时代的某些糟粕性思想观念影响深远，在当代中国人的立身行事与思想观念中仍是根柢犹存。例如，专制作风、等级特权、官僚主义、形式主义、享乐主义等，在社会生活中依然大量存在，严重干扰了社会秩序，破坏了社会风气。习近平指出："官僚主义实质是封建残余思想作祟，根源是官本位思想严重、权力观扭曲，做官当老爷，高高在上，脱离群众，脱离实际。有些领导干部爱忆苦思甜，口头上说是穷苦家庭出身，是党和人民培养了自己，但言行不一，心里想的是自己当上官了，终于可以扬眉吐气了，要好好享受一下当官的尊荣，摆起官架子来比谁都大。"[①] 这些就是现实版的封建思想糟粕。从思想史的角度充分认清和清理这些思想糟粕产生形成的历史根源、阶级背景与严重危害，有助于消除其现实危害，促进社会道德风气的改善。

[①] 《习近平关于党风廉政建设和反腐败斗争论述摘编》，中国方正出版社、中央文献出版社2015年版，第75页。

三 探寻中华思想的进程与规律

在几千年的发展历程中，中华民族一方面立足于长期的社会实践、生产生活、阶级斗争，不断把实践经验进行思想理论的提升，形成思想概括；另一方面以海纳百川的开阔胸襟不断吸收外来思想的各种优秀因素，在差异融合的基础上不断推动自身的创新发展，造就了绵延五千年而未曾中断的思想长河。研究中华思想史的一个重要目的，就是要通过梳理中华思想的发展脉络，探索和揭示中华思想的发展规律，更好地理解传统思想，推动中华思想的当代发展。

第一，中华思想是中华民族长期社会实践的思想结晶。

远古时代，中华先祖的生产力水平非常低下，形成了原始公有制的生产关系，处于原始共产主义的生产生活状态，由此形成了原始的公有观念、集体观念。因为对于自然界的必然性力量难以克服，产生了各式各样的图腾崇拜。几乎每一个氏族都有自己的图腾，渴望在自然界中找到战胜自然的力量。中华民族的"龙"文化就是这个时期的观念遗存，并在日后的思想发展中得到了提升。原始社会后期，随着生产力水平的提高，私有制开始出现，也就出现了"私""家""国"等观念。

进入奴隶社会后，"礼"作为典型的文化形态，成为维护奴隶制社会的统治思想。春秋战国时期，随着生产力水平的不断提高，社会生产关系急剧变化，封建社会正以不可抵挡的力量取代奴隶制社会，阶级斗争异常激烈，在思想领域也就出现了"礼崩乐坏"的局面。代表不同阶级、不同集团利益的思想迅速发展，呈现出百家争鸣的局面，产生了一大批富有创造性的思想家，留下了中华思想史上一大批经久不衰的思想典籍。

随着封建社会的建立和日益巩固，"大一统"的政治观念产生并不断发展。适应这种经济基础和社会政治生活的变化，"罢黜百家、独尊儒术"成为统治阶级的思想选择，儒学成为主导性的思想，并长期作为封建社会的主流意识形态。儒学虽然在不同时期有所变化，但其统治地位并没有根本改变，这也是由中国社会长期处于封建社会的状况决定的。

进入近代，中国社会日益陷入半殖民地半封建社会，生产力和生产关系发生了重大转变，追求民族解放和独立的斗争日益展开，封建主义意识形态已经不能适应新的社会实践和政治斗争。中华民族内部的文化复兴运动开始兴起，外来的各种新思想涌进中国。经过长期艰辛的实践和理论探索，中华优秀传统思想同马克思主义创造性结合的新思想——中国化马克思主义应运而生，不仅引领中国革命实践取得了伟大胜利，而且推动中华思想实现了创新、繁荣与发展。

第二，中华思想是由多民族的思想在长期历史过程中融合而成的。

中华文明从来就是"多元一体"的，以中原地区为中心的黄河流域的思想为主，也吸收了同时期其他各种类型的思想，是东西南北多种思想类型相互交流融合的结果。早在五千多年前，从黄河中游到渤海之滨、从辽河流域到长江流域，中华大地上出现了多处文明中心，仰韶文化、龙山文化、红山文化、良渚文化等多种文化类型曾长期共存。当时的华夏族与其他部族杂居共处，在语言、习俗、服饰及生活方式上都有着明显不同，不同部族按照所处的大体方位被华夏族分别称为"东夷""西戎""南蛮"与"北狄"。在长期交往中，有的部族与华夏族组成共同的部落联盟，并最终融合于华夏族中；有的部族长期与华夏族保持着通婚及商贸等和平往来关系；还有的部族则一直与华夏族处在敌对与战争关系中。不管怎样，频繁的相互交往使得各种思想因素相互影响与融合，最终孕育出了光辉灿烂的中华文明。正是这种广泛融合与兼容并蓄，才使得中华思想在文明发展程度上始终超越于其周边的其他民族。

据《史记》等文献记载，夏朝时期，东夷是当时华夏族的主要对手，与东夷的战争几乎贯穿夏朝始终。后来兴起的商，本身即出于东夷，灭夏之后的东夷文化与夏文化获得了大规模的融合，东夷也逐渐融入华夏民族之中。周兴起于西戎地区，虽然本属华夏旧部，但长期与西戎共处也大量吸收了西戎文化的特点。西周前期，在夏、商、周三代文化发展的基础上，周公制礼作乐，标志着中华传统思想初步定型。

春秋战国时期，周天子丧失了对各诸侯的控制权，诸侯国之间相互征伐不断，战争与混乱给人民带来沉重灾难，但也引起了思想的大交流、大融合。以周、鲁为代表的中原文化，以齐为代表的东方文化，以楚为代表的南方文化，以及北方的燕赵文化、西部的秦文化及巴蜀文化，各种文化交流激荡，相互启发，形成了儒、墨、道、法等思想流派，涌现出了老子、孔子、墨子、荀子、韩非子等思想家。孔子是三代文化的集大成者，他本身是殷商后裔，对夏代文化也曾做过专门考察，而其内心又最为赞赏周文化。通过综合、融会与改造三代文化，孔子创立了儒家思想，成为中华传统思想的主流与两千余年封建社会的官方意识形态。南方楚文化具有想象丰富、浪漫自由的理想主义色彩，与中原文化质朴厚重的思想特色有明显不同。老子与庄子都生于楚文化地带，其创立的道家思想则明显具有楚文化的特色，是中原文化与南方文化融汇的产物。同时，楚地的民歌形式经屈原改造为"楚辞"，对秦汉之后的中国古代思想产生了深远影响，与《诗经》共同成为中国古代诗词文化的源头。

第三，中华思想是在不断同外来思想的交流融合中创造发展的。

中国佛教的形成与发展就是中华思想对外来思想的成功吸纳与融汇。佛教是一种与中华思想不同的思想体系。两汉之交，中国人开始接触到佛教思想时，并不能真正理解其思想奥义。直到魏晋时期，人们对佛教的理解基本上局限于与道家思想进行比附，如以"黄老"与"浮屠"并称，以老庄所说的"道"与"无"理解佛教的"般若""空"等，将佛教当成是与道家思想类似的思想体系。这种初期的"格义"阶段至东晋末期随着佛教经典翻译的盛行才逐渐结束。自译经大师鸠摩罗什之后，佛典的翻译日益规模化，在概念的使用和意义的理解上逐渐摆脱对道家思想的依赖，以独有的语词系统阐释和表述佛教思想，中国人对佛教的理解不断深入。

魏晋南北朝时期，佛教的解脱思想与来世思想在北方与南方都得到了广泛传播，深受士大夫阶层与知识分子的推崇，对魏晋玄学的兴起产生了重要的助推作用。佛教被中国人逐渐理解的过程，也正是佛教逐渐中国化的过程。作为一种外来思想，佛教在中国的传播自然也并非一帆风顺，在教义与政治地位上，佛教曾长期与道教进行激烈的争锋与较量，也曾在"不敬王者""不孝父母"等问题上与儒家思想有直接冲突，更曾因僧伽制度与寺庙经济问题而遭受"三武一宗"之厄。

尽管如此，经过数百年的磨合，佛教的中国化在隋唐时期终于结出了硕果，出现了三论宗、净土宗、天台宗、法相宗、华严宗、禅宗等众多中国佛教宗派。在儒、道等中国本土思想的哺育之下，中国佛教思想在理论上已经实现独立，在许多方面甚至超越了印度佛教。随着印度本土佛教的没落，佛教的中心转移到中国，并不断从中国向朝鲜、日本等东亚各国传播。隋唐佛学也成为中国思想史上与先秦子学、两汉经学、宋明理学等并称的思想高峰。宋代以后，中国化佛教思想已经成为中华传统思想的有机组成部分，影响到哲学、政治、文艺以及日常习俗等方方面面。

宋明时期，以程朱理学、陆王心学等为代表的理学思潮勃兴。这一新儒学思潮的思想家们虽然往往都以"辟佛"自任，但理学本身正是儒学在广泛借鉴和吸收了佛学的思维方式、概念体系与思想因素的基础上形成的。理学对佛学的排斥，与其说是思想冲突，毋宁说是理学为了保持自身身份的清晰与独立而不得不采取的一种手段与措施罢了。明清之后，儒释道"三者合一"日益被人们接受，儒释道三家思想共同成为中华传统思想的主体。

除了对佛教思想的吸收融合，中华思想在发展的过程中也大量吸收融合了其他各种外来的思想因素。例如，基督教、犹太教、伊斯兰教等也陆续传入中国，并不断被中华思想所吸收。再如，西方的哲学思想、政治思想、经济思想、科技思想、文艺思想等，也伴随着"西学东渐"而传入中国，尤其是在清末民初，来自西方的启蒙思想、资产阶级民主主义思想、进化论思想等影响了一大批中国知识分子，给中华传统思想注入了新的元素。正是因为包容开放的中华文明将外来的各种思想兼收并蓄，广泛吸收它们的优秀内容以丰富发展自身，才实现了中华传统思想的不断前行发展。

第四，中华思想在同马克思主义的结合中实现了新发展。

进入近代以后，面对救亡图存的迫切压力，为了实现富民强国的目的，中国先进分子一次又一次地深刻反思传统思想自身。新文化运动时期的一些学者甚至提出"全盘西化"的观点，主张用西方思想全盘改造中国传统。然而，思想传统终归不是一种可以随意舍弃的外衣，它总是影响甚至决定着人们的精神面貌与行为方式。不能正确地处理好坚持本民族思想传统与学习外来思想的关系，注定无法实现国家民族的繁荣强盛和中华思想的创新。

十月革命后，以陈独秀、李大钊等为代表的中国先进分子，在经过比较鉴别和实践检验之后，坚定地选择了马克思主义作为指导中国革命的思想武器，创建了中国共产党，领导人民开始新民主主义革命的新征程，朝着中华民族伟大复兴的目标奋进。在长期的革命建设改革实践中，中国共产党人一方面毫不动摇地坚持马克思主义的指导地位，另一方面忠实地继承和发扬中华优秀传统思想，不断实现马克思主义同中国优秀传统思想的创造性结合，推动马克思主义中国化的历史性飞跃。

1938年10月，毛泽东在提出马克思主义中国化概念时，就特别强调：学习和继承中华民族优秀传统思想的历史遗产，用马克思主义给以批判性的总结，是中国共产党人的一项重要任务。1943年5月26日发布的《中国共产党中央委员会关于共产国际执委主席团提议解散共产国际的决定》明确指出："中国共产党人是我们民族一切文化、思想、道德的最优秀传统的继承者，把这一切优秀传统看成和自己血肉相连的东西，而且将继续加以发扬光大……就是要使马克思列宁主义这一革命科学更进一步地和中国革命实践、中国历史、中国文化深相结合起来。"[①]

正是有了这样的思想自觉，中国共产党人不仅把马克思主义同中国革命的具体实践结合起来，领导中国的社会革命，而且把马克思主义同中国优秀传统思想创造性地融合起来，让马克思主义深植于中华优秀传统思想土壤之中，指导中国传统思想的创造性转化和创新性发展，创造了中国化马克思主义这一中华思想发展的新形态，即毛泽东思想、中国特色社会主义理论体系，习近平新时代中国特色社会主义思想是中国特色社会主义理论体系的最新成果。

中华思想史研究，就是要对中华思想始终绵延不断、持续发展的历史进程做系统的梳理，探索它在社会实践中产生发展，在

[①] 《建党以来重要文献选编（1921—1949）》第20册，中央文献出版社2011年版，第318—319页。

与不同思想差异融合的过程中实现自身创新发展的特点，揭示其发生发展的规律，并为总结人类思想发展的一般规律做出贡献。

四　弘扬中华思想的优良传统

总结历史思想的目的不是仅仅挖掘甚至停留在过去，更主要是要结合当代要求，继承和弘扬优秀传统思想，使之在当代发挥其功能，也就是要达到古为今用的目的。

中华优秀传统思想是中国人赖以安身立命的精神家园。作为中华民族几千年文明发展的智慧结晶，中国优秀传统思想集中反映了中国人的思维方式与精神品格，是构筑中华民族的自我认同、维系团结合作以及延续发展的精神追求。

如何面对中华民族的先辈们留下的丰厚历史遗产？毛泽东在《中国共产党在民族战争中的地位》一文中曾给予了明确的回答："学习我们的历史遗产，用马克思主义的方法给以批判的总结，是我们学习的另一任务。我们这个民族有数千年的历史，有它的特点，有它的许多珍贵品。对于这些，我们还是小学生。今天的中国是历史的中国的一个发展；我们是马克思主义的历史主义者，我们不应当割断历史。从孔夫子到孙中山，我们应当给以总结，承继这一份珍贵的遗产。"[①] 习近平在继承上述思想的基础上又进一步提出："中国共产党人是马克思主义者，坚持马克思主义的科学学说，坚持和发展中国特色社会主义，但中国共产党人不是历史虚无主义者，也不是文化虚无主义者。我们从来认为，马克思主义基本原理必须同中国具体实际紧密结合起来，应该科学对待民族传统文化，科学对待世界各国文化，用人类创造的一切优秀思想文化成果武装自己。在带领中国人民进行革命、建设、改革的长期历史实践中，中国共产党人始终是中国优秀传

[①] 《毛泽东选集》第2卷，人民出版社1991年版，第533—534页。

统文化的忠实继承者和弘扬者,从孔夫子到孙中山,我们都注意汲取其中积极的养分。"①

这些论断告诉我们,在对待历史遗产和中华民族传统思想的问题上,不能割断历史,也不能割断思想,成为历史虚无主义者、文化虚无主义者。不能像全盘西化论者那样照搬照抄西方思想,也不能如文化复古论者那样不加分析地盲目接受传统思想,而是要始终坚持科学的态度和方法,立足于当代社会实践,结合时代发展要求,既要回首过去、追溯历史,又要超越陈规、创新发展,实现历史思想、当代实践和未来发展的有效贯通,做到"古为今用"。正如毛泽东在 1944 年 7 月接受英国记者斯坦因采访时所说的:"我们中国人必须用我们自己的头脑进行思考,并决定什么东西能在我们自己的土壤里生长起来。"②

只有坚持从当代中国的实践和未来中国的发展这两个角度去观察和审视中华传统思想,才能更好地继承中华民族传统思想的优秀成果,弘扬其发展中积累下来的优良传统,为我所用、为今所用、为将来所用。研究编撰《通史》,对于继承中华民族思想的优秀成果,弘扬其发展中积累下来的优秀传统,对于实现中国历史思想、当代中国实践和未来中国发展的有效贯通,都具有非常重要的意义。

五 促进中华思想的当代创新

中华思想不仅是世界上最古老的思想之一,也是历经五千多年延续至今而从未中断的"活"思想。研究中华思想史就是为了推动当代中国思想的创新发展。

中华传统思想产生于农业文明,是一种以儒家文化精神为核

---

① 习近平:《在纪念孔子诞辰 2565 周年国际学术研讨会暨国际儒学联合会第五届会员大会开幕会上的讲话》,人民出版社 2014 年版,第 13 页。

② 《毛泽东文集》第 3 卷,人民出版社 1996 年版,第 192 页。

心的思想体系，并长期作为中国封建社会的思想意识形态而存在。儒家思想自孔子创立以来，经孟子、荀子、董仲舒等思想家的丰富和发展，逐渐成为封建社会的正统思想，并长期在中国思想领域中占据统治地位。儒家思想在长期历史发展中，成功地把社会习惯、国民性格和意识形态融为一体，既成为广大民众自发接受和身体力行的行为道德规范和文化认同体系，又是统治者自觉运用的社会控制工具，对于实现对社会成员的管理和教化，对于维护封建统治阶级的政治统治，都发挥了重要的作用。

进入近代以来，中国传统儒家意识形态在西方工业化的狂飙突进和列强的入侵面前显得力不从心。中国的有识之士开始向西方寻求真理。魏源在《海国图志》中明确提出了"师夷长技以制夷"的口号，主张学习西方资本主义列强在军事技术上的长处。洋务派认为，要实现富国强兵，就要引进西方的军事装备，学习西方的机械制造和科学技术。维新派认为，要救亡图存，就要学习日本、英国的君主立宪制政体，在中国实行变法维新。资产阶级革命派认为，要拯救民族危亡就要学习西方的共和政体，在中国建立资产阶级共和国。正如毛泽东所总结的那样："自从一八四〇年鸦片战争失败那时起，先进的中国人，经过千辛万苦，向西方国家寻找真理。洪秀全、康有为、严复和孙中山，代表了在中国共产党出世以前向西方寻找真理的一派人物。"[①]

辛亥革命推翻了两千多年的封建帝制，建立资产阶级共和国。但是，中国半殖民地半封建社会的性质没有根本改变，中国人民受剥削、受压迫的地位没有根本改变，中国封建主义意识形态没有根本改变。以陈独秀等为代表的新文化运动思想家在对辛亥革命失败的反思中，把批判的锋芒指向了封建主义旧思想、旧文化、旧礼教，高举民主与科学两面大旗，彻底批判中国传统意

[①] 《毛泽东选集》第4卷，人民出版社1991年版，第1469页。

识形态和封建礼教，动摇了封建主义统治思想，启发了中国先进分子。

"十月革命一声炮响，给我们送来了马克思列宁主义。十月革命帮助了全世界的也帮助了中国的先进分子，用无产阶级的宇宙观作为观察国家命运的工具，重新考虑自己的问题。走俄国人的路——这就是结论。"[1] 以毛泽东为代表的中国共产党人不仅坚持把马克思主义理论作为观察国家命运的工具，而且积极推进马克思主义中国化，把马克思主义基本原理与中国具体实际和优秀传统思想相结合，形成了一系列重要思想和理论成果。

毛泽东思想是马克思主义中国化的第一大理论成果。它既是马克思主义在中国发展的理论形态，也是中华思想的创新形态。正如刘少奇所说："毛泽东思想，就是马克思列宁主义的理论与中国革命的实践之统一的思想，就是中国的共产主义，中国的马克思主义。毛泽东思想，就是马克思主义在目前时代的殖民地、半殖民地、半封建国家民族民主革命中的继续发展，就是马克思主义民族化的优秀典型。"[2] "它是中国的东西，又是完全马克思主义的东西。"[3] 毛泽东"在理论上敢于进行大胆的创造，抛弃马克思主义理论中某些已经过时的、不适合于中国具体环境的个别原理和个别结论，而代之以适合于中国历史环境的新原理和新结论，所以他能成功地进行马克思主义中国化这件艰巨的事业"[4]。

随着马克思主义中国化的不断推进，中华思想不断增添新的内容。包括邓小平理论、"三个代表"重要思想、科学发展观在内的中国特色社会主义理论体系，在继承马克思列宁主义、

---

[1] 《毛泽东选集》第4卷，人民出版社1991年版，第1471页。
[2] 《刘少奇选集》上卷，人民出版社1981年版，第333页。
[3] 同上书，第334页。
[4] 同上书，第336—337页。

毛泽东思想基本原理和活的精髓的基础上，结合时代发展特点和实践要求，深入研究并科学回答了什么是社会主义和怎样建设社会主义、建设什么样的党和怎样建设党、实现什么样的发展和怎样发展的问题，不断把中国特色社会主义发展实践中的丰富经验提升到马克思主义理论的高度。

习近平新时代中国特色社会主义思想，从理论和实践结合上系统回答新时代坚持和发展什么样的中国特色社会主义、怎样坚持和发展中国特色社会主义这个重大时代课题，以全新的视野深化对共产党执政规律、社会主义建设规律、人类社会发展规律的认识，是马克思主义中国化最新成果，是党和人民实践经验和集体智慧的结晶，是中国特色社会主义理论体系的重要组成部分，是全党全国人民为实现中华民族伟大复兴而奋斗的行动指南，是当代中华思想最新的内容。

深厚历史底蕴和丰富思想资源是中华当代思想的重要组成部分和鲜明特点。推进中国化马克思主义的深入发展，必须坚持马克思主义指导，继承和弘扬中华优秀传统思想。只有这样，才能使马克思主义更好地与中国的具体特点结合起来，创造中国老百姓所喜闻乐见的思想成果。研究编撰《通史》，就是要深度挖掘中华优秀传统思想，为当代中国马克思主义的理论创新提供思想资源、文化基因、发展经验和历史借鉴，从而更好地促进当代中国马克思主义的创新发展，实现中国化马克思主义的新飞跃。

第三节　编撰《中华思想通史》的意义

中国特色社会主义是当代中国发展进步的根本方向。以高度的理论自觉围绕这个核心开展研究，是当代中国思想界应有的责任担当。深入研究、发掘、弘扬中华优秀传统思想,能够厚植中华民族伟大复兴中国梦的理论滋养,发掘共产主义远大理想和中国特色社会主义的共同理想的思想基因,凝聚中华儿女发展进步的思想共识,增强当代中国的思想自觉、自主与自信,提升中华思想的国际影响力,为新时代坚持和发展中国特色社会主义做出积极贡献。

一 厚植中华民族伟大复兴中国梦的理论滋养

中华民族是具有伟大梦想的民族。深入研究中华思想的发展历史和丰富内涵,从历史深处追索中国梦的思想渊源,在当代中国实践和思想逻辑中揭示其当代性意蕴,可以为实现中华民族的伟大复兴提供丰富的思想支撑和理论滋养。

2012年11月29日,在参观"复兴之路"展览时,习近平首次阐释了"中国梦"的概念:"实现中华民族伟大复兴,就是中华民族近代以来最伟大的梦想。"[1] 之后他在多次论述中,系统阐述了中国梦的理论。中国梦的本质是国家富强、民族振兴和人民幸福。近代以来一代又一代仁人志士为民族复兴不懈奋斗,但是由于缺乏科学理论指导和先进政党领导,这些努力都没有成功。中国共产党成立后,中国革命呈现出全新的面貌,中华民族伟大复兴的梦想开始日益走向现实。

中国梦深深地植根于中华民族五千多年自强不息、刚健有为的中华民族历史和思想之中。比如,中华思想强调"民惟邦本""天人合一""和而不同";强调"天行健,君子以自强不息""大道之行也,天下为公";强调"天下兴亡,匹夫有责",主张以德治国、以文化人;强调"君子喻于义""君子坦荡荡""君子义以为质";强调"言必信,行必果""人而不信,不知其可

---

[1] 《习近平谈治国理政》第1卷,外文出版社2018年版,第36页。

也"；强调"德不孤，必有邻""仁者爱人""与人为善""己所不欲，勿施于人""出入相友，守望相助""老吾老以及人之老，幼吾幼以及人之幼""扶贫济困""不患寡而患不均"；等等。苏武、岳飞、文天祥、郑成功等熔铸了中华民族捍卫国家尊严、维护民族统一的精神标识。自秦始皇统一中国，中华民族虽然经历了分分合合，但国家一统、民族融合始终是历史发展趋势，"大一统"的政治理念已经成为中华民族思想的深层精神追求和内在价值尺度。

中国梦尤其激发于中国近代以来艰辛曲折、救亡图存的奋斗之中。近代以后的中国，在资本主义列强殖民侵略和封建专制制度腐朽没落的双重夹击下，日益沦落为半殖民地半封建社会，国家失去了独立，民族失去了尊严，人民失去了幸福，中华民族到了生死存亡之秋。面对苦难，中国人民没有屈服，而是奋起抗争，在救亡图存的道路上，百折不挠，前赴后继：鸦片战争中三元里人民奋起抗击英国侵略者；光绪初年左宗棠率兵驱逐沙俄收复伊犁捍卫领土主权；中法战争中老将冯子材反击法国侵略军；甲午海战中北洋官兵与日本侵略者血战大东沟；庚子年间义和团以血肉之躯抗击八国联军；辛亥革命推翻帝制建立民国试图引领中国走向民主共和前景；五四运动中热血青年抵制巴黎和会、捍卫国家主权……一场场气壮山河的斗争，谱写下一曲曲可歌可泣的悲壮史诗，无不体现着中华儿女实现民族复兴的夙愿。

中国梦是中国共产党领导人民革命、建设、改革的不懈追求，是当代中国人民发展进步的共同愿景。中国共产党成立后，团结带领全国人民进行艰苦卓绝的奋斗，不断实现历史性跨越。进行反帝反封建的伟大斗争，完成了新民主主义革命，建立了中华人民共和国，彻底结束了旧中国半殖民地半封建社会的历史，实现了中国从几千年封建专制政治向人民民主的伟大飞跃。进行生产资料的社会主义改造，完成社会主义革命，确立社会主义制度，开创中国社会主义建设伟大事业，完成了中华民族有史以来最为广泛而深刻的社会变革，实现了中华民族由不断衰落到根本扭转命运、持续走向繁荣富强的伟大飞跃。进行改革开放新的伟大革命，成功开创并不断推进中国特色社会主义伟大事业，迎来了中国人民从站起来、富起来到强起来的光明前景。如今，又在新的历史起点上进行伟大斗争、建设伟大工程、推进伟大事业、实现伟大梦想，向着中华民族伟大复兴的目标奋进。

中华民族伟大复兴的中国梦，既立足于当代中国发展进步的现实，也深植于中华优秀传统思想之中。《通史》将中华民族在漫长历史长河中形成的优秀思想汇集起来，可以为人们深刻把握中国梦的历史渊源和思想内涵，提供宝贵的思想资源，同时也能够让人们徜徉在历史长河中，鉴赏优秀思想遗产，不断增强民族思想自信。更重要的是，通过对鸦片战争以后170多年历史和思想轨迹的整理和发掘，进一步阐明只有社会主义才能救中国、只有中国特色社会主义才能发展中国的结论，帮助人们深刻理解中华民族伟大复兴的曲折进程和道路选择，牢固确立中国化马克思主义在中华思想史上的高峰地位，坚定理论信仰和理想信念。

二 发掘远大理想和共同理想的思想基因

共产主义远大理想和中国特色社会主义共同理想，是凝聚当代中国人民精神力量的核心。共产主义学说是马克思主义理论的灵魂，共产主义社会是根据历史发展规律而提出的未来社会构想。在《德意志意识形态》中，马克思恩格斯就提出，共产主义是一种个人自由得到全面发展的共同体。在《共产党宣言》中，他们明确提出共产主义社会的本质性内涵，"代替那存在着阶级和阶级对立的资产阶级旧社会的，将是这样一个联合体，在那里，每个人的自由发展是一切人的自由发展的条件"①。在《哥达纲领批判》中，马克思进一步对共产主义社会做出了相对完整的描述："在共产主义社会高级阶段，在迫使个人奴隶般地服从分工的情形已经消失，从而脑力劳动和体力劳动的对立也随之消失之后；在劳动已经不仅仅是谋生的手段，而且本身成了生活的第一需要之后；在随着个人的全面发展，他们的生产力也增长起来，而集体财富的一切源泉都充分涌流之后，——只有在那个时候，才能完全超出资产阶级权利的狭隘眼界，社会才能在自己的旗帜上写上：各尽所能，按需分配！"②

中国共产党是以马克思主义为指导思想的马克思主义政党。作为马克思主义核心内容的共产主义，从一开始就成为中国共产党人分析中国社会现实、规划未来社会发展的远大理想和奋斗目标。早在1920年，第一个早期中国共产党组织制定的《中国共产党宣言》就提出："要按照共产主义者的理想，创造一个新的社会"，即"创造共产主义的社会"③。1921年7月，中共一大明确提出：中国共产党的纲领就是"以无产阶级革命军队推翻资产阶级，由劳动阶级重建国家，直至消灭阶级差别"，"采用无产阶级专政，以达到阶级斗争的目的——消灭阶级"，"废除资本私有制，没收一切生产资料，如机器、土地、厂房、半成品等，归社会所有"④。之后，中国共产党人始终把共产主义写在自己的旗帜上，作为为之奋斗的社会理想和奋斗目标。

中国共产党人首先是中国人，他们在确立共产主义远大理想之际不可避免地浸润着中华民族的思想滋养，中华优秀传统思想

---

① 《马克思恩格斯文集》第2卷，人民出版社2009年版，第53页。
② 《马克思恩格斯文集》第3卷，人民出版社2009年版，第435—436页。
③ 《"一大"前后：中国共产党第一次代表大会前后资料选编》（一），人民出版社1985年版，第2、4页。
④ 同上书，第9页。

中的社会理想直接影响着他们的社会理想建构。毛泽东在《论人民民主专政》中讲道："经过人民共和国到达社会主义和共产主义，到达阶级的消灭和世界的大同。"① 毛泽东的这个论断，实际上就是在中国优秀传统思想中发掘了与共产主义理想相关的思想基因，揭示了中华思想中的大同社会理想同共产主义理想之间的某种相通性，并对大同社会理想进行了马克思主义的解释和提升。

"大同社会"是中国传统思想中的理想社会模型。《礼记·礼运篇》描绘道："大道之行也，天下为公，选贤与能，讲信修睦。故人不独亲其亲，不独子其子，使老有所终，壮有所用，幼有所长，鳏、寡、孤、独、废疾者皆有所养。男有分、女有归。货恶其弃于地也，不必藏于己；力恶其不出于身也，不必为己。是故谋闭而不兴，盗窃乱贼而不作，故外户而不闭，是谓大同。"以"天下为公"为核心的大同社会理想日益浸透到中国思想的底蕴当中，不仅成为知识精英的思想价值追求，甚至成为社会大众对现实社会的判断标准，在几千年的历史发展中呈现出不同的形态，构成了中华民族发展的强大理想牵引力量。尤其是以洪秀全的太平天国、康有为的《大同书》、孙中山的民生主义为代表的近代发展形态，对中国早期的马克思主义者的社会理想建构产生了重大影响。例如，青年毛泽东就深受康有为《大同书》的影响，他在1917年8月23日给黎锦熙的信中就对康有为的大同思想给予一定的评价。毛泽东在信中讲道：孔子"立太平世为鹄，而不废据乱、升平二世"；"大同者，吾人之鹄也"；人们要达到"共跻圣域"的理想境界，"彼时天下皆为圣贤，而无凡愚，可尽毁一切世法，呼太和之气而吸清海之波"②。这些说法

---

① 《毛泽东选集》第4卷，人民出版社1991年版，第1471页。
② 《毛泽东早期文稿》，湖南人民出版社2008年版，第76页。

同康有为《大同书》的中的描述近乎相同。由此，我们也就不难理解，三十多年后，为什么毛泽东在筹划新中国社会制度时还念念不忘康有为及其《大同书》。

这就是说，中国马克思主义者的社会理想建构，承袭了传统中国社会理想的诸多要素，浸润着大同社会理想的思想因子，当然是被加以改造提升后吸收进去的。1925年，毛泽东在批判国民党右派时，就明确讲到共产党人就是要最终"消灭全世界的帝国主义，建设一个真正平等自由的世界联盟"，这里的核心就是"人类平等、世界大同"[1]。1937年，他再次强调中国共产党"主张世界大同运动"[2]。1949年，在《论人民民主专政》中，他直接把共产主义、阶级的消灭与世界大同相提并论。当然，他也明确指出了传统的大同社会理想的缺陷，它缺乏理论上的科学性和有效的力量支撑及现实的实现路径，因而只是一种美好的空想，只有按照马克思主义的指导，在无产阶级及其政党的领导下，经过革命实践才能实现科学的大同理想即共产主义理想。

在共产主义理想这一远大目标的指引下，中国共产党人通过设定阶段性目标并为之不懈奋斗，形成了为实现共产主义接续奋斗的历史进程，不同历史时期设定的阶段性目标也就是这个时期的共同理想。在现阶段，中国特色社会主义就是奔向共产主义社会的阶段性目标，是我国各族人民的共同理想。以社会主义初级阶段为总依据的中国特色社会主义，其逻辑依据和思想起点就是共产主义理想，共产主义、社会主义、中国特色社会主义构成了一个不能切断的逻辑链条。与此同时，中国特色社会主义共同理想深植于中华传统优秀思想的土壤之中，内含着中华民族长期以来的理想追求。例如，中国特色社会主义共同理想中的"富

---

[1] 《毛泽东文集》第1卷，人民出版社1993年版，第25页。
[2] 同上书，第484页。

强",以追求国家强盛和人民共同富裕为目标,这就是对中国传统思想中富国富民思想的继承与超越;"民主"强调的是人民当家作主,继承了中国传统民本思想的一些合理内容;"和谐"强调的是构建一个人与人之间、人与社会、人与自然之间和谐相处的社会,与中国传统思想中的"和谐"思想相一致。诸如此类,不一而足。正是在这个意义上,习近平反复强调,中国特色社会主义植根于中华思想沃土,有着深厚历史渊源和广泛现实基础。

研究编撰《通史》,就要在马克思主义的指导下通过对中华优秀传统思想的深度把握,进一步阐明中国特色社会主义共同理想体现了马克思主义与中华优秀传统思想相结合的特征,是科学社会主义的理论逻辑同中国社会发展的历史逻辑的有机统一,既坚持了科学社会主义的基本原则又根植于中华优秀传统思想之中,既是实现共产主义理想的一个特殊阶段又是对中国传统理想建构的一种扬弃。这种研究编撰就是要在不断推进优秀传统思想发展的同时,更深刻地把握中国特色社会主义产生发展的历史依据,更好地坚定全党全国人民的中国特色社会主义共同理想。

三 凝聚中华民族发展进步的思想共识

国家发展进步的一个重要前提是民族团结统一。当今时代虽然日益进入到一个全球化的时代,但是民族国家在可以预期的时间内仍然是国际关系的主体,人们虽然日益生活在全球思想的交融之中,但民族思想依然是其精神维系的根本纽带。

生活在当今世界的人们,必然是现实地生活在具体的国家和民族当中,生于斯长于斯的祖国依然是他们不可能也不情愿超越的生存空间,而且外来思想冲击越大,国家认同的内在必要性也越突出。这种认同把人们紧密地联系在一起,并赋予人们共同的历史感、责任感和归属感,形成维护国家和民族独立统一的深层基础。如果这个认同意识弱化或消失,那么这个国家的存在也失去了深层次的思想依据。

站在历史认同、国家认同基础上的思想认同是历史地形成的。民族思想具有共同性、长期性和稳定性，会融入这个民族每一个人的血液中去，形成一种思想和行为上的自觉和默契。民族思想的核心是其核心价值观，它是整个民族都认同和坚持的思想之根。围绕着这个核心价值观，民族国家的内部又培育和发展着丰富多彩的思想形态，形成一个一体多样性的思想共同体。

2014年9月，习近平在中央民族工作会议上的讲话中指出：中华民族和各民族的关系，形象地说，是一个大家庭和家庭成员的关系，各民族的关系是一个大家庭里不同成员的关系。强调各个民族是多元，中华民族是一体；一体包含多元，多元组成一体；一体离不开多元，多元也离不开一体；一体是主线和方向，多元是要素和动力。这个论断概括了中华民族的"多元一体"的基本特点。

中华民族是一个由我国各民族汇聚成的大家庭，是中国各民族融合发展的自然结果。距今四五千年以前，中华大地上就已形成了华夏、东夷、南蛮、西戎、北狄五大民族集团。随着不断进行的迁徙、散居、通婚等各种形式的交流，血缘逐渐融合，大多数民族都是融合了多种民族成分而形成了今天的民族单元。在此之后，中国历史上发生了多次民族大融合。第一次民族大融合发生在春秋战国时期，主要是在中国的腹心地区（中原地区，主要在黄河流域）进行的，中华民族的主体民族——汉族，是在华夏族的基础上从汉代开始形成的，它的血统里融合了许多少数民族的血液。第二次民族大融合发生在魏晋南北朝时期，这一时期的特点是民族迁徙出现对流，一部分汉族往周边去，周边少数民族往内地来。第三次民族大融合发生在宋辽金元时期，这一时期的特点是在边疆地区进行的，不仅少数民族融合于汉族，也有一部分汉族融合到少数民族地区。第四次民族大融合发生在清代，这时期奠定了现在中国疆域和以汉民族为主体的中华民族的基础。纵观中国的历史，民族团结和民族融合始终是一个永恒的主题。

在中华民族形成发展的历史进程中，各民族的生产方式、生活习惯、社会风俗、知识体系、思维方式等相互交流，相互促进，相互融合，汇聚成多姿多彩、内容丰富的中华民族思想，成为中华民族共同的精神维系力量，民族认同的核心。

当今的中国是历史的中国的延伸和发展；了解当今的中国就要了解历史的中国。毛泽东强调指出："不要割断历史。不单是懂得希腊就行了，还要懂得中国；不但要懂得外国革命史，还要懂得中国革命史；不但要懂得中国的今天，还要懂得中国的昨天和前天。"[①] 毛泽东之所以十分看重对历史的了解和研究，其目的就是要通过研读中国的历史，以进一步了解中国社会发展规律和中国人民思维习惯及生产生活规律。通过"研究历代兴亡史"，以总结中国古代社会阶级斗争的历史经验，从而为掌握治国安民的艺术奠定思想基础。通过研究中国悠久的历史思想，以帮助中国人民建立起对自己的民族、对自身创造能力的信心，增强人民对于未来的信念。

中华民族的祖先经过长时间发展，锻造了民族统一的早期基础。周朝时期，中华民族就已经创制了以周天子为"天下共主"、以各分封诸侯管理地方的政治体制，天下共主统一管理而分封诸侯维护天子，形成了天下统一的局面。秦始皇统一天下，建立了中央集权政府，改分封诸侯国为设立郡县制，进一步在政治体制上强化了国家的统一。汉承秦制，进一步加强了统一的中央政权，"大一统"的政治理念得到系统化并形成政治实践；与此同时，文化上的"罢黜百家、独尊儒术"政策，把"大一统"

[①] 《毛泽东选集》第3卷，人民出版社1991年版，第801页。

的政治理念作为主流意识形态进一步固定下来。从那个时候起,虽然朝代更迭连绵不断,呈现出分分合合的历史轨迹,但中华民族总体上是以统一为大方向,反对和抵制分裂、渴望和维护统一成为民族发展的大趋势,严厉谴责分裂者和高度赞扬统一者则是民族思想的一个核心内容。

中华民族大家庭历经战火洗礼与时光打磨,民族团结的纽带日益牢固。特别是进入近代以后,中国饱受了帝国主义侵略,中华民族受尽了屈辱,外国侵略和亡国灭种的危机把我国各民族的命运空前紧密地连在一起,极大地激发了中国境内各民族的民族认同。各族人民深刻认识到中华民族是一个命运共同体,一荣俱荣、一损俱损,各民族只有把自己的命运同中华民族的命运紧紧连接在一起才有前途和希望。这就是各民族团结统一和共同发展的中华民族意识,它所形成的强烈认同感和归属感,构成了当代中国人民共识的民族思想基础。

当前,中国人民正在中国共产党的领导下坚持和发展新时代中国特色社会主义,为实现中华民族伟大复兴的中国梦而努力奋斗。完成伟大事业,实现伟大梦想,推动当代中国的发展进步,就必须要不断巩固全国各族人民的思想共识,心往一处想,劲往一处使,用14亿人的智慧和力量汇集起不可战胜的磅礴力量。这就需要我们大力弘扬以爱国主义为核心的民族精神,以改革创新为核心的时代精神,把中华民族坚强团结在一起,在改革开放中与时俱进,不断增强团结一心的精神纽带、自强不息的精神动力,共同熔铸成实现中华民族伟大复兴中国梦的强大合力。研究编撰《通史》,就是要深入发掘当代中国精神和社会主义核心价值观的历史思想渊源,更加深入地阐释中国精神的历史内涵和当代内涵,发掘社会主义核心价值观的民族思想基础,进一步凝聚当代中国发展的思想共识。

四 筑牢中华民族的价值观基础

中华传统思想的突出特色，是哲学与政治思想、道德伦理思想浑然一体。其哲学思维的重点在于政治哲学、人生论和道德伦理学。道德伦理学说是中华思想体系中的重要组成部分。发掘中华思想史中丰富的道德伦理学说，是《通史》的亮点之一。

中国古代最初的政治观念，是将君权、神灵与伦理交织在一起。殷人将祖宗神的权威与天神的权威混合在一起，周人将人与神的关系视为宗法伦理关系，而宗法制度和宗法观念又是西周政治制度和政治文化的基石。春秋战国时期，中华古代思想逐步实现从重神到重人的转变，由此带来了对人际关系及道德伦理的重视，推动了道德观念的升华。随着伦理道德逐渐变成世俗化的普遍的社会政治规范，"德"的地位日益凸显。人们对道德的价值功能进行了讨论，并将伦理作为指导社会政治生活的根本法则之一。儒家对道德规范的认识价值和行为操作价值作了充分论证，赋予每一项道德规范以具体的政治功能，主张以道德原则规划社会政治，约束政治行为。这样，"天下为公""以德配天""为政以德""修齐治平"成为理想的政治准则，仁义礼智信等受到推崇并成为规范行为的准则。

长期以来，伦理学、哲学与政治学混合在一起的儒家学说居于意识形态的主流地位，深刻影响了中华思想的走向。历代学者均将思考的重心放在道德伦理方面，形成并发展了丰富的道德伦理思想。儒家重视仁与德，提倡孝悌忠信，温良恭俭让；《中庸》提倡知、仁、勇，《大学》论格物、致知、诚意、正心、修身、齐家、治国、平天下，归本于明德、亲民、止于至善；孟子言五伦、论四端；荀子则隆礼、亲师，重视后天修养等，均需要予以关注。发掘中华思想中丰富的道德伦理学说，在当代社会历史条件下借鉴传统德治、礼治思想，发掘积极的人生观学说，显然是有意义的。

中华先哲从先秦时期起便关注现实人生，提出了丰富的人生哲学及人生观学说。孔子提倡"朝闻道，夕死可矣"，践行"知其不可而为之"的精神，"乐而忘忧，不知老之将至"，为实现理想，生命不息，奋斗不止；孟子说"当今之世，舍我其谁也"，勇于担当重任，主张"富贵不能淫，贫贱不能移，威武不能屈"的大丈夫精神；墨子主张"摩顶放踵利天下，为之"；韩非子主张为了"利民萌，便众庶"，不避"灭亡之害"；屈原主张"路漫漫其修远兮，吾将上下而求索"，"虽九死其犹未悔"；荀子主张"驽马十驾"，"锲而不舍"，坚忍不拔；范仲淹主张"先天下之忧而忧，后天下之乐而乐"；张载主张"为天地立心，为生民立命，为往圣继绝学，为万世开太平"；王安石主张变法革新，"天变不足畏，祖宗不足法，人言不足恤"等，都是值得继承的积极向上的人生学说。这样的思想和理念，不论过去还是现在，都有其鲜明的民族特色，都有其永不褪色的时代价值。中华思想史中蕴含的丰富的关于道德人生的思想资源，是涵养社会主义核心价值观的道德源泉。

中华古代思想注重现实人生，但并不局限于现实人生，而是追求"内在的超越"，追求崇高的精神境界，以升华现实人生。他们关于道德修养方法和认识方法的许多见解，值得借鉴。如孔子"发愤忘食、乐以忘忧"的乐观精神、"学而不厌、诲人不倦"的积极态度；宋钘"接万物以别宥为始"的客观方法；孟子"富贵不能淫，贫贱不能移，威武不能屈"的"大丈夫"风格；荀子"虚壹而静"的"解蔽"方法；宋明理学家"修、齐、治、平"的修养工夫等，都凝结着中华哲人深邃的智慧和不倦的人生追求。

五　增强当代中国人民的思想自信

思想自信自觉自主，对于一个国家、一个民族、一个政党的生存和长远发展具有十分重要的意义。在全球化条件下，各国思想相互激荡、相互交流，同时也相互渗透、相互冲突，中华思想必须要走自信、自觉、自主发展之路，为道路自信、理论自信、制度自信、文化自信奠定深层基础。

从人类发展的角度来看，民族的独立自主具有至关重要的意义。马克思和恩格斯高度强调民族独立自主的重要性。一方面，他们非常重视工人阶级政党的国际合作问题，认为无产阶级的国际联合"是无产阶级获得解放的首要条件之一"[1]。另一方面，他们特别强调，这种合作必须建立在每一个民族的自主发展基础之上。1892年，恩格斯指出："欧洲各民族的真诚的国际合作，只有当每个民族自己完全当家作主的时候才能实现。"1893年，他再次讲道："不恢复每个民族的独立和统一，那就既不可能有无产阶级的国际联合，也不可能有各民族为达到共同目的而必须实行的和睦的与自觉的合作。"[2] 这里的"完全自主"当然包括文化自主特别是思想上的自信和自主。

从一个国家、一个民族的发展来看，思想自信、文化自主更是不可或缺。思想自信，是一个国家、一个民族、一个政党对自身思想价值的充分肯定，对自身思想生命力的坚定相信。只有对自己的思想自信，才能获得坚持坚守的从容，鼓起奋发进取的勇气，焕发创新创造的活力。习近平指出："当今世界，要说哪个政党、哪个国家、哪个民族能够自信的话，那中国共产党、中华

---

[1] 《马克思恩格斯文集》第2卷，人民出版社2009年版，第50页。
[2] 同上书，第24、26页。

人民共和国、中华民族是最有理由自信的。"① 这就是说，中国是一个具有高度思想自信自觉自主的国家，中华民族是一个具有高度思想自信自觉自主的民族，中国共产党是一个具有高度思想自信自觉自主的政党。

中华优秀传统思想，积淀着中华民族最深层的精神追求，包含着中华民族最根本的精神基因，代表着中华民族独特的精神标识，不仅为中华民族生生不息、发展壮大提供了丰厚滋养，也为人类文明进步做出了独特贡献；不仅铸就了历史的辉煌，而且在今天仍然闪耀着时代的光芒。中华优秀传统思想历史悠久，留下了浩如烟海的思想遗产，包含着丰富的哲学社会科学内容、治国理政智慧。我们要通过深入研究和系统梳理这些丰富的思想资源，阐明当代中国思想自信的深厚历史渊源和依据。

中国共产党领导各族人民在进行革命的历史实践中创造的红色文化，是中国共产党和中国人民的宝贵精神财富，是中华民族优秀思想的重要组成部分。革命战争时期留下的优良传统和作风，以红船精神、井冈山精神、瑞金精神、长征精神、延安精神、西柏坡精神等为集中代表的红色文化，我们要永远铭记、世代传承。这些富有时代特征、民族特色的宝贵财富，不断实现着中华思想的再生再造，为我们在新的历史条件下推进思想建设奠定了坚实基础。值得注意的是，近年来，有人以所谓重新评价为名，搞历史虚无主义，认为红色文化是"过去时"，在经济全球化和社会主义市场经济的今天，讲红色文化没什么意义。他们随心所欲地戏说历史、消解红色经典，对英雄人物、历史人物进行颠覆性评价。这股思潮是对中国历史的歪曲，也是对中华思想的亵渎。正因为如此，我们更需要系统分析红色文化的历史基础和

---

① 习近平：《在庆祝中国共产党成立95周年大会上的讲话》，《人民日报》2016年7月2日第2版。

实践依据，阐明红色文化是中华民族优秀思想传统的凝聚升华，是中国共产党和中国人民伟大创造精神的生动体现，无论是现在还是未来都是激励我们不懈奋斗的强大精神力量。

在社会主义建设和改革开放的过程中，中国共产党和中国人民创造了以雷锋精神、大庆精神、"两弹一星"精神、改革开放精神等为集中代表的社会主义先进文化，是中国特色社会主义事业"五位一体"总布局的重要内容，是社会主义制度优越性的重要体现，是凝聚和激励全国各族人民的重要力量。一定要用好用足这些思想资源，使之深深融入人们的精神世界，不断汇聚新的精神力量。在当代中国，增强思想自信，最根本的就是要发展好中国特色社会主义文化。这就是以马克思主义为指导，坚守中华文化立场，立足当代中国现实，结合当今时代条件，发展社会主义文化。必须坚持为人民服务、为社会主义服务，坚持百花齐放、百家争鸣，坚持创造性转化、创新性发展，不断铸造中华思想新辉煌。

高度的思想自信自觉自主是中国共产党的显著优势，是中国共产党始终走在时代前列、保持着旺盛的生机活力、团结带领各族人民不断走向胜利的重要基础。90多年来，中国共产党总是以思想上的觉醒和觉悟，来把握前进方向、凝聚奋斗力量、推动事业发展。无论是革命战争年代还是建设改革时期，每逢重要历史关头，都紧密结合时代条件，从实现中国共产党的中心任务出发，高举起先进思想的旗帜，阐明自己的思想观点和文化纲领，提出切实有效政策，有力地推动了中国共产党和人民事业的顺利发展。

当今世界正处在大发展大变革大调整时期，当代中国正在新的历史起点上向新的目标迈进。思想在综合国力竞争中的地位日益凸显，对经济社会发展的作用不断扩大，其影响比以往任何时候都更加广泛而深刻。新的形势和任务，迫切需要我们进一步增强思想自信自觉自主，加快建设社会主义文化强国。一定要以高度的思想自觉和政治责任，深入研究和弘扬中华优秀传统文化、红色文化和社会主义先进文化，凝聚全国各族人民的思想共识，形成推动当代中国发展的强大精神力量，让中华思想展现出永久魅力和时代风采。

六 丰富中国化马克思主义的思想要素

五四运动以后，马克思主义为中国人打开了认识世界、认识人类社会的大门，对中国革命建设改革产生了至深至远的影响，也因此奠定了自己的指导思想地位。毛泽东指出："指导我们思想的理论基础是马克思列宁主义。"[1] 邓小平在改革开放和现代化建设过程中反复强调："对马克思主义的信仰，是中国革命胜利的一种精神动力。"[2]

马克思主义是由西方传入的，但其适用的范围并不限于西方。马克思主义是由马克思和恩格斯所创建的关于人类认识世界和改造世界的科学的世界观、方法论，包括哲学、政治经济学和科学社会主义三个有机组成部分。其中辩证唯物主义和历史唯物主义是马克思主义的理论基石，揭示了自然界、人类社会和思维运动的普遍规律，是无产阶级的科学世界观；而政治经济学则是对辩证唯物主义和历史唯物主义的运用，阐明了人类社会各个发展阶段上支配物质资料的生产、交换以及与之相适应的产品分配的规律；科学社会主义是马克思主义理论体系的核心，它指出无产阶级解放事业的历史条件以及这一事业本身的性质，指明人类社会的最高理想即共产主义社会。也就是说，马克思主义是人类认识世界和改造世界的理论武器和思想体系。

---

[1] 《毛泽东文集》第6卷，人民出版社1999年版，第350页。
[2] 《邓小平文选》第3卷，人民出版社1993年版，第63页。

马克思主义之所以能得到中华民族的认同，得以中国化并成为中华民族思想的一部分，除马克思主义的真理性、中国社会的实际需要外，还在于中华优秀传统思想与马克思主义之间，有着许多相容和相通之处，这些相容与相通之处构成了二者结合的条件。例如，中华优秀传统思想中的唯物主义和辩证法传统、大同理想、民本思想、经世致用思想、实事求是传统等，与马克思主义的辩证唯物主义和历史唯物主义哲学、共产主义思想、人的自由全面发展思想等有着共通之处。也就是说，马克思主义之所以能够在中国获得广泛传播和发展，同中华优秀传统思想中的这些内容是分不开的。

马克思主义中国化的一个重要方面就是把马克思主义同中华优秀传统思想创造性结合的过程，中国化马克思主义就是在坚持马克思主义基本原理的前提下，充分吸收中华优秀传统思想的理论创新成果，实事求是、与时俱进、小康社会、自我革命等中国化马克思主义的标识性概念，都是中华优秀传统思想在马克思主义指导下的凝练和提升。随着实践的发展和理论的深入，中国化马克思主义也必将得到进一步的丰富，而这也需要进一步吸收借鉴中华优秀传统思想的思想滋养。研究编撰《通史》，能够以马克思主义基本原理来辨析中华传统思想的精华与糟粕，传承中华优秀传统文化的思想精华，为中国化马克思主义的进一步发展提供更加丰富的思想元素，同时也能够进一步巩固马克思主义的群众基础和广泛认同。

七 扩大中华优秀思想的国际影响力

随着经济全球化的深入发展和科学技术的日新月异，各种思想交流交融交锋也更加频繁，文化在综合国力竞争中的地位和作用更加凸显，维护国家文化安全任务更加艰巨，增强中华思想国际影响力要求更加紧迫。随着当代中国经济政治的发展，中华思想必然要在国际上发挥自己的影响力,中华思想影响力的提升与其在国际上的认同度是密切相关的。通过对中华优秀传统思想的整理和宣传,可以为世界各国人民认识和理解中华思想提供重要的文献和思想依据,为中华思想走出去打造一个良好的载体。

中华民族在历史发展的长河中形成了富有特色的思想体系,体现了中国人几千年来积累的知识和智慧,这是独特的优势和深厚的软实力。对中华优秀传统思想要加强挖掘和阐发,促进中华民族最基本的思想基因适应当代思想和现代社会,把中华民族跨越时空、超越国界、富有永恒魅力、具有时代价值的思想精神弘扬起来。中华文明要实现创造性转化和创新性发展,激活其在当代的生命力,推动中华文明同世界各国人民创造的丰富多彩的文明一道,为人类社会提供正确的精神指引。要从我国和世界发展面临的重大问题出发,努力提出能够体现中国立场、中国智慧、中国价值的理念和方案。不仅让世界认识"舌尖上的中国",还必须让世界认识"学术中的中国""理论中的中国""哲学社会科学中的中国",更要让世界认识"发展中的中国""开放中的中国""为人类文明作贡献的中国"[①]。

在当今中国思想走向世界发展的过程中,我们还面临着一些无法回避的困难,中国与西方发达国家在社会制度上根本不同,意识形态上根本不同,这使中国思想在走向世界的过程中,遭遇更多的意识形态和社会制度方面的阻力。

大力推进中华思想走出国门,展示当代中华思想的成果,在世界上闪烁出耀眼的光芒,为世界其他文明提供重要的思想资源,就必须正视并努力克服这些障碍。

提升担当意识,增强对外宣传阐释中华优秀传统思想和当代

[①] 习近平:《在哲学社会科学工作座谈会上的讲话》,《人民日报》2016年5月19日第2版。

中国思想发展成就的思想自觉,承担起提高国家文化软实力、维护国家文化安全的责任。中国学术界和理论界客观公正地向世界介绍和解释中华优秀传统思想,全面准确地对外宣传中国特色社会主义理论的基本内容,是中国特色社会主义伟大事业的重要组成部分,是中国共产党领导的意识形态工作的重要内容,也是当代中国哲学社会科学研究的重要内容。理论工作者应该不断提升理论自觉,切实增强责任意识,真正做到在对外宣传阐释中国历史、思想、现实实践方面有责、负责、尽责,向世界说清楚中国特色的发展道路、发展经验,讲清楚中国特色社会主义植根于中华思想沃土、反映中国人民意愿、适应中国和时代发展进步要求,有着深厚历史渊源和广泛现实基础,集中体现着中国共产党的核心政治理念和中国人民的共同理想,纠正国外学者和媒体对中国特色社会主义的误解。

确立标准意识,增强对外宣传阐释中华优秀传统思想和当代思想发展成果的独立自主性。长期以来,资本主义发达国家掌控着国际思想传播的解释权,总是把自己的政治理念作为"通用标准",审视评判别国的思想理论和政治理念。声称他们的政治制度和核心价值观具有永恒的普世性,其他国家只有服从西方的文明模式才是合理的,如果哪个国家坚守了自己的特殊发展道路和意识形态,就被指认为"不人道""践踏人权""限制自由""政治专制",等等。基于这种现实情况,中国的思想界在对外宣传阐释中国思想的过程中,一方面要借助、承认和接受西方标准中的合理性内容,扩大进入世界文化空间的机会;另一方面必须打造和坚守自己的思想标准,坚守对外宣传的政治底线和独立自主性,切实体现中国共产党的核心政治理念、客观真理的要求、人类文明发展的方向、中国的国家利益和人民意愿,完整准确地阐释中华思想的丰富内涵,决不能为了走向世界而放弃自己的核心价值观,曲解中华思想的完整内涵。

建构独立的学术话语体系，形成自己的特色和优势，增强对外宣传阐释中国思想的理论资质。中国的哲学社会科学有没有中国特色，归根到底要看有没有主体性、原创性。跟在别人后面亦步亦趋，不仅难以形成中国特色哲学社会科学，而且解决不了中国的实际问题。只有以中国历史和现实实际为研究起点，提出具有主体性、原创性的理论观点，构建具有自身特质的学科体系、学术体系、话语体系，才能形成自己的特色和优势。为了更好地在国际上传播中华思想，我们应该在坚持思想标准的基础上，深入挖掘和吸收中华民族最深沉的精神追求，从中汲取丰厚的思想内涵，形成对外宣传的强大力量；认真研究和适应世界形势的发展变化，积极借鉴人类文明创造的有益成果，充分吸收借鉴各种新思想、新观点、新知识，扩大对外宣传阐释的世界性视野。以此为基础，构建反映世界文明发展趋势、具有中国思想特色、体现理论发展规律的学术话语体系，打造融通中外的新概念、新范畴、新表述，在打破学术话语依赖和标准控制的同时，提升中华优秀传统思想的国际影响力和当代中国思想的感染力。

第四节　编撰《中华思想通史》的指导思想

用马克思主义唯物史观指导《通史》研究编撰，首先必须坚持马克思主义唯物史观的基本立场、基本观点和基本方法。要坚定地站在人民的立场上进行中华思想史研究，辨析其中的精华与糟粕。要灵活地运用马克思主义立场、观点和方法进行中华思想史的研究、整理、挖掘和集成。社会存在决定社会意识、生产力决定生产关系、经济基础决定上层建筑，这是唯物史观的基本原理，生产的观点和群众的观点是唯物史观的基本观点，阶级分析法、经济分析法和利益分析法是唯物史观的基本方法。坚持以马克思主义唯物史观为指导，必须坚持人民的立场，根据这些基本原理、观点和方法认识和研究中华思想史。

一 站在唯物史观的人民立场上考察中华思想史

研究编撰中华思想史，首先面临着一个立场问题。立场的不同将会导致结论的根本不同。研编《通史》必须坚持马克思主义的基本立场，也就是彻底的人民立场。

毛泽东指出："人民，只有人民，才是创造世界历史的动力。"[①] 人民既是物质财富的创造者，也是精神财富的基础创造者。人民群众是人类优秀思想文化的基础创造者，人民群众为思想的创造提供实践的、经验的源泉和材料。必须高度重视人民群众对思想发展的基础性作用，关注和挖掘人民的思想史。中华思想中许多思想是人民群众直接提出来的，有些思想虽然不是人民直接提出来的，却是由先进的知识分子从人民群众的诉求中概括和提炼出来的，反映了人民群众的思想要求和根本利益，如民本思想、均平思想等。思想史研究必须重视对人民群众实践的考察，关注人民的愿望与诉求，肯定人民群众的实践对思想发展的基础性和泉源性作用。

正因肯定人民群众是历史的创造者，故思想史研究除了关注和发掘人民的思想史之外，必须坚定地站在人民的立场上对中华思想史进行评判。所谓站在人民立场上对中华思想史进行评判，就是积极发掘中华思想中人民性的精华，剔除中华思想中封建性的糟粕。判断中华思想中精华与糟粕的首要标准，就是看其思想是否具有人民性和在多大程度上具有人民性。凡是代表社会先进生产力发展方向、代表先进文化发展方向、代表人民群众根本利

[①] 《毛泽东选集》第 3 卷，人民出版社 1991 年版，第 1031 页。

益、代表历史进步并推动历史前进的思想，就是中华思想史中具有人民性的思想。这种具有丰富人民性的思想，就是中华思想中的精华，就是值得肯定和发掘的优秀思想。

马克思主义的立场是与马克思主义的观点、方法相一致的。马克思主义的人民立场与马克思主义的群众观点及从人民出发来看问题的分析方法，都是一致的。历史上思想家提出的思想主张，凡是反映了历史进步趋势的思想，就在某种程度上体现了人民群众的思想观念和思想诉求；思想家的思想如果代表了历史进步的方向，就是部分地代表了人民群众的思想；统治阶级思想家的思想如果反映了人民的利益和诉求，反映了历史进步的要求，它也就有了人民思想的成分。因此，站在人民的立场上考察中华思想史，就要求在评判历史上的思想时，对那些代表社会进步和人民诉求的思想予以充分肯定；对那些逆历史潮流而动，违背人民利益的反动没落思想予以严厉批判。坚定地站在人民群众的立场上审视中华思想史，是用唯物史观指导中华思想史研究的基本要求和根本前提。

二 运用唯物史观的基本原理和基本观点指导中华思想史研究

马克思主义唯物史观的基本原理和基本观点是对人类社会历史及其思想反映的科学认识，正确反映了人类社会发展规律和人类思想发展规律，必须要运用唯物史观的基本原理与基本观点指导研究编撰中华思想史。

第一，用社会存在决定社会意识的根本原理阐明思想变化的社会根源。

社会存在，主要是物质资料的生产条件和过程，以及人们在这种过程中结成的社会关系。地理环境、人口和物质生产方式是社会存在的三大要素。地理环境包括地理条件、气候条件、生态环境、自然资源等，它提供生产和生活资料的来源，是人类社会存在和发展的物质前提。人口的生产与再生产是人类社会历史得以延续的必要的不可或缺的条件。物质资料的生产方式则对社会的存在和发展具有决定作用。人们在物质生产过程中，要运用劳动资料作用于自然界，从而形成现实的生产力。而为了进行物质生产，就必须进行分工协作，形成人与人之间的经济关系即生产关系。而一定的生产力和一定的生产关系的有机统一，构成了作为社会存在和发展的决定力量的生产方式。物质资料的生产方式发展变化，决定整个社会历史的发展变化和社会形态的更替。生产力决定生产关系，生产关系的总和构成经济基础，经济基础进而决定上层建筑，而思想作为上层建筑的组成部分，是受特定时期生产力和生产关系的发展状况决定的，是社会存在所决定的。社会思想是社会现象的集中反映，考察思想产生及其发展演变时，必须考察客观存在的社会发展情况，必须联系生产力、生产关系及经济基础发展状况等社会存在条件，才能把握思想演进背后的经济社会的深层原因。

社会意识是社会物质生活过程在人们意识中的反映，是反映一定社会的经济和政治生活的各种精神现象的总称。社会意识不是个人意识简单的相加，而首先是某一社会、阶级、集团的意识。马克思主义经典作家指出："人们的观念、观点和概念，一句话，人们的意识，随着人们的生活条件、人们的社会关系、人们的社会存在的改变而改变，这难道需要经过深思才能了解吗？思想的历史除了证明精神生产随着物质生产的改造而改造，还证明了什么呢？"[①] 因为社会存在的客观条件决定了社会思想产生和发展，社会思想是为了解决社会存在问题而产生的。社会需求促进了社会思想产生和发展，刺激着社会思想的发达。社会存在

---

① 《马克思恩格斯文集》第 2 卷，人民出版社 2009 年版，第 50—51 页。

制约着社会思想观念,决定着一个时代思想的高度和深度,正如恩格斯指出的:"我们只能在我们时代的条件下去认识,而且这些条件达到什么程度,我们就认识到什么程度。"①

要准确认识历史上的思想,就必须把握各个时代的社会特征,掌握各种社会思想发生、发展及衰落的原因和历程,探讨各种社会思想与社会发展之间的联系,阐明思想发展的社会根源。换言之,"历史从哪里开始,思想进程也应当从哪里开始,而思想进程的进一步发展不过是历史过程在抽象的、理论上前后一贯的形式上的反映;这种反映是经过修正的,然而是按照现实的历史过程本身的规律修正的,这时,每一个要素可以在它完全成熟而具有典型性的发展点上加以考察"②。思想发展最终是由社会的经济原因决定的,但与社会政治环境的宽松和文化环境的宽容有着密切相关。在社会经济发展并且政治宽松的时代,思想就会比较繁荣,如春秋战国时代出现了百家争鸣、思想创新的盛况;明清之际、清末民初处于政权鼎革之际,故政治统治相对松弛,社会变动剧烈,需要解决的思想问题迫切,故容易产生有创新见解的卓越思想。而在政治黑暗和专制统治严密时期,思想就会因受到严重束缚而显得贫乏,汉武帝独尊儒术和清廷大搞文字狱之后的较长时期就是这样。

唯物史观强调社会存在是第一性的,并不等于否定社会意识的能动性。"一种历史因素一旦被其他的、归根到底是经济的原因造成了,它也就起作用,就能够对它的环境,甚至对产生它的原因发生反作用。"③ 唯物史观坚持社会存在决定社会意识,同时也重视社会意识的相对独立性及其对社会存在的反作用。这种能动性首先表现为社会意识具有相对独立性,可以超越或落后于

---

① 《马克思恩格斯文集》第9卷,人民出版社2009年版,第494页。
② 《马克思恩格斯选集》第2卷,人民出版社2012年版,第14页。
③ 《马克思恩格斯文集》第10卷,人民出版社2009年版,第659页。

社会存在。如一方面，中国目前虽然处在社会主义初级阶段，但中国共产党人所遵循的马克思主义世界观、共产主义远大理想，已经超越社会主义初级阶段，具有先导性和前瞻性；另一方面，根深蒂固的封建主义残余仍然在思想文化领域存在，具有一定的滞后性和落后性。

社会意识的能动性还表现为对社会存在有巨大反作用：积极作用或消极作用。先进的社会意识可以引领人们的社会实践，落后的社会意识则误导人们的社会实践。从一定意义上说，思想也会转化成社会发展的物质力量，直接引导时代的变迁，成为社会变革的先声和武器。马克思主义经典作家十分重视先进思想和理论的作用："批判的武器当然不能代替武器的批判，物质力量只能用物质力量来摧毁；但是理论一经掌握群众，也会变成物质力量。"[①] 同样的道理，对落后思想的清理也丝毫不能轻视。

第二，用经济基础决定上层建筑的基本原理揭示思想背后的经济原因。

经济基础决定上层建筑，上层建筑反作用于经济基础，这是唯物史观的基本原理。马克思发现了一个最简单的事实：人活着是要吃饭穿衣的，解决了这些最基本的物质需求，人才能从事上层建筑、文学艺术等政治的、文化的、精神的活动。物质生产是人类历史的全部基础。人类历史就是从生产劳动开始的，劳动创造了人和人类社会。人们在生产活动中与自然发生关系就是生产力，在生产活动中人与人之间发生关系就是生产关系。生产关系构成经济基础，在经济基础之上形成上层建筑，有政治上的上层建筑，也有意识形态的上层建筑。生产力决定生产关系、经济基础决定上层建筑，二者的对立统一构成了社会基本矛盾。人类社会就是在这个基本矛盾的运动中不断发展的。马克思精辟地阐述

---

① 《马克思恩格斯文集》第1卷，人民出版社2009年版，第11页。

道:"这些生产关系的总和构成社会的经济结构,即有法律的和政治的上层建筑竖立其上并有一定的社会意识形式与之相适应的现实基础。物质生活的生产方式制约着整个社会生活、政治生活和精神生活的过程……随着经济基础的变更,全部庞大的上层建筑也或慢或快地发生变革。"① 恩格斯进一步指出:"这种观点认为,一切重要历史事件的终极原因和伟大动力是社会的经济发展,是生产方式和交换方式的改变,是由此产生的社会之划分为不同的阶级,是这些阶级彼此之间的斗争。"② 因此,"决不是国家制约和决定市民社会,而是市民社会制约和决定国家,因而应该从经济关系及其发展中来解释政治及其历史,而不是相反"③。

将这个基本原理运用于思想史研究,首先就应该弄清思想是如何从生产力和生产关系的基础上产生发展的,揭示思想背后的经济原因。人类社会的历史就是人的有意识的创造活动的历史,是由有目的的"人"创造的。从表面上看,似乎是思想动机促使人们去参加社会活动,又好像是人的意愿、目的、情欲等思想动机在起决定作用。这样,很容易引出思想动机是人类历史发展的最后动力的结论。历史唯物论和历史唯心论的根本区别,不在于是否承认思想动机,即精神动力的作用,而在于是停留在精神动力的结论上,还是进而寻找精神动力背后的物质动力。探讨历史发展的终极原因,必须首先抓住使整个阶级、整个民族行动起来的思想动机,然后进一步探讨使整个阶级乃至整个民族行动起来的思想动机背后的物质动力,发掘思想动机背后物质的和经济的根本动力。思想动机是推动人们进行活动的内在动力,是激励人们去行动以达到一定目的的内在原因,但思想动机是受经济动机制约的。经济活动的动机是人类活动的基本动机,决定其他一

---

① 《马克思恩格斯文集》第2卷,人民出版社2009年版,第591—592页。
② 《马克思恩格斯文集》第3卷,人民出版社2009年版,第509页。
③ 《马克思恩格斯文集》第4卷,人民出版社2009年版,第232页。

切思想动机。人的衣食住行是最基本的生活要求，是直接推动人们行动起来进行社会实践的第一位的动机。人的消费需要和利益诉求引发了思想形式的动机，引发了人们的全部社会活动。物质经济因素是历史发展的最终决定性力量。从这个意义上来说，生产力和生产关系的矛盾运动是历史发展的根本动力，生产力是最终决定性的因素。生活需要和利益要求是隐藏在人们动机背后的内在动因。在研究思想生产发展进程时探寻其产生的经济因素和物质动因，才能真正揭示思想史发展的动因。

上层建筑分为政治上层建筑和意识形态上层建筑两部分。政治上层建筑和意识形态上层建筑均会对经济基础产生反作用，并且这种反作用是相当大的，必须注意研究包括思想观念在内的上层建筑对历史发展的促进或阻滞作用。斯大林指出："上层建筑是由基础产生的，但这决不是说，上层建筑只是反映基础，它是消极的、中立的，对自己基础的命运、对阶级的命运、对制度的性质是漠不关心的。相反地，上层建筑一出现，就成为极大的积极力量，积极促进自己基础的形成和巩固，采取一切办法帮助新制度去根除和消灭旧基础和旧阶级。"[1] 像哲学、宗教等意识形态固然是受物质经济基础决定的，但这种决定作用多数情况下是间接的作用而非直接的作用。经济基础对哲学、宗教等意识形态的影响，往往是需要有中间环节才能实现的。恩格斯分析道："更高的即更远离物质经济基础的意识形态，采取了哲学和宗教的形式。在这里，观念同自己的物质存在条件的联系，越来越错综复杂，越来越被一些中间环节弄模糊了。但是这一联系是存在着的。"[2] 因此，探讨经济基础对哲学宗教等意识形态的决定作用时，必须着力发现和分析干扰这种决定作用的中间环节。

---

[1] 《斯大林文集》，人民出版社 1985 年版，第 548 页。
[2] 《马克思恩格斯文集》第 4 卷，人民出版社 2009 年版，第 308 页。

第三，用生产的观点考察思想与社会的互动关系。

生产的观点，是唯物史观的基本观点。坚持用唯物史观指导思想史研究，就必须坚持用生产的观点解释思想产生、发展和演变的轨迹，揭示思想发展的内外机制及其规律。思想来源于生产实践，生产劳动推动了思想的形成、发展、完善、飞跃和深入。用生产的观点指导思想史研究，要求从生产力、生产工具等因素入手，考察生产方式及生产力水平对社会思想观念的深刻影响。

具体地说，在思想史研究时可以采用从社会存在到社会思想的"顺推法"，从社会存在、社会要求、社会需求方面考察特定时代的社会观念、意识、思想产生的情况。社会生产方式导致了新的社会需求，新的社会实践相应地产生了新的社会观念和社会思想；这些思想随着社会实践的丰富而不断得到完善。春秋战国时代诸子百家的兴起及各派思想产生发展的过程，典型地展现了这种特性。

当然，在思想史研究过程中也可以采用从思想到社会的"追溯法"，即以思想本身为研究对象，追溯思想观念产生的社会原因、背景、因素及其渊源，深入分析思想观点发展、完善和深入的社会原因，探究生产因素在社会思想产生、发展中所起的作用，考察生产方式及生产实践对社会思想产生、发展的影响。

第四，用群众的观点揭示思想形成及发展的社会基础。

物质生产的主体是人民群众，精神生产的主体也是人民群众。是否承认人民群众是历史的创造者，是历史唯物主义与历史唯心主义的根本分歧。经典作家在阐述历史事变的个人动机与群众动机关系时，强调了人民群众的决定性作用。恩格斯指出，要探索历史事变的真实的原因，应当注意的"与其说是个别人物，即使是非常杰出的人物的动机，不如说是使广大群众、使整个整个的民族，并且在每一民族中间又是使整个整个阶级行动起来的动机；而且也不是短暂的爆发和转瞬即逝的火光，而是持久的、引起重大历史变迁的行动……这是能够引导我们去探索那些在整个历史中以及个别时期和个别国家的历史中起支配作用的规律的唯一途径"[①]。由于人们已经习惯于以他们的思想而不是他们的需要来解释历史活动，因而传统的历史理论至多是考察了人们历史活动的思想动机，却没有考察产生这些动机的原因，没有看出物质生产发展要求是这种动机的根源。而只要承认物质生产实践在人类社会发展中的决定作用，就必然承认作为物质生产实践主体的人民群众在历史发展中的主导作用。

将群众的观点运用到思想史研究，就要承认人民群众的历史主体地位，承认人民群众是推动社会发展的决定性力量。社会历史发展的规律和趋势，就蕴藏在人民群众的利益、意志、愿望和要求之中，蕴藏在人民群众创造历史的活动之中，大势所趋与人心所向是一致的。一切真知灼见都源于人民群众实践中的伟大创造，都在于它反映了人民群众的利益、意志和愿望。而随着人民群众社会实践的发展，也会发生这样或那样的变化。

第五，用阶级的观点考察阶级社会的思想观念。

群众是划分为阶级的，阶级社会中的人隶属于不同的阶级。阶级是客观存在着的一种社会现象，最早发现阶级和阶级斗争现象的，并不是马克思和恩格斯。马克思的伟大之处在于，在阶级与阶级斗争问题上提出了超越前人的科学认识。他说："无论是发现现代社会中有阶级存在或发现各阶级间的斗争，都不是我的功劳。在我以前很久，资产阶级历史编纂学家就已经叙述过阶级斗争的历史发展，资产阶级经济学家也已经对各个阶级作过经济上的分析。我所加上的新内容就是证明了下列几点：（1）阶级的存在仅仅同生产发展的一定历史阶段相联系；（2）阶级斗争必然导致无产阶级专政；（3）这个专政不过是达到消灭一切阶

[①]《马克思恩格斯文集》第4卷，人民出版社2009年版，第304页。

级和进入无阶级社会的过渡……"①

恩格斯指出:"社会阶级在任何时候都是生产关系和交换关系的产物,一句话,都是自己时代的经济关系的产物。"② 阶级是特定历史时代经济关系的产物,人们对生产资料的占有关系,在社会生产中的地位和作用,是划分阶级的根本标准。列宁给"阶级"下了明确的定义:"所谓阶级,就是这样一些集团,由于它们在一定社会经济结构中所处的地位不同,其中一个集团能够占有另一个集团的劳动。"③ 阶级的本质是经济关系,是由人们对生产资料的占有不同而决定的。一是对生产资料的占有不同;二是在劳动组织中所起的作用不同;三是在生产体系中所处的地位不同;四是领得自己支配的那份社会财富的方式和多寡也不同。人们在社会经济结构中所处的地位不同,其中一个集团能够占有另一个集团的劳动,正是这样的经济关系决定了阶级划分的标准。

人类社会经历无阶级社会(原始共产主义社会),阶级对立社会——奴隶社会、封建社会、资本主义社会,再到共产主义社会的第一阶段(社会主义社会),经过阶级逐步消亡的过渡,最后将达到更高阶段的共产主义社会。在不同的社会形态中存在不同的阶级和阶级矛盾:奴隶主阶级与奴隶阶级、地主阶级与农民阶级、资产阶级与无产阶级。每个阶级内部还可分为不同的阶层,如半殖民地半封建社会的中国资产阶级,分为官僚资产阶级和民族资产阶级。在对立的阶级之间,还存在一些中间的阶层,如半殖民地半封建社会的中国知识分子阶层,既可能隶属于资产阶级,也可能隶属于工人阶级。

用阶级观点审视阶级社会的思想,是考察阶级社会思想观念

---

① 《马克思恩格斯文集》第10卷,人民出版社2009年版,第106页。
② 《马克思恩格斯文集》第9卷,人民出版社2009年版,第29页。
③ 《列宁专题文集:论社会主义》,人民出版社2009年版,第145页。

的重要途径，是分析社会思想的阶级本质的密钥。自原始社会瓦解以后，"至今一切社会的历史都是阶级斗争的历史"①。《通史》的研究范围，除原始社会以外，都是阶级社会的历史，故研究中华思想史必须抓住阶级和阶级矛盾这个历史发展的主线。列宁强调："在为阶级矛盾所分裂的社会中，任何时候也不可能有非阶级的或超阶级的思想体系。"② 思想分歧和思想论争背后往往隐藏着不同阶级之间的利益矛盾。用阶级观点考察中华思想史，就比较容易把握阶级社会各时代社会思想的阶级本质。从阶级观点考察奴隶社会、封建社会和半殖民地半封建社会的思想形态，就能深刻揭示中华思想在不同社会形态下的阶级本质及其表现形式。

三　运用唯物史观的基本方法进行中华思想史分析

恩格斯晚年指出："马克思的整个世界观不是教义，而是方法。它提供的不是现成的教条，而是进一步研究的出发点和供这种研究使用的方法。"③ 经济分析法、阶级分析法和利益分析法，是唯物史观的基本分析方法，是中华思想史研究的有效分析工具。

第一，用经济分析法探究思想发展的经济因素。

物质的、经济的因素是全部社会生活的基础，一切社会问题都根植于深厚的经济事实之中。认识社会思想问题，必须从经济入手进行分析。在人类社会生活中，社会的生产关系、经济关系是第一性的社会关系，决定着伦理的、家庭的、政治的和思想的社会关系。从一定生产力基础上的物质经济关系出发分析社会现象，是唯物史观的一个重要方法。坚持从物质的、经济的关系出

---

① 《马克思恩格斯选集》第1卷，人民出版社2012年版，第400页。
② 《列宁专题文集：论无产阶级政党》，人民出版社2009年版，第85页。
③ 《马克思恩格斯文集》第10卷，人民出版社2009年版，第691页。

发说明社会问题，就要把生产关系的性质和状况作为判断社会形态及其发展阶段的直接标志；把生产关系作为分析一切社会关系发展变化规律的基点；把人们对生产资料占有的形式和多寡，把人们在生产中的地位及其作用，把人们在产品分配上的形式，作为判断一个人、一个社会团体、一个政党的阶级属性、政治态度、社会行为当然也包括思想表现的重要标准。

用经济分析方法考察思想史，还要根据生产关系一定要适应生产力状况、上层建筑一定要适应经济基础的客观规律，对包括思想观念在内的上层建筑的意义和价值作出判断。上层建筑超越经济基础发展的状况，超越生产力发展阶段，就会出现"左"的错误偏向，阻碍生产力的发展；上层建筑落后于经济基础发展的要求，生产关系落后于生产力，就会出现右的错误倾向，同样阻碍生产力的发展。社会思想在内的上层建筑根本上是受经济基础决定的，尽管它具有相对独立性和能动的反作用，但不能夸大这种能动作用。改革开放之前曾一度过分强调社会意识的反作用，过分强调人的主观能动性，过分强调精神思想的作用，忽视了经济的生产力的决定作用，结果导致社会主义建设走了很大弯路。

第二，用利益分析法探寻利益与思想之间的关联。

人们的经济关系往往体现为利益关系，因此必须进一步探寻利益与思想之间的变化。利益问题贯穿人类社会始终，普遍存在于人类社会生产、生活之中，人类的全部社会活动都与利益密切相关。马克思主义经典作家揭示了利益的本质、特点及其历史作用，科学地界定了利益范畴。他们认为，追求利益是人类一切社会活动的动因，"人们为之奋斗的一切，都同他们的利益有关"[1]。利益是思想的基础，利益决定思想，利益推动生

---

[1] 《马克思恩格斯全集》第1卷，人民出版社1995年版，第187页。

和生活。"'思想'一旦离开'利益',就一定会使自己出丑。"①利益"成为生产的推动因素"②。

从经济入手来分析思想,重点在于分清思想家站在谁的经济需求上为谁说话、为谁发声。思想史研究不仅描述社会思想现象,更要分析思想背后的经济利益,要分清形形色色的思想背后的经济需求和利益需求。任何阶级的思想背后都是利益,不存在离开利益的思想。利益关系的背后是经济关系,其中核心是谁占有生产资料。因此,阶级关系、经济关系和利益关系是高度关联的,把阶级分析法、经济分析法和利益分析法有机地结合起来,具体运用到对思想现象的分析和说明中,才能深刻揭示思想形成和发展的根源问题。

第三,用阶级分析方法揭示社会思想的阶级本质。

所谓阶级分析方法,就是运用阶级的观点观察、分析、认识阶级社会的社会现象,全面地分析各阶级在社会政治经济中所处的地位,主要是占有生产资料和支配劳动成果的情况,以及对于国家政权的影响力;分析各阶级的政治态度和思想观念;分析各阶级中不同阶层的区别和矛盾,以及由此而产生的不同政治倾向;分析各阶级之间的阶级关系,以及阶级力量对比的历史性和变动性;揭示政治事变中的阶级关系和各阶级的经济利益,看到围绕着经济利益进行的阶级斗争必然具有政治的形式,以维护或夺取政治权力为集中表现;严格区分有阶级性和不带阶级性的社会矛盾的差别。阶级分析方法是分析阶级社会一切现象的钥匙。马克思在《路易·波拿巴的雾月十八日》中对1848—1851年法国阶级状况及阶级斗争作了深刻分析,精辟阐述了法国政治发展与各阶级诉求之间的微妙关联,对法国扑朔迷离的政治现象作了

---

① 《马克思恩格斯文集》第1卷,人民出版社2009年版,第286页。
② 《马克思恩格斯文集》第9卷,人民出版社2009年版,第562页。

深刻揭示，充分展示了阶级分析法的独特魅力。

阶级分析方法是分析阶级社会思想史的基本方法。运用阶级分析方法可以清晰地揭示思想的阶级本质。通常说来，作为上层建筑的代表剥削阶级的思想往往具有普世性的面纱，但它同样具有阶级性特征。恩格斯指出："人们自觉地或不自觉地，归根到底总是从他们阶级地位所依据的实际关系中——从他们进行生产和交换的经济关系中，获得自己的伦理观念。"他接着指出："我们拒绝想把任何道德教条当作永恒的、终极的、从此不变的伦理规律强加给我们的一切无理要求，这种要求的借口是，道德世界也有凌驾于历史和民族差别之上的不变的原则。相反，我们断定，一切以往的道德论归根到底都是当时的社会经济状况的产物。而社会直到现在是在阶级对立中运动的，所以道德始终是阶级的道德；它或者为统治阶级的统治和利益辩护，或者当被压迫阶级变得足够强大时，代表被压迫者对这个统治的反抗和他们的未来利益。"[①] 列宁强调："在我们看来，超人类社会的道德是没有的；那是一种欺骗。在我们看来，道德是服从于无产阶级阶级斗争的利益的。"[②]

阶级分析与利益分析是贯通的，因为阶级社会中一定的思想是由一定的阶级利益所决定的。除原始社会以外，夏商周以来的中国历史均为阶级社会，用阶级分析法对这段历史进行分析，可以揭示这个时期思想史发展的脉络和真相。

在运用阶级分析方法考察思想史时，必须坚持实事求是的原则。既要认识到阶级分析方法的普遍性，又不能把它绝对化。在阶级社会中，阶级是大量的、普遍存在的现象，但又不是唯一的、囊括一切的现象；阶级关系是人与人关系中的基本关系，但

---

① 《马克思恩格斯文集》第9卷，人民出版社2009年版，第99—100页。
② 《列宁专题文集：论无产阶级政党》，人民出版社2009年版，第286页。

并不是一切社会关系都属于阶级关系；阶级斗争是重要的社会实践，但并不是唯一的社会实践形式。阶级社会的阶级斗争首先表现为经济斗争，同时又表现为政治斗争、思想斗争，不仅体现在经济领域，还体现在思想领域、政治领域、文化领域等社会生活的各个方面。因此，阶级分析方法就要求把握阶级和阶级斗争现实中的"多种多样的关系的全部总和"。既要分析经济领域的阶级斗争事实，又不能忽视政治、思想、文化等领域的阶级斗争现象；既要分析社会各集团的经济地位，同时又要观察其政治态度；既要分析该阶级的经济地位、政治态度和思想倾向，又要分析该阶级同其他阶级的关系，该阶级所处的社会环境的变化以及可能的发展趋势。

用阶级分析方法考察思想史时必须具体问题具体分析。阶级和阶级斗争会因时间、地点、条件的不同，而具有不同的表现形式和表现特点。在不同的社会形态，在同一社会形态不同的发展阶段，在同一发展阶段而处于不同的国度，甚至在同一国度的不同地区、不同民族，阶级结构、阶级阵线、阶级关系，以及阶级斗争的表现形式和特点都是不同的。这就需要根据时间、地点、条件的变化来具体把握阶级斗争的特殊表现。如我国正处于社会主义初级阶段，剥削阶级作为阶级整体已经被消灭了，但在一定范围还存在阶级、阶级差别和阶级矛盾；阶级斗争虽然在一定范围内仍然存在，但阶级斗争的对象、范围、规模、解决办法已经同革命战争年代不同。如果仍然沿用革命战争时期的眼光来看待并处理社会主义初级阶段的阶级、阶级差别和阶级矛盾问题，必然要犯大的错误。在社会主义条件下既不能把阶级斗争看作主要矛盾，搞"以阶级斗争为纲"那一套，又不能否认一定范围内存在的阶级差别、阶级矛盾和一定范围内存在的阶级斗争。既然一定范围内的阶级斗争是事实，用阶级分析方法分析中华人民共和国成立后的历史及思想演进，就仍然是有效的。运用阶级分析方法与"以阶级斗争为纲"是两码事。

　　阶级社会的思想具有明显的阶级性质，但又不能全部归入阶级范畴。如关于人与自然关系的思想，除有阶级烙印之外，还有人类与自然的共同关系问题；关于社会生活的认识也有一些超出了某个阶级的范围，如调和阶级关系的某些论述，便包含了不同阶级、不同阶层的共同要求；有些社会规范是人人需要遵守的，很难简单地划入某个阶级范畴之中。思想史研究中坚持阶级分析方法，并不意味着要求人们简单地把每个人和每个思想命题都编排到阶级的行列中。

　　应该看到，中国古代社会同一阶级的不同阶层和不同集团，面对大致相同的社会环境和相同问题会有不同的思想认识，提出不同的思想主张，这些思想主张有时会分歧很大，进而形成不同的政治利益集团和党争。如北宋王安石变法主张与司马光的反对变法思想、晚清奕䜣洋务改革思想与倭仁的反对洋务主张、清末以孙中山为代表的革命派与以梁启超为代表的改良派之间的思想分歧及论战等，都属于同一阶级内不同阶层和集团思想分歧。在运用阶级分析法时，必须注意考察同一阶级内部不同阶层、不同集团之间思想诉求的差异及斗争，这种分歧和斗争有时是非常激烈的。

　　为了避免将阶级分析法简单化和绝对化，在运用阶级分析方法时要注意考察相同阶级中的不同阶层思想的纷繁性和复杂性。中国社会相同阶级中的各个阶层和利益集团，均有着不同的利益要求和政治期盼，表现为不同的价值取向和思想观念，因而需要进行具体分析。处于被统治阶级的社会普通民众存在着不同阶层，这些不同阶层存在不同的思想诉求，如农民阶层的利益要求和政治期盼，与城市小工商业者的政治心态是有差异的。古代中国的士人阶层通常是具有依附性的阶层，往往依附于不同的阶级。部分士人阶层持有积极的参政态度，通过各种方式发表政见，影响政局，但部分士人抱有"天下有道则仕，无道则隐"的价值观念，回避现实政治，成为隐士，其思想观念与入仕者是有差别的。在士人阶层中，步入仕途的当权集团的政治观念和行为准则与在野集团的政治期盼也不同。同是士人阶层，其在野时与在朝时的言论及思想观念及政治诉求也有很大差异。其他阶层（如商人、宗教团体等）同样如此。同一阶级中的不同阶层、同一阶层中的不同集团、同一集团中的不同个人、同一个人中的不同处境和不同的人生阶段，其思想观点都是有差异的，必须予以具体分析。同时，在运用阶级分析法时，要注意中国社会各中间阶级及中间阶层的复杂性与多变性。中国古代社会中的士人阶层有为统治阶级服务的，有站在统治阶级立场说话的，有为民请命的，有为劳动人民说话的，也有主观上为统治阶级着想而客观上有利于劳动人民的。他们提出的某些思想，并不专为某一特定阶级或阶层所独有，而是反映了社会各阶层的共同利益，甚至反映了人类共性和需求，既有利于统治阶级，也有利于劳动人民。

总体上看，在唯物史观的方法论体系中，经济分析法、阶级分析法和利益分析法是一致的、互相补充的，是观察和揭示思想产生、发展的有效方法。无论是经济分析、阶级分析还是利益分析，都是对社会存在决定社会意识这个基本原理的展开。经济分析和利益分析坚持从物质的生产及其关系出发来分析包括思想在内的社会历史现象，阶级分析方法是经济分析方法观察阶级社会的包括思想在内的社会现象的具体应用。思想的历史也有其内在的发展规律和逻辑演变规律，有其相对独立性。运用经济分析方法、利益分析方法和阶级分析方法分析思想史时，要同时考虑到思想发展的特殊逻辑变化特点，不可简单化，要尊重思想发展的内在逻辑和变化规律。

第五节　编撰《中华思想通史》的基本原则

坚持唯物史观的指导，是《通史》研究编撰的基本要求。根据《导论》提出的用唯物史观指导思想史研究的基本原则，本节具体阐述以社会史为基础研究思想史、以主流意识形态为思想史发展线索、注重挖掘和体现人民的思想史、以开阔的国际视野观察思想史、思想史料与理论阐释相结合、以历史与逻辑相统一的方法分析思想史等原则。

一　以社会史为基础研究思想史

侯外庐等人所编撰的《中国思想通史》的突出特点，是在阐述具体的思想史和思想家之前，先对该时代的经济基础、上层建筑、社会文化思潮作总体性概括，将思想史研究建立在社会史研究的基础之上，而不是单纯地陷入对思想本身的抽象演绎。《通史》的研究编撰，同样坚持思想史与社会史相结合的研究路径，以一定的社会形态为依据来考察中华思想史，深刻展现思想变迁与社会发展之间的内在逻辑，从考察社会形态的演变出发揭示出时代思想或思潮的发展规律、本质特点。

第一，从社会史角度考察思想的发展。

所谓社会史，主要就是社会形态演变史。社会形态发展到哪一步，社会思想就随之发展到哪一步。人们的思想观念来自于社会生活，是对社会生活经验的提炼、概括和总结。马克思说："理论在一个国家实现的程度，总是取决于理论满足这个国家的需要的程度。"[1] 思想发展的逻辑与社会发展的逻辑大体上是一致的。社会实践决定着社会思想，特定的社会条件必然产生特定的社会思想。社会实践变化后必然要求思想观念随之变化，新出现的社会思想必定是对新的社会条件的回应，以适应新的社会条件的需要，而旧的思想则会逐渐衰落。在此不妨以商鞅提出的法家与"农战"思想为例加以说明。

商鞅所处的战国时期是国与国之间激烈竞争的时期，是奴隶社会向着封建社会激烈转型的时期，国家的发展状况关系到国家的生死存亡，如何使国家富强是这个时期所面对的最为迫切的问题。商鞅提出的"农战"思想就是对这个历史主题的强力回应：国家的兴旺富强，依赖于"农战"。《商君书·农战》篇讲："国之所以兴者，农战也。"只有"农战"方能实现国家强盛。但务农辛苦而战争危险，民众不会自动选择农和战，故国家必须通过法制设立赏罚的标准，使从事"农战"成为民众获得财富和爵位的唯一渠道，才能使民众乐于从事农战："民之欲利者，非耕不得；避害者，非战不免。境内之民莫不先务耕战，而后得其所乐。故地少粟多，民少兵强。"如果民众求利只有农战这一条途径，民众为了获得个人利益只能尽力于农战；如果同时存在其他的获利途径，民众通过利益计算就会选择逃避辛苦的耕作和危险的战争。这样看来，商鞅的"农战"思想既是对国家富强的历史主题的回应，也是对民众趋利避害心理的巧妙利用。在战国时期诸侯强盛并进行大规模征战的历史主题下，儒家所讲的礼乐、仁义、孝悌等就显得迂腐而不实用。由于当时对国家来讲最为急迫的问题是富国强兵，故商鞅提出君主应以赏禄为手段推行农战政策，并得到了广泛推行，即便商鞅身亡而其政策仍然能够延续下来。与此形成对照的是，儒家思想的传播则受到批判并不受

---

[1] 《马克思恩格斯文集》第1卷，人民出版社2009年版，第12页。

重用。

注重思想史和社会史的结合，就是要坚持社会形态史的科学分期，通过社会史来看思想史。思想史的发展阶段与社会历史的发展阶段有着密切关系，研究思想史分期应当与社会历史发展阶段结合起来。思想观念演变与社会形态演变过程大体是同步的，与历史阶段的划分大体是相似的。侯外庐等人编撰的《中国思想通史》主要是按照中国社会的发展阶段，论述各社会阶段的思想发展，系统地概括出先秦子学、两汉经学、魏晋玄学、隋唐佛学、宋明理学、清代汉学、近代启蒙学说等各社会阶段的时代思潮，揭示了各个学派之间的对立融合与中国特定条件下不同阶级和阶层利益之间的密切关联，从社会经济关系、政治关系和民族关系的宏阔背景下考察思想史的整体风貌。

坚持从社会史出发研究思想史，必须考察社会思想产生的地理环境、物质生活、社会生产、制度、习俗等，探寻社会思想产生发展的自然因素、社会因素和文化因素。研究特定历史时期的思想状况时，必须先把社会历史条件交代清楚，把产生某种思想的客观条件和这种思想对历史发展进程的影响作用弄清楚。有什么样的社会形态、社会生产力、社会经济基础，就会有什么样的上层建筑及其思想观念。儒学在中国封建社会之所以能够占统治地位，是因为它适应了封建社会的发展需求，本来维护奴隶主贵族的儒学变成维护封建主统治的儒学，适应了不断变化的社会实际。近代以来，中国先进分子之所以放弃传统儒学而接受外来的西学，就是因为社会经济基础及政治形态发生了根本变化，儒学难以适应近代中国社会的需求，难以解决近代中国面临的严重社会政治危机。

注重将思想史建立在社会史的基础上，也不能走向极端，把思想史简单地看作社会史的附属物。因为两者并不完全同步，思想可以具有超前性，也可能具有滞后性，与社会发展不是亦步亦趋的，它们之间有着时间上的落差和错位。马克思指出："关于艺术，大家知道，它的一定的繁盛时期决不是同社会的一般发展成比例的，因而也决不是同仿佛是社会组织的骨骼的物质基础的一般发展成比例的。例如，拿希腊人或莎士比亚同现代人相比。就某些艺术形式，例如史诗来说，甚至谁都承认：当艺术生产一旦作为艺术生产出现，它们就再不能以那种在世界史上划时代的、古典的形式创造出来；因此，在艺术本身的领域内，某些有重大意义的艺术形式只有在艺术发展的不发达阶段上才是可能的。"[①] 这就是说，文学艺术及人类创造的思想文化尽管都是建立在经济基础之上的上层建筑，受社会经济发展水平制约，但经济发展与文化思想的进步并非完全同步。这也能够解释为什么有时候实践的高峰恰恰是思想的低谷，当实践急遽推进时往往是思想无暇展开的时候；而有时候思想的高峰恰恰是实践的平庸，正是在实践的失落之时，人们开始静下心来思考问题。

第二，以社会形态为依据考察思想的演变。

以社会史为基础研究思想史，就要坚持用社会形态的视域观察人类思想史，揭示出时代思潮的本质和特点，深刻展现思想变迁与社会发展之间的内在逻辑，这是马克思主义史学与其他史学流派的本质区别。

社会形态归根结底就是"经济的社会形态"。社会经济关系决定着整个上层建筑的性质，决定政治关系和思想关系。经济社会形态就是社会形态的根本所在，是社会形态的核心部分。社会政治结构是建立在社会经济结构之上的政治法律设施、制度及其相互关联的方式，维护现有社会经济结构的正常运行，它包括国家政权、军队、法庭、监狱、警察等机构和设施。代表新的社会形态的力量只有强大到超过当前社会形态的力量时，才有可能取

---

① 《马克思恩格斯文集》第8卷，人民出版社2009年版，第34页。

代旧的社会形态。戊戌变法提出了进行资本主义改革的主张，但当时中国资产阶级力量弱小，难以同强大的封建顽固势力抗衡，结果导致了惨痛的失败。尽管资本主义社会形态是比封建社会形态高级的社会形态，但是在生产力的发展及其相应的代表力量还没有超过旧有的封建势力时，这种代替是难以实现的。

社会意识结构是社会形态存在和发展的精神条件，渗透到社会形态的各个领域。意识实际上代表着和反映了社会各个集团的利益和要求，起主导作用的是统治阶级的意识形态。在特定社会形态中，统治阶级往往会借助自身所掌握的政治结构来宣传自己的阶级意识、自己的思想文化，以维护本阶级的利益。社会意识结构对社会经济结构、社会政治结构的反作用主要体现为，一方面是帮助形成、巩固和发展自身的社会经济结构、政治结构；另一方面是同对自己社会经济结构、政治结构有害的因素作斗争。

社会经济结构、社会政治结构和社会意识结构构成社会有机体。社会经济结构决定社会政治结构、社会意识结构的范围，即社会政治结构、社会意识结构只能在社会经济结构所蕴含的可能性范围内进行选择和发挥。随着社会经济结构的变化，拥有先进生产力的社会集团势必要求调整社会政治结构来维护新的社会经济结构，这就引起社会政治结构的变更。社会政治结构一旦确立，就用各种方式为社会经济结构服务，保护和促进新的经济结构。社会经济结构的变化反映到人们的思想上会形成新的政治观点、文化氛围、文化产品、思想理论、伦理道德，也就会引起社会意识结构的变化。社会意识结构的变化，反作用于社会政治结构，并通过社会政治结构反作用于社会经济结构。

人类社会在总体上经历原始社会、奴隶社会、封建社会、资本主义社会和共产主义社会五种社会形态，表现为一个从低级向高级不断发展的"自然历史过程"。将社会形态理论运用到思想史研究中，要按照中国历史发展大体上经历的原始社会、奴隶社会、封建社会、半殖民地半封建社会和社会主义初级阶段的历史顺序，把中国社会形态演变史和朝代更替史相结合，以社会形态演变为依据进行思想史分期。中国原始社会从古代猿人开始，简单的思维逐步演化发展。从考古发掘看，宗教、美学、艺术思想，包括对社会及人与自然关系的思想均开始萌芽。考古发掘中发现居住遗址、岩画、装饰物、器物花纹等，都反映了原始社会的思想。夏王朝的建立标志着中国原始社会的结束和奴隶社会的开端。春秋战国是奴隶制逐步解体和封建社会逐步形成的时期。鸦片战争后中国进入半殖民地半封建社会。中华人民共和国成立后，经过短暂的和平恢复和社会主义改造，进入社会主义初级阶段。将社会史和思想史结合起来，以社会形态作为划分思想史阶段的标准，着力把社会形态的转型性质和转型变化及由此引起的思想变化梳理出来。

第三，探究思想变迁与社会发展的互动关系。

历史从哪里开始，思想就从哪里开始。每一个历史时代都会有一些重大现实问题需要回答，这就是思想的生长点和思想的起点。每个时代面临的重大实践问题一旦被纳入思想的范围，思想的进程就开始了，就会形成该时代的思想主题。思想史研究必须关注思想主题与社会发展的互动关系，即在梳理社会实践的基础上归纳出需要思想回答的重大问题，把握思想主题的产生及展开的历程。每个时代思想主题都有所变化，同时也有连续性，这些变化中的连续性，构成了思想史演变的历史链条。

围绕着时代主题及由此形成的思想主题，每个时代的民众、政治家、思想家等从不同角度、不同层次上，开始解决这些问题，形成了不同层次的思想建构，构成了那个时代的思想文化总体性状况。对这个总体性的思想状况的把握和分析，是揭示该时代思想精华的基础。重要思想家、政治家的思想当然是一个时代思想的重要表征，但它是从整体的思想文化背景中产生出来的。

对此作深入的分析，才能清晰看出究竟哪种思想更好地代表了时代和人民的呼声，这是思想史之人民性的重要体现。只有围绕着对时代主题的回答，围绕着思想主题的探索，人们才可能在特定的历史时期内提出重大的突破性思想观点。如果没有这些重大的思想观点的提出，思想史就很难说有突破性进步。正是重大思想的突破，才形成了思想发展的链条。发现并概括特定时代的新观点，分析这些新观点与旧观点的关系，以及这些新观点的发展趋势，正是思想史研究的价值所在。

重要思想家及其著作是某个时代思想发展的杰出表现。重要思想家固然不是思想史上思想者的全部，但是通过他们可以相对集中地展现那个时代的思想状况。对思想家的分析，要对其文本进行深入分析，要置于思想产生和发展的特定社会环境中，看看该思想家解决了哪些现实问题，取得怎样的思想进步，在人类思想史进程中有哪些推进之处，还有哪些问题没有解决，等等。

一定社会中处于统治地位的思想总是统治阶级的思想，它往往适应并服务于其经济基础、政治统治。以儒家思想为核心的理论体系和道德规范，与以农耕经济为基础的封建社会的经济制度及中央集权政治制度是适应的。儒家思想体系的核心是"三纲五常"，体现了重视血缘和忠君两个特点，即"亲亲""尊尊"，这实际上适应了封建大一统政治制度、以血缘为纽带的家族制度和以小农经济为基础的经济结构的需要。作为官方意识形态的儒学，之所以能够长期占据独尊地位并对中国社会产生强大的影响力，是因为它有一套相应的制度来保障。科举制度便是支撑儒学独尊地位的重要制度。以科举考试为选官主渠道之科举制度，与以研习儒学经典为主之各级官学体制是配套的。各级官学以儒家经典为主，科举考试同样以儒家经典为主，考试范围限于儒家典籍。以儒家经典为研习内容，尤其是集中于四书五经，强化了儒家思想在中国学术文化上之正统地位。科举制度是儒学传播和发展的制度性保障，遂使儒学成为制度化儒学而得以强固。但这种建立在农业文明基础上的社会思想，受到以工业文明为基础的西方资本主义文明冲击之后，立刻显示出不适应性。其小农经济基础受到新兴工商业的侵蚀而逐渐瓦解，以血缘为基础的皇权和士绅统治不断败落，建立其上的儒家思想的独尊地位随之动摇。清末科举制度的废除，切断了儒学与政治权力的联系，动摇了儒学传播的制度根基，儒学赖以传承的制度和载体亦随之丧失。

注重考察思想与社会的互动关系，必然要关注思想在社会上的传播及影响问题。思想学说的影响有两种方向及趋势：一方面，思想主张的向上影响，以上扬—提升—向上的方式，影响政治家、统治者。思想在社会上产生影响往往是通过"政治家"实现的，思想家往往通过政治家的实践产生社会作用。另一方面，思想的向下影响，以下移—渗透—教化方式，形成言行规范、风俗习惯等，影响到民众思想观念及生活生产方式。

二 以主流意识形态为思想史发展线索

马克思和恩格斯在《德意志意识形态》中说："统治阶级的思想在每一时代都是占统治地位的思想。这就是说，一个阶级是社会上占统治地位的物质力量，同时也是社会上占统治地位的精神力量。支配着物质生产资料的阶级，同时也支配着精神生产资料，因此，那些没有精神生产资料的人的思想，一般地是隶属于这个阶级的。占统治地位的思想不过是占统治地位的物质关系在观念上的表现，不过是以思想的形式表现出来的占统治地位的物质关系；因而，这就是那些使某一个阶级成为统治阶级的关系在观念上的表现，因而这也就是这个阶级的统治的思想。"[①] 主流意识形态及其主流价值观是思想史的主要脉搏，思想史研究相应

---

① 《马克思恩格斯文集》第 1 卷，人民出版社 2009 年版，第 550—551 页。

地，就要特别突出主流思想及其主流价值观，重点研究在特定历史条件下对社会发展产生过重要影响的主流观念形态或理论体系。

每个时代的主流思想就是当时社会的主流意识形态，就是占统治地位的统治阶级的统治思想。思想史研究就要以统治阶级的主流意识形态为主线，以政治思想为中心，以哲学思想为统领，而不能完全按照学派及其代表人物来考察思想史。如考察原始社会中华思想的萌发与起源时，要先弄清该阶段的社会形态及所有制形式，弄清当时需要回答的时代问题及从思想上所需要解决的主要问题，然后具体考察中国古人的原始观念，如时空观念、五行观念、阴阳观念等；随后考察朴素唯物主义和朴素辩证法的萌芽，以及图腾崇拜、原始宗教；接着考察原始社会到奴隶社会转型时期的思想，重点关注私有观念、家庭观念、国家意识及等级观念等，关注天命观念、王权思想及礼治思想的萌发。同样，考察奴隶社会中华思想的形成与发展时，重点考察"礼制"思想的形成与演变。奴隶社会的"礼制"思想是占统治地位并起主导作用的统治思想。奴隶社会到封建社会的转型时期，除了关注西周、春秋的"礼制"思想外，还要重点关注奴隶社会向封建社会转型时期诸子百家的思想主张。该社会转型时期的思想主线，是儒法之争。儒家主要是维护奴隶社会"礼制"思想的，法家代表了新兴的地主阶级、工商业和农民、自由民的诉求，主张"法制"思想，具有一定的革命性。封建社会可以分为早期、中期和晚期。秦汉是封建大一统国家的形成及统治阶级主流意识形态确立时期，隋唐两宋可以视为封建社会主流思想的发展时期，元明清可视作封建社会的晚期。明清时期很多政治家、思想家和文学家所反映出来的思想，与封建社会中前期的思想有明显的差异，并体现出新的社会因素及思想因素开始产生的特点。

中华思想史发展的主流思想是明确的，奴隶社会的主流思想是"礼制"思想，封建社会就是"儒学"思想，中华人民共和国成立后是中国化的马克思主义。考察春秋战国时期的思想要注意三方面内容：一是春秋战国时期的生产方式变化和社会变迁；二是春秋战国时期的思想特点和产生；三是春秋战国思想的历史地位和影响。封建社会统治阶级的主流意识形态，是儒学思想。在政治思想上，它主张"大一统"思想。所谓"一"，就是"定于一尊"；所谓"统"，就是统一。当然，考察封建社会主流思想时仅仅关注"大一统"思想是不够的，还要关注它的其他方面，关注其具体形态的演变。从经学到玄学，从玄学到理学，从理学到心学，从心学到实学，始终是儒学形态的变化。儒学是中国封建社会占据统治地位的主流意识形态。

要充分考虑社会变化引起思想变化、思想变化引导社会变化的时代特点。从主流思想来讲，奴隶社会是"礼制"思想，到了春秋战国就发生了转化和过渡，虽然是百家争鸣，但也有主流思潮，如孔墨并行、儒法之争等，然后逐渐过渡到秦汉时期的儒家思想，后来发展到宋元明清的理学思想。主流意识形态最集中的思想结晶，就是哲学思潮。春秋时期儒、道、法、墨各派的百家争鸣，开启了中国哲学鼎盛时期，为后来的中国哲学发展树立了基本的理论范式与标杆。先秦诸子、两汉经学、魏晋玄学、隋唐佛学、宋明理学、清代实学，大体反映了中华思想发展过程中各时代占统治地位的主流思想，但也不能简单化理解。经学是两汉时期的主流意识形态，但仍然有部分思想家（如桓谭、王充、王符、仲长统等）并不属于经学；隋唐佛教发达，但韩愈等人的思想是反佛的；宋元明清时期理学成为正统，但佛教并未衰歇，更有不少反对理学的思想家。

占统治地位的统治阶级的思想，并不等于或者不完全等于当时思想家的思想。如孔子的思想，在孔子所处的时代并不占主导地位。统治阶级的思想要上升为统治思想，是需要用政治手段和文化手段才能达到的。思想主导和文化霸权往往是靠政治强权实现的。在此不妨以秦始皇的"焚书坑儒"为例略作分析。焚书坑儒是先秦文化的浩劫，但它集中体现了统治阶级为了维护政治"大一统"的需要而采取强制措施，是统一全国思想的时代需求，体现了秦始皇将法家思想尊为统治思想的努力。随着秦王朝这个空前大帝国的形成，统一思想势在必行。正如冯友兰所言："及汉之初叶，政治上既开以前所未有之大一统之局，而社会及经济各方面之变动，开始自春秋时代者，至此亦渐成立新秩序；故此后思想之渐归统一，乃自然之趋势。秦皇、李斯行统一思想之政策于前，汉武、董仲舒行统一思想之政策于后，盖皆代表一种自然之趋势，非只推行一二人之理想也。"[①] 秦始皇选择法家主张来统一思想，采取"焚书坑儒"的极端方式，显然是粗暴的，但他为了巩固大一统的政治统治而用法家学说来统一思想的企图，则是明显的。这是用政治强权确立思想独尊和文化霸权的典型案例。

统治阶级掌握着政治权、经济权和文化权，必然将自己的思想确定为整个社会的指导思想，向全体社会成员进行思想灌输，力图将其阶级意志和思想变成全社会的思想。占统治地位的统治阶级往往采取抽象的普遍性的形式来掩盖其维护统治者的本质。经典作家指出："占统治地位的将是越来越抽象的思想，即越来越具有普遍性形式的思想。因为每一个企图取代旧统治阶级的新阶级，为了达到自己的目的不得不把自己的利益说成是社会全体成员的共同利益，就是说，这在观念上的表达就是：赋予自己的思想以普遍性的形式，把它们描绘成唯一合乎理性的、有普遍意义的思想。"[②]

---

① 冯友兰：《中国哲学史》上册，中华书局1961年版，第486页。
② 《马克思恩格斯文集》第1卷，人民出版社2009年版，第552页。

统治阶级内部利益的纷争会产生思想的分歧，导致统治阶级的分裂，占统治地位的统治思想也会相应地有积极与消极、激进与保守之分。马克思主义经典作家分析道："一部分人是作为该阶级的思想家出现的，他们是这一阶级的积极的、有概括能力的意识形态家，他们把编造这一阶级关于自身的幻想当做主要的谋生之道，而另一些人对于这些思想和幻想则采取比较消极的态度，并且准备接受这些思想和幻想，因为在实际中他们是这个阶级的积极成员，并且很少有时间来编造关于自身的幻想和思想。在这一阶级内部，这种分裂甚至可以发展成为这两部分人之间的某种程度的对立和敌视，但是一旦发生任何实际冲突，即当阶级本身受到威胁的时候，当占统治地位的思想好像不是统治阶级的思想而且这种思想好像拥有与这一阶级的权力不同的权力这种假象也趋于消失的时候，这种对立和敌视便会自行消失。"①

统治阶级的思想和文化领导权不是天生的，需要统治者不断努力来逐渐确立和巩固的。在各个时代和不同条件下，其思想的控制和影响有强弱、大小、严密与疏漏之分，个别情况下并没有占据主导地位。南北朝时期、五代十国时期、北洋军阀统治时期，都有这样的情况。这些时期统治阶级的政治地位很不稳定，政治权力很有限，加强思想控制的努力及成效就非常有限，统治思想也相应地比较软弱。在社会动荡时代，统治者对主流意识形态掌控相对来说是无力的，而居于非统治地位的边缘阶层、新兴阶层则思想比较活泼，加上时代需要解决的问题很多并异常迫切，故往往形成思想活跃、百家争鸣的局面。春秋战国时期、魏晋南北朝时期、辽宋夏金时期、明清鼎革之际、清末民初之际，都出现过这种情况。

---

① 《马克思恩格斯文集》第 1 卷，人民出版社 2009 年版，第 551 页。

三　注重挖掘和体现人民的思想史

《通史》研究编撰的基本原则，是以"人民的思想史"视角来观察、研究思想史。重视主流意识形态的变迁，重视杰出思想家们的精神成果，重视一般的社会思潮、文化倾向、情感诉求和价值取向，最重要的是揭示其中反映时代精神、反映人民群众的所思所想的思想的意义、价值及其演变的规律，关注人民的观念与诉求，"把思想的历史还给人民"，这既是在方法论上的重要创新，也是一种思想史研究的学术追求。

如何实现"把思想的历史还给人民"的目标？以往的思想史研究，素来指思想家的思想史，指少数杰出人物所提出的思想的历史。但是如果站在人民的立场上，以人民为中心，以人民为主体，以人民不仅是物质文化的创造者，同时也是精神文化的创造者的唯物史观的世界观方法论来观察、认识人类思想，就会抛弃以往的思想史不过是个别思想家的思想史的狭隘认识。

正是从这个意义上讲，人民群众是人类优秀思想文化的创造者。无论哪个时期的思想、哪个人的思想，总体上都是人民群众为思想的创造提供实践的、经验的源泉和材料，有的甚至就是人民在民间创造的思想原材。人民群众的丰富实践是产生伟大思想家、理论家、学问家的摇篮，是一切伟大思想、伟大文化取之不尽的源泉。思想家的思想最终都离不开民众思想观念所提供的土壤、所营造的情境和所奠定的基础。如果说思想家的思想是激扬的浪花，社会思潮是汹涌的波浪，那么，民众的思想观念就是深沉的洋流，它变化缓慢却非常深刻、潜藏于深层却无法阻挡。思想史研究一旦离开了对人民群众实践的考察，不关注人民的愿望与诉求，不关注人民的思想泉源，必将脱离现实的土壤而陷入空虚，无法深入人类思想的深处。因此，积极挖掘和体现"人民的思想史"，有两方面的内涵：

首先，强调人民群众的实践才是思想产生的源泉。人民群众的丰富实践为思想家创造思想提供素材、原料，提供实践、经验和舞台；人民群众的丰富实践是产生伟大思想家的摇篮，是一切伟大思想、伟大文化的取之不竭的源泉。人民群众是人类优秀思想文化的基础创造者。王充在《论衡》中讲道："知屋漏者在宇下，知政失者在草野。"思想史研究一旦离开了对人民群众实践的考察，不关注人民的愿望与诉求，不关注人民的思想泉源，必将脱离现实的土壤而陷入空虚，无法深入到人类思想的深处。写思想家的思想史要建立在人民实践史的基础上，要建立在人民创造的丰富的思想文化的基础上。要把人民思想史与著名思想家、政治家的个人思想史结合起来，既高度重视主流意识形态的变迁，高度重视杰出思想家们的精神成果，也重视普通人民群众的社会思潮、文化倾向、情感诉求和价值取向。

其次，只有反映历史进步，有利于生产力发展的、代表人民意愿、要求的思想才是人民的思想。思想家提出的思想，凡是反映了历史进步趋势的思想，就在某种程度上体现了人民群众的思想观念和思想诉求；思想家的思想，如果代表了历史进步的方向，就是代表了人民群众的思想；统治阶级的思想如果反映了人民的利益和诉求，反映了历史进步的要求，它也就有了人民思想的成分。

按照人民的思想史来写，就是要站在人民的立场，判断历史上思想争论的是非，体现人民的实践需要、利益诉求、价值观念，打上人民的痕迹，进而揭示中华文化变迁的思想轨迹和内在规律。正如马克思所言，社会意识是社会存在的反映，思想是时代的反映。思想是人民创造的，又是通过思想家的历史活动反映出来的，我们要把人民的思想史与著名思想家、政治家的思想史有机结合起来。

人民的社会实践是思想家思想的源泉。思想家的思想要反映人民的思想诉求并为人民所接受，才能转变成现实的社会变革力量。人民群众丰富的实践不断为思想家供应构建思想体系的养料。人民群众的基础性思想观念资料，是思想家思想体系产生和发展的土壤、基础和材料。思想家所解决的问题，是人民群众提出的问题，关注的问题，所要求解决的问题。思想家的社会使命，在于系统、全面、深刻地思考并形成对时代主题和思想主题的理论思想体系。从总体上看，人民群众为思想的创造提供实践的、经验的源泉和材料，中华各民族人民直接或间接创造了中华思想。考察各代思想家、理论家、政治家的思想时，都要将其建立在人民思想史的基础上。思想家的思想要有所发明、有所创造，要有影响，要传播开来，要流传下去，归根到底要反映人民群众的愿望，顺应民心及社会发展的要求。

在人类历史发展中，被压迫的民众及其思想观念往往不占主流地位。他们的思想因与占主流地位的统治阶级的思想往往处于对立地位，并且是以革命和批判的姿态出现的，故其思想往往表现为对占统治地位的统治思想的反叛，也因而往往被统治阶级视为思想异端而加以压制。欧洲中世纪反神学的思想被视为异端，明清时期的反儒学思想同样被视为儒学异端。正因如此，马克思主义作为资产阶级思想的对立面并代表无产阶级的思想出现时，显然是对占统治地位的资产阶级思想的根本否定，故采取了革命与批判的立场。也正因如此，马克思主义被视为"共产主义幽灵"受到资产阶级及其思想家的仇视和憎恨。列宁精辟地指出："马克思认为他的理论的全部价值在于这个理论'按其本质来说，它是批判的和革命的'。后一性质的确完全地和无条件地是马克思主义所固有的，因为这个理论公开认为自己的任务就是揭露现代社会的一切对抗和剥削形式，考察它们的演变，证明它们的暂时性和转变为另一种形式的必然性，因而也就帮助无产阶级尽可能迅速地、尽可能容易地消灭任何剥削。"① 列宁还指出："马克思学说在整个文明世界中引起全部资产阶级科学（官方科学和自由派科学）极大的仇视和憎恨，这种科学把马克思主义看做某种'有害的宗派'。也不能期望有别的态度，因为建筑在阶级斗争上的社会是不可能有'公正的'社会科学的。全部官方的和自由派的科学都这样或那样地为雇佣奴隶制辩护，而马克思主义则对这种奴隶制宣布了无情的战争。"② 这种现象，不仅在马克思主义发展史上出现，而且在中外思想发展过程中也是普遍存在的。故研究中华思想史要关注这些被统治阶级压制的所谓异端思想，因为其中蕴藏着丰富的民众思想观念。

四 以开阔的国际视野观察思想史

中国历史是世界历史的重要组成部分，中华文化的发展与世界文化的发展密切相关。习近平指出："文明因交流而多彩，文明因互鉴而丰富。文明交流互鉴，是推动人类文明进步和世界和平与发展的重要动力。"③ 研究编撰《通史》必须具有开阔的国际视野和开放的世界胸怀，将中华思想纳入世界思想发展史的大视野来考察。

第一，将中华思想纳入世界文明进程中加以探究。

思想是回应时代需要而形成的。人类面临许多共同的问题，不同的民族在不同历史时期对这些共同问题进行思考，提出了解决这些问题的办法，形成了对于自然、社会及思维本身的认知，形成了各民族的世界观、宇宙观、人生观，构成了各民族的哲学思想、政治思想、经济思想、宗教思想、文艺思想、科技思想、

---

① 《列宁专题文集：论马克思主义》，人民出版社2009年版，第297页。
② 同上书，第66页。
③ 习近平：《在中国国际友好大会暨中国人民对外友好协会成立60周年纪念活动上的讲话》，《人民日报》2014年5月16日第2版。

法律思想、道德伦理思想等。各民族不同历史时期所形成的这些思想，是人类共同的精神遗产。尽管古代世界因自然环境限制及交通阻隔而导致不同民族思想交流的困难，但世界各文明之间仍然跨越时空限制，吸收并借鉴了其他民族思想，推进了本民族思想的发展。不仅中华思想在相对独立的发展过程中，受到了周边各民族思想的影响，外来文化也同样程度不同地受到中华思想的影响，在双向互动中繁荣发展。研究中华思想史要关注世界思想的发展，将中华思想置于世界文明发展进程中进行考察，在中外思想交流中把握中华思想的进程。

宋人陆九渊说："东海有圣人出焉，此心同也，此理同也。西海有圣人出焉，此心同也，此理同也。"[1] 一方面，人类对宇宙和人生的认识虽因地理历史、语言宗教不同而有差异，但同样受自然规律、社会规律和思维规律的支配，因而对共同规律的领悟和认知必然有相同或相通之处。另一方面，不同民族的思想是在回应各自发展过程中出现的重大问题时而创造的，各时代面临的问题不同，解决的方法各异，因而形成了独特的思想创造。这就决定了各民族的思想交流既有可能，更有必要。

在世界历史及思想进程中，中华思想尤其具有独特的地位及价值。中华思想有许多值得自豪的精华，如讲仁爱、重民本、守诚信、崇正义、尚和合、求大同等思想，如自强不息、敬业乐群、扶正扬善、扶危济困、见义勇为、孝老爱亲等传统美德。这些精华在与外来思想比较中才能更清晰地凸现出来。跨时空的中外思想比较研究，要求站在世界历史的角度，对中华思想进行由近及远、由浅及深的全方位、深层次的审视，深化对中华思想的再认识，发掘其现代性的积极因素，准确把握中国在世界历史中的地位。

---

[1] 《陆九渊集》，中华书局1980年版，第483页。

当然，在与外部世界的比较中，也可以发现中华思想中同时兼具的某些长处和某些弱点，和它所发挥的积极或消极作用。儒家士大夫持有的"尊王攘夷"思想及表现出来的华夏中心主义，就是比较典型的例证。夷夏观念是古代中国根深蒂固的文化观念。《礼记·王制》对此有较为明确的表述："东方曰夷，被发文身，有不火食者矣；南方曰蛮，雕题交趾，有不火食者矣；西方曰戎，被发衣皮，有不粒食者矣；北方曰狄，衣羽毛穴居，有不粒食者矣。"春秋时期，随着华夏与"夷狄"地缘关系的突破，礼仪文明成了区分夷夏的标准，遂有所谓"夷夏之辨"。所谓夷夏之辨，就是严格区别"夷""夏"界限，以夏变夷，严防以夷变夏。从《春秋公羊传》到董仲舒再到何休，均着力阐发《春秋》"尊王攘夷"及"以夏变夷"观念，遂使"夷夏之辨"成为汉代公羊学的重要内容，并服务于汉代大一统政治的需要，对汉民族文化认同和古代中国统一国家的形成起了促进作用。这种以华夏中心主义为核心的夷夏观，强调了儒家思想的价值，使儒家思想在古代中国扮演着维系国人认同的角色。它经过儒家士大夫长期的阐释和强化，成为中国人处理中外关系的理论基础和指导原则。这种文化观念逐渐沉淀在中华民族的深层心理结构之中。它以华夏中心主义和华夏文化优越感的形式，长期潜伏于中国人思想观念之中，塑造了中华民族根深蒂固的文化优越意识。当华夏文明遭到外族践踏和破坏时，这种华夏中心主义起过动员中原民众奋起抵抗侵略的积极作用。但这种文化优越意识暗藏儒家士大夫"天朝上国"的自大虚骄观念，对他族文化采取了轻视和排斥态度，影响了中外文化的正常交流。明清之际来华的耶稣会传教士利玛窦描述道："他们不知道地球的大小而又夜郎自大，所以中国人认为所有各国中只有中国值得称羡。就国家的伟大、政治制度和学术名气而论，他们不仅把所有别的民族都看成是野蛮人，而且看成是没有理性的动物。他们看来，世上没有其他地方的国王、朝代或者文化是值得夸耀的。"①

夷夏之辨是古代中国对外观念的基本内容，也是处理中国与外部世界的基本准则。古代中国所谓"夷狄"文化，主要是北方游牧文化，它们曾冲击和破坏了中原地区的农耕文化，出现过令儒家士大夫痛心疾首的"以夷变夏"，但它在为中原农耕文化注入新的因素和新的活力之同时，几乎无一例外地被中原农耕文化所征服，相继接受了文明程度较高的中原文化，出现了所谓"以夏变夷"的结果。这种现象，更强化了儒家士大夫的文化优越意识。当西方列强叩开中国大门之后，中国人仍以"夷狄"视之，在文化心理上具有很强的优越感，坚守"华夷之辨"，用"内诸夏外夷狄"的天下观来处理中国与外部世界的关系。明清以后形成的宗藩体系和朝贡制度，无疑强化了儒家士大夫的文化优越感和自大虚骄心理。乾隆和嘉庆年间编纂的两部《大清会典》，均将西洋诸国（荷兰、葡萄牙、意大利、英吉利等）归入自己的朝贡国，把通使视作向"天朝上国"的"进贡"和"倾心王化"。由于他们对西洋文明缺乏必要的了解，故其文化优越感多半来自国人的臆想和附会，带有明显的自大的虚骄心态。

世界思想的发展，同样影响着中华思想进程。中华思想的变化有外来思想因素的影响，这种外来思想的影响在近代中国表现得格外深刻。近代以来，随着资本主义世界市场体系的建立，随着新航路的开辟和新大陆的发现，世界各地的联系日益密切，马克思在《共产党宣言》中揭示的"世界历史"逐渐形成，中国被纳入世界近代化的潮流之中。世界历史的进程、国际格局的变化均影响着中国历史的进程和中华思想的变化。16世纪以后，随着西方势力的东来，西方思想文化对中华思想进程产生了深刻影响。国际形势的变动及世界思想的变化对中华思想所带来的影

---

① 《利玛窦中国札记》上册，何高济等译，中华书局1983年版，第181页。

响，在近代以来表现得格外明显。鸦片战争后的西学东渐对中国思想界产生的影响是典型的例证。第一次世界大战及十月革命的爆发则直接影响到中国思想界对西方思想的选择，影响到中国思想界的巨变：中国先进分子对西方近代道路及西方近代思想产生了怀疑，开始将目光从欧美转向苏俄，开始宣传社会主义思想并逐步接受了马克思主义。

第一次世界大战不仅打碎了部分中国人学习西方文明的迷梦，而且使西方人对自身文明的价值也产生了某种程度的怀疑，开始思考如何整治西方文明的弊病。以罗素为代表的西方哲人出于对其民族文化命运的关怀，将目光转向以儒家文明为代表的东方文化，在某种程度上赞美孔子伦理之优越，而对西方近代物质主义和科学主义进行反思。罗素等西方哲人态度转变刺激了当时的许多中国人。梁启超《欧游心影录》提出了"复活东洋文明"之主张。他在该书中指责"纯物质、纯机械的人生观"支配欧洲人的生活，致使人们利欲熏心、道德沦丧，并以自己经历的见闻来说明西方近代文明已经"破产"，"科学万能"的迷梦已经破产。

俄国十月革命和第一次世界大战对中国思想界产生了重大影响，社会主义思想在中国得到广泛传播。社会主义的各种流派（无政府主义、民粹主义、基尔特主义、新村主义、议会社会主义、科学社会主义等）竞相在中国传播。既然传入中国的社会主义流派众多且各不相同，那么随后中国思想界面临的主要任务，就是在社会主义宣传过程中自觉或不自觉地选择中国要走哪种类型的社会主义道路。当时中国思想界可供选择的社会主义道路主要有两类：一是列宁领导的布尔什维克所走的俄国道路——以暴力革命推翻资产阶级统治、建立无产阶级专政——暴力革命的道路；二是欧洲以议会为中介走和平改良的英国式（或德国式）道路——以非暴力手段和平走向社会主义的道路。五四时期的中国思想界围绕社会主义道路选择进行了一场激烈的思想论争，这便是1920年的"社会主义论战"。以李大钊、陈独秀等为代表的中国早期马克思主义者在宣传科学社会主义学说基础上，经过认真比较而作出的坚定选择：走俄国人的暴力革命道路；以张东荪、梁启超等为代表的研究系在宣传社会主义学说基础上，经过比较作出了走德国式的社会改良道路的结论。中国思想界因对社会主义问题的认识分歧而导致中国社会主义思想的分化。这样的思想分化显然与"一战"后国际影响密切相关。

第二，从中外思想交流的视角观察中华思想史。

中国是世界的重要组成部分，中华思想发展进程受到世界思想的深刻影响。中华思想对外来思想的包容和吸纳，推动了中国古代社会的发展和繁荣，构成中国古代社会长期维持稳定的重要精神力量。研究中华思想史，要注重中外思想的双向交流。

双向互动，是中外思想交流的常态。互动的结果往往会产生新的思想。中华思想在形成发展过程中，不断将本民族、本地域的思想和外来思想结合起来。中华民族的思想与外来思想的影响是双向互动的。中华思想既不断吸收外来思想，同时不断以自己创造的高度文明影响周边地区及域外世界。古代中国对周边国家产生了较大影响，形成了包括日本、韩国、朝鲜在内的儒家文化圈。

中华思想通过文化的载体不断西传，同样对欧洲社会思想影响巨大。自利玛窦用拉丁文翻译朱熹注《四书》之后，欧洲逐渐兴起了"中国热"，"中国学"逐渐成为当时欧洲的显学。到17世纪末已有数十种中国经典译本在欧洲流行，《论语》《大学》（以《中国的智慧》为名）、《中庸》（以《中国政治道德学》为名）、《孟子》等四书以及《诗经》《书经》《易经》《礼记》《春秋》等五经，《孝经》《幼学》及朱熹的著作，均被翻译成西方多种文字发行。欧洲学者研究中国文化的著作不断涌现，如《中国通史》《孔子道德论》《中国人的政府和道德观念》《中国哲学》等。中国儒家典籍及其思想传入欧洲后，对18世纪欧洲哲学产生了较大影响。德国哲学家莱布尼茨、法国经济学家魁奈、法国启蒙思想家伏尔泰均赞扬中国的哲学与文化。伏尔泰认为孔子哲学是一种具有崇高理性、合乎自然和道德的新的"理性宗教"，将孔子的道德规范作为其自然神论的思想基础，称赞孔子的"己所不欲，勿施于人"是理性的原则。法国百科全书派的领袖霍尔巴赫和狄德罗也推崇孔子思想，赞赏孔子以德治国的主张。马克思在论述火药、印刷术和指南针对欧洲的影响时称赞说："火药、指南针、印刷术——这是预告资产阶级社会到来的三大发明。火药把骑士阶层炸得粉碎，指南针打开了世界市场并建立了殖民地，而印刷术则变成新教的工具，总的来说变成科学复兴的手段，变成对精神发展创造必要前提的最强大的杠杆。"[①] 中国技术发明传到欧洲后起了促进西方近代文明发展的重要作用。

第三，注意外来思想对中华思想的影响。

思想借助文化载体对外传播的趋势，一般情况下是从文明程度相对发达的地区、民族、国家向文明程度相对滞后的地区、民族、国家传播。建立于农业文明基础上的儒家文化，在总体上优于周边游牧民族的草原文化，故在与周边游牧民族文化交流中，往往处于文化输出的地位。尽管游牧民族一度征服过华夏汉族，建立过少数民族政权，但为了稳固对中原地区的统治，不得不接受比自己文明程度相对发达的中原汉族文化，并逐渐被"同化"。古代中国真正对中华思想构成有力的挑战的，主要有两次：一是两汉之际传到中国的印度佛教思想；二是明清之际的欧洲天主教神学及近代科技。印度佛教思想通过鸠摩罗什东来，法

[①]《马克思恩格斯文集》第8卷，人民出版社2009年版，第338页。

显、玄奘西访，通过取经、讲经、翻译、研究等方式，逐渐渗透到中华思想及社会生活的许多方面，尤其是对中国的哲学和艺术影响较大，甚至对儒家思想的发展也产生了深刻影响。佛教思想不仅催生了魏晋玄学的产生，而且刺激了宋明理学的产生。佛教中国化与儒学理学化，集中反映了佛教思想对中华思想的深刻影响。

佛教思想的中国化与本土化，不仅影响了魏晋玄学，而且产生了本土化的中国化佛教（禅宗、天台宗等）及中国化佛教思想（禅宗思想、净土宗思想），反倒是更接近印度佛教思想的法相宗，因未能做好本土化转型而长期湮没不彰，直到民国时期才因重新阐释而得以彰显。不仅如此，佛教思想及本土化的中国佛教，同样影响了作为主流思想的儒家思想，促进了儒学的转型与儒学思想的突破，产生了宋明新儒学。这是古代中国外来思想与中华传统思想结合的典型代表。在此不妨以佛教中国化为例，阐述古代中国外来思想对中国文化影响及中外思想融合的情况。

不同的民族往往有其独特的人生理想、生活目标和价值取向，表现出不同的文化气质并通过哲学、伦理、宗教等形态表现出来。产生于印度的佛教，由于文化传统和社会背景的不同，在许多方面与中国固有思想存在着巨大差异。印度佛教在东汉时期经西域传至中原，为中国文化融入了新的内容与养料。中华思想对外来佛教一方面采取本能的拒斥态度，另一方面又有选择地吸收容纳了佛教中有价值的东西，如佛教的思辨哲学和对生死问题的关注等。相对的封闭及对外来思想的某些拒斥，使中华思想保持了其独特的魅力和稳定的发展；而相对的开放及对外来思想的某些吸收，又使中华思想具有了一定活力，不断实现着自我的更新和完善。外来佛教不断与中原固有思想相适应，经历了一个漫长的中国化过程，逐渐发展成中国的民族宗教，形成了富有中国特色的本土佛教。所谓佛教中国化，是指印度佛教传入中国以后，为了适应中国社会文化的需要而不断地调整，在与中国社会政治、经济和文化相适应过程中最终发展成为具有中国特色的、表现出中华民族精神风貌与特征的"中国佛教"。正是在与儒道的相交互融过程中，中国佛教得以与儒道文化并驾齐驱，成为中华传统思想的重要组成部分，并产生了天台宗、华严宗和禅宗等有本土特色的中国佛教。

佛教在中国化过程中呈现出不同的时代特征，大体经历了两汉时期对中华思想的依附、迎合、调和，魏晋南北朝时期与儒道冲突交流，隋唐时期吸收融合，以及入宋以后渗透合一的过程。由于佛教是外来宗教，在与儒、道相调和的同时，佛教与儒道的冲突没有间断。早在初传之时，佛教就遭到了儒家的反对。魏晋南北朝时期，儒家从社会经济、王道政治、伦理纲常等方面排斥佛教。在理论上，儒家则展开了对佛教神不灭论与因果报应论的批判。面对儒家的攻击，佛教徒或者通过把佛教的"五戒"与儒家的"五常"相比配来说明儒佛一致，或者在佛教的思想体系中加入忠孝仁义等儒家的内容以调和儒佛的分歧，而更多的则是以社会教化作用的相同来强调儒佛互为补充。隋唐时期，中国化佛教宗派纷纷出现，它们大都是基于佛教的立场而大量融合吸收儒道的思想内容，并与儒道逐渐形成了"三者鼎立"的局面。儒释道的许多思想家都从自身发展的需要以及迎合"大一统"政治的需要出发而提倡"三者合一"。由于儒家提倡的"三纲五常"是中国社会的根本，故佛教对它的融合吸收趋势在隋唐时日益加强。隋唐时期佛教宗派的创立和发展及其对儒、道思想的自觉融合，标志着佛教在中国的发展走向极盛，融合印度佛教和儒道思想的中国化佛教基本成熟。北宋以后，儒释道合一逐渐成为中华思想发展的主流。儒佛道三者从早期强调"三者一致"，到唐代的"三者鼎立"和"三者融合"，进而发展为宋以后思想上的"三者合一"，佛教与儒道分别找到了各自位置，形成了以儒为主、佛道为辅的组合形式。明清时期，"三者合一"继续成为名僧禅师的主张，佛教最终融入中华思想之中。

佛教之所以能够在中国流行并逐步中国化，是因为适应了中国社会和中华思想的需求，弥补了儒道思想的不足。儒家以修齐治平为核心的人生观是以入世为前提的，但当人在现实的社会生活中难以发挥自我才能时，一味强调"知其不可而为之"显然是不够的。儒家强调主体道德上的自觉完善，这对"性善"而欲为善者来说是有意义的，但对"性恶"而不欲为善者就缺少一种强制性的威慑力量。道家提出了在现实社会之外另觅仙境或另求逍遥人生的理论，提出"无为而无不为"主张，但仍然把对人及人生问题的探讨限定在现世，未能以超越生死的眼光来审视人生。而佛教则以其独特的人生哲学对个人生死祸福等人生遭遇作了深刻阐释，并以"一切皆空""业报轮回"等理论化解了人们计较执着的意义，引导人们为善去恶，消除贪欲，从而弥补了儒道两家思想的某些不足。它以一种超脱此岸的超越精神审视现实的社会人生，使人们不至于过分沉溺于世俗的物欲而不能自拔，从而在实际生活中对人们的心理和精神发挥调节作用，使人们以出世的心态超然处世，从而形成既积极进取，又在精神上超越成败得失的豁达心态。这或许是佛教思想在中国社会流行的思想原因所在。

如果说世界思想的影响在古代中国主要体现为佛教的深远影响的话，那么，在近代中国则主要体现为西方近代思想的输入及其持续影响。中华思想与欧洲思想是在古代世界几乎彼此隔绝的情况下独立地产生并发展起来的，由此造成的结果是中西方文明具有截然不同的立足点和核心理念，并在此基础上形成不同的发展模式。两者各有其不同的历史发展特点，各有其独特的发展道路，各自形成了独特的行为系统和独特的价值观念。欧洲文明主要是从古希腊罗马文明，再经过以希伯来信仰为源头的中世纪基督教文明演变过来的。古希腊罗马文明与中世纪基督教文明不同，中世纪基督教文明与西方近代文明差异更大。欧洲中世纪的基督教会不仅干预人们的政治生活和社会生活，并且渗透到人们的深层心理意识中。但从文艺复兴开始，资产阶级新思想猛烈冲击中世纪神学，教会权威急剧衰落，古希腊罗马文明中的理性精神复活，人文主义复兴。经过文艺复兴和工业革命，西方文明迅速完成了向近代形态的转变，发展为以民主、科学、人权等理念为核心的西方近代文明。明清之际，西方传教士开始东来，带来了基督教神学及工业革命初期的科技及思想观念，开启了长达数百年的"西学东渐"历程。

所谓"西学东渐"，是指西方文明在近代中国传播的历史过程，是表述西方文明传入中国过程的形象节略语。明末清初利玛窦、艾儒略、汤若望等欧洲传教士东来，在传播基督教神学之同时，译介了若干有关天文、历法、数学、物理、地理及哲学方面的书籍，带来了西方知识以及诸多西洋器物，肇始了意义深远的西学东渐历程。利玛窦于1605年辑著的《乾坤体义》，被《四库全书》编纂者称为"西学传入中国之始"。当时欧洲来华传教士，主要以天主教耶稣会为主，他们在试图将天主教传入中国的同时，引介了西方的科技学术思想，翻译刊印了大量的欧洲学术典籍。这次西学东渐前后持续达百年之久，因雍正帝的禁教及罗马教廷对华传教政策的改变而中断。这场持续百年的西学东渐，虽未引起中国思想的根本性变革，但中国部分士大夫程度不同地受到了传教士带来的西学的影响，采纳了西方天文算学的某些新成就，对中国学术思想产生了影响，在清代乾嘉汉学中有不少西学的因素。

鸦片战争后，中国先进思想家向西方寻求救国之道。康有为、梁启超提倡变法维新，孙中山、章太炎鼓吹革命，都是受了西方思想的影响，严复系统地介绍了西方学说，引起了巨大反响。五四时期，陈独秀、李大钊等人发起新文化运动，再次掀起了大规模介绍西方思想的高潮。西方历史上各派哲学及社会政治学说均被介绍到中国，近代科学也在中国逐渐发展起来，弥补了中华思想中缺乏近代实验科学的偏失。从20世纪30年代至40年代，出现了融会中西而自成一家的哲学家，如熊十力、冯友兰、金岳霖、贺麟等，中国哲学在中西会通中得到发展。

近代以来的中国社会发展变迁，揭示了外来思想对中国社会发展的推动和促进作用，并以客观的事实证明，唯有马克思主义及其与中国革命实践相结合的中国化马克思主义，才能挽救中国危机并实现中华民族的伟大复兴。马克思主义等西方先进思想传入中国，对中华思想的影响异常深远。社会主义在中国传播与中国人接受马克思主义有一个选择过程，这个选择的过程体现了西方近代优秀思想对中华思想的深刻影响。从封建社会向半殖民地半封建社会转化过程中，儒学体系动摇并崩溃，无法应对晚清变局；太平天国的农民平均主义理想同样难以挽救国家危亡。中国近代先进分子从西方思想武器库中先后拿来了诸多思想——进化论、君主立宪、民主共和等，但这些思想仍然无法挽救中国危亡。正是在这种情况下，中国先进分子接触、宣传并接受了马克思主义，并将它与中国优秀传统思想相融合，与中国革命的具体实践相结合，形成了中国化的马克思主义——毛泽东思想。马克思主义中国化是中华优秀传统思想与外来先进思想在实践基础上的又一次成功的思想融合。因此，对于中华思想发展中的重大思想成就，必须从中外思想交流互动、融合创新的角度加以审视，才能准确把握并深刻揭示其演进的基本态势。

第四，吸收外来思想而不失中华思想之根本特性。

中华思想之所以绵延几千年而不绝，离不开中华思想的开放和包容，离不开对世界优秀思想的吸收和融合。中华思想在其发展过程中虽然处于与外来思想互动交流、融合及创新发展之中，但中华思想始终没有被外来思想所同化,而是在交流融合中获得创新性发展。故中华思想的发展历程,呈现出一脉相承、绵延不绝的态势。从总体上看,中华思想在与外来思想的交流融合过程中,固然吸纳了外国思想中的优秀因素,但并没有失去中华思想之根本,仍然是以中华传统思想为根基,保留了中华思想的底色。

印度佛教传入中国而逐渐本土化,不仅形成了中国特色的佛教——禅宗等,而且其思想精华被吸收到儒学之中,产生了宋明理学。近代以来持续不断的西学东渐,同样对中华思想产生了深远影响。正是在西方思想冲击下,中国传统儒学通过近代转化获得了新生,产生了现代新儒家思想。而这种受西方思想影响的现代新儒家思想,吸纳了近代以来西方哲学思想的精华,但仍然立足于中国传统儒学的根基之上。俄国十月革命后传入的马克思主义,经过与中国文化及中国革命实践相结合,逐渐形成了中国化的马克思主义——毛泽东思想和中国特色社会主义思想。毛泽东思想固然源自近代以来最先进的马克思主义,但同时具有鲜明的中国气派和中国风格,是与中华优秀传统思想相结合的中国化的马克思主义。

"吸收输入外来之学说,不忘本来民族之地位。"吸收外来思想而不丧失中华思想之根本,是中华思想与外来思想交流融合的突出特点。对此,不妨以现代新儒家对中国传统儒学思想的创造性转化为例略加阐释。

五四新文化运动对孔子及儒学的批评,启发了人们对儒家思想真面目的重新认识及对其真精神的重新阐扬,在客观上激发了现代新儒家之崛起。梁漱溟率先倡言要走"中国孔子的路",赞美儒家崇尚直觉的精神和礼乐意识,并用西方现代哲学的重要流派——柏格森的唯意志论来改造传统儒学,率先进行了中国传统儒学与西方现代哲学结合之尝试,建构了一套直觉主义的"新孔学"体系。梁漱溟的"新孔学",是柏格森唯意志论、佛教思想和儒家思想的结合体,但基本精神是儒家的心性学说。梁漱溟的"新孔学",主要来源于中国传统儒学中的宋明理学和西方现代哲学中的柏格森"生命哲学",是用柏格森哲学改造中国儒学的产物,其基本倾向是中国传统的儒家学说。梁漱溟用柏格森的生命哲学印证儒家心性学说,用直觉主义补充儒家的心性修养方法,用唯意志论充实儒家伦理思想,试图建立一套"不中不西,亦中亦西"的"新孔学",开创了五四以后"以西释儒"的新学风,成为中国现代新儒家的开山之祖。

继梁漱溟之后正面阐释儒家思想者,是提倡"新宋学"的张君劢。所谓"新宋学",主要是与科学主义相对立的儒家道德理想主义,提倡以儒家道德主义来纠正西方近代科学主义之弊病。他认定,中国所要建立的新文化必然是精神自由的民族文化,其根本点在于吸收西洋近代民主与科学精神而发挥宋明理学之道德精神。对儒家思想作了近代阐释并产生巨大影响者,当数深受美国新实在主义哲学影响的冯友兰。他融会中西哲学思想,撰写了《新理学》《新事论》《新世训》《新原人》《新原道》和《新知言》,统称为"贞元六书",承接程朱理学的传统,借用了宋明理学的固有范畴,将自己理解和接受的西方新实在论与宋明理学融合起来,建构了所谓"新理学"哲学体系。在他看来,中国传统哲学主流即"极高明而中庸"传统,讲求"天地境界"而不脱离人伦日用之常。这种传统是由孔、孟开其端,中经先秦的道家、魏晋的玄学、唐代的禅宗,至宋代的程朱道学而集其大成。他强调自己的"新理学"是"接着宋明道学中底理学讲底",其宗旨就是"继往开来"而建立"新统",并视之为儒学现代化的一种途径。

以研究黑格尔哲学而闻名的贺麟,将西方现代哲学中的新黑格尔主义与阳明心学相结合,对儒家心性之学作了新阐释,形成了"新心学"思想。"新心学"是中国传统的陆王心学与西方新黑格尔主义融合的产物。新黑格尔主义强调整体思维,把心视为"绝对实在",与陆王心学"吾心即宇宙"的思想相近。贺麟把两者结合起来,提出了"心为物之体,物为心之用"的本体论思想;新黑格尔主义承袭并发挥黑格尔国家和社会学说中保守专断的思想,主张国家和社会至上,个人必须服从国家,这与陆王心学"扶持纲常名教"的观点相似,贺麟把两者结合起来提出新的"三纲五常"论。他继承了王阳明"知行合一"论,并从心理学和生理学的角度加以论证,提出"自然的知行合一论"。

由此可见,五四新文化运动以后,中国部分哲学家站在中国儒家哲学的立场上,在了解和吸收西方现代哲学的基础上,开始用西方现代哲学的理论和方法从不同的角度对传统儒学进行发挥和改造,促使儒家的近代转型。他们的共同趋向是:运用西方近代哲学理念改造中国儒家思想,立足于儒学的根本立场来创建新哲学体系。无论是"新孔学""新宋学""新唯识论",还是"新理学""新心学",都是运用西方近代哲学理念及方法继承、改造并发挥儒家思想的成果,集中体现了"吸纳外国思想文化而不忘中华思想之根本"的立场。然而,现代新儒学所引用的西方近代思想乃是资产阶级思想体系,是无法与人类迄今为止最先进的思想理论体系——马克思主义相抗衡的,他们所力图改造的儒学则是封建主义的思想体系,将二者结合解决不了中国的社会问题。五四运动以来中国的社会实践证明,任何思想体系都代替不了马克思主义和中国化马克思主义指导中国革命、建设和改革实践不断取得伟大胜利的巨大精神改造作用的。

五 遵循历史与逻辑相统一的原则

遵循逻辑与历史相统一的原则,把一定的思想观念放在一定的历史条件下进行考察,对思想史进行具体分析,寻找思想发展的轨迹，是研究编撰《通史》的基本要求和基本原则。

第一，在历史发展的连续性中探究思想演变的连续性轨迹。

历史发展的连续性与思想演变的连续性是一致的。人类社会的历史，是一个自然的历史过程。人类社会的历史是连续的。列宁指出："只有把社会关系归结于生产关系，把生产关系归结于生产力的水平，才能有可靠的根据把社会形态的发展看做自然历史过程。"[①] 唯物史观将全部社会关系归结于生产关系，把生产关系归结于生产力，从而为将社会形态的发展看作自然历史过程提供了可靠的根据。在一定的历史条件下，人类对社会制度可以作出一定的选择，可以实现一定的超越，但是从整体上来说，社会生产力、社会经济的发展，社会形态的演进，都是遵循其自身固有的客观规律，一步步由低级向高级发展的。

就社会形态的演化而言，后起的社会形态都是在继承和超越前一个社会形态基础上发展起来的。相对于奴隶社会来讲，原始社会再大公无私也是落后的。看不到奴隶社会这种历史的进步性，就不是历史地看问题。封建社会又比奴隶社会先进，资本主义社会又比封建社会先进，社会主义社会、包括未来的共产主义社会一定会超越资本主义社会。用这样的观点看问题，就是历史地看问题；用这样的观点分析思想，就能看清社会思想的性质和作用、进步性与局限性或落后性。

历史是连续的发展过程，每个历史事件的发生均与以往的历史有着某种程度的关联。故马克思主义的基本要求，就是承认历史的连续性，重视历史的发展和进步。现实是历史的延续，人类是带着历史的烙印走入现实社会的，又将带着现实的烙印走向未来。故在对历史、现实和未来的把握上必须继承历史的遗产。正如毛泽东所说："学习我们的历史遗产，用马克思主义的方法给

---

① 《列宁专题文集：论辩证唯物主义和历史唯物主义》，人民出版社2009年版，第161页。

以批判的总结，是我们学习的另一任务。我们这个民族有数千年的历史，有它的特点，有它的许多珍贵品。对于这些，我们还是小学生。今天的中国是历史的中国的一个发展；我们是马克思主义的历史主义者，我们不应当割断历史。"[1]

思想是历史的产物，思想的连续性来自历史的连续性，必须从历史发展的连续性中探寻思想发展连续性的根据，关注两者同步共进的密切关系。但不能由此忽视思想自身所具有的趋前性、跨越性和滞后性，这种趋前性或滞后性是思想自身特性决定的。如何梳理中华思想演进的连续性，将其本身连续性发展的逻辑与思想演进中趋前性或滞后性规律清晰地呈现出来，是中华思想史研究的重要内容。

第二，把思想置于一定历史条件下作具体分析。

马克思主义的基本要求，就是具体问题具体分析，具体地分析矛盾的特殊性。列宁指出："马克思主义的精髓，马克思主义的活的灵魂：对具体情况作具体分析。"[2] 他还强调："在分析任何一个社会问题时，马克思主义理论的绝对要求，就是要把问题提到一定的历史范围之内。"[3] 将这条原则运用到思想史研究中，就必须强调：思想意识的形成离不开特定的时间、所处的具体社会环境，必须尊重历史的实际情况，将一定的思想放在一定的历史范围内予以考察，全面、完整、系统地反映思想发展的历程。

从整个社会历史发展来看，各个民族、各个国家遵循着某些普遍规律，同时各具有自己的特殊性，体现为社会发展的多样性。列宁指出："世界历史发展的一般规律，不仅丝毫不排斥个别发展阶段在发展的形式或顺序上表现出特殊性，反而是以此为

---

[1] 《毛泽东选集》第 2 卷，人民出版社 1991 年版，第 533—534 页。
[2] 《列宁专题文集：论马克思主义》，人民出版社 2009 年版，第 293 页。
[3] 《列宁选集》，人民出版社 2012 年版，第 375 页。

前提的。"[1] 人类社会由低级向高级发展，并由各个国家和民族的地域性发展向世界历史性的发展转变，这是社会发展的普遍性、共性。由于社会发展不仅由经济必然性所决定，而且受政治的、文化的、历史的、传统的因素以及自然环境、时代条件和其他国家与民族的影响，因而社会发展又呈现出复杂性和多样性的特点。马克思在《〈政治经济学批判〉序言》中将生产方式排列为亚细亚的、古代的、封建的和现代资产阶级的发展序列。他在《资本论》中通过研究西欧资本主义的起源和发展进程，梳理出从原始公社经奴隶制、封建制向资本主义制度过渡的典型的社会发展的阶段性序列。这种发展序列作为社会发展总趋势的逻辑再现，并未囊括各个国家、民族社会发展道路和阶段的全部丰富性，并非任何国家和民族都要毫无例外地经过原始社会、奴隶社会、封建社会、资本主义各种社会形态的依次更替而走向未来社会，没有任何变异性和独特性。从人类社会总的或整体发展历史来看，必然经过原始社会、奴隶社会、封建社会、资本主义社会，最后通过社会主义走向共产主义社会，这是整个人类历史发展的普遍逻辑。但具体到某一民族、某一国家、某一地区，其发展的阶段可以有跨越、有偶然、有特殊。有的国家、民族和地区的发展是渐进、连续的，比较完整地展现了历史演进的常规性，依次经历了原始社会、奴隶社会、封建社会和资本主义社会等发展阶段，而有的国家、民族、地区的社会发展则是隔断的、非连续的和跳跃式的，往往越过某一社会形态和历史阶段而直接进入较高级的社会形态和历史阶段。社会历史发展的多样性、差异性与统一性、普遍性是有机统一的，有时体现为社会发展的有条件的跨越性。

与各个民族、国家社会发展过程中共性和个性相统一的情形

---

[1] 《列宁专题文集：论社会主义》，人民出版社2009年版，第357—358页。

相一致，各民族、国家思想史的发展也是普遍性和特殊性的统一。重要的是要从普遍性来关照特殊性，从特殊性中发现共性。一定的学派、一定的思想家也存在上述这种情形。每种思想都有产生发展的内外原因、客观原因和主观原因，每个思想家都有自己的特性和个性，面对同样的社会现实，每个人的认知和感受是有很大差异的，其对同样问题的思考有深浅之别，会因角度不同、立场各异而提出不同的观点和思想。思想史研究必须探寻产生这些差异的原因，分析思想家个性差异与思想的不同。对同一个学派的认识也同样要进行具体分析，切不可笼统化。如春秋战国是从奴隶社会向封建社会的转型期，孔子的儒学是要维护奴隶社会的旧礼制。所谓"克己复礼"，就是要恢复原来奴隶制的礼制，恢复周天子的天下。而法家的思想则突破了礼治思想的束缚和阻碍，其所引向的是新的社会和时代。但以孔子为代表的儒家思想到了秦汉时期，经过董仲舒等人的改造发生了变化，逐渐变成封建社会的统治思想。故儒家思想本身有一个发展转变的过程，必须予以深入研究方能揭示。

第三，坚持历史的方法与逻辑的方法相统一。

思想史研究与思想史著作的编撰有很大差异，这种差异体现为思想史研究方法与将研究成果呈现出来的叙述方法不同。研究方法要求研究者必须首先要搜集和占有思想史材料，从史料出发进行分析，梳理出思想变化的形式，揭示这些思想形式的内在原因，弄清思想的基本情况并揭示其内在原因，进而得出研究结论，形成思想史的研究成果。这种从材料入手、经过深入分析而得出结论的操作程序，就是所谓"研究的方法"。这种方法是从史料出发进行分析的科学方法。而研究得出的结论（成果）需要以明晰、准确、条理化的方式呈现出来，这种呈现方式就是"叙述的方法"。研究形成结论（成果）的过程与研究结论（成果）呈现的过程，所采取的方法是不同的。马克思指出："在形式上，叙述方法必须与研究方法不同。研究必须充分地占有材料，分析它的各种发展形式，探寻这些形式的内在联系。只有这项工作完成以后，现实的运动才能适当地叙述出来。这点一旦做到，材料的生命一旦在观念上反映出来，呈现在我们面前的就好像是一个先验的结构了。"① 将研究结论（成果）以有条理的方式呈现时，叙述出来的研究结论表面好像是一个先验的结构。实际上，这种先验的结构是条理化叙述时必然出现的情况，是运用叙述的方法将研究得出的结论（成果）呈现出来的方式。因此，研究方法不同于叙述方法：研究在前而叙述在后，研究是叙述的基础，叙述是研究结论的观念性反映。研究方法与叙述方法的不同，实际上就是研究方法与编撰方法的差异。

思想史研究所采取的方法及路径，不仅与思想史叙述的方法不同，而且往往与历史实际发展的过程并不同步。马克思在解释自己研究经济学的方法时说："对人类生活形式的思索，从而对这些形式的科学分析，总是采取同实际发展相反的道路。这种思索是从事后开始的，就是说，是从发展过程的完成的结果开始的。"② 这种"从事后开始的"思索方法，是思想史的研究方法而不是叙述方法。

逻辑起点与历史起点具有统一性，两者统一的基础是历史的现实性。思想史研究除了关注研究方法与叙述方法的差异之外，还要注重"历史的方法"与"逻辑的方法"的不同。历史的方法与逻辑的方法，是思想史研究常用的两种方法，但两者存在很大差异。历史的方法，就是从现实的实际情况出发的方法。它要求研究必须从实际的历史事实出发，考察历史事件（情况）发生、发展和变化的过程；而不能从逻辑的预设出发，因此研究的

---

① 《马克思恩格斯文集》第 5 卷，人民出版社 2009 年版，第 21—22 页。
② 同上书，第 93 页。

起点不是逻辑的预设而是实际的历史事实。历史的方法是从客观事实出发进行研究的方法,而不是从理论预设出发进行推演的方法。恩格斯说:"原则不是研究的出发点,而是它的最终结果;这些原则不是被应用于自然界和人类历史,而是从它们中抽象出来的;不是自然界和人类去适应原则,而是原则只有在符合自然界和历史的情况下才是正确的。"① 抽象的原则是思想史研究的工具和指南,但不能成为研究的出发点,更不能代替研究工作。恩格斯强调:"在自然界和历史的每一科学领域中,都必须从既有的事实出发,因而在自然科学中要从物质的各种实在形式和运动形式出发;因此,在理论自然科学中也不能构想出种种联系塞到事实中去,而要从事实中发现这些联系,而且这些联系一经发现,就要尽可能从经验上加以证明。"② 研究必须从既有的事实出发,分析其形式及其原因等,从事实中发现联系、规律及原则,但必须在经验上加以验证。这种从事实出发进行研究的方法,就是"历史的方法"。恩格斯在阐述马克思的研究方法时说:"马克思研究任何事物时都考查它的历史起源和它的前提,因此,在他那里,每一单个问题都自然要产生一系列的新问题。"③ 马克思是用历史的方法进行政治经济学研究的典范,故思想史研究必须运用历史的方法,将研究建立在坚实的事实基础上。

但思想史研究仅仅靠这种历史的方法,还是远远不够的。因为思想史研究的对象是特殊的、复杂的思想现象及思维成果,要弄清思想的变化、内涵及其本质,靠历史的方法只能观察到思想的表层和外在因素,容易获得表面的认识,但很难揭示思想的深刻性和复杂性。要真正揭示思想的内在联系和本质属性,必须在

---

① 《马克思恩格斯文集》第9卷,人民出版社2009年版,第38页。
② 同上书,第440页。
③ 《马克思恩格斯全集》第22卷,人民出版社1965年版,第400页。

历史方法基础上采用逻辑的方法。马克思阐述了单纯用历史方法局限性时说："把经济范畴按它们在历史上起决定作用的先后次序来排列是不行的，错误的。它们的次序倒是由它们在现代资产阶级社会中的相互关系决定的，这种关系同表现出来的它们的自然次序或者符合历史发展的次序恰好相反。问题不在于各种经济关系在不同社会形式的相继更替的序列中在历史上占有什么地位，更不在于它们在'观念上'（蒲鲁东）（在关于历史运动的一个模糊的表象中）的顺序。而在于它们在现代资产阶级社会内部的结构。"[1] 因此，必须在历史的方法基础上采用"逻辑的方法"进行研究，并且将两者结合起来使用。

所谓逻辑的方法，是与历史的方法相对的思维方法和推理方法，是运用抽象的思维能力进行推理的研究方法，是理论思维和逻辑推理的方法。马克思在《资本论》第一卷序言中解释自己的研究方法时说："分析经济形式，既不能用显微镜，也不能用化学试剂。二者都必须用抽象力来代替。"[2] 用"显微镜"和"化学试剂"的方法，就是具体的历史方法，但这是远远不够的，必须用"抽象力"来代替。这个"抽象力"就是逻辑思维能力，用抽象力进行研究的方法就是人类所独有的"逻辑的方法"。

逻辑的方法与历史的方法各有优长，必须将两者结合起来加以运用。逻辑的方法与历史的方法的统一，是马克思主义经典作家反复强调并在自己的研究中加以运用的基本方法。马克思在《哲学的贫困》中分析经济学家的研究方法与蒲鲁东的研究方法时，发现了两者之间存在着"历史方法"与"逻辑方法"的差异，并对蒲鲁东过分强调"逻辑方法"作了批评："经济学家的

---

[1] 《马克思恩格斯文集》第8卷，人民出版社2009年版，第32页。
[2] 《马克思恩格斯文集》第5卷，人民出版社2009年版，第8页。

材料是人的生动活泼的生活;蒲鲁东先生的材料则是经济学家的教条。"[1] 对于经济学中抽象的原则关系,在经济学家那里用的是"历史方法",而蒲鲁东则采用了抽象的"逻辑方法"。他质问道:"蒲鲁东先生给了我们什么呢?是现实的历史,即蒲鲁东先生所认为的范畴在时间次序中出现的那种顺序吗?不是。是在观念本身中进行的历史吗?更不是。这就是说,他既没有给我们范畴的世俗历史,也没有给我们范畴的神圣历史!"[2] 所谓"范畴的世俗历史"和"范畴的神圣历史",就是现实的历史和逻辑的历史;所谓"范畴在时间次序中出现的那种顺序"是历史的发展顺序,而"在观念本身中进行的历史",就是逻辑的推演顺序。蒲鲁东强调逻辑的方法而忽视了历史的方法,显然割裂了两者关系,故马克思强调"范畴的世俗历史"和"范畴的神圣历史"的统一,主张将历史发展的时间顺序与范畴的逻辑顺序统一起来。这种统一,就是历史的方法与逻辑的方法相统一。

恩格斯在讨论经济学批判问题时,对这两种研究方法相统一问题作了集中阐述。他说:"对经济学的批判,即使按照已经得到的方法,也可以采用两种方式:按照历史或者按照逻辑。既然在历史上也像在它的文献的反映上一样,大体说来,发展也是从最简单的关系进到比较复杂的关系,那么,政治经济学文献的历史发展就提供了批判所能遵循的自然线索,而且,大体说来,经济范畴出现的顺序同它们在逻辑发展中的顺序也是一样的。这种形式表面上看来有好处,就是比较明确,因为这正是跟随着现实的发展,但是实际上这种形式至多只是比较通俗而已。"恩格斯充分肯定了"历史的方法"的必要性、可行性,但接着阐述了其局限性:"历史常常是跳跃式地和曲折地前进的,如果必须处

---

[1] 《马克思恩格斯文集》第1卷,人民出版社2009年版,第599页。
[2] 同上书,第607页。

处跟随着它，那就势必不仅会注意许多无关紧要的材料，而且也会常常打断思想进程。"面对历史进程中出现的众多空白、断裂和缝隙，仅仅用"历史的方法"是难以考察清楚的，因此，"逻辑的方式是唯一适用的方式。"但逻辑的方法与历史的方法是相统一的，两者的统一是建立在客观存在的历史事实基础上，逻辑的方法必须建立在历史方法基础之上，需要历史的例证予以支撑。恩格斯解释说："实际上这种方式无非是历史的方式，不过摆脱了历史的形式以及起扰乱作用的偶然性而已。历史从哪里开始，思想进程也应当从哪里开始，而思想进程的进一步发展不过是历史过程在抽象的、理论上前后一贯的形式上的反映；这种反映是经过修正的，然而是按照现实的历史过程本身的规律修正的，这时，每一个要素可以在它完全成熟而具有典型性的发展点上加以考察。"[①] 这便是马克思主义经典作家强调的"逻辑的方法与历史的方法相统一"。

恩格斯反复强调逻辑的方法与历史的方法两者之间的统一关系，强调逻辑方法同样离不开"历史的例证"："采用这个方法时，逻辑的发展完全不必限于纯抽象的领域。相反，逻辑的发展需要历史的例证，需要不断接触现实。因此这里插入了各种各样的例证，有的指出各个社会发展阶段上的现实历史进程，有的指出经济文献，以便从头追溯明确作出经济关系的各种规定的过程。"[②] 马克思主义经典作家以自己的实际研究，诠释了历史的方法与逻辑的方法相统一的基本原则，为思想史研究树立了成功典范。

六 史料研究与理论阐释相结合

历史学是建立在实证研究基础上的学问。思想史研究的基本

[①] 《马克思恩格斯文集》第2卷，人民出版社2009年版，第603页。
[②] 同上书，第605页。

要求，就是要掌握丰富的第一手思想史资料，还原和逼近历史的真实。马克思主义经典作家强调史料对历史研究的极端重要性，将搜集和整理历史材料作为历史研究的基本前提，将考证和分析历史资料作为历史研究的基础工作。

第一，思想史研究要建立在扎实的史料基础上。

研究历史必须以历史事实为出发点，必须首先全面、系统地掌握有关资料。马克思研究资本主义经济规律并提出剩余价值学说，就是从搜集整理和利用第一手资料入手的。马克思介绍自己撰写《资本论》时说："英国博物馆中堆积着政治经济学史的大量资料，伦敦对于考察资产阶级社会是一个方便的地点，最后，随着加利福尼亚和澳大利亚金矿的发现，资产阶级社会看来进入了新的发展阶段，这一切决定我再从头开始，批判地仔细钻研新的材料。这些研究一部分自然要涉及到似乎完全属于本题之外的学科，在这方面不得不多少费些时间。"[1]

中国马克思主义史学创立伊始，便高度重视史料及史料考证工作，并逐渐成为一种自觉的意识。李大钊指出："我们研究历史的任务是：一、整理事实，寻找它的真确的证据；二、理解事实，寻出它的进步的真理。"[2] 首先强调了历史学依据"真确的证据"重构历史事实的基本功能。郭沫若强调："无论作任何研究，材料的鉴别是最必要的基础阶段。材料不够固然大成问题，而材料的真伪或时代性如未规定清楚，那比缺乏材料还要更加危险。因为材料缺乏，顶多得不出结论而已，而材料不正确便会得出错误的结论。这样的结论，比没有更要有害。"[3] 他还指出："研究历史，和研究任何学问一样，是不允许轻率从事的。掌握正确的科学的历史观点非常必要，这是先决问题。但有了正确的

---

[1] 《马克思恩格斯文集》第 2 卷，人民出版社 2009 年版，第 593—594 页。
[2] 《李大钊史学论集》，河北人民出版社 1984 年版，第 193 页。
[3] 郭沫若：《十批判书》，科学出版社 1956 年版，第 2 页。

历史观点，假使没有丰富的正确的材料，材料的时代性不明确，那也得不出正确的结论。"①

在掌握第一手史料基础上梳理思想史，必须坚持论从史出的原则，而不能从所谓的原理原则出发。恩格斯强调："原则不是研究的出发点，而是它的最终结果；这些原则不是被应用于自然界和人类历史，而是从它们中抽象出来的；不是自然界和人类去适应原则，而是原则只有在符合自然界和历史的情况下才是正确的。"② 研究思想史，必须全面搜集、整理和编选异常丰富的思想史资料。近代以来研究中华思想的新趋向，是注意采用最新出土的考古发现材料。近代以来考古发现的新材料，如马王堆帛书中的《黄帝书》《老子》《易》《五行》，银雀山汉简的《孙膑》，定县八角廊汉简的《文子》，郭店楚简《老子》《太一生水》《五行》等，都需特别关注。尤其要研究中国原始社会和奴隶社会的思想观念，更需要搜集、整理和运用最新考古发掘报告。

常规意义上的思想史文献资料，是思想史研究中最为丰富的部分。思想史的主体是历代统治者，他们掌握着历史书写权，故保留了众多反映其思想观念的经典文献。儒家的经典和注释、诸子的解说，以及各历史时期的文集、语录、正史、传记等，是需要关注的最基本的思想史文献资料。古代中国将典藏图书分为经、史、子、集四部。其中子部主要是思想著作和科技著作；经部有思想史料；集部为历代文集，也包含大量的有关思想的文章；史部书籍中有"史论"，其中包括有关历史观的见解。故"四部"范围内的思想史料必须首先予以重视。"四部"之内典籍众多，编选思想史料时必须借用中国目录学的成果。刘向、刘歆父子《别录》《七略》、班固的《汉书·艺文志》及《隋书·

---

① 郭沫若：《中国古代社会研究》，人民出版社1954年版，第2页。
② 《马克思恩格斯文集》第9卷，人民出版社2009年版，第38页。

经籍志》《旧唐书·经籍志》《新唐书·艺文志》、宋代的《崇文总目》等，保存了各代官府藏书目录，这些藏书目录中包含了较多的思想史料。清代纪昀主编的《四库全书总目提要》，将《四库全书》收录的每部典籍都作了简明扼要的评价，阐述了典籍的主要内容以及年代真伪，同样是宝贵的思想史料。

二十四史中包含了著名思想家的传记及历代学术思想概况的记载。如《史记》中的《孔子世家》《管晏列传》《老子韩非列传》《孟子荀卿列传》及《儒林列传》等包含了重要的思想史料。《汉书》的《贾谊传》《董仲舒传》《扬雄传》及《儒林传》，《后汉书》的《桓谭传》《王充王符仲长统传》等同样是重要的思想史料。《宋史》设立《道学传》，将"道学"与"儒林"分开，同样保存了重要的思想材料。宋明以后专门性的学术史著作中，同样包含有丰富的思想史料，如孙奇逢的《理学宗传》是宋明理学资料的简编，黄宗羲的《明儒学案》、全祖望的《宋元学案》，堪称"学案体"的思想史，其体例是分篇记述思想家的学说、先列传记，然后选录重要文著并略加评论，故其中保存了思想史研究的大量原始材料。

汉代经学兴起后，历代学者为先秦儒家经典做注，以"我注六经"方式借题发挥自己的见解，形成了丰富的思想。如王弼作《老子注》《周易注》，向秀、郭象作《庄子注》，均包含了他们自己的思想见解。孔颖达的《周易正义》《礼记正义》，张载的《横渠易说》，程颐的《伊川易传》，王安石的《老子注》，朱熹的《论语集注》《孟子集注》等，均是以注疏的方式表达自己思想见解的重要著作，这些学者的思想集中体现在这些"经注""子注"之中。此外，中国古代天文、历算、地理、史学、兵法、医学、农学等领域包含有丰富的思想，需要关注并发掘其中包含的思想史料。

思想史研究不仅需要丰富的史料，更需要可信的史料。张岱年指出:"如果没有充分的史料根据,那末,所谓思想分析就将成为'游谈无根'的臆说了。"① 文献资料是人记录的,并且多经筛选后加以记录,故这些文献资料并非都是真实可信的,必须进行详细的分析和认真的鉴别。对思想史料进行必要的鉴别和考证,可以借用古籍整理的四种校勘方法:对校法、本校法、他校法和理校法。②

第二,注重发掘民间文献及民众思想史料。

关注并发掘人民的思想史,是研究编撰《通史》的基本原则。要将此原则真正地贯彻到思想史研究中,就必须着力发掘反映民间思想观念的民间史料。历史是人民创造的,人民是按照一定的思想观念进行实践活动的,故人们的实践活动背后必然隐含着思想观念,人民群众的历史活动中蕴含着丰富的思想观念史料。思想史研究不能仅仅局限于显形的精英思想,而要努力发掘民众活动背后隐藏的思想观念。

民众生活方式与民众社会观念之间,有着微妙的关联。民间思想观念潜隐于民众的服装风尚、饮食风尚及节庆风尚等日常生活之中,这些生活方式及习俗所反映出来的观念,较之成体系的思想更逼近思想史的真实。明代王艮的泰州学派强调"百姓日用之学",提出了"百姓日用即为道"的命题,关注百姓日常生活,注重从日常生活中发掘"圣人之道"。思想史研究应注重发掘民众日常生活及风俗习惯中隐含的思想观念。民众对现实政治基本持不参与态度,但并不意味着他们没有政治情感、利益要求和期盼。民众的政治诉求和社会观念往往通过戏曲、曲艺、小说、话本中的忠奸褒贬或因果报应表达出来。如明清时代流传的小说话本唱词,就反映了民众的情感及诉求,成为考察明清民众

---

① 张岱年:《中国哲学史方法论发凡》,中华书局1983年版,第89页。
② 参见陈垣《校勘学释例》,中华书局1959年版。

思想观念的宝贵史料。如杨家将故事的形成与流传，可以透视近代中国民族、国家观念凸显的历程。近人余嘉锡撰《杨家将故事考信录》，主要依据明清以来民间流行的话本唱词，考察民间"忠孝"观念的演变及民众的政治诉求。明清以来包公故事、关公崇拜在民间的流行，均可以在明清笔记话本等民间文献中窥见。

家族文书档案、各种类书、蒙书、手册、读本等，是民间常用的百科全书式的书籍，可以作为民间思想观念史料。敦煌文书中《随身宝》《经史问答》《孔子备问书》等，是为古代民众日常生活所必备，像《幼学琼林》《龙文鞭影》之类的蒙书，近代以来各级学堂使用的各种教材、读本、手册（如《国民必读》等），包含着当时社会通行的道德伦理观念。日记、野史、笔记、剧本、小说等，是反映民间思想观念的重要资料。明清时期民间思想，可以从野史笔记小说中窥得。此时期野史笔记在数量和内容上较以前丰富，涉及政治制度、朝章典故、社会经济、乡土风俗、历史地理、科学技术、文学艺术、民歌谣谚、人物传记等，是探寻明清时期民间思想观念的重要资料。

即便是传统的官修正史中，也包含有某些反映民众思想观念的内容。如《汉书·艺文志》所列举的数术、方技、兵法等类目，可以作为民间思想史的资料予以关注。官方编修的历书、通书、黄历、时宪书，用以指导民众日常生活，这些材料可以重建古人的生死观念和日常生活，睡虎地秦简《日书》、明清官府编印的《时宪通书》均可作为反映民众思想观念的史料。

以往的思想史研究，只注重历代思想家所绘制的政治蓝图，以此蓝图为中心，将历代思想家串联在一起，缺少对历代政治家在政治实践中形成的丰富多彩的治国理念。如果将治国理念纳入政治思想史研究，就要突破以往的窠臼与程式，不拘泥于思想家所建构的政治哲学与所绘制的政治蓝图，而是以政治实践为主要考察对象，开掘历代思想家在政治实践中形成的政治思想资料，进而着力探索政治家与思想家关于政治组织形式、政治结构形式、政治治理方式的思想精华的渊源。政治思想方面的资料，要关注政治家的治国实践方面的思想资料，从政治实践中反映其政治思想和政治理念。再如宗教思想方面的史料，除了关注宗教家的文本外，还要关注宗教仪式，因为其中包含着丰富的宗教观念。民间宗教形态往往体现为非制度化、非系统化的信仰与仪式，故必须摆脱以往那种仅从文本梳理与考证的角度进行研究的思路，将注重文本传统与注重田野调查方式结合起来，通过宗教仪式来发掘民间宗教观念及宗教意识。对下层社会来说，宗教能使民众的具体问题得到心理上的解决，宗教团体则成为一种互助依赖、对付外在世界各种压力的弱小者的组织。故不仅要搜集民间宗教产生的发展过程中教义、教理演变等方面史料，同时要注重发掘这种变化着的教义、教理向下层社会渗透后经下层社会改造所发生的变异方面的史料。

以唯物史观来认识包括思想史在内的中国历史，必须把历史结论建立在翔实准确的史料支撑和深入细致的研究分析的基础之上。习近平在论及深化抗战史研究时强调："抗战研究要深入，就要更多通过档案、资料、事实、当事人证词等各种人证、物证来说话。要加强资料收集和整理这一基础性工作，全面整理我国各地抗战档案、照片、资料、实物等，同时要面向全球征集影像资料、图书报刊、日记信件、实物等。要做好战争亲历者头脑中活资料的收集工作，抓紧组织开展实地考察和寻访，尽量掌握第一手材料。"[①] 研究中华思想史必须高度重视思想史料发掘利用，将思想史研究的结论建立在翔实的史料基础上。

---

① 《让历史说话用史实发言　深入开展中国人民抗日战争研究》，《人民日报》2015年8月1日第1版。

第一章　编撰《中华思想通史》的任务和意义、指导思想和基本原则　223

正因基于对史料基础工作的高度重视,《通史》编撰策略是首先编选《中华思想通史资料长编》,然后根据史料编撰写作提纲,进而撰写中华思想史。采取这个步骤,旨在将《通史》的撰写建立在扎实的资料基础之上。其所要达到的基本目标:一是为撰写《通史》提供研究的基础资料;二是为所有中国思想史研究者和中华思想文化的爱好者提供研究的资料"大全",当然更是为创建中华思想史当代中国马克思主义学派这座学术大厦备料。故编撰这套思想通史资料长编必须经过去粗取精、去伪存真的甄别过程,争取把各历史时期最精华、最有价值的思想资料搜集整理出来。

第三,强调"史"与"论"的有机结合。

对于历史研究来说,科学的历史理论与丰富的历史材料同等重要。马克思主义史学的高明之处在于:在重视史料辨伪考证并以此探究历史真相的同时,注重对历史现象进行深层的理论解释,以探究历史的本质,揭示历史运动背后的动力和根源问题。列宁在论述历史学的特性时指出:"马克思以前的'社会学'和历史学,至多是积累了零星收集来的未加分析的事实,描述了历史过程的个别方面。马克思主义则指出了对各种社会经济形态的产生、发展和衰落过程进行全面而周密的研究的途径,因为它考察了所有各种矛盾的趋向的总和,把这些趋向归结为可以准确测定的、社会各阶级的生活和生产的条件,排除了选择某种'主导'思想或解释这种思想时的主观主义和武断态度,揭示了物质生产力的状况是所有一切思想和各种不同趋向的根源。"[①] 这样看来,历史研究不仅要知其然,而且要知其所以然,探求产生历史现象的诸多原因。郭沫若将其概括为"在实事之中求其所

---

① 《列宁专题文集:论马克思主义》,人民出版社2009年版,第14—15页。

以是"①。思想史研究不能仅仅满足于整理史料,而要注重探寻思想现象的本质联系,深刻地探求各时期历史思想的真相。

思想史研究的任务:一是描绘思想史的发展过程,这是历史研究的特色;二是揭示思想发展的规律。其基本步骤,首先是依据丰富的思想史料揭示思想发展过程,然后研究思想发展的普遍联系,探寻思想史发展的规律,对中华思想发展作出合理的解释。正如马克思所说:"叙述方法必须与研究方法不同。研究必须充分地占有材料,分析它的各种发展形势,探寻这些形式的内在联系。只有这项工作完成以后,现实的运动才能适当地叙述出来。"② 思想史研究不能仅仅满足于平铺直叙,还要探寻思想的内在联系,要对历史上的思想进行深入分析和客观评论,对推动人类文明进步的优秀思想予以正面褒扬,对阻碍社会进步的落后思想予以深刻抨击。这样才能做到历史叙述与历史解释的一致,实现"史"与"论"的有机结合。

思想史研究者必须在全面地、详细地掌握历史材料基础上弄清客观存在的历史事实,分析历史事实背后的因果关系,在把握历史活动的全貌中确定历史发展方向,从而得出正确的历史认识。思想史发展也是客观的,但对思想史的研究却是主观性很强的认知活动。列宁指出:"全部历史本来由个人活动构成,而社会科学的任务在于解释这些活动。"③ 既然思想史研究属于解释性的认知活动,那么在依据思想史资料进行思想史研究时,必须克服片面地曲解资料的现象。恩格斯指出:"即使只是在一个单独的历史事例上发展唯物主义的观点,也是一项要求多年冷静钻研的科学工作,因为很明显,在这里只说空话是无济于事的,只有靠大量的、批判地审查过的、充分地掌握了的历史资料,才能

---

① 郭沫若:《中国古代社会研究》,河北教育出版社1954年版,第6页。
② 《马克思恩格斯文集》第5卷,人民出版社2009年版,第21—22页。
③ 《列宁全集》第1卷,人民出版社2013年版,第360页。

解决这样的任务。"① 这就要求历史研究中不能用片面的、割裂的态度对待历史中的某些细节,而要把这些细节放入整个历史的宏观发展当中去考察。

思想史研究者不能仅仅用一些片面的材料来立论,必须警惕出现以点概面、以偏概全的偏向。这种片面引用史料及"攻其一点、不及其余"的态度,曾受到列宁的严厉批判。列宁在强调依靠史料进行研究的同时,对片面引用史料的做法提出了严厉批评,强调要全面、翔实、完整地占有资料,而不能片面地曲解资料。他说:"在社会现象领域,没有哪种方法比胡乱抽出一些个别事实和玩弄实例更普遍、更站不住脚的了。挑选任何例子是毫不费劲的,但这没有任何意义,或者有纯粹消极的意义,因为问题完全在于,每一个别情况都有其具体的历史环境。如果从事实的整体上、从它们的联系中去掌握事实,那么,事实不仅是'顽强的东西',而且是绝对确凿的证据。如果不是从整体上、不是从联系中去掌握事实,如果事实是零碎的和随意挑出来的,那么它们就只能是一种儿戏,或者连儿戏也不如。"② 历史学家必须全面地掌握思想史料,在历史活动的全貌中把握思想史发展的方向,分清思想史发展的主流和支流。

---

① 《马克思恩格斯文集》第2卷,人民出版社2009年版,第598页。
② 《列宁全集》第28卷,人民出版社2017年版,第364页。

第二章　中华思想史的学科定位和学术特色

纵观宇宙间，自然、社会和思维三大规律是客观存在且不以人的意志为转移的。思想是社会存在的反映，是反映在人的意识中的社会存在经过思维加工后所产生的成果。思想史是人类历史的重要组成部分。思想史学科是研究人类思维成果史，即思想发展历史的科学。在马克思主义指导下对人类思想发展过程与规律进行科学概括，是思想史学科的重要任务。研究中华思想史，是中国思想史学乃至中国史学的历史使命。

在中外历史长河中，思想遗产非常丰富，对于思想的研究成果同样非常丰富。中国先秦时期，已经产生一批思想史研究的古典著作，为中国思想史研究开启了学术行程。在源远流长的中华思想演变进程中，以马克思主义为指导的中国思想史研究尽管只有一百年左右的历史，却推动思想史研究逐步摆脱唯心主义历史观羁绊，成为一门以唯物史观为指导的真正的科学。

以马克思主义为指导的思想史研究不同于其他思想史流派研究的基本特点，在于它是从辩证唯物主义和历史唯物主义的立场、观点、方法出发，立足于从人们的物质生活生产条件出发考察思想的内容与过程，从社会形态史观察思想史，描述与揭示思想发展、演变的阶段性与连续性，阐明思想的本质、作用及规律，建立以马克思主义为指导的思想史学科体系，构建中华思想史当代中国马克思主义学派。

第一节　中华思想史研究的对象、内容和范围

马克思主义唯物史观认为，思想产生于社会实践并反映社会实践，又反作用于社会实践，能动地影响人类社会活动的变化和发展。思想史来源于人类实践史。但是，思想的发展演变又具有相对独立的自身线索与规律。从思想史产生和演变的过程考察，它不仅与自然史、社会史、科技史密切相关，而且与哲学史、学术史、观念史、文化史、文明史关系密切。近代以来，在自然科学的革命性变革驱动下，近代意义上的学科体系随着资本主义取代封建主义而逐步确立，中国思想史学科同样在半殖民地半封建的中国应运而生。

"中华思想史"是"中国思想史"的向前向广向深延伸，相比中国思想史，其内涵更深厚，其外延更宽广，其内容更丰富，无论是原生的中华本土思想，还是入华的外来思想，抑或中华思想的对外传播与影响，乃至以中华思想要素所建构的外域思想，都是中华思想史的考察范围。中华思想史具有更丰富的内涵和外延。由考察研究中国思想史进而扩展到考察中华思想史，反映了时代发展的新的需求。

一　什么是思想

思想是人类社会实践的反映和产物，是在社会实践中形成的有关自然、社会和人类社会的看法、观点、理论的总合与体系，特别表现为各种社会意识在理论上的系统表述。

第一，思想从意识发展而来。

恩格斯说："我们的意识和思维，不论它看起来是多么超感

觉的，总是物质的、肉体的器官即人脑的产物。物质不是精神的产物，而精神本身只是物质的最高产物。"① 意识是物质的最高产物，是物质长期演化的结果。意识的产生是一个长期的、复杂的辩证发展过程。在生物进化过程中，先后出现了刺激感应、感觉、反射、心理等反映形式。高等动物的脑器官能够把各种感觉器官的感觉能力联系起来，形成对客观外界的统一反映，这种反映只是意识的萌芽，不是真正的意识。

随着从猿到人的转变，形成了复杂的、完善的人脑，出现了以抽象思维为标志的人类意识。这是一种全新的反映形式，是自然物质发展史上的一个伟大飞跃。意识是社会劳动实践的产物。马克思、恩格斯指出："意识一开始就是社会的产物，而且只要人们存在着，它就仍然是这种产物。"② 恩格斯指出："首先是劳动，然后是语言和劳动一起，成了两个最主要的推动力，在它们的影响下，猿脑就逐渐地过渡到人脑"③，从而产生了人的意识。人类祖先利用自然界为自己的目的服务时，人脑反映事物本质的抽象思维能力不断提高，能够透过现象逐步认知客观外界的规律。人们在劳动协作、社会交往中，因传递信息，交流思想和感情的需要，促使语言产生。从此，人就能够通过语言用观念和符号形式反映外部世界，促进抽象思维能力发展。意识是人脑的机能或属性。

劳动改变和建立新的社会物质生活条件，使人类意识的内容日益丰富。感觉是意识的初级形式，是客观世界的直接反映，是认识的起点；思维是意识的高级形式，是客观世界的间接、抽象反映。思维与感觉不同。感觉给予人的是具体事物的个别特性，思维给予人的是同类事物的一般特性；感觉给予人的是具体的、

---

① 《马克思恩格斯文集》第4卷，人民出版社2009年版，第281页。
② 《马克思恩格斯文集》第1卷，人民出版社2009年版，第533页。
③ 《马克思恩格斯文集》第9卷，人民出版社2009年版，第554页。

直观的形象，即事物的现象方面，思维给予人的是事物的整体和本质方面。只有经过探索与发现事物的内在本质联系和规律性的思维活动而形成的观点观念，才能称为"思想"。

第二，思想是在实践基础上的认识过程的产物。

人脑对客观世界的反映过程，是一个从感性认识上升到理性认识，又从理性认识到能动的实践活动的辩证运动过程。实践、认识、再实践、再认识，人类正是在这样一个循环往复的过程中不断深化认识，形成思想。任何思想都是人类总体认识过程的阶段性成果，随着认识的发展而不断发展。毛泽东指出："人们在社会实践中从事各项斗争，有了丰富的经验，有成功的，有失败的。无数客观外界的现象通过人的眼、耳、鼻、舌、身这五个官能反映到自己的头脑中来，开始是感性认识。这种感性认识的材料积累多了，就会产生一个飞跃，变成了理性认识，这就是思想。这是一个认识过程。"[1]

社会实践总是由低级向高级发展，人类的思维能力与知识形态也由低级到高级，由浅入深，由片面到全面。人类思维在成长过程中，逐步产生反映客观事物的各种概念和范畴，形成对客观事物的规律性认识，形成思想体系。思想是认识的高级形式，是在实践基础上的认识过程中结出的理性的花朵。思想有正确的，也有错误的。毛泽东指出："人的正确思想是从哪里来的？是从天上掉下来的吗？不是。是自己头脑里固有的吗？不是。人的正确思想，只能从社会实践中来，只能从社会的生产斗争、阶级斗争和科学实验这三项实践中来。"[2] 正确思想之所以能够指导实践，在于它是从实践中来的，并正确反映了事物的本质与发展规律。

---

[1] 《毛泽东著作选读》下册，人民出版社1986年版，第839页。
[2] 同上。

第三，思想是社会意识的重要表现形式。

社会意识就是社会的精神生活过程与产物，既包括社会感情、情绪、意志、欲望、风俗、习惯等社会心理，也包括政治、法律、道德、哲学、艺术、宗教等意识形态。社会意识与社会存在的关系是历史观的根本问题。唯物史观认为，社会存在决定社会意识，但社会意识具有相对的独立性，对社会存在具有能动的反作用。社会意识以不同的形式反映社会存在的各个方面，思想是社会意识最为重要、最为高级的表现形式。思想属于意识形态的上层建筑。

在阶级社会中，社会意识是带有阶级性的，当然也有一些社会意识是不带有阶级性的，比如对自然规律的认识。在物质生产领域占主导地位的阶级在精神生产领域也占主导地位。维护这种思想领域的主导地位，是维护经济和政治统治地位的精神条件。马克思、恩格斯指出："统治阶级的思想在每一个时代都是占统治地位的思想。这就是说，一个阶级是社会上占统治地位的物质力量，同时也是社会上占统治地位的精神力量。支配着物质生产资料的阶级，同时也支配着精神生产资料……占统治地位的思想不过是占统治地位的物质关系在观念上的表现，不过是以思想的形式表现出来的占统治地位的物质关系；因而，这就是那些使某一个阶级成为统治阶级的关系在观念上的表现，因而这也就是这个阶级的统治的思想。"[①] 被统治阶级也会形成反映自己利益和愿望的社会意识。统治阶级和被统治阶级在思想上的对立与斗争，是阶级斗争在社会意识领域的反映。

社会意识的各种形式之间也相互影响。宗教思想影响哲学思想，哲学思想也影响宗教思想。由于政治思想、法律思想是社会经济关系的直接反映，因此对其他社会意识的影响更大。哲学思

[①] 《马克思恩格斯文集》第1卷，人民出版社2009年版，第550—551页。

想产生于认识和改造世界的过程中,为人们提供世界观和方法论的指导。为更好地把握不同时代的社会意识,需要对历史上的各种思想进行综合分析与研究。

总之,思想是人类社会意识的观念体系在理论上的系统表现。认识是思想的基础,思想是思维的结果,实践是思想的来源和发展动力,又是检验思想正确与否的唯一标准。

思想具有多种特性:

实践性。实践决定思想,社会思想是社会实践的产物,没有实践就没有思想。思想根源于实践,来自实践,服务于实践。思想是实践的产物,通过人的实践活动思想才能得到实现和飞跃。马克思指出:"全部社会生活在本质上是实践的。凡是把理论引向神秘主义的神秘东西,都能在人的实践中以及对这种实践的理解中得到合理的解决。"[1] 思想是社会生活的一部分,思想是在社会实践中逐步形成的,其内容反映了社会实践。思想的最终价值也在于指导社会实践,思想只有在实践中才能对象化,完成其自身,并在不断的实践中得到升华,从感性到理性、从现象到本质,不断地趋近真理,其价值也通过实践不断得到检验。马克思指出:"人的思维是否具有客观的〔gegenständliche〕真理性,这不是一个理论的问题,而是一个实践的问题。"[2] 毛泽东指出:"判定认识或理论之是否真理,不是依主观上觉得如何而定,而是依客观上社会实践的结果如何而定。真理的标准只能是社会的实践。"[3] 社会实践是检验真理的唯一标准。

社会性。思想首先是社会思想,具有社会性。思想超越了个人思想家的思想成果,它不仅仅是个人的思想,而是社会的思想,是社会的产物。思想的社会性体现在两个方面:其一,思想

---

[1] 《马克思恩格斯文集》第1卷,人民出版社2009年版,第501页。
[2] 同上书,第503—504页。
[3] 《毛泽东选集》第1卷,人民出版社1991年版,第284页。

源于社会，是社会存在决定思想而不是思想决定社会存在。思想的内容为社会存在所决定。有什么样的社会存在，就有什么样的思想。不同的思想从不同的角度反映了社会存在的不同内容。其二，思想随着社会发展而发展，具有历史性。社会存在一经变动，思想也会或快或慢、或迟或早地发生变化。思想是具体的、历史的，每一个时代的思想都有其特点和内容，但由于社会总体上呈现出进步趋势，思想的发展在总体上是呈现进步的趋势。人们的思想总是随着人们的社会物质生活生产条件、人们的社会关系的改变而改变的。社会思想本身并没有完全独立的历史，从根本上说，它们只能随着社会存在的改变而改变。超历史的、抽象的、永恒不变的思想是没有的，思想自其一经产生便打上了社会存在的烙印。

历史性。思想本身是一个历史范畴，不同历史条件下，有着不同的历史内容。思想是历史的思想，每一种思想都会打上时代的烙印，每个时代有每个时代的思想，由此形成了思想的历史长河。恩格斯说："我们只能在我们时代的条件下去认识，而且这些条件达到什么程度，我们就认识到什么程度。"[1] 思想受经济发展水平、政治背景、社会需要、阶级属性、民族传统、文化水平以及国际文化交流等多方面的影响。每一种思想都是在特定的社会历史环境中孕育产生的。思想有其历史渊源。每一时代的思想都吸收和包含了过去思想的因子，是在既有的思想资料和思想条件下发生发展的，这实际也是思想所具有的历史继承性。先进阶级的意识形态继承的是历史上优秀的思想成果，反动阶级的意识形态则继承历史上落后的、反动的思想成果。由于社会思想的继承性，每一民族的思想都因历史传统不同而具有自己的特点。同时，思想也自有其历史过程，思想的诞生不是一开始就具有特

---

[1] 《马克思恩格斯文集》第9卷，人民出版社2009年版，第494页。

定的面貌，每种思想都经历了从起步到发展、由不完善到完善的过程，思想的某种状态是其过去状态的延续与发展的结果。

阶级性。在阶级社会，思想具有一定的阶级性。当社会分裂为阶级，就形成不同阶级的社会意识，从而形成不同乃至相反的阶级的意识形态。任何思想都有阶级性，超阶级的、普世的思想是不存在的。毛泽东指出："在阶级社会中，每一个人都在一定的阶级地位中生活，各种思想无不打上阶级的烙印。"① 在阶级社会，一定的政治、哲学、法律、道德、艺术、宗教等观点的总和，构成一定阶级的意识形态。意识形态是经过理论加工的一定阶级的思想体系。在统治阶级与被统治阶级之间，还有一些表面看上去似乎处于中间状态的思想，但这些思想最终或是间接地或是隐蔽地体现为某个阶级、某个阶层、某个利益集团的利益诉求。当然，尽管统治阶级的思想不一定是某个思想家的思想，某个思想家的思想也不一定是统治阶级的思想。但是，归根结底，阶级社会中的任何思想都是有阶级属性的。

相对独立性。思想从认识发展而来，认识不仅依赖于实践，而且有自己发展的独特规律。在人类认识发展的历史过程中，认识的成果会逐渐沉积起来，形成庞大的理论体系——思想，并且作为主体认识对象的观念客体而存在。随着人类实践的发展，人们的视野逐步扩大，并逐步深入客观事物的内部，触及客观事物普遍的本质属性。随着社会分工的发展，人的认识活动便逐渐地从实践活动中分离出来，出现了与实践活动相分离的理论活动。思想具有相对独立性，反映社会实践，又反作用于社会实践，能动地影响人类社会活动的变化和发展。相对独立性，表现为超前性、滞后性，引导实践的能动性。

滞后性。思想的滞后性是思想相对独立性的一种表现。社会

---

① 《毛泽东选集》第 1 卷，人民出版社 1991 年版，第 283 页。

意识赖以存在的物质条件改变之后，其自身并不会随之立即改变。它还会在相当长的时期内，保留其影响。旧的意识形态不会自行退出历史舞台，并总是以不同的形式阻碍社会发展进步。思想也是这样，并不一定会随着社会存在的改变而立即发生变化，其发展有时会落后于社会存在的变化。当某种思想赖以存在的社会制度和社会物质生活生产条件发生改变以后，这种思想不仅不会立即消失，相反还会在相当长的时期内存在并发生作用。因为思想对社会存在的反映要经过一个复杂的过程，社会存在虽然发生了变化，但这一变化反映到思想上来还要经历一段时间。同时，思想一经形成，就具有一定的稳定性、保守性，在一定条件下甚至变为一种顽固的传统力量，牢固地占据着人们的头脑，特别是旧的社会势力为了维护其利益，总是千方百计地利用和宣传旧思想，这就大大地阻碍了社会意识的变化和发展。毛泽东因此指出："思想落后于实际的事是常有的，这是因为人的认识受了许多社会条件的限制的缘故。"①

超前性。思想的超前性也是思想相对独立性的一种表现。思想有时可能会超越社会现实的发展状况，这是因为先进思想能够认识和把握事物发展的客观规律，反映和代表社会发展需求，能够在一定程度上预见社会发展的趋势，成为现实变革的先导。例如，18世纪法国资产阶级的启蒙思想就以特定的方式预见了资本主义社会的来临。19世纪中叶马克思主义就深刻地揭示了社会发展的客观规律，指出社会主义必然代替资本主义。历史已经证明，这些思想预见都是具有科学性、正确性的。先进的思想，虽然能够不同程度地预见社会发展趋势，但它们也不能离开社会存在而凭空产生。只有在社会物质条件的发展向社会提出新任务时，它才会出现。

---

① 《毛泽东选集》第1卷，人民出版社1991年版，第295页。

能动性。思想具有能动作用。毛泽东在《人的正确思想是从哪里来的?》中指出:"一个正确的认识,往往需要经过由物质到精神,由精神到物质,即由实践到认识,由认识到实践这样多次的反复,才能够完成。这就是马克思主义的认识论,就是辩证唯物论的认识论。"[1] 这段话被概括为"物质变精神,精神变物质"的"两变"思想。毛泽东认为,"两变"就是物质可以变成精神,精神可以变成物质这样日常生活中常见的飞跃现象。这就是辩证唯物主义的能动的认识论,深刻说明了思想的能动作用。思想的能动作用集中体现在思想对实践的指导作用上,用正确思想指导实践可以产生巨大的物质力量。思想的指导性与实践性是相统一的。思想对实践的指导作用,是随着实践的发展而发展的。在人类社会早期,实践活动带有很大的盲目性,认识活动和实践活动几乎是结合在一起的。随着人类认识活动逐渐从实践活动中分离出来,便出现了与实践相对独立的理论活动。思想是认识的高级形式,对实践发挥着巨大的能动作用,它能够通过人类的社会实践对象化自身,作用于客观世界,最终成为改造世界的有力武器。思想中蕴含了特定的世界观和方法论,这对于确定个人、社会、国家的行动目的、方向和计划是至关重要的,思想的指导性是无可取代的。先进的思想一经产生,可以起到动员、组织、改造作用,通过动员人民群众去改变落后的社会状况,解决社会发展任务。新的、先进的思想是社会革命的先导,正确的思想一经掌握群众,就会转变为改造客观世界的强大物质力量。

思想指导性作用的大小受许多条件的限制,但主要取决于它实际掌握群众的广度和深度。一般而言,思想所掌握的群众越多、越普遍,越深入人心,其所发挥的现实作用就越大,反之其指导作用就越小。同时,思想对客观规律的反映愈深刻,对实践

---

[1] 《毛泽东文集》第8卷,人民出版社1999年版,第321页。

的指导作用就愈大。

二 什么是思想史

思想史即社会思想，也就是意识形态变迁的历史，归根结底就是随着社会存在的变化而不断变化着的社会思想的历史。

第一，马克思主义关于人类思想发展的学说。

回顾人类思想发展的历程，人类的思想由原始思维发展而来，其间经历了一个漫长的由低级到高级、由简单到复杂、由肤浅到深化的历史发展过程。在人类诞生之初，人的思维极为简单低下，没有把自己同自然界分开。如马克思所言：这时，"在人面前是自然现象之网。本能的人，即野蛮人没有把自己同自然界区分开来，自觉的人则区分开来了"[①]。在劳动实践中，人的思维能力逐渐提高，认识逐渐深化，人们开始思考"关于他们同自然界的关系，或者是关于他们之间的关系，或者是关于他们自己的肉体组织的观念"[②]，自我意识由此产生。

当人类具有了独特的自我意识，就不仅开始思索自身以及自身同自然、社会的各种关系，思索社会与自然的区别，而且反思自己的意识、思想。人类通过劳动实践和反思，不断促进认识能力的提高。认识程度的深化，并实现认识的不断积累，从而促进了思想的发展。社会生产在不断发展，整个社会也在不断进步。与此相应的，社会意识、思想观念的内容和形式也在不断更新。随着人类社会的发展，社会制度的转变，人的认识能力发生突变，思想也发生巨大变化。从无阶级社会到阶级社会再到未来的无阶级社会，无论是原始社会，还是奴隶社会、封建社会、资本主义社会，抑或通过社会主义社会过渡而达到未来共产主义社

---

① 《列宁全集》第38卷，人民出版社1959年版，第90页。
② 《马克思恩格斯选集》第1卷，人民出版社1972年版，第30页。

会，每一种社会形态都会产生相应的思想。思想的发展，不仅反映社会形态的发展，其本身构成了思想史演进线索与脉络。

社会生产不断发展，社会意识、思想观念的内容和形式也不断更新。马克思、恩格斯指出："思想的历史除了证明精神生产随着物质生产的改造而改造，还证明了什么呢？"① 恩格斯认为，"任何新的学说"，尽管"必须首先从已有的思想材料出发"，但是，"它的根子深深扎在经济的事实中"②。后一代的思想必将与前一代的思想有继承渊源关系，与整个人类思想成果有继承渊源关系，但这种继承渊源关系归根结底是由各个时代的生产关系，即经济基础、社会存在所决定的。这是马克思主义关于人类思想发展学说的根本观点。

人类思想认识的不同和争论，主要是由社会发展水平、经济政治制度、阶级和阶级斗争、科学发展状况以及人类积累的思想成果所决定的。唯物主义与唯心主义、辩证法与形而上学的争论，先进的思想与反动的、落后的、保守的思想的争论，作为社会存在矛盾的反映，作为为一定经济基础服务、为一定政治服务的上层建筑的意识形态，始终反映并适应该时代的社会矛盾和社会变革需要。在阶级社会，思想反映并适应一定的阶级和阶级斗争需要。思想既为社会存在所决定，又为社会存在所服务。

第二，中国学界关于"思想史"的认识。

思想史研究是一门古老的学问，但作为当代意义上的学科，在我国是在半殖民地半封建的社会大背景以及西学东渐的学术背景下形成的。从晚清到20世纪30年代，思想史学科从萌生向成熟的方向发展。大体说来，它与资产阶级新史学相伴相生，在批判封建旧史学的基础上，由新兴的资产阶级学者主导，逐步从以

---

① 《马克思恩格斯选集》第1卷，人民出版社2012年版，第420页。
② 《马克思恩格斯选集》第3卷，人民出版社2012年版，第391页。

学案形式为主干的研究样态向以章节体例为主干的研究样态转变。马克思主义学者在批判超越资产阶级学者成果的基础上，进一步将思想史研究建立在唯物史观的基础上，从而使这门学科开始真正具有了科学的意义。

胡适是我国思想史研究的资产阶级学者代表。他在1919年出版的《中国哲学史大纲》中最初提出了一套代表资产阶级学术立场的唯心主义的中国思想史研究理论，代表着资产阶级政治立场的中国思想史学科的确立。相较于封建旧史学，胡适等资产阶级学者对于思想史的理论认识，有其进步性和积极价值。他们基于进化史观，破除封建王朝史观与天命史观，注意到思想演变的传承性、时代性、民族性，以及与思想现象密切相关的地域性、不同思想现象之间的关联性，等等。在史料的解读与考辨方面也有独特的贡献。但是，由于他们固守唯心史观，完全不掌握社会历史发展的客观规律性，完全不懂得物质生产发展是思想的根源，特别是完全不了解甚至敌视人民群众和阶级斗争对于思想活动的作用，他们的思想史研究无论具有怎样的所谓"科学"的外表，最终无法达到真正科学的认识。

胡适的著作出版后，一些学者陆续提出了他们对于思想史的看法，丰富了人们对于思想史的认识。常乃悳在1928年出版的《中国思想小史·导言》中提出，思想史所注重的乃是一时代思想递嬗的源流大概，及于当时及后世的波动影响。讲思想史却完全不能不注意到时代、地域等交互的影响。他还指出："思想不是平空发生出来的，他是民族精神结晶的表现，民族精神也不是天造地设一成不变的，他的成因，一半是民族血统，一半是地域环境和时代环境所造成。"[1] 陈钟凡和蔡尚思在20世纪30年代讨论编撰《中国思想史》时，明确提出"序述各时代思想的体系，

---

[1] 常乃悳：《中国思想小史》，中华书局1928年版，第1—2页。

派别，及其演进的进程，是为思想史（History of Thought）"[①]。

20世纪初，运用马克思主义指导中国思想史的研究开始引人注目。李大钊、郭沫若、艾思奇、吕振羽、侯外庐、杜国庠、赵纪彬等人是开创中国思想史马克思主义学派的主要代表。他们一开始即鲜明地坚持唯物史观的立场，坚持从社会存在出发去研究社会思想。侯外庐编撰《中国思想通史》时指出："斯书更特重各时代学人的逻辑方法之研究，以期追踪着他们的理性运行的轨迹，发现他们的学术具体的道路，更由他们裁剪或修补所依据的思想方法，寻求他们的社会意识以及世界认识。"[②] 后来，侯外庐进一步明确"这部《中国思想通史》是综合了哲学思想、逻辑思想和社会思想在一起编著的，所涉及的范围显得比较广泛；它论述的内容，由于着重了基础、上层建筑和意识形态的说明，又显得比较复杂"[③]。

中华人民共和国成立后，马克思主义学者推出一大批思想史论著，进一步深化了对思想史的马克思主义认识。在唯物史观指导下，形成思想史研究百花齐放、百家争鸣的繁荣发展局面。马克思主义学者对思想史的科学认识，首先，表现在为思想史奠定了牢固的唯物主义历史观基础；其次，他们将对于思想现象的考察牢牢建立在对社会形态深刻剖析的基础上；再次，他们深刻揭示了阶级斗争与思想现实的关系；最后，他们具体再现与揭示了人民群众在思想史上的独特贡献。此外，围绕思想史的诸多基本范畴、基本问题，他们还发表了深刻见解，取得许多历史性成就。李大钊等人处于中国思想史马克思主义学派的开创阶段，郭沫若等人处于马克思主义学派的创建阶段，侯外庐等人处于马克

---

① 蔡尚思：《中国思想史研究法·卷首》，商务印书馆1939年版，后收入《陈钟凡论文集》，上海古籍出版社1993年版，第8页。
② 侯外庐：《中国思想通史》第1卷《古代思想编》卷首，新知书店1947年版，第1页。
③ 侯外庐：《中国思想通史》第1卷《古代思想·序言》，人民出版社1957年版，第1页。

思主义学派的确立阶段。改革开放以来，进入了中国思想史研究马克思主义学派的发展阶段。

当然，以往马克思主义学者的中国思想史的研究，尚有很大拓展深化空间，也存在一些不足与缺憾。譬如，在思想认识上，存在一定程度的教条主义倾向；在研究方法上，存在单一化的问题；在对象选择上，还不够丰富；等等。这些问题在一定历史条件下是难以避免的，今天没有理由对之苛责。学术发展没有止境，学术研究的进程同样没有止境。应该立足于历史唯物主义的基本原则，在继承老一辈马克思主义学者留下的丰厚遗产的前提下，不断丰富、发展、完善中华思想史学科，在新的历史条件下实现中国思想史马克思主义学派的新发展与新超越，加快构建中华思想史当代中国马克思主义学派。

第三，国外学界对"思想史"的认识。

与中华民族一样，世界上许多国家与民族都留下了丰厚的思想遗产，对思想史的研究同样源远流长。世界各国人民对于思想史的认识具有统一性，同时具有地域和民族特点。从根本上说，这是由历史发展的多样性造成的，直接的原因则与社会历史条件、民族风俗习惯、宗教信仰、文化背景等相关。

古希腊思想开创了西方思想素朴唯物主义和素朴辩证法的先河，与此同行的唯心主义思想也体现了古希腊人的思想探求。欧美学者的思想史研究，以古希腊为源头，推出许多优秀的思想史著作。恩格斯指出："在希腊哲学的多种多样的形式中，差不多可以找到以后各种观点的胚胎、萌芽。"[1]

近代以来欧美学者对思想史的认识，是随着近代形而上学思维方式的演变过程而逐步形成的。在《反杜林论》中，恩格斯指出，真正的自然科学是从15世纪下半叶开始的。它的特点是

---

[1] 《马克思恩格斯全集》第20卷，人民出版社1971年版，第386页。

把自然界分解为各个部分,把各种自然过程和自然现象分成一定的门类,对有机体的内部按其多种多样的解剖形态进行研究。后来,培根和洛克将这种方法移植到哲学,从而形成形而上学的思维方式。恩格斯的论断,为人们科学认识近代以来欧美学者关于思想史的认知特点,提供了线索和遵循。

形而上学的思维方式有其优点,但它把事物与概念看作孤立的、应当逐个地和分别地加以考察的、固定的、僵硬的、一成不变的研究对象,特别是它总是"撇开宏大的总的联系",因而不可避免地会忽视或掩盖"现象的总画面的一般性质"。总体看,近代以来欧美资产阶级学者的思想史研究尽管也有唯物的、辩证的认识,但根本上是受唯心史观影响的,其基本特点,就是唯心主义加形而上学。

当然,即使在唯心主义与形而上学的束缚下,欧美资产阶级学者的思想史认知也并非全无可取之处。特别是在马克思主义影响下,他们的某些认识,还是值得肯定的。例如斯蒂芬·柯林尼将思想史看作是历史学的组成部分,提出思想史的功能在于理解那些共同构成以往社会思想或反思生活的观念、思想、主张、信仰、预设、立场以及成见,强调"这种思想生活必然与该社会、经济生活相一致"[①],无疑是正确的认识。迈克尔·彼蒂斯强调,思想史的核心目标,在于推进对观念与特定的政治和经济环境之间复杂的相互作用方式的理解。[②] 他们不约而同地强调了思想考察与社会考察的关联性,表现出试图克服唯心主义和形而上学思维方式的努力,这是值得肯定的。

由于无法克服唯心主义、特别是主观唯心主义的束缚,20

---

① [英] 斯蒂芬·柯林尼:《什么是思想史?》,《思想史研究》第 1 辑,上海人民出版社 2006 年版,第 3—4 页。
② [英] 迈克尔·彼蒂斯:《什么是思想史?》,《思想史研究》第 1 辑,上海人民出版社 2006 年版,第 9 页。

世纪之后的西方思想史研究，表现出越来越混乱的局面。戴维·霍林格说，"思想史"只是一种便捷的标签，只是在历史学家们看来重要问题的言论的历史。①波考克说，"思想史"与"观念史"似乎是一回事，最终获得的是一种关于历史的哲学或哲学的历史。②这样的认识，割裂思想与社会的关系，不仅认识不到思想的本质，还会造成研究领域的进一步混乱。布鲁斯·库克里克说，就已有的研究来说，思想史作为一个研究领域还相当混乱，其唯一的共性在于该领域的史学家都强调意识或观念对于理解过去的重要性。③造成这种混乱的根本原因，在于唯物史观的缺位。

从20世纪70年代开始，西方学者的思想史认知与研究，在唯心史观与形而上学的道路上还呈现出碎片化的特点。这一特点是在所谓向社会和文化史转向的潮流下发生的，被资产阶级学者总结为是"一次意义深远的变化"。这种打着"社会"旗号的变化，并不是转向对社会形态或社会生产关系的分析，而是转向对细碎的社会生活环境与要素的描述。它不但导致研究的碎片化，还为碎片化进行精致的理论包装。这是唯心史观在思想史研究领域走向极端的必然结果，只能造成思想史认知与研究的更加混乱。这种唯心主义、形而上学与碎片化所造成的混乱局面，直接影响着当代西方学者研究编撰思想史的体例和方法。

思想变迁在历史中展开。历史发展具有阶段性，思想变迁同样具有阶段性。在思想变迁的不同阶段，出现了不同的思想家与思想流派，始终贯穿着正确与错误、先进与落后、科学与愚昧的

---

① ［美］戴维·霍林格：《什么是思想史？》，《思想史研究》第1辑，上海人民出版社2006年版，第11页。
② ［美］波考克：《什么是思想史？》，《思想史研究》第1辑，上海人民出版社2006年版，第16页。
③ ［美］布鲁斯·库克里克：《什么是思想史？》，《思想史研究》第1辑，上海人民出版社2006年版，第19页。

斗争，贯穿着唯物主义与唯心主义的斗争，同时交织着辩证法与形而上学的争论，还伴随着思想流派内部的论辩。思想史就是思想斗争史。当然，思想斗争在不同的历史阶段有其特定的具体形式，体现着人类对外部世界的认识由低级到高级的曲折历程。

三　思想史与其他各史的区别与联系

思想史是广义的历史的一部分，它的产生和发展与自然史、社会史和科技史的发展密切相关，与哲学史、学术史、观念史、文化史、文明史相互联系又存在区别，在研究内容上既有交叉又有所不同。

第一，自然史、社会史与思想史。

马克思、恩格斯指出："历史可以从两方面来考察，可以把它划分为自然史和人类史。但这两方面是不可分割的；只要有人存在，自然史和人类史就彼此相互制约。"[1] 自然史首先是自然界演化、演变的历史。因此，"如维科所说的那样，人类史同自然史的区别在于，人类史是我们自己创造的，而自然史不是我们自己创造的"[2]。恩格斯说："社会发展史却有一点是和自然发展史根本不同的。在自然界中（如果我们把人对自然界的反作用撇开不谈）全是没有意识的、盲目的动力，这些动力彼此发生作用，而一般规律就表现在这些动力的相互作用中。在所发生的任何事情中，无论在外表上看得出的无数表面的偶然性中，或者在可以证实这些偶然性内部的规律性的最终结果中，都没有任何事情是作为预期的自觉的目的发生的。相反，在社会历史领域内进行活动的，是具有意识的、经过思虑或凭激情活动的、追求某

---

[1] 《马克思恩格斯选集》第 1 卷，人民出版社 2012 年版，第 146 页。
[2] 《马克思恩格斯文集》第 5 卷，人民出版社 2009 年版，第 429 页。

种目的的人；任何事情的发生都不是没有自觉的意图，没有预期的目的的。"① 自然史决定人类史，自然史的存在先于人类史，人类史是自然史的一部分。

自然科学是研究自然界的物质形态、结构、性质和运动规律的科学，是人的意识把握统一的客观物质世界的主要手段。因此，就人类对自然的认识而言，自然史又是人类认识自然的历史，是自然科学发展进步的历史。

人和人的意识不仅是自然界发展的最高产物，而且人只有依托于自然界才能生存和发展，从事物质与精神活动。人与自然的关系是人类必须面对的第一关系。因此，全部哲学的最高问题，是"思维对存在、精神对自然界的关系问题"。凡是断定精神对自然界来说是本原的，组成唯心主义阵营；凡是认为自然界是本原的，则属于唯物主义的各种学派。② 自然史对于思想史研究的根本意义在于，它是区分唯物主义与唯心主义的第一个分水岭。

人类并非被动地顺应自然，而是主动地利用自然、改造自然，将人的创造性活动投射到自然当中去。马克思说："在人类历史中即在人类社会的形成过程中生成的自然界，是人的现实的自然界。"③ 在这个意义上说，自然史的本质在于人与自然的关系；自然史又是人与自然关系的历史。

自然界是人类思想认识的第一源泉。大自然为人类提供了生存空间，也为人类思想认识提供了最重要的客观实在基础。自然界自在的客观辩证法、人与自然的关系、人在自然中的位置、人对自然的作用，是人类精神活动的推动力。恩格斯说，辩证法的规律就是"从自然界的历史和人类社会的历史中抽象出来的。辩证法的规律无非是历史发展的这两个方面和思维本身的最一般

---

① 《马克思恩格斯选集》第4卷，人民出版社2012年版，第253页。
② 同上书，第230—231页。
③ 《马克思恩格斯文集》第1卷，人民出版社2009年版，第193页。

的规律"①。一方面,自然科学的重大突破,会成为撬动人类思想革命性变化的杠杆。"在马克思看来,科学是一种在历史上起推动作用的、革命的力量。"② 恩格斯对自然科学的革命作用,特别是对19世纪细胞学说、能量转化学说与进化论的决定性作用,作了深入阐述。另一方面,人类的正确思想、特别是先进的哲学思想,会修正自然科学的谬误,成为人类正确认识、把握自然,从而促进自然科学革命的先导。自然科学的发展水平制约着人类思想认识的水平,人类的思想认识对自然科学也会发生反作用。

人类史不是自然史,但就人类社会受内在的自然规律支配而言,尽管在它内部全是具有意识的活动的人,总体上却会呈现如同自然史一样的状态。马克思说:"我的观点是把经济的社会形态的发展理解为一种自然史的过程。不管个人在主观上怎样超脱各种关系,他在社会意义上总是这些关系的产物。"③ 恩格斯说:"无数的单个愿望和单个行动的冲突,在历史领域内造成了一种同没有意识的自然界中占统治地位的状况完全相似的状况。"④ 恩格斯还说:"我们不仅生活在自然界中,而且生活在人类社会中,人类社会同自然界一样也有自己的发展史和自己的科学。"⑤ 人类史也是一个自然的历史过程。对于思想史而言,社会史与自然史一样,都是思想史的基础与根源。

第二,科技史与思想史。

科学技术是第一生产力。马克思主义经典作家认为,生产力中不仅包括科学,而且社会劳动生产力首先是科学的力量。生产决定科学技术的发展,科学技术又推动生产发展。科学是一种在

---

① 《马克思恩格斯选集》第3卷,人民出版社2012年版,第901页。
② 同上书,第1003页。
③ 《马克思恩格斯选集》第2卷,人民出版社2012年版,第84页。
④ 《马克思恩格斯选集》第4卷,人民出版社2012年版,第254页。
⑤ 同上书,第237页。

历史上起推动作用的革命的力量。马克思说："火药、指南针、印刷术——这是预告资产阶级社会到来的三大发明。火药把骑士阶层炸得粉碎，指南针打开了世界市场并建立了殖民地，而印刷术则变成新教的工具，总的说来变成科学复兴的手段，变成对精神发展创造必要前提的最强大的杠杆。"①

马克思主义经典作家针对科学技术作了大量论述，不仅阐明了科学技术对历史发展的巨大作用，而且揭示了科学技术对于精神发展所发挥的强大杠杆作用。列宁指出："必须记住，正因为现代自然科学经历着急剧的变革，所以往往会产生一些大大小小的反动的哲学学派和流派。因此，现在的任务就是要注意自然科学领域最新的革命所提出的种种问题，并吸收自然科学家参加哲学杂志所进行的这一斗争，不解决这个任务，战斗唯物主义决不可能是战斗的，也决不可能是唯物主义。"②

由于科学技术对人类历史、人类思想活动具有巨大作用，所以科技史是为思想史研究奠定基础的学科。科技史不仅为思想史研究提供基础性的材料与证据，而且科技思想本身即属于思想史，是思想史重要的考察对象和内容。

马克思主义经典作家对科技史高度重视，总是通过对科技史的细致考察来阐明思想活动的规律。恩格斯的《自然辩证法》即对欧洲的科学技术史作了周密考察，对19世纪中叶自然科学最重要的成就作了哲学概括，论述了自然科学和哲学的关系，是一部将科技史与思想史完美结合的典范之作。

科学技术决定思想状态，但思想，特别是哲学思想，对科技的影响同样非常显著。先进思想推进科技进步，落后乃至错误的思想阻碍科技发展。恩格斯指出，唯物辩证法为自然科学提供了

---

① 《马克思恩格斯全集》第47卷，人民出版社1979年版，第427页。
② 《列宁选集》第4卷，人民出版社2012年版，第651页。

科学的方法，自然科学家应当自觉地学习和掌握唯物辩证法。历史上，唯物主义帮助自然科学冲破宗教思想的禁锢，为科学的发展开辟了道路。唯心主义和形而上学则阻碍科学家的视野，妨碍科学技术的进步。

与世界上的许多思想家一样，中国历史上的许多思想家也是科学家。墨子、荀子、王充、张衡、范缜、杨泉、裴頠、葛洪、何承天、陶弘景、傅奕、朱熹、徐光启、傅山、黄宗羲、方以智、顾炎武、戴震等均有科技方面的造诣与思想。他们的思想成果集中体现了科技史与思想史的结合。

第三，哲学史与思想史。

列宁指出，哲学史，"简单地说，就是整个认识的历史"，"全部知识领域"的历史。[①] 列宁用最简练的语言揭示了哲学史的本质。

所谓"认识"，不是指一般意义上的认识，而是最高抽象意义上的认识，亦即对于思维与存在关系的理性认识。哲学史的核心内容，是关于思维与存在的关系的认识史。由此出发，形成唯物主义与唯心主义的对立，辩证法与形而上学的对立，双方的斗争史也就成为哲学史的基本内容。在认识的来源和过程上，唯物主义与唯心主义的立场、观点对立，交织着辩证法与形而上学的对立，造成唯物主义认识论与唯心主义认识论的对立。对历史上的认识论的考察，是哲学史研究的重要内容。历史上，以唯物主义与唯心主义、辩证法与形而上学为基本阵营，出现了众多哲学家与哲学流派，形成了许多概念范畴和哲学命题，在不同的历史阶段呈现出整体性的不同样貌，对这些内容的考察，同样是哲学史研究的重要构成。

哲学史大体围绕历史上的世界观、认识论、方法论以及相关

[①] 《列宁全集》第55卷，人民出版社2017年版，第302页。

的逻辑方式而展开。哲学史与思想史的关系最为紧密，但是，思想史概念较之哲学史，要更为特殊、具体一些。

首先，从思维与存在关系的角度考察，哲学表现为对自然界、社会和思维最一般规律的认识，思想则表现为对自然界、社会和思维的某些领域、某些方面的特殊规律的认识。一般规律离不开特殊规律，特殊规律同样离不开一般规律。哲学史与思想史无法分割，但是，前者指向最高抽象的领域，后者则指向相对具体的领域。

其次，从分工的角度考察，哲学同样是思想的一个领域，哲学史包含于思想史之内。哲学史研究不包括除哲学对象之外的其他领域的思想内容，思想史研究却必须包含哲学史的内容，并且要以哲学史为第一内容。思想史不仅要考察历史上对自然界、社会和思维的某些领域、某些方面的特殊规律的认识成果，更要考察对自然界、社会和思维一般规律的认识成果。

再次，由于思想史除了以哲学思想为考察对象之外，还要考察政治思想、经济思想、文化思想、宗教思想乃至许多领域与方面的思想，从概念的规定性上看，它们的内涵比哲学史窄，外延则比哲学史宽。

思想史同样是认识史，是历史上对自然界、社会和思维一般规律与特殊规律认识的历史。在思想史当中，同样贯穿着唯物主义与唯心主义、辩证法与形而上学的斗争。当然，这些斗争既可能表现在哲学的层次上，也可能表现在非哲学的层次上。就非哲学的层次而言，思想史在许多专门思想领域，还有其专门的思想对象与专门的话语系统。比如文艺思想有文艺领域的专门话语，经济思想有经济领域的专门话语，等等。这些话语是思想史必须关注的，却是哲学史不必过于关注的。

第四，学术史与思想史。

作为专门而系统的学问，哲学研究与思想研究、哲学史研究与思想史研究，都属于学术研究。从汉语本义说，"学术"是指学习的方法。引申开来，则泛指学问及相关研究方法。近代学术分科形成以后，则专指系统的、专门的学问。对学问的研究，统称学术研究。

学术史与思想史的关系在于，"思想史"是"学术史"的重要研究对象，同时，学术思想又是思想史的重要研究对象。不过，学术史对于思想史的研究不同于单纯的思想史研究。学术史的主体不在于分析研究对象的理论价值与思想意义，而是着重于梳理揭示研究对象的学术源流与研究过程、学术思潮与派别的盛衰演变，再现研究对象的历史场景，建立学术研究的历史序列。同时，学术思想虽然是思想史的重要研究对象，却不是最重要的对象。在思想史的序列中，学术思想的位置较之哲学思想、政治思想、经济思想等要低。

学术史与思想史的关系还在于，二者存在不可分割的联系。历史上，许多思想家与学问家往往一身二任，其学问与思想原本相互为用，分割不开。就学术史与思想史的普遍现象而言，二者相互依存，甚至互为表里的状态更是屡见不鲜。一般来说，学术思想为哲学思想提供学理支持，哲学思想为学术思想提供理论指导。优秀的学术史是有思想的学术史，不仅会揭示思想本身的建构过程，还会对学术现象作系统深入的思想分析。优秀的思想史是有深厚学术含量的思想史，不仅会揭示思想本身的价值，还会写出思想的学术基础和学术价值。

在历史上，学术与思想相互偏离、分离乃至背离的现象并不鲜见。一位唯心主义者也可能创造出高明的学术成果，提出有学术价值的思想。反之，一位唯物主义者也可能学术成果并不突出，其思想成果没有太高的学术价值。历史上，统治者刻意倡导某种特定的学术研究以便禁锢、扼杀思想创新的现象，是存在的。在欧洲中世纪，对《圣经》的诠释几乎垄断了全部学问，成为钳制人们思想的精神枷锁。我国乾嘉时期达于高峰的考据学，受到清朝统治集团积极提倡，钳制了人们的独立思考。考察学术史与思想史的关系，既要重视它们相互协调统一的方面，也要重视它们相互矛盾、对立、不统一的方面。

第五，观念史与思想史。

"观念"是人经过思维活动所形成的稳定性的看法。人们往往将感性认识汇集凝结起来，固化为某种看法，形成观念。这些观念有的可能上升不到理性认识，有的则上升为理性认识。

观念的表现形式一方面是人们相对固定的看法，偏重于以符合特定人群心理结构的话语方式呈现自己，另一方面则是抽象或理性程度较高的概念、思想。后者是观念史研究的主要对象。作为理性认识的观念也是思想理论体系的基本要素。

观念史脱胎于哲学史和思想史，它主要关注哲学学说和思想体系的基本概念、"单元观念"及其表达方式。广义的观念史就是思想史。不过，思想史强调对思想体系进行比较全面的历史考察，观念史则偏重于对单元观念、核心概念的时空差异以及不同观念间相互影响进行理论分析和多学科研究。

人类形成许多观念，并不是所有的观念都会成为观念史的研究对象，观念史的核心对象是文明或文化发展过程中的重要认知。观念史主要考察重要观念的起源、发展、衍变及影响。重要观念是相对的，在不同领域有不同的重要观念。例如在政治领域有"大一统"观念，在经济领域有重农观念，在文化领域有崇文观念，在生活领域有敬老观念，等等。观念史研究就是对这些以单元形式存在、流传并相对区隔的观念进行历时性的探究，考察观念在历史上扮演的角色、发挥的作用，以及与其他观念的交融与冲突情况，人们对它的不同态度与反应，等等。观念史与词语史、历史语义学以及历史心理学关系最为密切。

任何思想体系都由诸多观念所组成，都是复杂多样的思想综合体。思想史偏重于对思想综合体进行整体研究，观念史则对综合体包含的观念进行专门考察。

第六，文化史、文明史与思想史。

文化具有广义和狭义两种含义。广义的文化是人类所创造的物质财富和精神财富的总和。狭义的文化是指人类的精神产品与社会意识。文明是文化的精华部分或高级形态。文化一旦进入人类的记忆库，被全体人群认同，即被视为文明。

思想、特别是哲学思想，不仅是人类文化中的精华，而且是人类文明的精华。思想史是文化史、文明史的精华部分，文化史、文明史的范围较之思想史则要广博得多。不过，由于思想史已经发展成为一门高度发达的专业学科，文化史与文明史也在发展过程中形成了特定的学科属性，其所导致的学术分工结果是，文化史与文明史较少地以历史上的思想为研究对象，而是以文化与文明的物化形态以及社会化表现为主要研究对象。这样一来，思想史、文化史、文明史也就具备了相对独立的范围。

通常来说，思想总是通过思想家或思想流派来表达。即使人民群众、社会大众的思想，也常常有其代表人物。文化与文明虽然也有其代表性人物与其他的代表形式，却更广泛地存在于全社会，社会化的程度更高，社会化的范围更广，社会作用更深。习近平指出："中华优秀传统文化已经成为中华民族的基因，植根在中国人内心，潜移默化影响着中国人的思想方式和行为方式。"[①] 这既是对中华优秀传统文化功能作用的充分肯定，也是对文化的社会化属性的揭示。

由于文化具有非常广泛和深刻的社会功能属性，因此，文化是文明以及思想的母体，思想则是文化母体上结出的精神果实。文化有先进与落后之分、精华与糟粕之分，思想也有先进与落后、

---

① 《习近平谈治国理政》第 1 卷，外文出版社 2018 年版，第 170 页。

精华与糟粕之分。先进进步的思想是文化中健康、积极、向上的部分，推动或引领文化进于文明的境地。社会文明程度越高，表明文化越发达。反之，落后腐朽的思想是文化中颓废、消极、反动的部分。落后腐朽的思想一旦化为传统，就会沉淀在人们的观念中，成为历史前进的惰性力量和保守势力，像梦魇一样阻挡历史前进的脚步。正如习近平所指出的："传统文化在其形成和发展过程中，不可避免会受到当时人们的认识水平、时代条件、社会制度的局限性的制约和影响，因而也不可避免会存在陈旧过时或已成为糟粕性的东西。"① 无论思想史研究，还是文化史研究，都要去粗取精，剔除其糟粕，弘扬其精华，坚持推陈出新，古为今用，以古鉴今，既彰显先进文明的积极价值，也要分析批判文化虚无主义、文化保守主义、文化复古主义以及形形色色的腐朽文化。

四　中国思想史与中华思想史

中国思想史是中国思想发展的历史，作为中国历史的非物质、非制度层面，中国思想史也是中国历史的有机组成部分。"中国思想史"学科伴随"中国"作为民族国家概念的形成而形成。

"中国"作为一个地域与主权合一的民族国家概念，经历了很长的历史演变过程。早在殷商时期的甲骨卜辞中，就出现了"中商"的名称，应当就是"中国"称谓的起源。② "中国"一词最早出现是在西周成王时期的"何尊"中"宅兹中国，自兹乂民"的记载，这里的"中国"是与四方相对的"天下之中"，常指京师，或华夏的居域。此后"中国"的范围不断扩大，巩固和发展了相对"四夷"在文化上的优越性，为后代"大一统"奠定了坚实基础。

---

① 《习近平谈治国理政》第 2 卷，外文出版社 2017 年版，第 313 页。
② 胡厚宣：《论殷代五方观念及"中国"称谓之起源》，《甲骨学商史论丛》初集，河北教育出版社 2002 年版，第 277—281 页。

秦朝建立起多民族统一国家，为华夏文化的发展提供了政治统一条件。汉承秦制，进一步将先进制度推广到边疆。唐朝以极大的包容性，将众多族群纳入"中国"体系之内，"四夷"与"华夏"逐渐成为统一体。宋元明清时期，在多元民族共同体日益巩固的同时，建立起以"中国"为中心的东亚国际秩序，"中国"的观念扩展至其他东亚国家。在此过程中，"中"与"外""中国"与"西洋""东洋"的观念也逐渐明确起来。

中国思想史学科的范式是近代学科体系影响的产物。西方思想文化的冲击对于中国思想史的发展起着十分重要的作用，中国思想史研究带有明显的西学东渐的烙印，但近代中国思想史学科的研究对象，甚至研究目的，都是以中国传统思想及其近代变化、现代变化为主要内容。中国悠久的历史，在此过程中形成的经济、政治、社会结构以及服务于传统社会的传统思想具有超强的稳定性，一直影响至今。即使是近代以来生成的新思想、新观念，比如科学观、民主观、进化观、革命观等，并非完全是对西方观念的简单移植，而是包含了具有中国特色的传统思想因素。

近代中国思想史学科以中国传统思想及其近代变化为主要内容，自觉地探讨中国历代思想产生、形成、演变和发展的过程，其中既蕴含着传统与现代、西化与本土关系等深刻命题，也贯穿着封建主义思想与资本主义思想、资产阶级思想与无产阶级思想、唯心主义与唯物主义、形而上学与辩证法的斗争。

"中华思想史"是对"中国思想史"在内容与逻辑上的拓展，二者关系密切，不可分割，本质是一致的，但在内涵与外延上有所区别。

"中华"之名，本指华夏族、汉族。华夏族、汉族因建都黄河流域，居于四裔环绕之中，故称"中华"。中华之"中"，直接的意思是居四方之中，指代的意思就是中国；而"华"则指文化，所谓中国"有服章之美，故谓之华"，意指具有文化的民族。"中华"一词在民族大融合的魏晋南北朝时期频繁出现,《魏书》《晋书》多有使用,其文化属性越来越凸显。元代王元亮《唐律疏议释文》云:"中华者,中国也。亲被王教,自属中国,衣冠威仪,习俗孝悌,居身礼义,故谓之中华。"这就是说,中华就是中国;由于中国文化发达,高于四裔,所以又称中华。在长久的历史进程中,"中华"一词始终保持着中国文化的深刻内涵,但主体却由华夏族、汉族逐渐扩大为中国境内的所有民族。

20世纪初,"中华民族"作为一个民族实体,逐渐成为组成全体中国各民族之统称。梁启超曾著文指出:"凡遇一他族而立刻有我'中国人'之一观念浮于其脑际者,此人即中华民族一员也。"① 毛泽东在《民众的大联合》一文中写道:"我们中华民族原有伟大的能力……他日中华民族的改革,将较任何民族为彻底。中华民族的社会,将较任何民族为光明。中华民族的大联合,将较任何地域任何民族而先告成功。""中华民族"一词,不但高度凝练概括了生活在中华大地上的各民族共同体,成为包含中国境内各民族在内的统一的国家认同标识,而且熔铸了中国人的共同观念理想和文化心理。

与"中国"概念偏重于政治、国土、主权属性有所不同的是,"中华"概念更偏重于历史、民族、文化的属性。在中华民族历史进程中,产生和形成了为整个民族认同的富有强大生命力的民族精神与优秀文化传统,其影响力突破国土范围,及于边疆以外,因此,"中华"既概指中国境内的民族大家庭,也指虽然不居住在中国却以中国为母国或以中国文化为价值依归的文化人群。因此,不仅中国范围内的思想属于中华思想,而且中国范围以外以中国文化为根本价值观的思想,同样属于中华思想。

---

① 梁启超:《中国历史上民族之研究》,《饮冰室文集》第11册,中华书局1989年版。

中华思想史是一门关于中华民族思想发展历史的学科。与以往的中国思想史相比，有着突出的特点。

其一是内容上更为丰富和拓展。中华思想史集成、整理中华民族自古及今的全部思想菁华，它突破文字的局限，扩展研究的范围，也突破民族、地域界限，是一种"大思想史"的概念。从时间跨度看，以往的中国思想史，一般研究商周以下有文字记载的传统思想史。记载的思想，止于清末或民国时期。《中华思想通史》则将中国原始社会和夏朝纳入进来，对于中华先民的思维、意识、观念、思想进行全面研究。对于中华人民共和国成立以来的思想成就，同样予以整体梳理，大致止于中国共产党第十九次全国代表大会前后。

从地域范围看，以往的中国思想史，主要研究对象多限于中国大陆，《通史》则将中国香港、澳门、台湾地区，乃至海外华人的思想涵括在内。凡具有中华民族认同、文化认同的一切思想，都是中华思想史研究的对象。

以往的中国思想史，一般注重研究汉民族的思想史，中华思想史则将包括少数民族在内的中华民族的整个思想囊括在内，用少数民族语言文字记载的思想也在考察的范围之内，对于汉族与少数民族在思想上的交往互鉴融通，尤其予以高度关注。

其二是对社会形态更为强调。中华思想史是中华思想在中国社会形态变迁中的动态演进，贯穿于中华民族生生不息的发展历程中，是中国社会从原始社会、奴隶社会、封建社会到半殖民地半封建社会，再到社会主义初级阶段的发展历程中的中华民族五千年的思想变革历程和历史风貌。中华思想史的研究以社会形态的演进作为阶段、分期、主流、支流、思想对立的分析标准。

其三是更为承载着中华复兴的重要使命。中华思想史研究承载着中华复兴的伟大任务。中华民族在漫长的历史长河中，创造出了丰富而灿烂的思想财富。中华民族从古代文明发展至今，靠的是内在的、不断承继的中国精神、中国思想、中国道德、中国文化。从最古老的思想到今天的中国特色社会主义理论体系，社会主义核心价值观都一脉相承。中华思想史是在新的时代高度和中华民族伟大复兴的新起点新征程上，对中国思想史研究的不断创新、与时俱进。它是连接历史与现实的桥梁，不仅向人们展示历史、更重要的是要保留历史，把握住民族发展的脉络，挖掘中华民族传统思想的精华，参与世界文化交流。将中华民族在漫长历史长河中形成的优秀思想传统集成起来，为我们总结历史、开创未来提供丰富的思想资源，为时代的发展和中国梦的实现提供理论支撑，为世界文明和人类发展提供中国思想智慧。

五　中华思想史的内涵和外延

所谓内涵，即概念范畴所反映的事物的本质属性的总和。毫无疑问，中华思想史的所有内容，不仅产生于中国，而且受中国文化内在本质的规定，所以中华思想史的内涵即自古及今融入中华民族血脉的具有高度认同感和凝聚力的生生不息、自强不止的共同的思想。中华思想史是一门关于中华思想发展历史的学科。

所谓外延，即概念范畴所涵盖的一切对象，简单说，就是概念所及的范围。事实表明，中华思想史的对象，不仅超出华夏族与汉族的范围，而且超出中国的范围，依照文化的属性，以同心圆的辐射形式，广及于民族国家范围之外。从文化概念的意义上说，凡是受中国本土思想影响并以之为文化认同和价值认同的思想，都在中华思想史的范围之内。

具体而言，中华思想史的外延，可分为五个层次。

第一，中华思想发展主脉的演变轨迹。

中华思想史包含了中华思想的形成、发展、演变与繁荣。原始社会及向奴隶社会转型的原始社会晚期是中华思想的起源阶段（史前时期至夏王朝建立前）；奴隶社会及向封建社会转型的春秋战国时期是中华思想的形成阶段（夏至战国）；封建社会是中华思想的发展阶段，包括封建社会前期："大一统"国家意识形态奠定及儒学经学化（秦汉）、以玄学为主流的哲学思想的兴起（魏晋南北朝），封建社会中期：包括"大一统"主流意识形态的强化与佛教中国化（隋唐）、儒学复兴与理学的形成（五代十国宋辽金），封建社会晚期：封建统治思想的衰落和新兴工商阶层思想萌生时期（元明清前期）；半殖民地半封建社会是中华思想的转型阶段，包括旧民主主义革命思想的孕育与兴起（晚清）、新民主主义革命思想的形成和马克思主义中国化（辛亥革命至中华人民共和国成立前）；社会主义初级阶段（含和平恢复和社会主义过渡时期）是中华思想的繁荣阶段（中华人民共和国成立至今）。

　　原始社会的思想，最主要的内容是中国古人的原始观念和信仰。中华民族的一神论、多神论思想和图腾崇拜都从这里发展出来。在原始人的观念和信仰中，已经包含了素朴的唯物主义和辩证法意识萌芽，这些在后人整理的古籍《洪范篇》中就有反映。原始社会的转型期，私有观念、等级观念、早期国家观念、王权观念、时空观念在这里都已经出现，礼治思想渐渐萌生。奴隶社会是中华思想的酝酿与起源时期，以礼为核心的礼治思想和春秋战国社会变革时期的百家争鸣是这一时期思想发展的主流，这一时期，孔子的儒学，是要维护奴隶社会的旧礼制，所谓"克己复礼"，就是要恢复原来的奴隶社会礼制，恢复周天子的天下。荀子、法家的思想，则突破了礼治思想和孔子的束缚和阻碍，其所引向的是新的社会和时代，迎合了建立"大一统"国家的历史发展趋势。秦主流思想仍为法学，到两汉时期主流思想逐步转向经学化的儒学，这个时期儒学为维护大一统的政治目的，进行调整和改造，成为统治阶级思想。到了魏晋南北朝，因为战乱，"大一统"难以维持，玄学兴起，玄学思想主张避世，本质上仍是儒学。隋唐时期,大唐文化的主体还是儒学,但这个时期也是中华儒学开始吸收外来思想的时期。为了维持政治统治,佛学与儒学共生,最终形成儒释道三者合流的趋势。宋辽金元时期,儒学逐渐理学化、心学化,向主观唯心主义发展。明清时期,封建君主专制主义中央集权进一步强化,明清之际的社会进步思想之中,已经出现民主思想与科学思想的萌芽,这是从中华传统思想土壤中生长出来的近代思想因素。半殖民地半封建社会时期,旧民主主义革命思潮兴起,随着"辛亥革命"的胜利果实被窃取,思想主题转化为"新民主主义革命"。中国共产党在把马克思主义基本原理同中国革命、建设和改革的具体实践相结合的过程中,实现了马克思主义中国化的两次历史性飞跃,产生了毛泽东思想和包括邓小平理论、"三个代表"重要思想、科学发展观、习近平新时代中国特色社会主义思想在内的中国特色社会主义理论体系两大理论成果,指导中国革命、建设和改革取得一个又一个伟大胜利,并形成了自身独特的理论优势,中国特色社会主义成为时代主题。

第二,源远流长、丰富多彩的中华观念形态。

中华民族创立了与西方哲学、印度哲学等为代表的观念形态相媲美的中华观念形态。这一观念形态的全部过程与全部内容,都在中华思想发展史的范围之内。从中华先民创造的远古文明开始,历经五千年,中华思想源远流长,留下了极其丰富的精神遗产。

在与古希腊时期大体相当的中国春秋时期,儒家、道家、墨家、法家、农家、阴阳家等百家争鸣,即开启了中华思想的鼎盛时期,达到了中国哲学的巅峰,为后来的中华思想发展设立了基本的理论范式与标杆。先秦时期子学大繁荣之后,经过秦汉经学、魏晋玄学、隋唐佛学、宋明理学、明清实学、近代新学等,中华思想在鲜明的阶段性特征中,始终以源远流长的特质向前演进，展现了中华民族自强不息、厚德载物的精神气质。

在源远流长的思想长河中，中华民族不仅诞生了众多思想家，创作了数量庞大的思想作品，而且构建了中华民族特有的思想形态、观念形态、范畴体系、文明体系，形成了一脉相承的精神基因链。中华民族的观念形态，在"纵"的方面，体现为一系列"一以贯之"的思想与理念；在"横"的方面，体现为一系列"相互贯通"的理论范畴。纵横交织，使得中华民族的观念形态表现出鲜明的贯通性。

与唯心主义学派相对应，中国哲学进程也形成了相当实力的唯物主义学派。中国古代哲学具有唯物主义的传统，其学说理论具有丰富的内容，在历史上曾经闪耀出灿烂的光辉。

中华思想中的辩证法思想也极为丰富。辩证法和唯物主义本来应该是一家，但在中国古代哲学中却长期分裂。辩证法往往与唯心主义结合在一起，一些唯心主义哲学家却有着丰富的辩证法思想，而其辩证法思想又为唯心主义所"闷死"。有些唯物主义兼有辩证法的思想，而有些坚决的唯物主义又往往陷入形而上学的泥坑。

在中国封建社会的辩证法思想的发展进程中，也长期存在与辩证法思想对立的"天不变，道亦不变"的形而上学观。与辩证法思想的高度发达相伴随，唯心主义与辩证法在一起的状况也长期存在。

第三，以"人"为核心的思想历程。

中华思想形态与西方传统哲学以逻辑、概念的方式探讨"终极本原"有所不同，在关注世界本原、世界存在方式问题的同时，更多地围绕人生而展开，涉及人与人生的内容。

无论唯心主义阵营，还是唯物主义阵营，中国古代的思想家几乎全都以"人"为核心而展开其思想历程，同时将辩证法或形而上学运用到对"人"的分析中去。由于对人的内在本性的分析成果非常丰富，所以中国古代的人性论、心性论异常发达，并导致客观唯心主义与主观唯心主义的分野。由于对人的社会性的论述成果非常丰富，所以中国古代的人生哲学、道德哲学、伦理学异常发达，并导致政治与社会生活中人际关系、礼仪规范体系的异常发达。

"人"是中华传统思想的核心概念。不仅唯物主义与唯心主义的争辩焦点聚焦于"人"，而且各派哲学内部的争辩焦点，同样聚焦于"人"。不仅人生哲学以"人"为核心，而且政治哲学、历史哲学、经济思想等一切学问，都由"人"而生发出来。

与对"人"的深入钻研相比，中华思想对于自然的独立分析相对不足。孔子对于探讨大自然的奥秘持消极态度。中国古代思想家虽然热衷于探讨天人关系，但往往把"天"（自然）看作先验真理的化身与论辩中不证自明的前提，目的还在于说明"人"。

在对人的阐述中，中国古代思想家往往采用整体综合观察、省思的方法，较少采用分析的方法。佛教传入之前，他们运用的是论辩逻辑。佛教传入之后，逐渐加入了因明逻辑。在中华传统思想中，形式逻辑相对不够发达。与形式逻辑的不够发达相关联，中国古代的思想论著，很少体现为对于完整体系的形式建构，而是将体系蕴含在各种具体乃至片段的论述当中。

中国古代思想家对于"人"的论述还有一个特点，那就是在论述路径上往往依傍对于经典的阐释与诠释而展开。恩格斯指出，"任何新的学说"，都"必须首先从已有的思想材料出发"[①]。后一代哲学思想必然与前一代哲学思想有继承渊源关系，与整个人类思想成果有继承渊源关系，这是中华传统思想的突出特点。

---

① 《马克思恩格斯选集》第3卷，人民出版社2012年版，第391页。

第四，思想家与人民大众的思想。

以往的思想史研究，多集中于思想家及相关流派，这是必要的，但并不全面。人民大众的思想，是思想史研究的首要对象。

不可否认，思想家的思想具有相对独立的属性以及原创的价值，但是，任何思想家都生活于社会当中，不仅无法与社会绝缘，而且无法与一般社会思想绝缘，也就是说，思想家的思想最终无法脱离人民大众。没有生产者阶级，社会就不能生存。人民大众是历史的创造者，是历史真正的主人。对于马克思主义历史学家来说，不但要重视人民大众的物质创造作用，而且要重视他们的精神创造作用，这不仅是学术问题，还是立场问题，更是一个科学问题。

思想家及相关学派往往有文献传世，思想表述比较完整系统，在历史上发挥的作用较之人民大众显见，容易引起关注，研究起来比较方便。人民大众则不然。作为被统治阶级，他们的思想无法成为主流，还受到统治阶级压制，连表达的机会都少有，传播起来更加困难，加之文化水平低，表述困难，因此鲜有直接的文献传世。但是，研究难度的限制不能成为忽略乃至轻视人民大众思想的理由，只要充分认识到人民大众的历史主人作用，相关研究难度也就不难解决。

与思想家的思想往往有文献记载不同，人民大众的思想往往存在于人们的社会意识当中，缺乏系统的理论记载与总结。在很长的历史时期内，人民群众思想很少被记录和保存下来，也不被人们所重视，因而保留下来的就更少了。人民群众的思想如何发掘，如何进入思想史，是思想史研究必须解决的一个重要课题。

事实上，劳动人民虽然被剥夺了学习和受教育的机会，但他们顽强表达的愿望与成果是统治者无法彻底扼杀的。封建社会中，农民起义的口号、纲领、行为，就是人民大众思想的直接反映。例如：秦末陈胜吴广起义的"王侯将相，宁有种乎"，汉末黄巾军起义的"苍天已死,黄天当立;岁在甲子,天下大吉",唐末黄巢起义的"天补均平",宋代钟相、杨幺起义的"等贵贱,均贫富",明末李自成起义的"均田免粮",等等,可以看出封建社会中,农民对平均、平等的祈求,是一条连续不断、反复出现的思想诉求,构成了一个思想的历史过程,显然是思想史研究的重要内容。此外,在众多民风民谣、杂剧传奇、曲艺小说、神话传说、乡规民约、方志图书以及大量民间故事中,保留了许多人民大众的思想素材。

历史上的劳动人民不可能留下自己的著作。但是,他们的思想言行,有时会保留在统治阶级编纂的官方文献和私家撰述里面。当然,由于统治阶级的偏见,劳动人民的思想可能受到歪曲和篡改,他们被称为"盗""匪",甚至被纳入反动的思想体系之中。但是这些资料不能一概拒绝不用,问题在于如何分析。运用历史唯物主义的解剖刀,去伪存真,让历史的真实与真相彻底显露出来。例如,《庄子·盗跖》从道家思想的角度记载盗跖的一些言论。如果我们转换立场,站在劳动人民的角度对这些记载进行审视,可以发现,该篇中所描述的跖反对"不耕而食,不织而衣",主张"耕而食,织而衣",正体现了古代劳动人民的思想意愿。转换立场和视角,对与劳动人民有关的史料加以鉴别、批判,有助于深入发掘人民大众的思想。

历史上,有一些思想家是直接与人民大众生活在一起的。比如墨子。还有一些思想家,是直接从贫苦人民中走出来的。最典型的是明朝泰州学派的创始人王艮。不过,一位思想家是否代表了人民的利益和愿望,是否反映了人民心声,不由其出身决定,也不由其与人民大众接触的深浅决定。不能一般地说思想家的思想与人民大众的思想是决然对立的。事实是,人民大众的思想可以通过思想家,特别是那些进步的思想家反映出来。思想家的思想如果反映了历史进步的趋势,代表了历史前进的方向,就是代表人民的思想。思想家的思想如果反映了人民的利益，反映了历史进步的要求，那也是人民的思想。对这样的思想家进行研究，发掘他们代表人民利益和愿望的思想，也是研究人民大众的思想。

总之，不能将研究思想家的思想与研究人民大众的思想对立起来。事实是研究工作的出发点，要在充分占有资料的基础上，依据阶级分析的基本方法，把问题提到一定的历史范围之内，具体地分析某位思想家或流派与人民大众的关系。既要看到历史结局最终是人民大众决定的，也要看到思想家在历史进程中发挥的重要作用。特别是对于社会意识的养成，思想家的作用往往是重要的。通过对思想家的研究，展现他们的思想活力和业绩，同时揭示人民大众的作用与贡献，应该成为研究思想家思想的目的所在。

在马克思主义的指导下，坚持人民思想史的写作思路，不仅要高度重视主流意识形态的变迁，杰出思想家们的精神成果，也必须重视普遍的社会观念，普通百姓共同性的社会思潮、文化倾向、情感诉求和价值取向，尤其要关注影响生活方式、时代变迁的精神力量，力求反映人民群众的所思所想，并且关注人民群众的观念与诉求，"把思想史还给人民"。从这个意义上说，《通史》不仅仅是某些思想家的思想史，也不仅仅是帝王将相的思想史，而是一部人民群众的思想史。

第五，中华民族思想的继承与延续。

思想始终体现着民族的灵魂、脉动，并以巨大向心力吸引着该民族的各类成员，思想的认同，深刻地反映了民族认同、文化认同乃至国家认同。中华思想是中华文化的精华。五千年文化的沉淀在不同的历史时期形成各种不同的社会思想，中华思想史的思潮接连不断涌现，夏人尊命、殷人尊神、周人尊德、春秋子学、战国百家、两汉经学、魏晋玄学、隋唐佛学、宋明理学、乾嘉汉学、近代新学体现了不同时代的思想特征,展现出中华民族本地域的思想同外来的各种先进思想进行结合、融通,丰富和发展中华思想的过程。中国特色社会主义道路贯穿于中国共产党领导中国革命、建设、改革的整个历史进程中,是近现代中国历史发展的必然结果,也是基于中国的基本国情,在新的伟大实践中作出的历史性选择。

中华思想源远流长,跌宕起伏,绚丽多姿,历久弥新。它绝非凝固的化石,僵硬的模式,而是变与常、因与革、内与外相统一的有生命的机体。中华民族今天所拥有的底蕴深厚的思想,无论是其优长,还是其弊端所在,都是在长久的历史生活中积累起来的,并将深刻影响我们民族思想进一步发展的方向和格局。历史与现实、未来都是无法割裂的。恩格斯指出:"同那种以天真的革命精神简单地抛弃以往的全部历史的做法相反,现代唯物主义把历史看做人类的发展过程,而它的任务就在于发现这个过程的运动规律。"[①] 中华思想史研究的对象不仅有思想的精华,也有思想的糟粕。中华思想史的研究,不仅高度关注思想激烈变动的场景,对于思想恒常延续的主线也高度重视;不仅充分展现唯物主义的传统与贡献,对于唯心主义的历史作用也予以充分揭示;不仅高度重视历史上的辩证法传统,也高度重视形而上学的存在,还要辨析其积极方面和消极方面。

中华民族有容乃大、兼收并蓄,对外来思想和各个民族思想的融会贯通,促进了中华思想不断向前发展。中华思想史不仅重视传统与现代思想因革,注重数千年来一以贯之的核心思想、观念及其发展大势,也重视中华思想与世界一切优秀思想的交融。对于中外思想的相互交流、相互影响、互动过程,予以高度关注。特别是佛学的中国化、西学东渐、马克思主义中

[①] 《马克思恩格斯选集》第3卷,人民出版社2012年版,第400页。

国化，以及东学西传、中华思想的域外传播等，都是研究的重要方面。

六　中华思想史研究的主要对象

凡具中华民族认同的一切思想，都是中华思想史的研究对象。中华思想史研究的对象，就其传统思想而言，不仅包括中华先民的思维、意识、观念、思想，汉民族思想文化发展的历程，也包括域内其他各族的思想。就其现代思想而言，不仅包括国民所继承、发扬、创造、发展的思想，也包括海内外华人在中华思想方面所作出的贡献。中华思想史则将中国原始社会纳入进来，进行全面研究。中华思想史研究的对象包括如下七个方面：

第一，原始思维、意识、观念发展为思想的历程。如原始社会的公有观念、集体观念、灵魂观念、神灵观念、图腾崇拜、神话传说等。

第二，思想、占统治地位的主流意识形态发展、演进的脉络。如奴隶主阶级意识形态、封建地主阶级意识形态、资产阶级意识形态、无产阶级意识形态等。

第三，思想家、思想学派及其思想源流的演变。如先秦子学、两汉经学、魏晋玄学、隋唐佛学、宋明理学、清代汉学，孔子与儒学、陆王与心学、中国共产党与马克思主义中国化，等等。

第四，不同历史时期的社会思潮。思潮集中反映出特定历史时期社会经济政治与思想文化的相互关系，如春秋战国时期的百家争鸣、汉代的今古文经学之争、魏晋玄学、宋明理学、"五四"新文化运动等。

第五，思想范畴概念的形成演变。例如：中国思想史上一些特有的范畴、概念，如"心""道""理""气""阴""阳"，又如与社会、政治、经济生活息息相关的理论观念，如"公平"

"民主""文明""和谐""自由""进步""专制"。

第六，人民思想。如直接来自人民的观念与思想，代表了人民愿望与利益的思想、观念等。

第七，思想斗争。贯穿于上述所有研究对象之中的，是以流派与人物为表现形式的唯心主义与唯物主义、形而上学与辩证法之间的对立与斗争，不同阶级、阶层哲学思想、政治思想、经济思想、文化思想的对立与斗争。思想斗争是思想史研究的重要方面。

中华思想史是以历史学为主，包括马克思主义理论、哲学、文学、政治学、经济学、宗教学等学科在内的综合性、交叉性学科，不仅在史学学科占有重要地位，在整个人文社会学科也占有重要位置。其中最为突出的是"史"的特色，但又有高于"史"的"论"的特质，体现出理论的深度和广度。

中华思想源远流长。中国思想史研究越来越受到关注，对中国思想史学科的探索与思考也在不断深入，将中国思想史学科发扬光大，需要有当代的引领，这是研究编撰《通史》的目的和意义所在。中华思想史不仅是"中国思想史"在文字数量上的扩充，更是在研究品质上的提升。探究古与今、中与外的中华思想史，吸收一切思想精华，真切地把握中华民族赖以生存和发展的精神支柱，观照中华思想未来的走向，对国家、世界的发展做出有益贡献，这是中华思想史研究义不容辞的责任，我们有责任担负起发现中华思想发展规律的时代使命。

第二节　从中国思想史到中华思想史的　　　　研究历程

中国思想史研究具有悠久的传统。中国古代留下了众多思想史研究的成果。近代以来,"西学东渐"带来的文化冲击波及思想史研究领域,产生了章节体的思想史论著,形成了新的思想史研究成果。"五四"新文化运动后,近代意义上的思想史学科逐步确立起来,马克思主义学派也逐步确立了科学的思想史研究学科体系。中华人民共和国成立后,在马克思主义指导下,中国思想史研究获得进一步发展。改革开放以来,中国思想史研究愈加发展。

一 中国传统的思想史记叙方式和著述方式

我国很早以来就开始了对思想及其历史的研究记述传统,形成了中国传统的思想史记叙方式和著述方式。

第一,中国古代关于"思(想)"的学说。

在汉字里,"思"与"想"出现得都很早,表明中华民族很早就具备高度发达的理性思维。"思"字的结构,东汉许慎的《说文解字》说是"从心囟声"。"囟"字是指人头顶部前方正中的部位。可见,谈到"思",尽管中国古代思想家大都将它与"心"捆扎在一起,但其发音却来自头部。

孔子已经很完整地在"思考""思虑""思想"的意义上使用"思"字,认为"思"应该无邪、归正。孟子则提出了"心之官则思"的命题,认为"心"之所以不同于耳目等感官,在于它的职能是"思"。"思"来源于"心","思"的功能是向善、防邪,该学说在中国思想史上有悠久的传统,产生了深远的影响。从科学角度看,孟子对"心"是思官的定性是错误的,但他所说的"思"同样是思考、思虑、思想的意思,而且具有主动思考、理性思考、向理论思考靠近的内涵,这就正确揭示了"思"的功能。

关于"思"的功能属性,《尚书·洪范》说"思曰睿""睿作圣"。这个"睿",可以作"容"讲,是宽容、包容、容纳的意思，也可以作"睿"讲，是细微、微密、深思、通畅的意思。古人非常重视"思"的经世致用作用，强调思想的包容性对于治世的重要作用。如《尚书·秦誓》："其心休休焉，其如有容焉。"《老子》云："知常容，容能公，公能王，王能天，天能道，道能久。"《荀子·非相》云："君子贤而能容罢，知而能容愚，博而能容浅，粹而能容杂，夫是之谓兼术。"

两汉经学家们还分别从王事、事理的角度对"思"进行了阐释。总的看来，经学意义上的"思（想）"，应当就是那些精深、睿智、引人向善、注重宽容且有助于治道的思虑和观念。如《春秋公羊传》桓公二年"纳于大庙"，东汉何休注："庙之言貌也，思想仪貌而事之。"在何休看来，"孝子三年丧毕，思念其亲故为之立宗庙，以鬼享之"[①]。这里的"思想"表面上是思念、怀念之意，实质上反映了儒家"以孝治天下"。

佛教经典中的"心学"也对儒家思想产生了深刻影响，"心学""以心传心"等与宋代以后理学思想的发展及思维模式有着密切的关系。以儒家、佛教为代表的中国传统文化对于"思想"的解释固然深刻，但普遍从"心"出发讨论"思想"。佛教有"思量心""虑知心""坚实心""积聚精要心"等说法，其"心"与"识""意"等概念相同。在他们看来，"思想"是来自"心"的想法、观念。理学家、心学家对此进行了深入讨论。直至近代，仍有不少思想家坚持这一理念。

总之，中国古人认为，"思"就是思虑、思想，它应该是精深、睿智、引人向善、注重宽容且有助于治道的。至于"想"，《说文解字》说是"冀思也，从心相声"，意思是想象。泛指开来，也是思考、思虑、思想的意思。不过，在中国古代的思想范畴里，"思"用得很多，"想"则用得很少。究其原因，在于这

[①] 《春秋公羊传注疏·桓公二年》。

两个字虽然都"从心",但"思"偏意于理论思维,"想"则偏意于形象思维。

由于古人将"思"与"心"捆扎在一起,而对"心"的探讨又与"性"捆扎在一起,所以,我国古代对于"思"的纯理思考,大都蕴含于所谓心性之学当中,而很少将"思"与"想"联系在一起进行理论探析。佛教传入中国之后,心性之学进一步精致化。特别是宋明理学,将心性之学推向了中国哲学的高峰,其中所蕴含的关于"思"的思想,也就愈加精致。

第二,传统中国思想史研究的源流。

中国最早的思想史研究,可以追溯到春秋战国时期的诸子之学及"百家争鸣"。在争鸣中,各家往往要评说、批评敌手,这就在客观上催生了学术批评、思想评论以及思想史研究。比如墨子批评孔子尊礼尚乐是"蛊世""愚民",认为孔子学说既"不可以期世",也"不可以导众",于民无补,于世无益。孟子斥责墨家的"兼爱"与杨朱的"为我"是"无君无父"。韩非不仅直言孔、墨先王观之非,斥之为"愚诬之学",还将孔、墨"仁义之术"斥为"无益于治"的空谈。这类批评,虽然是出于论辩的需要,但均可属于思想史研究的范畴,也是后人进行思想史研究的重要资料。

到战国后期,出现了研究、总结诸子百家学说,具有较强独立性、系统性和专门性的思想史著作,其中尤以《庄子·天下篇》《荀子·非十二子》《韩非子·显学》最具代表性,此外《尸子·广泽》《吕氏春秋·不二》也有一定的代表性。这些著作从各自立场出发,注重考镜思想源流,评估是非得失,对于后人研究先秦思想起到了基础性的作用。

西汉前期,出现了《淮南子·要略》、司马谈《论六家要旨》两部重要著作。他们从道家学派的立场出发,对于诸子学说的起源、诸子的学术宗旨和特点进行了评论。西汉中期,司马迁撰写《史记》，不仅专门给孔子等人写了传记，还专设《儒林列传》等，留下了极其丰富的思想史资料，也为思想史编撰创立了传记体体裁。此后，凡综合性的史学著作，不论体裁，无不包含思想史的内容。

东汉时期，班固撰写的《汉书》就是一部包含了许多思想史内容的综合性史学著作，特别是其中的《艺文志》，以儒家为首、诸子为次，依类辨析经书源流和经说传承脉络，开创了综论儒家及诸子学派学术宗旨、源流演变的"书志体"编撰体例，成为研究我国思想史的一部重要典籍。

魏晋南北朝时期，思想史研究的重点转向佛教、道教。惠皎的《高僧传》综述弘法源流及佛典"义疏""经解"情况，开创了类传体佛教史体裁。魏收的《魏书》同样包含大量思想史资料，尤其是其中的《释老志》专门记述佛、道二教，开创了正史中专门为佛、道设立专项篇章的先例。

唐朝时期，具有思想史研究内涵的书籍愈加丰富，特别是与佛教思想有关的著述格外纷繁。《隋书·经籍志》是《汉书·艺文志》之后出现的又一部大型图书目录，按经、史、子、集四部分类，堪称文化信息宝库。陆德明撰写的《经典释文》保留了大量音训和训诂资料，开篇的《序录》说明经学传授源流，成为学术史与思想史研究的名篇。

两宋时期，灯录体禅宗史盛行，为学案体学术史的编修提供了借鉴。朱熹《伊洛渊源录》力辨理学源流，具有总结北宋以来理学史的性质。此外，尚有许多具有思想史研究内涵的著作传世。

到元代，承继以往官修正史的传统，《宋史》同样保留了大量思想史研究的内容。特别是在《儒林传》的前面专设《道学传》，突出理学地位，对后来的思想史编修产生很大影响。

明代前期，明成祖诏修《性理大全》《四书大全》《五经大全》，强化朱学，出现了专门表彰、研究朱学的著作，如谢铎《伊洛渊源续录》、程瞳《新安学系录》等。明中期以后，王学崛起，使思想史研究呈现两线并进、综合交叉的特点。一条线恪守程朱理学，如朱衡的《道南源委》；另一条线以王学"本心"为宗，如周汝登的《圣学宗传》。此外，或者综合程朱陆王之学，如冯从吾的《关学编》；或者超越程朱陆王之学，如朱睦㮮重作《授经图》。至明末，东林、蕺山学派同样重视理学研究，但走上了批判的道路。

清初的顾炎武、王夫之、黄宗羲不仅是思想家，而且是成就不凡的思想史家。特别是顾炎武的《日知录》、黄宗羲的《明儒学案》《宋元学案》以及孙奇逢《理学宗传》等著作，将封建社会时代的思想史研究推向了顶峰。清代中期以后，出现了崔述的《考信录》、江藩的《国朝汉学师承记》《国朝宋学渊源记》等专门著作。其后，封建社会时代以学术史为主干的思想史研究日渐衰落下去。

第三，传统中国思想史的著述方式。

中国古代的思想史研究，具有鲜明的民族特色。这既反映在思想史论著的体裁体例之中，也反映在细致入微的修辞叙事方式当中。

先秦时期，论辩的特点最为突出。各位作者在概论性的著作中，大量运用比喻、类比、寓言、赋《诗》断章、以古讽今等论辩方式，一面进行阐述，一面从事批判，同时在批判中阐述、在阐述中批判，在思想的行程中将思想著述与思想史著述结合起来。这种著述方式，非常讲究修辞，注重传播效果，具有雄辩的特点。为达到雄辩的效果，这类著作会虚拟现实，拟想历史场景，这虽然不符合史料的真实性原则，但其所记载的思想是真实的，作为思想著作与思想史文献的价值是很大的。

秦汉以降，经学性、阐释性成为中国思想史著作最鲜明的特点，思想史著作的特点也随之发生了变化。所谓经学性、阐释性，是指通过对儒家经典的阐释展开思想行程。儒家经典最初有六经，因为《乐经》散失，故称为五经。由于封建统治的需要，后来逐步由五经扩展到十三经。十三经虽然在题材、体裁、内容、形式、功能、作用等方面各有不同，但总体上说，它们既具有思想著述的属性，也具有思想史著作的属性，还具有学术等其他方面的属性。对它们的研究、注释和阐发，既是思想研究，也是从事思想史研究，还是文字训诂等学术行为。这样一来，我国古代的思想史著作，也就同样具有了经学性、阐释性的特点。

在阐释经典的过程中，经师们全都标榜"注不破经""疏不破注"的客观主义立场，但是，他们实则都会将立场、情感、观点注入疏解当中去，只是程度与形式不同而已。曹魏王肃遍注群经，融入了道家的天道观和无为思想。宋代理学家注疏儒家经典，吸收了佛学和道教思想。"我注六经"与"六经注我"交合在一起，形成源远流长的经典阐释传统。特别是汉代形成经今古文学的分野之后，后世又发生了儒佛道的对立、程朱理学与陆王心学的对立等，这些状况反映在古代思想史的著作中，就使得这些著作不仅映现出唯物主义与唯心主义、辩证法与形而上学的对立，还映现出学术流派与门户之见等许多方面的对立，曲折地折射出社会阶级利益的对立及其盘根错节的关系。

汉唐时期，学者们主要采用传记体和书志体的史书体裁来呈现思想家及其成果。传记体依照时间顺序，叙述传主的事迹与言行。书志体以书目为纲，重在呈现学派及思想源流。中国古代思想家的生平事迹、思想成果、思潮流派等，绝大部分因为纪传体史书的编写而得以流传。例如《三国志》及裴松之注中保存的魏晋"才性之辨"、《梁书·范缜传》载录的《神灭论》，就属于这种情况。中国古代的历史学家，也是思想史家。但是，任何体裁都是为内容服务的，而内容的取舍不仅仅取决于对象的重要性，还取决于编撰者的立场。传记体与书志体不以论辩的形式出现，但价值取向仍然很强烈。

汉魏之后，论辩性的著作形式依然存在，但有关佛、道的思想史著作转而以类传体和编年体为主。类传体最早见之于僧传之作，是一种以类为纲、以人附类、分类立传、言行并载的著述形式，兼有传记体和书志体的特点，被后世的学案体著作所借鉴。编年体则以年为经，以人为纬，重在记佛、道之兴废盛衰。

宋明至20世纪初，思想史著作转而以学案体为主，同时多种体裁并用。学案体是一种学术史的著述方式，它以人物为纲，因人立传，言行并载但重在记言。它最早为理学史家所采用，旨在为理学家确立道统秩序，兼有传记体、类传体和灯录体的特点。由于学案体非常符合封建士大夫的口味，加之体例完备，结构严谨，层次分明，因此成为反映思想家、思想流派、思想成就、社会影响等的最重要的载体。但是，在思想分析的深刻性方面，用力不够。

学案体的思想史著作，往往采用"寓论于史"的实证方法。作者的学术立场、思想感情，不仅存在于文字之中，而且反映在编排的体例之中。这与我国思想著作所贯穿的经学传统，是一致的。由此出发，与学术史相结合，格外讲究体例的严整，成为古代思想史著作的另一个重要特点。这个特点从《春秋》开始，延续了两千多年。从世界范围看，包括思想史著作在内的我国古代史学著作，最重视体例，形成了世界学术史上最严格的书写体例标准体系。

总而言之，在我国浩如烟海的古代史籍中，思想史的遗产与著作非常丰富。思想史的著述方式，在我国古代盛行的所有史书体裁中均有应用。其中最典型的是三种体裁，即编年体、纪传体、纪事本末体。但在不同时期，又有不相同的呈现形式。先秦时期，以概论体为主。汉魏之后，流行类传体、编年体、灯录体。汉唐时期，传记体、书志体盛行。宋明之后，学案体大盛。这种情况，一直持续至清末。

中国古代思想史著作的严重弱点，是在历史观上奉行唯心主义天命史观、王朝体系史观和英雄史观。思想史著作的作者，即使在宇宙观上归属于素朴唯物主义阵营，但在思想史领域，也无不流于唯心主义和形而上学。对于思想史的本质特征、发展规律，他们无法达到科学的认识。对经学的依附、对学术门户的维护以及短于逻辑分析等，也常常限制甚至禁锢了他们的眼光。

二　近代以来中国思想史研究方式和叙述方式的转型

经过近代中国思想史研究方式和叙述方式的转型，中国思想史研究方式和叙述方式开始走上了接受马克思主义指导的科学轨道上。

第一，中国思想史学科的初创（19世纪末至20世纪20年代）。

任何学术、任何研究，特别是哲学社会科学都有其意识形态属性，并为一定的阶级服务，思想史的研究也是如此。封建思想史研究总体上是为封建主义服务的。进入近代社会以后，中国的思想史研究发生了形态性变化。总的趋势，是由封建主义学术形态向资产阶级学术形态转化。这种变化，主要是从19世纪末开始的。其基本特点是传统的学术形式逐渐从主流位置旁落，以西方学术方法研究思想史逐渐成为潮流。其中在著述形式上具有标识性的事例，是引入了章节体。这一体裁有助于拓展思想史的研究范围，深化各个分支以及专门领域的研究，受到知识界普遍欢迎和接受。

传统的学术史研究理念，开始发生革命性变化。其中最引人注目的表现，是借用西方进化论、斯宾塞社会学等思想理念，对传统学术表达强烈的不满。例如章太炎1900年刊行的《訄书》，收入他此前撰写的五十篇论文，严厉批判孔子和孔学，对许多传统学术理念也进行了抨击。章太炎这种学术立场与治学方法，反映了清末新式知识分子的一般思想状态。1901—1902 年，梁启超先后发表《中国史叙论》与《新史学》，其强烈批判传统的立场以及援西论中的论述方式，与章太炎是完全一致的。以梁启超和章太炎为代表，拉开了近代资产阶级"史学革命"的序幕。

在史学革命的大潮背景下，包括思想史研究在内，历史研究的话语体系、著述方式与话语方式，都迅速地发生了重大改变。1902 年，梁启超撰著《论中国学术思想变迁之大势》；1905 年，刘师培发表《周末学术史序》；1910 年，章太炎发表《国故论衡》，都是新史学背景下出现的新型思想史研究代表著作。此外，还刊行了许多近代意义上的思想史研究论著。特别是蔡元培1910 年的《中国伦理学史》，是中国第一部专门研究中国伦理思想的通史著作，1916 年谢无量出版《中国哲学史》，专门以西方哲学框架来架构中国传统的义理之学，这两部书标志着在近代化趋势下，思想史研究已经转型到专业化、分科化的发展路径。

然而，辛亥革命之前，近代意义上的中国思想史研究还处于开创阶段。这一时期的中国思想史相关论著，虽已注重对西方要素的借鉴，但传统方法的影响依然很重，属于转型状态。

第二，中国思想史学科的建立（新文化运动至中华人民共和国成立）。

从新文化运动开始，中国思想史研究获得极大的发展，近代意义上的思想史学科逐步确立起来。

首先值得关注的是以马克思主义为指导的中国思想史研究逐渐兴起，并取得了诸多重要成果。自五四运动开始，李大钊等人运用马克思主义理论研究中国思想史，形成了不同于其他学派的、具有鲜明马克思主义唯物史观特色的思想史研究基本立场。李大钊之后，以郭沫若、吕振羽、侯外庐为代表的马克思主义史学家，都对思想史研究倾注了很大热情，他们运用马克思主义研究中国思想史，注重从社会形态、"人民本位"立场论述思想的演变，共同为中国思想史的马克思主义研究奠定了学术基础、例示了研究路径和基本方法，其中侯外庐的贡献值得关注。

对中国思想史的马克思主义研究，既是马克思主义的学术形态建设一部分，也是马克思主义意识形态建设的一部分，又是马克思主义理论形态建设的一部分。在民主革命时期，这三种建设结合在一起。毛泽东思想的创建与形成，就包含中国思想史马克思主义研究者的贡献。因此，在马克思主义中国化第一次飞跃的进程中，凝聚着中国思想史马克思主义研究者的贡献。

新民主主义革命时期，与马克思主义学派的思想史研究同步，资产阶级以及其他各种非马克思主义学派的思想史研究也有较大进展。这一时期出现的以哲学思想为主体按近代学科体系编撰的通史论著，标志着中国思想史学科的确立。1919年，胡适出版的《中国哲学史大纲》（上海商务印书馆），运用西方实验主义哲学，首次系统阐述了中国哲学史的定义、目的、分期和研究方法。该书开创了中国哲学史研究的新范式，也是中国思想史学科确立的标志（该书后改名为《中国思想史》）。[①] 1931年、1934年，冯友兰完成《中国哲学史》上、下册，这是第一部借助西方哲学的形式系统完整地论述中国哲学思想发展的著作。冯友兰以"释古"的态度，力求客观公正地阐发古人的思想，但是他忽略了思想赖以产生的社会根源。[②]

在此期间，当时的社会思潮对思想史研究产生了重要影响。例如，20世纪20年代中西文化论战促进了对中国思想的探讨。1922年，梁漱溟出版《东西文化及其哲学》（上海商务印书馆），该书对中国、印度、西方思想的特点与差异进行了比较。

[①] 胡适：《中国哲学史大纲》，商务印书馆2011年版。
[②] 冯友兰：《中国哲学史》，商务印书馆2001年版。

又如，古史辨运动促进了对思想史料的科学考辨。顾颉刚对六经和诸子的考证，为思想史研究提供了更为牢靠的史料基础。

总的来看，资产阶级学者与非马克思主义学者的思想史研究，在资料的搜集整理、对象的采择处理、对西方要素的吸收借鉴、具体方法的新颖、论断的不同以往思想范畴的提炼、中西特点的比较对照、编撰形式的出新出奇、对封建主义思想的考镜源流和揭露批判等方面，均有其贡献。甚至在某些领域、某些具体问题与具体观点上，也达到了某些真理性的认识。但是，由于他们不能站在唯物史观的立场去考察思想事实，要么从唯心主义的立场就思想而说明思想，要么从形而上学出发僵硬地看待思想，要么滑入历史复古主义，要么滑入全盘西化论……总之，他们最终只能在形式上揭示一些思想变化的共通性，无法达到对思想事实的科学认识。

第三，中国思想史研究的发展（中华人民共和国成立至改革开放前）。

中华人民共和国成立后，思想史研究呈现出全新局面。

首先，马克思列宁主义、毛泽东思想成为学术研究的指导思想，哲学与哲学史、思想史研究得到唯物主义改造，整体研究状态与话语体系得到根本改观。经过马克思主义理论学习运动、知识分子思想改造运动、资产阶级学术思想批判运动，马克思主义学者在原来的基础上继续前进，非马克思主义知识分子自觉地向马克思主义方向看齐靠拢，力求从马克思主义出发重新研究思想史。在时代大变动的背景下，中国思想史研究从整体上发生了根本变化。

其次，在哲学史与思想史研究领域，苏联学者的观点、方法得到普遍借鉴，成为哲学史与思想史研究整体话语形态改变的主要切入点与着力点。日丹诺夫指出："科学的哲学史，是科学的唯物主义世界观及其规律底胚胎、发生与发展的历史。唯物主义既然是从与唯心主义派别斗争中发生和发展起来的，那么，哲学史也就是唯物主义与唯心主义斗争的历史。"[1] 这个定义揭示了哲学史与思想史的本质，适应了新中国学术发展的现实需要，经过学习讨论，被中国哲学史与思想史研究的学者们所接受。尽管这个定义影响到研究者对于历史上思想领域斗争的复杂性、曲折性的关注不够充分，对于认识发展史、辩证法与形而上学斗争的历史以及社会史观等有所忽略，在学术研究实践中产生了教条化、简单化倾向，但定义的性质是正确的。中国学者对这个定义进行了讨论，具体意见并不一致，但总体上做到了扬长避短。

再次，以马克思主义为指导的思想史研究产生出一大批重要成果，呈现出总体繁荣发展的局面。20世纪50年代，张岱年、任继愈、朱伯崑联合撰写发表了《中国哲学讲授提纲》，以社会经济基础分析与阶级分析为基础，简明扼要地揭示了中国历史上唯物主义与唯心主义斗争的历史。洪潜、任华、汪子嵩、张世英、陈修斋、朱伯崑联合撰写出版了《哲学史简编》，依据新的哲学史观，对中西哲学史进行了全新概述。张岱年出版旧著《中国哲学大纲》，从范畴史角度对中国哲学进行了梳理与提炼。至1960年，侯外庐等人主编的《中国思想通史》全部出版。该书共5卷6册，260万字，是马克思主义学派思想史研究成果中篇幅最大的一部著作，也是包括哲学思想、逻辑思想、社会思想等在内的迄今最完整的中国思想通史著作，代表了中国思想史马克思主义学派当时所能达到的水平。此后，侯外庐还主编出版了《中国哲学简史》。

20世纪60年代之后，任继愈主编出版了《中国哲学史》和

---

[1] 《日丹诺夫在〈西欧哲学史〉讨论会上的发言》，《苏联哲学问题》，李立三译，新华书店1950年版，第5页。

《中国哲学史简编》，杨荣国出版了《简明中国哲学史》，赵纪彬修订出版了《论语新探》，北京大学哲学系中国哲学史教研室出版了《中国哲学史》（讨论稿），等等。这些著作虽然存在某些教条化、简单化的问题，但都是认真严肃的研究成果，有其历史性的成绩。

与各类专著出版、论文发表相伴随，中国学者围绕许多思想史问题，展开了热烈讨论，多次形成讨论热潮。讨论的主要议题包括：哲学史的基本研究方法问题、中国哲学史的对象与范围问题、唯物主义与唯心主义斗争的形式与范围问题、对历史上唯心主义的评价问题、哲学思想与命题的抽象继承法问题、中国哲学史与思想史的特点问题、思想史研究中的阶级分析问题、思想的普遍性形式问题，等等。此外，围绕《周易》哲学评价、孔子评价、张载评价、老子哲学的性质、庄子哲学的性质、王夫之哲学的认识问题，等等，也进行了深入讨论。这些讨论既深化了对讨论对象的认识，还深化了对马克思主义理论的认识，也培养出一批思想史研究马克思主义学派的新人。取得的成绩是主要的。当然，讨论中也存在不足，但这是次要的方面。

改革开放前，在马克思主义指导下，我国思想史研究取得很大成绩。其中最大的成绩，是让马克思主义全面进入并占领了思想史研究领域，产生一批标识性的成果。当然，思想史研究也出现一些曲折，留下了许多经验教训。

我国非马克思主义的思想史研究，是在台湾、香港、澳门进行的。他们或者延续了民国时期的研究传统，或者融入了若干西方元素，但总的倾向是坚守所谓中国文化本位，倡导儒家的心性之学，虽然有其成绩，但基本上属于唯心主义的研究。在欧美、日本等国家，也有人从事中国思想史研究，也取得一些成绩，但总体上没有离开欧洲中心主义的影响。

第四，中国思想史研究的繁荣（改革开放至今）。

党的十一届三中全会以后，中国进入改革开放历史新时期，学术研究呈现全面繁荣发展的局面，思想史研究同样呈现出全面繁荣发展的局面。

以马克思主义为指导的思想史研究依然是主流，但在新的形势下，也出现了某些非马克思主义的分化现象。马克思主义学者坚定地坚持马克思主义指导，在继续坚持思想斗争史的前提下，愈加重视思想史是认识史的研究维度，愈加关注对于思想现象复杂性的发掘，努力将中国思想史的丰富性展示出来。

坚持马克思主义研究方向的思想史学家对中华人民共和国成立以来的思想史研究进行了深刻总结，提出了中国思想史研究科学化的主张，积极倡导建立"中国哲学史学"。经过对若干理论问题、学科建设问题以及思想史问题的探讨，新时期思想史研究向着更加坚实的马克思主义科学化方向迈进。

新时期出版的具有代表性的马克思主义的思想史研究著作，专业化的特点愈加突出。侯外庐等人主编的《宋明理学史》，既是一部断代思想史，也是一部专门思想史。它专门论述理学的产生、演变及其在中国历史上的地位，是概论性的通史研究向专门性的断代研究演进的一部代表性著作，表明思想史研究的马克思主义学派的发展方向。萧萐父、李锦全主编的《中国哲学史》则力图在坚持马克思主义的前提下，提出更加切合历史上中国思想演进实际的考察方法，将唯物史观的一般方法与学科专业方法结合起来。随着中国特色社会主义的不断发展，我国的马克思主义方向的思想史研究也在不断发展。其所取得的进步与成绩，超过以往任何时期。

这一时期的思想史研究著作，试图更加丰满地再现中国思想史，以更加专业化的学术方式展示中国思想史概貌，在中国思想史研究理论与方法方面也提出了不少新看法。刘泽华主编的

《中国政治思想通史》梳理了中国政治思想的发展脉络和演变轨迹，提出"王权主义"是中国传统思想的主脉。在国外，艾尔曼则提出运用"新文化史"的方法研究中国思想史，力图将思想史、政治史和社会史，将精英文化与大众文化结合起来，以便从中国历史的内在逻辑出发研究中国思想从传统向现代的转型。

相关的思想史著作呈现出多样态推出的局面。一些通史性著作虽然保持了旧有的架构，却变化了视角和着力点。更多的通史性著作则以专门史的属性出现，出现了一批政治思想通史、经济思想通史、文化思想通史、科技思想通史、史学思想通史。专题性的研究更加发达，对佛教、道教、儒学、无神论思想的研究，成果极为丰硕。大量出土文献的运用，让思想史研究不断涌现出新成果与新认识。研究队伍的扩大，内外交流的频繁，推动着新时期中国思想史研究不断进步。在取得显著成绩的同时，进一步展示中国思想史马克思主义学派的学术魅力。

中国思想史学科随着近代学科体系的建立而产生，走过了从创建到成长的历程。从传统思想史的叙述到近代中国思想史学科的建立，从中华人民共和国成立后中国思想史的发展到21世纪中国思想史的繁荣，中国思想史研究不断取得新的成就。对中国思想史的马克思主义研究也从无到有、从弱小到壮大、从壮大到走向繁荣，代表了近代以来中国思想史研究的正确方向。

第三节　研究编撰《中华思想通史》的学术任务

在新的历史条件下，以马克思主义为指导研究编撰《通史》应该体现"出精品""建队伍""立学派""推发展"几个方面的学术目标。具体来说，就是要编撰出一套具有集大成、通古今的研究中华思想史的鸿篇巨制；凝聚和培养一批中华思想史研究领域的优秀人才，发展和壮大中华思想史研究的马克思主义理论队伍；构建中华思想史研究的当代中国马克思主义学派，形成中华思想史的学科、学术、话语的创新体系；在强化马克思主义指导地位、发掘学术生长点、营造良好文化生态等方面进行努力，推动中国特色哲学社会科学的繁荣发展。

一 《中华思想通史》的学术要求

党的十八大报告提出："文化是民族的血脉，是人民的精神家园。全面建成小康社会，实现中华民族伟大复兴，必须推动社会主义文化大发展大繁荣，兴起社会主义文化建设新高潮，提高国家文化软实力，发挥文化引领风尚、教育人民、服务社会、推动发展的作用。"适应全面建成小康社会、实现中华民族伟大复兴、兴起社会主义文化建设新高潮的时代要求，中国社会科学院启动了《通史》大型科研项目。这一项目力求通过贯通古今的中华优秀思想的集大成之作，打造深刻反映中国学术、中国精神和中国道路的标志性成果。其学术要求主要有五项。

一是集成。即把中华民族几千年来所形成的优秀传统思想集合起来。这既可以继承中华传统优秀思想，为我们党总结历史、开创未来提供丰富的思想资源，也能使中华优秀智慧资源走出中国，为世界文明和人类智识的提升作出属于中华民族的贡献。

二是挖掘。即深入挖掘中华优秀传统思想宝藏，从历史的深处发掘中华优秀传统思想的精神内核，从中华传统思想精华中汲取精神养料，为中华民族走向复兴不断注入伟大的精神力量。

三是继承。即继承和发扬中华优秀传统思想，为我所用，为今所用，为未来所用，为人民所用。

四是结合。即在中华思想的形成过程中，将本民族、本地域的优秀思想和外来的先进思想结合起来。马克思主义中国化是中华优秀思想与外来思想的伟大结合、成功嫁接。

五是弘扬。即大力发扬几千年来形成的中华优秀传统思想和马克思主义先进思想相结合所形成的优良思想，即中国特色的马克思主义以及中国特色社会主义核心价值观。

思想是时代的精华，学派是学术的标志。历史和时代呼唤新的思想史研究，思想史研究必须坚持正确的政治方向和学术导向，打造中国学派是思想史研究走向世界的重要途径。中华思想史研究要适应时代需要，不断回应重大时代关切，不断提出有客观依据、经得起实践和历史检验的原创性思想理论和学术观点，推出具有时代思想高度、代表国家学术水准的思想史研究精品成果。在与国际学术平等对话的过程中，努力塑造和形成思想史研究的中国学派，为打造具有中国特色、中国风格、中国气派的哲学社会科学学术创新体系和话语体系作出自己的独特贡献。

中华民族在漫长的历史长河中，创造出了丰富而灿烂的思想财富。中华民族从古代文明发展至今，靠的是内在的、不断继承的中国精神、中国思想、中国道德、中国文化。要致力于构建中华民族的精神自信、信仰自信、价值观自信。从最古老的思想到今天的中国特色社会主义理论体系、社会主义核心价值观都是一脉相承。《通史》的编撰，目的在于探寻中华文化绵延不绝的内在动力，将为中华民族的伟大复兴作出不负于历史和时代的思想文化贡献。

二 《中华思想通史》的学术特点

中华思想史是整个中国历史的一个组成部分。《通史》上起原始社会，下讫中共十九大，贯通上下五千年，涉及各民族文化，着重勾勒中华民族延绵不断的思想发展历史，集成中华民族在漫长历史长河中形成的优秀传统思想。《通史》是新时代的思想史研究，无论从时间断限还是从思想脉络上，都要做到贯通古今，上溯远古、下至当代，力图在承继各类中国思想史研究著作的优良传统基础上有所创新，有所超越。

第一，《中华思想通史》的一个突出特点是集大成。

编撰具有集大成通古今的精品力作，集思想史研究成果之大成，是其主要的学术特点。习近平指出："我们从来认为，马克思主义基本原理必须同中国具体实际紧密结合起来，应该科学对待民族传统文化，科学对待世界各国文化，用人类创造的一切优秀思想文化成果武装自己。"[①] "用人类创造的一切优秀思想文化成果武装自己"的原则落实到《通史》的编撰研究中，就要尊重、吸收、借鉴古今中外思想史研究的优秀成果，集中外思想史研究成果之大成。所谓集中外思想史研究成果之大成，主要包括三方面内涵：一是以历史学成果为主兼采哲学、经济学、文学、法学、宗教学等众多学科的成果；二是以当代中华思想史研究成果为主兼采中华古代近代思想史研究成果之精华；三是以中华本土思想史研究成果为主兼采海外中华思想史研究成果。

以历史学方面的思想史成果为主兼采哲学、经济学、文学、法学、宗教学等众多学科的思想史成果。为了学术研究的便利，人们根据研究对象划定若干不同的研究领域进行分工研究，逐渐形成了不同的学科范围和独立的学科体系。随着近代以来学术分工的细密，学术研究日益学科化，独立的学科相继诞生并得到迅猛发展。每个独立的学科均有自己的研究对象、研究领域和相对固定的学科边界，在该领域内形成了自己独特的研究方法和研究规范。中国思想史就是作为历史学的分支学科而兴起的学科，中华思想史亦然。但中国思想史并不仅仅属于历史学所专有，其他学科同样可以涉足中华思想史研究领域。作为各专门学科研究对

---

① 习近平：《在纪念孔子诞辰2565周年国际学术研讨会暨国际儒学联合会第五届会员大会开幕会上的讲话》，人民出版社2014年版，第13页。

象的历史部分（"过去"）与历史学研究对象"过去"是有所交集的。历史上的政治思想、经济思想和社会思想等领域，既是历史学研究的对象，构成历史学内部分支学科（哲学史、政治史、经济史、文学史、宗教史等），同时也是政治学、经济学、文学、宗教学研究的对象，可以同时构成其分支学科（哲学思想史、政治思想史、经济思想史、文学思想史、宗教思想史等）。换言之，从哲学、政治学、经济学、文学和宗教学角度研究历史上的哲学思想、政治思想、经济思想、文学思想、宗教思想等现象，同样可以构成哲学思想史、政治思想史、经济思想史、文学思想史、宗教思想史等分支学科。历史上的思想，是历史学的研究对象和领地，但并不专属于历史学；各专门学科同样可以将其视为自己的研究领域，这些领域是历史学与各专门学科共同的研究领域。中国历史上的哲学思想、政治思想、经济思想、文学思想、宗教思想等，都是中华思想史研究的范围。这样的研究领域既可以从历史学角度进行研究，同样可以从哲学、政治学、经济学、文学、宗教学等学科进行研究。

人们从不同的学科立场、不同的研究视角对相同的对象进行审视和分析，出现了众多特点各异的思想史研究成果。这些研究成果，既有历史学家从历史学视角研究中华思想史而撰写的著作，也有哲学史学家从哲学视角研究历史上的哲学问题而撰写的中国哲学史著作，还有文学史学家从文学思想角度研究历史上文学流派及其思潮而撰写的中国文学思想史著作，还有政治史学家从政治学视角研究历史上的政治问题及政治思潮而撰写的中国政治思想史著作，更有经济学家、宗教学家从各自立场研究历史上的围绕经济及宗教问题而撰写的中国经济思想史、中国宗教思想史等。这些研究成果或名为中国思想史，或名为各专门思想史（如中国哲学思想史、中国政治思想史、中国经济思想史、中国科学思想史、中国法律思想史、中国军事思想史、中国宗教思想史等）。面对相同的研究领域，不同学科因立场、视角、方法的差异而对中华思想史有不同的认识，这些认识是可以互补的，故其研究成果均应进入研究者的学术视野。

历史学界关于中国思想史的研究成果，多为有史学背景的思想史学家撰写的各种中国思想史。如侯外庐的五卷本《中国思想通史》等。哲学方面的成果主要体现为各种冠以"中国哲学史"名目的研究成果，任继愈的《中国哲学史》、杨荣国的《中国哲学史》、冯契的《中国哲学通史》等。政治学视角研究思想史的成果，主要体现为各种冠以"中国政治思想史"名目的研究成果，如吕振羽的《中国政治思想史》、刘泽华的《中国政治思想通史》等。法学视角下研究思想史的成果，主要体现为各种冠以"中国法律思想史"名目的研究成果等。这些专门思想史领域的成果是《通史》编撰时要加以注意吸收借鉴的。

由于中华思想史的研究对象和领域比较广泛，故它与中国哲学史、中国文化史、中国学术史有很大的交集，一些"中国思想史"著作在内容上与"中国哲学史""中国文化史""中国学术史"著作并无多大区别。很多冠以"思想史"名目的著作实际上是以哲学思想史为主，或以政治思想史为主；很多冠以"哲学史"的著作同样包含了政治思想史，至于冠以"学术思想史"名目的著作，也很难与"思想史"区别开来。这种情况就要求《通史》研究编撰时必须对此加以关注。

以当代学界的思想史成果为主兼采古代近代思想史成果之精华。中国思想史的名称虽然出现较晚，但对中国思想进行研究的学术活动却出现较早，并出现了一些重要成果。其中比较重要的有《庄子·天下篇》《荀子·非十二子》及《韩非子·显学》，司马谈《论六家要旨》、刘歆《七略》、班固《汉书·艺文志》，阮孝绪《七录》，《隋书·经籍志》，郑樵《通志略》，黄宗羲《宋元学案》和《明儒学案》，纪昀等撰《四库全书总目》，章学诚《文史通义》，阮元《清经解》，方东树《汉学商兑》，叶德辉《书林清话》，皮锡瑞《经学历史》《经学通论》，张之洞《书目答问》等。这些著作既可以视为《通史》研究编撰的资料，同时也是古代中国学者总结和探讨中国思想的重要学术成果。

近代以来，中国思想史研究蔚然成风，出现了梁启超、章太炎、王国维、胡适、钱穆、冯友兰、吕振羽、翦伯赞、陶希圣等众多的思想史研究专家，推出了许多有影响力的思想史著作。梁启超发表《中国学术思想之大势》，对中国思想作了鸟瞰式观察，先后刊印的《清代学术概论》《中国近三百年学术史》《先秦政治思想史》等，堪称研究中国思想史的名著。民国时期出版的中国思想史名著，有胡适的《中国哲学史大纲》、钱穆的《中国近三百年学术史》、柳诒徵的《中国文化史》、冯友兰的《中国哲学史》、蔡尚思的《中国思想研究法》、吕振羽的《中国政治思想史》、侯外庐的《中国古代思想学说史》及后来出版的《中国思想通史》等。这些有影响的思想史著作，或以进化史观为指导，或以唯物史观为指导，或以民生史观为指导，在研究视角、方法及观点上有较大差异，但均有其独特的学术价值和学术地位，值得借鉴和吸收。在《通史》编撰过程中，必须在关注当代学者的中国思想史研究成果的同时，高度重视先秦以来中国学者的学术成果，力争做到以当代学人的思想史研究成果为主兼采古代、近代学人的研究成果。

以本土思想史成果为主兼采海外学界的思想史成果。近代以来海外汉学界注重研究中国历史及其思想，出现了众多的研究成果。《通史》研究编撰时要关注海外有关中国思想史研究的成果。台湾学者钱穆、唐君毅、殷海光、韦政通撰写的中国思想史著作，以及王尔敏、张朋园、张玉法等学者撰写的专题思想史著作值得关注。欧美中国思想史研究领域出现了费正清、列文森、史华慈、葛瑞汉等众多的研究中国思想史专家，出版了许多有影响的思想史著作。列文森的《儒教中国及其现代命运》、史华慈的《寻求富强：严复与西方》、萧公权的《中国政治思想史》、艾尔曼的《从理学到朴学》、周策纵的《五四运动：现代中国的思想革命》等，都是其中有影响的名著。

21世纪以来，为了借鉴海外汉学家对中国历史及其思想成果，中国学术界与出版界合作翻译出版了许多海外中国研究名著，并以丛书方式集中出版。比较有影响者有：中华书局策划推出的"日本学者研究中国史论著选译""世界汉学论丛"等，上海古籍出版社出版了"上海史研究译丛""早期中国研究丛书""日本中国史研究译丛""海外汉学丛书"等，商务印书馆推出的"海外汉学研究丛书"，中国社会科学出版社推出的"中国近代史研究译丛"，江苏人民出版社推出刘东主编的"海外中国研究丛书"，辽宁教育出版社推出的"当代汉学家论著译丛"，花城出版社推出的"中国文学在国外丛书"，上海三联书店推出的"海外中国现代文学译丛"，浙江人民出版社推出的"中日文化交流史大系"，新疆人民出版社的"瑞典东方学译丛"，光明日报出版社的"'西方人眼中的中国'名著译丛"，国际文化出版公司推出的"'认识中国系列'丛书"等。这些译丛多为海外汉学界研究中国历史及思想的名著，其中有许多属于中国思想史方面的研究成果。这些成果不同程度地反映了海外学者研究中国思想史的视角、观点及方法，对于重新审视中国思想史有启发意义。要编撰一部代表着这个时代的学术水准和思想成就，代表着中国社会科学院基础学科的综合实力和高端水平的《通史》，必须对这些研究成果予以关注、借鉴和吸收。

第二，《中华思想通史》的另一个突出特点是通古今。

通中华思想的古今之变，也是其重要的学术特点。将中华民族几千年的思想提炼出一条清晰的"通贯"线索。所谓"通"，是指从古至今的贯通;所谓"贯"是指一以贯之的脉络。研究编撰《通史》的关键在于准确把握"通贯",既做到纵通,还要做到横通,并在纵通和横通的基础上做到会通,清晰地梳理出中华思想发展的脉络和主线。

力争做到时间和空间上的贯通。《通史》是一部唯物史观指导下的全面阐述中华思想发展的通史性著作。既然是"通史",就要在"通"字上下功夫。"纵通"是对研究对象的来龙去脉有纵向的把握,要贯通各时期的分段阻隔。而中华传统思想有着悠久的"通变"传统。无论是主张贯通古今以审视历史盛衰之变,还是主张根据古今沿革论述具体的问题,均将历史作为连续不断的变化过程进行考察。"通古今之变"是司马迁历史理论的灵魂,其通变思想包含"古今通""上下通""内外通",可归纳为"横通"与"纵通"。汉代以后,纵贯古今考察盛衰的治史理念渗透于中国各类史著之中;宋代盛行"会通"之风,邵雍的《皇极经世书》将历史划分为皇、帝、王、霸四个时期,通过考察自古以来到宋代的治乱兴亡,来说明纵贯古今考察盛衰的必要性,反映出深刻的通变意识。郑樵的《通志》,极古今盛衰之变,从历史演变中把握治乱兴亡的轨迹。马端临的《文献通考》则将历史分为太古、三代、秦以后三个阶段,从中考察上古以来典章制度的因革损益。清初王夫之以"通变"思想审视社会历史变化,上推数千年中国之治乱以迄于今,认为历史随着盛衰变化而变化,在治乱离合过程中发展。

《通史》的基本要求,首先在时空上要贯通。时间上的贯通,实际上就是直通、纵通,就是精确地具体地划分出中华思想史的各个发展阶段。《通史》上起原始社会,下讫中共十九大,要填补已往中国思想史研究中缺少的原始社会部分和当代中国思想史部分,并且注意将中华思想发展的各时段之间打通,在时间上贯通起来,着重勾勒中华民族延绵不断的思想发展历程。其次要在空间上贯通起来。空间上的贯通，就是旁通，将考察空间置于中华人民共和国领土范围之内。既有汉族思想，也包括少数民族思想；既有中原核心区域思想，也包括周边地区的思想；在考察中国近现代思想发展史时，既有中国大陆的思想，也必须包括港澳台思想。

力争做到横通与旁通。编撰《通史》除了注重时空上的"纵通"之外，还要采用"横通"方法。横通的本义是横向的贯通。具体到思想史研究，就是将思想史与哲学史、政治史、经济史、宗教史、艺术史、科技史等专题思想史贯通起来。思想史研究要注重"横通"，是由思想及思想史的特性决定的。思想呈现为多种不同的领域。这些思想领域包括哲学思想、政治思想、法律思想、经济思想、科学思想、宗教思想、道德思想、艺术思想等。这些思想是各民族思想中持久存在的思想结构要素。它们各自的特性及其相互作用，从不同方面反映着各民族思想的基本面貌。任何时代思想的发展都不是孤立的，它与哲学、历史、宗教、艺术乃至科学技术密切关联。

为了完整而深刻地揭示思想发展的历史，总结思想发展的规律，必须将思想与哲学等其他学科结合起来进行研究，并努力从其关联上寻求带有规律性的东西。恩格斯在《社会主义从空想到科学的发展》一文中说："把自然界分解为各个部分，把各种自然过程和自然对象分成一定的门类，对有机体的内部按其多种多样的解剖形态进行研究，这是最近400年来在认识自然界方面获得巨大进展的基本条件。但是，这种做法也给我们留下了一种习惯：把各种自然物和自然过程孤立起来，撇开宏大的总的联系去进行考察，因此，就不是从运动的状态，而是从静止的状态去考察；不是把它们看作本质上变化的东西，而是看作固定不变的东西；不是从活的状态，而是从死的状态去考察。这种考察方式被培根和洛克从自然科学中移植到哲学中以后，就造成了最近几个世纪所特有的局限性,即形而上学的思维方式。"① 如果孤立地研究思想史,就会产生恩格斯所提到的那种"形而上学的思维方式"的局限性。

突破这种局限的理想方法,是在"纵通"基础上与"横通"结合起来,从更广阔的背景上观察和研究思想发展的历史。如宗教与思想的关系密切,不研究宗教史就不能完全弄清楚思想史。如不研究先秦时代的原始巫术和宗教,就难以深刻理解《诗经》《楚辞》;不研究两汉时期带有宗教意味的五行谶纬观念,就难以对两汉思想有深刻认知;不研究魏晋以后的道教和佛教,就难以深刻理解南北朝隋唐思想史上许多复杂现象。李白的求仙、王维的崇佛、唐代的古文运动、明代的神魔小说,都以宗教思想为底色,唯有结合宗教史才能进行深入研究。绘画、雕塑、书法、音乐中表现出来的美学观念,可以在文学作品中得到印证。以王羲之、王献之父子为代表的书法风格,与陶诗的萧散闲澹、《世说新语》的玄远冷隽相映照,有着某种内在的关联,蕴含着魏晋玄学的灵动思想,故研究魏晋玄学要关照此时的山水诗、山水画、音乐、词曲等。中华思想史研究在"纵通"之时还要关注"横通",重视对思想史内部各专门思想史之间的通贯。

力争在直通与横通的基础上做到会通。编撰《通史》,要求在直通与横通的基础上做到"会通",要以"会通"的方式揭示各时期思想文化之间的联系,揭示各时期思想发展的内在规律,进而发掘中华思想创新性发展的深层原因。中外思想的会通,是中华思想创新性发展的重要方式。研究中华思想发展演变的规律,必须注意中外思想的会通,通过思想的"会通"揭示思想的发展。

首先,强调直通与横通的基础上的"会通",以"会痛"方

---

① 《马克思恩格斯文集》第3卷,人民出版社2009年版,第539页。

式研究考察中华思想发展，前提是用马克思主义的立场观点方法来"通贯"中华思想史。要努力克服在思想史研究中已经出现的某些倾向：如离开时代条件、社会形态和经济基础来研究思想史；如离开社会形态一般发展规律来研究思想史；如离开阶级和阶级斗争这条主线来研究思想史；如离开主流意识形态来研究思想史，进而把思想史碎片化，变成为一个一个毫无历史的、逻辑的联系的单个人物的思想成果传记。必须从阶级条件、经济基础和社会形态的演变来把握"通贯"。这样，在研究中国传统儒学时，才能认清为什么孔子创立的儒学会变成董仲舒改造的儒学，又进而变成经学、玄学、理学、心学等。

其次，以"会通"方式研究考察中华思想发展，要注重各时代主流意识形态和主流价值观的延续性。主流意识形态是古代中国统治阶级的统治思想，儒学作为统治阶级的主流意识形态是一脉相承的，但各时代有其不同的具体内容和表现特色，在各时代所处的地位和作用也有差别，并且其自身也处于不断发展变化之中。从孔子的原始儒学，到董仲舒改造的儒学，再到宋代理学，再到明代阳明心学，甚至到清代理学，其自身是变化的，并且这种变化还是相当大的，甚至是具有突破性的。儒学自身的变化如此，儒学在各时代所起的作用及所处的地位也是有差别的，既起过积极的正面的进步作用，也起过负面的消极作用，尤其是到封建社会晚期，其进步作用递减而消极作用渐增。对作为中国古代社会主流意识形态的儒学，必须以"会通"眼光加以审视，进行深入的具体分析。

主流意识形态和主流价值观是思想史的主脉搏，可细分为哲学、政治、经济、军事、文化、伦理、道德等思想加以深入分析。对于这些专门思想时，同样需要以"会通"眼光加以审视。如某时代的文学思想，既要探讨文学家的思想本身，还要探讨文学作品中包含的各种思潮。为了研究方便可以将某时代的思想划分为哲学思想、政治思想、宗教思想、伦理思想、文学思想、经济思想，但不能就思想论思想，就专门思想论专门思想，必须将思想变化与社会变迁及文化结构"会通"起来考察，将哲学思想与政治思想等会通起来考察，注意将社会科学各学科贯穿起来，打通学科之间的壁垒。

再次，以"会通"的方式研究考察中华思想发展，要注重中华优秀传统思想及优秀价值观的连贯性。习近平指出："中华文明历史悠久，从先秦子学、两汉经学、魏晋玄学，到隋唐佛学、儒释道合流、宋明理学，经历了数个学术思想繁荣时期。在漫漫历史长河中，中华民族产生了儒、释、道、墨、名、法、阴阳、农、杂、兵等各家学说，涌现了老子、孔子、庄子、孟子、荀子、韩非子、董仲舒、王充、何晏、王弼、韩愈、周敦颐、程颢、程颐、朱熹、陆九渊、王守仁、李贽、黄宗羲、顾炎武、王夫之、康有为、梁启超、孙中山、鲁迅等一大批思想大家，留下了浩如烟海的文化遗产。"[①] 要认真学习这段论述，把中华思想的脉络贯通起来。

复次，以"会通"方式研究考察中华思想发展，要注意中外优秀传统思想的交融性。如果从中外思想会通的视角审视佛教与儒道思想的关系，就能弄清中国化佛教形成及发展的历程，也能揭示儒家思想创造性转化、突破性进展及创新性发展的规律。在古代中国，外来宗教与儒学的会通而形成中国化佛教与宋明理学，就是成功的典范。佛教与儒学产生自不同的文明体系，旨趣有着根本不同。佛教强调出世，儒学强调入世；佛教重思辨，儒学重实用；佛教重彼岸，儒学重此岸；佛教信灵魂转世，儒学则对鬼神存而不论。两种异质文化的差异决定两者必然发生激烈的

---

① 习近平：《在哲学社会科学工作座谈会上的讲话》，《人民日报》2016年5月19日第2版。

冲突。因儒学作为中国社会的主流意识形态有着强大的社会影响力，佛教要想在中国本土扎根生长，必然要对自身作某种程度的改造，并且以比附方式与儒学进行"会通"，以适应本土文化的要求。这便是佛教中国化的过程。佛教本土化的过程，就是它与儒学融合、会通以获得创新的过程，是中国化宗教产生的过程，也是受佛学影响促成儒学形态创新发展的过程。两者异质文化的交流容易产生变异，并因变异而创造出新的思想。两汉以后，伴随着经学的发展，儒学逐步走向烦琐与保守，这使其在思想上难有新的突破，在佛教与儒学的不断交汇碰撞中，佛教为儒学的进一步创新发展提供了新鲜血液，促进了儒学的新转向。佛教与儒学在心学上的契合，既形成了具有中国特色的佛教宗派，又形成了宋明以来的新儒学，突破了早期儒学仅侧重于社会政治伦理的局限，逐渐达至哲学本体论的高度。宋明理学和禅宗，堪称外来佛教思想与中国儒家思想会通后的两大思想硕果。

最后，以"会通"方式研究考察中华思想发展，还要注重各时代思想的上下层之间的贯通性。要注意考察社会上层统治者的主流意识形态与社会下层民众思想观念之间的贯通。思想家的思想向上提升被统治者采用，可以转化为官府的政策加以实施而产生作用，向下灌输沉积为民众所接受，转化为民众日常行为准则日常习惯风俗及其观念。社会下层民众中很少有人研读过儒家"四书五经"，但儒家思想仍然通过各种社会流行的文化风尚渗入民众的意识之中并发挥作用。

朱熹所撰《家礼》中的思想影响即为典型例证。它向上提升为理学，并成为官方意识形态，向下则变成了社会民众家族规范和百姓日常行为准则。朱子《家礼》在思想史上的意义，就是贯通了上层思想与下层民众日常观念。它将儒家的礼学变成了民众日常遵循的礼仪，在礼仪中体现"理"的精神，将理学变成了礼教。朱熹把儒家"三礼"所包含的思想转化为可以操作的行为规范，渗透到普通民众的民俗、家规、乡约，变成了可以具体实施的礼仪，以礼教的方式规范着民众的言行，起着统治民众，稳定封建社会的封建意识形态作用。这是思想家的思想与下层民众思想观念交融会通的典型案例，也只有用"会通"的眼光来审视，才能深刻揭示其中的思想内涵。

三 《中华思想通史》的学术目标

"出精品""建队伍""立学派""推发展"是《通史》项目的"四大"学术目标。

第一，创作中华思想史研究的精品力作。

自民国以来，中国思想史的研究撰写工作不断展开，呈现出一批有影响力的思想史家和代表作。纵观这些各类思想史著作，都有各自的特色和成就，在研究方法或学术史上有一定的地位，有些还产生了很大的影响；但是，这些著作或者在指导思想的正确性上、或者在时间的贯通上、或者在思想的覆盖面上、或者在思想内涵的深度发掘上，都存在着这样那样的不足，能够集大成又通古今而且还符合当今时代需要的中国思想史著作可以说仍属阙如。在回应重大时代关切问题、形成具有鲜明中国特色的思想史方面，离国家和人民的要求还有差距。《通史》力求克服以往思想史著作的不足，适应时代需要，集成中华思想的优秀资源、填补学术研究空白，回应重大时代关切问题，提出有客观依据、经得起实践和历史检验的原创性思想理论和学术观点，推出具有时代思想高度、代表国家学术水准的思想史研究精品之作。

在时间上"上下打通"。以往的思想史家往往对于原始社会的思想直接略过或语焉不详。当然，这也是受到原始社会考古资料有限等局限所致。不过，作为中华文明的源头，前文明社会的思想虽然原始，却并非不重要。只有搞清楚中华思想的起源，才能对其后来的发展及整体脉络形成完整系统的认知，才能真正理解和把握中华思想精神内核与发展规律。多年来，大量考古新发现不断刷新学界对中华思想起源的认知，已经使我们初步勾勒和描述原始时代的思想面貌成为可能。充分利用和总结这些新发现、新成果，从真正的源头开始梳理中华思想的开端、发展与演变，是时代交给思想史研究者的新课题与新任务。

同时，以往的思想史著作一般截止到清末，或者将古代与近现代割裂开来、分别撰写，而以中华人民共和国成立后特别是改革开放以来思想的发展演变状况为对象的思想史基本上是空白。实际上，中华思想是一脉相承、一以贯之、不断继承发展的。近现代的中华思想发展虽然受到西方思想的深刻影响，但仍然是以自身为主，吸收、借鉴和融会外来思想的过程。马克思主义传入中国之后，经过中国共产党人不断与中国革命建设改革相结合的过程，不断地推进马克思主义中国化，不断创新马克思主义中国化的新的理论形态。当前，全党全国各族人民正在新的历史起点上进行具有许多新的历史特点的伟大斗争，发展中国特色社会主义伟大事业，推进党的建设新的伟大工程，为实现中华民族伟大复兴的中国梦而不懈奋斗。新的形势和任务迫切需要我们从思想史的角度对现实中正在展开的新时代中国特色社会主义伟大实践做出更好的回应和总结。

正是基于这样的认识，《通史》在时间限度和思想脉络上贯通上下五千年，从远古时代讲起直到新时代中国特色社会主义新阶段，把中华民族在漫长历史长河中形成的优秀思想传统集成起来，是一部真正意义的"思想通史"，在时间跨度上超越以往的思想史著作。为我们党总结历史、开创未来提供丰富的思想资源，为世界文明和人类智识的提升作出属于我们中华民族的贡献。

在空间上"纵横覆盖"。中华民族本身是一体多元的融合性民族集合体。各个民族在历史发展的过程中，既在一定程度上保持自己的民族独特性，同时也不断实现中华民族的融合发展。中华思想是历史上以汉族为主体的多民族共同创造和发展的，每一个民族群体、每一个地方性族群，都为中华民族思想整体作出了自己的特殊贡献。梳理和发掘不同民族对于中华民族思想整体的贡献，系统集成中华民族思想差异，融合创新发展的历史进程和思想成果，是当代中华思想史研究的重要任务。《通史》在覆盖面上全面涉及所有中华民族思想发展过程中各个民族思想发展的情况，在重点梳理和研究以汉族思想为核心的民族思想的基础上，对各少数民族的思想也将辟出专门章节梳理；对港澳台地区乃至一些重要的华人聚居区的思想也将有所涉及，在区域空间上超越以往的思想史著作。与此同时，新的思想史研究在挖掘中国传统思想精华的同时，融合会通外来先进思想，从中国和世界、历史和现实的双重维度深入挖掘中华优秀思想的精髓，探寻出中华思想绵延不绝的内在动力，为中华民族走向复兴不断注入思想力量和精神动力。

在内容上"总体集成"。目前学界对于思想史的概念与范畴界定多有论争。从国外相关研究来看，对"思想史"大体上有三种理解，即观念史、专题思想史与知识史。观念史强调思想家的思想体系与认识；专题思想史强调特定条件下人们的思想表述、方法和观念；知识史大抵属于文化史的范畴。应当说，这几种范畴界定都有过窄之嫌，不足以反映中华思想发展的整体和全貌。《通史》试图突破这些撰述框架，按"大思想史"的理念进行编撰。在马克思主义特别是唯物史观的指导下，把社会史和思想史结合起来，将文史哲学科贯穿起来，力求把中国思想发展历程中所形成的哲学、政治学、经济学、文学、宗教学等各方面的思想资源，进行汇总、集成、归纳，形成中华思想资源的集大成、思想库式的重大成果，在学科广度上也力求实现超越和突破。新的思想史研究强调中国化马克思主义在中华思想史上的独特地位，从中华文明历史变迁的角度，审视鸦片战争以来尤其是中国共产党成立以来中华思想发展的轨迹，弘扬几千年中国优秀思想同马克思主义相结合所形成的先进思想，从学理上确立中国化马克思主义在中华思想史上的高峰地位。

《通史》是一项重大的学术工程，就是要推出真正能代表我们这个时代认识水平，深刻反映中国学术、中国精神和中国道路的标志性成果，通过对中华思想史的研究揭示中华民族一脉相承、一以贯之的优秀思想的源与流，揭示支撑中华民族生生不息、奋发图强的思想基因和道德遵循，为中华民族的伟大复兴作出不负于历史和时代的思想贡献。

第二，培养中华思想史研究的马克思主义理论队伍。

在《通史》研究编撰过程中，将把人才队伍建设放在重要位置，通过凝聚和培养人才，特别是鼓励和组织中青年学者积极参与，着力打造一支立场信念坚定、学术立场鲜明、理论功底深厚、研究视野开阔的中华思想史研究的马克思主义理论队伍。

中华思想史研究的马克思主义理论人才，必须要有马克思主义的坚定理论信仰。研究编撰《通史》的根本指导思想就是马克思主义，我们将彻底地贯彻历史唯物主义的立场观点方法。在组建研究队伍之时我们就明确提出，从事这项研究的首要条件，就是要坚信马克思主义是颠扑不破的科学真理，坚定共产主义远大理想和中国特色社会主义共同理想。在研究过程中，必须牢牢坚持以马克思主义为根本指南，运用社会存在决定社会意识、经济基础决定上层建筑的唯物史观的基本原则来认识思想史，辩证分析社会存在与社会意识的关系，掌握生产的观点、阶级的观点、群众的观点，运用经济分析、阶级分析、利益分析的方法，观察、研究、分析、梳理、集成、提炼思想史，全面占有纷繁复杂的史料，去伪存真、去粗取精，汲取精华，剔除糟粕，系统整理中华思想史上的重要思想、重大观点、重要人物、重要著作，梳理出一条明晰的中华思想发展脉络和主线，找到中华思想的内核和基因。同时，勇于同任何歪曲、反对、攻击马克思主义的思想进行坚决的理论斗争，坚决反对思想史研究中形形色色的历史唯心主义、历史虚无主义、文化虚无主义，反对离开时代条件、社会形态和经济基础研究思想史，反对离开阶级和阶级斗争这条主线研究思想史，反对离开主流意识形态研究思想史。中华思想史研究的过程，同时也是人才成长的过程，研究人员将在真学真信真懂真用马克思主义上下功夫，勇于进行自我革命、自我更新，自觉接受思想洗礼和锻造，毫不留情地清算自己思想中不符合马克思主义的因素，把自己锻造成为坚信马克思主义、自觉运用马克思主义立场观点方法进行思想史研究的高端学术人才。

中华思想史研究的马克思主义理论人才，必须要有为人民做学问的鲜明学术立场。马克思主义的立场就是彻底的人民立场，始终坚定不移地维护和服务最广大人民群众的根本利益，马克思主义学者就是要始终坚持为人民做学问的学术立场。在中华思想发展史上，知识分子自古以来就有"为天地立心，为生民立命，为往圣继绝学，为万世开太平"的志向和传统，有关于"格物、致知、诚意、正心、修身、齐家、治国、平天下"的修养思想和理念。研究编撰《通史》，就是要坚持全心全意为人民服务的根本宗旨，坚持为人民做学问的学术立场，坚持人民思想史的学术理念，坚持"以民为本"的思想传统、"士以弘道"的价值追求，真正把做人、做事、做学问统一起来，继承老一代马克思主义史学家的优秀品质和优良传统，形成一批坚定正确方向、坚定人民立场的思想史研究人才，开展扎实深入的中华思想史研究，引领当代思想史研究的正确发展方向，并在更大的意义上为中国特色哲学社会科学发展作出贡献。

中华思想史研究的马克思主义理论人才，必须具有深厚的思想理论功底。《通史》课题组在组建队伍之际，就高度重视队伍建设，从年龄、职称、学科等方面综合考虑，搭建了比较合理的研究队伍。其中，由王伟光担任总负责人，由具有深厚思想史研究积累的德高望重的学者担任学术顾问和编委会成员，引领学术方向，把握研究重点，提供研究方法，处理重大问题；由具备思想史研究基本素质和学术经验的中青年学者承担主要研究和写作任务，确保书稿能够高质量完成；由具有发展潜力的青年学术骨干承担资料整理、初稿撰写等任务。课题组制定完备的工作制度和研究机制，定期召开课题工作会、编委会、审稿会，每年召开中华思想史高峰论坛和国际论坛，充分发扬学术民主，提倡开展平等、健康、活泼和充分说理的学术争鸣，营造风清气正、互学互鉴、追求真理、积极向上的学术生态。通过调整队伍结构、创新工作机制，经过一定研究周期，课题组将集合一批理论功底扎实、勇于开拓创新的学科带头人，培育一批年富力强、锐意进取的中青年学术骨干，从而打造一支博通古今、坐得了冷板凳、思想史研究功底扎实的跨学科、复合型人才队伍。

中华思想史研究的马克思主义理论人才，必须要有宽阔的国际视野和世界眼光。中华思想既是中国的，也是世界的，不仅为中华民族发展提供了文化基础和精神基因，也为世界文明发展作出了重大贡献，这就决定了研究中华思想史不可能画地为牢、闭门造车，必须有开阔的世界眼光和国际视野。研究中华思想史的对象范围不仅包括中国大陆和台港澳地区，而且也辐射到中华思想影响的重要地区，与此同时也关注海外汉学、中国学研究的情况，吸收国外关于中华思想史研究的相关成果。我们将同国际上研究中国思想史的主要机构和学者进行相关合作，展开深入的学术交流，吸收他们参加我们的一些重要学术研讨会议，还要派出课题组成员到国外知名大学和研究机构进行学术访问、考察、交流。通过这些努力，发现、培养、集聚一批有发展潜力、理论素养、学贯中西的思想史研究人才，打造一支能够在国际交流中直接对话、有实力争夺思想史研究国际话语权的国际型思想史学术英才队伍。

任何学派都是由学术人才构成的。只有建设一支中华思想史研究的马克思主义理论队伍，才能最终打造中华思想史当代中国马克思主义学派，才能完成研究编撰《通史》这一重要任务。

第三，梳理中华思想史研究的学术流与派。

在中华思想史的学术研究长河中，产生了一批重要学者，留存下一批经典著作，要仔细梳理、研究思想史的学术发展脉络。脉络的纵向是流。要把中华思想史研究的流分成若干发展阶段来考察。脉络的横向是派。要将历史上的思想史学派梳理清楚。特别要把中华思想史的马克思主义学派的发展历程梳理清楚，把处于学科源头的、主要节点的代表性人物梳理出来。思想史和人物不是分不开的，把重要的人物抓住与书写人民思想史并不矛盾。

将中华思想史的学术发展节点、脉络、流派、规律梳理出来，有几个关键词：第一是挖掘。首先要充分地占有资料，把重要的思想史代表人物、代表作挖掘出来，确定关键节点。第二是梳理。要从思想史的学术源头开始梳理，理出发展的脉络。第三是归纳。在脉络梳理的基础上，归纳出中华思想史研究的最重要的流派及其主要思想观点。第四是概括。要总结概括出思想史重要流派的主要观点及其演变规律。第五是提升。要将中华思想史研究成果最为精华的内容精炼提升出来。通过挖掘、梳理、归纳、概括、提升这一系列去伪存真、去粗取精的整理过程，把重要节点锁定，把关键人物抓住，这样，中华思想史学科的发展线索就清晰了。

除了古代的思想史研究著作，还要把现当代的相关研究著作完整地整理一下。要看看包括李大钊、陈独秀等早期马克思主义理论家关于中华思想史的论述，看看这个时期是否构成思想史研究和学派发展过程中的重要节点和马克思主义学派的起步点。

重要的是，要搞清楚每个历史节点上的思想史研究在整个思想史研究进程中处于什么样的地位，达到了什么程度，有什么好的地方，存在什么问题。可以先从思想史重要节点着手，逐步整合，为构建完整的中华思想史学科体系筑牢基础。

第四，推动中国特色哲学社会科学的繁荣发展。

中国共产党在领导中国人民进行革命建设改革的过程中，历来高度重视哲学社会科学。习近平指出："哲学社会科学是人们认识世界、改造世界的重要工具，是推动历史发展和社会进步的重要力量，其发展水平反映了一个民族的思维能力、精神品格、文明素质，体现了一个国家的综合国力和国际竞争力。一个国家的发展水平，既取决于自然科学发展水平，也取决于哲学社会科学发展水平。一个没有发达的自然科学的国家不可能走在世界前列，一个没有繁荣的哲学社会科学的国家也不可能走在世界前列。坚持和发展中国特色社会主义，需要不断在实践和理论上进行探索、用发展着的理论指导发展着的实践。在这个过程中，哲学社会科学具有不可替代的重要地位，哲学社会科学工作者具有不可替代的重要作用。"[①] 研究编撰《通史》的一个重要任务和目的，就是要在强化马克思主义指导地位、发掘学术生长点、营造良好文化生态等方面，推动哲学社会科学的繁荣发展。

第一，强化马克思主义在中国特色哲学社会科学发展中的指导地位。坚持马克思主义指导，是中国特色哲学社会科学不同于其他哲学社会科学的显著特征。当代中国哲学社会科学正是因为有了马克思主义指导，才有了正确的理论、正确的方法、崇高的理想信念，从而才有了发展的明确方向和内在动力。以马克思主义为指导的中国哲学社会科学是生长在中华优秀传统思想的土壤

[①] 习近平：《在哲学社会科学工作座谈会上的讲话》，《人民日报》2016年5月19日第2版。

之上的思想之花。没有中华优秀传统思想的滋养,中国化的马克思主义无法生根发芽。我们就是要在马克思主义指导下,深入挖掘传统优秀思想中的合理内核,在实现中华优秀思想创造转化和创新性发展的同时,进一步巩固马克思主义在中国特色哲学社会科学中的指导地位。

第二,发掘中国特色哲学社会科学发展的生长点。我国哲学社会科学领域存在着一些亟待解决的问题:面对我国经济发展进入新常态、国际发展环境深刻变化的新形势,如何贯彻落实新发展理念、加快转变经济发展方式、提高发展质量和效益,更好保障和改善民生、促进社会公平正义;面对改革进入攻坚期和深水区、各种深层次矛盾和问题不断呈现、各类风险和挑战不断增多的新形势,如何提高改革决策水平、推进国家治理体系和治理能力现代化;面对世界范围内各种思想交流交融交锋的新形势,如何加快建设社会主义文化强国、增强文化软实力、提高我国在国际上的话语权;面对全面从严治党进入重要阶段、党面临的风险和考验集中显现的新形势,如何不断提高党的领导水平和执政水平、增强拒腐防变和抵御风险能力,使党始终成为中国特色社会主义事业的坚强领导核心。这些当代重大问题可以在中华优秀传统思想中寻找启迪,促进新时代中国特色社会主义的理论创新和思想繁荣。中华优秀传统思想中有着经久不灭的思想火花,散发着智慧的光芒,例如,"道生一,一生二,二生三,三生万物"的朴素辩证思想,"民贵君轻"的民本思想等,这些思想是新时代中国特色社会主义先进思想的丰富营养。研究编撰《通史》,就是要提炼、提纯和提升中华优秀的传统思想,为发展中国特色哲学社会科学所用,为繁荣中国特色社会主义文化所用,进一步夯实哲学社会科学的思想根基。

第三,促进形成中国特色哲学社会科学发展的良好学术生态。研究编撰《通史》的一个重要任务,就是大力弘扬实事求是、理论联系实际的优良学风，推动形成崇尚精品、严谨治学、注重诚信、讲究责任、扎实深入的道德风尚；树立良好学术道德，自觉遵守学术规范，讲究博学、审问、慎思、明辨、笃行，营造风清气正、互学互鉴、积极向上的学术生态；自觉把社会责任放在首位，严肃对待学术研究的社会效果，以"十年磨一剑"的执着坚守，立志做大学问、做真学问，以深厚的学识修养赢得尊重，以高尚的人格魅力引领风气，在为祖国、为人民立德立言中成就自我、实现价值，形成中国特色哲学社会科学繁荣发展的基础和氛围。

实现在马克思主义指导下研究编撰《通史》的"四大"学术目标，是一项宏大而艰巨的中国哲学社会科学创新体系的重要任务，决不是一哄而上，敲锣打鼓，轻轻松松，愉愉快快，可以一蹴而就的，需要拿出勇攀科学高峰的勇气、毅力与决心，克服一切困难，坚忍不拔，持续发力，才能攀登到科学的顶峰。

第四节　中国思想史马克思主义学派的学术地位和特色

马克思主义在中国的传播对中国思想史研究产生了深远影响。马克思主义的立场、观点和方法的运用，开创了中国思想史研究的新局面，使得中国思想史研究取得质的突破。20世纪三四十年代以后，随着马克思主义在中国传播的日益深入，从社会生产关系角度切入中国思想史研究被越来越多的人接受。中华人民共和国成立后，在"双百"方针指引下，对中国思想史的马克思主义研究取得很大成绩，出现一批有影响的著述，确定了以唯物主义与唯心主义斗争为主线，以社会存在决定社会意识的历史唯物主义方法论为基本原则的研究路径。党的十一届三中全会后，经过十年"文化大革命"的挫折与困顿，伴随思想解放和社会巨大变革，中国思想史研究显现出旺盛的生机和活力。时代在发展，马克思主义在发展，马克思主义方向的思想史研究也必须发展。随着中国特色社会主义进入新时代，创建中华思想史当代中国马克思主义学派的历史任务被时代催生出来。既用马克思主义的立场、观点、方法来研究分析中华思想史，又在以往的马克思主义学派研究基础上体现新的时代性与创新性。

一 中国思想史马克思主义学派的形成

五四运动前，马克思主义只是零星地附带于社会主义思潮传到中国。五四运动后，唯物史观得到广泛传播，成为马克思主义在中国传播的主要特征。20世纪30年代，中国社会史大论战的展开，标志着马克思主义在中国的深入传播。

唯物史观强调历史演进的规律性、经济基础的决定性以及阶级斗争之于阶级社会发展的推动性，突破传统史学的理论框架，整合经济史、政治史、社会史研究，形成了从社会形态演进一般规律为认识思想史的前提基础的全新的研究样态。马克思主义的观点和方法不但被运用于通史编撰，也被运用到各个专门史领域。在思想史研究中，唯物史观注重探索经济基础对社会思想的基础性作用，力图在社会经济形态的演进中揭示思想变化规律。从社会发展史角度切入中国思想史研究成为新的途径，思想史研究的面貌焕然一新。

第一，李大钊与中国思想史马克思主义学派的开创。

李大钊是运用马克思主义研究历史的中国史学先驱，他关于唯物史观以及在唯物史观指导下发表的许多史学论著，不仅具有思想史的价值，而且更是思想史研究的名篇。1917年，他在《孔子与宪法》《自然的伦理观与孔子》对孔子进行了评价。

1918 年，他发表《东西文明根本之异点》，在比较中对东西方文明的不同特点提出了很有启发性的看法。1919 年，他发表《我的马克思主义观》，全面介绍了马克思的理论与学说。同年，发表《新旧思潮之激战》，为"新派思想家"仗义执言。同年，发表《物质变动与道德变动》，提出："一切的政策，一切的主义，都在物质上经济上，有它的根源。" 1920 年，他发表《由经济上解释中国近代思想变动的原因》《马克思的历史哲学与理恺尔的历史哲学》《唯物史观在现代史学上的价值》《唯物史观在现代社会学上的价值》等系列论文，在宣传唯物史观的同时，开始运用唯物史观来解释思想演变，已经具有思想史研究与社会经济研究相结合的特点，呈现了思想史马克思主义研究的基本方法与路径。他强调"经济的变动，是思想变动的重要原因"[1]。从唯物史观的基本研究方法出发，深刻分析了中国的社会经济结构，指出儒家的"道德伦理观点"是"适应中国二千余年来未曾变动的农业经济组织反映出来的产物"[2]。李大钊的研究基点与方法，既对后来的马克思主义史学研究，也对中国思想史研究产生了深刻影响。1923 年 4 月 17 日，李大钊在复旦大学发表《史学与哲学》的演讲，专门就史学与哲学、哲学史研究的基本内涵等问题提出看法。他说："哲学史是以哲学为研究的对象，用历史的方法去考察他，其性质宜列入哲学系统中。哲理的历史，是用哲理的眼光去写历史，是属于史的性质的，但太嫌空虚。历史哲学是哲学的一部分，哲学是于科学所不能之处，去考察宇宙一切现象的根本原理的。历史事实是宇宙现象的一部分，所以亦是史学所研究的对象的一部分。"[3] 这篇文章是李大钊关于思想史研究的代表作。

---

[1]《李大钊全集》第 3 卷，河北教育出版社 1999 年版，第 433 页。
[2] 同上书，第 434 页。
[3]《李大钊文集》第 4 卷，人民出版社 1999 年版，第 295 页。

李大钊处于中国思想史马克思主义学派的开创阶段，作出了开创性贡献。这一阶段的主要成就是提出必须运用马克思主义唯物史观来分析研究中国思想史，明确不同于其他学派的、具有鲜明马克思主义唯物史观特色的思想史研究基本立场，确立以生产力说明生产关系、以经济基础说明上层建筑、以社会存在说明社会意识的基本研究方法与路径，奠定了中国思想史研究的马克思主义的世界观方法论基础。李大钊之后，以郭沫若、吕振羽、翦伯赞、范文澜、侯外庐为代表的马克思主义史学家，都对思想史研究倾注了很大热情，共同为中国思想史研究的马克思主义学派奠定了理论基础、例示了研究路径和基本方法。

第二，郭沫若、吕振羽等人与中国思想史马克思主义学派的创建。

早在20世纪20年代，郭沫若发表《惠施的性格与思想》《整理国故的评价》《王阳明全集序》《马克思进文庙》等文章。1925年12月，郭沫若出版《文艺论集》一书，其中收入他早年撰写的若干思想史研究论作。这些作品虽然还具有明显的资产阶级民主主义色彩，但已经表现出将马克思主义理论应用于中国史研究的趋向。国民革命运动之后，郭沫若先后发表《〈周易〉的时代背景与精神生产》《〈诗〉、〈书〉时代的社会变革与其思想上之反映》《中国社会之历史的发展阶段》等论文，将唯物史观指导下的史学研究引向深入。1930年，他将上述论文汇集起来，连同尚未发表的《卜辞中之古代社会》《周金中的社会史观》一起，出版了著名的《中国古代社会研究》一书。这是中国马克思主义史学发展史上具有里程碑意义的著作。这部书汇集了郭沫若此前所发表的探寻中国古代社会性质的论文，虽然不是一部纯粹的思想史研究著作，但奠定了以唯物史观分析中国历史资料的科学基础，对于马克思主义学者研究思想史同样具有典范性的价值。特别是书中分析《周易》时代的精神生产、《易传》中的辩证观念、奴隶制向封建制推移过程中阶级意识的觉醒等，虽然在具体结论上存在争议，但其采用的唯物史观立场和基本研究方法，对于以马克思主义为指导的思想史研究来说，意义是重大的。《中国古代社会研究》一书提供了解读中国社会史连同思想史的新视阈、新方法，在当时产生了深刻的影响。根据侯外庐的自述，他在1932年读到这部著作时，就"产生了一种愿望，想要研究和解释中国历史各经济发展阶段与政治思想、学术思想的关系"①。此后，郭沫若一直没有放弃中国古代思想史研究，并于1945年推出《十批判书》，对于孔墨、儒家八派、稷下黄老学派、庄子、荀子、名辩思潮、前期法家、韩非子、吕不韦与秦王政以及他本人的相关思想，进行了锐利的检讨，集中反映了郭沫若的先秦诸子研究成果，是关于中国思想史的马克思主义研究的代表性著作之一。

中国马克思主义史学的另一位代表者吕振羽，在20世纪30年代先后出版《史前期中国社会研究》《殷周时代的中国社会》，与郭沫若的《中国古代社会研究》一样，成为中国马克思主义史学最初的代表著作。吕振羽同样对思想史研究抱有热情，特别是对墨子哲学、杨朱哲学早就开展了深入研究。为澄清思想史、哲学史研究领域的真假马克思主义，揭露国民党改组派文人陶希圣《中国政治思想史》一书以及叶青等人对唯物辩证法的歪曲运用，吕振羽在1937年也出版一部《中国政治思想史》，具体运用马克思《剩余价值学说史》的理论学说，对历史上的中国哲学思想、政治思想进行了"粗略系统"的总结，成为中国马克思主义史学家最早撰写的中国古代政治思想通史。

同样在20世纪30年代，马克思主义史学家翦伯赞发表《庄周哲学之辩证观》《先秦"法"的思想之发展——从杨朱到韩

---

① 侯外庐：《韧的追求》，生活·读书·新知三联书店1985年版，第66页。

非》，表明他同样十分关注中国古代哲学。1938年，翦伯赞出版《历史哲学教程》一书，虽然不是思想史研究的专门著作，但阐明的马克思主义史学理论的原则与方法，是中国马克思主义史学理论发展史上的标志性成果，亦对中国思想史研究产生深远影响。

早在1926年，范文澜就曾出版《群经概论》，1928年又排印过一部《诸子略义》，以朴学的方法治诸子之学。1935年，他编纂出版具有重大思想价值的《大丈夫》一书。1940年初，范文澜来到延安，其后着手以马克思主义的立场、观点、方法撰写《中国通史简编》。1941年，他在中共中央党校讲授《中国经学史的演变》，毛泽东亲临听讲，后来致信范文澜说，把讲的内容写出来必有大益，因为用马克思主义清算经学这是第一次。范文澜的中国通史研究，同样包含着大量精湛的思想史研究内容。

20世纪上半叶，马克思主义已经成为潮流，许多人将唯物史观应用于历史研究与思想史研究。在思想史研究领域，除李大钊、郭沫若、吕振羽、侯外庐外，杜国庠、赵纪彬、郭湛波、嵇文甫、蔡尚思等人，都自觉地运用唯物史观来进行思想史研究。

1936年，郭湛波增订出版《近五十年中国思想史》，明确提出："本书有一种观点和方法，所用的方法是新的科学方法——即唯物辩证法和辩证法唯物论——作者之所以用这种方法，并非有什么成见，和信仰什么主义；只是相信在今日只有这种方法能解决问题，较为妥当，不得不用它。"[①]

嵇文甫于1934年出版《左派王学》，提出"思想是生活的反映，各时代思想变动，实决定于当时社会生活的变动"。从这种唯物主义的方法论出发，书中提出，明朝中叶以后，商业资本

---

① 郭湛波：《近五十年中国思想史·自序》，人文书局1936年版，第9页。原名《近三十年中国思想史》，1935年北平大北书局发行，1936年北平人文书局再版时经增订修补并改名《近五十年中国思想史》。

扩大促成的南方都市繁荣以及农村剥削日益加剧的情形，是考察当时政治运动、社会运动、思想运动的基础。

杜国庠也是马克思主义思想史研究的名家。1946 年，完成《先秦诸子思想概要》一书，对儒、墨、道、法、名等先秦诸子进行了精辟论述，还参加了《中国思想通史》的写作。他强调，一个时代社会思潮的产生并不取决于个别人的主观意志，而在于当时产生这一社会思潮时的社会经济和阶级关系。

蔡尚思的《中国思想研究法》出版于 1939 年，是在旧时代"敢于公开宣传马克思主义的立场、观点、方法的一本新著作"，也是自觉探讨中国思想史研究方法和撰写方式的一部著作。蔡尚思说，在他所接触的各种思想当中，"最广大精微者，却只有辩证法唯物论和唯物史观"。他并进一步指出："社会史虽非思想史，但研究思想者必先研究社会，社会实是思想之背景，故在思想史上很有影响。"[①] 他在论列思想史研究的各种方法时，对实践的方法分析尤力，突出了唯物主义的研究维度。

发掘中国哲学中的唯物主义传统与资源，同样是中国思想史的马克思主义研究的显著特点。这个特点在张岱年、赵纪彬和杨荣国的研究成果中反映得最为明显。

20 世纪二三十年代中期，张岱年系统梳理了中国古代哲学中的唯物论思想。他先后撰写了《先秦哲学中的辩证法》《秦以后哲学中的辩证法》《颜李之学》《中国元学之基本倾向》《中国思想源流》《关于新唯物论》《辩证唯物论的知识论》《辩证唯物论的人生哲学》《谭理》等论文，开掘阐发了中国的辩证法思想。特别是在《关于新唯物论》[②] 一文中，他不仅分析了新唯物论与旧唯物论的不同，并直接宣称新唯物论是"现代最可信

[①] 《蔡尚思全集》第 8 册，上海古籍出版社 2005 年版，第 112 页。
[②] 《大公报·世界思潮》，1933 年 4 月 27 日。

取之哲学"。1935至1936年，张岱年撰成50万字的《中国哲学大纲》。1944年，又完成《哲学思维论》《知实论》《事理论》和《品德论》等书稿。通过这些著作，他将唯物辩证法与形式逻辑的分析方法综合起来，将现代唯物论哲学与中国古代哲学的优秀传统结合起来，对中国古代哲学进行了系统的范畴化梳理与总结。

1931年，赵纪彬出版《中国哲学史纲要》，自称"中国唯物论史的写作，以本书为第一次"。他以分析中国社会的特质为基础，清晰勾勒了中国哲学发展的阶段性，指出哲学发展的法则就是唯物论与唯心论的斗争。他说："哲学一方面是社会诸关系规定下的意识形态，另方面又是以社会实践为媒介对于客观存在本质的真理的认识"，哲学史就是依照唯物史观原理，"一方面由社会诸关系的特征上"，确定对象的阶级背景，另一方面则"由模写论上批判其逻辑的命题，并把握哲学史发展的内在关联"[①]。从上述思想出发，在1948年出版的《古代儒家哲学批判：论语新探》中，赵纪彬还对孔子的世界观、认识论及逻辑学进行了深入剖析。

1940年，杨荣国出版《中国古代唯物论研究》一书，将老子、墨子、杨朱、荀子、王充等确定为中国古代的唯物论思想家，对他们的宇宙观、认识论、方法论、政治论等，进行了阐发。这是一部专门以古代唯物论为对象的思想史专著，在中国思想史的马克思主义研究序列中占有一定位置。

第三，侯外庐与中国思想史马克思主义学派的确立。

侯外庐运用马克思主义立场、观点和方法对中国思想史尝试进行了系统的研究，标志着中国思想史马克思主义学派的确立。在中国马克思主义史学家中，侯外庐以中国思想史研究大家著称

[①] 《赵纪彬文集》，河南人民出版社1985年版，第27页。

于世。他于 1932 年出版了与王思华合译的《资本论》第 1 卷第 1 分册。于 1933 年出版《社会史导论》，1934 年出版了《中国古代社会与老子》。1939 年，发表《中国学术的传统与现阶段的学术运动》《社会史导论》。此后，他将主要精力用于思想史研究，先后发表了《屈原思想的秘密》《屈原思想渊源的先决问题》《申论屈原思想》《孔子批判主义的社会思想底研究》等论作，并于 20 世纪 40 年代先后出版了《中国古代思想学说史》《中国近世思想学说史》等著作。1947 年，他与马克思主义思想史家杜守素（杜国庠）、赵纪彬合作，出版了《中国思想通史》第 1 卷。中华人民共和国成立后，他继续与杜守素、赵纪彬合作，后又加上邱汉生、白寿彝、杨荣国、杨向奎等人，先后出版了《中国思想通史》的其他各卷，成为中国思想史的马克思主义研究的著名著作。

侯外庐主张以"科学的方法""科学的论断"阐释历史思想。1932 年，在读到郭沫若的《中国古代社会研究》时，侯外庐就萌生愿望，要研究和解释中国历史各经济发展阶段与政治思想、学术思想的关系。[①] 1934 年，出版《中国古代社会与老子》一书，是他从事这一领域研究的最初成果。此后，他将"研究社会存在对于社会意识的影响"作为"研究方向"，经过艰苦钻研，于 1940 年出版了《中国古代社会史论》（原名《中国古典社会史论》）。该书继承了郭沫若《中国古代社会研究》的方法与观念，但在学术上具有全新的原创性。

1942 年，侯外庐出版了《中国古代思想学说史》。侯外庐表示，该书对文献进行了严格审查、考订，但根本点在于"掌握和运用马克思主义理论来研究问题，分析问题，还历史以本来面目，从而做出科学论断"[②]。由于此书成就不凡，故一经出版，

[①] 侯外庐：《韧的追求》，生活·读书·新知三联书店 1985 年版，第 66 页。
[②] 同上书，第 260 页。

即引起强烈反响，被誉为"学术中国化"过程中"拓荒时期的著作"①。

此后，侯外庐逐渐将研究重心从社会史转向思想史，但是，以社会史研究为本位的方法却没有改变。正如他所说，《中国古代思想学说史》与《中国古典社会史论》是姊妹篇，是"历史与思想史相互一贯的自成体系"②。

1944 年 11 月，侯外庐撰写的《中国近世思想学说史》上卷出版。1945 年 6 月又出版了下卷。这部著作将研究视角指向明清之际以后。侯外庐说："我们研究明、清之际的思潮，并不是由思想史的总结来看社会，相反，是由社会形态的发展来研究思想。"由于该书"处处注意于从社会的存在去看社会的意识"，"故能够透过事物的现象而把握到它的本质"③。书中提出的"早期启蒙说"，引起广泛关注。

侯外庐运用新的观点清理贯穿数千年的思想史——《中国思想通史》前三卷的诞生。抗日战争时期，侯外庐的中国思想史研究已经成熟。从 1946 年开始，他组织杜国庠、赵纪彬、邱汉生等学者共同实施一项愿望已久的工程，即撰写《中国思想通史》。"决定要用新的观点来清理贯串数千年的思想史"。所谓"新的观点"，即采取马克思主义的立场、观点、方法。侯外庐表示，之所以这样做，就在于他们确信"新的时代已经临近了"，要清理"旧的思想史研究方法和观点"，"向新一代青年提供用新观点写成的新的思想史"④。从强烈的学术使命感出发，

---

① 赵纪彬：《思想史研究的新果实——评侯外庐著〈中国古代思想学说史〉》，《赵纪彬文集》第 2 卷，河南人民出版社 1985 年版，第 389 页。
② 侯外庐：《中国古代思想学说史·自序》，文风书局 1944 年版，第 1 页。
③ 杜国庠：《接受遗产与知人论世——介绍近刊侯外庐著的〈中国近世思想学说史〉上卷》，《青年知识》1945 年第 1 卷第 2 期。
④ 侯外庐：《坎坷的历程——回忆录之五》，《中国哲学》第七辑，生活·读书·新知三联书店 1982 年版。

侯外庐决心"用马克思主义的科学方法，有理有据地恢复被唯心史家歪曲了历史本来的面目"①。

截至中华人民共和国成立，侯外庐等人顺利完成《中国思想通史》的第一至第三卷，即先秦、秦汉和魏晋南北朝部分，总计 120 多万字。《中国思想通史》奠定了思想史马克思主义学派的学科理论基础，建构了具有民族特色的思想史研究的马克思主义话语体系，是具有标识性的中国思想史马克思主义学派的代表性著作。

第四，中国思想史的早期马克思主义研究的成就与不足。

从李大钊、郭沫若到侯外庐，中国思想史马克思主义学派从产生到走向成熟，取得了重大成就。以侯外庐为代表的马克思主义学派对中国思想史尝试进行了系统的研究，标志着中国思想史马克思主义学派的确立。中国思想史马克思主义学派的基本特点，是从社会形态的角度切入进行研究。这完全不同于以胡适为代表的唯心派学者以思想说明思想、以哲学说明哲学的研究方法。依靠马克思主义真理以及学术上的科学性，中国马克思主义思想史学家对代表国民党反动派立场以及站在资产阶级唯心主义立场上研究思想史的资产阶级学者，展开了坚决斗争，取得了重大胜利。对于非马克思主义的标榜客观主义的一些研究者，也进行了学术批判。这些斗争与批判，进一步张扬了马克思主义的真理性和科学性，壮大了中国思想史马克思主义学派的研究队伍，为中华人民共和国成立后中国思想史的马克思主义研究，作了充分的学术储备与人员储备。

中国早期马克思主义思想史学家大都具有非常自觉的历史使命感与时代使命感，他们既是学者，也是思想战线的战士，不仅

---

① 侯外庐：《坎坷的历程——回忆录之四》，《中国哲学》第六辑，生活·读书·新知三联书店 1981 年版。

在学术上取得卓越成就，而且为新民主主义革命理论，做出了贡献。他们的研究重点，主要在古代思想史领域。特别对于先秦诸子，他们倾注了很多精力。但是，对于秦汉以后的思想史，特别是对于隋唐佛学、宋明理学以及明朝晚期代表新兴阶级意识形态的思想，他们也给予了强烈关注。随着研究进程的展开，他们对于鸦片战争之后的近代思想现象的关注越来越强烈，并且与对古代思想史的研究贯通起来，不但科学说明了中国古代历史从原始社会到奴隶制社会再到封建制社会的规律性与阶段性，而且证明了中国近代社会半殖民地半封建的总特点。

他们的思想史研究，首先，重视唯物史观的运用，依靠唯物史观的指导，探寻中国历史发展与思想发展的规律性，同时通过对历史上中国思想事实的阐明，验证唯物史观的普遍真理价值。其次，从分析历史上的社会性质出发说明思想事实，同时又以思想事实去验证社会性质，从而贯穿着从经济基础出发去说明上层建筑，又由上层建筑出发来反思经济基础的正确的思想方法与研究方法。他们最终的研究目的，是揭示历史发展规律的普遍性与中国历史发展规律的特殊性之间的内在统一关系。再次，站在人民的立场上，不仅努力说明人民群众的历史创造作用，而且，站在人民的立场上去评判历史上的思想现象，揭示思想领域的进步与落后、先进与腐朽的斗争。最后，运用阶级观点，采用阶级分析方法，科学地厘清历史上唯心主义与唯物主义、辩证法与形而上学、进步思想与落后思想的阵营，通过剖析思想领域的斗争史，以揭示社会政治经济领域阶级斗争的基本规律。

事实表明，中国马克思主义史学家群体的中国思想史研究，以其科学价值而具有长久的生命力。由于时代条件限制，他们的研究尚具有局限性。又由于对马克思等经典作家某些论断的理解不同，对中国史料的解读不同，在许多问题的认识上，马克思主义学者之间的观点也并不完全一致。郭沫若、侯外庐以及其他马克思主义学者的某些重大历史判断，都曾引发争议，乃至受到批驳。但是，他们所共同运用的理论方法、代表的学术方向是正确的。他们之间的分歧，是马克思主义学者之间的分歧。他们的某些学术错误，是马克思主义运用过程中的失误，不是唯物史观理论本身的错误。与他们所取得的巨大学术成就相比，他们的失误是微不足道的。正因为有他们所奠定的坚实学术基础，中华人民共和国成立后，中国思想史的马克思主义研究才能够不断前进。

二　中国思想史马克思主义学派的学术进展

中华人民共和国成立后，在辉煌而曲折的发展历程中，中国思想史马克思主义学派贯彻唯物史观社会形态理论，坚持阶级斗争观点、阶级分析方法、人民本位思想的统一，在以往中国思想史的马克思主义研究成就的基础上，将思想史研究推向了新的高度。

第一，中华人民共和国前十七年的中国思想史研究。

中华人民共和国成立后，马克思列宁主义、毛泽东思想成为占统治地位的意识形态，是学术研究必须遵循的根本原则。经过系统的认真学习和思想改造运动，马克思主义得到广大知识分子积极拥护。广大哲学社会科学工作者努力摆脱唯心主义影响，努力运用马克思主义的立场、观点、方法进行研究。在马克思主义指导下，中国思想史研究在中华人民共和国前十七年取得重要学术成就，产生了一批有影响的著作。

以唯物史观为指导的中国古代思想史研究旧作的出版和再版。中华人民共和国成立之初，蔡尚思、杨荣国、杜国庠、郭沫若、侯外庐等完成于1949年前的一批思想史论著得以出版和再版。这些著作或在旧作基础上整理而成，或在旧版基础上进行了修订。

蔡尚思的《中国传统思想总批判》于1952年出版。书中运用阶级观点,对传统封建思想进行了严格批判。特别是对于孔子代表的儒家思想,从批判封建思想的角度进行了剖析。

杨荣国的《中国古代思想史》始著于1946年,成书于1948年,出版于1954年。该书以春秋战国时期种族奴隶制向封建制的转化为依据,阐述了先秦诸子思想与时代的互动关系,揭示了先秦时期思想观念产生与变化的社会历史原因。

杜国庠的《先秦诸子思想概要》出版于1949年,再版于1955年。该书以"辨析思想葛藤"的精神,从知人论世的视角出发,对先秦诸子的思想一一辨析,以揭示诸子间"好像有机的组织"一般的互相制约、互相依存的关系。

侯外庐《中国古代思想学说史》于1950年出版修正版,1957年再次出版修订版。他的《中国早期启蒙思想史》出版于1956年。该书是《中国近代思想学说史》当中17世纪至19世纪中叶的部分,经补充修订,单独成书出版。吕振羽的《中国政治思想史》则于1955年再版。郭沫若的《十批判书》也于1956年再版。这些著作的再版,对于推动中华人民共和国的中国思想史研究,具有积极作用。

哲学史研究中朴素唯物论和辩证法传统的发掘。20世纪50年代,发掘中国哲学中的唯物主义传统,揭示历史上唯物主义与唯心主义的斗争规律,成为这一时期哲学史研究的重要特色。正如侯外庐所指出的:"中国哲学史中的唯物主义传统有着丰富的内容,我们应该科学地总结这一份宝贵的遗产。"[1] 这是当时思想史研究者的共识。1957年,张岱年提出,中国古典哲学在基本方向上与别国的哲学一样,"都是以唯物主义与唯心主义的交互斗争交互影响为主要内容",但他也强调,这种交互斗争与影

---

[1] 《侯外庐集》,中国社会科学出版社2001年版,第226页。

响在中国又有着特殊的表现形式。① 基于这种认识，张岱年于1957年专门出版《中国唯物主义思想简史》一书，系统梳理了从西周末年到鸦片战争之前唯物主义思想的发展历程。他提出，中国古典唯物主义哲学是在与唯心主义交互斗争中成长发展起来的，是中国哲学发展的主流。这一论点从本质上揭示了唯物主义在中国哲学发展中的地位和作用。

1962年，冯友兰出版《中国哲学史新编》，1964年修订再版。② 冯友兰在民国时期是以唯心史观研究中国哲学史的代表人物之一。本书即是冯友兰对其在民国时期所出版的《中国哲学史》的改造，是他努力放弃资产阶级学术立场和唯心史观，试图以马克思主义为指导重写撰写中国哲学史的一个尝试。他的这种努力，反映了中华人民共和国成立后马克思主义学习运动和知识分子思想改造运动取得的积极成果，是值得鼓励的积极行为。在书中，冯友兰也试图努力运用历史与逻辑相统一的方法，在一定的时代背景下分析唯物主义和唯心主义思想的形成与发展，梳理历史上唯物主义和唯心主义、辩证法和形而上学斗争、统一和转化的规律，有其值得称赞的成绩。但是，冯友兰始终没有完全摆脱唯心主义的学术立场与思维方法，总是不自觉地在他的著作中流露出来，他的主张受到了马克思主义学者的批评。改革开放后，冯友兰再次试图重写中国哲学史，又一次向着唯心主义的方向偏移。

任继愈主编的《中国哲学史》第一至第三册出版于1963年至1964年。③ 此书反映了20世纪60年代中国思想史研究所达到

---

① 张岱年：《中国古典哲学中若干基本概念的起源与演变》，《哲学研究》1957年第2期。
② 包括20世纪60年代人民出版社出版的《中国哲学史新编》第1册和第2册。其中第1册出版于1962年，1964年又推出修订第2版，第2册出版于1964年。
③ 此书第1、2、3册在1963—1964年由人民出版社出版，第4册"文化大革命"期间中断，1973年开始编写。该书全4册1979年由人民出版社出版。

的水平。全书以唯物主义和唯心主义、辩证法和形而上学的斗争为主线，对于中国古代哲学史进行了清晰、完整、系统、全新的再现。

侯外庐主编的《中国哲学简史》出版于1963年。该书更加清晰地勾画了以唯物主义和朴素辩证法思想为主轴的中国哲学史主线，在对于唯物主义和唯心主义、辩证法与形而上学斗争史的叙述中，突出了唯物主义发生和发展的历史。

中国思想史马克思主义学派研究范式的确立。《中国思想通史》对中国思想的发展历程作出了整体性梳理，论述了从殷代到清代中期的思想史，涉及历代思想主潮、重要思想家和主要学术流派，大力发掘和表彰了中国思想史上唯物主义的传统。

该书最突出的特色及对中国学术界最大的影响，是从社会发展史与思想史统一性的视角去论述思想史。这是全书采用的基本研究方法，即从社会存在出发去说明社会意识，把思想家及相关思想成果放在一定的历史范围内进行分析，注重发掘思想产生的社会根源。全书每卷的"绪论"都对相应时期的社会存在到社会思潮作了理论概述，以此将社会史与个别思想家的思想成果联系起来考虑。所谓"社会史"即社会发展史，是以生产关系为核心所展开的历史。从20世纪20年代的中国社会性质大论战开始，"社会史"成为一个专有名词，用以特指社会发展史。"社会史"与现今所说的社会生活史、社会文化史不是同一概念。

重视唯物主义与唯心主义，辩证法与形而上学的斗争，重视异端思想与正统儒学的斗争，是该书的叙事特征。侯外庐认为："必须着重研究异端思想和正统儒学的斗争，无神论和有神论的斗争，唯物主义和唯心主义的斗争，表彰中国思想史上唯物论的光辉传统。正统儒学的代表人物可以说是现成的，而许多异端思想家、无神论思想家、唯物主义思想家，则有待我们去发掘。"[①]侯外庐的这一认识贯彻于全书。

《中国思想通史》确立了中国思想史马克思主义学派的基本研究范式，建立了中国思想史马克思主义学派的学科体系。侯外庐认为，对中国思想史的研究，应当以社会史研究为前提，着重于综合思想家思想，逻辑思想和社会思想（包括政治、经济、道德、法律等方面的思想）。

从1950年到1966年的17年间，中国思想史研究确定了以唯物主义与唯心主义斗争为主线，以社会存在决定社会意识为方法论的原则。这是科学的思想史研究样式。当然，在实践过程中，由于主客观方面的原因，也产生了某些教条主义、机械唯物主义、过度政治化等问题。侯外庐等人对中国历史特性的某些判断、对某些思想人物的定性、对历史上某些思潮历史作用的评判等，也存在一定争议。但是，这并不能否认思想史研究马克思主义学派的科学方向。

第二，中国思想史研究"文革"十年的困顿与挫折。

从1966年到1976年是文化大革命的十年。这期间，正常的学术研究基本处于停滞状态，这是中国思想史研究的困顿与挫折时期。

这一时期，中国思想史研究一度离开了科学轨道，把学术研究引向错误的政治运动，简单地以政治标准代替学术标准，如"批林批孔""评水浒"等活动严重偏离了科学研究的方向。一段时间，"影射史学"甚嚣尘上，实事求是的科学原则遭到践踏。本来，历史上唯物主义与唯心主义、辩证法与形而上学的斗争，确实是思想史的主线。儒法思想斗争在历史上也确实存在，对历史上的儒法斗争进行科学的研究，也不失为一条考察中国思

---

① 侯外庐：《韧的追求》，生活·读书·新知三联书店1985年版，第280—281页。

想史的可资采用的思想线索。但是，以学术旗号作掩盖，妄用学术命题，将其无限制地延伸至现实政治生活，践踏学术研究的科学原则，不仅使原本正常的学术命题蒙羞，还严重败坏了马克思主义的学术声誉，极大地伤害了中国思想史学科的健康发展。

深刻的教训启迪后人。在学术研究中必须坚持政治性与科学性有机统一的原则，把政治性寓于学术性当中，既不能以学术性代替政治性，更不可以政治性代替学术性；要突出思想史的主题、主流、主线，但不能以牺牲丰富的思想事实为代价；在学术研究中，要坚决贯彻"百花齐放、百家争鸣"的方针，不能搞一家独尊。只有科学地坚持马克思主义指导，中国学术才能健康发展。

当然，即使在文化大革命的艰难环境中，中国的学术研究也并非毫无成绩可言。事实上，绝大部分马克思主义学者坚持了科学良知，利用一切可能继续从事学术研究，维护了马克思主义的学术尊严，留下了若干科学的学术成果。

第三，改革开放以来中国思想史马克思主义研究的繁荣发展。

党的十一届三中全会以后，中国进入改革开放新时期，思想史研究也走入繁荣发展的春天。20世纪70年代末真理标准问题大讨论所引发的思想解放大潮，成为这一时期中国思想史研究的一个大的历史背景，随着"实事求是"思想路线的确立和倡导，中外学术交流也不断深入，极大地扩展了中国思想史研究的空间，深刻影响了中国思想史研究的马克思主义方向与研究进展。

思想解放与中国哲学史研究的突破。在解放思想的背景下，中国哲学史研究工作者运用马克思主义观点和方法，开始重新研究和探索中国哲学思想的发展进程和规律，取得了新的成绩。

哲学史研究方法论的不断完善。首先是在哲学史研究方法论的认识方面取得新突破与进展。学者们普遍认为，必须坚持马克思主义的指导，但在实践中要克服将马克思主义教条化、单一化、庸俗化的弊端，注意纠正简单化、庸俗化、绝对化、贴标签式的滥用阶级分析方法的倾向，还原马克思主义的丰富性和科学性。学者们认为，阶级分析方法是科学的方法，应当坚持，但运用阶级观点不能采取简单贴标签的办法，而要结合具体的历史内容，全面客观地考察历史，避免简单错误地裁剪活生生的历史事实。

学者们还提出，要重视分析每一时代占统治地位的思想，要充分注意认识发展的历史，既要注意历史上唯物主义与唯心主义、辩证法与形而上学之间的斗争，也要注意其中的交流、借鉴与转化；既要挖掘唯物主义传统，也要挖掘辩证法的传统，等等。

总之，改革开放之初，马克思主义学者对哲学史研究方法论的认识更加丰富、完善，反对抛弃马克思主义，要求在马克思主义指导下尊重历史内容的丰富性和复杂性，克服研究方法的单一性、片面性与庸俗化倾向，以使哲学史、思想史研究重新回到马克思主义科学轨道上来。

中国哲学史研究不断取得新成绩。中国思想史研究的新成绩最先在哲学史研究领域涌现出来。健在的老一辈马克思主义学者继续发挥带头引领作用，中华人民共和国培养出来的一批马克思主义学者成为研究中坚力量，新的著作体现出新的气象，重新认识和肯定中华思想的历史价值和现实意义，成为学者们的主攻方向。

1978年，侯外庐主编的《中国近代哲学史》出版。该书虽以"哲学史"命名，实为新时期第一部近代思想的通论性著作，可与《中国近代启蒙思想史》互为补充。全书保持了从社会性质出发的总体方法，但突出思潮的地位，尤其注重揭示哲学与社会思潮的互动以及政治思潮的历史作用，丰富了中国哲学史研究的内容。

冯契《中国古代哲学的逻辑发展》（上、中、下）出版于1983至1985年，以突出揭示中国古代认识的辩证运动为特点，同时注重把握自然科学的发展以及科学反对宗教迷信的斗争。1989年，冯契又出版《中国近代哲学的革命进程》，将近代中国百余年哲学发展作为一个逻辑体系予以考察。冯契的著作显然拓宽了马克思主义对中国思想史研究的视野与范围。

改革开放后，任继愈主编的《中国哲学史》不仅得以全部出版，而且根据时代发展作了修订。[1] 该书做到了历史分期与哲学史分期的有机统一，既清晰再现了历史上不同阶级之间的斗争、唯物主义与唯心主义的斗争，又避免了将阶级分析简单化、公式化，以严谨深刻的学术见识映现了马克思主义学派哲学史研究的科学价值，在科学性与政治性的结合上树立了很好的范例。

学术思想史取得了新成就。进入20世纪80年代以后，中国思想史研究呈现出另一个重要特点，即学术史研究受到空前重视。对学术史的高度重视，不是传统学术史的简单回归，而是以学术思想史的属性，更加丰满地阐释中国思想史。它是对传统学术史的超越，是新形势下以马克思主义为指导的中国思想史研究所呈现出来的新样态。

《宋明理学史》《中国传统学术史》是这一学术新样态的代表性著作。侯外庐等人主编的《宋明理学史》共两卷，分别出版于1984年与1987年。它既是系统论述宋明理学发展全过程的专门思想史，也是断代性的学术思想史。侯外庐认为，以往包括学案体在内的思想史著作，只是历史编纂学。作为马克思主义思想史家，不仅要超越封建学者擅长的学案体，而且要超越梁启超

---

[1] 该书第1、2、3册于1963至1964年由人民出版社出版。该书全4册1979年由人民出版社出版。2003年，人民出版社出版修订版第1版。2010年，人民出版社出版修订版第2版。

《中国近三百年学术史》那样的著作。要达到这一目标,就必须将研究过程"严格地置于马克思主义理论的指导之下",同时,在具体的研究实践中,必须"准确地运用马克思主义分析历史问题"。由于秉持了这样的学术立场,《宋明理学史》以其深厚的学术成绩,成为新时期中国思想史的马克思主义研究的代表性著作之一。

卢钟锋的《中国传统学术史》出版于1998年。这部书的特点是不仅历史跨度大,从战国后期延展至民初,而且涉及的对象非常宽博,由儒释道旁及思想史、文化史乃至社会史。通过对学术史与社会思潮、文化走向关系的考察,作者总结出中国传统学术史的三大思想特点,即立足现实的经世思想、争立学术正宗的道统意识、注重历史反思的批判精神。这样的论述视角,是新时期中国思想史的马克思主义研究不断走向丰富性的体现。

总体来看,马克思主义思想史学家通过对学术思想史的研究,在以往的思想史研究领域内,不断地注入关于社会思潮、文化变迁方面的内容,从而使得以马克思主义为指导的中国思想史研究日益丰满,不断地拓展着中国思想史马克思主义学派的视角、方法、对象和范围。

以马克思主义解读宗教思想。宗教是社会意识形态的重要内容。宗教思想是思想史研究的重要对象。中国马克思主义思想史学家一向高度关注对宗教思想的研究。与之相关的是,他们尤其高度关注对中国无神论思想的发掘与研究,取得了非常优秀的研究成果。在中国宗教思想史研究方面,任继愈是一位具有代表性的马克思主义学者。

首先,他坚持用社会存在说明宗教的原则研究宗教思想。他从马克思主义宗教观出发提出,宗教生活受社会生活制约,尤其是政治生活的制约,宗教是一定的社会的经济生活和政治生活的反映，宗教历史地产生，也将历史地消亡，受历史发展规律的支配。当然，宗教与社会的关系有其曲折性和复杂性，会表现为不同的形式，但宗教最终被时代和阶级关系所制约，这是颠覆不了的真理。

其次，他坚持以阶级观点与阶级分析方法说明宗教。他指出，宗教的存在除思想认识的原因外，还有它的阶级土壤和社会土壤。"只要有阶级、有贫富、有压迫，人们不能自己掌握自己命运，就为宗教提供了存在的条件。"以佛教为例，"自从它传入中国那一天起，一直是适应当时封建地主阶级的需要来宣传解释其宗教学说的"[①]。

再次，他坚持从唯物主义与唯心主义对立的视角说明宗教。他指出，马克思主义的世界观与宗教的世界观是根本对立的。作为马克思主义者，任继愈坚持辩证唯物主义立场，立足于对宗教思想的揭露与批判，同时也积极肯定宗教在人类思维领域的贡献，体现了马克思主义阶级立场与学术立场的统一。

最后，他坚持科学无神论立场，把弘扬无神论、批判有神论与有鬼论、消除封建迷信作为宗教研究的重要任务。在中国无神论研究领域，牙含章、王友三主编的《中国无神论史》是一部代表性著作。在任继愈主编的《中国哲学史》中，无神论思想同样是非常重要的内容。

任继愈主编的《中国佛教史》（共三卷，分别出版于1981年、1985年、1988年）、《中国道教史》（出版于1990年）以及《基督教史》《伊斯兰教史》，是新时期马克思主义学者撰写的具有代表性的宗教史著作，代表了中国当代马克思主义学者的基本立场，表达了中国当代马克思主义学者的基本观点。

---

① 任继愈主编：《中国佛教史·序》第1卷，中国社会科学出版社1981年版，第14、1—2页。

第四，新世纪中国思想史马克思主义学派的研究。

进入 21 世纪后，党中央大力推进哲学社会科学繁荣发展，鼓励学术观点创新、学科体系创新和科研方法创新，实施马克思主义理论研究和建设工程，努力建设具有中国特色、中国风格、中国气派的哲学社会科学，在这一背景下，包括思想史研究在内的中国学术事业，进一步向着枝繁叶茂的繁盛局面迈进。

对思想史学术意义的强调。中国思想史研究繁荣发展的重要表征之一，是对于历代思想家的专项研究呈现前所未有的全面推进态势。匡亚明主编的《中国思想家评传丛书》是这一态势的集中体现。该丛书于 1982 年正式筹划，1986 年启动，至 2006 年整体出版，共收入"从孔子到孙中山"约 2500 年间的传主 270 余名，几乎囊括了民国和民国以前的所有中国思想家。尽管丛书的内容比较驳杂，水平不一，但总的立意非常明确，即将优秀传统思想文化定性为"伟大、坚强的精神支柱，是我们民族凝聚力和生命力之所在，是历史留给我们所有海内外炎黄子孙引以自豪的无价之宝"，在研究过程中坚持以辩证唯物主义和历史唯物主义的世界观和方法论为指导，坚持实事求是的原则、批判继承的原则、"百花齐放、百家争鸣"的原则，反对民族虚无主义与复古主义，以继承中华民族传统思想文化的珍贵遗产为基本目的，"在激励人心、提高民族自尊心和爱国主义方面，在促进当前建设有中国特色的继往开来的社会主义现代化物质文明和精神文明的历史性伟大事业中，能起到应有的作用。"[①] 这里对思想史学术意义的强调，是完全正确的。该丛书适应了新形势下马克思主义对中国思想史研究的需要，助推了思想史研究的进一步繁荣发展。

以马克思主义为指导的儒学研究。改革开放后，鉴于儒学在

[①] 匡亚明：《中国思想家评传丛书》，南京大学出版社 1990 年版，"序"。

传统思想文化中的主流地位与作用，儒学与儒学史研究日益活跃。到 20 世纪 90 年代，出现了被称为"国学热"或"儒学热"的现象。其中引起马克思主义学者警觉的是，出现了所谓的"大陆新儒学"。这是继民国时期"新儒学"以及港台地区"新儒学"之后，在当代中国首次出现的具有否定或反对马克思主义性质的错误思潮。

"大陆新儒学"中一些人，又被称为"政治儒学派"。他们从文化保守主义、文化复古主义乃至"儒化中国"的政治目的出发，提出要复兴儒学、重建儒教，建构所谓"政治儒学"。从这种主张出发，他们明确表示反对马克思主义，主张用儒学代替马克思主义。进入 21 世纪后，"政治儒学"更加快速地向反马克思主义的方向演变，甚至借"儒学"反对中国共产党。

针对"政治儒学"以及所谓"儒学热"中出现的错误主张与思潮，中国马克思主义学者给予了抵制和批判。马克思主义学者认为，国学与儒学"热"不应导致文化保守主义、复古主义或错误的文化改造观；试图将马克思主义作为所谓外来文化弃置一边，单纯地从"国学"中寻找立国之本或重建民族精神的支柱，是错误的；一些人从先秦的神秘主义中寻找理解当代文明的钥匙；一些人宣扬中国重构与马克思主义并列的哲学新体系，正是利用了这种错误的文化改造观，目的在于用所谓的"儒学""国学"来达到摒弃社会主义新文化于中国之外的目的。[①]

关于儒学与马克思主义的关系，坚持马克思主义立场的学者认为，不能否认马克思主义学说与传统思想之间的批判地继承关系，但从根本来说，二者不是互动、互补关系，而是指导与被指导的关系。马克思主义经典作家从不否认其学说与传统思想的继

---

① 参见罗卜《国粹·复古·文化》，《哲学研究》1994 年第 6 期。

承关系。马克思说："我们不应该否定这些社会主义的鼻祖，正如现代化学家不能否定他们的祖先炼金术士一样。"① 恩格斯说："我们德国社会主义者却以我们不仅继承了圣西门、傅利叶和欧文，而且继承了康德、费希特和黑格尔而感到骄傲。"② 恩格斯还说，古代希腊人的某些见解，能够历史地成为现代科学的理论的出发点。列宁则说："马克思主义这一革命无产阶级的思想体系赢得了世界历史性的意义，是因为它并没有抛弃资产阶级时代最宝贵的成就，相反却吸收和改造了两千多年来人类思想和文化发展中一切有价值的东西。"③ 众所周知，马克思主义有三个来源，这三个来源是马克思主义得以创立的重要思想资源。

但是，马克思主义对于从前的理论学说，从来不是照抄照搬，而是采取"扬弃"的立场，用恩格斯在《路德维希·费尔巴哈和德国古典哲学的终结》中的话说，就是"批判地消灭它的形式，但是要救出通过这个形式获得的新内容"④。恩格斯在《自然辩证法》中还说："问题决不是要简单地抛弃这两千多年的全部思想内容，而是对它们进行批判，要把那些在错误的、但对于那个时代和发展过程本身来说是不可避免的唯心主义的形式内获得的成果，从这种暂时的形式中剥取出来。"⑤ 毛泽东将对待传统文化的基本原则概括为取其精华、弃其糟粕。

坚持马克思主义立场的学者鲜明地提出：不可以用儒学代替马克思主义，不可以将马克思主义与儒学调和起来。研究传统思想的基本立场应该是：用科学马克思主义的立场、观点和方法，有重点、系统地对中国优秀传统思想文化进行研究，去粗取精，

---

① 《马克思恩格斯文集》第3卷，人民出版社2009年版，第280页。
② 《马克思恩格斯选集》第3卷，人民出版社2012年版，第747页。
③ 《列宁专题文集：论社会主义》，人民出版社2009年版，第167页。
④ 《马克思恩格斯文集》第4卷，人民出版社2009年版，第276页。
⑤ 《马克思恩格斯选集》第3卷，人民出版社2012年版，第897页。

加以弘扬和开发,使之在中国特色社会主义建设事业中发挥应有的作用。当今中国对优秀传统文化的继承弘扬,离不开马克思主义的指导;马克思主义在中国扎根,也离不开和中国传统文化的结合;对传统文化既不要全面肯定,也不能全面否定。实事求是的态度,应该是经过研究分析,肯定其积极因素,消除其消极因素,即认真清理,区别对待。① 他们还进一步提出:"研究孔子及其思想要以马克思主义理论为指导,宣传孔子及其思想也要以马克思主义理论为指导。"② 进入21世纪后,中国马克思主义学者力求用马克思主义指导下的对传统思想的研究成果来满足时代需要,回应社会关切。

2009年,黄宣民、陈寒鸣主编的《中国儒学发展史》出版。该书基本贯彻了唯物史观的基本理论和立场,继承和运用"社会史研究与思想史研究相结合"的原则与方法,汇集了马克思主义学者研究思想史的最新成果,客观地剖析了儒学在不同历史阶段的形态,是进入21世纪后坚持马克思主义立场的儒学通史研究著作。

三 中国思想史马克思主义学派的学术特点与方法

中国思想史马克思主义学派的学术特点主要有以下五个方面。

第一,坚持思想史研究与社会发展史研究相结合的学术特色。

从对社会生产关系的分析出发,将社会发展史研究与思想史研究结合起来,是中国思想史马克思主义学派的传统,也是中国思想史马克思主义学派的显著特征。正如侯外庐所指出的:"思

---

① 匡亚明:《求索集》,人民出版社1995年版,第5、230、235页。
② 林甘泉主编:《孔子与20世纪》,中国社会科学出版社2008年版,第498页。

想史系以社会史为基础而递变其形态。因此,思想史上的疑难就不能由思想的本身运动要求得解决,而只有从社会的历史发展里来剔抉其秘密。"① 他在晚年总结治学心得时说:"从历史唯物主义观点来看,思想是存在的反映。历史从哪里开始,思想进程也应从哪里开始。因此,社会历史的演进与社会思潮的发展是相一致的。"② 正是由于运用这一科学方法,侯外庐主编的《中国思想通史》获得学界广泛赞誉。《通史》研究要继承这一传统,在前辈的基础上继续前进。

第二,坚持运用唯物史观社会存在决定社会意识原理的学术特色。

马克思在《政治经济学批判序言》中写道:"物质生活的生产方式制约着整个社会生活、政治生活和精神生活的过程。""不是人们的意识决定人们的存在,相反,是人们的社会存在决定人们的意识。"③ 马克思主义政治经济学为破解生产方式的奥秘提供了钥匙,也为探寻人们精神生活的终极原因提供了钥匙。充分运用马克思主义政治经济学的理论工具,深入分析各个历史阶段的经济基础状况,从社会经济关系出发去说明人们的意识,同样是马克思主义中国思想史研究的优良传统。侯外庐说:"总的说来,依据马克思主义的理论和方法,特别是它的政治经济学理论和方法,说明历史上不同社会经济形态发生、发展和衰落的过程;物质生活的生产方式制约着整个社会生活,政治生活和精神生活的过程;以及经济基础与上层建筑、意识形态之间的辩证关系,是我五十年来研究中国社会史、思想史的基本原则和基本方法。"④ 这是值得特别关注的结论。

---

① 侯外庐:《中国思想通史》第 1 卷,人民出版社 1957 年版,第 28 页。
② 侯外庐:《侯外庐史学论文选集》(上),人民出版社 1987 年版,第 12 页。
③ 《马克思恩格斯文集》第 2 卷,人民出版社 2009 年版,第 597 页。
④ 侯外庐:《韧的追求》,生活・读书・新知三联书店 1985 年版,第 328 页。

第三，坚持运用马克思主义阶级分析方法的学术特色。

承认阶级观点、采用阶级分析方法研究人类文明史，是马克思主义学术研究的基本出发点，坚持运用马克思主义阶级分析方法，是马克思主义历史科学的本质特征，也是中国马克思主义史学的本质特征，马克思主义的思想史研究也不例外。侯外庐说："在思想史的研究中，我们也必须遵循社会存在决定社会意识的基本原则，将思想史思想置于历史的具体环境中，即置于一定的社会阶段及其复杂的阶级斗争的环境中。"① 任继愈说："任何一种思想史总是带着深刻的阶级烙印，总是代表着（有时是公开地、直接地，有时是隐讳地、间接地）特定阶级的利益和需要，任何一个思想史家都是特定阶级的代言人。我们在考察思想史思想的发生发展、相互斗争、相互转化的过程时，一刻也不能离开阶级分析。在万象纷纭、充满矛盾的阶级社会里，只有运用阶级分析的方法，才能找到历史发展的客观规律。"② 冯契说："阶级斗争、生产斗争和科学实验是推动哲学发展的动力。春秋战国时社会大变动时期，哲学斗争是当时的阶级斗争的反映；反过来，哲学革命又做了政治革命的前导。"③ 尽管历史上阶级斗争的实现形式、阶级斗争与意识形态在具体历史环境中的互动形式等问题十分复杂，人们的理解经常不一致，但是，运用阶级分析方法，却是达到科学认识的正确途径。在任何时候、任何情况下，作为马克思主义学者，都必须将阶级分析方法运用于人类思想史研究。

第四，坚持推进马克思主义中国化的学术特色。

马克思主义中国化就是将马克思主义基本原理同中国实际相结

---

① 《侯外庐集》，中国社会科学出版社 2001 年版，第 209 页。原载于《新建设》1963 年第 4 期。
② 任继愈主编：《中国思想史》，人民出版社 1979 年版，"绪论"，第 7 页。
③ 《冯契文集（增订版）》第 4 卷《中国古代哲学的逻辑发展·第一篇小结》，华东师范大学出版社 2016 年版，第 327 页。

合，不断形成中国化的马克思主义的过程。要形成中国化的马克思主义，就必须将马克思主义基本原理同中国革命、建设和改革的实践结合起来，同中国的优秀历史传统和优秀传统思想结合起来。

首先，把马克思主义植根于中国的优秀传统思想之中，是马克思主义中国化的重要内容，中国的马克思主义学者在思想史研究中始终坚持了这一原则。早在1926年初，郭沫若就曾发表《马克思进文庙》，虚拟孔子对马克思说："我们的出发点可以说是完全相同的。""你这个理想社会和我的大同世界竟是不谋而合。"这个论断虽然并不正确，但表明马克思主义是可以在中国传统文化中扎根的。正如张岱年所说："在中国，有一个马克思主义与中国固有的优秀文化传统相结合的问题。马克思主义必须与中国的优秀传统相结合，才能在中国土地上生根，生根后才能开花结果；中国的文化传统也必须与马克思主义的普遍真理密切结合，才能提升到更高的水平。"①

其次，马克思主义在中国必须要有中国的民族形式，不能照搬照抄马克思主义的现成结论。中国思想史马克思主义学派的这一特点，既是对马克思主义中国化内在要求的满足，也是对马克思主义中国化的助推。侯外庐指出："五四以来，史学界出现一种盲目仿效外国的形式主义学风，好用欧美的语言来讲解中国历史，企图按照西方历史模式来改铸中国历史……我们中国学人应当学会使用自己的语言来讲解自己的历史与思潮，学会使用新的方法来掘发自己民族的优良文化传统。""做到既不为古人所役，也不为欧美所使，以求从掘发自己民族文化的传统中，走出一条中国化的道路。"② 这段话道出了在思想史研究领域贯彻马克思

---

① 《张岱年全集》第7卷《我为什么信持辩证唯物主义》，河北人民出版社1996年版，第159页。

② 高增德、丁东编：《世纪学人自述》第2卷，北京十月文艺出版社2000年版，第256页。

主义中国化的基本要义。

最后，马克思主义中国化同样是中华思想史研究的重要任务。中国思想史的马克思主义研究者一向高度重视中国化的马克思主义在中国思想发展史的定位和作用，已经推出大量研究成果。对中国化马克思主义的自觉的学术研究工作，在延安时期就开始了。胡乔木、范文澜、张如心、何干之等人的相关成果，是当时的重要著作。中华人民共和国成立后，特别是改革开放以后，相关研究成果更是层出不穷。在研究当中，学者们自觉地以马克思主义以及中国化的马克思主义为指导，研究马克思主义中国化的过程以及在中国思想发展史上的地位和意义，是中国思想史的马克思主义研究者所秉持的思想自觉。

第五，坚持思想史研究人民性的学术特色。

中华人民共和国成立后，以人民为主体，为中心，成为历史研究的重要原则，思想史研究同样如此。正如刘大年所说，1949年后，多数史学工作者对历史和历史工作的观点、态度等有了改变。由原来的把历史研究当作"名山事业"，转变为承认历史研究必须为人民服务；由旧有的"贵古贱今"的态度，转变为注重近代史的研究；由过去的所谓欧美中心主义等错误观念，转变为尊重自己民族的历史；革命人民的历史成为历史学的"正统"[①]。

以人民的立场书写思想史，将人民的主体地位与作用写出来，这是中国思想史马克思主义学派的本质特征。为了实现这一研究目的，马克思主义学者们努力发掘和收集人民的思想史。侯外庐等人主编的《中国思想通史》，专有一节讲述"悲剧诗歌的思想性和人民性"。关于墨子的社会思想，从墨子所同情的人民讲起，通过墨子贫富贵贱论断的三表法，来"窥探其知识论的

[①] 刘大年：《中国历史科学现状》，《科学通报》1953年第7期。

人民性"①。任继愈的《中国哲学史》则突出对重民思想的发掘，同时对反人民的思想予以揭露和批判。书中揭露韩非主张实行愚民政策，批判韩非把地主阶级残酷地压迫和剥削农民群众说成是天经地义。书中还揭露董仲舒哲学思想是利用宗教、唯心主义对人民进行欺骗，等等。②全书做到了处处以人民的根本利益为评判的出发点。黄宣民、陈寒鸣主编《中国儒学发展史》则专门论述了儒家民本思想的现实价值，认为儒家关于尊民、重民、敬民、亲民、爱民的思想，对于现实社会具有积极的价值和意义。③书中许多内容，都涉及人民性的主题。

中国思想史马克思主义学派的发展历程曲折而辉煌，中华人民共和国成立以后，特别是改革开放以来，中国思想史研究领域异彩纷呈、硕果累累，取得了骄人的成就，构建了具有中国特色、中国风格、中国气派的思想史学科，其间所形成的理论与方法为我们在新的时代开拓中华思想史研究积累了丰富的经验。面对21世纪的新发展、新潮流与新形势，立足于建设21世纪当代中国的马克思主义，立足于实现中华民族伟大复兴的中国梦，中华思想史研究者们肩负着继往开来的重要任务。

第五节　构建中华思想史当代中国马克思主义学派

伟大的时代催生伟大的精神产品。中国特色社会主义伟大实

---

① 侯外庐等：《中国思想通史》（第1卷），人民出版社1957年版，第207、234—235页。

② 参见任继愈主编《中国哲学史》（第1册），人民出版社2010年版，第260、263、90—91页。

③ 黄宣民、陈寒鸣主编：《中国儒学发展史》，中国文史出版社2009年版，第102—104页。

践不断激发理论创新、学术创造的活力,为思想史研究打开了世界性的宏阔视野,奠定了中华思想走向世界的理论与现实根基。进入21世纪中国特色社会主义新时代,在马克思主义指导下进行中华思想史研究,应全面继承以往我国马克思主义学者的优秀传统,在继承的基础上创新,在创新的目标下继承,坚持继承与创新相统一,坚持历史性与时代性相统一,在与国际学术平等对话的过程中,努力形成中华思想史当代中国马克思主义学派,打造具有中国特色、中国风格、中国气派的学科体系、学术体系和话语体系。

一 创建中华思想史当代中国马克思主义学派的必要性

推进思想史研究,离不开学派的塑造与形成,《通史》项目从启动之初,就将构建中华思想史研究当代中国马克思主义学派作为重要目标。

第一,创建中华思想史当代中国马克思主义学派,是落实习近平提出的"加快构建中国特色哲学社会科学"的战略需要。

习近平在哲学社会科学工作座谈会上的讲话中强调:"坚持马克思主义在我国哲学社会科学领域的指导地位,加快构建中国特色哲学社会科学。"对于中国思想史学科来讲,就是要构建具有中国特色的中华思想史研究当代中国马克思主义学派。

第二,创建中华思想史当代中国马克思主义学派,是总结和弘扬中华优秀传统思想的时代需要。

"欲知大道,必先为史。"中华民族有着五千多年自强不息、薪火相传的悠久历史,有着三千年治史、学史、用史的优良传统。中国共产党在领导革命、建设和改革的过程中,注重从历史中总结经验、汲取智慧,在自觉把握历史潮流中开辟事业成功之路。习近平曾多次强调,历史是最好的教科书,是最好的老师,可以把历史智慧告诉人们,可以启迪后人。他说:"历史记述了前人积累的各种科学文化知识，记述了他们治理国家和社会的思想与智慧，记述了他们经历的成功和失败的经验与教训"；"在中国的史籍书林之中，蕴涵着十分丰富的治国理政的历史经验。"① 中国历史中包含着丰富的历史智慧和优秀思想，需要加以总结和弘扬。

改革开放以来，中华思想史研究领域异彩纷呈、硕果累累，但思想史研究在回应重大时代关切、形成具有鲜明民族特色的中华思想史当代中国马克思主义学派方面，离国家和人民的要求还有不少的距离；思想史研究领域的一些对待中华传统思想的错误态度与错误观点、错误思潮，特别是近年来以历史虚无主义以及历史复古主义为代表的错误思潮，严重干扰了正常的学术生态，造成人们的思想混乱，尤其值得警惕。历史和时代都在呼唤思想史研究的马克思主义新成果。在马克思主义的指导下，思想史研究必须着力发掘和弘扬中华民族在漫长历史长河中形成的优秀思想传统，为开创中华民族的未来提供丰富的思想资源，为中华民族的复兴注入思想力量和精神动力，为世界文明和人类智识的提升做出属于中华民族的奉献。

第三，创建中华思想史当代中国马克思主义学派，是纠正和澄清当前思想史研究出现的错误观点的客观需要。

当前存在一股否定马克思主义史学理论的错误倾向，主要表现为历史虚无主义与历史复古主义。这股错误思潮虽然并不占据主流思想的地位，但仍有较为广泛的不良社会影响，有一些学者不自觉地离开了马克思主义理论指导，把历史学归于一种碎片化、微观化、细节化、非政治化、非意识形态化的所谓实证考据研究，不问历史进步性，不问历史是与非；甚至还有极少数学者

---

① 习近平：《领导干部要读点历史——在中央党校 2011 年秋季学期开学典礼上的讲话》，《学习时报》2011 年 9 月 5 日第 1 版。

哗众取宠，从历史细节中挑出一些片段来，不问前因后果，不问事实与否，不问大是大非，提出一些所谓的"新观点"，客观上起到了丑化历史正面人物、美化历史反面人物的作用。

这股错误倾向在思想史研究中的突出表现，就是离开马克思主义立场、观点、方法来分析中华思想史。一是离开特定的时代条件、社会形态和经济基础来研究思想史，把思想史变成了单个思想史人物的传记史，让思想离开了赖以形成和为之服务的社会条件和社会实践；二是离开阶级和阶级斗争这条主线来研究思想史。人类社会自从进入奴隶社会以来都是阶级斗争的历史，这就必须坚持按照阶级分析的方法进行思想史研究，研究思想史必须要从阶级观点的高度分析问题；三是离开主流意识形态来研究思想史。奴隶社会占统治地位的是礼治思想，封建社会占统治地位的是儒家思想；四是离开具体社会环境评价历史人物，把原来反面的东西变成正面的东西。列宁指出："在分析任何一个社会问题时，马克思主义理论的绝对要求，就是要把问题提到一定的历史范围之内。"[1] 譬如对蒋介石及《蒋介石日记》的研究，必须放在近代中国特定的社会环境和思想条件内加以阶级分析。蒋介石是近代中国重要的历史人物，他在抗日战争中起到了一定的作用，到了台湾后坚持"一个中国"、反对台独，这是应该肯定的，但这不足以根本改变其历史"反面人物"的阶级本质。《蒋介石日记》是蒋介石自己撰写的日记，是受其观察问题、认识问题的世界观和方法论影响的，是受当时历史条件制约的。即使《蒋介石日记》某些记载是事实，但也只是经过蒋介石从众多事实中过滤后保留下来的个别的史实，尚且对这些个别史实的看法仍然受蒋介石秉持的世界观和当时的历史大局所左右。如果不是把蒋介石放在整个中国近代历史的广阔舞台上进行考察，是不可

---

[1] 《列宁专题文集：论马克思主义》，人民出版社2009年版，第302页。

能得出科学结论的。

为抵制历史虚无主义和历史复古主义的错误思潮，澄清思想史研究中的错误倾向，必须对思想史作马克思主义的分析和解释，形成真正具有鲜明学术特点的中华思想史研究的当代中国马克思主义学派。

第四，创建中华思想史研究当代中国马克思主义学派，是中华思想史学科的发展需求。

从 20 世纪 20 年代开始，李大钊、陈独秀、李达、郭沫若、吕振羽、范文澜、翦伯赞、侯外庐等一批中国学者就开始坚持以马克思主义为指导，运用唯物史观研究中国思想史，逐步开创并且形成确立了中国思想史马克思主义学派，并在思想史研究方面有所创新发展。

在马克思主义学派的中国思想史研究领域，侯外庐主编的《中国思想通史》无疑是影响最大的。应当说，这部著作是中国思想史马克思主义学派的代表性著作。然而，由于受时代局限、资料限制以及各方面主客观因素的影响，《中国思想通史》在内容上虽然覆盖了自殷商以来漫长的奴隶社会与封建社会时期，但对商代以前中华思想的起源与形成这一重要历史阶段并未涉及，同时也未涵盖鸦片战争以来中国人民在半殖民地半封建社会的革命斗争时期形成的思想成果，当然也不可能涉及社会主义现代化建设时期的思想成果。从严格意义上来说它算不得是完整的"中华思想通史"。

除中国思想史马克思主义学派以外，站在不同立场、采取不同方法的学者，也进行了多方面的中国思想史研究。例如，钱穆于 1952 年出版的《中国思想史》，在海内外有一定影响。该书从春秋中晚期写起，止于孙中山。每一个时代只写作者自以为需要列举的少数主要思想家而不顾及其他思想家，即使少数主要思想家也只写作者认为是重要的思想。很显然，此书"只能提供出中国思想史里几个主要节目,并非中国思想史之全貌"[1]。更为关键的问题是,他并不是站在彻底的唯物主义历史观的立场、观点、方法上来解读中国思想发展史,当然其值得借鉴的是能够遵循中国个别思想家的思想成果和自身发展思路,进行揭示与阐发,强调在与西方思想的差异中把握中国思想的特质。总的来看,钱著脱离社会史、脱离社会大众来写思想史,其弊端不言而喻。再如,韦政通于1980年出版的《中国思想史》,也是力图追寻中国思想发展自身的问题意识,就中国思想自身而言中国思想。较之钱著,韦著更为注重寻绎思想演变发展的线索与脉络,因而更具有宏观与整体视野,并不仅局限于思想史上少数具有一定影响力的思想家。不过,该书在跨度上至清中期的戴震止,时间上没有贯通;同时与钱著一样离开唯物主义历史观的分析视角。在编撰《通史》的过程中,要对这些研究成果进行分析鉴别,在充分借鉴其合理性成分的同时,剔除其不正确的方面。

中国史学有着悠久的传统,出现了司马迁、班固、陈寿等著名史学家和一系列著名史学典籍,积累了包括史学家的个人道德品质、道德情操在内的优良的学术传统。中国先进知识分子将马克思主义介绍进来后,开始尝试用唯物史观指导历史研究,在继承中国史学优良传统的基础上大胆探索,逐渐形成了中国马克思主义史学流派。在思想史研究领域中,许多秉持唯物史观研究思路的学者运用马克思主义立场、观点和方法研究中国思想史,形成了思想史研究的新学派——中国思想史马克思主义学派。侯外庐主持撰写的《中国思想通史》,将思想史与社会史研究相结合,坚持社会形态的正确分期,开创了中国思想史研究的新境界,确立了思想史研究的马克思主义学派。中国特色社会主义伟大实践不断激发理论创新、学术创造的活力,为思想史研究开辟

---

[1] 钱穆:《中国思想史》,台湾学生书局1988年版,第1页。

了宏阔视野,奠定了中华优秀思想走向世界的现实根基。中华思想史当代中国马克思主义学派,既是中国思想史马克思主义学派的延续,同时又是中国思想史马克思主义学派的创新,要站在中国思想史马克思主义学派的肩膀上有所前进。

二 中华思想史当代中国马克思主义学派的标志性特征

每个学派都有其区别于其他学派的规定性特征。中华思想史当代中国马克思主义学派同样有其本质性的特征,即坚持马克思主义唯物史观的指导。自五四运动以来,经过近百年的奋斗,李大钊、郭沫若、侯外庐等中国思想史研究的前辈们运用马克思主义立场、观点、方法研究中国思想史,形成并确立了中国思想史研究的马克思主义学派。今天,中国特色社会主义进入新时代,把中华思想史当代中国马克思主义学派的建构任务赋予了我们这一代新人。

第一,坚持马克思主义旗帜,坚守唯物史观在中华思想史研究领域的指导地位。

习近平指出:"坚持以马克思主义为指导,是当代中国哲学社会科学区别于其它哲学社会科学的根本标志。"[①] 中华思想史属于历史学科,是中国特色哲学社会科学的重要组成部分。坚持马克思主义的指导地位,这是中国特色哲学社会科学的本质属性,中华思想史学科理所应当地必须坚持马克思主义唯物史观的指导地位,必须具备鲜明的马克思主义学派特色。历史唯物主义的创立是人类思想史上的一次伟大革命,推翻了历史观领域唯心史观长期占据统治地位的状况,实现了唯物主义在自然观与历史观上的完美统一。唯物史观是一个完整的、系统的、科学的理论

[①] 习近平:《在哲学社会科学工作座谈会上的讲话》,《人民日报》2016 年 5 月 19 日第 2 版。

体系，我们只有坚持历史唯物主义，才能更好识别历史唯心主义观点，有效抵御各种历史虚无主义和历史复古主义错误，深入推进中华思想史研究跨上新台阶，不断开辟当代中国马克思主义发展新境界。在中华思想史研究中全面贯彻历史唯物主义，必须坚持马克思主义的根本立场即工人阶级和人民群众的立场，必须理解和掌握历史唯物主义的基本观点，特别是生产的观点、群众的观点、阶级和阶级斗争的观点，把这些基本观点作为思想方法和工作方法运用到研究当中，认识世界、改造世界，坚守崇高理想信念，坚持正确方向，认清种种谬误，不断取得新的成果。然而一段时间以来，在历史学某些研究领域，在思想史某些研究领域，马克思主义被边缘化，历史虚无主义、历史复古主义泛滥，甚至某些反马克思主义观点甚嚣尘上。在历史研究领域，在思想史研究领域，高举马克思主义伟大旗帜，运用历史唯物主义的立场、观点、方法指导研究，是一场捍卫马克思主义、坚持唯物史观的伟大战斗。高举马克思主义伟大旗帜，坚持历史唯物主义的指导地位，是中华思想史当代中国马克思主义学派的历史使命。

第二，坚持唯物史观关于社会形态演变一般规律的科学理论，从社会形态变迁出发观察揭示中华思想史发展规律。

人类社会历经原始社会、奴隶社会、封建社会、资本主义社会，经社会主义社会过渡而发展到共产主义社会，这是人类历史社会形态演变的一般规律。否认唯物史观关于人类社会经过原始社会、奴隶社会、封建社会、资本主义社会，经社会主义过渡而进入共产主义社会的五大社会形态发展普遍规律的科学理论，否认中国社会历经原始社会、奴隶社会、封建社会、半封建半殖民地社会和社会主义初级阶段的科学分期，否认中国新民主主义革命阶段和社会主义革命阶段的划分及其历史意义，"告别革命"、用改朝换代史代替中国社会形态史的科学划分等错误思潮，一度在思想史某些研究领域占据主流地位。运用唯物史观关于社会形态演变一般规律的科学理论指导中华思想史的分期、研究和编撰，从社会史看思想史，是中华思想史当代中国马克思主义学派拨乱反正的重要工作。

第三，坚持运用马克思主义阶级观点和阶级分析方法研究编撰中华思想史，还思想史以本来面目。

毛泽东指出："阶级斗争，一些阶级胜利了，一些阶级消灭了，这就是历史，这就是几千年的文明史。拿这个观点解释历史的就叫做历史的唯物主义，站在这个观点的反面的是历史的唯心主义。"[①] 否认人类社会自原始社会解体以来的历史都是阶级斗争的历史，否认马克思主义的阶级观点和阶级分析方法，几乎成为历史学某些研究领域的流行思潮。然而，阶级社会的存在、阶级斗争的存在是不争的历史事实。历史唯物主义和历史唯心主义的一个根本区别，就是承认不承认历史研究领域必须坚持阶级观点和阶级分析方法。不用阶级观点和阶级分析方法认识历史、认识思想史，就离开了历史的真实，就是历史唯心主义。坚持运用阶级观点和阶级分析方法看待阶级社会的发展史和思想史，坚决摒弃历史唯心主义，还原历史的真实面目，是中华思想史当代中国马克思主义学派的必须开展的一场重要战斗。

第四，坚持人民群众既是物质财富的创造者，也是精神财富的创造者的唯物史观观点，把思想的历史还给人民。

坚持人民思想史的研究原则，是中华思想史当代中国马克思主义学派区别于其他学派的一个重要标志。研究思想史离不开对思想史上的重要学问家、思想家、理论家、政治家等重要历史人物思想成果的研究，但是研究学问家、思想家、理论家、政治家等历史人物的思想成果必须建立在人民实践史的研究基础上，坚持人民思想史的研究原则。不能把思想史视为个别才子佳人的思

[①] 《毛泽东选集》第4卷，人民出版社1991年版，第1487页。

想史，必须把人民思想史研究与历史人物的思想成果研究结合起来，既要高度重视历史人物的思想成果研究，更要高度重视人民群众中的社会思潮、文化倾向、情感诉求和价值取向的研究，注重收集民间的思想原材料。是不是坚持人民思想史的原则，不在于是不是研究思想史人物们的思想成果，而关键在于是不是站在人民的立场上，以人民为中心、以人民为主体，把是不是有利于社会历史进步、是不是有利于社会生产力的发展、是不是有利于民族独立、国家统一作为判断标准。只有坚持唯物主义历史观根本判断标准，才能真正坚持人民思想史的写作原则。坚持人民思想史的研究原则，正是中华思想史当代中国马克思主义学派的重要标志。

第五，坚持以马克思主义为指导的思想史学科建设的学术共识，推动中华思想史当代中国马克思主义学派繁荣发展。

从20世纪20年代开始，我国的一大批马克思主义历史学家李大钊、郭沫若、吕振羽、范文澜、翦伯赞、侯外庐等，就开始以马克思主义为指导研究中国历史，形成了最基本的马克思主义史学共识。这些基本共识是我们构建和发展中华思想史当代中国马克思主义学科的重要基础。要在继承前辈学者的基础上，总结、概括出新的科学概念和学科范式。坚持原始社会、奴隶社会、封建社会、资本主义社会、社会主义社会和共产主义社会的社会形态演变一般规律和我国半殖民地半封建社会、社会主义初级阶段社会性质判断等一系列科学范畴，坚持旧三民主义和新三民主义，旧民主主义革命、新民主主义革命和社会主义革命等科学概念，在更多史料的支持下进一步论证和丰富这些范畴概念。在思想史研究领域，坚决反对某些错误的研究倾向，如，把思想史作"碎片化处理"，把浑然一体的思想史演变成为缺乏历史和逻辑联系的单个人物的思想传记；跟随国外史学界所谓的改写、重写中国思想史的思潮，侧重于个别的、片段性的史料发掘和重新解释；丢弃或否定唯物史观这一科学方法论，搞所谓"个性化写作"，把思想史奴婢化为个人心灵、个人知识、个人思想的工具；采用历史虚无主义的方法，把历史改写或重写为一种符合某种主观目的或政治需要的历史，以取代客观存在的历史本身……总而言之，不要离开时代背景、经济基础、社会形态来研究思想史，不要把思想史碎片化、拼盘化、个别化，变成一个个毫无历史联系的、毫无逻辑关系的单独个人和事件的思维记录。要搞清楚每个历史节点上的思想史在整个思想史进程中处于什么样的地位，达到了什么程度，有什么好的地方，存在什么问题。要先从思想史重要节点着手，从小到大，逐步整合，为构建完整的中华思想史当代中国马克思主义学科体系打下坚实基础。以马克思主义为指导，对关于历史现象、历史事件、历史人物、历史思潮的观点、学说进行更加深入的学术研究和论证，繁荣发展以马克思主义为指导的历史学科和思想史学科，是中华思想史当代中国马克思主义学派当仁不让的学术使命。

第六，坚持自觉贯彻"双百"方针，深入推进中华思想史研究领域的学术创新。

百花齐放、百家争鸣是繁荣发展我国哲学社会科学的重要方针，也是开展中华思想史研究的根本要求。要提倡理论创新和知识创新，鼓励大胆探索，开展平等、健康、活泼和充分说理的学术争鸣，活跃学术空气。坚持和发扬学术民主，尊重差异，包容多样，提倡不同学术观点、不同风格学派相互切磋、平等讨论。在坚持马克思主义指导思想的前提下，充分借鉴各种思想史研究的成果，不断在广度和深度上推进中华思想史研究。在思想史研究中坚持和贯彻马克思主义，这是最基本的要求。但这不意味着排斥各种非马克思主义的学术研究。创建中华思想史研究的马克思主义当代学派必须首先处理好内外两个关系问题：一是同在马克思主义指导下的不同观点的关系问题；二是马克思主义学派与其他学派的关系问题。

首先，必须处理好在马克思主义指导下不同观点的分歧问题。对于中国历史问题，包括思想史问题，尽管有马克思主义与非马克思主义学者之间的分歧，但同为马克思主义指导下的所谓马克思主义史学家之间也会有分歧，这种分歧甚至导致了争论，这种学术现象属于正常现象。马克思主义是认识和探寻真理的方法论和有力工具，运用这些方法和工具的历史研究者，因对马克思主义理解程度的深浅及运用熟练程度不同，再加上历史本身的复杂性和多样性，历史材料掌握的不同，必然导致马克思主义史学家对同样的历史现象会有不一致的认识，对相同的历史问题会有不同的解释。对历史发展规律的认识有分歧，这些都是正常的事情。关于中国历史分期的具体时间界限问题，郭沫若、范文澜、吕振羽、侯外庐、翦伯赞、尚钺等中国马克思主义史学家之间就有明显的分歧，并进行过热烈的讨论。他们都信仰马克思主义，都力图运用唯物史观的基本原理来研究中国历史，在运用马克思的社会形态理论具体划分中国历史阶段的时间界限时，却有很大的分歧。无论是范文澜主张的西周封建论、郭沫若主张的战国封建论还是尚钺主张的魏晋封建论，都是唯物史观指导下提出的不同的学术观点，代表着那个时代中国马克思主义史学家对中国社会形态问题认知的差别。

在马克思主义学派成员之间，在具体观点上有分歧，是正常的学术现象。作为马克思主义学派的学术共同体，必然在学术研究的基本立场、方法、学术理念、研究趋向、研究方向、主要观点等方面有共同之处，共同处大于分歧，否则就不能称其为共同的马克思主义学派。历史研究中能够形成一个公认的学派，必然有共同的质的规定性和标志性特征：共同的指导思想、共同的学术取向、共同的研究方法、共同的研究领域和基本一致的学术观点。在这些共同性之下一定会有具体学术观点的差异甚至分歧，但这并不能动摇其作为学术共同体——马克思主义学派的根基。中华思想史当代中国马克思主义学派成员内部不可避免地会有研究兴趣、研究重心及学术观点上的差异，甚至有较大的分歧，但在核心理念方面是一致的。

其次，必须处理好马克思主义学派与非马克思主义学派的关系问题。以唯物史观指导思想史研究，并不意味着根本排斥非马克思主义的学术研究。马克思主义是观察问题和解决问题的方法和指南，它开辟了探索真理的方向，但并没有穷尽真理。历史研究是一种发现历史规律、探索历史真理的艰苦过程。马克思主义为历史研究提供了科学的世界观和方法论，是探寻历史真理的科学方法，历史研究者理应自觉学习并运用它来指导历史研究，马克思主义学派就要有这种自觉意识。历史的真理或许是唯一的，但通往真理的途径并不是唯一的。唯物史观指导下的思想史研究是通往真理的正确道路，但不能禁止非马克思主义学者的思想史研究，不能否定、抹杀他们的研究工作及其成果。马克思主义学派与非马克思主义学派是学术上的竞争关系、借鉴关系、补充关系，我们相信，在学术竞争中，马克思主义以其不可比拟的科学性，会比非马克思主义更加接近于真理，也会以更宏大包容的胸怀，吸收兼容非马克思主义的一切有价值的思想。

以马克思主义为指导研究中华思想史并形成当代中国马克思主义学派，并不是要禁锢其他学派，也不能搞思想统制。数千年中华思想发展史反复证明，思想的繁荣与政治环境的宽松、文化环境的宽容和思想的自由有着密切关系；学术自由、学术民主和学术的相对独立，是思想发展和繁荣的起码条件和必要保障。思想自由与思想繁荣大体上是成正比关系的。政治宽松、思想争鸣的时代，思想就会活跃繁荣，而在政治黑暗、思想禁锢的时期，思想就会因受到束缚而贫乏。

唯物史观是科学的历史观和方法论，科学的理论不惧怕任何形式的学术批评和学术争鸣。以唯物史观指导的中华思想史当代中国马克思主义学派，必须要有坚定的学术自信和理论自信，要有开阔的学术视野和宽阔的学术胸怀，要有严肃的批判精神和强烈的创新意识，这样才能在"多元竞争"的格局中开辟出广阔的学术天地。在与国际学术平等对话的过程中，努力塑造和形成思想史研究的当代中国学派，努力把马克思主义指导下的中华思想史研究提升到一个新的水平。

三 打造中华思想史当代中国马克思主义学派的着力点

为了提出有客观依据、经得起实践和历史检验的原创性思想理论和学术观点，推出具有时代思想高度、代表国家学术水准的思想史研究精品，构造中华思想史当代中国马克思主义学派，还有两个方面的工作需要着力做好。

第一，认真研究、总结中华学术历史，尤其是近代以来的中华学术发展史，继承和弘扬中华民族源远流长的优秀学术传统，特别是五四运动以来的马克思主义指导下的优秀学术传统。

五四运动以来，一批先知先觉的中国先进知识分子选择以马克思主义作为学术研究的理论指南和方法论基础，这是由中国历史条件所决定的中国哲学社会科学的正确选择。一定要用科学的态度对待马克思主义，要用发展的马克思主义指导中国哲学社会科学研究。中华思想史研究必须在这个理念指导下，全力打造中华思想史当代中国马克思主义学派的学术创新体系。

第二，打造一流的学术交流、传播平台，坚持学术走出去，与其他国家和民族的思想史学界开展平等的、有尊严的对话，从中汲取有益的智慧和营养。

要打造好中华思想史高峰论坛和国际论坛，建设好中华思想通史网站，并通过更多的新媒体平台，以及中国社会科学院众多权威学术期刊，把思想史研究成果和专家学者推介出去。

习近平指出:"人类社会每一次重大跃进,人类文明每一次重大发展,都离不开哲学社会科学的知识变革和思想先导。""这是一个需要理论而且一定能够产生理论的时代,这是一个需要思想而且一定能够产生思想的时代。"[1] 继往开来是历史学者的责任和使命,研究编撰《通史》的主要任务,就是要在继承马克思主义史学理论和史学学科的基础上,构建中国特色的中华思想史当代中国马克思主义学派,把中华思想史中最精华的思想梳理挖掘出来,传给后世。一切有理想、有抱负的哲学社会科学工作者都应该立时代之潮头、通古今之变化、发思想之先声,为人类社会的进步、人类文明的发展,作出无愧于时代的贡献。

---

[1] 习近平:《在哲学社会科学工作座谈会上的讲话》,《人民日报》2016年5月19日第2版。

第三章　中国社会形态演进历史与发展道路

毛泽东指出："中华民族的发展（这里说的主要是汉族的发展），和世界上别的许多民族同样，曾经经过了若干万年的无阶级的原始公社的生活。而从原始公社崩溃，社会生活转入阶级生活那个时代开始，经过奴隶社会、封建社会，直到现在（引者注：1939年12月），已有了大约四千年之久。"①

毛泽东的论断，阐明了中国历史发展的独特性与人类历史发展普遍性之间的辩证统一关系，阐明了中国历史所经历的基本社会形态，是依据唯物史观考察中国历史得出的科学结论，也是考察中华思想发展进程的基本依据。

对中国历史发展道路的科学认识，需要以马克思主义社会形态演变一般规律理论为指导。马克思主义社会形态演变一般规律理论，是马克思主义经典作家运用唯物史观揭示人类社会产生和发展最一般规律而创立的科学原理。中国历史有其特殊性，但没有脱离马克思主义所揭示的人类社会发展一般规律。通过具体史实，探讨中国历史发展道路上的经济形态、政治形态和组织形态，以及相应的阶级关系变化与社会历史演进的辩证关系，可以为阐明中华思想的产生与发展奠定历史基础。

人类社会形态演变一般规律，就是人类社会历史发展最一般

---

① 《毛泽东选集》第2卷，人民出版社1991年版，第622页。

规律的体现。关于人类社会历史发展最一般规律，马克思在《政治经济学批判》的序言中作了经典的论述："人们在自己生活的社会生产中发生一定的、必然的、不以他们的意志为转移的关系，即同他们的物质生产力的一定发展阶段相适合的生产关系。这些生产关系的总和构成社会的经济结构，即有法律的和政治的上层建筑竖立其上并有一定的社会意识形式与之相适应的现实基础。物质生活的生产方式制约着整个社会生活、政治生活和精神生活的过程。不是人们的意识决定人们的存在，相反，是人们的社会存在决定人们的意识。社会的物质生产力发展到一定阶段，便同它们一直在其中运动的现存生产关系或财产关系（这只是生产关系的法律用语）发生矛盾。于是这些关系便由生产力的发展形式变成生产力的桎梏。那时社会革命的时代就到来了。随着经济基础的变更，全部庞大的上层建筑也或慢或快地发生变革。在考察这些变革时，必须时刻把下面两者区别开来：一种是生产的经济条件方面所发生的物质的、可以用自然科学的精确性指明的变革，一种是人们借以意识到这个冲突并力求把它克服的那些法律的、政治的、宗教的、艺术的或哲学的，简言之，意识形态的形式。我们判断一个人不能以他对自己的看法为根据，同样，我们判断这样一个变革时代也不能以它的意识为根据；相反，这个意识必须从物质生活的矛盾中，从社会生产力和生产关系之间的现存冲突中去解释。无论哪一个社会形态，在它所能容纳的全部生产力发挥出来以前，是决不会灭亡的；而新的更高的生产关系，在它的物质存在条件在旧社会的胎胞里成熟以前，是决不会出现的。所以人类始终只提出自己能够解决的任务，因为只要仔细考察就可以发现，任务本身，只有在解决它的物质条件已经存在或者至少是在生成过程中的时候，才会产生。大体说来，亚细亚的、古希腊罗马的、封建的和现代资产阶级的生产方式可以看做是经济的社会形态演进的几个时代。资产阶级的生产关系是社会生产过程的最后一个对抗形式,这里所说的对抗,不是指个人的对抗,而是指从个人的社会生活条件中生长出来的对抗;但是,在资产阶级社会的胎胞里发展的生产力,同时又创造着解决这种对抗的物质条件。因此,人类社会的史前时期就以这种社会形态而告终。"①

马克思主义经典作家依据唯物史观,科学研究人类社会历史发展规律,形成了"五形态"学说,即人类社会形态演变一般规律的原理,这就是人类自古以来经历了四种社会形态,即原始社会、奴隶社会、封建社会、资本主义社会,将经过社会主义社会进入共产主义社会形态(按照马克思主义经典作家的论述,社会主义社会是共产主义社会发展的第一阶段)。列宁指出,马克思"探明了作为一定生产关系总和的社会经济形态这个概念,探明了这种形态的发展是自然历史过程"②。物质资料的生产活动是人类社会存在的前提、基础和条件。人们在社会生产活动中,与自然发生的关系,就是生产力,人与人在生产中结成的关系,就是生产关系。生产力与生产关系的对立统一,构成人类社会的生产方式。生产方式是社会历史发展的决定性力量,生产方式的运动变化决定了人类社会形态的运动变化。生产关系的总和构成社会的经济基础,在经济基础之上,构成人类社会的上层建筑。生产力与生产关系,经济基础与上层建筑的辩证统一,构成人类社会,即一定历史阶段的"经济的社会形态"。人类社会是历史的、变化的、发展的,人类社会形态也是历史的、变化的、发展的。生产力是社会历史发展的最终的决定性动力。一定的生产力决定一定的生产关系,从而决定一定的经济基础,决定一定的上层建筑。有什么样的生产力,就有什么样的生产关系,就有

---

① 《马克思恩格斯选集》第 2 卷,人民出版社 2012 年版,第 2—3 页。
② 《列宁专题文集·论辩证唯物主义和历史唯物主义》,人民出版社 2009 年版,第 163 页。

什么样的经济基础，就有什么样的上层建筑，就有什么样的人类社会形态。

由生产力所决定的生产关系的总和，即经济基础的性质和状况决定上层建筑的性质和状况，从而决定了一定的"经济的社会形态"。原始社会的生产关系总和决定了原始社会的性质和状况，奴隶社会的生产关系总和决定了奴隶社会的性质和状况，以此类推，封建社会、资本主义社会、社会主义社会，以至将来的共产主义社会，都是如此。社会形态的性质和状况是由生产方式的性质与状况决定，最终是由生产力的性质与状况决定的。人类社会形态在历史演进中表现出不同的阶段性特征，而这种阶段性特征则是由人类社会不同阶段的生产关系的总和，由生产方式，最终由生产力所决定的。迄今为止，人类社会发展经历了四种社会形态（原始社会、奴隶社会、封建社会、资本主义社会），并最终将经社会主义社会过渡而为共产主义社会形态所替代。这就是马克思主义的"五形态"学说。所谓五种社会形态，就是由五种生产方式所决定的五种"经济的社会形态"，五种"经济的社会形态"的历史阶段性特征是人类的自然历史过程所呈现的最基本的特征。

"五形态"学说是历史唯物主义的社会形态演变一般规律理论主要内容，科学阐释与揭示了人类历史发展的普遍规律。正如列宁所说："马克思的历史唯物主义是科学思想中的最大成果。过去在历史观和政治观方面占支配地位的那种混乱和随意性，被一种极其完整严密的科学理论所代替，这种科学理论说明，由于生产力的发展，如何从一种社会生活结构中发展出另一种更高级的结构，例如从农奴制中生长出资本主义。"[1] "五形态"学说在一定程度上反映了人类社会形态发展的一般规律，但是并不排斥

---

[1] 《列宁专题文集·论马克思主义》，人民出版社2009年版，第68页。

某个民族、某个地区、某个国家具体社会发展道路的特殊性。在人类社会形态发展历史进程中,既有过渡性的社会形态,也有历史发展进程中的跳跃式的社会形态。

中国历史发展在经历了两百多万年的原始社会、两千多年的奴隶社会、两千多年的封建社会、一百多年的半殖民地半封建社会,到中华人民共和国成立,进入社会主义社会初级阶段,构成了既有人类社会发展普遍规律,又有中华民族历史发展独特性的社会形态演进与发展道路。

存在决定意识,马克思主义社会形态演变一般规律理论("五形态"学说),是正确认识中国社会历史发展的科学依据和基本遵循。正是在这个出发点和基础上,梳理出中国社会形态发展的基本线索,才能真正阐明中华思想发展的线索与规律,揭示中华思想发展的面貌与本质。这应当是中华思想史研究的根本原则。

第一节 中国原始社会与文明起源

人类社会所经历的最初社会形态是原始共产主义社会,简称为原始社会。中国是人类起源地和人类远古文明的发祥地之一,最初的社会形态就是原始社会。公有意识、集体意识与原始民主意识是同原始社会相适应的社会主流意识。

中国原始社会具有世界上一切原始社会的共同特征,都是分为旧石器时期与新石器时期。处在原始社会旧石器时期的中国古人类的经济活动是以采集和渔猎为主,人们使用打制石器工具,并且学会了用火,还有群居和聚落等原始社会组织。在跨越了百万年之后,原始社会进入新石器时期。在这个时期,人们使用磨制石器工具从事生产，在采集渔猎社会中，先后出现农业、畜牧业、手工业的分工，生产力有了革命性的发展，社会组织从母系氏族社会发展到父系氏族社会，聚落组织缓慢发展、分化，出现了社会不平等现象，私有制随之产生，产生了阶级、阶级差别和阶级对立，从而形成第一次社会转型，从无阶级社会走向阶级社会，引出邦国的诞生与文明社会的降临。

中国文明有其原生性、多源性，以农耕为基础，是在世界东方起源最早的文明之一。中国历史上有很多关于远古社会的传说，这些传说所反映的历史时代，正是中国远古文明起源和早期国家形成，从蒙昧到文明，从原始社会走向奴隶社会，从原始社会公有制的历史时代到奴隶社会私有制的历史时代。

一　关于"原始社会"的基本概念

人类社会最初的社会状态，或称为"史前社会"，或称为"远古时代"，或称为"原始社会"。前两种称谓仅仅是时间性的，后者则体现出社会的性质、状态和发展程度，是唯物主义历史观的科学概念。

"原始社会"概念来自历史唯物主义关于社会形态发展的"五形态"学说。原始社会是人类社会历史发展"五种社会形态"的第一种形态，是以生产资料原始公社所有制为基础的社会。不同国家、地区和民族进入原始社会有先有后，发展是不平衡、不完全的，中国原始社会既具有不同国家、地区和民族所具有的共同特征，又具有中国特殊的情况和特征。中国原始社会在生产力发展方面，先后经历了以打制石器为主要生产工具的旧石器时期和以磨制石器为主要生产工具的新石器时期，随着诸如骨、木、陶、玉等不同材料的生产工具与生活器具的制造和使用，经济生活从采集、渔猎发展到出现农业、畜牧业、手工制造业，体现了人类社会早期物质生产的进步和发展在新石器时期达到一定的高度，从而为私有制、阶级以及文明国家的出现奠定了物质条件和经济基础。中国原始社会不存在剥削和阶级，人们生活在原始共同体中，生产资料公有，没有剩余产品或剩余产品极少，平均分配生活资料，共同管理社会生活，地位平等。中国原始人类共同体由原始群发展到母系氏族公社，再发展到父系氏族公社；两性关系则由杂交、群婚，发展到班辈婚、对偶婚，再到一夫一妻制。在新石器时期出现了原始农业和家畜饲养，逐步产生了第一次社会大分工，即原始农业和畜牧业的社会分工，进而出现手工业。随着分工的扩展与剩余生活资料的出现和增加，开始出现商品交换，萌发出私有制与阶级关系。随着生产力的进一步发展和社会分工的加深，出现第二次社会大分工，即手工业和农业分离，商品生产相应兴起，私有制和阶级分化得以固化、强化和扩大，中国原始社会逐渐趋向解体而向奴隶社会过渡。

由于人类历史发展的不平衡，原始社会的一般特征在我国不同民族与地区表现出多样性与差异性。但是，从原始公有制走向私有制，从无阶级社会到有阶级社会，从无剥削制度到有剥削制度，是我国各民族与地区原始社会解体过程中的共同规律。

二 旧石器时期与母系社会

石器作为生产工具的制作与使用是原始社会带有标志性的特征。中国原始社会与世界其他民族、地区一样，分为旧石器时期和新石器时期。旧石器时期的社会组织形式是母系社会。进入新石器时期，逐步转型为父系社会，进而逐步产生私有制和阶级分化。

第一，从猿到人的转变：劳动、工具和语言。

人是从古猿进化而来的，中华民族也不例外，在从猿到人的进化过程中劳动起到了决定性的作用。马克思、恩格斯明确提出了劳动创造人和人类社会的伟大论断。他们指出，人把自己和动物区别开来的第一个历史行动不在于他们有思想,而在于他们开始通过劳动来生产自己的生活资料。① 马克思指出:一般说来,劳动过程只要稍有一点发展,就已经需要经过加工的劳动资料。在太古人的洞穴中,我们发现了石制工具和石制武器。在人类历史的初期,除了经过加工的石块、木头、骨头和贝壳外,被驯服的,也就是被劳动改变的、被饲养的动物,也曾作为劳动资料起着主要的作用。劳动资料的使用和创造,虽然就其萌芽状态来说已为某几种动物所固有,但是这毕竟是人类劳动过程独有的特征,所以马克思引述富兰克林给人下的定义就是"制造工具的动物"②。恩格斯也指出:"人类社会和动物界的本质区别在于,动物最多是采集,而人则从事生产。"③ 恩格斯从达尔文的著作中得到启发,对达尔文的观点作了唯物史观的根本修正,写作了《劳动在从猿到人转变中的作用》,提出劳动是整个人类生活的第一个基本条件,而且在某种意义上是劳动创造了人本身。④ 恩格斯还说,人类的祖先在从猿过渡到人的几十万年过程中逐渐学会使用自己的手能做出一些动作,而在人用手把第一块石头做成石刀以前已经过了漫长的时间,所以说手不仅是劳动的器官,它还是劳动的产物。⑤ 而且除制造工具外,语言交流在早期人类的集体劳动中产生出来,"语言是从劳动中并和劳动一起产生出来的"⑥。语言从一开始就是人们在劳动实践中所产生的相互交流交往的工具。

中国作为人类起源地之一,距今 204 万—201 万年,已经有打制石器出现。距今 170 万年的元谋人除使用石器之外,还会用

---

① 《马克思恩格斯文集》第 1 卷,人民出版社 2009 年版,第 519 页。
② 《马克思恩格斯文集》第 5 卷,人民出版社 2009 年版,第 210 页。
③ 《马克思恩格斯文集》第 10 卷,人民出版社 2009 年版,第 412 页。
④ 《马克思恩格斯文集》第 9 卷,人民出版社 2009 年版,第 550 页。
⑤ 同上书,第 551—552 页。
⑥ 同上书,第 553 页。

火。距今71万—23万年的北京人懂得用火并能保留火种,过着采集和渔猎的生活。距今1.8万年的山顶洞人,已经掌握对打制石器进行磨光和钻孔的技能,并会人工取火。从中可以看到劳动和石器生产工具、用火等在中国原始人类由猿到人进化过程中的作用。①

第二,旧石器时期古人类的经济活动和社会组织。

距今200多万年至1万年,人类主要以打制石器为工具而尚不知道磨制石器,这个时期是中国旧石器时期。中国旧石器时期分为早中晚三期。与旧石器时期早期相应的人类化石,属于直立人或猿人阶段。② 中国旧石器时期早期文化的特征在于,古人类学会了制造石器,掌握了打制石器的具体方法,学会了使用火和管理火。中国旧石器时期早期文化具有地方性差异,同时又具有统一性。在由猿人或直立人发展为早期智人的阶段,人类文化进入旧石器时期的中期文化发展阶段。中国旧石器时期中期的进步性表现为打制石器技术有所提高,石器形状规整,类型确定,种类增加,说明当时技术与生产力水平的提高。中国旧石器时期晚期的文化遗址已经遍布全国。考古发现,晚期智人化石分布遍及全国。

在中国旧石器时期,生产工具的制造和对火的使用是原始人类经济生活和社会组织形成发展演进的决定性因素。旧石器时期早期的人们已经能够制造木器和骨器用来处理兽肉兽皮和挖掘块根植物等,"当时的经济主要是狩猎和采集"③,而当时作为生产资料的工具、火种和作为生活资料的采集物、猎获物,都是聚集生活在一起的原始人所共同占有,是一种原始的公有制。

原始社会属于自然经济社会,在生产力低下、工具落后、分

---

① 参见《简明中国历史读本》,中国社会科学出版社2012年版,第20—21页。
② 参见苏秉琦主编《中国远古时代》,上海人民出版社2010年版,第16页。
③ 同上书,第18页。

工不明确的状况之下，必须依赖于原始群体才能保证生产者的自身需要。早期人类"在群体内实行平等互助的原则"，"以此来维系自己的生存与子孙的繁衍"[1]。例如在北京山顶洞人遗址，发现在人类头骨和躯干骨的旁边散布有红色赤铁矿粉粒，表明是有意安排埋葬的死者尸骨，并且有穿孔兽牙、石珠、石坠等装饰品，把生前用品作为随葬品。[2] 群体和聚集性的组织生活使当时的人们之间有着深厚感情，埋葬形式反映了传递某种精神方面的诉求。

旧石器时期人类社会生活，经历了从原始群到血缘家庭再到母系氏族的漫长发展演变过程，从实行杂乱男女关系的原始群转变到血缘家庭，人类形成了第一个有组织的"社会形式"[3]。原始群存在于旧石器时期早期。血缘家庭出现在旧石器时期中期，血缘家庭内部实行共同劳动，平均分配，是原始共产制的共同家户经济。[4] 母系氏族萌发于旧石器时期中期，形成于晚期，延续到新石器时期。氏族世系以母系方面来确定，"民知其母，不知其父"，妇女的经济地位、社会地位都受到特别的尊重，故称为母系氏族社会。[5]

三　新石器时期与父系社会

磨制石器工具的发展与广泛使用，提高了我国原始社会的生产力，推动中国原始社会由母系社会演变为父系社会，公有制逐步为私有制所替代，社会产生阶级分化，阶级社会逐步代替了无阶级社会。

---

[1] 参见王幼平《中国远古人类文化的源流》，科学出版社2005年版，第138页。
[2] 参见王幼平《旧石器时代考古》，文物出版社2000年版，第43页。
[3] 《马克思恩格斯全集》第45卷，人民出版社1985年版，第348页。
[4] 《马克思恩格斯文集》第4卷，人民出版社2009年版，第50页。
[5] 参见沙健孙《马克思恩格斯关于原始社会历史的理论及其启示》，《思想理论教育导刊》2016年第7期。

第一，新石器时期不同阶段的经济生活与历史发展。

在我国新石器时期之前，有一个过渡性发展的"中石器时期"。石器的细小化，石器制造采用间接打击和压削法，以及射击狩猎工具弓箭的发明，狗的驯养，等等，成为这一时期人类文化的显著特征。以河南许昌的灵井、陕西大荔的沙苑为代表的遗存，是属于中石器时期的文化。①

我国新石器时期人类文化的特征是，在生产中使用磨制石器工具以及烧制陶器具，开始经营原始种植农业和饲养家畜，出现长期定居的聚落。② 各种磨制石器的制造和使用，为原始农耕和渔猎等生产程序的精细化以及生产力的提高带来了极大的推动作用，促使人类走出洞穴建筑房舍，改变居住方式，进而促进社会分工、社会组织和社会生活的发展。新石器时期以采集、农耕、渔猎、饲养，以及手工业制造等所构成的多种经济生产类型，是与当时的劳动分工紧密联系在一起的。首先是成年男女的劳动分工，乃至由此而引发的社会分工，成为经济发展与进步的重要体现和标志。从考古发现男女墓葬中随葬工具的不同可知，当时的劳动分工是，男子"主要从事工具制造、狩猎和农业中的部分劳动"，妇女则"主要从事农业、纺织及缝纫"③。

中国新石器时期石器制造、陶器制造、工艺品制造等手工业的发展，为人们从普遍穴居走向平原或丘陵地带居住，开始建造房屋建筑，形成早期居住聚落，以及农作物种植兼有家畜饲养的原始农业经济生活提供了基本条件。

在公元前1万年前后，中国原始人类开始由旧石器时期向新石器时期过渡。在长江中游湖南澧县彭头山发现距今9100—

---

① 参见苏秉琦主编《中国远古时代》，上海人民出版社2010年版，第30页。
② 同上。
③ 同上书，第78页。

8200年[1]属于新石器时期早期文化遗存的农耕定居聚落遗址，是"一些规模较小、较为原始、没有社会分层和分化的农耕聚落"[2]。在华北地区也有同期遗址发现，可以推测当时人类已是定居生活，除了以采集和狩猎为主要谋生手段之外，"作为辅助性的旱田作物栽培可能已经产生"[3]。在黄河中下游地区新石器时期较早年代，在距今8000—7000年前期的遗址中，出土了大量农业遗迹、遗物，发现有粟类作物的遗骸，还有专门用来储存粮食的窖穴，并有窖穴中堆积的谷物和整罐的蔬菜种子。从多类遗物可知，当时人们掌握的生产门类，除农业和石器制造之外，还有饲养、渔猎、制陶、纺织、编织等，表明当时人们采取的是以采集、渔猎和农业种植、家畜饲养相结合的生产与生活方式。[4]

进入距今7000—6000年的新石器时期晚期的前段，在黄河中下游和长江中下游地区发现的遗址中，种植农业、制陶手工业及多种生产工具制造更为丰富和进步。如仰韶文化前期发现用于农业的石器工具变化，显示当时耕种方式已经从"砍倒烧光"进入到锄耕农业。[5] 在长江流域则发现水稻田遗迹以及蓄水井、大水塘、水沟等作为农业灌溉系统的遗存，表明南方史前农业也很发达。[6] 这一时期手工业以制陶和纺织技术的发展为标志，体现了社会分工带来的进步。在制陶上大部分地区形成泥条筑坯、使用陶轮工具，控制窑火的技术进步，还有红底彩陶、印文白

---

[1] 参见任式楠、吴耀利主编《中国考古学·新石器时代卷》，中国社会科学出版社2010年版，第171页。

[2] 李学勤主编：《中国古代文明与国家形成研究》，中国社会科学出版社2007年版，第14页。

[3] 任式楠、吴耀利主编：《中国考古学·新石器时代卷》，中国社会科学出版社2010年版，第786、787页。

[4] 参见苏秉琦主编《中国远古时代》，上海人民出版社2010年版，第39—40、76页。

[5] 同上书，第77页。

[6] 参见谷建祥、邹厚本、李民昌、汤陵华、丁金龙、姚勤德《对草鞋山遗址马家浜文化时期稻作农业的初步认识》，《东南文化》1998年第3期。

陶、陶器纹饰的复杂化，等等，都体现了新石器时期晚期制陶工艺的发展水平。在纺织上专门制作的陶纺轮成为纺纱纺线的工具，还有木质织机部件的出土、葛布残片的发现、平纹布印痕的发现，等等，体现了当时纺织生产技术与产品的发展状况。

到新石器时期晚期后段即距今6000年以后，北方种粟、南方种稻的农业生产更有发展，黄河流域也有水稻种植的遗存发现。仰韶文化中石铲的型制有所改进和变化，数量有所增加，发现有长方形陶刀、石刀。随葬品中多见猪下颌骨、猪头骨等，反映当时以养猪为主的家畜饲养的发展。快速陶轮的使用表明制陶工艺技术的进步和提高，纺织上除利用麻类植物纤维纺织外，还发现有桑蚕茧和丝织物的遗存。作为装饰物的玉器制作兴盛起来，各种文化中甚至发现具有礼器意味的玉钺等。[①]

特别是到了距今5000—4000年的龙山文化时期，生产力显著进步。随着农业工具的改进和生产率的提高，黄河流域的耒耜耕种粟作农业有所发展，中下游地区水稻种植范围有所扩大，更在陕西、河南、山东等地有小麦种植。南方广大地区稻作农业有所发展，在良渚文化中多见三角形犁状器[②]，有研究者直接称为犁铧、破土器、耕耘器，作为耕土的工具，或是用于挖沟的工具。许多遗址出土有家养动物和野生动物骨骼。这一时期大部分地区的人们已经主要依靠饲养家畜来获取肉食，狩猎成为辅助性的来源。[③]

龙山文化时期手工业生产的专业化程度进一步提高。山东龙山文化发现的蛋壳黑陶标志着史前制陶工艺在当时最前端技术的

[①] 参见任式楠、吴耀利主编《中国考古学·新石器时代卷》，中国社会科学出版社2010年版，第785、787、789页。

[②] 参见牟永抗、宋兆麟《江浙的石犁和破土器——试论我国犁铧的起源》，《农业考古》1981年第2期。

[③] 参见任式楠、吴耀利主编《中国考古学·新石器时代卷》，中国社会科学出版社2010年版，第794页。

发展。良渚文化中玉器的发达程度最具代表性，其中包括大量的用作礼器或仪仗的器具，以及艺术品、装饰品，数量、种类和工艺达到同时期文化水平之冠。① 铜器制造的出现与发展作为先进的手工业技术代表了一个新的时代。如恩格斯所说："铜、锡以及二者的合金——青铜是顶顶重要的金属；青铜可以制造有用的工具和武器，但是并不能排挤掉石器。"② 早至公元前3500—前3000年的仰韶文化后期，中国先人就发明了铜器，而在距今5000—4000年的龙山文化时期，在不少遗址考古发现了铜器，这一时期也被称为铜石并用时期。这些时期的铜器多属红铜，只有少数黄铜或青铜，且多为小件器具，反映了当时铜器制造的技术水平和使用范围。③

第二，新石器时期氏族社会组织演进和社会分化。

中国原始社会的社会生活和社会组织，包括婚姻、家庭、聚落、家族、氏族、社会分化等，通过考古发现与研究已经显示得很清晰了。

母系氏族社会的延续。在距今7000—6000年亦即新石器时期晚期前段，中国原始农业文化呈现全面发展的面貌。"农业聚落分布密度增大，规模也普遍扩大，聚落遗址堆积加厚，文化内涵更为丰富多样。"在社会组织方面，表现出"母系氏族社会繁盛，全体成员地位平等，氏族公社担负着社会和经济上的各种基本职能"。④

作为中国母系氏族社会，新石器时期代表性的仰韶文化半坡类型（又称半坡文化），其墓地、墓葬制度所揭示的亲属关

---

① 参见苏秉琦主编《中国远古时代》，上海人民出版社2010年版，第202页。
② 《马克思恩格斯文集》第4卷，人民出版社2009年版，第180页。
③ 参见苏秉琦主编《中国远古时代》，上海人民出版社2010年版，第202、200页。
④ 任式楠、吴耀利主编：《中国考古学·新石器时代卷》，中国社会科学出版社2010年版，第786—787页。

系,"或可以与民族学以家族、氏族及部落概念所表述的人群组织相当"①。考古学对同类文化合葬墓的研究表明,以合葬墓为代表的亲属关系单位,既不是一妻多夫制婚姻所组成的,又不是一夫一妻制或者一夫多妻制婚姻所组成的;这些以合葬墓为代表的亲属组织的血亲关系是依母系传承的。由此可知,作为一个由几代人组成的母系亲属集团,构成了以血缘关系联结起来包括三四代而人数相当多的母系家族,这类家族之间实行的是对偶婚制,"家族中女子的'丈夫'和男子的'妻子',都不包含在同一家族内"。所以,在半坡类型合葬墓中成年男女不成比例和这类墓葬所体现的按母系传承的情况,正是母系家族成员构成特点及母系性质在埋葬制度方面的反映。②

从半坡文化的埋葬制度亦即随葬陶器的多少和丰富程度考察,可推测"当时妇女占有的财产一般多于男子",亦即当时妇女"对财产具有高于男子的支配地位"。出现这样情形的原因在于当时妇女在生产劳动中比男子的地位更重要。而且,在墓葬随葬方面有些女孩获得了成人待遇,表明半坡文化从财产到权势依母系传继,亦即"女性的地位,一般高于男性"③。这似乎证明,当时已经存在母系所有制和由此决定的母女继承制。④

父系氏族社会。当人类社会发展到后代子孙以父系血缘为纽带构成社会组织形态时,就进入了父系氏族社会阶段。从婚姻和家庭形态而言,如恩格斯所说,专偶制家庭从对偶制家庭中产生,它是建立在丈夫的统治之上,其目的就是生育有确凿无疑的生父的子女,而子女将来要以亲生的继承人的资格继承他们父亲

---

① 苏秉琦主编:《中国远古时代》,上海人民出版社2010年版,第100页。
② 参见苏秉琦主编《中国远古时代》,上海人民出版社2010年版,第103—104页。
③ 苏秉琦主编:《中国远古时代》,上海人民出版社2010年版,第106页。
④ 参见苏秉琦主编《中国远古时代》,上海人民出版社2010年版,第109页。

的财产。[1] 可以说，父系氏族社会是伴随着生产资料和生活资料的私人占有制的萌发和逐步强化而形成的。

在中国新石器时期晚期后段的考古发现中，以特殊合葬墓遗迹和对男性生殖崇拜性质的陶制的石祖实物及图像的发现为标志，体现了一些地区男性地位上升，女性降为从属地位的情况，表明已经进入了父系氏族社会阶段。例如在属于大汶口文化后期的成年男女合葬墓中，有男性仰身直肢，女性侧身屈肢埋在男性腿骨的位置，随葬品均放在男性一侧。[2] 还有男性居中，女性偏于一侧或在向外扩出去的小坑里，随葬品也放在男性一侧。[3] 这说明当时男女地位和财富占有已经形成差异。[4]

当史前家庭、家族乃至聚落发展到以父系血缘为纽带的阶段时，随着父权家长和父权家族的出现，各种超乎人们亲属血缘远近的社会不平等关系便日益呈现出来。一方面是父系成员在生产活动中日益占据主导地位，另一方面是父权家长占有生产工具以及生活资料，私有财产源起，萌生私人占有，从而形成个体之间和各家族之间，乃至各聚落之间出现的贫富分化，以及在家族内外的社会身份与地位上的不同，阶级分化随之出现。[5]

聚落与聚落分化。从新石器时期中期起，群居的人们逐渐离开洞穴，开始在平原河边台地建造房屋，并挖造窑穴，从而形成大大小小的农耕聚落。"随着人类定居层次的提升、农业的初步发展，母系氏族和公有制社会的背景下，史前聚落的组织与群聚

---

[1] 《马克思恩格斯选集》第4卷，人民出版社2012年版，第71页。
[2] 参见南京博物院《江苏邳县大墩子遗址第二次发掘》，《考古学集刊》第1集，中国社会科学出版社1981年版，第46—47页。
[3] 参见山东省文物管理处、济南市博物馆编《大汶口：新石器时代墓葬发掘报告》，文物出版社1974年版。
[4] 参见任式楠、吴耀利主编《中国考古学·新石器时代卷》，中国社会科学出版社2010年版，第790页。
[5] 参见王震中《中国古代国家的起源与王权的形成》，中国社会科学出版社2013年版，第219—230页。

现象也进入到了一个全新的历史阶段。"① 在距今 7000—6000 年,农耕聚落的发展,不仅表现为聚落数量大为增加,还表现在聚落的规划布局和社会组织的发展上。这时候的聚落组织表现出平等的属性。作为母系氏族性质的仰韶文化半坡时期的聚落,对居住区域、手工业生产区域和墓葬区域有所规划和区分。在居住区域周围,挖筑壕沟,壕沟之外为制造陶器的窑场区域和墓葬区。而且,一些房屋的排列"呈现出圆形向心布局",即比较多的房屋建造形成不同群落,而在中间围出面积宽阔的广场,形成具有共同活动用途的空间。② 这种有意识、有计划的布局安排,反映了当时经济生活以及社会组织的发展和进步。

进入距今 6000—5000 年的时期,随着家族、氏族内部生产关系以及男女在家族中地位关系的变化,预示了由母系氏族公社向父系氏族公社的转变。同时,史前聚落出现分化,在一些规模较大而具有亲缘关系的聚落群中,出现一个汇集了父系家族的贵族阶层,财富和实力都比较集中,成为统治其他聚落的中心聚落,形成中心聚落与其周围的普通聚落相结合的格局,从而走向不平等的发展阶段。③

考古发现印证,仰韶文化庙底沟时期河南灵宝西坡遗址中,有两座具有公共议事功能的特大型房屋遗迹,规模较大的墓葬都有随葬品,还有玉钺,不大的墓则没有随葬品。崧泽文化东村遗址,则存在分为东西两区的贫穷的平民墓地和富贵的贵族墓地;在贵族墓葬中有一定数量的玉器,包括玉钺、石钺等象征军事权力的随葬品。从安徽含山凌家滩遗址墓葬,可以明显看出聚落内

---

① 裴安平:《中国史前聚落群聚形态研究》,中华书局 2014 年版,第 68 页。
② 参见王震中《中国古代国家的起源与王权的形成》,中国社会科学出版社 2013 年版,第 86 页。
③ 参见王震中《中国古代国家的起源与王权的形成》,中国社会科学出版社 2013 年版,第 100 页;裴安平《中国史前聚落群聚形态研究》,中华书局 2014 年版,第 126 页。

的贵族与普通族众之间财富的悬殊和身份地位的不平等。① 在大汶口文化中晚期的大汶口墓地的 4 处墓群当中，多座大墓存在代表着物质财富的陶器、骨器、玉器、象牙器等随葬品，在数量及精良和丰富程度上超出其他墓葬，此外多数随葬猪头骨的均属大型墓，这显示了墓主及其家族在所处聚落的财力和社会地位的特殊。② 南方的良渚文化、北方的红山文化等，也都可见聚落分化、聚落内部财富和实力集中的现象，说明其历史已经开始进入贫富悬殊、社会不平等和私有制产生的阶段。

第三，私有制、阶级和国家的起源。

生产工具的改进，生产力的提高，导致私有制、阶级和国家的起源，促使生产关系和人类社会发生质的变化，中国历史开始进入了阶级社会的历史时代。

私有制与社会不平等的出现。中国史前社会不平等现象的出现，是在生产资料和生活资料占有关系深刻变化的基础上产生的，而生产力的发展起到决定性作用。

父系家族之间，因生产资料和生活资料占有关系的不同而出现贫富悬殊和社会地位分化现象。富有的家族掌握统治权力，促使阶级产生。大量考古发现证明，中心聚落往往规模大、面积广，拥有庙堂式大型房屋建筑，核心家族中具有军事首领地位的人物的墓葬随葬品在数量、类别和精美程度上都超出一般墓葬。随葬的大量工具、陶器、玉器，表明墓主人对生产资料的占有和生活资料富有优势极其明显，特别是带有象征军事和宗教身份性质的随葬器物，显示墓主人的地位很特殊，往往既是核心家族的家族长，又是中心聚落的军事首领，同时兼有宗教性祭祀主持者

---

① 参见王震中《中国古代国家的起源与王权的形成》，中国社会科学出版社 2013 年版，第 102、105、110 页。

② 参见任式楠、吴耀利主编《中国考古学·新石器时代卷》，中国社会科学出版社 2010 年版，第 790 页。

的身份。① 普通聚落与普通家族则明显居于从属地位,处于生产资料稀少和生活资料贫穷状态。

中国原始社会开始出现不平等现象,集中体现在两个层面,一是不同聚落和不同家族在军事、经济、祭祀的地位上,包括其中个体之间的诸多不平等;二是同一聚落和同一家族内个体之间身份关系的不平等,这表明不平等关系的存在。正如恩格斯所说:"阶级的存在是由分工引起的"②。在分工的前提下,"含有奴役制的父权大家族的出现是氏族部落的血缘平等结构演变为阶级关系的关键"③。不平等关系的出现,使得历史逐渐跨进到阶级社会的门槛。

阶级和国家的起源。恩格斯指出,阶级的产生在于随着经济生产的增加,增加了氏族、家庭公社、个体成员所担负的劳动量,因而必须吸收新的劳动力。原始部落之间的战争提供了新的劳动力,俘虏变成了奴隶。财富的增加使生产领域扩大,在既定的历史条件下,必然地带来了奴隶制,产生了第一次社会大分裂,即分裂为两个阶级,也就是主人和奴隶、剥削者和被剥削者。④

自从生产资料和生活资料以家庭为单位进行占有,就产生了私有制。这是从母系社会到父系社会发展过程中不断形成的普遍现象,中国亦是如此。它一方面为阶级社会的出现准备了物质条件,另一方面为国家的起源形成准备了物质条件。如恩格斯所说,"在经济发展到一定阶段而必然使社会分裂为阶级时,国家

---

① 参见王震中《中国古代国家的起源与王权的形成》,中国社会科学出版社2013年版,第241页。
② 《马克思恩格斯选集》第1卷,人民出版社2012年版,第307页。
③ 王震中:《中国文明起源的比较研究(增订本)》,中国社会科学出版社2013年版,第273页。
④ 《马克思恩格斯选集》第4卷,人民出版社2012年版,第177—178页。

就由于这种分裂而成为必要了"①。从母系社会到父系社会，家庭作为基本的社会细胞，以血缘及婚姻为纽带而联结汇集成为家族和氏族，以及更大的地域性部落及其联盟，在此基础上财富与权力的不断集中所产生的阶级分化和等级分化，乃至政治权力中心及统治集团的形成，使国家的起源成为中国新石器时期晚期到青铜时代早期的突出标志。

中国新石器时期文化一些典型遗存呈现出从母系氏族社会过渡到父系氏族社会的特征是在距今 6000 年之后。而从新石器时期晚期的后阶段亦即距今 5000 年前后的时期开始，在安徽南部的凌家滩发现都邑性遗址、在辽宁牛河梁发现埋葬贵族的祭祀遗址，还有在长江下游地区的良渚遗址发现大型墓葬和高等级建筑，表明这些地区已经进入到早期阶级社会，以至于出现了最初的国家。

四 第一次社会转型：私有制的产生与文明社会的形成

从原始社会向奴隶社会演进，构成人类历史的不同性质的社会形态的第一次转型，也是人类进入文明社会和阶级社会的开始，中国社会的发展也呈现出这一发展规律。一般来说，私有制、家庭、城市、国家、文字的产生是文明起源的重要标志，而礼制、青铜器等又具有原生性、多源性、以农耕为基础、在东方起源最早等中华文明的特点。

标志着中国进入文明社会肇始阶段的考古发现，以山东大汶口文化晚期、浙江良渚文化、甘肃秦安大地湾仰韶文化晚期遗存、山西襄汾陶寺遗存、辽宁凌源红山文化遗存等为突出代表。其主要特征，一方面是出现大量陶文符号，表明在殷商甲骨文出现以前，已经发展出一些带有系统性的用于记录和表意的符号文

---

① 《马克思恩格斯选集》第 4 卷，人民出版社 2012 年版，第 190 页。

字；另一方面是在新石器时期晚期文化中发现了早期城址。最著名的城址有距今4000多年属于龙山文化中晚期的山西襄汾陶寺遗址、山东龙山城子崖遗址、河南安阳后冈遗址、登封王城岗遗址、淮阳平粮台遗址、山东寿光边线王遗址、浙江杭州良渚文化遗址、陕西神木石峁遗址等。

特别是山西襄汾陶寺遗址，被认为"是目前考古探明功能区划齐全、具有典型双城制模式的都城遗址"，显示"陶寺文化社会已进入到邦国形态"。有学者提出，陶寺遗址提供了一条比较完整的系列证据链，表明在年代、地理位置、都城内涵、规模和等级及其所反映的文明程度等方面，"均与文献记载的尧都有相当高的"契合度。① 尤其是出土的带有朱书文字的扁壶，更具有特别意义，被破译为"文"字和"尧"字，为山西陶寺遗址作为传说中的尧都所在地提供了考古证明。② 而且，在遗址中，"早期王级大墓随葬数以百计的高等级奢侈随葬品，与80%空无一物的平民墓葬，形成鲜明的对比"，体现出社会复杂的等级制度和极度的贫富分化，"乃至阶级对立"③。此外，河南古城寨龙山文化城址、浙江余杭莫角山良渚文化城址，都有邦国性质。④

司马迁《史记·五帝本纪》所记述的五帝，是指黄帝、颛顼、帝喾、尧、舜。五帝时代是中国文明形成时期，史称"万邦"，属于邦国林立。其中的黄帝时期正处于向文明社会的过渡，而颛顼—帝喾—尧—舜时期则有许多部族已迈入开始形成国

---

① 参见王震中《中国古代国家的起源与王权的形成》，中国社会科学出版社2013年版，第304—330页。
② 何驽：《陶寺遗址扁壶朱书"文字"新探》，《中国文物报》2003年11月28日第7版；何驽：《尧都何在？——陶寺城址发现的考古指证》，《史志学刊》2015年第2期。
③ 《专家指陶寺遗址应系尧都 或将中原文明起源提升至夏以前》，中国新闻网（www.chinanews.com/cul/2015/12-12/7668182.shtml）2015年12月12日；《陶寺遗址发掘报告发布 佐证五千年中华文明》，《人民日报》2015年12月15日第12版。
④ 参见王震中《中国古代国家的起源与王权的形成》，中国社会科学出版社2013年版，第331、337页。

家形态的邦国。五帝时代在中原地区结成了较大的联盟,可称之为"族邦联盟"。尧、舜、禹具有双重身份——他们既是联盟的盟主,又是本邦(本国)的"邦君"(国君)。尧、舜、禹的禅让传说,说的就是联盟的盟主之位在联盟内诸邦之间的转移,尧、舜所禅让的只是盟主之位而不是各自邦国的国君君权。这样,五帝时代有两大政治景观:邦国林立和族邦联盟。五帝时代的族邦联盟也形成一种"霸权",从夏代开始的国家形态属于广域王权国家,其支配"天下"的王权,就是从五帝时代族邦联盟主的霸权转变而来的。[①] 远古时代,早期原始人类在中国广袤的土地上生生不息,原始文化遗存和早期文明遗迹遍布大江南北,中华先民处于原始共产主义形态的原始社会。中国文明起源有其特质,但符合唯物史观所揭示的原理与规律。中国不仅存在原始社会,而且其结构、表现和走向,都依循了人类早期文明演进的基本道路,展示了从分工到出现私有制、阶级、国家的阶段性。中国历史的发展道路,同样是从原始社会走向奴隶社会,文明发展同样是从低级走向高级。

第二节　中国奴隶社会

奴隶社会是继原始社会之后的第二种社会形态。在奴隶社会形态形成和发展演变过程中,继邦国而来的是奴隶制王朝国家的相伴而生,从而成为人类政治史上最初的文明国家形态。

中国的奴隶社会,从虞夏开始,经历了夏、商、西周的奴隶

[①] 参见王震中《中国古代国家的起源与王权的形成》,中国社会科学出版社2013年版,第382—383页。

制王朝建立与交替。其基本阶级构成是：奴隶主阶级是统治阶级，族内奴隶和族外奴隶、自由平民阶层是被统治阶级。与奴隶社会私有制相适应，夏商西周时形成中国文明史上早期的私有观念、等级观念、王权观念、"天下"观念、民族观念、家族观念、宗教观念和国家观念。

奴隶主阶级私人占有制是奴隶社会的基本经济制度。等级分封制、世卿世禄制、礼制与礼治是奴隶社会的政治制度与治理方式，在夏商西周时期有着程度不同和多种形式的体现。社会生产关系与阶级结构的变化，呈现前后相继的发展状态，既有逐步积累的历史延续性，也有由初级到发达的发展过程。中国奴隶社会的主流意识形态和统治阶级思想是礼治思想。

一 关于"奴隶社会"的基本概念

奴隶制生产方式是人类历史上第一个有剥削性质的生产方式。如恩格斯所说，奴隶制最充分的发展，导致了社会分成剥削阶级和被剥削阶级的第一次大分裂。奴隶制是古希腊罗马世界所固有的第一个剥削形式，其后是中世纪的农奴制和近代的雇佣劳动制，"这就是文明时代的三大时期所特有的三大奴役形式"[1]。

恩格斯还说，原始公社经济发展到一定程度，现有人的劳动力所能生产的东西超过了单纯维持劳动力所需要的数量，用以维持更多劳动力的资料已经具备了，使用这些劳动力的资料也已经具备了，但是公社本身和公社所属集团还不能提供多余的可供自由支配的劳动力，于是，不同集团间的战争就提供了这种劳动力，战俘获得了让他们活下来的价值，于是奴隶制就被发现了。奴隶制一经被发现，很快就在一切已经发展得超过古代公社的民

---

[1] 《马克思恩格斯文集》第4卷，人民出版社2009年版，第195页。

族中成为占统治地位的生产方式,也成为原始公社衰落的主要原因。①

奴隶社会在世界不同地区出现的时间有先有后,持续时间长短也不同。在奴隶社会,奴隶主阶级占有生产资料和生产者本身即奴隶,奴隶依靠从事各种生产劳动维持其最低限度的生活,给奴隶主阶级提供劳动剩余产品。"在古代世界,商业的影响和商人资本的发展",也"总是以奴隶经济为其结果";而且有时"只是使家长制的、以生产直接生存资料为目的的奴隶制度,转化为以生产剩余价值为目的的奴隶制度"②。"有一个很长的时期,奴隶制度是劳动组织的占支配的形式。"③ 在奴隶制社会,奴隶没有自由,"奴隶连同自己的劳动力一次而永远地卖给奴隶的所有者了",因此奴隶本身"是商品","可以从一个所有者手里转到另一个所有者手里"④。

奴隶社会本身自有其形成、发展、鼎盛和瓦解的阶段与过程,最终会被新的封建社会生产方式和社会形态所代替。中国奴隶社会的形成、发展、兴盛、衰落和灭亡的历史进程大体与马克思主义经典作家所概括的规律和特点相一致,但也有自身独有的特征。

二 奴隶社会的生产关系与阶级结构

夏商西周时期主要的生产部门,是农业和作为辅助的畜牧业及渔猎业,相关的生产部门则是手工制造业。这些产业生产的发展程度和水平,大量的奴隶从事生产劳动,决定着奴隶社会的生产关系和阶级结构,决定着当时人们生活的质量和水平。

---

① 《马克思恩格斯文集》第9卷,人民出版社2009年版,第187—188页。
② 《马克思恩格斯全集》第46卷,人民出版社2003年版,第370页。
③ 《马克思恩格斯选集》第2卷,人民出版社2012年版,第74页。
④ 《马克思恩格斯文集》第1卷,人民出版社2009年版,第716页。

第一，生产力状况和发展水平。

夏商西周时期的农业及畜牧渔猎。生产力发展水平决定了生产关系和社会形态的变化与发展。夏商西周时期，农业是最主要的生产部门，生产工具的变化则具有时代性意义。[1] 夏代农业生产工具仍然以石、木、骨、蚌等材料为多[2]，在相当于夏代的二里头文化考古中就有发现。[3] 到商代，虽仍然大量使用石、骨、蚌和木等工具[4]（耒是主要的农业工具），但已经开始使用一些青铜铸造农具，如铲、锛、臿、镢等。[5] 西周时期的农业工具，考古发现依然以石器数量最多，其次为蚌、骨所制，而较少发现陶、木、铜制，由于青铜农具废弃之后还可以回炉再铸造器具，所以青铜生产工具出土比较少，但不能说当时用于农业生产的青铜工具一定就少。在商代早期青铜铸造遗址出土的铸造工具类陶范数量很多，青铜农具所占比例不小，西周时期的青铜农具不比商代少。[6] 农业等生产工具的进步是推动商周时期生产力发展的重要环节。

夏代农业如《论语·泰伯》所说夏禹时"卑宫室而尽力乎沟洫"，说明当时已经出现农业灌溉系统。夏代历法即所谓"夏时"的制定，也标志着当时农业的发展水平。[7] 商代农业已经不是低级粗放的阶段，而是具有由多种环节组成的系统生产过程。商代酒器的大量发现，也表明当时谷物产量的增长程度。[8] 到西

---

[1] 参见金景芳《中国奴隶社会史》，上海人民出版社1983年版，第45页。
[2] 参见晁福林《夏商西周的社会变迁》，中国人民大学出版社2010年版，第142页。
[3] 参见中国社会科学院考古研究所编著《中国考古学·夏商卷》，中国社会科学出版社2004年版，第108页。
[4] 参见金景芳《中国奴隶社会史》，上海人民出版社1983年版，第71页；中国社会科学院考古研究所编著《中国考古学·夏商卷》，中国社会科学出版社2004年版，第370页。
[5] 参见晁福林《夏商西周的社会变迁》，中国人民大学出版社2010年版，第142页。
[6] 参见中国社会科学院考古研究所编著《中国考古学·两周卷》，中国社会科学出版社2004年版，第168页。
[7] 同上书，第107页。
[8] 同上书，第144—146页。

周，农业有了更大发展。相传，周族的祖先弃在尧舜时就是农官。到西周王朝建立时，不仅有垦辟土地、规划疆界和建造沟洫，还有杀虫、施肥、田间管理等一系列的农业生产程序。①

作为农业的辅助性经济的畜牧业和渔猎业，是夏商西周时期重要的生产部门，形成了一定的规模。在二里头发现有大量兽骨以及陶塑的牛、猪、羊、犬的全形或残件，还有多种多样的铜镞、骨镞，用蚌、骨、陶、铜等制作的渔具，反映了畜牧业、渔猎业的发展。②商代畜牧业已经比较发达。甲骨文记载，殷人常将大量家畜用在祭祀上，畜牧业则成为重要的产业支撑。③渔猎业在商代也很发达。西周时期则有养殖业的发展。④

夏商西周时期的手工业。夏商西周时期手工业的发展，突出表现为以青铜冶炼和铸造为主的发展与进步。在夏商文化重叠的二里头文化时期发现的青铜器、大规模的青铜冶铸作坊和相关遗物，表明当时该手工行业迅速发展。⑤二里头遗址大型专业青铜冶铸制造作坊和青铜器工业中心的出现，以及铸铜技术水平的提高和青铜礼器的初步出现，为中国奴隶社会灿烂恢宏的青铜文明的形成奠定了基础，也体现青铜礼器作为中国奴隶社会礼仪制度的核心性器物标志和重要特征。⑥二里头文化时期的其他手工业如纺织品、玉石、漆、陶、骨等器具，酒器与造酒，交通工具

---

① 参见中国社会科学院考古研究所编著《中国考古学·夏商卷》，中国社会科学出版社2004年版，第147—150页；中国农业科学院、南京农学院中国农业遗产研究室编著《中国农学史》，科学出版社1959年版。

② 参见中国社会科学院考古研究所编著《中国考古学·夏商卷》，中国社会科学出版社2004年版，第108页。

③ 同上书，第372页。

④ 参见中国社会科学院考古研究所编著《中国考古学·两周卷》，中国社会科学出版社2004年版，第169页。

⑤ 参见中国社会科学院考古研究所编著《中国考古学·夏商卷》，中国社会科学出版社2004年版，第108—109页。

⑥ 同上书，第111—113页。

（双轮车）等的制造也有突出发展，在制造技术工艺上、产品种类上，都呈现专业性规模发展和技术进步[1]，为夏商西周时期手工业的发展奠定了基础。

商朝建立后，夏代的青铜工艺传统得到继承。商代的青铜铸造业进入从发展走向成熟的高度发达阶段。在商文化分布区以及周边广泛地域，都有商代青铜器出土，数量达数千件，它们无论在型制、工艺、品种、类别，还是规模、数量上，都达到中国青铜文明的代表性发展阶段。青铜器铸造业的发展，特别是青铜礼器具有的特殊地位，既成为权力与意识形态的物化形式，也是财富的象征。在对外战争、朝贡与赏赐等交往中，青铜原料和青铜器成为重要的交流甚至争夺对象。[2]青铜铸造不仅是手工业的一个部门，也是商代政治、经济发展的重要特征。在青铜铸造之外，其他玉石、陶、骨等器具，及马车、漆木工艺、纺织、编织等制造，都高度专门化、行业化，体现出商代社会分工的进一步深化和发展，为商品交换及贸易发展提供了条件。

西周时期的手工业，首先是金属冶铸业的发展，其中以青铜铸造为主，同时出现了铁制品。中国青铜时代以西周为重要的发展阶段，青铜器的数量远超前代。西周前期青铜铸造业达到鼎盛，青铜器种类繁多，以礼乐器为突出。后期器形、纹饰更有新的发展。[3]特别值得关注的是，西周时期已经有铁刃兵器和工具，有的是人工冶铁制品，有的由陨铁制成，表明西周晚期在中国内地已经萌生冶铁技术。[4]其他手工制造也是高度专门化和行业化，如史载周王封赏卫康叔的"殷民七族"当中就有专门烧

---

[1] 参见中国社会科学院考古研究所编著《中国考古学·夏商卷》，中国社会科学出版社2004年版，第116—123页。

[2] 同上书，第386页。

[3] 参见中国社会科学院考古研究所编著《中国考古学·两周卷》，中国社会科学出版社2004年版，第171页。

[4] 同上书，第180页。

制陶器的陶氏，西周时期原始瓷器比商代增多，说明烧造技术和生产水平的提高和进步。

夏商西周时期商业的出现。以物品交换为目的的商业贸易在夏商西周时期从萌芽到形成一定规模，在推进社会经济资源配置与交流方面逐渐起到重要作用。

在货币出现之前，以物易物是人类最早的商品交换形式。史传，早在夏代，就有商族的先人王亥驾着牛车到黄河北岸从事商业活动。到商代，陶器业中大规模单一产品的制作，体现出其用于作为商品进行交换的属性。殷墟商城当中设有商业区，传说商末纣王时有"宫中九市"[1]。殷人经商的传统甚至保持到西周初年，其遗民还"肇牵车牛，远服贾"。商代晚期已经使用海贝作为货币进行商品交换。[2] 考古发现了商代大量的海贝，殷墟甲骨文和晚商铜器铭文则记载了很多商王赏赐臣下以"朋"为单位的贝，表明贝在商代晚期具有特殊价值和用途。商代贵族墓的随葬贝，多至数十、数百、数千枚。这些特殊的海贝被称为"货贝"，形态小巧，易于分割和便于携带，产地远离中原不易获得，作为货币流通非常适合。[3] 到西周时期，不仅继续用"朋"作为价值计算单位，而且货贝也用来衡量物价。周代墓葬同样常有以货贝随葬，多至数十或上千枚，可见是当时财富的象征。另外，"寽"被认为是周代的货币单位。铜器铭文中有赏赐"二十寽""三十寽""百寽"的记载[4]，以货币价值计算赏赐，从侧面反映了当时货币的使用情况。

西周时期官府对商业贸易的控制和管理情况，在一些铜器铭

---

[1] 参见巫宝三主编《先秦经济思想史》，中国社会科学出版社1996年版，第26页。
[2] 参见孙淼《夏商史稿》，文物出版社1987年版，第475—479页；程德祺《殷代奴隶制与商品经济》，《殷都学刊》1989年第1期。
[3] 参见中国社会科学院考古研究所编著《中国考古学·夏商卷》，中国社会科学出版社2004年版，第422页。
[4] 参见晁福林《夏商西周的社会变迁》，中国人民大学出版社2010年版，第158页。

文中有所体现。经营者在同贵族交易时，要郑重地向执政大臣报告，大臣们则委派有司来办理相关交易。在奴隶买卖中发生纠纷，引发诉讼，由相关大臣裁决。周王曾委派官员去管理成周的商贾和监督有关货物。周与淮夷的商品交易在固定的市场进行。[①] 总之，商业和手工业一样，由官府来经营和管理，所以"工商食官"成为当时的特点。

第二，直接生产者与生产资料的结合方式。

中国在从原始社会末期开始的相当长时期，由于青铜生产工具的使用以及生产工具的不断改进，"使人的劳动力能够生产出超过维持劳动力所需产品的部分越来越大，进一步为奴隶制的产生准备了经济条件"。从原始公社制向奴隶制发展的过程，呈现上下两个走向，一个是"管理公社事务的各级氏族贵族，向侵占公社财产、榨取公社成员剩余劳动的方向发展"，发展成为奴隶主阶级；另一个是公社成员向个体私有化迈进，分化出富人、穷人，其中"富人随着役使人数的增多而成为奴隶主阶级，穷人受其役使，丧失自由而成为奴隶阶级"。[②]

就农业生产方式而言，以个体家庭为单位的耕作还不能完全摆脱公社的协助而单独进行。中国古代普遍实行的耦耕制，就是在公社下进行的协同耕作，[③] 即土地为公社所有。到夏商时期，"占统治地位的是以族为单位的土地公有"，"农业生产也还是采取集体劳作的方式进行"，但是"王所直接拥有的土地要征发各族的族众来耕作"。[④] 在殷墟，从 7 处灰坑出土石镰 3640 把，其

[①] 参见晁福林《夏商西周的社会变迁》，中国人民大学出版社 2010 年版，第 158 页。
[②] 陈振中：《青铜生产工具与中国奴隶制社会经济》，中国社会科学出版社 2007 年版，第 318 页。
[③] 参见陈振中《青铜生产工具与中国奴隶制社会经济》，中国社会科学出版社 2007 年版，第 318 页。
[④] 晁福林：《夏商西周的社会变迁》，中国人民大学出版社 2010 年版，第 146 页。

中一处灰坑集中发现444件[1]，这很可能说明，农具的集中保存管理是为了适应集体劳作。[2]

实行于夏商周三代的井田制，"是带进阶级社会的农村公社显著残余"[3]。进入阶级社会后，原始形态井田制产生质的变化。关键的变化是土地的公社公有变成奴隶主阶级国家的国有。同时公社作为奴隶制国家的基层政权组织，不再仅仅是组织公社生产和成员间互助的机构，而是扩展为奴隶制国家管理土地、户口以及催缴赋税、征调劳役的基层政权组织。作为奴隶制的基层政权组织——公社的显著残留是中国奴隶制社会的一个重要特征。[4] 夏商西周时期进行的较大规模的农田水利建设，是由奴隶制国家统一规划耕地和水利系统的具体实施[5]，这也体现出奴隶制社会土地国有制的特征。

随着周平王东迁，历史进入东周时期，东周又分为春秋、战国两个时段。春秋战国时期，奴隶社会开始走向衰落，封建社会生产关系开始出现并逐步发展。周王室统领天下的权势衰微，"春秋五霸"即齐晋等诸侯国势力先后兴起，旧有的"普天之下，莫非王土"和"田里不鬻"的奴隶社会土地国有制逐渐被冲破，井田制形式的生产者与土地的结合方式逐渐转变为土地私有的封建制生产关系。随着各诸侯国替代奴隶主阶级而出现的新兴地主阶级，以占有土地和征收实物地租的形式剥削为其耕种的农民，从原来农村公社中分离出来的自耕农以私有土地耕种和收

---

[1] 参见石璋如《第七次殷墟发掘：E区工作报告》，《安阳发掘报告》第四期，1933年；中国社会科学院考古研究所编著《中国考古学·夏商卷》，中国社会科学出版社2004年版，第371页。

[2] 参见晁福林《夏商西周的社会变迁》，中国人民大学出版社2010年版，第147页。

[3] 陈振中：《青铜生产工具与中国奴隶制社会经济》，中国社会科学出版社2007年版，第319页。

[4] 参见陈振中《青铜生产工具与中国奴隶制社会经济》，中国社会科学出版社2007年版，第321页。

[5] 同上书，第326页。

获，直接向诸侯国家交纳赋税并承担兵役。从上述两个方面来看，封建社会性质的土地私有制形式和地主与农民的封建社会生产关系，在春秋战国之际相伴而生。①

第三，阶层、阶级、阶级矛盾和斗争。

"（从原始土地公有制解体以来）全部历史都是阶级斗争的历史。"② 中国奴隶社会是严重阶级对立的社会，充满了阶级矛盾和斗争。

据记载，在上古尧舜氏族部落间战争以至夏商时王朝更替战争中，被征服部族的俘虏沦为奴隶，成为夏时逐渐成形的奴隶社会被统治阶级的最底层。如《国语·周语下》记载，上古尧舜时期黎苗部落被征服后，"人夷其宗庙，而火焚其彝器，子孙为隶，下夷于民"，被强迫成为奴隶。夏商灭亡时一样，子孙后代也成为奴隶。③ 征服者成为统治者，被征服部落集体变为奴隶，成为被统治者。

在夏代，国家机构已经建立，夏王和各种官吏构成统治阶级，而一般下层平民和奴隶是被统治阶级。《尚书》《左传》记载了不少夏代的官名，表明其官吏系统之完备。夏代还确立了刑罚。史称"夏有乱政而作禹刑""禹承尧舜之后，自以德衰，而作肉刑"。史载当时是"用命赏于祖，弗用命戮于社"，刑名则有"昏、墨、贼，杀"④ 等，可见其刑罚之严厉。夏代还设有监狱，称作"夏台"。夏桀囚禁商汤，就在夏台。在维系国家机构运转的官吏之下，还有奴隶主贵族。平民百姓和奴隶作为被统治阶级，生活艰难而困苦。史载："小人无兼年之食，遇天饥，妻

---

① 参见《简明中国历史读本》，中国社会科学出版社2012年版，第79页。
② 《马克思恩格斯选集》第1卷，人民出版社2012年版，第252页。
③ 参见孙淼《夏商史稿》，文物出版社1987年版，第192页。
④ 《左传·昭公十四年》记载叔向所说："己恶而掠美为昏，贪以败官为墨，杀人不忌为贼。《夏书》曰：'昏、墨、贼，杀。'皋陶之刑也。"

子非其有也。"被统治阶级遭受剥削，没有粮食储备，遇天灾则妻离子散。二里头遗址中有非正常姿态的尸骨，躯肢弯曲，手腕相交，考古认为是捆绑着活埋的奴隶。还有些乱葬坑内的人骨架散乱叠压，肢骨不全，或只有头骨和肢骨，或只有躯干骨和下肢骨，应是奴隶主为祭祀祖先鬼神而杀死奴隶用作"牺牲"所形成的祭祀坑。①

统治者的奢侈腐化生活，必然加重被统治者遭受剥削和掠夺的程度，加剧社会阶级矛盾。夏末的国王夏桀，"暴戾顽贪"，"为政淫荒"，既奢靡，又残暴。他"作倾宫、瑶台，殚百姓之财"，甚至"斩刈黎民如草芥"。针对残暴统治，被压迫者不仅以怠惰和不配合来对抗，还将桀比作日头而诅咒："时日曷丧，予及汝偕亡。"由于阶级矛盾日益加剧，加上与周边部落和方国关系紧张升级，夏桀时"诸侯多畔（叛）夏"，"诸侯内侵"，导致内外群起而攻之，"天下讨之如诛匹夫"。夏王朝就这样灭亡了。

承继夏朝的商王朝，奴隶制进一步强化和发展，阶级矛盾和斗争进一步激化。商王和王廷贵族官吏以及作为方国国君的诸侯、方伯，构成商代的统治阶级。各代商王通过大批王朝贵妇、王廷诸子、王廷贵族和地方诸侯、方伯实现对全国的控制以及"对广大自由民和奴隶的统治与镇压"②。被统治阶级就是甲骨文中的所谓"人"，是社会底层被统治阶级的身份标志和专称，包括自由人和非自由人。各级贵族统治阶级有标志其地位的官称或爵称，以及身份比较高者的庙号或私名。③"邑人"则是有人身

---

① 参见孙淼《夏商史稿》，文物出版社1987年版，第230页。
② 宋镇豪主编：《商代史》卷4《商代国家与社会》，中国社会科学出版社2010年版，第118—127、166页。
③ 参见宋镇豪主编《商代史》卷4《商代国家与社会》，中国社会科学出版社2010年版，第213、218页。

自由和生命保障的自由人的泛称。邑人拥有牛羊等一定的财产和生活资料，可以参加商王对方国的军事行动和监管战俘。邑人的稳定十分重要，突发的灾孽使得邑人惊恐骚动会令商王予以关注。① 商代的非自由人是那些失去基本人身自由和生命保障，由战争俘虏或因受酷刑而不能保全肢体，直至被杀戮或被用于祭祀牺牲的罪奴和本土奴隶构成，处于社会最底层。奴隶有各种名称，他们或被用作祭祀的牺牲，或从事生产，或投入战争。②"众"和"众人"则处在自由人和非自由人之间，由商王和各级奴隶主贵族直接统治③，参与征伐方国、农业生产、田猎活动等。他们是属于商王族和各级奴隶主贵族家族所有的下层民众④，是"虽然跟贵族阶级有疏远的血缘关系，但实际上已经成为被剥削被统治阶级""被排除在宗族组织之外"⑤ 的平民。"众"和"众人"是从事各种生产劳动和参加军事征伐的主要承担者，也遭受着奴隶主贵族的剥削和压迫。商王朝各级官吏的设置、刑法的制定、监狱和刑罚的使用，都是针对被统治阶级的。在商朝，平民、奴隶常有对奴隶主贵族压迫的反抗斗争。甲骨文中"邑其有震""兹邑亡震""邑人震"等记录说明，统治者对邑内是否有骚动发生经常进行卜问。对军队中是否有"震"也会卜问，因为军队多从奴隶中征集而来，发生骚动就是奴隶反抗。导致商王朝灭亡的"前线倒戈"，正是长期积累的阶级压迫

---

① 参见宋镇豪主编《商代史》卷4《商代国家与社会》，中国社会科学出版社2010年版，第218页。
② 参见孙淼《夏商史稿》，文物出版社1987年版，第490—512页；宋镇豪主编《商代史》卷4《商代国家与社会》，中国社会科学出版社2010年版，第249—255页。
③ 参见宋镇豪主编《商代史》卷4《商代国家与社会》，中国社会科学出版社2010年版，第274页。
④ 同上书，第290页。
⑤ 裘锡圭：《关于商代的宗族组织与贵族和平民两个阶级的初步研究》，《古代文史研究新探》，江苏古籍出版社1992年版，第328页。

的总爆发。① 另外，奴隶逃亡和奴隶暴动时有发生。甲骨文记录，有奴隶烧毁粮仓，有奴隶逃亡及遭到追捕。② 最后一个商王纣因为大兴土木，生活奢腐，行为暴戾，杀戮贤臣，以及在对方国战争中消耗了大量财力人力，随着西部周族人崛起与发兵，牧野一战，纣王失败，商朝灭亡。

西周时期，奴隶制继续发展，阶级矛盾和斗争愈加深化。西周的奴隶，一类是单身奴隶；一类是已经成家的奴隶，或是战争中全家被俘，或是为让其生育下一代奴隶而婚配成家；一类是被征服的整个氏族或部落沦落为奴隶，以其原部落名称之。西周时期，十分重视对俘虏的捕获，记录战功即注重"执讯"和"俘人"，还有献俘礼。金文记载，征伐鬼方时，获得"馘"（杀伤的俘虏）数千人、俘获"人"（俘虏的民众）上万人，并向周王献俘。出击淮夷获胜，而后向周王"告禽（擒）：馘百、讯卌"。奴隶常作为赏赐品。盂征伐鬼方俘获有功，周王赏其"人鬲"上千。大贵族赏给臣下的"臣"以家计算，成家的奴隶有多至"二百家"。可见，奴隶主贵族占有奴隶的数量很多。奴隶还可以买卖，价格很低。五个奴隶的身价为"金"一百"孚"，或者相当于一匹马和一束丝。③ 奴隶各有分工，其中"臣妾"大多作为农业奴隶，"仆御"是管理车马与驾驭的家内奴隶，"牧"是从事畜牧的奴隶，"百工"是从事手工业的奴隶，有专门官吏管理。④ 社会生产和周王以下大小奴隶主贵族的生活，依靠大量奴隶劳动来维系。在奴隶之上，有贵族和平民两个阶层。周代的贵族，《左传·桓公二年》中有描述说："天子建国，诸侯立家，卿置侧室，大夫有贰宗，士有隶子弟。""士"介于下层贵族和

---

① 参见孙淼《夏商史稿》，文物出版社1987年版，第548、551页。
② 参见胡厚宣《甲骨文所见殷代奴隶的反压迫斗争》，《考古学报》1978年第1期。
③ 参见杨宽《西周史》，上海人民出版社2016年版，第304—308页。
④ 同上书，第310页。

平民上层之间,"士"之下的庶人则是平民阶层。庶人属于自食其力的劳动阶级,常常与工、商、皂、隶并列。在金文中,也有庶人像"人鬲"一样被赏赐的记录。士以上的诸侯、卿、大夫作为各级贵族与官吏,形成周王之下的统治阶层,统治、管辖和控制着王畿地区以及各个分封之地。西周有一整套王朝官制。通过分封制、宗法制和册命制,周代贵族的权力分配及官职世袭制得到有效的固定化。[1] 奴隶创造了社会财富,但他们的生活境遇却毫无保障。他们不仅经常无衣无褐,而且要担心子女突然被奴隶主贵族强行带走。奴隶对奴隶主贵族的不劳而获充满怨愤,《诗经》的很多诗句表达了深深的抗议。[2] 奴隶也会用行动进行斗争,如在战争时设法逃亡,所谓"臣妾逋逃"。西周中后期,征讨方国消耗了大量物质积累。随着周围戎狄的不断侵袭,周朝陷入长期战争,以致国力衰落。民众生活越发艰难,从而发出抗议呼声。贵族内部出现分化,有些降至平民,也会发出怨恨之声。平民与贵族的矛盾不断激化,贵族内部的矛盾不断加剧,到周厉王时,出现了严重的统治危机。周厉王横征暴敛、压迫平民、对外征伐,引起以平民为主体的"国人"的强烈不满。但周厉王不听大臣劝谏,反而变本加厉,终于导致"国人暴动"。邦人、正人、师氏人纷纷参与,赶跑了周厉王。西周末年,王朝日渐衰落。随着平王东迁,四方诸侯崛起,周王室已经完全失去对诸侯国的控制,奴隶社会呈现出衰败之势。[3]

三 奴隶制国家的形成与发展

中国奴隶制国家的形成过程从传说中的五帝后期开始,经过

---

[1] 参见晁福林《夏商西周的社会变迁》,中国人民大学出版社2010年版,第306页。
[2] 参见郭沫若主编《中国史稿》第1册,人民出版社1976年版,第279—280页。
[3] 同上书,第284页。

尧舜禹，伴随从血缘性氏族部落向地缘性部族联盟过渡，由禹建立夏朝，成为中国历史上第一个奴隶制王朝国家。以出现私有制为前提，部族联盟下的邦国向王朝国家形态转化，夏朝通过王位世袭制的确立实现由部族联盟下的邦国向奴隶制王朝国家的转变。[1] 夏朝之后，经过商朝和西周，奴隶制王朝国家的社会政治、经济制度进一步延续和发展。直到春秋战国时期，奴隶制王朝国家逐渐被封建制王朝国家所代替。

夏朝是中国历史上第一个奴隶制王朝国家，中国最早的传世文献《尚书》中有所记述。考古发现已经证实商代历史和司马迁记载的商王世系，可以推断夏代历史和世系也不应只是传说或虚构。河南偃师二里头遗址是夏朝中晚期的王都遗址。广泛分布于河南中、西部和山西南部的二里头文化"是一支饶具特征的早期青铜文明遗存"，所发现的宗庙、宫殿建筑是"二里头曾作为一代王都的有力证据"。二里头遗址和二里头文化是"探索夏文化的重要研究对象"[2]。

夏族作为古老的部族，一直生活在黄河中游一带。夏王朝就是以夏族为核心所建立的世袭广域王权国家。夏王朝的纪年是公元前21世纪至公元前16世纪。二里头文化的主体"可能只是夏代中晚期的夏文化"。豫西地区王湾三期文化和新砦期遗存，就是"夏人建立夏王朝前后的文化遗存"[3]。当原始部族联盟最高领袖以禅让制经过尧舜而传到夏禹的时候，禹率领华夏族在治理水患的过程中，实行了"征有苗""合诸侯""画为九州""任土作贡"等一系列军事、政治、经济的重要举措，为奴隶制王

---

[1] 参见郭沫若主编《中国史稿》第1册，人民出版社1976年版，第134—136页；翦伯赞主编《中国史纲要（增订本）》（上），北京大学出版社2006年版。

[2] 中国社会科学院考古研究所编著：《中国考古学·夏商卷》，中国社会科学出版社2004年版，第4页。

[3] 同上书，第45—46页。

权国家的出现奠定了基础。①

夏是中国历史上第一个进入奴隶制国家的王朝,夏启改变了原始民主传统的"禅让制",而以世袭制代替,即"天下为家",继承了夏禹的王位。夏的"大人世及以为礼"的王位世袭制度直到夏桀,承传17君,14世,历经470余年。②

中国古代地缘组织取代血缘组织的过程中,血缘组织的残留十分严重。夏代氏族组织尚处在解体中,还有很多氏族部落和部族存在,夏政权对其他氏族部落或部族的统治地位还不稳固。夏代之所以被称为夏后氏,说明当时虽已进入广域王权的奴隶社会,但还具有很大程度的过渡性质。③ 夏朝先后发生的太康失国、少康中兴、孔甲乱夏、诸侯叛之,均表明夏王朝政权的不稳固。夏代后期,最高统治阶层腐败不堪,商族崛起,以成汤为首领的商人,攻伐夏桀,夺取政权,建立了商王朝。商朝的政治、经济、文化都有相当程度发展,社会形态也呈现出明显特点。

商代从成汤到殷纣灭亡,传承17世,31王,历时600余年,时间上大约从公元前16世纪到公元前11世纪。西周延续了商代奴隶制而有新发展。"夏、商、周具有共同的先祖","周同夏商都属于同一个民族,即华夏民族",不过在历史进程中,夏人、商人先后取得国家权力,周人长期臣属于夏朝和商朝政权而存在。④ 周人经过不断发展壮大,到周文王、周武王时,综合实力达到了推翻商朝的程度。周武王伐纣灭商以后,奴隶制王朝国家进入全盛期。

---

① 参见王震中《中国古代国家的起源与王权的形成》,中国社会科学出版社2013年版,第429—440页。
② 参见《史记·夏本纪》南朝宋裴骃《集解》引徐广曰、引《汲冢纪年》,中华书局1959年版,第89页。
③ 参见金景芳《中国奴隶社会的几个问题》,中华书局1962年版,第112页。
④ 参见金景芳《中国奴隶社会史》,上海人民出版社1983年版,第104—105页。

四　奴隶社会的政治制度与治理方式

经济基础决定上层建筑。中国奴隶社会的经济基础决定了其社会的政治制度和社会治理方式。当然，夏商周都处于中国的奴隶社会，其经济基础和上层建筑总体上都属于奴隶社会的经济基础和上层建筑，然而夏商周的经济基础和上层建筑的具体构成形式又具有不同历史条件所造成的特殊性。

第一，等级制和分封制。

中国奴隶社会的等级制和分封制是奴隶社会政治制度的具体构成和表现形式。等级制作为奴隶制国家的阶级制度和官吏制度的主要体现，构成由上至下的政治组织和社会组织系统。这样的组织系统在夏商周有着不同表现。商代的阶级制度分作三个系列，一是"天子、帝、王、公、侯、大人、君子、卿、巫、卜、邦伯、师长、吏、士"等，二是"武人、邑人、行人、旅人、商、幽人、万民、庶群、畜民、小人"等，三是"刑人、臣小臣、奴、奚、妾、役、牧、仆、御、童仆、侑"等。第一个序列是贵族和官吏，属于奴隶主阶级；第二个序列是"种族内的下层自由民和市民"；第三个序列是奴隶。贵族又包括三种人，一是巫、卜、史一类掌管占卜和祭祀等国家宗教事务的官吏；二是帝、王以下包括王子、公、侯至于吏一类的各级政权管理者、军事机构组织者、战争指挥者，以及国家机关的属僚等；三是作为商王的代理人而统治商人以外区域族属的邦伯一类的官吏，同时又是该族属的最高首领。[①] 商代的等级制，在周代发展成一种由周天子在分封制度下所颁赐的等级爵制度，也就是《左传》所谓"王及公、侯、伯、子、男、甸、采、卫、大夫，各居其

[①] 参见吕振羽《殷周时代的中国社会》，生活·读书·新知三联书店1962年版，第80—81页。

列",还有所谓"天子经略,诸侯正封,古之制也。……故王臣公,公臣大夫,大夫臣士,士臣皂,皂臣舆,舆臣隶,隶臣僚,僚臣仆,仆臣台。马有圉,牛有牧,以待百事"。这就是由上至下、由近及远的爵位等级制和臣属等级制。

分封制是对于中央王朝直接控制区域以外的地区"封邦建国"和"授民授疆土",也就是在中央王朝直接控制的王畿地区以外,建立从属于中央王朝而又有相当独立性的地方势力。这项制度"是从夏代开始的,历经商代,到西周时期形成定制"①。按照司马迁的说法,"禹为姒姓,其后分封,用国为姓"。这些具有国族性质的诸氏国家,组成以夏王邦为主的多元一体的"复合制"王朝国家。② 商延续了夏的分封制。商比较公认的中央与地方的关系是内外服制。司马迁讲到殷人祖先契的后人被分封立国的情况:"契为子姓,其后分封,以国为姓。"这样的分封制与王朝国家是由"内服"和"外服"组成的多元一体的"复合制"结构是一致的。③ 到西周时,周人实行的是以血缘宗法为纽带的"封建亲戚,以蕃屏周"的分封制。周初即分封同姓诸侯和异姓诸侯。《左传·昭公二十八年》载:"昔武王克商,光有天下。其兄弟之国者十有五人,姬姓之国者四十人,皆举亲也。"《荀子·儒效》讲到周公"兼制天下,立七十一国,姬姓独居五十三人焉"④。周初有两次分封,一次是武王时期,一次是周公东征后。周成王稳定政权后,即开始大规模进行分封,"选建明德,以蕃屏周"。分封制的宗法性表现为天子、诸侯以下实行爵位封地,嫡长子继承,庶子分封。《左传·桓公二年》

---

① 参见晁福林《夏商西周的社会变迁》,中国人民大学出版社2010年版,第185页;王震中《中国古代国家的起源与王权的形成》,中国社会科学出版社2013年版,第436—440页。
② 参见王震中《中国古代国家的起源与王权的形成》,中国社会科学出版社2013年版,第436—440页。
③ 同上书,第471—485页。
④ 王先谦:《荀子集解》,中华书局2013年版,第159页。

说："故天子建国（立诸侯也），诸侯立家（卿大夫称家臣），卿置侧室（侧室，众子也，得立此一官），大夫有贰宗（適子为小宗，次子为贰宗，以相辅贰）。"[1] 司马迁则说："王者疆土建国，封立子弟，所以褒亲亲，序骨肉，尊先祖，贵支体，广同姓于天下也。是以形势强而王室安。"（《史记·三王世家》）分封制在夏商周以及之后的不同时段，情况是不同的。但分封制的目的，则是力求通过血缘关系达到政治上长治久安。

第二，世卿世禄制。

从奴隶社会开始，特别是"天下为家"的奴隶主统治阶级的世袭王权国家形成以后，天子、诸侯或王、侯以下至于庶人、奴隶，构成一种有着不同政治地位和经济地位的等级化体制。天子和受封的诸侯以及官吏（小吏不世袭），实行世袭，世代享有一定的封地（采邑）收入，这就是所谓世卿、世禄制度。这种制度在西周时期，王朝畿外的封君、诸侯可以世袭传国，但畿内的卿大夫一般可以世禄而不世爵；卿大夫中有功德者，其子孙可以继承爵位，诸侯卿大夫一般不得世袭爵位和俸禄。

世卿世禄制在春秋时期还有延续。到战国时期，在商鞅变法中开始被冲破和废除，从而出现新的军功等级爵制度。

第三，礼制与礼治。

礼制和以礼为治的政治，集中在夏商西周的所谓三代时期。礼仪制度还有虞夏商周四代之说。礼制的建立和完备，在夏王朝开始，其后逐渐体系化、系统化。孔子说："殷因于夏礼，所损益可知也；周因于殷礼，所损益可知也。"（《论语·为政》）夏商周时期的礼制，首先是政治性的。《管子·君臣下》说："君臣上下之分素，则礼制立矣。"等级制、分封制、世卿世禄制均属于广义的礼制。"礼"无所不包，既包括从古老习俗演变而来

---

[1] 括号中为晋杜预注文。

的各种礼制，也包括王权国家形成之后逐渐确立的各种政治制度，形成一系列礼仪（礼乐）制度，涉及个体生活、家族生活、政治生活和社会生活等不同层面，古人将其定名为冠、昏、丧、祭、射、乡、燕、聘、朝、觐等各种礼仪制度，后来又综括为吉、凶、宾、军、嘉五礼。礼仪制度既包含伦理道德规范，也包含法律。前者即孔子所谓"君君、臣臣、父父、子子"（《论语·颜渊》）以及《礼记》所谓"亲亲也，尊尊也，长长也，男女有别"（《礼记·大传》）；后者则是《礼记》的所谓"礼不下庶人，刑不上大夫"（《礼记·曲礼上》）①。礼仪制度是为了维护代表奴隶主贵族阶级利益的王权政治统治，以等级制和特权性来保障统治集团的根本利益。礼治就是以礼制作为政治工具和手段，实行奴隶主阶级从上至下的统治，亦即以礼为治，"礼不下庶人"，就是用礼制来保证奴隶主阶级的统治。

五　春秋战国时期社会形态的转型

自夏代（公元前 21 世纪）开始，直到西周灭亡（公元前 771 年），中国王朝国家建立后的奴隶社会长达近一千四百年。其后，中国历史进入春秋战国时期，是中国社会形态的转型时期，奴隶社会开始瓦解，封建社会的基本元素逐渐生成，奴隶社会又延续残存了数百年。

公元前 771 年，周幽王被犬戎所杀，其太子被拥立为周平王，东迁洛邑，西周结束，东周即春秋时期开始。春秋时期，周王室衰微，"礼乐征伐自天子出"的局面不再，转变为"礼乐征伐自诸侯出"。各诸侯国先后崛起，强弱有别，兼并争霸，挟天子以令诸侯，此起彼伏。这一时期延续近 300 年。其间，还出现了"礼乐征伐自大夫出"和"陪臣执国命"的局面。公元前

---

① 此句的含义，可参考《孔子家语·郊问》中借冉有和孔子问答所做的解说。

475年，以韩、赵、魏三家分晋和齐国田氏代齐为标志，进入七雄争霸的战国时期，正在向封建社会形态转型。

第一，生产力的发展与封建生产关系的产生和确立。

春秋战国时期，农业技术进步、农耕工具改进、耕作方式改变、大规模水利工程兴修，使农业生产的发展水平大为提高。与农业发展相适应，手工业进一步发展，城市发展，商业繁荣，货币铸造及流通等都大为进步。这些都为封建生产关系的产生和确立准备了条件。

首先是铁制工具的出现，对生产力的提高具有极大的推动作用。如恩格斯所指出的：铁"是在历史上起过革命作用的各种原料中最后的和最重要的一种原料"[1]。郭沫若论证说："冶铁技术的发明和发展不用说是冶金工业的一大进步，而把铁作为耕具及手工具的使用，又增加了整个的生产力，而使社会生产得到更高一级的发展。这无疑便成为社会变革上的一个重要的契机。但这些事实，我们知道，并非出现于周初，而是出现于春秋战国时期，那么，这铁的使用倒真正成为春秋战国时期是古代社会的转折点的'铁的证据'了。"[2] 铁是生产力发生革命性变革的重要标志。考古发现，春秋时铁器遍布今天的甘肃、宁夏、山西、山东、河南、江苏、湖北、湖南等省区，体现使用的广泛性。有一座春秋晚期墓葬出土铁器达20余件。[3] 春秋早期，即开始出现生铁制品。春秋晚期的生铁制品常见白口铁，具有早期生铁的特征，体现了古代冶炼生铁技术的先进和历史悠久。[4] 到了战国时，铁器的使用更为广泛。铁矿开发和铁器生产的规模扩大，在

---

[1] 《马克思恩格斯选集》第4卷，人民出版社2012年版，第179页。
[2] 郭沫若：《十批判书》，东方出版社1996年版，第61页。
[3] 参见中国社会科学院考古研究所编著《中国考古学·两周卷》，中国社会科学出版社2004年版，第407页。
[4] 同上书，第409页。

社会生活的各个领域得到使用。考古发现此时的铁器分布范围超出春秋时,在七个诸侯国范围内都有铁器出土。铁器在生产工具和兵器中均有出现,反映冶铁制造技术的提高和普遍应用。[1]

铁器农具的普遍使用,铁制耒耜的普及,当然也包括铜制农具的继续广泛应用,对于农业技术的进步起到推动作用。牛耕的出现和普及,在深耕翻土和提高耕种效率上发挥了超越以往的作用。兴修水利、人工灌溉在春秋战国时期更是大为发展。春秋时,楚国有芍陂,吴国有邗沟。战国时,魏国有鸿沟,秦国有都江堰、郑国渠。这些大型水利设施,对于农业发展起到十分重要的作用。[2]

春秋战国时期畜牧业也有很大发展,马匹的饲养、交易、馈赠非常普遍。战国时,各国拥有的马匹数量更是大为增加。各国养马数量的多少,对于战国时期军事实力的强弱变化发挥了重要作用。[3]

春秋战国时期其他手工业也有技术革新与进步。铸铜技术和铜器装饰工艺、制玉工艺、丝绸业、漆器制作等,都有突破及发展,这为当时社会的经济活动和社会生活的丰富提供了物质保证。

随着生产力的发展,封建社会生产关系开始出现。首先是土地所有制和税收制度的变化。春秋时各诸侯国基本上沿袭了西周的井田制。诸如齐国"井田畴均",楚国"井衍沃",郑国"田有封洫、庐井有伍",都表明传统土地制度的延续。在"君子劳心,小人劳力"的统治关系下,奴隶和自耕农"籍田以力,而砥其远迩",耕种贵族奴隶主的"公田",同时担负徭役。然而,

---

[1] 参见中国社会科学院考古研究所编著《中国考古学·两周卷》,中国社会科学出版社2004年版,第409页。
[2] 参见晁福林《春秋战国的社会变迁》,商务印书馆2011年版,第380—403页。
[3] 同上书,第405—410页。

在农业技术大为进步的情况下，土地利用率得到提高，土地所有权形式也在变化，土地买卖加快，奴隶主贵族们拥有土地的增长速度加快，动摇了奴隶主统治阶级国有土地制度井田制，开启了土地私有的进程。与之相适应，土地税收制度开始变化，也就是按照农户实际耕种田地面积征收实物税，例如齐国实行"相地而衰征"，晋国实行"作爰田"，鲁国实行"初税亩"，楚国实行"量入修赋"，郑国实行"为田洫"。正是通过这些变革，各诸侯国逐渐加强了对人口和土地的控制。① 在这一过程中，土地所有者与直接耕种者之间管理与经营关系的变化，为封建生产关系的产生奠定了基础。土地所有制的变化决定税收制度的变化，土地买卖的出现是土地所有制变化的表现。

到战国时，各国新兴地主阶级为富国强兵，进一步打破旧有的井田制。诸如魏国李悝实行"尽地力之教"，秦国商鞅实行"废井田，开阡陌"。通过授田制的形式，国家开始直接向自耕农分配土地。随着授田制的普遍实行和占据主导地位，新的土地分配方式得以形成和确立，从而直接影响到生产关系和赋税制度的变化。② 正是以此为标志，封建社会的土地所有制关系和生产关系日渐确定。秦始皇统一六国之后，君主专制中央集权下的封建社会生产关系得到全国范围内的确立。

第二，经济形态、政治形态与社会形态的转型。

春秋战国时期不同于西周时期的历史面貌，主要体现在经济形态、政治形态乃至整个社会形态的转型上。春秋战国时期是从奴隶社会向封建社会演进的重要转型时期，正是这一时期在经济形态、政治形态、整个社会形态方面的逐渐转变，为社会形态的最终转型准备了基础和条件。

---

① 参见晁福林《春秋战国的社会变迁》，商务印书馆2011年版，第555—575页。
② 同上书，第583、593、595页。

在经济形态上,从土地国家所有、诸侯国占有和贵族官吏私人占有,部分奴隶和自耕农耕种并缴纳赋税,向土地私人占有,向诸侯国缴纳赋税转变,从而引发诸侯国财政赋税制度的变革。春秋时,诸侯国沿袭"工商食官"传统,使官营手工业的组织和管理进一步强化,促进了官营手工业的兴盛。私营手工业也在各国纷纷出现,其主体是那些世代相传专门从事某种专门技艺的手工业作坊。[①] 战国时,私营手工业大为发展,有的行业具有很大规模,经营业主达到很高的富裕程度。适应商业交换的需要,各国纷纷铸造金属货币,货币形制各不相同。各国度量衡标准趋于统一,也是商业交换促进的结果。总之,春秋战国时期以农业为基础,官私手工业并行发展,促进了商品生产和商业流通,为社会形态转变准备了物质条件。

在政治形态上,随着周王室实力衰落,政治权力呈现逐渐下移态势。春秋时,齐、晋、楚诸国先后强大起来,形成"礼乐征伐自诸侯出"的争霸格局。到春秋末期,三家分晋、田氏代齐、三桓执政,表明各国卿大夫一级的奴隶主贵族成为新兴政治势力,他们通过兼并土地和争夺人口,最终走向"礼乐征伐自大夫出"和"陪臣执国命"的夺权过程。于是,政治形态呈现新转变,齐、楚、燕、韩、赵、魏、秦等新诸侯代替旧诸侯,先后实行变法革新,郡县制、官僚制和军功地主制代替分封制,旧有的血缘宗法政治体制进一步崩坏,新型政治体制逐步形成。战国时,以地缘为格局的列国形势进一步强化,各国实行君主集权下的官僚政治,军功等级和经济地位决定的新兴地主阶级势力不断成长,成为各国政治形态转变和实力发展的基础。随着列国实力的消长和争霸战争的持续,逐渐形成冲破割据走向统一的趋势,西部秦国的强盛为最终统一东方六国、为秦王嬴政建立统一

---

① 参见晁福林《春秋战国的社会变迁》,商务印书馆2011年版,第435页。

的中央集权君主专制封建王朝开辟了道路。

在社会形态上，春秋时，延续西周以来的血缘宗法制，维系着王公卿大夫和各级奴隶主贵族统治阶级，庶民和奴隶为被统治阶级，仍以奴隶社会形态占据主导，但奴隶社会形态已经衰落，新的封建社会形态因素正在成长。战国时，随着各国在农业土地制度上采取一夫百亩的授田制，地方行政上实行郡县制，人口管理上实行编户齐民的户籍制，为向封建社会形态转变提供了制度保证，加速向封建社会形态转型。此时，形成了以王公贵族、官僚地主和军功地主为统治阶级，以农民和手工业者为被统治阶级的阶级结构。农民和手工业者作为被统治阶级处在社会下层，他们的劳动产品为国家和地主阶级提供物质生活保障，他们的力役为国家的军事及各种设施建设提供基本劳力保证，他们负担沉重，十分贫困。从根本上说，春秋战国时期封建制代替奴隶制是历史发展的必然结果。

第三，奴隶、平民的反抗斗争。

哪里有压迫，哪里就有反抗。奴隶主对奴隶的压迫十分残酷，奴隶反抗奴隶主的斗争十分激烈。例如，在商朝，广大奴隶经常逃亡，甲骨文中大量出现"丧众"的记载。商朝末年，周族大军进逼牧野（今河南汲县北），被强征入伍的商朝奴隶举行阵前起义，倒戈助周。纣王走投无路，自焚而死，商朝灭亡。在周朝，公元前841年，以周族平民为主体的"国人"举行武装暴动，冲进王宫，致使周厉王出逃。春秋战国时期，奴隶、平民反抗奴隶主统治阶级及其官府的斗争，既普遍，又尖锐。公元前644年，齐国以霸主身份征发各国奴隶、庶民前往修筑鄫城，正值严冬，众人无法忍受劳役之苦，有人夜间登城高呼"齐有乱"，引起骚动，一散而逃，筑城之事作罢。公元前641年，梁国国君强迫疲惫不堪的奴隶修城挖壕沟，导致暴动，秦国乘机吞并梁国，史称"民溃"。晋灵公（公元前620—前607年）不仅苛征厚敛,大修宫室,极尽华丽,而且虐待奴隶,无视奴隶生命,"从台上弹人,而观其辟丸也;宰夫胹熊蹯不熟,杀之,寘诸畚,使妇人载以过朝"。公元前563年,郑国发生内乱,贵族子西未及防备,造成"臣妾多逃"。为防止逃亡,各国强化管制,制定"董逋逃"律令,引发更激烈的反抗。公元前550年,陈国贵族庆氏随意杀害役人,役人奋起反抗,一举杀死庆寅、庆虎兄弟,令陈国奴隶主大为恐慌,深感危机四伏。齐景公时(公元前547年),赋敛苛重,庶人生产所出的百分之六十以上被剥夺,官府聚财无度至于堆积朽蠹,而三老小吏难免受冻挨饿;遭受刖刑者众多,以至"国之诸市,屦贱踊贵","民人痛疾",怨声载道。莒国国君庚舆暴虐而好剑,每铸新剑,必试诸人,国人患之。统治阶级的残暴,必然导致阶级矛盾激化,因此引发的奴隶和平民反抗斗争从来就没有中断过。奴隶们最初采取破坏工具、怠工、逃亡等办法,最终起义暴动。公元前522年,郑国大批起义奴隶聚集萑苻之泽(今河南中牟东北),向奴隶主领地发起猛攻。公元前506年,吴国与楚国相争,吴军攻入楚都,楚昭王逃走,遭到起义奴隶的武装袭击。当时声势最大的是柳下跖率领近万人的奴隶起义队伍。公元前478年,因被卫庄公超负荷役使而不得休息,卫国奴隶工匠们奋起暴动,包围宫门,卫庄公讲和不成跳墙逃跑摔断腿,后被参与暴动的戎州人所杀。

奴隶起义和国人暴动这两股反抗王公贵族奴隶主阶级的斗争,有力冲击和动摇了奴隶主阶级的统治,使大批奴隶在斗争中挣脱了禁锢人身自由的枷锁,为封建社会生产关系的形成创造了条件,对向新的社会形态转变起到了推动作用。

第四,新兴地主阶级登上历史舞台的政治改革。

战国时,新兴地主阶级通过变法改革,登上历史舞台。新兴地主阶级一方面获得统治地位,另一方面通过变法图新巩固政权,从而开启了中国封建社会初期的历史道路。

在新兴政治势力的代表田氏逐渐掌握齐国政权之后,齐威王(即位后九年,公元前348年)为改变"诸侯并伐,国人不治"的局面,实行改革,视人才为明珠,任用邹忌"谨修法律而督奸吏",使得齐国政治稳定,在当时"最强于诸侯"。晋国的新兴势力在分割公室的过程中壮大。赵氏从赵鞅开始,减轻农民负担,奖励军功,论功释放奴隶,选拔任用贤能,表彰敢言臣下,获得人心支持,在政权争夺中占得主动和先机,为后继者联合韩、魏三家分晋奠定了基础。魏国为革除奴隶制旧有传统的影响,巩固新兴政权,魏文侯先后任用法家人物李悝、吴起,还有西门豹等,进行了一系列重大变革。实行"食有劳而禄有功,使有能而赏必行,罚必当"的政策,废除旧有的爵禄世袭制度。分配土地给农民,实行"尽地力之教"奖勤罚惰,并实行"平籴法"调控粮价,还制定《法经》,颁布六律,实行法治。改革军制,培植军功地主。[①] 经过改革,魏国得以富强。韩国的昭侯任用申不害为相,"修术行道,国内以治"。楚国的悼王任用吴起实行变法,也从废除世卿世禄制度开始,下令"罢无能,废无用,损不急之官","废公族疏远者",增加国家收入,养兵强国。

变法是新兴地主阶级反对奴隶主阶级的政治斗争,战国时期,以秦国的商鞅变法在历史上影响最大、意义最为深远。秦国在战国初年就通过实行"初租禾"(公元前408年),从力役地租变为实物地租,实行"初行为市"(公元前378年)促进商品交换。秦孝公时卫人公孙鞅来秦向孝公进言"变法修刑,内务耕稼,外劝战死之赏罚",孝公任用卫鞅进行变法。商鞅变法前后实施过两次。第一次是在公元前356年,实行连坐法,"不告

[①] 参见刘泽华、杨志玖、王玉哲等编著《中国古代史》(上),人民出版社1979年版,第140页。

奸者腰斩,告奸者与斩敌者同赏,匿奸者与降敌者同罚";实行分户制以增加赋税,民户有二男以上必须分户,否则加倍征赋;奖励军功论爵,惩戒私斗,鼓励耕织,重农抑商,废除宗室世卿世禄。在公元前 350 年商鞅实行第二次变法,改变秦人旧俗,使民人父子不同室、男女有别。建立县制,破除旧贵族的封邑。废除井田,实行授田制。统一度量衡。变法后的秦国,经济发展,国力迅速强盛,在对东方诸国的征战中不断获胜。变法所带来的成果得到沿袭,为秦统一六国奠定了雄厚基础。

各国变法改革,既为新兴地主阶级登上历史舞台提供了契机,也为中国历史走上新的发展道路准备了条件。

第五,农民阶级与新兴地主阶级之间的矛盾及斗争。

春秋战国时期,伴随着旧有的奴隶社会生产关系的井田制向着封建社会生产关系的授田制的转变,封建社会生产关系就成为中国历史进入封建社会形态的标志。

在战国时,各诸侯国在集中国家政治权力的过程中也集中和垄断了土地所有,从而形成并加深了地主阶级与农民阶级的阶级矛盾和阶级对立。①

秦国和山东六国都实行以户为单位的"一夫百亩"的授田制,同时还有相当数量的土地由奴隶来耕种。这样,一方面随着人口增长,国家无田可授从而出现无地的穷人;另一方面由于战乱而流离失所的农民因失去土地而沦为奴隶,包括国家的官奴和封建地主的家奴。除此之外,兼并战争经常导致农民"无宅容身,身死田夺",为了逃避官府的沉重剥削,农民选择"附托于有威之门以避徭役"(《韩非子·诡使》)成为依附农的情况开始出现。

战国前期,国家授田的编户齐民,不仅要向国家缴纳什一

---

① 参见巫宝三主编《先秦经济思想史》,中国社会科学出版社 1996 年版,第 318 页。

税，还有各种赋敛，就如《孟子·尽心》所说的"有布缕之征，有粟米之征，有力役之征"，又如秦简《仓律》所记"入禾稼，刍稾，辄为廥籍，上内史"，以及秦简《田律》所记"入顷刍稾，以其受田之数"，在这些征收当中，既包括田税性质的实物地租，后来是按户和人口征收的户赋口赋，还有家庭手工业、商品买卖方面的地租和商业税，后来力役也从军赋中分出作为单独名目。可见，农民阶级为了满足封建国家的赋役征收和应付频繁发生的战争，租赋徭役负担是很沉重的，所受剥削和压迫也是非常深重的。① 而且，在当时金属货币出现，商人、贵族的高利贷资本活跃，如《孟子》《管子》都记述农民借贷维持生活的情况，广大贫苦农民就成为遭受残酷剥削的对象。② 可以说，从奴隶解放为自由农民者，本质上还是受剥削者，新兴地主依旧是把他们束缚在地主的土地上，对他们实行超经济的榨取。③ 当农民承受不了如此沉重负担时而采取逃避赋役与剥削的行动，以及在遭受压迫愈深和阶级矛盾日益激烈时，农民奋起反抗的斗争也就多有发生。例如《商君书·垦令》所说的"使民毋得擅徙，则诛愚乱农，农民无所于食而必农"，《商君书·农战》所说的"避农则民轻其居"，"凡治国者，患民之散"；还有《吕氏春秋·上农》所说的"农不上闻，不敢私籍于庸，为害于时也"，都是强调统治者要防范和杜绝农民的反抗和逃亡而将他们束缚于土地上。由此可见当时农民对剥削和压迫的反抗也一再引起统治者代表的重视。④

---

① 参见巫宝三主编《先秦经济思想史》，中国社会科学出版社1996年版，第322页。
② 参见翦伯赞主编《中国史纲要（增订本）》（上），北京大学出版社2006年版，第50页。
③ 参见《吕振羽全集》第8卷，人民出版社2014年版，第71页。
④ 同上。

第六，统一多民族国家形成的历史前奏。

战国后期在政治、经济、思想文化方面日益呈现出多民族融合和政治统一的封建国家形成趋势。首先，各诸侯国在长期割据与争霸过程中，逐渐从奴隶主贵族阶级等级分权制向封建君主专制中央集权以及官僚制转变，这为统一的中央集权封建王朝的形成奠定了政治制度基础。其次，中原与周边地区的社会经济文化在交流和融合过程中，彼此发展，相互联系，相互带动，相互促进。特别是华夏族与周边族群的中华多民族人民在多种纽带性联系方面不断形成历史认同、文化认同和政治认同。最后，秦国通过变法革新在经济和军事上的日益强大，在兼并诸侯过程中的各个击破，也为后来秦统一六国、建立统一多民族国家准备了条件。这些都为中华统一多民族国家的形成奠定了前提条件。

当时的政治家和思想家，分别在政治实践和思想理论方面为走向统一进行了政治准备和思想论证。前者如商鞅，后者如孟子、荀子，都很具有代表性。商鞅作为帮助秦国变法革新、走向富强的政治代表人物，在理想与现实的选择中，采取了切合秦国实际、符合时代要求的战略举措，使得秦孝公接受，并在具体实践中取得成功。商鞅的志向与理想则在于"比德于殷周"的帝王一统。战国中期的孟子也主张天下统一，既包括政治上统一，也包括思想上统一。当梁惠王问孟子"天下恶乎定"时，孟子回答说"定于一"；再问"孰能一之"，孟子回答说"不嗜杀人者能一之"（《孟子·梁惠王上》）。孟子一方面对战争导致人民遭受屠戮持批判态度，另一方面主张通过实行仁政统一天下。这体现了孟子的反战思想，也抒发了人民对和平统一的向往。战国晚期的荀子，提出了建立统一国家和加强中央集权的思想。他说："合天下而君之"（《荀子·富国》），"臣使诸侯，一天下"，乃是"人情之所同欲"，也是古来"天子之礼制如是者也"（《荀子·王霸》）。他还说，通过制度和政令，使得"官人失要则死，公侯失礼则幽，四方之国有侈离之德则必灭"，也是"人情之所同欲"，但只有"王者兼而有是者也"（《荀子·王霸》）。荀子设想"天下为一，诸侯为臣，无他故焉，能凝之也。故凝士以礼，凝民以政，礼修而士服，政平而民安。士服民安，夫是之谓大凝，以守则固，以征则强，令行禁止，王者之事毕矣"（《荀子·议兵》）。《吕氏春秋》则提出建立统一的中央集权国家是当时的迫切需要，还指出民心所向又是至关重要的。这种主张的传播，对战国晚期趋向统一国家有着积极影响。在由合纵、连横、兼并到统一的历史过程中，最终是民心的向背以及人民的愿望和要求起到决定性的作用。

战国诸子的统一思想，即"大一统"思想，既是战国时期现实社会人民苦于战争和各国以邻为壑等灾难而迫切希望统一的反映，也有其历史渊源。它的历史渊源就在于：战国之前的夏商周三代王朝"多元一体的复合制国家形态结构"及其传统理念已经为战国时大一统思想的发展作了较为充分的准备，成为其思想基础；如果从三代往前追溯，颛顼、尧、舜、禹时期族邦联盟结构及其相关思想的萌发，成为大一统思想的最早渊源。多元一体的"复合制"结构是说整个王朝国家是一体的、统一的，但其构成却是由位于中央的王邦（王国）和受广域王权支配的诸侯邦国这样多元组成的。因而就统一性而言，生活在复合制王朝中的周人，自认为自己的王朝是"统一"的，这就是《诗经·小雅·北山》所说的"溥天之下，莫非王土。率土之滨，莫非王臣"。生活在春秋末期的孔子曾有"天下有道，则礼乐征伐自天子出；天下无道，则礼乐征伐自诸侯出"（《论语·季氏》）的感叹，也是鉴于他所向往的西周是"统一"的。与秦汉以来郡县制机制下一元化的"大一统"思想观念相对而言，从"多元一体的复合制王朝国家结构"产生出来的"大一统"观念，则属于相对早期的"大一统"观念。这样的"大一统"观念在三代王朝代代相传,构成了一种正统观念。到了战国时期,人们苦于列国纷争,盼望统一,这既是现实愿望,也有历史渊源。

从三代再往前追溯,《史记·五帝本纪》以及《尧典》《禹贡》所说的颛顼、尧、舜、禹时期政治实体的形态和结构属于"万邦"时代的族邦联盟。族邦联盟既不是一个王朝,也不同于后世的国家。但是,族邦联盟在走向"多元一体王朝国家"过程中也会产生与之相适应的"联盟一体"的思想观念,这种"联盟一体"的思想观念属于另一层次的"大一统"观念。这样,从尧舜禹经夏商周三代再到秦汉,伴随着国家形态和结构的变化,先后产生了三种背景指向的三个层次的"大一统"观念:与尧舜禹时代族邦联盟机制相适应的带有联盟体色彩的"天下一统"观念;与夏商西周"复合制王朝国家"相适应的"大一统"观念;与秦汉以后郡县制机制下的中央集权的帝制国家形态相适应的"大一统"观念。这三种背景指向、三个层次的"大一统"观念,是历史发展的三个阶段的标识。在我国历史上,"大一统"的观念对于国家的统一和稳定一直发挥着深远而积极的影响。这种影响主要表现为:国家的统一、对国家统一的认同与中华民族的凝聚,"大一统"的思想已构成中华传统思想中基因性的要素之一。[1]

夏商西周作为奴隶社会形态,有着较长的历史发展阶段,构成了中华文明早期发展道路的起始性阶段,也为后来封建社会形态历史的形成与发展奠定了基础。春秋战国时期是中国从奴隶社会向封建社会转变的历史时期,也是历史剧烈变动和思想文化大发展的时期。奴隶制中央王朝走向衰落,诸侯国纷纷崛起,争夺土地、人口,富国强兵,争霸战争,合纵连横,成为当时历史的

---

[1] 参见王震中《论源远流长的"大一统"思想观念》,《光明日报》2019年6月10日"史学版"。

核心问题。同时，旧有的生产关系已经不适应生产力的进一步发展，旧有的宗法等级贵族制和分封制已经不能满足新兴地主阶级及其代表的政治变革要求。一系列的变革运动伴随着新制度的建立在各诸侯国展开，新的社会形态初步确立。以兼并战争为手段的霸主地位争夺，各地域族群的交流融合，思想文化上的多元与归一，为统一的封建王权体制下多民族国家的形成开辟了道路，奠定了基础。历经550年分裂割据、战争频仍、天下无共主的春秋战国时期结束，中国历史也就走上了以农耕经济为基础、以中央集权君主专制政治为中心、以多民族融会交流为主流的封建社会形态国家发展道路。

第三节　中国封建社会

封建社会是奴隶社会之后的社会形态。中国封建社会的生产力远远高于奴隶社会，地主阶级土地所有制经济和土地买卖出现较早，有助于中央集权的大一统国家形成。小农业和家庭手工业结合，地主、商人和高利贷者三位一体，构成中国封建经济从生产、流通到分配的独特结构。中国封建社会的经济剥削和政治压迫形式，决定了农民阶级和地主阶级的矛盾是封建社会的主要矛盾，又决定了经济、政治、文化长期处于发展迟缓的状态。封建社会的经济基础决定了封建社会的上层建筑，决定了封建社会的意识形态上层建筑。儒学构成了中国封建社会的统治阶级思想。由于地主阶级对农民阶级的经济剥削和政治压迫，农民起义与农民战争不断。以农民起义和农民战争为最高形式的阶级斗争，是中国封建社会发展的直接动力。

中国封建社会的经济结构和阶级关系总体上不断发展，在封建社会晚期出现了资本主义萌芽。但是,由于封建社会内部商品经济发展的局限,以及后来外国资本主义国家的侵略压迫,中国始终没有走上资本主义发展道路,而是进入到半殖民地半封建社会。

一 关于"封建社会"的基本概念

封建社会是以封建地主阶级占有土地、剥削农民(或农奴)阶级为经济基础的社会。中国的封建社会开始于春秋战国时期,一直延续到1840年爆发的鸦片战争,长达两千多年。周元王元年(公元前475年)以前属于奴隶社会,其后逐步进入封建社会。[1]

中国封建社会既有封建社会的一般特征,又有自身发展的特点。侯外庐等人著述的《中国思想通史》指出,"自然经济的统治,这是列宁规定封建制四个条件之第一项,也是马克思、恩格斯所强调的以农村为出发点的小生产制的封建社会的经济条件","马克思、恩格斯、列宁都一再阐明这一理解东方封建社会的公式,其中明白的指出中国在内,不是如有些人说的中国例外"[2]。中国历代社会的农村农业和家庭手工业相结合的自给自足的自然经济,及与它相适应的地租形式,构成了中国封建社会的经济基础和社会条件。毛泽东从四个方面对中国封建社会的基本特点作了科学概括。第一,"自给自足的自然经济占主要地位。农民不但生产自己需要的农产品,而且生产自己需要的大部分手工业品。地主和贵族对于从农民剥削来的地租,也主要地是自己享用,而不是用于交换。那时虽有交换的发展,但是在整个经济中不起决定的作用"。第二,"封建的统治阶级——地主、

---

[1] 参见郭沫若《奴隶制时代》,《郭沫若全集·历史编》第3卷,人民出版社1984年版,第38页。

[2] 侯外庐等:《中国思想通史》第2卷,人民出版社1957年版,第4—5页。

贵族和皇帝，拥有最大部分的土地，而农民则很少土地，或者完全没有土地。农民用自己的工具去耕种地主、贵族和皇室的土地，并将收获的四成、五成、六成、七成甚至八成以上，奉献给地主、贵族和皇室享用。这种农民，实际上还是农奴"。第三，"不但地主、贵族和皇室依靠剥削农民的地租过活，而且地主阶级的国家又强迫农民缴纳贡税，并强迫农民从事无偿的劳役，去养活一大群的国家官吏和主要地是为了镇压农民之用的军队"。第四，"保护这种封建剥削制度的权力机关，是地主阶级的封建国家。如果说，秦以前的一个时代是诸侯割据称雄的封建国家，那末，自秦始皇统一中国以后，就建立了专制主义的中央集权的封建国家；同时，在某种程度上仍旧保留着封建割据的状态。在封建国家中，皇帝有至高无上的权力，在各地方分设官职以掌兵、刑、钱、谷等事，并依靠地主绅士作为全部封建统治的基础"①。

封建地主土地所有制和自然经济占统治地位，是中国封建社会的主要特点。生产力与生产关系的矛盾、经济基础与上层建筑的矛盾、地主阶级与农民阶级的矛盾，贯穿于中国封建社会始终。在错综复杂的经济关系、政治关系和社会矛盾中，拥有封建特权的统治阶级在社会活动中拥有绝对统治权。农民和手工业者是社会财富和文化的主要创造者，但受地主阶级的经济剥削和人身压迫，无法在政治上、经济上和文化上自由发展。在封建社会，统治阶级在对各种经济活动和生产资料的分配上处于支配地位，首要表现就是对土地的所有权与占有权。

中国封建社会的土地所有制和阶级关系紧密相关。封建社会是建立在地主阶级对农民阶级的剥削之上的。封建制度下的阶级剥削，随着生产力的发达而产生变化，但始终与土地相关。最初

---

① 《毛泽东选集》第 2 卷，人民出版社 1991 年版，第 623—624 页。

的剥削形态是劳役地租，之后变为实物地租，最后是货币地租。

"中国历代的农民，就在这种封建的经济剥削和封建的政治压迫之下，过着贫穷困苦的奴隶式的生活。农民被束缚于封建制度之下，没有人身的自由。"[①] 这种束缚在劳役地租阶段表现为地主对农民的人身强制约束，使之劳动；在实物地租阶段，表现为农民受封建国家法律所制定的强制性制约而劳动；在货币地租阶段，农民从事必要劳动和剩余劳动有了一定的区分，为农民阶级内部的分化，创造了前提条件。但是，无论地主阶级对农民阶级采用哪种剥削方式，由于生产资料占有权，主要是土地所有权没有发生根本变化，地主阶级对农民阶级剥削的实质，也没有发生根本变化。在19世纪外国资本主义列强坚船利炮的攻击下，中国封建社会最终没有发展到资本主义，中国进入半殖民地半封建社会。

二 封建社会的生产关系与经济结构

在中国封建社会，封建地主所有制经济占据绝对主导地位，并且长期延续，长达两千余年。政治上中央集权大一统封建国家的确立，经济上小农业和家庭手工业牢固结合、自给自足的小农经济、地方小市场在城市和农村的普遍存在，地主、商人和高利贷者三位一体，形成中国封建经济从生产、流通到分配一系列独特的经济结构。

中国占统治地位的封建地主所有制经济，以实物地租为产品分配的主要形式，保证了封建地主所有制经济的稳定，使我国封建社会的农业生产水平，在生产工具改进、生产力提高和劳动力数量提升的情况下得到明显但缓慢的发展；同时也保证了封建官僚制度的延续和社会各阶级、各阶层构成的相对稳定。

[①] 《毛泽东选集》第2卷，人民出版社1991年版，第624页。

第一，土地制度与剥削方式。

中国封建社会土地所有制的形式及经营方式，决定了农业社会人们在生产中的相互关系，以及劳动产品的交换和分配关系。中国的农村封建土地占有方式包括封建国家所有制、封建集体所有制和私人所有制三种形式。封建土地国有制主要包括皇庄、屯田等，封建土地集体所有制以族田为代表，私有制包括地主土地所有制和自耕农土地所有制。在封建社会，地主土地所有制居于统治地位，以租佃制为主要表现形式，地主占有作为生产资料的土地，由无地或少地的农民耕种。

地主、贵族拥有绝大部分土地，是中国封建经济结构的组成部分。自耕农虽然在数量上不断增加，但只能占有小块土地、少量的生活资料和其他生产资料，有时甚至完全没有土地。他们各自分散地、独立地从事农业生产劳动和家庭手工业生产活动，为国家缴纳赋税，服徭役，将收获的四成、五成、六成、七成甚至八成以上，奉献给地主、贵族和皇室享用。[①] 封建土地所有制是封建制度的经济基础，它既是农民阶级受剥削、压迫的根源，也是封建社会生产力水平发展缓慢的根本原因。中国封建社会租佃制的生产方式，决定了地主、佃农各自在农业生产中的地位，佃农对地主的封建人身依附关系以及产品分配的结构。

在西周末期和春秋时，作为奴隶主阶级国有土地所有制的井田制瓦解，私有土地制度逐步形成并且得到发展。春秋战国之际授田制的出现与战国时名田制的产生，是封建地主私有土地制的最初形态。[②]

秦汉时期，大量无主荒地被收归封建国家国有，但土地私人占有仍占主导地位。经过高度开发垦田的国有土地转化为私有土

[①] 《毛泽东选集》第 2 卷，人民出版社 1991 年版，第 624 页。
[②] 参见高敏主编《中国经济通史·魏晋南北朝》（上），经济日报出版社 2007 年版，第 34 页。

地，成为当时土地关系发展的主要趋势。在西汉前、中期，租佃关系主要是经济关系，地主和佃农订立契约，佃农租种土地，交纳实物地租，租佃关系为主，自由的程度相对较大。西汉中期以后，随着土地兼并发展，自耕农大量破产，沦为佃农或奴婢，地主拥有的土地数量也越来越大，官僚、地主、商人逐渐合为一体。地主成为佃农的主人，佃农逐渐具有了农奴的性质。

魏晋南北朝时期，士族地主土地私人占有、庶族地主土地私人占有、寺院僧侣地主土地私人占有和小农小块土地私人占有等形式并存，也就是封建国家土地所有制和封建地主土地私人所有制并存。封建国家土地所有制实质上是封建地主阶级的代表——皇帝私人占有制。到这一阶段后期，各种形式的土地国家所有制趋于衰落，寺院所有制受到冲击，封建地主土地私人所有制居于主导地位。封建经济制度在前期的社会动荡之中，基本处于相对静止的状态；随着农民反封建斗争的加剧，特别是经过隋末、唐末两次全国性的农民战争，反对封建经济剥削的农民起义成为推动历史发展的动力。但是，封建制度仍然延续。到唐代中叶，封建租佃制得到发展。

唐初实行均田制，土地可以买卖，但受到一定限制。唐后期，地主田庄迅速发展，建立在均田制基础上的按丁征收赋税的租庸调法也随之破坏，代之以按财产收税的两税法。从此，土地兼并不受任何限制，大量土地更加迅速地向大地主手中集中。自耕农成为地主的佃户，地主在掌握大量土地的同时，还控制大量的人口。农民失去土地，脱离户籍，成为佃农，造成了国家严重的财政危机。唐朝政府采取各项措施，试图整顿均田制，同时加大苛捐杂税的征收，但最终都归于失败。

北宋社会经济得到一定发展，佃农对地主和封建国家的人身依附关系有所减轻，劳动人民的生产积极性相对提高。但到了北宋末年，政府侵夺民田的趋势愈演愈烈，自耕农被强迫充当政府的佃户。农民在缴纳实物地租之外，还需缴纳定额地租和货币地租，以及遭受其他大量加收的各种名目的剥削。

在元代，蒙古贵族势力引发了土地占有关系的变动，他们和汉族地主都大肆兼并土地，这种情况在北方尤其严重。在江南，汉族地主是兼并土地的主要力量。佃户除了受到高额地租剥削，还受到各种超经济的压迫。佃户不仅社会地位低下，还实际受到奴隶般的待遇。

明代的土地分为官田和民田两类。官田是朝廷管辖的土地，承佃者只缴官租，不纳赋税；民田为私人所有，需要向官府缴纳赋税。土地私有观念日益加强催生了皇庄。由于王朝建立时拥有军功或是在开垦土地过程中作出贡献，庶民地主逐渐拥有大量土地。他们属于封建地主阶级，但不普遍地享受优免特权，被视为非身份性地主。明初实行屯田，鼓励垦荒，农业生产得到了一定程度的恢复。但到了明中叶，土地越来越集中，皇庄庄田数额巨大，军屯制度被破坏。由于商品经济发展，庶民地主中的商人地主大量涌现；手工业的发展给经营经济作物的地主提供了机会；与家族相结合的乡族地主继续发展，自耕农的数量越来越多，土地私有化的规模日益扩大，皇庄以外的土地流动速度越来越快，官田也被卷入了买卖，直到明亡。

清初鼓励垦荒，扩大了耕地面积，到了清中叶，土地兼并严重，大部分土地被官僚、地主和富商占有；佃农人数增加。

在中国封建社会，生产劳动者受剥削的形式，主要是交地租、服劳役、纳贡赋。为确保封建国家的赋税收入，封建士大夫中的有识之士推动保护自耕农利益，在剥削方式上进行了一些调整。

中国封建政权推行实物地租，到宋代出现部分劳役地租，包括分成租和定额租。在分成租中，地主对农民实行严密的监督，特别是农作物成熟的时候。农民需要缴纳地主一半或更多的生产物，自己所得有限。采用定额地租进行剥削的多数是大官僚地主和大商人地主，他们对农民的剥削和压榨不限于土地，由于拥有的土地数量巨大，他们对土地和农民的监管并不直接。

在封建社会中后期，定额租的收缴形式增多。在宋代，由于定额租有利于封建农业的发展，能够调动农民生产劳动的积极性，在一定程度上促进了经济的发展。到清代，定额租削弱了佃农对地主的人身依附关系，佃农除了交租，一般不给地主服役，佃农在农业生产和经济作物的种植上有一定自主性。地主只关心每年规定的租额能否交清，至于种什么作物、如何经营，一般不过问。这在一定程度上有利于封建社会后期的经济发展。

第二，生产关系和社会矛盾。

中国封建社会最基本的生产关系是生产资料即土地的占有与分配的关系。地主阶级占有作为主要生产资料的土地，对农民进行残酷的剥削，形成了农民对地主的人身依附关系。由于农民手中的生产工具分散，不足以形成大规模的生产协作，决定了中国封建社会的生产关系是自给自足的、分散的个体小生产生产形式。这一生产形式与封建土地所有制之间的矛盾，形成了封建社会生产力和生产关系的基本矛盾。在中国封建社会，农民作为生产者要求有自己的生产工具和对土地的完全支配权。但事实上，农民对土地只有使用权，并没有所有权，土地归代表地主阶级的封建国家所有和地主私人所有。农民要向封建国家和地主缴纳赋税和地租，提供劳役。封建地主的剥削和压迫超出了劳动者所能承受的限度，简单再生产就无法继续进行，封建生产力和生产关系之间的尖锐矛盾加大，引发了封建土地所有制经济基础和上层建筑之间的矛盾。

在封建政权持续和稳定的过程中，随着封建统治日益成熟，封建经济得到发展，封建地主阶级为了维护其根本利益，对生产关系也进行过一些调整，试图通过缓和阶级矛盾扩大再生产。随着生产力的发展，统治阶级适度调整封建剥削方式，调整封建生产关系。例如东汉实行的"户调制"和西晋时为了鼓励农民开垦荒地、扩大耕地面积推行的"占田制""课田制"，以及唐代的"均田制"、宋代的"两税法"、明代的"一条鞭法"和清代的"摊丁入亩"都是封建地主阶级对生产关系的局部调整措施。

当封建生产关系的某些部分严重束缚生产力发展时，地主阶级与农民阶级的阶级矛盾尖锐激化，导致农民纷纷起义。经过农民起义，推翻了腐朽的前封建王朝，破坏了旧有生产关系的某些环节，新的封建王朝对原有的封建生产关系进行了部分调整，为社会生产力的继续发展提供了新的机遇。例如经过隋末农民大起义之后，李唐王朝力图巩固封建统治，在强化中央集权之后，迅速采取措施改善经济状况，于是推行均田制，减轻农民的税役负担，在一定程度上成功地调整了封建生产关系，缓和了阶级矛盾，维护了社会的稳定和日益繁荣。相对于封建地主阶级的自发性调整，农民阶级的斗争对封建生产关系的调整变动，起到了决定性作用。

中国封建社会生产关系的变化在封建社会前期和后期有所不同。在封建社会的上升时期封建生产关系同生产力发展的矛盾还是可控、可调整的。在封建社会的下降时期，封建生产关系同生产力发展的矛盾，越来越尖锐，越来越难以控制。

在中国封建社会，封建地主阶级占有主要生产资料土地，他们通过超经济强制，剥削农民，榨取劳动成果。在中国封建社会，地主阶级对农民阶级的超经济干预是通过封建国家的干预来实现的。超经济强制和农民对于地主的人身依附关系导致中国封建社会农民人身的不自由。但是地主阶级对农民阶级的剥削，又是在一定的限度内进行的。封建政权需要调整地主和农民的阶级矛盾，既限制地主对农民的残酷剥削，同时为了维护阶级统治，又要打击、约束和奴役农民。

唐代以前，租佃农民对地主的封建依附，大多表现为直接的人身隶属关系。这种隶属型的封建租佃制，对直接生产者的超经济强制是十分明显的。[①] 但同时也存在人身隶属关系较弱一些的契约型的封建租佃关系。这说明在封建社会中期，随着庶民地主数量的增加和土地所有权的频繁变动，大土地集中的情况出现了一些松动。

宋代开始，土地买卖逐渐增多，政治特权在土地占有和产权变动过程中的作用随之降低，加上土地日益分散经营，地主和佃农之间的社会关系也相应地发生了变化。

宋元以来封建国家对农民的超经济强制有所减弱，对农民人身隶属关系的控制也随之松动。但这并未从根本上改变封建社会生产关系的实质。农民阶级仍然受到封建地主阶级的残酷压迫和压榨。

在中国封建社会的发展历程中，地主阶级对生产关系也曾做过一些调整，目的是更好地维护封建统治阶级的利益。促使统治阶级作出一些调整的契机是农民武装斗争。农民阶级的反抗斗争对封建生产关系的调整，起到了关键性的作用。随着大规模农民起义的爆发，土地占有情况发生变化，封建经济秩序得以调整，恢复到阶级矛盾比较缓和的状态。当农民起义的力量大到足以推翻旧的封建王朝，建立了新的封建王朝，原来的封建生产关系会部分地发生调整，社会生产在统治阶级"与民休息"的政策下得以恢复，社会得以缓慢地继续前进。

第三，经济基础与经济结构。

中国封建社会的经济结构既包括生产关系的因素，也包括生产力的因素，其基本形式是小农业与家庭手工业相结合，大部分

[①] 参见林甘泉主编《中国封建土地制度史·绪论》，中国社会科学出版社1990年版，第26—28页。

自给性生产和小部分商品性生产相结合的小农经济,其实质是封建地主土地所有制。封建地主土地所有制是封建社会生产关系的关键部分,构成封建社会经济基础最重要的部分,决定了封建社会的阶级关系和阶级斗争。中国古代的土地所有制经历了从奴隶主阶级所有制到地主阶级所有制的转变,也就是商周时期表现为家族公社和农村公社的土地所有制,实质是奴隶主阶级土地私有制,向封建地主土地私有制的转化。

中国封建地主土地制度在根本上是一种经济关系,封建土地私有制的占有者是地主阶级,生产者是封建农奴和农民阶级。土地所有者把土地分给农奴或农民耕种,劳动者向土地所有者提供地租,构成地主阶级与农民阶级的经济关系。在春秋战国时期,土地关系激烈变动,开始了封建地主土地私有化,土地私有化的结果是家族公社和农村公社迅速瓦解,形成了以一家一户为一个生产单位的个体小农生产,产生了地主阶级的土地私有制。

第四,封建国家的基本经济政策。

在封建社会,地主阶级拥有大量生产资料,不完全占有生产者。农民往往占有很小部分的土地和其他生产资料,与奴隶不同,农民可以进行小规模的经济活动,通过一定程度的积累,产生身份上的变化。这就增添了中国封建社会基本经济政策在执行过程中的复杂性,也表现出发展的阶段性和缓慢曲折的特点。

重农抑商政策是封建社会的产物。封建社会经济的运行离不开商品经济,但商品经济和商人资本的过分膨胀与发展,会对封建社会经济起到分解作用。在中国封建社会,封建政府为保障以自然经济为基础的农业生产活动的稳定性,保障统治阶级的统治基础,在一定范围内、一定程度上推行重农抑商政策。[1] 重农的手段包括政府颁发重农诏书,以法令的形式强化重农政策;抑商

---

[1] 参见叶茂《略论重农抑商的历史根源》,《中国经济史研究》1989 年第 4 期。

的措施包括政府以各种手段贬低商人的社会地位，降低商人的价值和商业行为在社会上的影响，等等。

唐宋时期商品经济发展引起经济结构，乃至社会结构的变化。唐宋时期商品流通活跃，市场关系扩大，商人资本崛起，货币制度飞速发展，商品经济达到了中国封建社会前所未有的高度。商品经济的发展引起社会要素的重新流动组合，引发了经济关系和社会关系日益市场化的整体反应。社会财富两极分化，孕育产生了新的社会阶层。唐代中叶，两极分化非常严重，杨炎推行两税法，就是本着"人无丁中，以贫富为差"的宗旨。宋初"杯酒释兵权"以土地金钱换取兵权，以及农民起义提出"均贫富，等贵贱"的口号，均反映出财富聚集和新兴力量崛起的状况。[1]

社会资源和社会地位的调整，引发阶级阶层构成的变化。社会经济资源快速转移，唐代以后门阀士族阶层迫于生计与庶族地主阶层通婚，旧有的等级制度无法维持，社会呈现流动和重新分层的整体性变化。

通过积累商业资本，形成了"富民"阶层。[2] 富民拥有大量社会财富，在两汉至南北朝时期是政府贬抑的主要对象。到了北宋初年，政府鼓励兼并，将富民视为国家统治的基础给予重视。富民逐渐进入统治阶级，他们不拥有社会特权，但改变了社会的阶级阶层关系和阶级阶层结构，促进了租佃契约经济关系的发展。

商品经济的发展促进了中国封建社会经济的结构性变迁。土地制度、赋役制度、商税制度、市场制度、货币制度、专卖制度、对外贸易制度都发生了显著变化。唐宋商品经济的发展引发

---

[1] 参见林文勋《商品经济与唐宋社会变革》，《中国经济史研究》2004年第1期。
[2] 参见薛政超《唐宋以来"富民"阶层之规模探考》，《中国经济史研究》2011年第1期。

了经济结构变化，集中反映了社会生产力的发展方向，标志着中国封建社会从前期到后期的转折。

第五，自然经济与商品经济。

农业和家庭手工业相结合的自给自足的自然经济在中国封建社会占统治地位，以交换为目的的商品经济虽然萌芽较早，并且逐渐成为封建经济的组成部分，但始终未能取代自然经济成为社会经济的基本形态，而是形成有中国封建社会特点的、在自然经济主导下的多种商品经济形态。

自然经济主导下的多种商品经济形态。生产直接用于满足生产者个人或经济单位需要，而不是进行交换的经济，就是自然经济。在中国封建社会，自然经济表现为自给自足。封建政权有满足需要的官办手工业，包括自耕农和佃农在内的个体农民也主要以家庭为基本的生产单位，小农经济是中国封建社会经济的主体，形成男耕女织的自然经济结构。

随着商品经济的发展，农业劳动者逐渐被卷入了市场交换，通过交换劳动产品，以保证日常生活所需。生产使用价值的自给性生产与生产交换价值的商品性生产，相辅相成地结合在了同一个主体上，自然经济与商品经济也就结合在了同一个主体上。农民的生产既满足自己的生活需要，又满足封建地主的消费需要，体现了自然经济与封建经济的本质联系。①

虽然自给性生产在中国封建社会占主导地位，但各种生产力因素经过长期积累，也出现了一系列发展变化。劳动人口和耕地面积不断增加，扩大了农业的生产规模，生产工具的改进和系统化，提高了农业劳动的效率，水利设施、陆路和水陆交通的发展，改善了农业生产的劳动条件；自然资源的开发，丰富了农业生产的劳动对象；耕作技术和生产经验的积累，提高

---

① 参见方行《封建社会的自然经济和商品经济》，《中国经济史研究》1988年第1期。

了农业劳动者的素质。到封建社会后期，农业生产特别是粮食生产的效率提升，为商品生产的发展提供了充分的农业基础。商品生产得到了较快发展。自给型、半自给型农户逐渐向交换型农户转化，出现大量主要生产粮食和其他实物的农民，主要生产原料作物的农民和以种地为副业而以手工业劳动为主业的手工业者。封建社会的农民和手工业者，有可能在封建租赋之外，生产出剩余产品。但是这种商品性的农业生产，无论从产品的数量上还是规模上，都不会影响粮食生产的自给性和对统治阶级的服务性。中国封建社会虽然有的经济发达地区，如苏松地区、长江三角洲地区，商品性生产的产值可能大于自给性生产的产值，但总体上，自给性生产无疑居于统治地位，商品性生产处于从属地位。

中国封建社会的商品经济在不同的发展阶段表现出不同的特点。封建社会前期，农民之间、农民和手工业者之间的商品交易数量不大。生产者在保证自己的生活以外，以剩余产品调剂余缺或者因为特殊的需要而发生的商品交换，占有很大比例。通过商品交换，个体劳动者之间在供给与需求上实现平衡。

封建社会后期，在商品经济不发达地区，大体保持了封建社会前期农村市场发展的状况，但在商品经济相对较为发达的地区，有剩余粮食作物、原料作物和手工业品的商品生产有了较大发展，农村市场发生了很大变化。农民和手工业者无法在生产地销售全部产品，也无法为自己提供足够的生产资料和生活资料，只能通过一定程度的商业资本实现其产品的价值，为再生产实现生产要素的部分补偿。农村市场开始从主要是生产者之间的直接交换，转变为主要以商人为媒介的交换。市场范围扩大，长途运转的商品流通渠道形成了跨地域的市场网络。

在中国封建经济发展的过程中，自然经济和商品经济既互相制约，又彼此排斥。自然经济排斥以社会分工为基础的商品经济。同时，商品经济对自然经济又有导向性，引导社会经济在整体上向前发展。由这一对立统一的矛盾关系决定，中国封建社会的个体农民和手工业者也存在对立统一关系。他们通过生产活动和商品流通与地主阶级发生买卖关系，获取生产资料和生活资料。这样一来，以商品交换为纽带，农民、手工业者和地主之间，形成了整个社会的再生产过程。

明清社会经济的转型与资本主义萌芽的出现。毛泽东指出，"中国封建社会内的商品经济的发展，已经孕育着资本主义的萌芽，如果没有外国资本主义的影响，中国也将缓慢地发展到资本主义社会"[①]。明清时期的经济发展状况，证明了毛泽东论断的科学性。

这一时期，随着生产方式的变化，拥有一定生产工具、掌握一定劳动技术的劳动者逐渐成为新兴的市民阶层，他们与农民、地主和大官僚形成彼此依赖的生产关系和消费关系。新兴市民阶层在形成之初，具有鲜明的地域性，尚不能形成覆盖全国或者带领产业前进的生产力，但在经济条件改善的前提下，逐渐形成了注重个体自由并关注国家、地域性的自由商业网络。

商品经济的发展对自然经济起了分解作用。同时，建筑、造船、火器、玻璃等在生产技术和产品质量上大幅推进，甚至在世界手工业市场上也占据了重要席位。这一状况又促进了农业、手工业的分工。在市场经济冲击下，嘉靖、万历时期发展起来的民营手工业，不断改善经营方式，有些部门正在逐渐采用雇佣劳动，组织手工工场的生产。这就是"资本主义萌芽"产生的重要标志。其内容大体包含三种形式：（1）自耕农或佃农雇工经营商品性生产，自耕农或佃农即通常所说的富农或佃富农；（2）地主雇工经营商品性生产，地主雇工即通常所说的经营地

[①] 《毛泽东选集》第 2 卷，人民出版社 1991 年版，第 626 页。

主，大多是贵族缙绅之家；（3）商人租地雇工经营农业。[①]

资本主义萌芽只出现在纺织业、矿冶业、造纸业等个别生产部门和个别地区，发展程度尚未形成影响社会发展导向的力量，但这种为市场需求而使用雇佣劳动的手工业生产，是社会经济特别是商品经济发展到一定阶段的产物，具有进步意义。

明清时期资本主义萌芽发展所受到的限制，主要来自封建制度。封建地主土地所有制引发的社会结构性问题，是明清时期资本主义发展的最大障碍。[②] 首先，具有资本主义萌芽经营方式的手工作坊零星而微弱，限于少数地区、少数行业，在手工业总量中所占比重很小。在绝大部分地区，自然经济仍然占据主导地位；即使在出现资本主义萌芽的行业，官营和农村家庭手工业也还是主体。其次，出现资本主义萌芽的手工业作坊中，还存在不少封建残余。贫苦农民虽然从事手工业或贩卖业，以补充农耕收入的不足，但仍然没有余力购买生活所需和劳动所需的全部物品。于是，工场手工业无法充分发展。再次，封建统治者对手工业的摧残，严重阻碍了资本主义发展。封建统治者通过重税、低价收购、借用、摊派等方式盘剥工商业，贬低商人地位，他们的财产和投资往往得不到法律保障。封建统治者对盐、茶、矿产等资源的垄断，同样严重束缚了工商业的发展。此外，传统宗族势力和宗法制度的专制体系和保守性也阻碍了资本主义萌芽的壮大。工商行会组织也染上了浓重的宗法色彩，干涉和阻碍商品与劳动力的自由流通。[③] 中国封建社会后期的资本主义萌芽只能在艰难阻滞中缓慢发展，并不足以改变整个社会的性质。但是封建

---

① 参见许涤新、吴承明主编《中国资本主义发展史》第 1 卷，人民出版社 2003 年版，第 77—83、250—275 页。

② 参见傅衣凌《论明清社会的发展与迟滞》，《明清社会经济史论文集》，人民出版社 1982 年版，第 103—118 页。

③ 参见王业键《明清经济发展并论资本主义萌芽问题》，《中国社会经济史研究》1983 年第 3 期。

社会内部毕竟出现了属于未来社会的新的生产力和生产关系的萌芽，说明当时的社会已经处在封建社会形态的末期了。

三 封建社会的阶级关系和阶级斗争

在中国封建社会，统治阶级与被统治阶级在阶级矛盾、政治制度和经济关系上有各种表现形式，体现了对立阶级在"积累的劳动和直接的劳动"上的对抗。

地主与农民是中国封建社会两大基本对立阶级。中国封建社会，地主阶级与农民阶级的对立与斗争，集中在土地等生产资料的使用以及人身依附关系上。封建地主与封建政权依靠政治力量，最大限度地通过剥削手段，从劳动者手中攫取利益。

毛泽东指出："地主阶级对于农民的残酷的经济剥削和政治压迫，迫使农民多次地举行起义，以反抗地主阶级的统治。从秦朝的陈胜、吴广、项羽、刘邦起，中经汉朝的新市、平林、赤眉、铜马和黄巾，隋朝的李密、窦建德，唐朝的王仙芝、黄巢，宋朝的宋江、方腊，元朝的朱元璋，明朝的李自成，直至清朝的太平天国，总计大小数百次的起义，都是农民的反抗运动，都是农民的革命战争。""在中国封建社会里，只有这种农民的阶级斗争、农民的起义和农民的战争，才是历史发展的真正动力。"[1]除了汉族农民起义外，少数民族发动和领导的农民起义也此起彼伏。如宋代侬智高在今两广地区领导的壮族农民起义，明代蓝受贰、侯大苟在广西大藤峡领导的瑶族农民起义，清代苏四十三在甘肃兰州领导的撒拉族农民起义，王阿崇、韦朝元在贵州南笼领导的布依族农民起义，等等。

地主阶级和农民阶级的对立表现出阶段性。封建社会早期，农民领袖发动起义提不出明确的政治口号，结果往往成为统治阶

---

[1] 《毛泽东选集》第2卷，人民出版社1991年版，第625页。

级改朝换代的工具。到了封建社会中期，即唐宋时期，地主和农民之间的阶级斗争发展到较高水平，农民起义领袖提出了批评社会不平等现象的口号，体现了朴素的平均主义思想。到了封建社会后期，即明清时代，农民起义斗争往往集中破坏旧有的生产关系和封建秩序，为新的生产关系的产生和持续发展开辟了道路。明末农民起义杀死地主豪绅，重新分配田地和财产，在很大程度上摧毁了封建政权在乡村中的统治。农民阶级在进行革命的同时，也在获得的"无主"荒地上进行开垦建设。农民起义之后，土地集中的状况往往得到改善，社会上的自耕农数量得到提升。他们在从庄田的剥削和压迫中解放之后，生产劳动的积极性在一定程度上被调动起来，社会生产力得到了一定提高，城市工商业也得到了发展。李自成起义军曾经在中国农民战争史上第一次提出了"平买平卖""公平交易"的口号，反映了当时社会商品经济发展的历史背景。

四 封建制度的成熟定型与阶段性发展

自秦汉以来，中国封建社会形成了完整、系统、严格的地主阶级土地私有的经济制度和君主专制的中央集权政治制度，构成了中国封建社会。中国封建社会在两千余年的发展进程中呈现出不同的阶段性特征。

第一，秦汉时期统一多民族封建国家的形成。

公元前221年，秦灭六国，建立了统一王朝。中国封建社会进入确立发展期。

中央集权的封建君主专制制度形成发展经历了一个历史过程。秦始皇以秦国原有的制度为基础，在全国范围内建立起了专制主义的中央集权封建国家。秦朝君主专制中央集权的封建政治制度是以地主土地私有制为基础的封建生产关系的上层建筑。其最基本的特征是君主专制、中央集权和官僚体制。皇权至高无上，在中央实行三公九卿制，地方推行郡县制，形成了完整的封建地主阶级的政治制度。这一整套政治制度规范了中国封建社会中央和地方的政治体系，确立了封建社会政治发展的方向。

秦汉时期，家国一体，但政务运行逐渐形成了以法律、法规为依托标准，实行文书行政。在设置丞相之后，皇权和相权的矛盾扩大，尚书组织发展成三公之外的政务系统。政务运行具有一定的理性色彩，个人依附逐渐淡化。这标志着中央集权君主专制封建制度在发展的同时，行政治理也日渐合理化。

在地方上，秦朝全面实行郡县制和乡、亭、里制，政事、军事、监察分设，建立了与之配套的官僚行政体系以及系统的官吏任免制度。汉初分封，郡国并行。通过对关东征发徭役、用兵平乱、发布法令、派遣官吏，以及日益频繁的民间经济文化交往，朝廷和藩国的关系得以强化。

经济上重农抑商，货币官铸、盐铁官营。国家承认土地私有，统一货币，推行田租、口赋和杂赋。实行普遍征兵制，保证了中央政府强大的武装力量，也给人民带来沉重的徭役负担。

国家制定法律、发布文告，通过规范审理案件的准则与法律文书的程式，逐步完善法律制度。"轻罪重刑"的原则，体现了封建政权刑法设立初期的特点。通过统一货币、文字、度量衡，拆除交通关寨和堡垒，国家加强了对地方的控制。

秦的统一给百姓带来安定的生活环境。统一封建政权的出现，在一定程度上满足了人民从事生产劳动的基本需要，社会生产力稳步提高，生产关系得到了一定的保障。

秦汉更迭，统治阶级的构成发生了变化。在西汉政权建立过程中有突出贡献的地主阶级，尤其是出身下层的人或中小地主，成为统治集团的主要组成部分。非身份性地主通过皇帝分封、赐官和赏爵，逐渐取代身份地主，成为国家统治阶级的重要组成力量。经过文景平定七国之乱及革新政令，中央政府削弱藩国权力，强化了中央集权。

第二，从统一到分裂的魏晋南北朝时期[①]。

东汉末年的变乱打破了政治大一统的局面。豪强大族逐步控制了从地方到中央的行政权力。西晋时期，豪强士族利用九品中正制，形成门阀制度。东晋时期，门阀政治正式形成。豪强士族形成稳定强大的经济势力、政治势力和文化优势。经过五胡内迁和十六国，中国北方陷入剧烈动荡。胡汉文化交融，形成了民族融合的新局面。

从汉末到魏晋，贵族门阀逐步衰落，士族崛起。东汉形成的世代居官的大家族，以家族为单位，在汉末动乱中逐渐掌握实权，世代垄断文化和官位，构成官僚队伍的主体，是门阀士族的最基本特征。门阀士族成为皇权统治的重要依托力量，皇权依靠门阀士族维持统治，同时门阀士族也成为分割皇权的势力，成为分散分划皇权统治的重要力量。

"门阀政治"的实质是"门阀与皇权的共治"，是皇权政治的变态。[②] 在这一时期内朝代更迭频繁，由于继承了秦汉的专制官僚制度和深厚的文化传统，尽管东晋门阀士族专权，但皇权在南朝又有了重振之势。两晋南朝的门阀士族政治成为当时突出的政治现象，不过从秦汉帝国继承而来的专制官僚政治传统仍然延续，门阀士族日益腐化，丧失了对军事和政务的统帅权，寒门逐渐掌握政权。

魏晋南北朝是汉族与周边少数民族大迁徙的时期，各民族之间既存在矛盾，也彼此融合。十六国时期，北方政权林立，政局不稳，"华化"逐步推进。民族之间的文化碰撞孕育了强大的王权和军功贵族官僚，带动了专制官僚秩序的全面恢复。[③] 十六国

[①] 魏晋南北朝时期包括三国（220—280 年）、西晋（265—316 年）、东晋十六国（317—420 年）、南北朝（420—589 年）四个历史阶段，历时 370 年。
[②] 参见田余庆《东晋门阀政治·后论》，北京大学出版社 1991 年版，第 324—331 页。
[③] 参见阎步克《变态与融合——魏晋南北朝》，载吴宗国主编《中国古代官僚政治制度研究》，北京大学出版社 2004 年版，第 117 页。

推行胡制、汉制兼用的双轨制，以适应多民族融合的政权特点。原来中原汉族地主阶级的封建官制不变，同时沿用少数部族的体制。在后赵、前燕、前秦、后秦、西秦、南凉等政权中，胡汉两套行政系统并行。

民族融合是本阶段历史发展的主潮流。前秦的苻坚和北魏的鲜卑拓跋部都尊重中华文化，以国家政策推行中华文化。自魏晋到南北朝，少数民族融入汉族的总人口数多达千万，其中绝大多数是南北朝时期完成的民族融合的结果。

第三，隋唐时期封建国家的鼎盛。

隋唐时期，中国封建社会摆脱了家国一体的体制，在外朝形成与皇家事务彻底分离的行政机关，皇帝成为政府的最高负责人，中央集权进一步加强。

隋文帝灭陈，结束了汉末以来长期分裂动荡的政治局势，再建了统一多民族国家。唐承隋制，封建统治阶级积极总结历史经验教训，在制度建设、经济发展、民族融合、中外交流等诸多领域兼容并蓄，中国封建文明进入前所未有的鼎盛时期。

隋唐时期由于皇权受到制约，初步形成了相权和君权既配合又制衡的权力结构，地方政务逐步向中央政务集中。从政策的延续性和变化角度看，三省六部制的形成与变化，充分体现了隋唐时期在中国封建社会中的历史地位与后世发展演变的轨迹。隋朝废除西魏北周的六官制，恢复三省制，设立了尚书、门下、内史三省。唐初，三省体制进一步完善。这是中国封建政府决策过程合理化的重要标志，也是中国封建社会前期向后期转型阶段的特点。

随着封建统治进一步加强，国家通过"大索貌阅"和"输籍法"等方法，将大量隐漏户口从豪强手中查归。在经济上，继续实行均田制，扩大自耕农数量，恢复农业生产，践行轻徭薄赋。在军事、法律上，颁行新律，减轻刑罚，组建十二军统领府兵、颁行均田制和租庸调法。通过一系列政治改革，政府机构的分工得到强化，政务处理日益程式化，四等官制确立，吏的系统逐步完善。各种制度和法令逐步规范，为后代的官僚政治奠定了基础，规划了基本架构和运行模式。

经过隋唐两朝的建设与完善，中国封建社会的政治、经济、法律架构进一步加强。版图东极于海，西逾葱岭，北越大漠，南抵林邑，东西九千五百余里，南北一万零九百余里。国家管辖的人口增多，经济繁荣，物价低廉，风俗朴素，生活安宁，出现了"贞观之治"的盛世景象。

唐代以宽容的态度和充分的文化自信，吸收其他民族和国家的优秀文化成分，形成兼容并蓄的文化体系。"怀柔万国"和"申辑睦，敦聘好"成为基本国策，长安、洛阳、广州、扬州等大城市都有来自世界各地的商人进行商业活动，成为东方商业的中心。为接待和管理这些来华的商人和使节、管理海外贸易，唐代设置了互市监、市舶司。对来华人士，政府实行较为平等的政策，保证其生活便利、信仰自由。

第四，多民族共创的五代十国宋辽夏金时期。

五代时期，中原地区的生产遭到严重破坏。为了逃避战火，北方的百姓逐渐南移，为南方带来了先进的生产技术和大量劳动力。南方各个政权的建立者多出身于下层或经历过农民起义，熟悉百姓疾苦。为了缓和阶级矛盾，他们纷纷采取休养生息的政策，鼓励生产。中国的经济中心随着南方经济的发展，逐渐由北方南移。

五代时期，南北政权对立，但整体上保证了封建社会政治形态的稳定和延续。北方的五个朝代实力强，南方诸国虽然也称帝，但仍对北方朝廷进贡，在接受北方朝廷册封时则称王。五代十国时期，封建政权更迭频繁，但政府运作趋向合理，为争取生存空间，远交近攻，争取盟友，彼此间呈现出因应形势而不断变化的局面。

由少数民族建立的辽、金、西夏等政权,在与地处中原的汉民族政权冲突的过程中,不同程度地吸收借鉴了汉民族的统治形式,对原有的统治机构、行政设置和决策方式进行了调整与革新。少数民族政权的经济、文化快速发展,封建色彩日益浓厚。在两宋时期,中国迈入封建社会的新阶段,政治文化达到新的高峰。

同时,统治者不同程度地采取了一些有利于社会经济发展的措施,佃农和广大劳动人民对地主和封建国家的人身依附关系有所减轻,劳动者的生产积极性有所提高,社会经济得到了相当的发展。国家对土地政策也进行了调整,封建土地制度与阶级关系呈现新特点;庶族出身、科举晋身的官僚士大夫取代贵族门阀。在宋朝影响下,辽、西夏、金实现了跨越式发展,多民族融合的封建共同体统一趋势得以加强。

唐、两宋时期是中国封建社会由前期向后期转型的关键阶段。门阀士族退出了历史舞台,士族政体解体,五代十国的分裂局面结束。封建政权在权、钱、兵、法等方面逐步加强统治,制定"祖宗家法",权力集中到皇帝手中,中国封建社会中央集权君主专制制度逐步成熟。

政治上,行政权逐步扩大、分化,军政分离,部门的行政分工日益明确,行政决策能力进一步发展。中央决策群体由包括枢密使、副使在内的宰执组成;中书门下、枢密院和三司并存。"官、职、差遣"制度使实衔与虚衔分离,相权被削弱,中央政府的政治权威进一步加强。军事上,北宋的统兵权与调兵权分离;军队实行"更戍法",使"兵无常帅,帅无常师"[1],推行"强干弱枝,守内虚外"的政策。财政上,北宋政府逐步建立健

---

[1] 马端临:《文献通考》第152卷,中华书局2011年版,兵考四。

全了转运使、通判、主簿的职权,削弱了地方财权,加强了朝廷对财政的控制。北宋政府强化法制,规定死刑必须申报中央复审核准。

宋初统治者一意加强中央集权,对缓和阶级矛盾有所忽视,封建政权的弊端也随之暴露。宋初推行"不抑兼并"的国策,地主阶级大量侵占农民土地和财产。当财权收归中央后,对人民的搜刮更为严重,自北宋以来劳动人民受到的剥削压迫十分沉重,阶级矛盾异常尖锐。在统治阶级内部,在加强中央集权,推行改革措施的同时,政权过分集中,官员冗杂、职责不清,军队战斗力下降,地方武装毫无战斗力,地方财政基础薄弱,无力面对各种自然灾害和经济波动。

第五,元明清时期统一多民族国家的最终奠定与明清封建社会的衰落。

元、明、清时期政治制度强化,社会文化继续发展,中国封建社会中央集权君主专制制度成熟定型,但其制度弊端越发显现,各种社会弊端也更加突出,阶级矛盾不断激化,封建社会逐渐走到尽头。

元朝是中国历史上第一个由少数民族建立的全国政权。元朝统一结束了三百七十余年多个政权对峙的局面,统一的多民族国家的巩固和发展达到新高度。元朝政府重视民族地区和边疆治理,通过建立有效的行政管理机构,将广袤的民族地区和边疆置于中央政府的直接管辖之下。元朝疆域辽阔,行省制在全国普遍实施,民族地区和边疆治理较有成效,中央与地方、内地与边疆之间的联系空前加强。在保障蒙古贵族特权地位的前提下,元朝逐步确立以中原王朝制度为基础的中央集权行政体制。

元亡明兴,专制主义中央集权进一步强化,封建政治制度日益完备。明朝作为代表地主阶级利益的王朝,中央集权君主专制的官僚政治体制有了更为定型的发展。明代社会经济的恢复,超过了宋元时代的最高水平。明代延续了元代的行省制度，汉、唐、宋以来一直未能实现的地方三级制在明代得以实现。

明初在元末政治的基础上对中央和地方官制进行改革，提高了皇权，加强了对基层社会的控制。明代中央决策群体扩大，行政管理进一步高度程式化，明代政治成为唐以后封建政权及其制度集大成的时期。伴随明朝由盛而衰，社会生活的各个领域，都显示出延续几千年的中国封建社会发展到晚期的征兆。①

清代是我国古代官僚政治制度的终结时期。官僚制度继续沿着宋元以来的方向发展，满族地主阶级贵族成为封建政权的最高统治者，为封建社会晚期的政治制度、政权结构注入了生机。皇帝作为封建政权的最高统治者和政府首脑的地位进一步加强。随着督抚完成了地方化，省一级机构有了统一的行政首脑。

封建社会发展到晚期，阶级矛盾愈加尖锐，各地农民起义此起彼伏。明代中叶以来，政治腐败，土地高度集中，国家财政破产，赋税加派，社会矛盾激化。各地农民纷纷起义，标志着封建政权正逐步走向衰落，其中叶留宗、邓茂七领导的闽浙农民起义，刘通、李原领导的荆襄流民起义，刘宠、刘宸、杨虎等人领导的河北农民起义，是具有代表性的农民阶级反对封建统治的武装斗争。②农民起义表明被统治阶级与统治阶级的矛盾根本不可能调和。

明代中后期以后，面对严重的社会危机，政府采取了一系列改革措施，试图通过统治集团内部的整顿，缓和社会矛盾，增强政权机构效能，重新稳定封建王朝的统治，包括整顿吏治，加强边防，推行"一条鞭"法。这些措施对稳固封建政权统治、增强国力，起到一定的积极作用。但改革无力阻挡封建政权的政治

---

① 参见傅衣凌主编《明史新编》，人民出版社1993年版，第1页。
② 参见顾诚《明末农民战争史》，光明日报出版社2012年版，第1页。

败坏，无法从根本上缓解社会阶级冲突，解决生产力与生产关系之间的矛盾。

明代中后期以来，农民起义风起云涌，但各地农民起义的发展并非一帆风顺，中小规模的农民起义，都在萌芽阶段或初起之时即被封建王朝镇压下去。统治者的倒行逆施，势必激起人民群众更大规模的反抗。① 各地兴起的农民起义表明，统治集团所代表的社会反动势力已经无法解决社会危机。

到了晚清，太平天国运动和义和团运动摧毁了封建政权的统治基础。农民阶级反对外国教会的斗争此起彼伏，随着帝国主义在华投资设厂以及中国近代工矿业的兴办，诞生了中国早期的无产阶级，出现了早期的自发工人斗争。

五 封建社会的政治制度、治理方式和统治手段

中国封建社会的政治管理包括中央治理体系、地方治理体系和对民族地区、边疆地区的治理体系等。封建国家不断加强职官设置，完善政治管理体系，反映了中国封建社会政治管理方式不断成熟的特点。

封建国家是保护封建剥削制度和统治阶级利益的权力机关。自秦始皇统一中国，建立了中央集权的封建国家，封建国家就成为保护统治阶级利益，维护封建剥削制度，镇压农民起义的权力机关。皇帝的权力至高无上，在地方分设官职，掌管兵、刑、钱、谷等事，并依靠地主绅士作为全部封建统治的基础。② 中央集权君主专制的封建国家在历史上曾起到维持和巩固国家统一、促进经济社会发展的作用，例如秦始皇时期，中央集权封建君主专制国家建立之初，具有巩固统一的历史作用，有利于封建制度

---

① 参见顾诚《明末农民战争史》，光明日报出版社2012年版，第25—27页。
② 《毛泽东选集》第2卷，人民出版社1991年版，第624页。

的发展，表现出适应社会发展的一面。但随着封建社会的衰落，中央集权封建君主专制国家越发起着阻碍社会发展的反动作用。

第一，大一统与中央集权。

中央集权是实现大一统的必要手段和先决条件。秦汉时期奠定了中央集权的基础，也促成大一统局面的形成。大一统是中国古代社会历史发展的必然，中央集权也是大一统的必然要求。

中央集权封建国家的形成过程就是封建君主专制的形成过程。君主专制是中国封建统治的核心，君主是国家的象征和权力的主体；君主和百姓是君父和子民的关系，这是中国封建政治制度的根本。中国封建社会政治制度和治理方式是为了维护在位君主及其代表的统治阶级的利益而存在和实践的。

封建专制中央集权制度日益强化，显示出政治制度的集权化、严密化、严酷化和任意化的特点。君主通过设官分职控制官僚机构；制定符节玺印制度以便控制军队和官僚；完善考核赏罚制度和官员考核选拔制度，采用批答章奏、审议复核的方式，通过诏、令、谕、旨等专用文书行使皇权。

为保证皇帝的旨意能够被彻底贯彻执行，封建政权形成层层监控的监察网络，采用严刑峻法，强迫行政系统各部门和普通百姓都按照皇帝的旨意行事。与此相配套，封建政权还建立了适应各朝代特点的皇位继承制度、宗室制度和后宫制度，明确皇权内部的权力分配和政治、经济待遇，在一定程度上，以巩固中央集权和维护大一统局面。

第二，地方治理体系。

中国封建社会国家地方治理体系的建立，是中央集权体制下的产物。春秋战国之后，通过郡县制取代分封制、废除井田制，地方管理体系得到加强，表现出既有延续性，又有阶段性的特点，呈现出清晰的形成与演变过程。

在中国封建社会初期，以郡县制为特征的中央集权的封建君主专制取代宗法等级君主制。战国时期的地方行政单位郡、县已经具有地方政权的性质。秦汉沿用郡县制，郡下设县，管理行政、财政、司法和兵役等项事务。中央政府希望集权，地方政府希望有权宜之权，两者的矛盾在这一阶段已经存在。

魏晋南北朝时期，郡县两级制变为州、郡、县三级制。地方上拥有军事大权的方镇与中央政府之间的矛盾日益尖锐。隋唐推行三省六部制、均田制、府兵制和科举制。隋文帝吸取南北朝时期地方行政州郡设置带来弊端的教训，罢郡而以州统县。直至唐前期，地方行政均为州（郡）县两级。唐代安史之乱以后，在京官员为了求利，纷纷外出为官。地方行政变为道、州、县三级。宋代的地方行政体系愈加严密，形成府州军监、县、镇及乡都里保等行政管理系统。路作为地方监察区向行政区过渡的一种形式，对地方政府行监督职能，处于从唐朝的道发展到元朝的行省的中间过渡阶段。府州军监直接隶属于中央政府。知府或知州可以直接向朝廷奏事，府、州的财赋直接送交朝廷。政府对县级地方政务的管理日益严密。

元朝的地方行政体制表现出少数民族的统治特点。蒙古统治者以朝觐、人质、籍户、助军、输赋税、置达鲁花赤这六条为原则，建立起一套地方行政系统。达鲁花赤由蒙古汗庭派出，多数为蒙古贵族，负责监督各地首领的行动和籍户、助军、纳税的实施。元朝缺乏严格的地方行政机构建制，军政、民政不分。在基层，农村推行乡都制，城市推行隅坊制。明承元制，设行中书省管理地方军政事务。后改行中书省为承宣布政使司。布政使司、提刑按察使司和都指挥使司三权并立，分属中央。布政使司辖下的地方政权分为府、县二级。通过黄册制度和里甲制度，形成了统治严密的纵向地方行政管理体系。随着地方事务的日益繁重，地方行政权力急需扩大，明代中叶以后，中央派出机构逐渐转为地方长吏，由临时差遣变成了常置地方官。

在清初，总督和巡抚的设置经历了由差遣官向实缺官的转变。清代总督一般管辖两省甚至三省，巡抚管辖一省，兼有行政权和兵权，有的还分理河道、漕运、盐政和关税。省下设府、州、县，负责百姓事务。督抚和保甲组织构成了清代地方政府的管理体系。

第三，对民族地区的治理。

中国封建社会对民族地区的治理手段，既一脉相承，也呈现阶段性特点；既体现了封建国家对少数民族的剥削和压迫，也有推动少数民族地区发展、维护国家统一的历史作用。

秦朝统一多民族国家建立之后，在北部匈奴地区设县，南方百越地区设郡。汉代推行和亲政策，为维护中原地区的稳定和少数民族地区的和平发展奠定了良好的基础，为实现"文景之治"创造了物质条件。张骞两次出使西域，加强了中原和西域少数民族的联系，进一步发展了汉朝与中亚各地在经济、文化上的交流，促进了丝绸之路的形成和发展。在汉武帝之后的近百年间，中原王朝基本采取与民休息的政策，与各地的少数民族和平共处。这一时期是我国历史上的封建政权对少数民族政策的形成和发展期，处于民族地区治理逐步走向成熟的起步期。

我国民族关系在魏晋南北朝进入新的历史阶段。当时政权林立，封建政权的民族治理政策复杂多变，执行的程度和范围也呈现多样性和复杂性。汉族封建政权对其他民族政权，既镇压又安抚；各民族政权一方面保留了原有民族的统治方式，也逐步推行汉化。这一阶段的民族治理政策，为以后多民族的交流与融合积累了经验。

隋、唐两朝是中国封建社会中多民族交融的鼎盛时期。唐朝政府推行的羁縻州制度，进一步发展了"因俗而治"政策。和亲政策使唐朝皇室与回鹘、吐谷浑、突厥、契丹等民族首领的通婚成为常态，促进了唐与各民族之间多渠道的经济、文化往来。

唐末五代，汉族和少数民族政权的军阀混战，给各族百姓带来了战乱和动荡。契丹建立的辽国与北宋对峙，女真建立的金国灭掉辽国，与南宋对峙；西北的党项族建立的西夏王朝与辽、金形成鼎足之势。宋辽缔结"澶渊之盟"，契丹作为第一个被汉族政权承认的少数民族王朝统治北方。元朝的统治者为了适应在南宋以后新的大一统局面，一方面强化对汉族的统治，另一方面采用"因俗而治"的政策，使我国民族政策发展到了新的历史阶段。

明、清时期是中国封建政权的民族政策面对复杂的政治形势不断调整的历史阶段。明朝统治者基于中华正统观念，对各民族地区多次以军事手段征服，包括北方的蒙古族以及西北、西南和南方的少数民族。明朝设置九边，防御蒙古，在西南和西北地区推行土司制度。随后推行改土归流，废除土官世袭，改派流官。这一传统被清朝统治者沿用。清统治者在立国之初为了防止汉化，力主保持满族的民族特点，对汉人剃发易服，加大了民族矛盾。到了清中叶，提倡满汉一家，将汉族地主阶级纳入国家管理体系。"改土归流"，进行政策调整，以适应并推进民族交往的大趋势。理藩院的设置保证了中央政府对蒙古、西藏和新疆等地的有效管理，体现了中央政府对少数民族地区管理的成功和有效性。

中国封建社会的民族治理，总体上呈现成熟发展的历史趋势。虽然其间也有复杂多样的阶段和残酷的民族镇压事实，但吸收前代统治者的经验教训，不断完善民族政策，把实施民族政策放在中央王朝统治思想的重要地位。到了封建社会晚期，民族治理政策已经有了法律化、系统化的特点，表现出稳定性和新的创造性。

第四，边疆治理政策的继承性和创造性。

中国封建社会幅员辽阔，陆地边疆、海疆广袤，边疆治理问题既是政治问题，也是民族问题。在两汉时期，中央朝廷推行了针对不同民族的不同的边疆管理政策，在将郡县制推行到边疆地区的同时，对内迁的边疆民族设立属国，置属国都尉管理，加强对少数民族的管理，同时增强了边疆防御力量。在这一历史时期，虽然西羌反对东汉王朝，形成"三通三绝"的局面，但两汉时期无疑是中国封建主义中央集权国家建立边疆防御体系的重要时期。

隋唐时期是中国封建社会边疆治理政策和机构设置的成熟期，建立了相对完善的以都护府、都督府为特点的边疆管理体系。以军镇屯戍制度为主，怀柔的民族政策为辅，唐王朝巩固了中央集权，对边疆民族既有讨伐，也有和亲，保证了封建国家的强盛和少数民族地区政治经济的发展以及边疆的开发。

元朝的边疆管理体系进一步完善。位居边疆的行省具体负责边疆管理，同时设置专门的管理系统加强对吐蕃地区的统治，因地制宜、因俗而治，将秦汉以来历朝各代确立的羁縻统治区都纳入中央王朝的直接统治区域，为奠定我国版图基础作出了重要贡献。

明清在一定程度上延续了元朝的恩威并施和因俗而治的统治策略。理藩院的设置和《理藩院则例》《回疆则例》的颁行，体现了封建社会晚期中央集权国家对边疆地区管理方略的成熟和行之有效。

我国封建政权的边疆政策，经两汉初步建立，历经隋、唐、元、明、清的发展，表现出不断发展、成熟的整体态势。

中国封建社会是中华传统思想形成和发展的重要历史时代。在幅员辽阔的中华大地上，在各个历史时代和发展阶段，都形成了兼有地域特色和广泛影响的物质文明与精神文明。封建政权在发展完善中不断强大，至唐宋时期达到高峰。封建经济在强大的中央集权统治下高度发展，但没能改变自给自足的自然经济这一根本性质。

各族人民通过政治、经济、文化和思想上的纽带彼此相连，构成中国封建社会的民族共同体。统治阶级和被统治阶级之间的矛盾是封建社会的主要矛盾，农民阶级既是统治阶级压迫和剥削的对象，又是历史发展的真正主人。到封建社会晚期，不仅社会文化多元发展，在经济社会的发展促进下，产生了新兴的工商业阶层，他们在政治、经济和社会地位上逐渐产生了资产阶级的新要求，在农民阶级的反抗运动铺垫下，给了逐渐走向衰亡的封建政权最后一击。中国封建政权在内忧外患的压力下最终瓦解。

第四节　中国半殖民地半封建社会

半殖民地半封建社会是中国封建社会瓦解之后产生的过渡性社会形态，也是中国社会形态发展的一个特殊阶段。

1840年鸦片战争以前，中国是一个主权独立的封建国家。自英国发动侵略中国的鸦片战争，到20世纪初自由资本主义发展到垄断资本主义阶段，"帝国主义列强侵略中国，在一方面促使中国封建社会解体，促使中国发生了资本主义因素，把一个封建社会变成了一个半封建的社会；但是，在另一方面，它们又残酷地统治了中国，把一个独立的中国变成了一个半殖民地和殖民地的中国"①。继封建主义，帝国主义也成为中国人民的主要敌人。

一　关于"半殖民地半封建社会"的基本概念

毛泽东同志指出，半殖民地半封建社会具有六个特点："一、封建时代的自给自足的自然经济基础是被破坏了；但是，

---

① 《毛泽东选集》第2卷，人民出版社1991年版，第630页。

封建剥削制度的根基——地主阶级对农民的剥削,不但依旧保持着,而且同买办资本和高利贷资本的剥削结合在一起,在中国的社会经济生活中,占着显然的优势。二、民族资本主义有了某些发展,并在中国政治的、文化的生活中起了颇大的作用;但是,它没有成为中国社会经济的主要形式,它的力量是很软弱的,它的大部分是对于外国帝国主义和国内封建主义都有或多或少的联系的。三、皇帝和贵族的专制政权是被推翻了,代之而起的先是地主阶级的军阀官僚的统治,接着是地主阶级和大资产阶级联盟的专政。在沦陷区,则是日本帝国主义及其傀儡的统治。四、帝国主义不但操纵了中国的财政和经济的命脉,并且操纵了中国的政治和军事的力量。在沦陷区,则一切被日本帝国主义所独占。五、由于中国是在许多帝国主义国家的统治或半统治之下,由于中国实际上处于长期的不统一状态,又由于中国的土地广大,中国的经济、政治和文化的发展,表现出极端的不平衡。六、由于帝国主义和封建主义的双重压迫,特别是由于日本帝国主义的大举进攻,中国的广大人民,尤其是农民,日益贫困化以至大批地破产,他们过着饥寒交迫的和毫无政治权利的生活。中国人民的贫困和不自由的程度,是世界所少见的。"[①]

由半殖民地半封建社会的性质决定,帝国主义和中华民族的矛盾、封建主义和人民大众的矛盾是近代中国的主要矛盾。近代中国的首要任务就是推翻帝国主义、封建势力和官僚资本主义的统治。近代中国的革命运动,分为民主主义革命和社会主义革命两个阶段。民主主义革命分为旧民主主义革命与新民主主义革命两个阶段。旧民主主义革命是资产阶级领导的,新民主主义革命是无产阶级领导的。新民主主义革命一方面替资本主义扫清道

[①] 《毛泽东选集》第 2 卷,人民出版社 1991 年版,第 630—631 页。

路，另一方面替社会主义创造前提。①

二 封建经济逐步解体和资本主义经济的产生和发展

外国资本主义的入侵，在给中华民族带来深重灾难的同时，客观上也促进了中国资本主义的发展。外国商品与资本的输入，一方面破坏中国自给自足的自然经济基础，破坏城市与乡村的家庭手工业；另一方面促进中国城乡商品经济的发展。自然经济的破坏，给资本主义造成商品市场；大量农民和手工业者的破产，又给资本主义造成劳动力市场。② 由于外国资本主义与中国封建势力相互勾结，中国资产阶级与封建地主阶级具有切割不断的血缘联系，中国资本主义的发展，是畸形的，带有强烈的封建性。

第一，中国封建经济逐步解体。

鸦片战争后，西方列强利用不平等条约，将大量廉价商品输入中国，对自给自足的封建经济造成空前破坏。在设立的通商口岸，传统自然经济所遭受的冲击最为强烈，因而出现了资本主义性质的近代工业和新式商业，逐渐产生了最初的产业工人和近代商业。

在外来商品冲击下，半殖民地形态的经济特征日益凸显。甲午战争前，外国在华投资主要集中在与商品输出和原料掠夺相关的部门，如贸易、航运和船舶修造业、银行业和保险业等。投资于工业和交通运输业的资本数量，不到总投资额的四分之一。随着侵略的不断扩大和中国市场的加速开放，列强对中国市场的抢夺加剧。中国对外贸易的国别结构、地区结构、商品结构、流通机制、国际收支、贸易地位等，都发生了变化。③

各国列强在瓜分中国的同时，进行大量的对华资本输出，控

---

① 《毛泽东选集》第 2 卷，人民出版社 1991 年版，第 647 页。
② 同上书，第 626—627 页。
③ 参见刘克祥主编《清代全史》第 10 卷，方志出版社 2007 年版，第 208—227 页。

制了中国的对外贸易和国内贸易，垄断了中国的金融，促成了国内的官僚资本。对华资本输出的主要形式是贷款，在签订《马关条约》之后，俄国、英国、德国等列强相继逼迫中国借款，并以关税和江浙等地的厘金、湖北的盐厘作保，回扣盘剥之重，在国际债务史上是少有的。由此，英、德进一步控制了清政府的财政。清政府在缴付赔款之后，所得无几。中国社会进一步贫困化，清政府陷入了更深的政治困境和金融危机。

铁路投资也成为列强争夺在中国经济利益的焦点。帝国主义国家在中国争夺路权、矿权，斗争往往达到白热化程度，是这一时期帝国主义侵华的基本特征之一。俄、德、法三国向中国强行索要了中东铁路及支线南满铁路、胶济铁路和滇越铁路等的筑路权。从甲午战后至 1914 年，列强在中国境内共取得 59 项铁路的修筑权与借款权，全境约 3 万公里，几乎遍布中国各省。①

列强在中国占有路权时，也在掠夺矿权。俄、德、法等国攫取的筑路权中都包含在铁路沿线开矿的权力。甲午战后至 1912 年，列强掠夺中国矿区的条约、协定、合同达 42 项，全国大部分的矿权都被它们所攫取。②

近代帝国主义迫使弱小国家签订不平等条约，是资本主义体系中恶劣的国际关系准则，他们借机将贸易和殖民体系迅速推向东方。中国作为一个封建大国，面对西方资本主义体系先进的生产关系和生产力，却显得十分落后弱小。近代中国被迫同列强签订的一系列不平等条约，导致中国沦为半殖民地半封建社会。③

第二，资本主义经济因素的出现和民族资本主义的产生。

19 世纪 60—90 年代，统治阶级中的洋务派官僚集团积极从

---

① 参见张海鹏、翟金懿《简明中国近代史读本》，中国社会科学出版社 2018 年版，第 104—105 页。
② 同上书，第 106 页。
③ 同上书，第 467—468 页。

事所谓洋务运动，对催生近代工业作出了一定贡献，但同时又抑制了民族资本主义工业的发展。洋务运动客观上促使中国资产阶级和无产阶级登上历史舞台，引发了深远的社会结构变化。

洋务运动与新式企业。洋务运动是在清王朝面对"内忧外患"的形势下兴起的。洋务派官僚以"自强"为目标从事"练兵制器"活动，以"求富"为目标从事经济活动，试图吸收引进资本主义军事、经济、文教、外交的实用内容，以适应时代变化，维护封建专制统治，达到永远统治人民的目的。

甲午战前，洋务运动取得一定的积极成效，有限度地促进了中国的近代化历程。但是，中日甲午战争中北洋海军的覆灭，宣告了洋务运动的破产。洋务运动的破产具有必然性。领导这场运动的洋务派，是清朝统治集团内部的官僚集团，既分为利益不同的派系，又具有强烈的封建性。他们从事洋务运动，不是为了在中国发展资本主义，而是为了挽救清王朝的腐朽统治。洋务派所兴办的军事工业及相关洋务，具有强烈的垄断性、落后性、买办性，本质上依然归于封建主义范畴。当然，除了由封建势力所完全主导的军事工业之外，还存在官督商办的民用工矿运输企业，有少数企业则实行了官商合办的形式，这就在客观上造成了中国近代最早的一批资本主义近代工业，孕育了中国最早的一批资产阶级，客观上对中国社会生产力的发展和资本主义民营企业的产生起到了一定的促进作用。一些商办企业的萌生与发展，成为民族资本工商业发展的最初形态。洋务运动的破产表明，西方列强决不希望中国走上近代化的富强之路，洋务运动无法将中国社会引领到近代化的正常轨道上来。

民族资本主义的产生。由于外国资本主义的刺激和封建经济结构的某些破坏，在19世纪下半期，就开始有一部分商人、地主和官僚投资于新式工业。到了19世纪末20世纪初，中国民族资本主义便开始了初步的发展。① 洋务运动破产后,清政府已无力再投资兴办新式企业,对本国民间投资的限制有所放松,这激发了一部分官僚、地主和商人投资新式企业的积极性。

19世纪末期,随着外国商品大量涌入,在华的外资企业功能也发生变化,转而更加侧重于为外国产业资本及商品贸易服务。20世纪以后,又逐渐具有了资本输出的性质。② 外国资本输出以及外资工厂大量建立,导致洋货充斥,大量倾销,这就造成农村的家庭手工业,特别是纺纱织布业陷于前所未有的绝境之中。这种情况反过来又对中国民间投资设厂起到了刺激作用。随着大量农民和手工业者的失业破产,民族资本主义工业具有了廉价而充足的劳动力资源。中国社会出现民间设厂的高潮,一直持续到义和团运动失败前。

中国民族资本主义工业不仅在极其困难的条件下产生,而且面临极端残酷的生存与发展环境。它们不仅要面对强大的外来资本竞争,而且还要应对外来资本凭借种种特权所实施的限制和打击。同时,它们还必须应对封建势力的束缚以及封建政治的盘剥。中国资本主义企业不可能得到正常发展。

对于清政府来说,兴办与发展民族资本主义企业,不是为了发展资本主义,而是借用资本主义元素来维护封建统治。在外国资本主义和国内封建主义的双重压迫之下,中国民族资本主义工商业的发展困难重重。许多企业在乞求外国资本庇护的同时,还要寻求封建势力的保护。这就决定了中国民族资本既有其进步性,又有其先天的软弱性。

第三,民族资本主义的初步发展。

民间资本要求发展的内在驱动力是迫切的,也是有一定力度

---

① 《毛泽东选集》第2卷,人民出版社1991年版,第627页。
② 参见许涤新《〈中国资本主义发展史〉总序》,《中国资本主义发展史》第1卷,社会科学文献出版社2007年版,第12页。

的。甲午战后"设厂自救"、收回利权运动以及戊戌维新运动的合力效应,为民族资本主义的发展奠定了一定的社会基础。伴随改良主义思潮,实业救国的思想得到传扬。由于民族资产阶级积累了一定的财富,其社会地位与作用开始凸显。继1895—1898年出现实业高潮之后,经过几年回落与徘徊,从1904年起,中国的民族资本主义发展开始回升,并于1905—1908年出现了又一次高潮。1909—1910年发展势头减弱,但依然有所增长。1901—1911年,新设厂矿资本额超过此前三十年总数的2倍以上。

戊戌变法运动失败后,在强大的内外压力之下,清政府以经济改革为重点,被迫开始推行所谓新政。新政涉及政治、军事、经济、教育、司法和社会等领域,其中的一些经济法规鼓励发展实业,提高商人地位,主张改善官商关系,这虽然是迫不得已的被动举措,但客观上对于民族资本主义的发展毕竟是有利的。

第四,民族资本主义的进一步发展。

1911年(辛亥年)10月,辛亥革命爆发。从辛亥革命爆发到1919年五四运动爆发,民族资本主义得到进一步发展。辛亥革命是中国资产阶级领导的旧民主主义革命的总爆发,推翻了清政府,结束了中国两千多年的封建君主专制制度,使民主共和的观念从此深入人心。由于中国资产阶级的软弱性与妥协性,没有充分发动人民群众,辛亥革命没有完成反帝反封建的民主革命任务,但是,辛亥革命对中国近代历史产生了深远影响。就其经济意义来说,它提高了民族资产阶级的政治地位和社会地位,对于更加充分地发展资本主义是有利的。

在农业领域,资本主义生产方式有了初步发展。在土地兼并和集中趋势仍然严重的同时,出现了资本主义农业和经营性地主。城乡手工业日渐兴旺。传统手工业生产规模扩大,生产技术得以改进①，农村经济在整体上开始围绕城市资本主义的主轴而转动，但封建性依然非常严重，半封建的性质没有改变。

在民族资本主义发展方面，第一次世界大战期间，"由于欧美帝国主义国家忙于战争，暂时放松了对于中国的压迫，中国的民族工业，主要是纺织业和面粉业，又得到了进一步的发展"②。但是，直至1949年，中国民族资本主义始终未能成为中国社会经济的主要形式。

三 半殖民地半封建社会形成与阶段性发展

1840年爆发的反对英国武装侵略的鸦片战争，标志着中国半殖民地半封建社会的开始，经过第二次鸦片战争、中日甲午战争，进一步加速了中国半殖民地半封建社会的形成，直至八国联军侵华，中国半殖民地半封建社会最终形成。

第一，半殖民地半封建社会的开端：第一次鸦片战争与《南京条约》。

从19世纪初开始，西方资本主义国家纷纷到中国抢夺资源，引发清王朝严重的经济危机、政治危机与社会危机。1840年，英国政府对中国宣战，鸦片战争爆发。最终，清政府战败，被迫签订了中国近代史上第一个不平等条约——中英《南京条约》。此后，西方列强强迫清政府签订了一系列不平等条约。

《南京条约》是中国沦为半殖民地的开始。《南京条约》规定开放广州、厦门、福州、宁波、上海为通商口岸，清政府向英国赔款2100万银圆，割让香港岛给英国。香港从此遭受英国的殖民统治。该条约还包含许多让清政府丧权辱国的条款，例如外国列强获得协议关税权，破坏了中国关税自主权；领事裁判权，

---

① 参见虞和平主编《中国现代化历程》第2卷，江苏人民出版社2005年版，第525—551页。
② 《毛泽东选集》第2卷，人民出版社1991年版，第627页。

破坏了中国的司法主权；领海航行权，破坏了中国的领海主权；片面最惠国待遇以及通商口岸的自由传教权。这些条款严重损害了中国的领土完整与主权独立。

通过鸦片战争，西方列强侵入中国，小农业与家庭手工业密切结合的自给自足的自然经济开始瓦解，中国逐渐被纳入世界殖民主义体系，日益成为世界资本主义的附庸。中国社会的主要矛盾，在原有的封建主义和人民大众矛盾依然严重的同时，又加上了帝国主义和中华民族之间的矛盾。由此，中国进入了一个新的历史时期——民族民主革命时期。

第二，半殖民地半封建程度加深：第二次鸦片战争、中法战争及不平等条约。

1856—1860 年，英法列强为进一步扩大在中国享有的特权，联合发动了第二次鸦片战争。战争再次以清政府的失败而告终。战败的清政府被迫与侵略者签订了《天津条约》《通商章程善后条约》《北京条约》等不平等条约。这些条约规定，公使常驻北京；增开牛庄（后改营口）、登州（蓬莱，后改烟台）、台湾府（今台南）、淡水、潮州（后改汕头）、琼州（今海口）、汉口、九江、南京、镇江为通商口岸；英法等国人可往内地游历、通商、传教；增开天津为商埠；准许英法招募华工出国；割让九龙司；修改海关税则，减少商船船钞；赔偿英法军费白银 800 万两，恤金英国 50 万两，法国 20 万两；外国商船可在长江各口岸往来；鸦片贸易合法化；中国海关由英国人"帮办税务"；洋货运销内地免征一切内地税；等等。中国市场被进一步打开，外国侵略势力从东南沿海扩大到中国内地，中国半殖民地化的程度进一步加深。

19 世纪中叶以后，法国出兵侵略越南。面对法国的武力进逼，清政府出兵援越抗法，中法发生正面冲突。结果，中法签订了《中法新约》，中国同意法国在云南、广西、广东三省的中越边界开埠通商，等等。法国势力从此侵入云南、广西。

第三，半殖民地半封建程度进一步加深：中日甲午战争与《马关条约》。

从1864年太平天国运动失败到1894年中日甲午战争的30年间，是中国社会半殖民地化迅速显著加深的时期。1894年，中日之间爆发甲午战争。结果，腐败无能的清政府战败，在第二年被迫与日本签订了《马关条约》。条约承认朝鲜为独立国，中国割让辽东半岛、台湾及其附属岛屿、澎湖列岛给日本，赔偿日本军费2亿两白银，三年内交清；增开沙市、重庆、苏州、杭州为通商口岸，日本轮船可以驶入以上口岸，允许日本在通商口岸任便从事各项工艺制造，又得将各项机器任便运进口，免征一切杂税；日本军队暂时占领威海卫，待赔款付清和通商行船条约批准互换后，才允撤退，威海驻兵费由中国支付。《马关条约》是帝国主义掠夺性质的不平等条约，给中国社会造成严重危难，空前加深了中国半殖民地化的程度。此后，各国列强掀起瓜分中国的狂潮，外国资本主义的对华经济侵略由商品输出转向资本输出。

甲午战败的悲惨结局，空前强烈地刺激了中国人民反对亡国灭种的反抗意识。在民族资本主义初步发展的背景下，民族主义和民主思潮迅速兴起，维新变法、救亡图存意识兴旺起来。

第四，半殖民地半封建社会基本形成：八国联军侵华与《辛丑条约》。

《马关条约》签订后，西方列强争先恐后地在中国划分势力范围，使中国面临被瓜分的严重危机。外国侵略者深入中国内地，在不平等条约的保护下，为所欲为，不断引发中国民众的反抗运动，清政府出现空前严重的统治危机。

1900年，中国人民反抗外国侵略的义和团运动兴起。英、美、法、德、俄、日、意、奥八国（后加上比利时、荷兰、西班牙三国）组成联军，共同发动了对中国的武装进攻。侵略者在京津等地区烧杀抢掠，占领中国首都北京长达一年之久。战后，俄、英、美、日等十一国胁迫清政府签订了丧权辱国的《辛丑条约》，规定清政府赔款白银4.5亿两，加年息4厘，分39年还清，本息合计9.8亿两白银，以海关、常关及盐政各进款为担保，加上各省地方赔款2000万两白银。这次赔款成为鸦片战争以来清政府最大的一笔赔款，中国关税和盐税均被帝国主义所控制。条约还在北京东交民巷划定外国使馆区，允许各国驻兵保护，不准中国人居住。大沽口炮台以及从北京到大沽口沿路的炮台一律削平，天津周围20里内，不许驻扎中国军队，从北京到山海关铁路12个战略要地准许各国派兵驻守，改总理衙门为外务部，班列六部之前，变通诸国钦差大臣觐见礼节，等等。《辛丑条约》使不平等条约体系完整化，标志着列强对中国的侵略进入到新阶段，也标志着中国半殖民地半封建社会的最终形成。此后，清政府成为帝国主义着力扶持的利益代表。

第五，中华民族危机进一步加深。

进入20世纪以后，帝国主义加大了对中国经济和政治侵略的力度。辛亥革命后，帝国主义国家扶持北洋军阀政府，加紧对中国侵略。第一次世界大战期间，欧洲列强忙于战争，无暇东顾，暂时放松了对中国的侵略和控制，日本利用这一时机加大了对中国的侵略。

第一次世界大战之后，中国作为"战胜国"之一，在巴黎和会上提出的正当要求被置之不理，"山东问题"使中国即将重新成为列强宰割的牺牲品，而北洋军阀政府却准备接受这一事实，民族危机激起全国人民强烈反抗。

"九一八"事变以后，"日本帝国主义的大举进攻，更使已经变成半殖民地的中国的一大块土地沦为日本的殖民地"①。民族危机日益严重，民族经济陷入困境，全国人民表现出强烈的爱国热情，要求停止内战，一致抗日。中日之间的民族矛盾逐渐上升为国家的主要矛盾。随着日本侵略势力进一步深入华北，民族资产阶级一方面对大地主大资产阶级的统治强烈不满，但与之又有着千丝万缕的联系，表现出既反对又依附的特点。

七七事变后，日本发动全面侵华战争，中国进入全民族抗战的历史时期。中国共产党在共产国际反法西斯统一战线的指导下，总结经验教训，高举抗日民族统一战线的旗帜，实现了全民族共同抗日的历史局面。

四　半殖民地半封建社会的政治结构与新阶级的产生

毛泽东同志指出："中国民族资本主义发生和发展的过程，就是中国资产阶级和无产阶级发生和发展的过程。如果一部分的商人、地主和官僚是中国资产阶级的前身，那末，一部分的农民和手工业工人就是中国无产阶级的前身了。中国的资产阶级和无产阶级，作为两个特殊的社会阶级来看，它们是新产生的，它们是中国历史上没有过的阶级。它们从封建社会脱胎而来，构成了新的社会阶级。它们是两个互相关联又互相对立的阶级，它们是中国旧社会（封建社会）产出的双生子。但是，中国无产阶级的发生和发展，不但是伴随中国民族资产阶级的发生和发展而来，而且是伴随帝国主义在中国直接地经营企业而来。所以，中国无产阶级的很大一部分较之中国资产阶级的年龄和资格更老些，因而它的社会力量和社会基础也更广大些。"② 毛泽东的论断，指明了民族资本主义发展与中国近代阶级变动之间的关系，

---

① 《毛泽东选集》第 2 卷，人民出版社 1991 年版，第 630 页。
② 同上书，第 627 页。

指明了中国无产阶级在来源上、力量上和社会基础上的特殊性。

第一，鸦片战争后农民阶级生活状况的恶化和地主阶级改革派的形成。

中国近代阶级关系的变动，是从鸦片战争开始的。它最早表现为农民阶级生活状况的深度恶化。战争与战争的失败，不但要产生战费，还导致巨额赔款。沉重的战争负担，最终只会转嫁到农民身上。地主、官僚、贵族则趁机加剧土地兼并，加大了通过地租对农民的剥削。此外还有无法抵御的自然灾害，例如1846年至1855年，黄河、长江流域和两广地区连续遭受严重的水旱灾害，使农民生活雪上加霜。大量农民失业、破产，甚至饥饿死亡。帝国主义与商业高利贷资本交互盘剥，虽然遭到传统自然经济的顽强抵抗，但最终将农村经济卷入了商品市场，加速了传统农业的破败、传统农民的破产，导致农村进一步贫穷。

随着商品生产和商品流通的发展，商业资本的典型形态出现，促使封建生产关系发生解体，引发了地主阶级内部的分化。统治阶级内部出现了开始正视西方先进技术、具有"师夷长技以制夷"见识的地主阶级改良派人物。他们尽管并未形成地主阶级改良的系统思想，在社会上的影响非常有限，更不可能去触及封建统治的根本，但地主阶级改良派的形成，预示了统治阶级内部开始松动、分化。地主阶级内部的改良派成为洋务派的先驱，为19世纪60年代洋务运动的启动提供了条件。

第二，民族资产阶级产生。

洋务运动开始以后，那些投资于官督商办、官商合办及商办企业的官僚、地主、买办和商人，开始向民族资产阶级转化；那些采用机器生产的手工工场主，也开始向民族资产阶级转化，形成民族资产阶级的上层和中下层。上层拥有较大规模的企业，经济力量相对雄厚，与外国资本和国内封建势力的联系也相对密切，不可避免地表现出较大的妥协性。中、下层则集中发展于

20世纪初，以中小规模的企业主为主，与封建政府的关系并不紧密，受封建主义和帝国主义的压制要大得多，其革命性比上层强烈得多。

民族资产阶级有明显的两重性。一方面，他们愿意参加反对外国侵略和反对封建压迫的斗争，具有进步性和一定的革命性；另一方面，他们同外国资本主义和国内封建势力有着千丝万缕的联系，反对外国侵略和封建压迫不彻底、不坚决，具有先天的软弱性和妥协性。20世纪初，民族资产阶级取得了在经济政治和文化上的独立地位，提出了改革封建专制政体的政治主张，要求开国会、定宪法，建立共和国，说明他们已经成为重要的政治力量。

第三，官僚买办资产阶级的出现。

官僚买办资产阶级脱胎于官僚买办，是中国半殖民地半封建社会的一个特殊群体。它既不同于地主阶级，也不同于民族资产阶级；它与封建统治阶级有着千丝万缕的联系，是封建统治阶级的官僚阶层，既为封建统治阶级服务，也为外国资本主义殖民者提供服务，是中国封建势力与外国资本主义侵略者妥协的产物。官僚买办资产阶级又是中国资产阶级的特殊阶层，虽然他们对于引进外国资本主义生产方式、发展近代资本主义经济起到了一定的推动作用，但他们是代表封建主义、帝国主义利益的，是中国人民反帝反封建的敌人。当然在特殊情况下，如果帝国主义、封建主义彻底侵害了他们的利益的时候，他们有可能与中国反帝反封建的人民大众取得暂时的联合。

第四，无产阶级登上历史舞台。

正如毛泽东同志所说，中国的无产阶级不是中国民族资产阶级所催生的，而是由于帝国主义在中国直接地经营企业而来的。中国无产阶级最早出现在《南京条约》所规定的广州、厦门、福州、宁波、上海五个通商口岸的外国工厂里。新的无产阶级从

19世纪40年代出现，到60年代在洋务运动兴起的企业中得到扩展，再到70年代在民族资产阶级创办的企业中产生，中国无产阶级经历了几十年的发展历程。直到1921年中国共产党成立，中国无产阶级从自在的阶级发展成了自为的阶级。

中国无产阶级包括现代产业工人、城市小手工业和手工业的雇佣劳动者和商店店员，以及农村的无产阶级及其他城乡无产者。

与欧洲无产阶级不同，中国无产阶级的主体不是由工场手工业工人转化而来的，而是破产的农民和家庭手工业者。中国工人阶级早期人数很少，但身受外国资产阶级和本国封建地主阶级、官僚资产阶级三重压迫，其所受压迫的严重性和残酷性是世界各民族中少见的。他们的革命精神比任何别的阶级都来得坚决和彻底。由于中国没有欧洲那样的社会改良主义的经济基础，所以除极少数工贼以外，中国无产阶级的整个阶级都是最革命的。特别是中国共产党成立后，中国无产阶级在中国共产党领导之下，成为中国社会最有觉悟的阶级。中国无产阶级和广大农民具有天然的联系，有利于与农民结成亲密联盟。虽然中国无产阶级先天性地具有人数较少（与农民阶级比较）、年龄较轻（与资本主义国家的无产阶级比较）、文化水准较低（与资产阶级比较）的不足，但是，它足以成为中国革命最核心的力量。特别是它能够团结一切可以团结的革命阶级和阶层，组成革命统一战线，因此其力量会更加强大。由于中国无产阶级与中国最先进的生产力相结合，与农民阶级具有天然的同盟关系，特别是在中国共产党领导下，掌握着马克思主义科学、先进的理论武器，迅速强大起来，成为改变中国落后面貌和历史进程的领导阶级。

五　中国人民的反帝反封建斗争与新民主主义革命的胜利

在半殖民地半封建社会，帝国主义和中华民族的矛盾、封建主义和人民大众的矛盾是近代中国的主要矛盾。伴随着半殖民地半封建社会的形成，中国人民展开了不屈不挠的斗争。正如毛泽东指出："帝国主义和中国封建主义相结合，把中国变为半殖民地和殖民地的过程，也就是中国人民反抗帝国主义及其走狗的过程。从鸦片战争、太平天国运动、中法战争、中日战争、戊戌变法、义和团运动、辛亥革命、五四运动、五卅运动、北伐战争、土地革命战争，直至现在的抗日战争，都表现了中国人民不甘屈服于帝国主义及其走狗的顽强的反抗精神。"[1] 毛泽东的论断，科学揭示了中国近代历史的主题、线索、主要矛盾、革命任务、基本内容及客观规律。

第一，太平天国农民战争。

太平天国农民战争亦称太平天国革命、太平天国运动，爆发于1851年，失败于1864年，是洪秀全等农民领袖领导进行的一场反对清朝封建统治和外国资本主义侵略的伟大农民战争。

沉重的封建压迫和尖锐的阶级矛盾，加上帝国主义的侵略，导致太平天国农民战争，太平天国农民战争是中国近代民主主义革命的先声。它历时14年，纵贯18省，建立了强大的军队和强大的政权，成为中国历代农民战争的最高峰。太平天国颁发了《天朝田亩制度》，提出了"凡天下田天下人同耕"的土地纲领，力图实现"无处不均匀，无人不保暖"的理想。后期，由洪仁玕提出《资政新篇》，宣示了兴办近代工矿交通企业等具有资本主义进步属性的施政纲领。太平天国否认不平等条约，对外坚持独立自主，禁止鸦片买卖，反对外来侵略。太平天国农民战争引起了统治集团权力结构的变化，给封建统治者以沉重打击，加速了清王朝和封建君主专制制度的灭亡。

太平天国农民战争是两千余年中国封建社会农民革命的高

---

[1] 《毛泽东选集》第2卷，人民出版社1991年版，第632页。

峰，是中国人民反帝反封建旧民主主义革命的开端。太平天国农民战争既有革命性，又有正义性，充分表现了中国人民顽强的反抗精神，产生了深远影响。但是，由于帝国主义和封建统治者联手镇压，以及历史条件和阶级地位的限制，太平天国农民起义者特别是最高领袖无法克服农民阶级自身的弱点，还保留了非常严重的封建性、落后性，犯了一系列严重错误，制定不出科学的纲领和政策，最终失败了。太平天国农民战争给中国革命积累了丰富的经验，也留下了深刻的教训。

第二，资产阶级维新改良运动。

帝国主义的疯狂侵略造成了严重的民族危机，促成了百日维新的资产阶级改良运动。中国近代的资产阶级改良运动，以发生于1898年（戊戌年）的戊戌变法为代表，又称戊戌维新、百日维新。这场运动在理论、政纲及实际宣传和推动方面的代表人物是康有为，最高政治领导是光绪皇帝。运动的意义在于，出现了以"救亡图存"为目的、以"保国、保种、保教"为宗旨、具有政党色彩的"保国会"，在统治阶级最高层内部分化出一批主张发展资本主义的势力，在政治、经济、军事、文教、新闻等方面，比较系统地提出了一批具有资本主义属性的主张，极大地冲击了封建专制体制，让社会具有了一定的民主权利，使民族资本主义工业首次获得法律上的认可，使得资产阶级思想成为全社会不可逆转的思想潮流，具备了反封建的资产阶级启蒙运动性质。

资产阶级改良派不想推翻封建专制制度，其自身的软弱性决定了他们只能依靠皇权推行适度改良，在以慈禧太后为首的反动势力镇压下，最终以失败告终。戊戌变法的失败说明，改良主义的资产阶级政治道路走不通，脱离群众的政治运动必然失败。但是，戊戌变法标志着中国民族资产阶级第一次登上政治舞台，成为中国资产阶级民主革命的先声。

第三，义和团反帝爱国运动。

20世纪初，帝国主义加紧控制中国的经济政治命脉，造成以义和团运动为主要表现的反帝斗争的高涨。义和团运动爆发于1900年，是以农民为主体的中国人民自发的反帝爱国运动，是中国人民反侵略、反瓜分斗争发展的高峰，也是长期以来遍及全国的群众反教会斗争的总汇合。义和团运动先后提出了"助清灭洋""兴清灭洋"和"扶清灭洋"等口号，鲜明表达了中国人民反对帝国主义、挽救民族危亡的愿望，表明当时帝国主义和中华民族的矛盾与封建主义和人民大众的矛盾一同成为社会主要矛盾。但是，由于义和团内部存在严重弱点，没有形成统一的组织和领导机构，最后被地主阶级统治者出卖而以失败告终。

以义和团运动为代表的中国人民的反帝爱国运动打乱了列强共同瓜分中国的侵略计划。义和团运动虽然被中外反动派联合绞杀，但中国人民敢于同帝国主义血战到底的英雄气概，使帝国主义分子认识到要瓜分中国是不易实现的，因此，不得不开始采取"以华制华"的政策。

义和团运动表现了中国人民不甘屈服于帝国主义的坚强反抗精神，阻止了甲午战争以后中国面临的被瓜分的进程，成为中国人民民主革命走向胜利的重要奠基石之一。

第四，资产阶级领导的辛亥革命。

辛亥革命爆发于1911年10月10日，是中国资产阶级领导的旧民主主义革命。

辛亥革命的领导者是伟大的民主革命先行者孙中山。1894年11月，孙中山在檀香山华侨中发起成立第一个反清革命团体——兴中会。在为兴中会起草的章程中，他明确提出："是会之设，专为振兴中华、维持国体起见。"孙中山成为提出"振兴中华"口号的第一人。为达到"振兴中华"的目标，从1895年到1911年，孙中山带领革命志士先后发动了十次起义。1911年

10月10日（农历八月十九），终于取得武昌起义的胜利。

辛亥革命是一场资产阶级民主革命，推翻了清朝的统治，建立了中华民国，开启了民主共和的新纪元，使民主共和的观念深入人心，在思想上、政治上给中国人民带来了不可低估的解放作用。辛亥革命虽然奠定了共和制度，但民主只是虚名，国家仍然掌握在地主买办阶级手中，并为帝国主义所控制。辛亥革命"只把一个皇帝赶跑，中国仍旧在帝国主义和封建主义的压迫之下，反帝反封建的革命任务并没有完成"[①]。中外反动派联合绞杀了辛亥革命。辛亥革命没有也不可能完成反帝反封建的民主革命的伟大任务。帝国主义和封建势力继续统治中国，民族矛盾与阶级矛盾依然激烈存在。辛亥革命的果实，最终被代表地主买办阶级利益的袁世凯所窃夺。孙中山的政治理想没有实现。

第五，无产阶级领导的新民主主义革命。

新民主主义革命是由无产阶级领导的，人民大众的，反对帝国主义、封建主义和官僚资本主义的革命。它是中国共产党以近代中国半殖民地半封建的社会性质为总依据，提出的革命理论、实施的革命政纲、从事的革命实践的统一体。新民主主义革命的对象是帝国主义、封建主义和官僚资本主义，革命的力量是无产阶级、农民阶级和小资产阶级，在一定时期和一定程度上还包括民族资产阶级，革命的性质是资产阶级民主革命，革命的领导者只能也必须是无产阶级先锋队——中国共产党，革命的最终目标是走向社会主义。

新民主主义革命的开端是五四运动。五四运动爆发于1919年5月4日。这是中国人民反对帝国主义和封建主义的伟大革命运动，是中国由旧民主主义革命转变为新民主主义革命的转折点。中国无产阶级正式登上历史舞台，是在五四运动中实现的。

---

① 《毛泽东选集》第2卷，人民出版社1991年版，第564页。

在运动中，中国无产阶级举行了史无前例的政治罢工，标志着中国无产阶级开始成为中国民主革命的主力军。

五四运动是在1917年爆发的俄国十月革命影响下发生的。毛泽东同志指出："十月革命一声炮响，给我们送来了马克思列宁主义。"[①] 十月革命后，以李大钊、陈独秀、毛泽东为代表的先进知识分子，在中国积极宣传马克思主义。五四运动后，马克思列宁主义同中国工人运动实现了结合，在思想上和干部上为中国共产党的成立作了准备。

五四运动促成了马克思主义在中国的传播，促成了马克思主义与中国工人运动的结合。马克思主义在中国的传播，是时代条件造成的，是历史发展的必然结果。五四运动以前，发生了鸦片战争、太平天国战争、中日甲午战争、戊戌维新、义和团运动、辛亥革命。但是"多次奋斗，包括辛亥革命那样全国规模的运动，都失败了。国家的情况一天一天坏，环境迫使人们活不下去。怀疑产生了，增长了，发展了"[②]。

在第一次世界大战结束后，受俄国十月革命的影响，五四运动反帝反封建的爱国热潮席卷全国，工人阶级成长壮大，登上了政治舞台。马克思列宁主义的广泛传播及其与工人运动的结合，涌现出李大钊、陈独秀、毛泽东等一批最早的马克思主义者，他们在共产国际影响、号召及领导下，最早组织建立了若干共产党组织，为中国共产党的成立作好了思想和组织准备。正如毛泽东所说："如果没有五四运动，北伐战争是不可想像的。"他进而指出，"没有五四运动，第一次大革命是没有可能的。五四运动的的确确给第一次大革命准备了舆论，准备了人心，准备了思想，准备了干部"[③]。

---

① 《毛泽东选集》第4卷，人民出版社1991年版，第1470页。
② 同上书，第1470页。
③ 《毛泽东文集》第2卷，人民出版社1993年版，第251页。

中国共产党诞生是中国近代历史上开天辟地的大事件，从此改变了中国革命的面貌。1921年7月23日，中国无产阶级的政党中国共产党成立了。中国共产党一经成立，就把实现共产主义作为最高理想和最终目标。中国共产党的成立，促成了国共合作，为反抗军阀割据的北伐战争，展开轰轰烈烈的大革命作了准备。在北伐战争与大革命的过程中，马克思主义与社会主义得到规模空前的广泛传播，不仅走出了知识分子与青年学生的传播范围，而且成为全国性的思潮，走入工人阶级与农民阶级中间，成长出以毛泽东为代表的一大批坚定的马克思主义者，开启了马克思主义中国化的进程，极大地推进了新民主主义革命的进程。

中国共产党在第一次国内革命战争时期（1924—1927年）、第二次国内革命战争时期（1927—1937年）、抗日战争时期（1931—1945年）[①]、解放战争时期（1945—1949年）带领中国人民，与中外敌人进行顽强斗争，最终取得新民主主义革命的胜利，成立了中华人民共和国，中国人民从此"站起来"了。

中国共产党人经过艰苦探索，创造性地将马克思列宁主义与中国的具体实际相结合，创立了毛泽东思想，实现了马克思主义与中国革命实际的第一次伟大结合，制定了无产阶级领导的，人民大众的，反对帝国主义、封建主义和官僚资本主义的新民主主义革命总路线。中国共产党战胜敌人的主要武器有三件：一个有纪律的，由马克思列宁主义理论武装的，采取自我批评方法的，联系人民群众的党；一个由这样的党领导的军队；一个由这样的党领导的各革命阶级各革命派别的统一战线。

---

① 2015年9月，习近平总书记在纪念中国人民抗日战争暨世界反法西斯战争胜利70周年大会上，强调指出："70年前的今天，中国人民经过长达14年艰苦卓绝的斗争，取得了中国人民抗日战争的伟大胜利，宣告了世界反法西斯战争的完全胜利。"14年是指从1931年到1945年的抗日战争时期。其中从1931年"九一八"事变到七七事变是局部抗战时期，其后是全面抗战时期。抗日战争时期与第二次国内革命战争时期相互交叉。

中国新民主主义革命从五四运动一直延续到中华人民共和国成立，经历了艰苦卓绝的斗争，最终取得了胜利。新民主主义革命的胜利表明，只有中国共产党才能带领中国人民实现民族复兴的伟大梦想；走向社会主义是近代中国历史发展规律的必然归宿。

在近代中国，帝国主义与中华民族的矛盾，封建主义与人民大众的矛盾，成为主要矛盾。为实现中华民族伟大复兴，孙中山先生领导的旧民主主义革命，推翻了统治中国几千年的君主专制制度，为中国的进步打开了闸门；中国共产党领导的新民主主义革命，成立了新中国，为当代中国一切发展进步奠定了根本政治前提和制度基础。历史表明，只有民族独立，才能实现民族富强；只有革命胜利，才能建设现代化。

近代中国的历史，是一部中国人民推翻封建专制制度、赶走帝国主义、打倒官僚资本主义，最终"站起来"，走向社会主义的斗争史。中国人民不屈不挠、前赴后继，经过艰苦卓绝的斗争，终于在中国共产党领导下，实现了人民解放，民族独立。历史表明，没有共产党，就没有新中国；只有共产党，才能救中国。

第五节 中华人民共和国成立、社会主义制度确立和社会主义初级阶段

1949 年中华人民共和国成立，开辟了中国历史发展的新纪元，标志着中国从两千多年封建专制向人民民主的伟大飞跃，标志着中国人民实现了鸦片战争以来争取民族独立、人民解放和人民当家作主的愿望。从中华人民共和国成立到 1956 年社会主义

改造基本完成，是中国由新民主主义社会向社会主义社会的过渡时期。1956年中国完成了生产资料私有制的社会主义改造，确立了社会主义制度，进入了社会主义初级阶段。中国社会主义初级阶段经过了社会主义建设时期、社会主义改革开放时期，现已进入了中国特色社会主义新时代。

中华人民共和国成立后，中国共产党领导人民，围绕"确立什么样的社会制度、如何确立社会主义制度？""什么是社会主义、如何建设社会主义？""建设什么样的党、怎样建设党？""实现什么样的发展、如何发展？""新时代坚持和发展什么样的中国特色社会主义、怎样坚持和发展中国特色社会主义？"的时代主题，在社会主义革命、建设和改革的进程中，确立和巩固了社会主义制度，开展了社会主义建设，为中国特色社会主义准备了制度基础、物质条件和理论前提。通过改革开放，开辟了中国特色社会主义道路，形成了中国特色社会主义理论体系，确立了中国特色社会主义制度，发展了中国特色社会主义文化。

一 关于"共产主义社会""社会主义社会""新民主主义社会"的基本概念

按照马克思主义经典作家的论述，共产主义社会是人类最美好的社会形态，共产主义社会代替资本主义社会是历史发展的必然趋势。共产主义社会分为两个阶段，从资本主义社会脱胎出来的，是共产主义社会的第一阶段或低级阶段，即社会主义社会。在这个阶段，经济、道德和精神各方面还带着旧社会的痕迹；生产资料归社会所有，按劳动强度和质量分配消费品；"资产阶级权利"没有完全取消，只是部分取消。我们通常说的共产主义，是共产主义高级阶段，全部生产资料集中在联合起来的个人手里，阶级差别逐渐消失，迫使个人奴隶般地服从分工的情形已经消失，脑力劳动和体力劳动的对立随之消失，公共权力失去政治性质，从而消灭了阶级和国家。劳动成为生活第一需要，人的全面发展使社会生产力极大提高，集体财富的一切源泉充分涌流，完全超出资产阶级权利的狭隘眼界，"社会才能在自己的旗帜上写上：各尽所能，按需分配！"①"共产主义革命就是同传统的所有制关系实行最彻底的决裂；毫不奇怪，它在自己的发展进程中要同传统的观念实行最彻底的决裂。"②"代替那存在着阶级和阶级对立的资产阶级旧社会的，将是这样一个联合体，在那里，每个人的自由发展是一切人的自由发展的条件。"③ 实现共产主义，是共产党人和工人阶级的最高理想。

马克思、恩格斯设想，共产主义革命首先在西方发达资本主义国家取得胜利，然后在全世界逐步建立共产主义社会。这种设想并没有成为现实。20世纪初，世界革命中心转移到俄国，在以列宁为首的布尔什维克的领导下，俄国首先取得无产阶级革命胜利，通过无产阶级专政，建立人类历史上第一个社会主义制度的社会。

现实中的社会主义是在经济文化相对落后的国家革命成功后建立的。在相对落后的国家建立的社会主义社会，处于社会主义社会发展的低级阶段。在社会主义社会的低级阶段，实行无产阶级专政；领导政权的核心力量，是无产阶级及其先锋队；公有制在国民经济中占主体地位，非公有制经济仍占相当的比重；创造比资本主义更高的社会生产力和劳动生产率；坚持马克思主义的指导地位，在继承以往优秀文明成果基础上，创造和发展社会主义文化。

19世纪末20世纪初，世界历史进入帝国主义和无产阶级革命阶段。作为无产阶级政党，中国共产党领导新民主主义革命，

---

① 《马克思恩格斯选集》第3卷，人民出版社2012年版，第364—365页。
② 《马克思恩格斯选集》第1卷，人民出版社2012年版，第421页。
③ 同上书，第422页。

把新民主主义革命和社会主义革命联系起来，是中国革命的特点和优点。

新民主主义社会是新民主主义革命的胜利成果，特指中国历史发展进程中的特殊发展阶段。新民主主义政治，是无产阶级领导的"各革命阶级联合专政"；新民主主义经济，是国家占有主要生产资料，国营经济是整个国民经济的领导力量。在此基础上，实行"节制资本""平均地权""耕者有其田"。新民主主义文化，是无产阶级领导的反帝反封建的民族的科学的大众的文化。新民主主义的政治、经济和文化相结合，就是新民主主义社会。由于社会主义因素是新民主主义社会中占居领导地位的主导力量，决定其发展前途是社会主义社会。

二 中华人民共和国成立和新民主主义社会向社会主义初级阶段的过渡时期

从中华人民共和国成立，经过三年恢复和发展国民经济，到生产资料私有制的社会主义改造基本完成，是新民主主义社会向社会主义社会的过渡时期。中国共产党团结和带领人民，经过对农业、手工业、资本主义工商业的社会主义改造，完成了社会主义革命，确立了社会主义制度，消灭了剥削阶级，结束了延续几千年的剥削阶级统治和剥削制度，实现了中国历史上最伟大最深刻的社会变革，为当代中国一切发展进步奠定了根本政治前提和制度基础。

第一，中华人民共和国成立的划时代意义。

1949年9月21—30日，中国人民政治协商会议第一届全体会议在北平召开。会议通过《共同纲领》等法律文件，选举出以毛泽东为主席的中央人民政府组成人员，确定了国旗、国歌和首都。

《共同纲领》规定，中华人民共和国为新民主主义即人民民主主义的国家，实行工人阶级领导的、以工农联盟为基础的、团结各民主阶级和国内各民族的人民民主专政，反对帝国主义、封建主义和官僚资本主义，为中国的独立、民主、和平、统一和富强而奋斗。《共同纲领》规定，中华人民共和国有国营经济、合作社经济、农民和手工业者的个体经济、私人资本主义经济和国家资本主义经济五种经济成分，文化、教育为新民主主义的，即民族的、科学的、大众的文化教育。《共同纲领》是起临时宪法作用的国家根本大法，确立了社会主义因素在政治、经济、文化领域中的领导地位，为实现由新民主主义社会向社会主义社会过渡创造了政治条件。

10月1日，中华人民共和国中央人民政府宣告成立，标志着中华人民共和国的诞生。新民主主义革命的胜利和中华人民共和国的诞生，是中国共产党领导人民完成的第一件大事，标志着中国人民实现了从备受列强欺辱到站起来的伟大转变。习近平总书记指出，中华人民共和国成立的伟大历史贡献，在于"彻底结束了旧中国半殖民地半封建社会的历史，彻底结束了旧中国一盘散沙的局面，彻底废除了列强强加给中国的不平等条约和帝国主义在中国的一切特权，实现了中国从几千年封建专制政治向人民民主的伟大飞跃"[①]。

中华人民共和国的成立，标志着中国人民彻底推翻帝国主义、封建主义、官僚资本主义的反动统治，实现国家独立和民族解放，中华民族从此屹立于世界民族之林。

中华人民共和国的成立，表明几千年的剥削阶级统治被消灭，中国人民真正成为国家和社会的主人，开始了人民群众创造历史的新阶段。

[①] 中共中央党史和文献研究院编：《十八大以来重要文献选编》（下），中央文献出版社2018年版，第342页。

中华人民共和国的成立，彻底改变了中国四分五裂的政治局面，为中华民族和中国人民实现平等、团结、互助、友爱创造了社会基础。

中华人民共和国的成立，彻底废除了帝国主义强加给中国的一切特权，冲破了帝国主义统治在东方的链条，极大改变了世界政治力量的对比，增强了世界和平民主的力量，推动了殖民地半殖民地被压迫民族和被压迫人民的民族解放斗争。

中华人民共和国的成立，初步建立了独立、自由、民主、统一的国家，标志着中国半殖民地半封建社会的结束和新民主主义社会的开端，开辟了中国历史新纪元，开始谱写中国社会新篇章，为中国从积贫积弱走向繁荣富强开辟了道路。

第二，中华人民共和国成立初期的经济、政治和思想文化。

中共七届二中全会提出，中华人民共和国成立后，要使中国稳步地由农业国转变为工业国，由新民主主义国家转变为社会主义国家。党和国家面临的三大基本任务是：继续完成民主革命，建立新民主主义经济和政治制度；恢复和发展国民经济，推动新民主主义向社会主义过渡；反对帝国主义的侵略和干涉，捍卫国家主权与领土完整。

恢复和发展国民经济，是中国共产党和国家面临的紧迫任务。经过艰苦努力，建立了新民主主义经济制度，基本完成了国民经济恢复任务，为工业化建设和社会主义改造奠定了基础。

确立中国共产党领导国家政权的政治制度，这是巩固人民政权的切实保障。中国共产党通过由其党员担任国家各级行政领导人，将党的决议、决策和规划等，转变为各级政府部门的工作，实现了对经济、政治、文化、社会建设的全面领导。

经济、政治关系的变化，促进了马克思主义和中国革命理论的宣传。党和政府全力宣讲新民主主义革命，普及马列主义，掀起知识分子思想改造运动，批判各种反动思想和旧思想，宣传社会主义意识形态，宣扬爱国主义、集体主义，重塑民族自尊心、自信心，进行移风易俗的社会改造，使文化社会领域发生了革故鼎新的变化，为向社会主义过渡准备了思想文化条件。

经过继续完成新民主主义革命的遗留任务，彻底完成了土地革命，废除封建土地制度，没收官僚资本，建立国营经济，向全国胜利进军，和平解放西藏。

经过三年的恢复和建设，稳定物价，统一财政经济，调整商业，恢复和建设基础设施，恢复和发展工农业生产，中国基本稳定了经济秩序，确立了国营经济的领导地位，社会生产走上发展轨道。基本统一了中国大陆和部分沿海岛屿。取得镇压反革命运动和开展"三反""五反"运动胜利，建立和巩固了人民民主专政。抗美援朝取得胜利，使得国家周边环境变得安全，巩固了新生的人民政权。这些成就为新民主主义社会向社会主义社会过渡准备了条件。

第三，社会主义过渡时期的总路线、生产资料私有制的社会主义改造和国家大规模建设的开始。

1953年，中国共产党正式公布社会主义过渡时期总路线：从中华人民共和国成立，到社会主义改造基本完成，这是一个过渡时期。党在这个过渡时期的总路线和总任务，是要在一个相当长的时期内，逐步实现国家的社会主义工业化，并逐步实现国家对农业、对手工业和对资本主义工商业的社会主义改造。[①]

总路线可以概括为"一化三改"。"一化"即社会主义工业化，"三改"即实现对个体农业、手工业、资本主义工商业的社会主义改造。"一化"是主体，"三改"是"两翼"，二者相互联系，相辅相成，互相促进，体现解放生产力和变革生产关系的

[①] 中共中央文献研究室：《建国以来重要文献选编》第4册，中央文献出版社2011年版，第602页。

统一。

在总路线指引下，中国共产党实现了对农业、手工业、资本主义工商业的社会主义改造，奠定了社会主义工业化的基础，探索出一条适合中国国情的社会主义改造道路。经过社会主义改造，基本解决了个体经济同社会主义工业化之间的矛盾、资本主义所有制同社会主义所有制之间的矛盾，从而基本上结束了中国几千年来阶级剥削制度的历史，建立起社会主义的社会经济制度。[①] 这是中国社会形态的伟大变革。

社会主义改造过程中也出现了一些问题，但从整体上说，在经济文化落后的东方大国比较顺利地实现社会形态的变革，促进了工农业和整个国民经济的发展，这是人类历史上的伟大创举。中国共产党领导人民，通过社会主义改造，基本建立社会主义制度，使经济文化落后的东方大国进入社会主义，丰富了马克思主义关于向社会主义过渡的理论和实践，是马克思主义基本原理同中国革命实践相结合的又一个成功典范。

1953—1957年，以苏联援助的156项重大项目为基础，国家实施第一个五年计划，到1957年，使中国工业产业结构出现跳跃式发展，奠定了社会主义工业化的初步基础。工业化建设带动了城市发展，促进国内贸易显著扩大，推进了农业发展，人民生活水平明显提高，为完成社会主义改造奠定了必要的物质基础。

第四，社会主义制度的确立及其伟大意义。

按照科学社会主义的基本原则，结合中国的实际国情，建立崭新的社会主义制度，是中国共产党领导人民的伟大历史创举。

一是基本建立社会主义的经济制度。

经过生产资料私有制的社会主义改造，农业、手工业个体所

---

① 中共中央文献研究室：《建国以来重要文献选编》第10册，中央文献出版社2011年版，第376页。

有制基本上转变为集体所有制，资本主义私有制转变为社会主义全民所有制。社会主义全民所有制和集体所有制占居国民经济绝对优势地位。国家主导的计划经济体制成为主要经济运行方式，工农群众成为国家和社会的主人，在经济、政治、社会、法律等地位平等基础上，参加集体劳动和集体生产。在分配方式上，基本确立了按劳分配的制度，结束了几千年来一个阶级占有另一个阶级劳动成果的剥削制度。

二是建立人民民主专政的社会主义政治制度。

伴随对私有制的社会主义改造，中国社会的阶级关系发生根本性改变。资产阶级作为剥削阶级已经被消灭，大多数资本家和资本家代理人转变为公私合营企业的从业人员，按照社会主义原则工作。知识分子的面貌发生根本变化。绝大多数知识分子成为国家工作人员，他们热爱人民民主专政国家，赞成社会主义，为社会主义服务，接受马克思主义。从政治立场和社会地位说，知识分子已经是工人阶级的一部分。各民主党派基本转变成为社会主义服务的政治团体。经过农业合作化，农村的土地私有制转变为集体所有制，中国农民从个体经济体制下的农民转变为社会主义经济组织的集体劳动者。中国共产党是执政党，是社会主义国家的领导核心。各民主党派是参政党。二者之间领导者和被领导者的关系基本确立。阶级关系的变动表明，工人阶级领导的、以工农联盟为基础的人民民主专政得到巩固。

中国社会阶级关系的深刻变动，改变了政治关系。建立在不同所有制基础上的各革命阶级的联合专政，转变为建立在公有制基础上的人民民主专政。中国人民政治协商会议代行国家最高权力机关的使命已经完成。1954年9月，一届全国人大一次会议召开。会议通过《中华人民共和国宪法》，对国家性质、根本制度、政权组织形式、阶级关系、共产党的领导地位、中国政党制度、民族区域自治制度、文化教育性质、科技体制等作出了规定。关于经济制度，宪法规定，国营经济是全民所有制的社会主义经济，是国民经济中的领导力量和国家实现社会主义改造的物质基础；国家保证优先发展国营经济。宪法还规定，中华人民共和国依靠国家机关和社会力量，通过社会主义工业化和社会主义改造，保证逐步消灭剥削制度，建立社会主义社会。

《中华人民共和国宪法》是中华人民共和国第一部社会主义类型的国家根本大法，规定了中国的根本政治制度和基本经济制度，建立了中国社会主义制度的基本框架。

人民代表大会制度确立。第一届全国人民代表大会还通过全国人大、国务院、人民法院、人民检察院和地方各级人民代表大会的组织法等多部法律，为构建中国社会主义法律体系提供了基础。根据宪法和法律，一届全国人大选举产生新一届国家机构。第一届全国人民代表大会结束了由中国人民政治协商会议代行全国人大职权的历史，标志着人民代表大会制度在全国正式建立。

中国共产党领导的多党合作和政治协商制度基本形成。一届全国人大一次会议召开和《中华人民共和国宪法》颁布之后，中国人民政治协商会议作为国家最高权力机关的职能已经结束，但其性质仍然是人民民主统一战线组织。新政协的召开，标志着中国共产党领导的多党合作和政治协商制度的初步形成。1954年12月，中国人民政治协商会议第二届全国委员会第一次会议召开，通过《中国人民政治协商会议章程》，标志着政协职能的转变。章程规定，人民政协的基本任务，是在中国共产党的领导下，巩固和发展人民民主统一战线，向有关国家机关反映群众意见和建议，就国内外重大事项和重要人事安排进行协商，共同促进社会主义事业发展。毛泽东同志在《论十大关系》中提出"长期共存、互相监督"的方针。人民政协的性质、地位、作用和任务等得到解决，逐步形成了中国政党格局和中国特色政党制度，为中国共产党领导的多党合作和政治协商制度奠定了基础。

民族区域自治制度也逐步成形。1952年，根据《共同纲领》规定，国家颁布《民族区域自治纲要》，为民族区域自治提供法制化基础。《中华人民共和国宪法》规定：中华人民共和国是统一的多民族的国家。各少数民族聚居的地方实行区域自治。各民族自治地方都是中华人民共和国不可分离的部分。民族区域自治制度成为中国特色政治制度框架的有机组成部分。

三是确立中国共产党的领导地位和马克思主义在党和国家政治生活中的指导地位。

毛泽东在一届全国人大开幕式上宣布："领导我们事业的核心力量是中国共产党。指导我们思想的理论基础是马克思列宁主义。"[①]《中华人民共和国宪法》明确规定了中国共产党的核心领导地位。坚持党在国家生活中的领导地位成为根本原则。确立马克思主义在意识形态领域的指导地位，是社会主义思想革命的核心内容。中华人民共和国成立后，经过思想改造运动、马克思主义宣传教育运动、对封建主义思想和资产阶级思想的批判运动、文艺整风和戏剧改革运动等，马克思列宁主义、毛泽东思想的指导地位得到确立和巩固。

在中国共产党的积极倡导和引领下，马克思列宁主义理论学说、思想观念逐渐成为全社会的基本话语形态，社会主义思想、学术、文化不断壮大，旧习惯、旧观念日益没落，新风气、新思想不断形成，平等、团结、友爱、互助的新型社会关系，社会主义、集体主义、爱国主义的价值观，为工农兵服务、社会主义服务的文艺方向，成为全社会的价值取向。一批优秀的社会主义新型文化作品涌现出来，中国人民的精神生活、精神面貌焕然一新。

中国共产党团结和带领人民，经过社会主义改造，完成社会

[①] 《毛泽东文集》第6卷，人民出版社1999年版，第350页。

主义革命，确立社会主义基本制度，结束了几千年的剥削阶级和剥削制度的历史，"完成了中华民族有史以来最为广泛而深刻的社会变革，为当代中国一切发展进步奠定了根本政治前提和制度基础，为中国发展富强、中国人民生活富裕奠定了坚实基础，实现了中华民族由不断衰落到根本扭转命运、持续走向繁荣富强的伟大飞跃"①。

三 中国正处于社会主义初级阶段

在"解放思想，实事求是"思想路线的指导下，中国共产党逐步形成了中国还处在社会主义初级阶段的重大判断。1981年6月，中共十一届六中全会通过《关于建国以来党的若干历史问题的决议》，第一次提出"我们的社会主义制度还是处于初级的阶段"。1982年9月，中共十二大报告又指出，"我国的社会主义社会现在还处在初级发展阶段"。1986年9月，中共十二届六中全会通过的《关于社会主义精神文明建设指导方针的决议》进一步论述："我国还处在社会主义的初级阶段。"1987年，邓小平同志指出："我们党的十三大要阐述中国社会主义是处在一个什么阶段，就是处在初级阶段，是初级阶段的社会主义。社会主义本身是共产主义的初级阶段，而我们中国又处在社会主义的初级阶段，就是不发达的阶段。一切都要从这个实际出发，根据这个实际来制订规划。"② 1987年10月，中共十三大报告系统地阐述了关于社会主义初级阶段的理论。中共十九大报告指出："我国社会主要矛盾的变化，没有改变我们对我国社会主义所处历史阶段的判断，我国仍处于并将长期处于社会主义初级阶段的

---

① 中共中央党史和文献研究院：《十八大以来重要文献选编》（下），中央文献出版社2018年版，第342页。
② 《邓小平文选》第3卷，人民出版社1993年版，第252页。

基本国情没有变，我国是世界最大发展中国家的国际地位没有变。"①

中国正处于社会主义初级阶段是符合马克思主义基本原理的。科学社会主义创始人马克思在考察和分析人类社会发展的历史时代时，在1875年《哥达纲领批判》中，曾经提出了对未来共产主义社会发展阶段的科学设想，预测未来社会将经历三个相互衔接的阶段：从资本主义到共产主义第一阶段（即社会主义阶段）的革命转变、过渡阶段；共产主义第一阶段，即社会主义阶段；共产主义高级阶段。列宁继承和发展了马克思主义关于未来共产主义社会发展阶段的理论。在十月革命前夕，他不仅阐明了马克思所说的共产主义社会的"第一"阶段和"高级"阶段是经济上成熟程度不同的"两个阶段"，而且明确指出，"通常所说的社会主义，马克思把它称做共产主义社会的'第一'阶段或低级阶段"②。十月革命后，列宁根据经济文化落后的俄国的实际进一步指出，社会主义社会是一个很长的历史阶段，要经过若干阶段的发展，是一个不断从低级到高级的发展过程。

中国正处于社会主义初级阶段，是按照马克思主义原理，从中国国情实际出发得出的科学判断，特指我国在生产力落后、市场经济不发达条件下建设社会主义所必须经历的特定阶段。中国处于社会主义初级阶段的基本含义：一是我国社会制度的性质是社会主义，即我国已经是社会主义，必须坚持而不是离开社会主义；二是我国正处于社会主义的初始阶段，即初级阶段，必须从这个实际出发，而不能超越这个实际。

社会主义初级阶段的基本矛盾仍然是生产力与生产关系、经济基础与上层建筑之间总体适应条件下的不适应的矛盾，社会主

---

① 《中国共产党第十九次全国代表大会文件汇编》，人民出版社2017年版，第10页。
② 《列宁选集》第3卷，人民出版社2012年版，第199—200页。

义初级阶段的主要矛盾是人民群众日益增长的物质文化生活的需要同落后的社会生产之间的矛盾，阶级斗争不是社会的主要矛盾，但它在一定范围内还将长期存在，在一定条件下还可能激化。大力解放和发展社会主义生产力，是社会主义初级阶段的根本任务。

中共十五大报告从九个方面进一步阐发了社会主义初级阶段的特征：一是逐步摆脱不发达状态，基本实现社会主义现代化的历史阶段；二是由农业人口占很大比重、主要依靠手工劳动的农业国，逐步转变为非农业人口占多数、包含现代农业和现代服务业的工业化国家的历史阶段；三是由自然经济半自然经济占很大比重，逐步转变为经济市场化程度较高的历史阶段；四是由文盲半文盲人口占很大比重、科技教育文化落后，逐步转变为科技教育文化比较发达的历史阶段；五是由贫困人口占很大比重、人民生活水平比较低，逐步转变为全体人民比较富裕的历史阶段；六是由地区经济文化很不平衡，通过有先有后的发展，逐步缩小差距的历史阶段；七是通过改革和探索，建立和完善比较成熟的充满活力的社会主义市场经济体制、社会主义民主政治体制和其他方面体制的历史阶段；八是广大人民牢固树立中国特色社会主义共同理想，自强不息，锐意进取，艰苦奋斗，勤俭建国，在建设物质文明的同时努力建设精神文明的历史阶段；九是逐步缩小同世界先进水平的差距，在社会主义基础上实现中华民族伟大复兴的历史阶段。这样的历史进程，至少需要一百年时间。至于巩固和发展社会主义制度，那还需要更长得多的时间，需要几代人、十几代人，甚至几十代人坚持不懈的努力奋斗。

从中国正处于社会主义初级阶段这一基本国情出发，中国共产党制定了社会主义初级阶段的基本路线，这也就是中共十三大提出的"领导和团结全国各族人民，以经济建设为中心，坚持四项基本原则，坚持改革开放，自力更生，艰苦创业，为把我国建设成为富强、民主、文明的社会主义现代化国家而奋斗"。"一个中心、两个基本点"是基本路线的简明表述。中国共产党在社会主义初级阶段的基本路线是我们党、国家和民族的生命线,是在整个社会主义初级阶段的根本指导方针和必须遵循的基本原则。四十多年改革开放的伟大实践已经证明这条路线是完全正确的。

邓小平为我国社会主义初级阶段提出"三步走"的发展战略。第一步以1980年国民生产总值为基数,到1990年翻一番,这步已提前完成;第二步在20世纪90年代再翻一番,到2000年实现小康,这一步已经实现了;第三步到21世纪中叶再翻两番,达到中等发达国家水平。在解决人民温饱问题、人民生活总体达到小康水平这两个目标已提前实现的基础上,到建党一百年时建成经济更加发展、民主更加健全、科教更加进步、文化更加繁荣、社会更加和谐、人民生活更加殷实的小康社会。在完成这项阶段性战略任务基础上,中共十九大提出把2020年到2050年划分为两个阶段:从2020年到2035年,在全面建成小康社会的基础上,基本实现社会主义现代化;从2035年到21世纪中叶,把我国建成富强民主文明和谐美丽的社会主义现代化强国。

中国社会主义初级阶段,已经经过了社会主义建设时期、社会主义改革开放新时期,现在正处于中国特色社会主义新时代。

四 社会主义建设时期

从1956年中国共产党第八次全国代表大会召开,到1978年中共十一届三中全会召开,是社会主义建设时期。在社会主义建设时期,中国共产党领导人民积极探索适合中国国情的社会主义建设道路,社会主义在探索中曲折前进。社会主义制度的确立,标志着中国进入社会主义初级阶段。中共八大报告指出,国内的主要矛盾,已经不是工人阶级同资产阶级之间的矛盾,而是人民对于建立先进的工业国的要求同落后的农业国的现实之间的矛盾，是人民对于经济文化迅速发展的需要同经济文化不能满足人民需要之间的矛盾，实质是"先进的社会主义制度同落后的社会生产力之间的矛盾"[1]。党和人民的主要任务，是尽快地把中国从落后的农业国转变为先进的工业国。为实现这个伟大任务，党要求把工作重点从阶级斗争转移到经济建设上来，从政治革命转移到技术革命和文化革命上来。

第一，社会主义建设时期的经济结构和经济制度。

在探索中国工业化道路过程中，中国共产党提出"要在不太长的历史时期内，把我国建设成为一个具有现代农业、现代工业、现代国防和现代科学技术的社会主义强国，赶上和超过世界先进水平"的奋斗目标。[2] 围绕"四个现代化"这个国民经济的总任务和奋斗目标，党和国家发挥集中力量办大事的制度优势，编制和实施第二、三、四个五年计划，作为国民经济建设的基本架构。

科学技术事业发展进步，为四个现代化建设提供支撑。中国科学技术事业纳入国家整体规划，形成国家协作的大科研体制，创建了一批科学研究机构，培养了一支庞大的研究队伍，产生了一批有代表性的研究成果。在较为先进的科学技术支撑下，初步建立起比较完整的工业体系和国民经济体系，初步形成全国铁路、公路、内河航运网骨架，还建立起门类比较齐全的国防工业体系。核技术、人造卫星和运载火箭等国防尖端技术取得突破，特别是"两弹一星"的成功，标志着中国从面对落后挨打的局面逐渐转变为独立自主地拥有捍卫国家领土主权

---

[1] 中共中央文献研究室：《建国以来重要文献选编》第 9 册，中央文献出版社 2011 年版，第 293 页。

[2] 中共中央文献研究室：《建国以来重要文献选编》第 19 册，中央文献出版社 2011 年版，第 423 页。

和安全的力量。

工业化发展以及商品生产和流通的扩展，带动了工人阶级队伍的壮大。工人阶级管理国家和企业的权利，在公有制工业企业得到实现。企业推行职工代表大会制度。1960年3月，毛泽东同志肯定了鞍山市委总结的"两参一改三结合"管理制度，该制度被称为"鞍钢宪法"。

工业化建设和科技进步助推农业现代化的提升。农业机械化、半机械化发展较快，化肥工业和农田水利基本建设发展明显改善，农田灌溉面积成倍增长，一般洪水灾害得到初步控制，农民群众的生产积极性大大提高。

中国共产党发动了"大跃进"和人民公社化运动，这是经济、政治、思想观念的重大变化，反映了农村生产关系和基层社会组织的变化。在"大跃进"和人民公社化运动中，出现了离开当时生产力的实际水平，搞浮夸风、高指标和"向共产主义过渡"的错误，导致了实践中的错误后果和国民经济的严重困难。中国共产党开展了纠正"左"的错误的努力。经过纠正"左"的错误和国民经济的调整，基本稳定了"三级所有，队为基础"的人民公社制度，稳定了农村集体经济组织。然而后来对国内外形势判断的失误，以及阶级斗争扩大化一系列错误举措，最终导致"文化大革命"的爆发。

第二，社会主义建设时期的政治结构和政治制度。

中共八大前后，党对民主政治建设做了卓有成效的探索，集中反映在《论十大关系》、八大政治文件和《关于正确处理人民内部矛盾的问题》等文献中，形成了关于社会主义社会矛盾学说，对人民民主专政内涵、中央与地方关系、统一战线、民族关系、民主法制建设、执政党建设等，都作出正确阐述，成为中国社会主义民主政治发展道路的良好开端。

坚持和巩固人民民主专政的社会主义国体。发挥对人民实行民主，对敌人实行专政的职能，基本保障人民的生产生活权益，抵抗外来侵略，维护国家主权、领土完整和国家安全。

进一步巩固发展人民代表大会制度。全国人民代表大会负责审查政府工作报告和经济财政等重大经济事项，选举国家机构领导人。1959年4月，初步确立起全国人民代表大会和政协全国委员会同期召开制度。此外，还有相关配套安排。对党和政府机构，也进行了若干改革尝试。

中国共产党领导的多党合作和政治协商制度有一定发展。1959年至1960年9月，中国民主建国会、九三学社、中国致公党、中国民主同盟、中国民主促进会、中国农工民主党、中国国民党革命委员会等民主党派相继召开代表大会或中央全会，确定服务与改造相结合的方针，表示与共产党和人民群众同甘共苦。

民族区域自治制度逐步推进。在少数民族地区进行民主改革和社会主义改革。民主改革以土地改革为主要内容，改变生产资料所有制，废除各种特权和压迫，建立平等互助的新型关系。之后，进行社会主义改造，建立社会主义所有制。在民族关系上，既反对大汉族主义，也反对地方民族主义，使各民族团结在人民民主大家庭内，巩固全国各族人民的大团结。同时，国家努力帮助少数民族发展经济和文化。

执政党建设取得一定进展。中共八大强调贯彻执行民主集中制，反对个人崇拜和个人专断，反对官僚主义等原则。毛泽东强调把马克思主义与中国实际"第二次结合"，找出适合中国国情的建设道路；倡导和发扬党的优良传统和作风；倡导干部以普通劳动者姿态出现，实行干部参加生产劳动制度；提出培养"又红又专"的社会主义接班人。党中央强调加强中央监察委员会的工作职能等。

由于民主政治建设时间不长、经验不足，以及其他主客观原因，从1957年出现反右斗争扩大化错误，到"文化大革命"结束，中国民主政治建设也经历了曲折。

第三，社会主义建设时期取得巨大成就。

在经济文化相对落后的大国建设社会主义，是人类前所未有的开创性事业，没有现成的模式和经验可供借鉴。社会主义制度需要在探索中不断完善，才能充分发挥先进社会制度优越性。经过二十多年的社会主义道路的探索，中国共产党领导人民在社会主义建设进程中，独立自主，自力更生，艰苦创业，努力探索，积累了社会主义建设的重要经验，也提供了可资借鉴的教训。

中国共产党领导的社会主义建设实践与探索，同今天中国共产党领导的中国特色社会主义伟大事业，是同一件大事的两个不同的发展时期，改革开放前后的两个历史时期既相互联系又有所区别，同属于中国共产党领导中国人民实现社会主义现代化和中华民族伟大复兴中国梦的总体历史进程，前者是后者的探索和准备，后者是前者的继承和发展。不论是从历史实践上，还是从理论逻辑上说，毛泽东都是中国特色社会主义事业的伟大奠基者、探索者和先行者。他率先提出要走自己的路，实现马克思主义基本原理同中国具体实际的第二次结合，探索适合中国具体情况、具有中国特点的社会主义建设道路。虽然在探索实践中出现严重错误和挫折，但成就巨大而卓越：创建了社会主义基本制度，领导了大规模的社会主义建设，取得社会主义建设的巨大成就，积累了社会主义的物质财富和精神财富，形成了关于社会主义建设的独创性理论成果，积累了社会主义建设宝贵的经验教训，为开创和发展中国特色社会主义伟大事业提供了制度条件、物质基础、理论准备和宝贵经验。

从中共八大开始，中国共产党领导人民开展了大规模的社会主义建设，提出了实现社会主义工业现代化、农业现代化、科学技术现代化和国防现代化的伟大号召，在工业、农业、科技、国防以及文化、外交等方面取得了巨大成就，形成了比较完整的工业体系和国民经济体系，极大地提升了人民的物质文化生活水平。

积极推进社会主义工业化，工业体系和布局基本形成，工业生产能力大幅提高。中国共产党从旧中国接过来的工业是一个烂摊子，中国社会主义工业化是在"一穷二白"的基础上开始的。全党全国人民奋发图强，艰苦奋斗，大力开展社会主义工业化建设，迅速摆脱了贫穷落后的工业面貌，取得了巨大成就。到1965年，在能源工业方面，发电量达到676亿千瓦时，电力工业基本上实现了全国联网；煤炭工业稳步向现代化发展，原煤产量达到2.32亿吨；石油工业实现了完全自给，原油产量达到1131万吨，把长期禁锢中国发展的"贫油国"帽子"抛到了太平洋"；在冶金工业方面，钢铁产量和品种都上了一个大的台阶，钢产量达到1223万吨，建成了包括鞍钢、武钢、包钢等十大钢铁公司在内的一大批重点钢铁企业；在机械工业方面，形成了门类齐全的机械制造体系，主要机械设备自给率已经达到了90%以上，纺织机械等产品不仅能够完全满足国内需要，而且开始向许多国家和地区提供成套设备；电子工业、原子能工业、航天工业等新兴工业，也从无到有、从小到大逐步发展起来。[1] 在工业布局方面，建成了531个大中型工业项目。[2] 在大力发展沿海工业基地的同时，广大内地省份也都建立起了现代工业，其工业产值在全国工业产值中的比例不断提高。社会主义工业体系达到相当规模和一定技术水平，形成比较合理的工业布局，工业生产能力得到大幅度的提高。

努力推进社会主义农业现代化，农业基础设施得到明显改善，农业机械化水平不断提升。在实现农业集体化的前提下，大

---

[1] 中共中央党史研究室：《中国共产党历史》（第2卷下册），中共党史出版社2011年版，第732—733页。

[2] 刘日新：《新中国经济建设简史》，中央文献出版社2006年版，第229页。

力推进农业现代化。从1958年到1965年，建成了150多项大中型水利设施，黄河、海河、淮河等都得到了很大程度上的治理，当年危害人民生产生活的河流水系，成为社会主义农业发展的有利条件。灌溉面积在全国耕地中所占的比例从1957年的24.4%上升到了1965年的31.9%。随着基础设施的逐步改善，中国的农业机械化、现代化也有了极大的进展，现代机械和化学肥料在农业增产中发挥的作用不断提高，机耕面积在耕地总面积中的比重从1957年的2.4%上升到1965年的15%，机灌面积在灌溉总面积中的比重从4.4%上升到24.5%，化肥使用量从每亩0.5斤上升到2.5斤。[①] 与此同时，在推广良种、水土保护、植树造林、改良土壤等方面，也取得了很大成就。农业基础设施不断得到改善，农业现代化的水平不断提升，农业产值有了大幅度提高，形成了农业全面发展的局面。

加强人民的思想理论建设，建设社会主义文化。围绕社会主义建设的中心工作，中国共产党探索什么是社会主义文化、怎样建设社会主义文化这一基本问题，丰富和发展社会主义文化建设思想。与中国社会主义发展道路相协调，强调马列主义与中国文化建设相结合是中国社会主义文化发展的根本路径。围绕社会主义建设主题，中国共产党领导人民学习马列主义毛泽东思想，学习党的建设理论，学习党的路线方针政策，加强思想建设。根据经济社会发展目标，提出建设科学文化现代化的目标，把民族复兴和文化复兴联系起来，提出"中国应当对于人类有较大的贡献"的口号。在文化主体和服务对象上，确立倡导为工农兵服务、为社会主义服务的方向。在文化基本方针上，确立"百花齐放、百家争鸣"的方针。在文化发展路径上，提出"古为今用，洋为中用"方针和"推陈出新"的原则。在文化的根本任

---

① 刘日新：《新中国经济建设简史》，中央文献出版社2006年版，第233页。

务问题上,要求培养具有社会主义觉悟的、德智体全面发展的人才。在文化建设的价值取向上,强调要加强艰苦奋斗和共产主义理想教育;兼顾国家、集体和个人利益,把国家利益、集体利益放在第一位。[①] 在思想道德建设问题上,强调思想政治工作是经济工作和其他一切工作的生命线;提倡全心全意为人民服务,倡导共产主义的风尚,发扬爱国主义、集体主义、社会主义精神和革命精神。在文化的判断标准上,强调坚持政治标准和艺术标准的统一,提出判断"香花"和"毒草"的六条政治标准,其中坚持党的领导、社会主义制度是根本的政治标准。在文化建设领导力量和依靠力量问题上,强调中国共产党是社会主义事业的领导核心,培养一支宏大的"又红又专"的工人阶级知识分子队伍。

在上述思想指引下,文学创作、新闻出版、电影、戏剧、美术等领域展开相当规模的建设;教育事业取得显著进展。文学艺术创作以反映党领导的革命斗争和人民群众建设新社会为主题,涌现出一大批题材多样、内容丰富、风格各异的优秀作品。公共文化服务事业建设取得进展。

大力推进科学技术现代化,科学技术发展成绩十分显著,科技成果得到了广泛运用。在科技事业上,提出努力发展自然科学,服务于工业、农业和国防建设的总方针,推进了科学技术事业的发展。国家成立了国务院科学规划委员会和国家科学技术委员会。在1956年就制定了《1956—1967年科学技术发展远景规划纲要》("十二年科技发展远景规划"),并于1962年提前基本完成。1963年,毛泽东同志又指导制定了《1963—1972年科学技术发展规划》("十年科学规划")。在毛泽东同志的领导下,我国科学技术事业取得了巨大成就。形成了一支比较强大的科学

---

① 《毛泽东文集》第8卷,人民出版社1999年版,第136页。

技术队伍，到 1965 年年底，全国自然科学技术人员达 245.8 万人，全国专门的科学研究机构达 1714 个，专门从事科学研究的人员达 12 万人[①]，形成了由中国科学院、各部委和省、自治区、直辖市的科研机构、国防系统科研机构、高校科研机构等构成的全国科研工作系统。基础科学研究方面有很多进展，1965 年首次完成人工合成结晶牛胰岛素，这项技术处于世界领先水平。科学应用技术研究方面取得了一系列重大成果，研制了众多新型材料、仪器仪表、精密机械和大型设备，试制了电子计算机、电子显微镜、射电望远镜、高速照相机、氨分子钟、30 万千瓦双水内冷发电机等高精尖设备。这些技术广泛应用于工业、农业、国防等领域，推动了我国科学技术水平的总体提升。

全面推进国防现代化，国防尖端技术攻关成效显著，国防现代化初具规模。党和国家积极推进国防和军队建设。1958 年 6 月，中国第一座实验性原子能反应堆建成，并开展核动力潜艇研制。1959 年 6 月，苏联终止向中国提供核武器和导弹技术援助，同年 7 月，毛泽东以战略家的胆识提出，我们要自己动手，从头摸起，独立自主地研制尖端技术特别是原子弹。1960 年 11 月，仿制的"东风一号"近程弹道导弹发射成功，实现了中国军事装备历史上的重大转折。1964 年 6 月 29 日，中国自行研制的"东风二号"中近程地对地导弹发射成功。同年 10 月 16 日，自行研制的第一颗原子弹爆炸成功。1966 年 10 月 27 日，又实现了原子弹与导弹"两弹结合"的成功试验。与此同时，我国在空军装备、海军装备等方面，都取得了长足发展。国防尖端技术和现代化的发展，标志着中国的国防科技已经有了迅速发展，大大提高了中国在国际上的地位，为社会主义事业提供了强大的国防军事保障。

---

① 中共中央党史研究室：《中国共产党历史》（第 2 卷下册），中共党史出版社 2011 年版，第 689 页。

繁荣发展教育、卫生、体育等事业，全面提高和改善群众生活质量，人民生活水平得到显著提高。1957年毛泽东提出了中国共产党的社会主义教育方针："应该使受教育者在德育、智育、体育几个方面都得到发展，成为有社会主义觉悟的有文化的劳动者。"① 到1965年，全国在校学生达到1.3亿多人。小学168.19万所，在校学生11620.9万人；中等学校80993所，在校学生1431.8万人（其中普通中学18102所，在校学生933.8万人）；高等学校434所，在校学生67.4万人。另外，学龄儿童入学9829.1万人，入学率达到了84.7%。② 中国人民的文化素质得到了极大提高。我国已经建立了比较完善的医疗保健制度，形成了城乡卫生医疗网。到1965年，全国省、地、县级卫生防疫站、妇幼保健站都已建立，绝大部分公社也都建立了卫生院，各种类型的农村基层卫生医疗机构遍布乡村；群众性的爱国卫生运动全面展开，防治流行性疾病工作取得显著成就，旧中国流行的传染病如天花、霍乱、血吸虫病等，有的被灭绝，有的被基本消灭。我国体育事业蓬勃发展，成功地连续举办了全国运动会，竞技体育有了很大发展，我国运动员多次在世界大赛中获得冠军，群众体育更是快速发展，不断掀起全民体育运动高潮，人民群众的身体素质得到了极大提高。党和国家全面改善群众生活，人民的物质生活水平得到了很大的改善，1964年的猪肉、羊肉、蔬菜等副食品比1957年增长了30%以上，机制纸、铝制品、搪瓷制品、自行车、收音机等主要日用品比1957年增长了50%以上。③ 社会主义制度在改善，提高人民群众生活质量、生活水平

---

① 《毛泽东文集》第7卷，人民出版社1999年版，第226页。
② 教育部计划财务司：《中国教育成就（统计资料1949—1983）》，人民教育出版社1984年版，第20—33、226页。
③ 中共中央文献研究室：《建国以来重要文献选编》第19册，中央文献出版社2011年版，第406—407页。

方面的优越性，得到了比较好的体现。

党和国家还确立了和平共处五项原则，制定了独立自主的外交政策，积极发展最广泛的国际友好合作，为我国社会主义现代化道路开辟了有利的国际环境。

在"文化大革命"期间，国民经济仍然取得了进展。粮食生产保持较稳定的增长；工业交通、基本建设和科学技术方面取得一批重要成就，氢弹试验和人造卫星发射回收的成功，籼型杂交水稻的育成和推广；等等。在国家"内乱"情况下，人民解放军保卫着祖国安全；对外工作也打开了新的局面。"党、人民政权、人民军队和整个社会的性质都没有改变。"[①] 历史表明，中国共产党和社会主义制度具有伟大的生命力。

五　社会主义改革开放新时期

"文化大革命"结束以后，中国共产党和国家进入新的历史发展时期。[②] 在改革开放新时期，围绕"什么是社会主义、怎样建设社会主义，建设什么样的党、怎样建设党，实现什么样的发展、怎样发展"的主题，中国共产党领导人民改革不适应生产力发展的生产关系的部分环节，改革不适应经济基础的上层建筑的部分环节，实现了中国从单一公有制向以公有制为主体、多种所有制并存的转变，实现了从计划经济体制向社会主义市场经济体制的转变，成功地走出一条中国特色社会主义道路，中国的综合国力、经济实力、科技实力、国际地位都上了一个大台阶，为中国特色社会主义新时代奠定了坚实基础。

[①] 中共中央文献研究室：《三中全会以来重要文献选编》（下），中央文献出版社2011年版，第148页。

[②] 本书将中共十一届三中全会到中共十八大，称为"社会主义改革开放新时期"。"文化大革命"结束到十一届三中全会前，史称"在徘徊中前进的两年"。中共十八大以后，称为"中国特色社会主义新时代"。

第一，改革开放新时期和中国特色社会主义主题的提出和发展。

"文化大革命"结束以后，中国社会的基本矛盾和主要矛盾、党和国家的主要任务都没有改变。国家经济文化发展水平总体落后，经济政治体制存在弊端，教育科技水平与发达国家的差距进一步拉大；推进四个现代化、实现祖国统一、反对霸权主义和维护和平、促进发展等重大任务远未完成。

中国共产党领导人民开展拨乱反正工作，科学评价毛泽东的历史地位和毛泽东思想的科学体系。1978年12月召开的中共十一届三中全会，批判了"两个凡是"的错误，重新确立了马克思主义思想路线；停止"以阶级斗争为纲"，把中国共产党的工作重点转移到社会主义现代化建设上来；确立对内改革、对外开放的基本政策，指明社会主义现代化建设的新途径。十一届三中全会标志着国家进入改革开放新的历史时期。

在1982年9月召开的中共十二大上，邓小平指出："把马克思主义的普遍真理同我国的具体实际结合起来，走自己的道路，建设有中国特色的社会主义，这就是我们总结长期历史经验得出的基本结论。"[①] 提出建设中国特色社会主义的主题。

建设中国特色社会主义的总依据，是中国处于社会主义初级阶段，主题是建设中国特色社会主义。

围绕建设中国特色社会主义的主题，中共十三大提出党在社会主义初级阶段的基本路线和"三步走"实现现代化的发展战略。在提前实现中共十三大确定的"三步走"战略的第一步、第二步目标基础上，中共十五大对第三步发展战略做出规划，提出三个阶段性的发展目标，即到2010年，实现国民生产总值比2000年翻一番，人民的小康生活更加宽裕，形成比较完善的社

[①] 《邓小平文选》第3卷，人民出版社1993年版，第3页。

会主义市场经济体制；到建党一百年时，使国民经济更加发展，各项制度更加完善；到建国一百年时，基本实现现代化，建成富强民主文明的社会主义国家。① 初步提出"两个一百年"的奋斗目标。

第二，改革开放新时期的经济体制改革和经济结构。

邓小平指出："从一九七八年我们党的十一届三中全会开始，确定了我们的根本政治路线，把四个现代化建设，努力发展社会生产力，作为压倒一切的中心任务。在这个基础上制定了一系列新的方针政策，主要是改革和开放政策。改革是全面的改革，包括经济体制改革、政治体制改革和相应的其他各个领域的改革。开放是对世界所有国家开放，对各种类型的国家开放。"② 改革开放是社会主义制度的自我完善和发展，是中国的第二次革命。

改革开放是新时期最显著的特征。农村经济体制改革是先声和基础。经过多年改革试验，逐渐形成联产承包责任制，作为社会主义集体经济的基本形式，调动了农民群众的积极性和创造性，稳定了农村基本经济制度。中国经济体制改革首先从农村破题。1978年，安徽、四川等地基层干部群众，在省委支持下开始探索包产到组、包产到户、包干到户等多种形式的农业生产责任制。1982年1月1日，中共中央批转《全国农村工作会议纪要》，肯定各种形式的责任制"都是社会主义集体经济的生产责任制"③。六届全国人大一次会议明确把"大包干"称为"家庭联产承包责任制"。1983年年底，实行家庭联产承包责任制的生

---

① 中共中央文献研究室：《十五大以来重要文献选编》（上），中央文献出版社2011年版，第4页。
② 《邓小平文选》第3卷，人民出版社1993年版，第237页。
③ 中共中央文献研究室：《三中全会以来重要文献选编》（下），中央文献出版社2011年版，第364页。

产队有 586.3 万个，占总数的 99.5%。家庭联产承包责任制是农村集体经济的一种实现形式。邓小平把农业改革和发展概括为"两个飞跃"："第一个飞跃，是废除人民公社，实行家庭联产承包为主的责任制。这是一个很大的前进，要长期坚持不变。第二个飞跃，是适应科学种田和生产社会化的需要，发展适度规模经营，发展集体经济。这是又一个很大的前进，当然这是很长的过程。"[1] 从中共十一届三中全会至今，中国共产党始终不断地推进农村经济体制改革，完善农村土地管理制度，建立和完善农业支持保护制度、现代农村金融制度、促进城乡经济社会发展一体化制度、健全农村民主管理制度，发展农村多种形式的集体经济，实施乡村振兴战略等。

社会主义市场经济体制的改革是一场深刻的社会革命。经过四十多年的改革开放，逐步形成以公有制为主体、多种所有制经济共同发展的基本经济制度。市场在资源配置中起决定性作用；逐步形成以按劳分配为主体、多种分配方式并存的分配制度；更好地发挥政府的作用，逐步建立宏观调控体系。

最显著、最深刻的改革，是计划经济体制向社会主义市场经济体制转变。中共十二届三中全会提出发展社会主义商品经济，中共十三大强调建立公有制基础上的有计划的商品经济，中共十四大确立社会主义经济体制的改革目标。中共十四届三中全会作出《关于建立社会主义市场经济体制若干问题的决定》，提出市场经济体制的总体规划和基本框架，确定在坚持以公有制为主体、多种经济成分共同发展的基础上，建立现代企业制度，建立全国统一开放的市场体系，完善宏观调控体系，建立合理的收入分配制度和多层次的社会保障制度。为推进市场体制改革，加快培育市场体系，发展生产资料市场，金融市场，技术、劳务、信

---

[1] 《邓小平文选》第 3 卷，人民出版社 1993 年版，第 355 页。

息、房地产等市场体系。

伴随市场经济改革进程,建立公有制为主体、多种所有制经济共同发展的基本经济制度。改革开放后,中国逐渐出现个体经济、私营经济、外商合资企业、外商独资企业等所有制形式。国有企业是所有制改革的重心。七届全国人大一次会议通过《全民所有制工业企业法》。中共十四大后,按照"产权清晰、权责明确、政企分开、管理科学"的现代企业制度,推进国有企业改革。21世纪初,中央企业国有资产主要集中在石油、石化、电力、国防、通信等领域的支柱行业。国务院出台《关于鼓励和引导民间投资健康发展的若干意见》,允许民间资本进入能源、军工、电信、航空等行业。中共十六大明确,根据解放和发展生产力的要求,坚持和完善公有制为主体、多种所有制经济共同发展的基本经济制度。第一,必须毫不动摇地巩固和发展公有制经济。发展壮大国有经济,国有经济控制国民经济命脉。第二,必须毫不动摇地鼓励、支持和引导非公有制经济发展。个体、私营等各种形式的非公有制经济是社会主义市场经济的重要组成部分。第三,坚持公有制为主体,促进非公有制经济发展,统一于社会主义现代化建设的进程中。

根据所有制结构变化和市场体制改革进程,促进分配结构的改变。从单一按劳分配转变为以按劳分配为主体、多种分配方式并存的制度。在商品和市场活跃情况下,鼓励一部分人通过诚实劳动、合法经营先富起来,反对平均主义和贫富悬殊。放开市场要素后,坚持"效率优先、兼顾公平"原则,推动个人资本、技术、劳动、管理等生产要素参与收益分配,保护合法收入,取缔非法收入,惩治以权谋私,整顿不合理收入。鼓励一部分人、一部分地区通过诚实劳动、合法经营先富起来,先富带后富,最终达到共同富裕。

实行对外开放,发展外向型经济,是经济体制改革的重要内容。对外开放格局从东南沿海向长江沿岸城市，从内陆城市向中西部地区和边疆地区延伸。利用外资的领域初步扩大到金融、贸易、商业、交通、旅游等领域。中国正式成为世界贸易组织成员。

科学技术是第一生产力。国家实施科教兴国战略，制订科学技术发展规划，实施"863计划"和"973计划"等战略，推动高新技术飞速发展。克隆技术、纳米技术、低温核技术等领域取得进展，载人航天、探月工程、载人深潜、超级计算机、高速铁路等领域实现重大突破。以信息技术为主导的高新技术革命，推动生产方式的变革。以现代科技为支撑，中国走出一条中国特色新型工业化、信息化、城镇化、农业现代化融合发展道路。以籼型杂交水稻为代表的农业科技取得重大突破，农业综合生产能力大大提高，粮食连年增产；第一、第二、第三产业结构调整趋向合理，为产业优化升级奠定了基础。

改革开放极大地解放和发展了社会主义生产力。改革开放最显著的特征是国民经济持续快速发展，生产力和综合国力、人民生活水平、国际地位上了大台阶。2010年，中国成为世界第二大经济体。

第三，改革开放新时期的政治体制改革和民主政治建设。

巩固人民民主专政的社会主义国体。改革开放以后，随着思想解放潮流，出现一股右的错误思潮，声称"坚决彻底批判中国共产党"，污蔑"万恶之源是无产阶级专政"，叫嚣"彻底摧毁社会（主义）制度"，否定马克思列宁主义、毛泽东思想。1979年3月30日，邓小平在理论工作务虚会上，旗帜鲜明地发表《坚持四项基本原则》的讲话，强调必须坚持社会主义道路，坚持无产阶级专政，坚持中国共产党的领导，坚持马克思列宁主义、毛泽东思想。强调"如果动摇了这四项基本原则中的任何一项，那就动摇了整个社会主义事业，整个现代化建设事业"[①]。中共十一届六中全会通过《关于建国以来党的若干历史问题的决议》强调："四项基本原则，是全党团结和全国各族人民团结的共同的政治基础，也是社会主义现代化建设事业顺利进行的根本保证。一切偏离四项基本原则的言论和行动都是错误的，一切否定和破坏四项基本原则的言论和行动都是不能容许的。"[②] 1982年12月4日，五届全国人大五次会议通过《中华人民共和国宪法》规定："中华人民共和国是工人阶级领导的、以工农联盟为基础的人民民主专政的社会主义国家。社会主义制度是中华人民共和国的根本制度。"[③] 从国家根本大法高度肯定人民民主专政的社会主义国体。

加强人民代表大会制度和立法工作。1982年《中华人民共和国宪法》对国家的指导思想、国家的性质、政治制度、经济制度、精神文明、国家机构、民族区域自治、国家统一等问题作出规定，成为新时期治国理政的总章程，是中国特色社会主义的制度化规定。《中华人民共和国宪法》对国家机构设置作出许多新的规定：一是完善人民代表大会制度，扩大全国人大常委会的组织和立法权；二是恢复设置国家主席和副主席；三是国家设立中央军事委员会，领导全国武装力量；四是完善国务院领导体制；五是在中央统一领导下，加强地方政权建设，实行省、市、县、乡（镇）长负责制；六是改变农村政社合一的政治体制，设立乡镇政权；七是健全和完善全国人民代表大会对政府公检法系统的监督制度。

[①] 《邓小平文选》第2卷，人民出版社1994年版，第173页。
[②] 中共中央文献研究室编：《三中全会以来重要文献选编》（下），中央文献出版社2011年版，第166页。
[③] 中共中央文献研究室编：《十二大以来重要文献选编》（上），中央文献出版社2011年版，第187页。

加强党的领导。中国共产党是全国各族人民的领导核心，发挥党总揽全局、协调各方的领导核心作用，遵照科学执政、民主执政、依法执政，保证党领导人民有效治理国家。

保证人民群众当家作主的权利，是社会主义民主的本质要求。坚持和巩固人民代表大会制度这一根本政治制度。坚持国家一切权力属于人民，从各个层次、各个领域扩大公民有序政治参与，动员和组织人民依法管理国家事务和社会事务、管理经济和文化事业。

依法治国是党领导人民治理国家的基本方略。发展社会主义民主，必须健全社会主义法制，实行依法治国。五届全国人大五次会议通过《中华人民共和国宪法》，此后经过多次修订，是中国特色社会主义的根本大法。围绕建立社会主义市场经济体制的目标，全国人大及其常委会加快立法工作。到 2010 年年底，形成以宪法为统帅，以宪法相关法、民法商法等多个法律部门的法律为主干，由法律、行政法规、地方性法规等多个层次的法律规范构成的中国特色社会主义法律体系。国家各方面建设基本实现有法可依。

建立和完善基层群众自治制度。基层民主是社会主义民主政治基础。改革开放初期，基层群众自治制度得到逐步恢复和发展。农村基层社会管理体制实现变革。改变人民公社"政社合一"管理体制，改设乡、镇一级人民代表大会和人民政府。全国企业、事业单位普遍建立职工代表大会制度，在城市建立居民委员会制度，在农村建立村民委员会制度。

发展和完善中国共产党领导的多党合作和政治协商制度。按照"长期共存，互相监督""肝胆相照，荣辱与共"的方针，巩固和扩大爱国统一战线。将"中国共产党领导的多党合作和政治协商制度将长期存在和发展"载入宪法。2005 年，中共中央制定《关于进一步加强中国共产党领导的多党合作和政治协商制度建设的意见》，推动了中国政党制度的规范化和程序化建设。

发展和完善民族区域自治制度。颁布《中华人民共和国民族区域自治法》，推动民族自治地方（县、乡）制定相关法律，促进民族地区发展经济、科技、教育、文化等事业。不断修改和完善民族区域自治法，对这项基本政治制度、新型民族关系、经济社会建设、行政领导人的设置、上级国家机关的职责等内容进行细化。

"一国两制"体现社会主义政治制度的中国特色。"一国两制"的基本内容是，台湾、香港、澳门同大陆同属一个中国，中华人民共和国是中国唯一合法政府，大陆实行社会主义制度，港澳台保持资本主义制度长期不变；港澳台是中华人民共和国特别行政区，享有除外交和军事等涉及主权以外的高度自治权。20世纪末，中国政府分别恢复对香港、澳门行使主权，标志着外国列强在中国殖民统治的结束，祖国统一大业迈出坚实一步。

从中共十一届三中全会到中共十八大召开前，社会主义政治制度不断完善，走出一条中国特色社会主义政治文明发展道路。

第四，改革开放新时期的文化体制改革和精神文明建设。

坚持以马列主义、毛泽东思想为指导，是中国社会主义现代化事业的根本。马克思主义是社会主义事业和党的领导的理论基础，是社会主义意识形态的最重要的组成部分。马克思主义是在历史和科学的前进中不断丰富和发展的科学，在实践中不断地开辟认识真理的道路。把马克思主义当作僵死的教条，是错误的；否定马克思主义基本原理，坚持所谓马克思主义"过时论""无用论"，盲目崇拜资产阶级哲学社会科学，也是错误的。坚持马克思主义，必须与发展马克思主义相结合。在改革开放的实践进程中，中国共产党创造了邓小平理论、"三个代表"重要思想和科学发展观。中共十七大把这些理论成果概括为中国特色社会主义理论体系。中国特色社会主义理论体系是马克思主义中国化的创新成果，是中国共产党宝贵的政治和精神财富，是全国各族人民团结奋斗的共同思想基础。改革开放以来，马克思主义指导地位受到来自西方和国内错误思潮的挑战。应批判历史虚无主义、新自由主义、民主社会主义、宪政民主、"普世价值"等错误思潮，批判儒家宪政、儒家社会主义等思潮，巩固马克思主义在意识形态领域的指导地位。

以马克思主义为指导的社会主义精神文明，是社会主义社会的重要特征，是社会主义制度优越性的重要表现，关系社会主义的兴衰成败。社会主义精神文明建设包含思想道德建设和教育科学文化建设。思想道德建设决定精神文明的社会主义性质。它的主要内容，是马克思主义的世界观和科学理论，是共产主义的理想、信念和道德，是同社会主义公有制相适应的主人翁思想和集体主义思想，是同社会主义政治制度相适应的权利义务观念和组织纪律观念，是为人民服务的献身精神和共产主义的劳动态度，是社会主义的爱国主义和国际主义，等等。概括起来说，最重要的就是革命的理想、道德和纪律。文化建设指教育、科学、文学艺术、新闻出版、广播影视、卫生体育、图书馆、博物馆等各项文化事业。它既是建设物质文明的重要条件，也是提高人民群众思想觉悟和道德水平的重要条件。1982年《中华人民共和国宪法》规定："国家通过普及理想教育、道德教育、文化教育、纪律和法制教育，通过在城乡不同范围的群众中制定和执行各种守则、公约，加强社会主义精神文明的建设。"开展精神文明创建活动。坚持四项基本原则，批判资产阶级自由化。反对民族虚无主义，弘扬传统文化，发扬爱国主义精神。推进理想信念教育、爱国主义教育和荣辱观教育等活动。创造女排精神、孔繁森精神、64字创业精神、抗洪精神、载人航天精神、抗击"非典"精神、抗震救灾精神和奥运精神等时代精神。

中国特色社会主义文化，同改革开放以来倡导精神文明建设是一致的。建设中国特色社会主义文化，就是以马克思主义为指导，以培育有理想、有道德、有文化、有纪律的公民为目标，发展面向现代化、面向世界、面向未来的，民族的科学的大众的社会主义文化。推进文化体制改革，一手抓公益性文化事业，一手抓经营性文化产业；基本完成文化体制改革的阶段性任务。经过文化体制改革实践，逐渐形成中国特色社会主义文化发展道路。

第五，改革开放新时期的社会体制改革和社会建设。

中共十六大提出"社会更加和谐"的目标，推动以构建社会主义和谐社会为目标的社会体制改革，包括以改善民生为重点，涉及教育、就业、分配、社会保障体系、医疗卫生、社会管理等方面的综合性社会体制改革。

统筹城乡协调发展是建设和谐社会的重要方面。中国进入工业反哺农业、城市支持农村，实现工业农业、城市乡村协调发展的阶段。推动社会主义新农村建设，废止农业税。农村逐步建立最低生活保障、新型农村合作医疗、养老保险、五保供养等农村社会保障制度体系。中国特色社会主义社会制度建设初现成效，基本公共服务水平和均等化程度明显提高；教育事业迅速发展；社会保障体系逐步确立；保障性住房建设加快推进。

环境保护和生态文明建设上升为国家战略。中共十六大提出生态良好的文明发展道路。中央和地方出台生态文明建设总体规划，加强和完善环境保护相关立法，加大环境保护投资力度和环境执法力度，实施重点节能工程、重点流域区域工业污染治理工程、循环经济和资源节约重大示范项目。

第六，改革开放新时期中国特色社会主义制度的确立。

改革开放是决定当代中国命运的关键抉择，也是实现"两个一百年"奋斗目标、实现中华民族伟大复兴的关键抉择。改革开放是中国共产党的一次伟大觉醒，孕育了从理论到实践的伟大创造，推动中国从生产力到生产关系、从经济基础到上层建筑都发生了深刻变革。改革开放是中国人民和中华民族发展史上一次伟大革命，推动了中国特色社会主义事业的伟大飞跃。习近平指出："这一伟大历史贡献的意义在于，开辟了中国特色社会主义道路，形成了中国特色社会主义理论体系，确立了中国特色社会主义制度，使中国赶上了时代，实现了中国人民从站起来到富起来、强起来的伟大飞跃。"[①] 改革开放以来取得一切成绩和进步的根本原因，归结起来就是：开辟了中国特色社会主义道路，形成了中国特色社会主义理论体系，确立了中国特色社会主义制度，发展了中国特色社会主义文化。[②]

中国特色社会主义道路是实现社会主义现代化、创造人民美好生活的必由之路，中国特色社会主义理论体系是指导党和国家实现中华民族伟大复兴的正确理论，中国特色社会主义制度是当代中国发展进步的根本制度保障，中国特色社会主义文化是激励全党全国各族人民奋勇前进的强大精神力量，四者统一于中国特色社会主义建设的伟大实践和历史进程。

六 中国特色社会主义新时代

中共十八大以来，以习近平同志为核心的党中央，围绕坚持和发展中国特色社会主义这个主题，着眼于"两个一百年"奋斗目标，举旗定向、运筹帷幄，统揽伟大斗争、伟大工程、伟大事业、伟大梦想，统筹推进"五位一体"总体布局和协调推进"四个全面"战略布局，以巨大的政治勇气和强烈的责任担当，大手笔谋划国内国际大局，大气魄治党治国治军，大力度推进改革发展稳定，提出一系列新理念新思想新战略，出台一系列重大

---

① 中共中央党史和文献研究院编：《十八大以来重要文献选编》（下），中央文献出版社2018年版，第342—343页。

② 《中国共产党章程》，人民出版社2017年版，第6页。

方针、政策、举措，推进一系列重大工作、重大实践，解决了许多长期想解决而没有解决的难题，办成了许多过去想办而没有办成的大事，推动党和国家事业发生历史性变革，开创全面建成小康社会新局面，形成习近平新时代中国特色社会主义思想，推动马克思主义的不断中国化、时代化和大众化，引领中国特色社会主义进入新时代，为建设社会主义现代化强国和实现中华民族伟大复兴奠定坚实基础。

第一，中国经济社会历史性变革和新的历史方位。

中共十八大以来，以习近平同志为核心的党中央，把握国内外发展大势，代表人民的根本要求，以巨大的政治勇气和责任担当，举旗定向、谋篇布局，取得改革开放和现代化建设的历史性成就，推动党和国家事业发生历史性变革。

国家实施创新驱动发展战略，科学技术领域取得具有标志性的创新成果，"互联网＋"深刻改变着生产、流通、交换、消费各个环节。科学技术的若干领域实现从跟跑到并跑、领跑的跃升。产业结构不断优化升级。主要农产品产量跃居世界前列，农业科技进步贡献率达到56.2%。开放型经济新体制逐步健全。基础设施建设成就显著。对外贸易和对外投资稳居世界前列。中国是世界第二大经济体，商品消费第二大国，外资流入第二大国，外汇储备多年位居世界第一。中国对世界经济增长平均贡献率多年超30%。中国用几十年时间走过了西方国家两百多年的工业化进程。中国经济实力、科技实力、国防实力、综合国力进入世界前列，保卫国家安全和领土安全的能力大幅增强，中国国际地位得到前所未有的提升，党、国家、人民、军队和民族的面貌发生前所未有的变化。

中共十八大以来，党的理论创新实现了新飞跃，党的执政方式和执政方略有重大创新，发展理念和发展方式有重大转变，发展环境和发展条件有重大变化，发展水平和发展要求变得更高。

这些变革无论从力度、广度、深度、程度、向度等，都具有显著的阶段性特征，其效果之显著和影响之深远，在中国共产党的历史上、中华人民共和国的历史上、中华民族的历史上，都具有开创性意义。这表明，中国特色社会主义站在新的历史起点上，发展到一个新的阶段，进入了一个新时代。

这个新时代，是中国特色社会主义新时代，不是什么别的新时代。这个新时代同改革开放以来的发展历程一脉相承，又体现许多与时俱进的新特征。

这个新时代，是承前启后、继往开来、在新的历史条件下继续夺取中国特色社会主义伟大胜利的时代。中国特色社会主义是党领导人民经过九十多年的奋斗、创造和积累的根本成就。改革开放以来，党领导人民走出中国特色社会主义道路，激发了中国人民的创造力和凝聚力，解放和发展社会生产力，大大增强了国家的综合国力，提升了国家的国际影响力和政治地位，使党的面貌、国家的面貌、人民的面貌、中华民族的面貌发生前所未有的变革。正像邓小平所说："最终说服不相信社会主义的人要靠我们的发展。如果我们本世纪内达到了小康水平，那就可以使他们清醒一点；到下世纪中叶我们建成中等发达水平的社会主义国家时，就会大进一步地说服他们。"① 在中国特色社会主义新时代，党中央把治国理政作为第一任务，紧紧围绕坚持和发展中国特色社会主义这个主题，适应中国特色社会主义发展的新要求，续写中国特色社会主义新篇章，为实现"两个一百年"奋斗目标而接续奋斗，让社会主义在中国展现强大的生命力。

这个新时代，是决胜全面建成小康社会，进而全面建设社会主义现代化强国的时代。中共十八大提出，到党成立100周年时，全面建成小康社会；到中华人民共和国成立100周年时，建

---

① 《邓小平文选》第3卷，人民出版社1993年版，第204页。

成富强民主文明和谐的现代化国家，实现中华民族伟大复兴的中国梦。从全面建成小康社会到基本实现现代化，再到全面建成社会主义现代化强国，是新时代中国特色社会主义发展的战略安排、必然要求和历史任务。从中共十九大到中共二十大，是"两个一百年"奋斗目标的历史交汇期。我们既要全面建成小康社会、实现第一个百年奋斗目标，又要开启全面建设社会主义现代化国家新征程，向第二个百年奋斗目标进军。在新时代，党领导人民统筹"五位一体"总体布局，协调推进"四个全面"战略布局，确保决胜全面建成小康社会基础上，谱写全面建设社会主义现代化强国的新篇章。

这个新时代，是全国各族人民团结奋斗、不断创造美好生活、逐步实现全体人民共同富裕的时代。人民对美好生活的向往，就是党的奋斗目标。社会主义的本质，是解放和发展生产力，消灭剥削，消灭两极分化，最终达到共同富裕。中共十九大强调不断创造美好生活、逐步实现共同富裕，体现共产党的立场、观点和方法，体现党的性质、宗旨和人民的主体地位，体现社会主义本质要求。在新时代，党的历史任务，就是更加关注人民对美好生活的新需求，更加关注社会公平正义，更加注重保障和改善民生，更加注重人民的幸福安康，不断满足人民增长的物质文化需要，把实现好、维护好、发展好最广大人民根本利益作为最高标准，在实现共同富裕上取得实实在在的新进展。

这个新时代，是全体中华儿女勠力同心、奋力实现中华民族伟大复兴中国梦的时代。实现中华民族伟大复兴的中国梦，是鸦片战争以来中国人民的伟大梦想和中国共产党的历史使命。中国共产党的成立和中国革命的胜利，为中华民族伟大复兴指出光明之路。中华人民共和国的成立和社会主义制度的确立，为中华民族伟大复兴奠定政治基础、制度保障和物质基础。改革开放新的伟大革命，为中华民族伟大复兴开辟了正确道路。在新时代，党领导人民不忘初心、牢记使命，凝聚起同心共筑中国梦的伟大力量，不断向"两个一百年"奋斗目标前进。中华民族将以更加自信自强的姿态屹立于世界民族之林。

这个新时代，是我国日益走近世界舞台中央、不断为人类作出更大贡献的时代。中国的发展离不开世界，世界的发展也需要中国。中国梦的实现，需要和平稳定的国际环境。中国人民历来把自己的前途命运同世界各国人民的前途命运联系在一起。中国共产党是为中国人民谋幸福的政党，也是为人类进步事业而奋斗的政党。中国共产党始终把为人类作出新的更大的贡献作为自己的使命。面对两种社会制度的竞争与合作，面对局部动荡和冲突，面对全球性挑战和危险，面对和平、发展、信任、治理的赤字，面对百年未有之大变局，党领导人民统筹国内国外两个大局，高举和平、发展、合作、共赢的旗帜，把握构建人类命运共同体的目标追求，坚持走和平发展道路，奉行互利共赢的开放战略，树立新安全观，促进不同文明的交流互鉴，始终做世界和平的建设者、全球发展的贡献者、人类美好生活的创造者。当代中国正处于从大国走向强国的关键时期，不再是国际秩序的被动接受者，而是积极的参与者、建设者和引领者。

中国特色社会主义进入新时代，是中华人民共和国成立以来特别是改革开放以来中国社会发展进步的必然结果，是中国社会主要矛盾变化的必然结果，是党团结带领全国各族人民开创光明未来的必然要求。中国特色社会主义进入新时代，在中华人民共和国发展史上、中华民族发展史上、世界社会主义发展史上、人类社会发展史上都具有重大意义。中国特色社会主义进入新时代，意味着近代以来中华民族迎来了从站起来、富起来到强起来的伟大飞跃，迎来了实现中华民族伟大复兴的光明前景；意味着科学社会主义在21世纪的中国焕发出生机活力，在世界上高高举起中国特色社会主义伟大旗帜；意味着中国特色社会主义道路、理论、制度、文化不断发展，拓展了发展中国家走向现代化的途径，为解决人类问题贡献了中国智慧和中国方案。

第二，中国社会主要矛盾的变化和中国特色社会主义制度的发展和完善。

中国特色社会主义进入新时代，中国社会主要矛盾已经转化为人民日益增长的美好生活需要和不平衡不充分的发展之间的矛盾。中国社会主要矛盾的变化，没有改变中国所处社会主义历史阶段的性质，社会主义初级阶段的基本国情没有改变，中国是世界最大发展中国家的国际地位没有改变。

中国人民生活总体上实现小康，正在接近全面建成小康社会。人民群众不仅对物质文化生活提出更高要求，而且在民主、法治、公平、正义、安全、环境等方面的要求日益增长。中国社会生产力水平总体上显著提高，同时，发展不平衡、不充分、不协调、不可持续的一些突出问题依然存在；生态环境保护任重道远；扶贫攻坚任务艰巨复杂；防范金融风险难度加大；社会矛盾和社会问题积累性增多，治理国家和社会的难度加大。这些成为制约人民追求美好生活的主要因素。着力解决发展不平衡、不充分问题，提升发展质量和效益，更好满足人民在经济、政治、文化、社会、生态等方面日益增长的美好生活需要，推动人的全面发展和社会的全面进步，是新时代的历史任务。

中共十八大以来，统筹推进"五位一体"总体布局，协调推进"四个全面"战略布局，围绕全面深化改革的总目标和具体目标，增强改革系统性、整体性、协同性，在重要领域和关键环节改革取得突破性进展，主要领域改革主体框架基本确立，不断完善和发展中国特色社会主义制度，推进国家治理体系和治理能力现代化。

发展和完善中国特色社会主义经济制度。坚持创新、协调、绿色、开放、共享的发展理念，是关系中国发展全局的深刻变革。经济发展的基本特征,是由高速增长转向高质量发展。全面深化改革的重点是经济体制改革。经济体制改革的核心问题是处理好政府和市场的关系,发挥市场在资源配置中的决定性作用,发挥政府宏观调控和科学管理的作用。推进供给侧结构性改革,建设现代经济体系。国有企业是中国特色社会主义的重要物质基础和政治基础,是党执政兴国的重要支柱和依靠力量。坚持党对国有企业的领导,是深化国有企业改革必须坚持的政治方向和政治原则。坚持公有制主体地位,发挥国有经济主导作用,积极促进国有资本、集体资本、非公有资本等交叉持股、相互融合,发展混合经济。实施乡村振兴战略。推进农村经济体制改革。农村土地承包制度实现土地所有权、承包权和经营权的"三权分置"。促进土地经营权流转,推动农业规模化经营快速发展。发挥各种类型的新型农业生产经营主体引领作用,逐步形成多种形式、适度规模经营,推进农业现代化。

发展和完善中国特色社会主义政治制度。中国特色社会主义最本质的特征是中国共产党领导,中国特色社会主义制度的最大优势是中国共产党领导。坚持党的领导、人民当家作主、依法治国有机统一,建设社会主义法治国家,不断推进政治体制改革,拓展中国特色社会主义政治发展道路,发展社会主义政治文明。实施全面依法治国战略,全面推进依法治国的总目标是坚持走中国特色社会主义法治道路,建设中国特色社会主义法治体系。坚持党领导立法、保证执法、支持司法、带头守法,把依法治国方略同依法执政基本方式结合起来。党坚持科学执政、民主执政、依法执政,按照总揽全局、协调各方的原则,在同级各种组织中发挥领导核心作用。加强党的集中统一领导,支持人大、政府、政协和法院、检察院依法依章程履行职能、开展工作、发挥作用。深化政治体制改革,推进制度体系的完善和发展,推进社会主义民主政治制度化、规范化、程序化,保证人民依法管理国家事务，管理经济文化事业，管理社会事务，巩固和发展安定团结的政治局面。

坚持中国特色社会主义文化发展道路，建设社会主义文化强国。中国特色社会主义文化，源于中华优秀传统文化，熔铸于革命文化和社会主义先进文化，植根于中国特色社会主义伟大实践。发展中国特色社会主义文化，就是以马克思主义为指导，坚守中华文化立场，推动社会主义精神文明和物质文明协调发展。坚持以人民为中心的工作导向，创造无愧于时代的文艺作品，繁荣和发展社会主义文艺。掌握意识形态工作的领导权、管理权和话语权，推进马克思主义中国化、时代化、大众化，建设具有引领力的社会主义意识形态。培育和践行社会主义核心价值观，培养担当民族复兴大任的时代新人。弘扬中华优秀传统文化，推动中华优秀传统文化的创造性转化、创新性发展。加强思想道德建设，开展理想信念教育，引导人们树立正确的历史观、民族观、国家观、文化观。推进文化体制改革，发展文化事业和文化产业，加强文化法规建设，搭建文化制度的基本框架。

推进中国特色社会主义社会建设。民生是人民幸福之基、社会和谐之本。加强社会建设，以保障和改善民生为重点，解决好人民最关心、最直接、最现实的利益问题，在学有所教、劳有所得、病有所医、老有所养、住有所居、幼有所育上持续取得新进展，让人民过上更好的生活。加强社会保障体系建设，按照兜底线、织密网、建机制的要求，全面建成社会保障体系。打造共建共治共享的社会治理格局，把专项治理和系统治理、综合治理、依法治理、源头治理结合起来，走中国特色社会主义治理之路，形成人人有责、人人尽责的社会治理共同体。坚决打赢脱贫攻坚战，实施精准扶贫、精准脱贫，走中国特色扶贫开发道路，为全面建成小康社会打下坚实基础。

建设中国特色社会主义生态文明。坚持人与自然和谐共生的理念，正确处理人与自然、人与社会、社会与自然的关系，从总体布局上做出顶层设计。确定建设美丽中国的奋斗目标，加快建立生态文明制度，健全国土空间开发、资源节约、生态环境保护的体制机制，推动形成人与自然和谐发展现代化建设新格局。创新马克思主义生态文明理念，树立绿色发展理念，践行"绿水青山就是金山银山"的理念，坚持节约资源和保护环境的基本国策。推动形成绿色发展方式和生活方式，调整经济结构和能源结构，推进生产系统和生活系统循环链接。统筹山水林田湖草系统治理，筑牢生态安全屏障。实行最严格的生态环境保护制度，制定和完善生态文明制度体系，坚定走生产发展、生活富裕、生态良好的文明发展道路。

第三，"两个一百年"奋斗目标和"四个伟大"历史任务。

为实现"两个一百年"奋斗目标，必须坚持马克思主义的指导地位，坚持以邓小平理论、"三个代表"重要思想、科学发展观、习近平新时代中国特色社会主义思想为指导；坚持中国共产党在社会主义初级阶段的基本路线；坚持和发展中国特色社会主义的基本方略；坚持中国共产党对一切工作的领导；坚持以人民为中心；坚持全面深化改革；坚持新发展理念；坚持人民当家作主；坚持全面依法治国；坚持社会主义核心价值体系；坚持在发展中保障和改善民生；坚持人与自然和谐共生；坚持总体国家安全观；坚持中国共产党对人民军队的绝对领导；坚持"一国两制"和推进祖国统一；坚持推动构建人类命运共同体；坚持全面从严治党。

在新时代，中国共产党领导人民要完成历史任务，推进伟大事业，实现伟大梦想，必须进行具有新的历史特点的伟大斗争，推进党的建设伟大工程，不断认识规律，不断推进理论创新、实践创新、制度创新、文化创新以及其他各方面创新，推进国家治理体系和治理能力现代化，发展和完善中国特色社会主义制度，全面建设中国特色社会主义。

从中华人民共和国成立到中共十九大，中国经过社会主义改造进入社会主义初级阶段，在社会主义建设的艰辛探索基础上，开创中国特色社会主义，进入中国特色社会主义新时代，不断迈向中华民族伟大复兴的宏伟目标。中国特色社会主义迎来从奠基、开创、发展到完善的伟大飞跃。

在这个伟大历史进程中，中华人民共和国实现了从落后的农业国向拥有完整独立的工业体系和国民经济体系的工业化国家的伟大转变，实现了从四分五裂、一盘散沙到国家集中统一（除台湾外）的伟大转变，实现从"一穷二白"、温饱不足到小康富裕的伟大飞跃，实现了从近代以来不断衰落到根本扭转命运、持续走向繁荣富强的伟大飞跃，迎来了从站起来、富起来到强起来的伟大飞跃，迎来了从任人宰割、备受欺凌到为世界和平与发展作出突出贡献的伟大转变，迎来了从落后于时代、赶上时代到引领时代的伟大转变。

中华民族从来没有像今天这样接近于中华民族的伟大复兴。历史证明，只有社会主义才能救中国，只有中国特色社会主义才能发展中国。

本书为国家社会科学基金重大委托项目"中华思想通史"（20@ZH026）项目成果

中华思想通史绪论

Introduction to the General History of Chinese Thought

（下册）

王伟光 主编

南开大学／中国社会科学院大学教材

中国社会科学出版社
南开大学出版社

目 录

（下 册）

第四章 中华思想的形成、演变和发展 ………………………… 499
第一节 原始社会及向奴隶社会转型的原始社会晚期中华
　　　　思想的起源阶段（史前至夏王朝建立前） …… 501
　　一 旧石器时期中华先民的原始意识的萌生…………… 502
　　二 新石器时期中华先民原始思想的初步形成………… 507
　　三 社会转型时期私有、等级、家庭、国家和王权等
　　　　观念的出现与礼治思想的萌生…………………… 510
第二节 奴隶社会及向封建社会转型的春秋战国时期
　　　　中华思想的形成阶段（夏至战国）…………… 512
　　一 奴隶制与礼治思想的产生…………………………… 513
　　二 奴隶制的发展与奴隶社会礼治思想体系的确立…… 515
　　三 从奴隶社会到封建社会转型时期（春秋战国）
　　　　中华思想的形成…………………………………… 517
第三节 封建社会中华思想的发展阶段：封建社会
　　　　前期"大一统"国家意识形态奠定及
　　　　儒学经学化（秦汉） ……………………………… 530
　　一 秦汉封建王朝与"大一统"国家意识形态的
　　　　建立………………………………………………… 531
　　二 德主刑辅和儒法合治的统治方略…………………… 533
　　三 《白虎通义》与两汉经学及其式微………………… 534

四　唯物主义与反神学迷信思想……………………………535
第四节　封建社会中华思想的发展阶段：封建社会
　　　　前期以玄学为主流的哲学思想的兴起
　　　　（魏晋南北朝）……………………………………539
　　一　社会政治变动与玄学的兴起……………………………540
　　二　儒经的玄学化与反玄学思潮……………………………541
　　三　佛教大规模的传入及其对中华传统思想的影响………546
　　四　道教的产生、发展和传播………………………………547
　　五　重建"大一统"主流意识的努力与唯物主义
　　　　无神论思想的产生……………………………………548
第五节　封建社会中华思想的发展阶段：封建社会
　　　　中期"大一统"意识形态的强化与佛教
　　　　中国化（隋唐）……………………………………553
　　一　多民族国家的重建与文化昌盛…………………………554
　　二　儒释道"三者并立"及其矛盾与融合 …………………556
　　三　佛教的中国化及其流派…………………………………561
　　四　反佛教和反神学思想的唯物主义兴起和发展…………563
　　五　"大一统"政治思想的发展……………………………567
第六节　封建社会中华思想的发展阶段：封建社会
　　　　中期儒学复兴与理学的形成（五代十国宋
　　　　辽金）………………………………………………570
　　一　儒学遇到的挑战与复兴…………………………………571
　　二　理学思潮的兴起及流派…………………………………573
　　三　以功利主义为特征的唯物主义思想……………………578
　　四　"均贫富""等贵贱"思想的提出及其影响 ………579
第七节　封建社会中华思想的发展阶段：封建社会
　　　　晚期封建阶级统治思想的衰落和工商阶层
　　　　思想的萌生（元明清前期）……………………584

一　元朝专制集权制度和理学的世俗化……………… 584
二　明朝专制集权制度的强化与阳明心学…………… 588
三　资本主义萌芽与启蒙思想的出现………………… 591
四　清前期专制集权制度进一步强化和对理学的
　　利用………………………………………………… 594
五　清初"三大家"思想与实学思潮的形成 ………… 597

第八节　半殖民地半封建社会中华思想的转型阶段：旧民主
　　　　主义革命思想的孕育与兴起（晚清）………… 603
一　鸦片战争与学习西方思想的提出………………… 604
二　太平天国的"大同"理想………………………… 607
三　洋务思潮与早期维新思潮………………………… 610
四　维新变法思潮的兴起与失势……………………… 617
五　资产阶级民主革命思潮…………………………… 622

第九节　半殖民地半封建社会中华思想的转型阶段：新民主
　　　　主义革命思想的形成和马克思主义中国化
　　　　（辛亥革命至中华人民共和国成立前）……… 629
一　新文化运动的兴起、发展和思想论争…………… 630
二　五四运动和马克思主义的广泛传播……………… 633
三　中国共产党的成立与马克思主义中国化的
　　初步探索…………………………………………… 637
四　中国共产党"新民主主义理论"的提出 ………… 639
五　毛泽东思想的确立和马克思主义中国化的
　　第一次飞跃………………………………………… 642
六　中国向何处去的思考、选择与斗争……………… 644
七　只有中国化的马克思主义才能救中国…………… 646

第十节　社会主义初级阶段（含和平恢复和社会主义
　　　　过渡时期）中华思想的繁荣阶段
　　　　（中华人民共和国成立至今）………………… 647

一 过渡时期总路线的提出和社会主义革命思想……… 649
  二 社会主义建设时期社会主义建设道路的
    理论探索……………………………………………… 651
  三 改革开放时期中国特色社会主义理论体系的
    形成和发展…………………………………………… 660
  四 习近平新时代中国特色社会主义思想…………… 665
  五 马克思主义中国化的历史进程标志着中华思想的
    复兴、繁荣和发展…………………………………… 686

第五章 中华优秀传统思想"一以贯之"的精神基因 …… 688
  第一节 "自强不息"的奋斗精神 ……………………… 688
  第二节 "厚德载物"的道德修养 ……………………… 697
  第三节 "天下兴亡，匹夫有责"的爱国主义 ………… 708
  第四节 "苟日新、日日新、又日新"的创新精神 …… 722
  第五节 "小康""大同""天下为公"的社会理想 …… 740
  第六节 "和而不同"的处世之道 ……………………… 756
  第七节 "民惟邦本、强国富民"的民本思想 ………… 766
  第八节 "道法自然、天人合一"的自然生态理论 …… 785
  第九节 "四海一家、天下为一"的"大一统"
    政治理念……………………………………………… 800
  第十节 德法相辅的治国方略 …………………………… 819
  第十一节 "知行合一、躬行实践"的贵在实干观 …… 843
  第十二节 "实事求是"的求真精神和思想方法 ……… 864
  第十三节 唯物主义和辩证法的哲学精华 ……………… 879
  第十四节 中华思想的逻辑形式 ………………………… 897
  第十五节 在创造性转化和创新性发展中弘扬光大
    中华优秀传统思想…………………………………… 909

主要参考文献 ………………………………………………… 920

第四章　中华思想的形成、演变和发展

迄今为止的中华思想史，大致经历了"起源""形成""发展""转型"和"繁荣"五个阶段。

原始社会是中华思想的起源阶段。早在旧石器时期，中华先民的原始意识和观念即已萌发。新石器时期，中华先民的原始思想初步形成，产生了原始的公有观念、集体观念、原始信仰、神话传说和图腾崇拜。到原始社会晚期，随着私有制、阶级的产生以及向奴隶社会的过渡，形成了私有、等级、王权、家庭、国家等思想观念，代表奴隶主阶级利益的礼治思想开始萌生，并逐渐发展成为奴隶社会中占统治地位的统治阶级的思想。

奴隶社会及向封建社会过渡的春秋战国时期是中华思想的形成阶段。此后两千多年，中华思想实际上是这一阶段所形成的儒、道、墨、法等诸子百家及其学说的继承、扬弃和发展。儒家思想的内涵尽管在不同时期有不同的变化，但始终是两千多年封建社会的正统主流思想。直到1840年，以鸦片战争爆发为标志，经过与西方思想的空前冲突与交流，中华思想的基本构成才发生形态性根本改变。

封建社会是中华思想的发展阶段。无论封建社会前期的秦汉、魏晋南北朝，还是封建社会中期的隋唐、五代十国宋辽金，都在中华思想史上占有极其重要的地位。尤其是汉唐时期的思想文化，产生了世界性的重要影响，为人类文明作出了极其重要的贡献。进入封建社会晚期元明清后，特别是明中叶以后，随着新的社会经济因素的孕育与增长，一方面，中华思想中以儒家思想为核心的封建正统主流思想越发精致化、系统化，总体向主观唯心主义方向发展，并逐步走向衰落；另一方面，反映工商阶层利益和要求的新思想开始萌生。

半殖民地半封建社会是中华思想的转型阶段。先是在"西力东侵"和"西学东渐"的冲击和影响下，中华思想开始从传统向近代转型。这一过程是极其艰难、曲折和复杂的。西方资产阶级思想文化的传入既是中华思想文化从传统向近代转型的助力，又是转型的阻力。中西思想文化的冲突与融合，是半殖民地半封建社会中华思想转型的重要特征。此后，由于马克思主义传入和广泛传播的影响，中华思想发生新的质变。在马克思主义中国化的过程中，马克思主义与中国优秀传统文化相结合，产生了毛泽东思想，构成中华思想的第一次伟大飞跃。

1949年中华人民共和国成立后，社会主义制度的建立和完善，中国社会主义建设的展开，社会主义建设道路的艰辛探索，毛泽东思想得到进一步丰富和发展，马克思主义中国化得到进一步推进，为中华思想的进一步繁荣发展奠定了基础；20世纪70年代末以来的改革开放和中国特色社会主义道路的成功开创，以邓小平理论、"三个代表"重要思想、科学发展观、习近平新时代中国特色社会主义思想为标识性成果的中国特色社会主义理论体系的创立和发展，为中华思想更进一步繁荣发展创造了条件。习近平指出，我们现在比历史上任何一个时期都更接近于中华民族的伟大复兴。民族复兴是一个系统工程，它涉及政治、经济、文化等方面，其中理所当然地包含着中华思想的复兴与繁荣。

每个时代都有属于它的时代主题。每一时代统治阶级中的政治人物和思想家围绕他们所处时代的主题而提出的主导性的思想、观念和主张，构成社会的主流意识形态。主流意识形态是思想史研究的主要内容，它主要由政治思想、哲学思想、宗教思想、伦理思想、经济思想以及其他思想所构成。在众多思想中，居于统治地位的是政治思想，而哲学思想、宗教思想、伦理思想、经济思想以及其他思想都是为政治思想服务的。在考察和研究中华思想的"起源""形成""发展""转型"和"繁荣"的历史进程时，重点考察和研究的是政治思想，其次是哲学思想、宗教思想、伦理思想、经济思想以及其他思想。除主流思想外，非主流思想——尤其是那些具有进步思想倾向的非主流思想，如农民阶级的"大同"和"平等""平均"思想，也是考察研究的重要对象。

第一节　原始社会及向奴隶社会转型的原始社会晚期中华思想的起源阶段（史前至夏王朝建立前）

原始社会及由无阶级社会向有阶级社会的奴隶社会转型时期的中华原始思想是中华思想的早期发轫。中华历史是人类历史的重要篇章，中华思想史也是整个人类思想史的重要组成部分。人类的历史，在正式进入阶级社会文明"门槛"之前，经历了非常漫长的无阶级社会，即原始社会。早在原始社会的旧石器时期，中华先民的原始意识和观念即已萌发。到新石器时期，中华先民的原始思想初步形成，有了原始的公有观念、集体观念、原始信仰、神话传说和图腾崇拜等思想萌发，出现了萌芽状态的朴素唯物主义和辩证法思想。进入原始社会晚期，随着私有制、阶级的产生以及向奴隶社会的过渡，形成了私有、等级、王权、家庭、国家等思想观念，代表奴隶主阶级利益的礼治思想开始萌生,并逐渐发展成为奴隶社会中占统治地位的统治阶级思想。

一 旧石器时期中华先民的原始意识的萌生

整个原始社会,人类都使用石器从事生产劳动。人类使用石制工具进行生产的时期,叫作石器时期。石器时期是人类历史的开端,它是一个漫长的历史阶段,在人类历史上延续了二三百万年,占迄今人类历史的99%以上。石器时期又分为旧石器时期与新石器时期两个大的时期。人们使用打制石器进行生产劳动的时期,考古学上称为旧石器时期,而使用磨制石器的时期则称为新石器时期。世界上许多地方都发现有旧石器时期的遗存。中国是人类起源的摇篮之一,也是人类文明的重要发祥地之一。至少在180万年以前,也就是地质年代上的新生代第四纪更新世的早期,中国境内就已经有了人类。在中华大地上,同样发现了许多旧石器时期的重要遗存。从这些遗存,可以看出中华先民原始意识和观念的萌起。

人是制造工具的动物。"工具意味着人所特有的活动,意味着人对自然界进行改造的反作用,意味着生产。"[1] 目前所发现的中华先民打制石器,所涉及的打制方法,不是单一的一种,而是若干种,其中每一种方法,还可能包含若干环节。方法的多样性,表明了大脑活动的灵活性与多样性。而打制的石器,根据其基本性能或形制,又可以区分出多种。其中一些器具,是经过二次加工的。这说明,在打制石器的过程中,分类与功能的思想,也在悄然发生着。显然,没有相当的意识自觉,这些都是不可能实现的。对于打制石器的方法,考古学家普遍采用了"技术"这一术语。[2] 这一术语的基本内涵,表明了中华先民大脑的创

---

[1] 《马克思恩格斯文集》第9卷,人民出版社2009年版,第421页。
[2] 参见高星、裴树文关于"扬子技术"的论述。见所著《三峡远古人类的足迹:三峡库区旧石器时代考古的发现和研究》,巴蜀书社2010年版,第167—168页。

造性。

到旧石器时期晚期，中华先民甚至具备了主动开采石料打制石器的能力。这表明，"打制石器"已经与对于劳动成果的某种预见性与计划性相互联系，中华先民对于大自然已经具备了向其主动索取而非被动接受的开发意识。实践的主动性与思维的能动性相互驱动，在中华大地上，不断地萌生、扩展出新的意识与观念。除石器外，在我国旧石器时期考古遗存中，还发现有经过精细加工的骨器。这是原始生产力发生巨大进步的标志，也是人类意识发生巨大进步的标志。

在距今两三万年前，也就是中国旧石器时期晚期，中国先民发明了弓箭。这一最先进的生产工具代表了生产力发展水平的革命性变化，其所反映的意识与观念变化，无疑也是革命性的。正如恩格斯所说："弓、弦、箭已经是很复杂的工具，发明这些工具需要有长期积累的经验和较发达的智力，因而也要同时熟悉其他许多发明。"[1] 由于弓箭是一种综合性攻击性的工具，是一种非常复杂的发明创造，其所代表的智力水平以及工艺水平，自然是很高的。

正由于弓箭在人类进化过程中发挥了重要作用，所以在中华民族的历史神话与传说中，有不少涉及弓箭的内容。其中特别值得注意的是东汉《风俗通义·泰山》中的一段话："柘桑之林，枝叶畅茂，鸟登其上，下垂着地。鸟适飞去，后拨掇杀，取以为弓，因为鸟号。"虽然未必十分确实，但表明弓的发明是古人观察自然现象的结果，这是符合唯物主义认识论的说法。[2]

我国古籍还记载有射日一类的故事。这些观念化的历史说明，中华先民在上古时候已经非常娴熟地使用弓箭，并且出现了

---

[1] 《马克思恩格斯文集》第4卷，人民出版社2009年版，第34页。
[2] 参见陈登原《国史旧闻》第1册，中华书局2000年版，第11页。

射技高超的神射手，不但弓箭制作的技术非常高，还依据不同的功能作了不同的分类，出现了与弓箭有关的专职人员，等等。进入阶级社会以后，"射"发展成为中华文化中一项非常重要的"礼"与"艺"，具备了丰富的思想内涵，但溯其始源，显然可以追踪到旧石器时期晚期。

在劳动与制造工具的过程中，中华先民对于大自然的体验也开始萌发出一定的固定意识和观念，从而为思想的产生奠定了基础。从动物进化为人，大自然是中华先民第一位的外在对象。大自然既为人类生存提供了最基本的条件与保障，也是威胁人类生存最强大的异化力量，更是刺激人类大脑萌发天人关系观念并逐步向概念化演进的第一触媒。《周易·系辞》说包牺氏"仰则观象于天，俯则观法于地，观鸟兽之文与地之宜，近取诸身，远取诸物"，所蕴含的就是中华先民在回应自然的过程中，不断地将自然现象与自身的身体功能相联系，从而萌发并固化出意识、观念乃至类概念和思想范畴，表明思想的第一来源是自然万物以及人类身体自身，是人类的生产和生活实践。换言之，"物质"是思想产生的第一本原，实践是思想产生的源泉。

在对生活资料的索取过程中，特别是在对于动物由食用而利用的过程中，中华先民进一步提升了生活经验，增长了知识，萌生了贮存和利用生活资料的意识与观念。我国旧石器时期的先民，已经不限于食用动物，而且懂得了剥兽皮和加工皮革。这说明他们已经超越对于动物食用功能的体验认知，对于其作为生活资料的物质性功能已经具有能动性的体认。这是生产实践促使人产生意识与观念的一个重要标志。这种意识与观念进一步发展，即不断地固化，从而为中华民族特有的民族意识与民族思想种下了根苗、启动了肇因。

旧石器时期，单独的个人是无法存活的。人类无论采摘果实、狩猎还是捕捞，都需要在群体性活动中进行。群居于山洞、巢居乃至群居于树上，均需要群体性协作。正如恩格斯所说："为了在发展过程中脱离动物状态，实现自然界中的最伟大的进步，还需要一种因素：以群的联合力量和集体行动来弥补个体自卫能力的不足。"① 团队与集体的意识和观念，也就自然萌生了。中华先民这种团队与集体的意识与观念，完全不同于动物那种"群"的行为，而是一种人的有意识的活动。有学者提出，这无疑是一种群体性居住而导致的思想。"北京人常常十几个或几十个地结成群体，这就是最早的人类社会。"② 这种情况和意识观念，是后来原始氏族公社的基础，也是公有观念、集体观念、民主观念产生的基础，属于社会化活动的范畴。

同样与生产生活资料的过程相伴随，中华先民的审美意识与观念也自然而然地发生了。在我国旧石器时期考古发现中，有骨珠、雕刻器、研磨器等，还有装饰品。它们不仅具有艺术性，而且有些本身就是单独的艺术品。北京山顶洞文化遗存表明，这里的居住者不仅具有原始的审美意识与观念，而且已经相当自觉和发达了。

在劳动与群居生活过程中，中华先民传宗接代的自觉意识与观念也在发展着。繁衍后代是动物与人类的共同本能，但人类繁衍后代不仅具有自然生殖属性，还具有社会属性。旧石器时期的洞居或巢居生活，人类为应付恶劣的自然环境，必须以最强大的生育和繁殖能力来抵消人口的自然流失。因此，强大的生育能力是一种自然需要，由之而产生生育乃至生殖崇拜的意识与观念。对于给予自己生命的先人的崇拜，也由之产生出来。从考古遗存可见，旧石器时期的中华先民，已经具有相当浓厚的墓葬观念。这种情况，是动物所绝不可能具有的。它表明，中华民族的血缘

---

① 《马克思恩格斯文集》第4卷，人民出版社2009年版，第45页。
② 参见赵春青、秦文生《中华文明传真——原始社会：东方的曙光》，上海辞书出版社2001年版，第21页。

与宗法观念，深深地植根于旧石器时期。

在原始社会，"火"的发明具有特别重大的意义。恩格斯把火看作是"人类历史的开端"，是人类新的解放手段，是人类对自然界的第一个伟大胜利。"火"促进了人类原始唯物看法的萌芽，拜火教也是由此而起源的。原始社会之后的奴隶社会的古希腊哲学家认为，世界最基本的物质就是火，火从熄灭到燃烧、从燃烧再到熄灭是个辩证的过程。这与原始社会以来人们对火的认识萌芽有关联。在我国旧石器时期遗存中，发现了不少用火的痕迹。50万年前的北京猿人已经具有管理火和保存火种的能力。旧石器时期中期以后，中华先民还掌握了人工取火的方法。这意味着"火"在人类面前不再仅仅是一种专门制造灾害的可怕的自然力量，而是可以制造、控制和利用的能源及工具。

"火"源于自然。物质性是"火"的第一属性。对火的掌握意味着人的能动性对大自然的驾驭。因此，火的发明不仅极大地提升了人类的生存生活能力，促进体质的发展，而且对于大脑的刺激与发展，是至关重要的，意味着唯物主义意识最原初的肇始。"人们只是在学会了摩擦取火以后，才第一次迫使某种无生命的自然力量替自己服务。"[1] 因此，在世界各地关于物质起源的原初思想中，往往出现火。我国古代的"五行"学说，将"火"作为构成万物的基本元素之一，即表明了火的重要性，也表明了物质的本原性。同样由于"火"的重要性，在中华民族的神话传说中，有许多与火有关的内容。最著名的是燧人氏发明人工取火的故事。总之，火不仅照亮了旧石器时期中华先民的生活，给人类带来温暖和光明，而且极大地改善了人类的饮食形态，从而为思想的载体——大脑提供了源源不断的食物动能，点燃了中华文明最初的火种，预示了中华思想源远流长的路程。

---

[1]《马克思恩格斯全集》第20卷，人民出版社1971年版，第449页。

在发明"火"的时候，中华先民的语言表达能力应该已经非常发达。关于人类发明语言的确切时间，世界上至今还没有一致的看法。目前所知最早的文字，只有五六千年，而口头语言至少已经存在几十万年。就语言起源的各种假说来看，语言的发生，应该来自于劳动实践。自从有了语言，思想就具有了物质外壳，哲学就具有了萌芽的基础，先民们进行概念化、范畴化思考的前提条件，也就逐步形成了。

二　新石器时期中华先民原始思想的初步形成

新石器时期开始于距今 12000—11000 年，结束于距今 3900 或 3800 年。新石器时期中华先民已初步形成自己的原始思想、图腾崇拜和萌芽状态的唯物主义与辩证法思想。

第一，中华先民的原始思想。

原始社会蕴含着丰富的原始的思想内容。在安徽省含山县凌家滩遗址中，出土了一件 5300 多年前的玉龟，在其腹甲和背甲之间夹着一块玉版，玉版上刻有代表"四极八方"的图案。玉龟是一种宗教法器，表示当时人们在占卜时，已考虑到"四极八方"的问题。同时，玉版中又有"内圆外方"图案。"四极八方"与"天圆地方"结合在一起，说明当时已经有了"天圆地方"的宇宙观念。这一思想观念一直影响着我国上古社会，是我国古代"天圆地方"宇宙观的雏形，也是体现中国原始社会思想特质的一个重要方面。它说明，对于物质性的"天"的观察，是中华原始思想形成的一个重要来源。

在中国古代，"社稷"常被用作国家的代称。最初，"社"代表土地之神，"稷"代表谷物之神。后来，"社稷"成为国家的象征。在原始社会，"社"和"稷"的崇拜已非常明显。比如，辽宁省喀左县东山嘴遗址，属于距今约 5000 年的红山文化，发现有祭祀"社"的方形祭坛和祭祀天的圆形祭坛。可见，土地与供给生活资料的种植活动,同样是中华原始思想形成的重要来源。

土地之神和谷物之神是以农为本的中华民族最重要的原始崇拜对象。社与"土"本是一字,表明中华先民对土地的崇拜。周民族的始祖名为后稷,表明中华民族对五谷的尊崇。它们成为国家的象征,有着深刻的社会物质根源,表明了思想起源的物质客观性。

第二,中华先民的图腾崇拜。

图腾是氏族、部落的象征和标志,是信仰、观念、思想以及习俗系统长期演变的符号化结果。图腾反映了思想与存在的倒置性关系。由于上古社会的生产力水平极端低下,人们的认识能力又很幼稚,使得原始人群误认为图腾是自己的始祖,相信与之有着亲属血缘关系,是宗族的守护神,能使本民族持续兴旺发达,因此而崇拜图腾,造成了思想与存在的倒置性的关系。图腾崇拜作为一种精神现象,具有两重性:一方面,图腾崇拜反映了原始人类对某种物质,以至对某种动物是自己部族祖先的猜测,是对自然力量的一种敬畏并希冀得到自然力量的保护,带有朴素的唯物主义的某些萌芽因素;另一方面,原始人类猜测某种物质,甚至某种动物为自己部族祖先,以屈服和敬畏的心态对待自然,渴望超自然的力量保护自己或予以精神寄托,这又为宗教和唯心主义的产生提供了前提。图腾崇拜作为原始的两重性的观念形态,是世界上所有氏族、部落在原始发展阶段共有的文化特征。

在我国新石器时期遗存中,发现了很多图腾遗迹。出土彩陶上的许多动物纹样及其他象征纹饰,都是古代部族的图腾标志。传说中,人们把始祖描绘成半人半兽的形象。"三皇五帝"之首的伏羲就被描述成"蛇身人首",神农则是"人身牛首",祝融为"兽身人面,乘两龙"。古代各族的图腾符号繁多,不一而足,但以图腾为共同符号,则是一致的。这些五花八门的图腾符号，归根到底是生产力极端低下的产物，是人类早期观念演变过程中必经的阶段。

在各种图腾中，最具代表性、影响时间最深远的中华民族共有的图腾是龙。经过漫长的时间演变，龙成为超部越族的神，为中华民族所共同敬奉。以龙图腾为典型代表的中国图腾文化，代表着中华文化不同于其他民族文化的鲜明特色。

凤凰同样是中华民族的重要图腾。凤凰在古代传说中被称作百鸟之王，雄为凤，雌为凰，统称凤凰。凤凰品格高洁，非晨露不饮，非嫩竹不食，非千年梧桐不栖，传说它死后，会周身燃起大火，然后在烈火中重生，并获得更强大的生命力，被称为"凤凰涅槃"，周而复始，达到永生。凤凰是人们心目中的瑞鸟，天下太平的象征，代表了中华民族崇尚和平、追求和谐的民族品格。

龙图腾源远流长，贯穿于中华民族自远古以来的历史之中，它随时代而发展，逐渐与其他宗教信仰形式相交融，但始终是中华民族共同的图腾标志和象征，经久不衰，历代延续。

第三，萌芽状态的朴素唯物主义和辩证法思想。

新石器时期萌芽状态的朴素唯物主义主要表现在与原始农业直接相关的"观象授时"之中。

中国古人一向崇拜北斗，这一观念至少可上溯至公元前第六千纪。北斗作为观象授时的重要星象，具有明确的指示时间和季节的作用，直接影响着中国传统天文学体系的建立。根据有关专家的研究，"中国东方新石器时期文化中广泛存在的北斗遗迹反映了当时人类普遍进行的北斗观测和对它的祭祀活动，这无疑是先民重视北斗建时的具体表现"[1]。由于北斗是客观存在，因而成为中华民族朴素唯物主义思想的重要物质依据。

新石器时期萌芽状态的朴素辩证法思想，则主要表现在太极

---

[1] 参见冯时《中国天文考古学》，中国社会科学出版社2017年版，第166—167页。

图中。阴阳与太极的思想始于新石器时代。仰韶文化遗址出土的彩陶罐上，有大量的漩涡纹和波形纹。其他遗址出土的彩陶，也出现许多相同或类似的纹样，从而构成一个"圆"符的世界。实际上，史前时代的几乎所有创造，都与圆形紧密结合在一起。环、佩、玦、琮、璜、璧等皆为圆形，显然是中国哲学中的"道""器"等范畴起源的根源，表明日常生活中各种实用器物对于思想的基础性作用。彩陶的圆形纹饰，形象地展示了虚与实、阴与阳、道与器的内在联系，但物质的属性是第一位的。

河南淅川出土的陶纺轮，属于屈家岭文化遗存（公元前3300—前2600年）。陶纺轮上的圆形纹饰是最古老的太极图。图中由黑白二色构成的图案，阴阳互依，犹如两条活泼的鱼，头尾互动，正是阴阳契合、太极思想的完美演绎。

三　社会转型时期私有、等级、家庭、国家和王权等观念的出现与礼治思想的萌生

从无阶级社会原始社会向阶级社会奴隶社会的过渡，是一个极其漫长的过程，这一过渡期可以追溯到父系氏族公社出现的前夕。

在母系氏族社会晚期，已经出现私有制和阶级的萌芽。父系氏族公社则建立在私有制基础上。原始社会母系氏族公社初期和中期，没有私有财产，当然更无私有观念。到母系氏族公社晚期，劳动产品开始出现剩余，从而为出现私有制奠定了物质基础，也为占有他人劳动产品、进行经济剥削创造了条件。一些氏族部落首领和少数家长，为占有更多产品，把一些集体财产据为己有。私人占有财产的现象慢慢出现了。

随着私有制的产生，私有观念必然会出现。这些具有重大意义的变化，在原始葬俗中就有反映。大量考古资料表明，父系时期与母系时期葬俗的重要变化，是出现了随葬品数量、质地的显

著差别。这一变化具有普遍性，尤其以大汶口文化最为典型。

大汶口文化延续了约两千年，经历了母权制与父权制两个历史发展阶段，为探讨私有制的出现提供了第一手的资料。比如江苏连云港二涧村和山东兖州王因墓地属于早期大汶口文化，是母系氏族公社时期的公共墓地；大汶口属于该文化的中期和晚期墓地，是父系时期的公共墓地。这两个不同时期的墓地，随葬情况迥然不同，明显地反映出经济基础的差异。前者随葬品很少，一般都是随葬几件粗糙的日用陶制器皿，或随葬少量装饰品，用工具随葬是极其个别的现象。但到了父系时期，出现了用工具、猪头或者猪下颚骨随葬的习俗。类似的现象，在山东胶县三里河、曲阜西夏侯、邹县野店及江苏邳县刘林、大墩子墓地中，均存在。

按照原始社会的习惯和观念，家畜是氏族集体公有财产，绝不允许用来为个人随葬。所以，用猪头或猪下颚骨随葬，表明所有制发生了变化。猪作为一种动产，已经成为个人的私有财产了。随葬猪头或猪下颚骨数量的差异，是家庭拥有私有家畜多寡的反映。我国的佤族、景颇族、普米族和僜人都把家畜的头骨挂在屋檐下，以多为富，而佤族、瑶族、黎族和纳西族还保留着用猪头或者下颚骨随葬的习俗。

随着私有财产的范围逐渐扩大，私有制日益发展和巩固。在父权制晚期，伴随而来的是家长奴隶制的发展，阶级进入形成之中。

最初出现的阶级，由于处于萌芽状态，是不发达的阶级关系，一般称为家长奴隶制或家内奴隶制。最早被奴役者都是外部落、外氏族的人，通过掠夺把俘虏变成妻妾、养女。随着氏族内部贫富分化的加剧，开始出现奴役本氏族的现象。在尔后的漫长岁月里，战争日益成为掠夺财产的重要手段。频繁的掠夺战争，加强了军事首领、氏族头人和祭司的权力，他们从公社成员中分离出来，通过公职，化公为私，积累个人财富，变俘虏和负债人为奴隶，由社会公仆变成剥削者和统治者——奴隶主。在战争中，广大公社成员是牺牲品，有的丧失了财产、自由，沦为奴隶。原始掠夺战争加速了贫富分化，促进了私有制和阶级的形成，为王权和国家的出现准备了条件。

最初，氏族社会的首领是临时选举的，这就是所谓"禅让"制度。后来的部族联盟首领，为保护既得利益，必须有一种强力组织——王权、军队、法律等，并使之固定化。夏启正是凭借暴力，废除了"禅让"传统，改传贤为传子，实行王权世袭制，建立了我国历史上第一个奴隶主阶级专政的国家——夏朝。

中华先民的原始思想及向奴隶社会转型的原始社会后期思想对中华思想的形成有深刻的影响。中华原始思想的萌芽和萌发，主要体现在原始的公有观念、集体观念、自发宗教三个方面。到原始社会向奴隶社会的过渡期，私有制和私有观念、等级（阶级）观念、家庭观念、王权观念、国家观念出现了。进入奴隶社会，这些观念凝结为以礼为纲的思想体系。

中国是世界农业主要发祥地之一。中国传统文化本质上被视为东方农耕文化的典型形态，这是中国奴隶社会礼乐文明的重要基础，也是夏商周三代形成以礼治为核心的奴隶主阶级意识形态与统治思想的重要缘由。到春秋时期，孔子将礼治思想提炼为儒家思想的基本内涵。儒学也就成为与中国农业发展高度契合并为统治阶级所接受的思想。

第二节　奴隶社会及向封建社会转型的春秋战国时期中华思想的形成阶段（夏至战国）

以礼治为核心的奴隶社会思想和春秋战国时期诸子百家学说

标志中华思想的形成。"礼治"体现的是奴隶主阶级意识形态。中国奴隶社会统治思想的根本特征,就是以礼治为核心。春秋时期,"礼崩乐坏"的局面出现,表明奴隶主阶级的统治出现了具有颠覆性的严重危机。

春秋末期,周天子权威愈加旁落,诸侯纷纷称霸,"挟天子以令诸侯"成为奴隶社会末期政治的日常主题。奴隶社会向封建社会转型的春秋战国时期,各诸侯国交相攻战,连年不断。同时产生了新的被称之为"士"的阶层。他们从各自所依存并代表的阶级、阶层和利益集团的立场出发,提出各种理论与主张,形成所谓"诸子百家""百家争鸣"的局面。这是中华思想的原创与形成阶段。此后两千多年的中华思想,都是这一阶段所形成的诸多思想,尤其是儒、道、墨、法、名、阴阳、农、杂、兵等诸子百家及其学说的继承、扬弃和发展。

一 奴隶制与礼治思想的产生

我国奴隶制国家的诞生,在夏王朝时期(约公元前21世纪至前17世纪)。

古史传说中,夏部落的贵族禹首先打破选举"部落首领"的"禅让"制,实行了"传子"的世袭制,并建立了军队,修筑了城池,对外掠夺奴隶和财物,奴役其他部落,对内镇压平民和奴隶。这样,原始公社崩溃,出现了奴隶主贵族阶级统治的国家。

到商代(约公元前16世纪至前12世纪),奴隶劳动已成为整个社会生产的基本方式,构成我国奴隶制重要基础的井田制和分封制,被作为国家制度巩固下来。这种制度的实质,就是奴隶主贵族阶级集体占有土地和奴隶,是以血缘关系为基础的氏族奴隶主贵族阶级对其他氏族奴隶、平民阶级和属国的专政。

"礼"意味着君、臣、父、子各有名分,贵贱、上下、尊卑、亲疏均有严格界限。"礼"在殷商即已出现，甲骨文的最早形态，象征豆盘盛玉祭祀祖先、上帝，以示敬意。《说文解字》："礼，履也，所以事神致福也。"殷人"尊神"，认为只有履行这样的仪式才能得到鬼神的赐福和保佑。可见"礼"一开始就和神权、族权紧密联系，由此而生发出规范行为的制度意义。

到西周时期，"礼"进一步发展成以维护宗法等级制为核心的系统完善的礼制。宗法以血缘关系为根本，是天然的法理与法权，制约着人们的一切关系。血缘关系源于父系家长制。夏、商、西周原是由三个不同的显贵家族为中心的统治集团分别建立起来的，因而各自保留了父系家长制传统。这些统治集团的家长、族长掌握政权后，把维护家长制的宗法制度和行政组织直接结合起来，任命和分封亲属担任各级官吏并世袭，形成以"小宗"服从"大宗"的宗法等级制，利用族权巩固政权。维护宗法关系的宗法思想，成为夏、商、西周与神权并行的维护奴隶主贵族阶级统治的支柱。殷人虽也崇拜祖先神且讲宗法，但还不系统，西周则因"立嫡以长不以贤，立子以贵（母贵）不以长"的嫡长继承制的最终确立，使得宗法制度系统化。所谓周公制礼，其核心就是对以往的宗法传统进行了整理、补充、完善，最终形成一套以维护奴隶社会宗法等级制为中心的行为规范以及相应的典章制度、礼节仪式。这也就是一般所说的"礼"或周礼。

到春秋战国时期，在礼崩乐坏的大形势下，人们对礼制的态度也发生了分化。一派维护礼制，亦即维护原有的奴隶制秩序，以孔子及其儒家为代表。另一派破除礼制，亦即要往前走，要革命，建立封建制秩序，以商鞅和法家为代表。儒、法以及道、墨、兵家等，分别代表着不同阶级阶层和不同的利益集团，反映了社会大变动时代思想领域的动态。

二　奴隶制的发展与奴隶社会礼治思想体系的确立

西周（约公元前11世纪至前770年）时期，我国的奴隶制得到高度发展。西周在井田制和分封制基础上，建立起世袭禄位制。周王把商及其属国的全部土地和人民，分封给灭商中有战功的亲族和同盟的诸氏族或部落，建立了许多"屏藩"周王的大小不等的诸侯国。各诸侯在自己的领地内，又进一步分封给卿大夫，由若干井田构成"采邑"和附属在土地上的奴隶。卿大夫在"采邑"内则委派"士"分别帮助管理。在周天子之下，形成"王臣公，公臣大夫，大夫臣士"的一套亲疏贵贱森严、控制严密、一级隶属一级的奴隶社会等级制度。在不同的等级之间有不同的礼节，亦即"礼制"的表现形式，叫作"仪"。

这些等级森严的不同等级的贵族，共同构成奴隶主阶级。制定等级制度，目的就是强化奴隶主阶级对奴隶阶级的专政。在等级贵族之下，还压着一个未入"等"但人数最多的阶级，即庶人。在西周，设有专门买卖奴隶的市场。奴隶的价格很低。贵族只需用一匹马加一束丝，就可以换五个奴隶。

奴隶主还用严刑酷法任意处罚和杀戮奴隶。为镇压奴隶，西周统治者制定了五刑，据说内容有三千条。五刑，即墨刑（在脸上刺字）、劓刑（割掉鼻子）、剕刑（把脚砍掉）、宫刑（男子剖去生殖器，女子破坏生殖机能）、大辟（杀头）。这些刑法专为奴隶设置，奴隶主贵族却可以逍遥法外。当时的刑法规定，各种刑都可用钱赎买，贵族犯法只要出钱就可赎罪。礼和刑的区别，明确地反映出两个阶级的对立。

基于奴隶社会礼制形成了奴隶主阶级的礼治思想体系。西周礼治思想的基本原则是"亲亲"和"尊尊"。"亲亲"即亲其所亲，按照血缘宗法关系区别贵贱，使亲者贵，疏者贱。"尊尊"即尊其所尊，居高位的都是尊者，居其下者须尊其上；所有臣民必须服从天子，不许违抗，由此形成"礼不下庶人，刑不上大夫"的固化阶级关系。

殷周之际，出现了剧烈的政治变革，西周后起的奴隶主新兴势力代替殷商腐朽奴隶主贵族统治。这一时期的社会矛盾异常尖锐复杂，为《易经》所代表的辩证法思想储备了客观条件与基础。《易经》是卜筮书，但其中的占问，反映了人们观察自然和社会的矛盾运动所获得的经验认识，还包含着数学等方面的自然科学思想。特别是朴素辩证法思想尤为突出。

一是关于矛盾对立的观念。《易经》中的对立观念来自对自然的观察。比如"易"的书名，就曾被解读为"日月为易，象阴阳也"（《说文解字》引《秘书》）。《易经》由卦象的展开，出现了否与泰、乾与坤、损与益、剥与复等一系列对立的范畴。可以这样说，对立统一的观念是《易经》的根本观念。二是关于变化发展的观念。"易"字的含义之一，就是变易，即承认事物的变化发展。在《易经》的观念世界，一切都处在转换与变化之中，往而复始，循环不已。三是关于矛盾转化的观念。成语"否极泰来"便出自《易经》。"泰"不是有得无失，而是失小得大，故为好卦象；"否"不是有失无得，而是失大得小，故为坏卦象。事物的得与失不是固化的，而是往复转化的，可以"先否后喜"，也可以由安转危。《易经》中的朴素辩证法思想，对中华民族思想的形成与发展产生了深远影响。

西周晚期，随着社会矛盾进一步激化，以及自然科学知识的发展，动摇了传统天道观，出现了有一定体系的朴素唯物主义与辩证法思想，即"五行说"和"阴阳说"，亦即用五行（金、木、水、火、土）说明万物的构成，用阴气和阳气的变化关系解释自然界的变化。原始五行说认为，金、木、水、火、土是构成万物的五种基本材料。周幽王时，史伯曾主张："夫和实生物，同则不继。以他平他谓之'和'，故能丰长而物归之；若以同裨同，尽乃弃矣。故先王以土与金木水火杂，以成百物。"① 已经认识到，只有多样性的统一，才能互相适应、调节。"和"是和合，"平"是"调谐"。《国语》以烹调中调味品的和合与音乐的调谐为例，形象地说明了"和"与"平"的关系。原始的阴阳说认为，天地间有"阴""阳"二气，它们的流转决定了气候的转移以及农作物的生长。阳气的性质是上升的，阴气的性质是下降的。两种气的配合流转正常，就风调雨顺；反之，便发生灾异。周幽王的大夫伯阳父曾用这一原理解释在泾、渭、洛"三川"地区发生的地震现象。他说："夫天地之气不失其序，若过其序，民乱之也。阳伏而不能出，阴迫而不能蒸，于是有地震。今三川实震，是阳失其所而镇阴也。"② 显然，五行说和阴阳说是我国唯物主义与辩证法思想传统的重要理论渊源。

三 从奴隶社会到封建社会转型时期（春秋战国）中华思想的形成

商朝之后的周朝的都城从镐京东迁至雒邑（今河南省洛阳市），历史上称东迁以后的周王朝为东周（公元前770—前256年），之前周朝国都在镐京之时称为西周。东周又分为春秋时期（公元前722—前453年）和战国时期（公元前453—前221年），合称为春秋战国时期。春秋战国时期是我国奴隶制渐趋瓦解与封建制逐步建立的社会转型期。

春秋战国时期，社会生活各领域都发生了巨大变化：经济方面，铁器、牛耕推广，生产力迅速提高，井田制瓦解，形成地主阶级和农民阶级，以及独立经营的手工业者和商人；政治方面，周王室衰微，"征伐自诸侯"，世卿世禄制被军功制取代……以

---

① 《国语·郑语》。
② 《国语·周语》。

分封制、宗法制为主要内容的奴隶社会政治制度为专制主义中央集权制度取代；民族关系方面，"华夷"观念削弱，华夏族与周边的少数民族在征伐和生产中逐渐开始了融合；军事方面，诸侯国在争霸称雄的战争中，在政治、经济、军事等方面推行改革，富国强兵，这在客观上有利于封建制因素的成长，促进了新旧体制的更替。大国在争霸战争中相互兼并，实现了区域性的局部统一，加快了全国统一的步伐，打破了列国旧的分野，各民族频繁迁徙和交往，促进了文化的融合。

与剧烈的社会转型相应的是在思想方面：出现了我国历史上第一次思想大解放，旧的思想观念受到冲击，对人的重视在社会上普及开来，"学在官府"的局面被打破，私人讲学开始，个人著书立说成为风气。适应各种政治派别的需要，出现了各种学派，分别代表了不同阶级和利益集团，形成百家争鸣的局面，此即中华思想的形成阶段。

第一，诸子百家及其学说。

春秋战国时期是中华思想的原创与形成阶段，对中华思想的发展产生了重大而深远的影响。一方面，这一时期对先前更具原生的文化与思想进行了全面扬弃；另一方面，为后世两千多年的封建思想形态建构了稳定的基础与基本的理论问题。

西周以前，学在官府；东周以后，逐步走向民间。由于奴隶主统治阶级王权衰落，诸侯争霸，各国为壮大实力，竭力延揽人才，这就打破了原来的奴隶主贵族体制，使得庶民可以发表政见，参与决策。同时，由于人口增加，土地分配困难，社会剧变的条件愈加牢固。面对紧迫的现实社会以及人生问题等，一些思想者不断提出解决的办法和思想，各种学说、思想纷纷出现。西周灭亡，促使人们对天下兴亡进行思考，"庶人不议"的观念被冲破，取而代之的是"处士横议"。在广泛的探讨中，人们逐渐地不再崇信"天道"，进而形成了各种学派，各个学派分别代表了不同的阶级、阶层和利益集团。人们用"百家"表示学派的繁多，学派的创立者和代表人物则被合称为诸子。最有影响的学派是儒家、道家、名家、墨家、法家。各派人物四处游说，推行自己的主张，或著书立说，争夺社会话语权。人们的思想空前活跃，在中华文化史上形成了一个"百家争鸣"的空前繁荣局面。

儒学的形成、发展与深化。先秦儒家孔子、孟子、荀子的思想是古代中国的代表性思想，是激烈变动的社会现实的反映，标志着先秦儒学思想发展的三个阶段，对中华民族文化心理、人格国格的养成以及中国古代政治、中华思想的发展产生了重大而深远的影响。

孔子与儒学的形成。孔子（公元前551—前479年），是儒家的创始人。

孔子生活的时代，礼崩乐坏，周天子的权威日益式微，奴隶社会的统治秩序面临着前所未有的危机，新兴的地主阶级开始出现。这种巨大的社会变化反映在思想领域，出现了代表各种社会阶级与阶层利益的不同的思想主张，其中法家思想代表了新兴地主阶级的利益，与代表没落的奴隶主阶级利益的儒家逐渐形成对峙关系。孔子是没落的奴隶主阶级的思想代表。他深切地感受到社会的巨大变化，但他不是站在推动历史前进的立场，而是站在维护奴隶制度秩序的立场，维护以"礼"为核心的严格的等级制，主张克己复礼，反对革新，开启了春秋战国时期儒法斗争的大幕。

孔子思想的核心是"仁"，以此为核心建立了一套唯心主义的思想体系。"仁"在孔子的思想中具有多重的含义，既指向个人的内心修养，也指向社会的伦理秩序，其核心是为政治服务，亦即从内规范人的思想、从外规范人的行为，从而弥补崩塌中的礼制的作用，维护旧的社会制度。

孔子的思想是唯心主义的。他相信有人格意志的"天"，相信天命，又反对探讨研究具有自然属性的"天"。在认识论方面，主张"生而知之"。在历史观方面，主张"述古"。在政治思想方面，提出了"正名"等主张。在伦理道德方面，既包括了维护奴隶社会旧道德的内容，但也具有大量的积极的道德因素。

孔子是著名的教育家。他开创了私人讲学的风气，客观上打破了以往官学垄断教育的局面，提出许多具有积极意义的教育思想，对后世影响极大。孔子编订了我国第一部编年体的史书《春秋》，还整理了《诗》《书》等古代文献。孔子思想的进步性，主要体现在教育方面。

孟子与儒学的发展。孟子（约公元前372—前289年）对儒家思想的系统化、理论化起了极为重要的作用，被后世称为"亚圣"。

先秦时期，儒家只是诸子百家中的一家。孔子死后，儒分为八，后又逐渐演变为两派：一派是以孟子为代表的与法家相悖的唯心主义儒学；另一派是以荀子为代表的吸纳法家思想的唯物主义学派。孟子代表了孔子儒学向唯心主义方向的深入发展。孔子提出仁、义、礼、智四德，孟子则提出性善论加以扩充完善。性善论是唯心主义的人性论，开创了儒学中的心性之学，受到后世宋明理学家大力倡导。后世将儒学称之为"孔孟之道"，表明了孟子在儒学发展中的重要地位和作用。

孟子的主要哲学思想是"性善论"，他以为人生来就具备仁、义、礼、智四种品德。人可以通过内省去保持和扩充它，否则将会丧失这些善的品质。因而他要求人们重视内省的作用。"性善论"是孟子谈人生和谈政治的理论根据，在他的思想体系中是一个中心环节。孟子以"性善论"作为人们修养品德和行王道仁政的理论根据，认为仁、义、礼、智等伦理道德的要求源于人的本性本心，有伦理学意义，同时"性善论"认为通过学习人人可以成为尧舜那样的君子，又强调了教育的可能性，具有很大的教育意义。

在社会政治观点方面，孟子突出仁政、王道的理论。他说三代得天下都因为仁，由于不仁而失天下。他提出民贵君轻的主张，认为君主必须重视人民。君主如有大过，臣下则谏之，如谏而不听可以易其位。至于像桀、纣一样的暴君，臣民可以起来诛灭之。他反对实行霸道，即用兼并战争去征服别的国家；而应该行仁政，争取民心的归附，以不战而服，也即他所说的"仁者无敌"，实行王道就可以无敌于天下。

荀子与儒学的深化。荀子（约公元前313—前238年）是先秦儒学最后形成阶段的集大成者，也为儒学转化为封建统治阶级主流思想创造了理论前提。

与孟子不同，荀子代表着儒学向朴素唯物主义的发展。荀子的思想，一是具有朴素唯物主义的属性，二是实现了与法家思想的结合。他肯定"天"的客观自然属性，指出"天"既不为尧存，也不为桀亡。他提出的"明于天人之分"的自然观，是其唯物主义思想的集中体现。他的两个学生韩非、李斯，都是战国末期著名的法家，为封建制度的建立作出很大贡献。

荀子的思想体系博大而丰富。他以孔子的继承人自居，但严厉批判孔孟学派。与孟子立足于心性之学的理论路径不同，荀子集中向外王之学的方向开掘。他在广泛研读诸子百家成果的基础上，围绕自然观、道德观、社会观、人性论、认识论等方面，都提出了深刻的见解。荀子更加重视经验及人事，重视"礼"与"法"的相互支撑作用，重视社会秩序，反对神秘主义，重视人为，倡导学习，主张"性恶"，反对"性善"。他认为，人与生俱来就想满足欲望，欲望得不到满足便会发生争执，因此人性有恶，需要圣王及礼法"化性起伪"。礼义道德教育的同时，须发挥法的惩戒作用。

荀子在后世的地位，虽不如孟子显赫，但在两千多年的封建社会中，实际发挥了重要作用。特别是在经学史上，先秦儒家经书得以流传下来，主要依靠荀子的传授。

道家学派的创立与发展。老庄的道家哲学，代表先秦时期辩证法思想的最高成就。

老子及道家学派的创立。老子（春秋末期人，生卒年不详）是道家哲学的创始人。他第一次建构了以"道"为核心的思想学说，把"道"作为最高的范畴，用以说明世界万物产生的根源及运动变化的规律。"道"这一最高范畴的提出，相比仅借喻自然的特殊实物（如水、木、金、火、土等），表明了对世界本源的认识的深化和抽象思维水平的提高，成为当时及后世中华思想中最重要的概念和范畴之一。但是老子关于"道"的基本思想属于客观唯心论哲学思想。老子提出的"道"是人无法感知、无法把握的神秘莫测之物；本质是无，而万事万物都是从无产生的；是绝对的、抽象的、纯精神的原则。

老子还提出了宇宙万物的生成模式和"道"在这一过程中所起的作用。"道生一，一生二，二生三，三生万物。""人法地，地法天，天法道，道法自然。"老子揭示了事物矛盾的普遍性和客观性，以及矛盾双方既对立又统一的相互依存关系。"祸兮，福之所倚；福兮，祸之所伏。"他也深刻表述了丰富的辩证法思想。"物壮则老。""兵强则灭，木强则折。"老子的辩证法思想，对中华民族的思维模式和人格养成产生了深远影响，是老子思想中最宝贵的部分。

老子提出了"无为而治"的政治哲学和避世隐世的人生哲学，这对中华思想也产生了重大而深远的影响。

庄子及道家学派的拓展。庄子（约公元前369—前286年）继承并发挥了老子的道家思想。

庄子提出了"物物者非物"的天道观，继承了老子的客观唯心论哲学。他强调，"道"虽然无形无象，却最具有实在性，是化生万物的第一性的精神本体。

庄子思想的主要特点，是突出阐述了相对主义的认识论。他以"道""齐万物"，处于不断转化中的万事万物，其性质和存在都是相对的，暂时的，都是"偏"，只有"道"才是绝对的，是"全"。不仅如此，庄子还主张"齐是非"。在他看来，世间根本就没有真是真非，是非观念原出于人们的"偏见"，即所谓"成心"。任何思想和言论的都是一偏，都是对"道"的亏损，故而必须以"道"齐是非。

从相对主义认识论出发，庄子走向了极端怀疑的不可知论。他认为只有愚蠢的人才自以为觉醒，自以为有知，其实在真正觉醒者看来，那分明就是白日做梦！从不可知论出发，庄子最终走向了"知其不可奈何而安之若命"的宿命论。

庄子将老子哲学发展到了一个新的阶段，并且由于其文风的"汪洋辟阖，仪态万方"[1]，对道家哲学的体系化、学理化作出了重大贡献，对后世中华思想及文化样态产生了深远影响。

名家学派的起源、形成与发展。春秋战国时期最引人注目的思想论战当属"名辩"。先秦诸子以"名实关系"为主题，展开了极富哲学意义的争鸣。

产生这场争鸣的历史背景，是由于当时正处于奴隶社会向封建社会转型时期，社会制度正在经历剧烈的变革，到处都在除旧布新，这就使得旧制度、旧事物与新制度、新事物在"名""实"关系上，出现了严重的偏差与矛盾。一些思想家从名实关系的辨察，进而发展到对概念的规定和分类，以至判断、推理等逻辑问题的研究。他们由此被称为"辩者"，汉代称之为"名家"。其代表人物是惠施（公元前390—前317年）和公孙龙

---

[1] 鲁迅：《汉文学史纲要》，人民文学出版社1973年版，第8页。

（约公元前320—前250年）。

与惠施相比，公孙龙的"离坚白"思想影响更大。他在论辩中非常善于揭露对方的矛盾，往往通过对事物的性质和概念的分析，强调它们之间的差别和独立性。他著名的辩题，是"白马非马论"。按照他的逻辑，"马"是形的概念，"白"是色的概念，"白马"是两个不同概念的结合，所以说"白马非马"。公孙龙的论辩，具有辩证法的因素，对于深化人的思维有益，但基本内核是相对主义的诡辩论，开了诡辩论的先河。

墨子及其基本主张。墨子（约公元前468—前376年）是春秋战国之际个体小生产者利益的思想代表，墨家学派创始人。

鉴于当时下层劳动人民"饥者不得食，寒者不得衣，劳者不得息"①的现实，墨子提出了"求兴天下之利，除天下之害"②的主张。这些主张，概括为尚贤、尚同、节用、节葬、非乐、非命、兼爱、非攻、天志、明鬼等十事，成为墨家政治学说的纲领。孟子称"杨墨"，且谓："能言距杨墨者，圣人之徒也。"③又谓："天下之言，不归于杨，则归于墨。"④足见孟子时"杨墨"极盛。且孟子明言三派鼎峙："逃墨必归于杨，逃杨必归于儒。归，斯受之而已矣。"⑤《庄子·天下》评论百家，首举墨翟。墨子思想在孟子之前已流行，在孟子时其势方盛，此后日渐扩张，终与儒学同为显学。

韩非子与法家思想的兴起。法家思想以韩非（约公元前280—前233年）为代表。以韩非为代表的法家思想讲求实效，"实效"主要是"人主"的利益最大化。法家适应了战国末期由

---

① 《墨子·非乐上》。
② 同上。
③ 《孟子·滕文公下》。
④ 同上。
⑤ 《孟子·尽心下》。

诸侯割据奴隶制社会向中央集权的封建制国家过渡的历史需要，对于解决时代问题，推进社会转型是有积极作用的，以韩非为代表的法家顺应转型的趋势，进而要完成这个转型。他们所做的就是废除政治上的分封制与经济上的井田制，推翻奴隶主贵族阶级政治统治，建立君主专制，代表了新兴地主阶级，也反映了普通人民群众的要求。这在中国历史上是一大进步。

但法家也有严重局限性。它以"强力"为前提，以君权至上为内容，以地主阶级的"功利"为目标，以"唯暴力论"为依据，从而又为统治阶级对劳动人民的横征暴敛、残酷压迫提供理论依据，因而在实行中必然会加速阶级矛盾的激化，反过来危及封建制度的巩固，从某种意义上说，秦王朝的迅速灭亡，同韩非、李斯等人的法家思想也是不可分的。

第二，素朴的唯物主义、辩证法思想和早期唯心主义、形而上学思想。

春秋时期素朴唯物主义与辩证法思想的增长。西周后期开始的社会变革，在春秋时期有了更大的发展。平民阶层力争突破血缘宗法制的束缚。"国人"和工匠的暴动、奴隶的逃亡和起义，在各国连续发生。春秋时期社会矛盾的发展，在统治阶级的政治家的思想中有所反映。大部分执政的卿大夫维护西周以来的传统"礼"制，即古老的法权形式，但也有一些比较开明的政治家，看到平民阶层力量的日益增长，主张作出适当的让步。在这种历史条件下，素朴唯物主义和辩证法思想滋长。

齐国的管仲（约公元前723—前645年）辅助齐桓公建立了齐国的霸业。他主张"仓廪实则知礼节，衣食足而知荣辱，上服度则六亲固；四维不张，国乃灭亡。"[1] 说明他仍然维护传统的"四维"，但为了"富国强兵"，争取做到"仓廪实""衣食

---

[1] 《管子·牧民》。

足"，他"与俗同好恶"，采取了对平民阶层（特别是商人）有利的政策。郑国的子产（约公元前 582—前 522 年）在执政时期，推出了不少政治改革措施，准许郑人"游于乡校，以论执政"①，还把成文法铸在金属器物上公布，因而不利于氏族贵族对法令的任意运用。与管仲相比，子产推行改革的魄力更大，但由于郑国积衰已久，不能形成齐桓公那样显赫的霸业。此外，齐国的晏婴在一定程度上也是传统礼制的拥护者，他曾经说"君令臣恭"的制度是"与天地并"的不可改变的东西，但他同时又主张调和君臣间不相同的利益，在君所论断的是非中，如果有可商榷的，应容许臣下补充修正，以达到"政平而不干，民无争心"的理想状态。② 以上三位政治人物的改革主张，实际上反映出春秋时期我国素朴唯物主义与辩证法思想的发展。

在春秋时期，阴阳五行说在理论上有所进步，已经有人通过天地对立的观念来考察五行。晋国的史官史墨和鲁国的展禽都提出天有三辰（日、月、星），地有五行；秦国的医和和周卿士单朝则认为，天有六气，地有五行，而六气和五行又有一定的关系。医和说："天有六气，降生五味，发为五色，征为五声，淫生六疾。六气曰阴、阳、风、雨、晦、明也；分为四时，序为五节。"③ 讲的是一种朴素唯物主义的自然观：气的流转，形成四季的变化，派生出事物的各种基本类型，并影响人体，呈现为不同的疾病。这些都被看作"数之常"，即自然的固有规律。应该说，五行说在这里已经和形式上扩大了的阴阳说（"六气"）结合为一了。在史墨的言论中，还可以看到辩证法的因素，如他答赵简子说："物生有两、有三、有五、有陪贰，故天有三辰，地有五行，体有左右，各有妃耦。王有公，诸侯有卿，皆有贰也。

---

① 《左传·襄公三十一年》。
② 《左传·昭公二十年》。
③ 《左传·昭公元年》。

天生季氏，以贰鲁侯，为日久矣。民之服焉，不宜宜乎？鲁君世从其失，季氏世修其勤，民忘君矣……社稷无常奉，君臣无常位，自古以然。故《诗》曰：'高岸为谷，深谷为陵。'"[1] 史墨公开认为，国家的兴亡，个人的地位，都不是永恒不变的，从古到今都是如此，所以鲁大夫季氏夺取公室政权是合理的事，并从民心的向背来说明"高岸为谷，深谷为陵"的历史发展的必然性，在当时实是一种大胆的言论。春秋时期开明的政治家，不少人是阴阳五行说的主张者。子产、晏子等把"天道"和"人道"、自然现象和人事的吉凶祸福区分开来，把自然的变异看作自然本身的运动，把人事的成败看作仅仅是人本身行为的结果。这在当时是具有进步意义的观点。

战国时期朴素唯物主义与辩证法思想的发展。战国（公元前480—前222年）初期，社会生产力有了迅速发展，铁制的生产工具得到比较广泛的应用。随着生产力的发展和阶级关系的变化，传统的礼制受到更加严重的冲击。特别值得注意的是"士"这一阶层的活跃，他们是脱离了宗族束缚的自由民，有些人从贵族中分化出来，有些人则出身于平民阶层。他们都受到各国统治者重视。"礼贤下士"的风气在当时很盛行。这些从各国汇集而来的"士"，可以评论执政者，也可以发表自己的学说。这是促成战国时期学术繁荣的重要原因。

孙武的朴素辩证法思想。《孙子兵法》是中国古代伟大的军事学著作，其作者相传为春秋末年的齐国人孙武，但今本《孙子兵法》十三篇带有明显的战国时期色彩。这部著作包含着宝贵的唯物主义认识论与朴素的辩证法思想。孙子强调，在设计战略和战术时，必须全面地考察客观条件（包括政治、经济、军队和自然环境），反对依赖于根本不存在的鬼神，如他说："明

---

[1] 《左传·昭公三十二年》。

君贤将所以动而胜人，成功出于众者，先知也。先知者，不可取于鬼神，不可象于事，不可验于度，必取于人，知敌之情者也。"① 他十分重视对敌我双方实际情况的全面而深入的了解："知己知彼，百战不殆；不知彼而知己，一胜一负；不知彼，不知己，每战必殆。"② 在孙子的军事思想中，朴素的唯物主义的认识论是与朴素的辩证法相结合的。孙子并不机械地看待客观的物质条件的作用，指出"胜可为也"③，即在客观条件的基础上去充分发挥主观能动作用，在作战中做到主动和灵活，可以争取胜利。他说："故善战者，求之于势，不责于人，故能择人而任势。任势者，其战人也，如转木石。"④ "势"即指挥上所造成的有利态势，掌握"势"即取得主动。《孙子兵法》中有不少地方提到矛盾的对立面的转化，例如："乱生于治，怯生于勇，弱生于强。治乱，数也；勇怯，势也；强弱，形也。"⑤ 这些论断都足见孙子在对战争规律的唯物认识与辩证理解上达到了相当高的水准。

第三，"礼"与"法"的斗争和"大一统"思想的提出。

"礼"与"法"的思想斗争，早在春秋中叶已经开始。代表奴隶主贵族利益的思想家，极力维护已摇摇欲坠的"礼"制传统，坚持依氏族宗法的界限来区别奴隶主贵族阶级和庶民阶级；而代表新兴地主阶级、阶层和其他新兴阶级、阶层利益的思想家，则高倡法治，主张不分贵贱，一律齐之于法。春秋后期的一些政治家，如郑大夫子产等，都可视为法家的先驱。战国前期的法家人物，分别在各国推动了变法运动，著名的代表有李悝、吴

---

① 《孙子·用间》。
② 《孙子·谋攻》。
③ 《孙子·虚实》。
④ 《孙子·势篇》。
⑤ 同上。

起、商鞅和申不害等。法家代表人物大都是向当时的守旧奴隶主贵族阶级进行斗争的政治家。早期法家侧重于政治思想与实践，而在哲学方面则缺乏完整的理论体系。只有战国末期的韩非，总结了法家的社会政治学说，为封建专制主义奠定了理论基础，成为法家的集大成者。

与围绕"礼""法"展开的思想斗争进程相配合，春秋战国时期关于"大一统"的进一步论述，也为秦统一中国作了舆论准备。"大一统"一词的正式提出，始见于《春秋公羊传》的隐公元年："何言乎'王正月'？大一统也。"何休注"大一统"曰："统者，始也，总系之辞。夫王者，始受命改制，布政施教于天下，自公侯至于庶人，自山川至于草木昆虫，莫不一一系于正月，故云政教之始。"① "大一统"就是强调受命改制的根基，即重视重建政统和法统的根本。可见，"大一统"一词最早主要是解释王朝更替的理论，是对王朝由以建立的理论基础所做的说明。后来，则进一步引申为国家在政治和文化上的高度统一。

"礼""法"斗争以韩非为代表的法家的全面兴起而宣告其结束。关于"大一统"观念的新论述，强化了法家的崛起，直接为秦汉政治制度的设计提供了蓝图与依据。

第四，礼治与法治思想和诸子百家学说对中华思想产生深远影响。

春秋战国时期作为中华思想的原创与形成阶段，对中华思想的深远影响主要表现在四个方面。

一是朴素的唯物主义和辩证法哲学思想及与它对立的唯心主义和形而上学哲学思想，对以后的中华古代哲学思想的发展产生了不可估量的影响。

二是以《周易》为中心的"有机宇宙论"与"象思维"的

---

① 《春秋公羊传注疏·隐公元年》。

建构，从整体上决定了后世中华思想的世界观、人生观与有别于西方以"形式逻辑"为主要特征的思维模式，对后世中华思想、美学、中医都产生了直接而深远的影响。

三是就中华本土思想而言，中国传统文化之"儒道互补"内在的理论架构在此一阶段业已形成，它从方法论层面陶铸了中国人"内儒外道"的人生修养理论乃至中国传统政治"儒道互补"的治理艺术。

四是就政治思想及政治制度的设计而言，由法家思想设计的中央集权的统一的封建专制主义政体在过去两千多年的历史长河中都是我国政治体制的主要形态，对于我国近代多民族统一国家的形成产生了直接的决定性影响，先秦思想家关于"大一统"的论述以及权力分配机制的论述都在秦汉时期落实到具体的政治制度的设计上，以先秦"大一统"思想为蓝图与依据的秦汉政治制度设计对于我国后世君权与相权的分立，我国古代文官制度与人才选拔制度都有发轫与引领之功。此则构成秦汉思想史的一个主题。

第三节　封建社会中华思想的发展阶段：封建社会前期"大一统"国家意识形态奠定及儒学经学化（秦汉）

封建制度确立促成"大一统"国家意识形态奠立及儒学经学化的启定。战国末期，形成齐、楚、燕、韩、赵、魏、秦七雄割据并立的局面。法家思想代替其他各家学说，被各诸侯国采用。秦政权是法家思想的直接产物。法家促进了奴隶社会向封建社会的转型进步，并建立了中国历史上第一个以封建君主专制为核心的中央集权封建制度国家。但是，法家过分强调实用性与功利性，未能及时地适应封建时代到来的新形势与新变化，未能适时地调整完善自己的政治主张，为黄老之学和儒学在新形势下的重新崛起提供了机会。这是秦祚不能长久的思想原因。汉代建立，对于秦亡的原因做出了深刻总结。一方面，汉承秦制，积极吸收了法家的所谓"霸道"。另一方面，"孔子为汉立法"，也开始利用儒家的所谓"王道"来为自己服务。到汉武帝时期，为适应建立政治上大一统王朝的需要，汉武帝采纳董仲舒等人的建议，"罢黜百家、独尊儒术"，从而确立起儒学的汉代国家意识形态的独尊与主导地位。

一 秦汉封建王朝与"大一统"国家意识形态的建立

公元前221年，秦统一中国，成为中国历史上第一个大一统封建王朝。在统一中国前后，秦始皇进行了系列改革，包括以中央集权制取代周朝的诸侯分封制、统一文字、统一度量衡等。他推崇法治，重用法家李斯为丞相，下令"焚诗书"，收缴天下兵器，役使70万人修筑阿房宫以及自己的陵墓。秦的暴政引发激烈反抗。公元前210年秦始皇病死于出巡途中。不久，秦亡。公元前202年，刘邦登基，定都长安（今陕西西安），西汉开始。

汉初，社会生产遭到严重破坏，统治者需要有一个相对稳定的局面，使人民得以休养生息，恢复和发展生产，以巩固刚刚建立的封建政权。刘邦要陆贾总结秦亡的教训，陆贾根据黄老思想，结合当时的社会情况，提出"事逾烦，天下逾乱；法逾滋，而奸逾炽"，"道大于无为"[1]。于是"黄老之学"受到重视。

"黄老之学"是战国时期的一个哲学及政治思想流派，假托黄帝和老子的思想，实为道家和法家思想的结合，并兼采阴阳、

---

[1]《新语·无为》。

儒、墨等观点而成。黄老之学强调"道生法",主张"是非有分,以法断之,虚静谨听,以法为符"。认为君主应"无为而治","省苛事,薄赋敛,毋夺民时"。"黄老之学"的主张,尤其是"无为而治"思想对汉初统治者影响很大。文帝、窦太后"好黄帝、老子言,景帝及诸窦皆读《老子》,尊其术"。在"黄老之学""无为而治""轻徭薄赋""约法省刑"的思想指导下,汉初的社会经济得到了恢复和发展。

汉武帝时期,经过长时期的休养生息,整个社会呈现出安定富裕的局面,黄老之学"无为而治"思想已不适应建立和巩固大一统国家的需要,儒学强调"文事武备",积极进取的特质,则顺应了时代的要求。

公元前134年(元光元年),武帝召集各地贤良方正文学之士到长安,亲自策问。董仲舒在对策中提出,《春秋》大一统是"天地之常经,古今之通谊",但现在师异道,人异论,百家之言宗旨各不相同,使统治思想不一致,法制数变,百家无所适从。他因而建议:"诸不在六艺之科、孔子之术者,皆绝其道,勿使并进。"董仲舒提出的大一统的思想,得到汉武帝赏识,于是他将不治儒家《五经》的太常博士一律罢黜,排斥百家之言于官学之外,提拔布衣出身的儒生公孙弘为丞相,优礼延揽儒生数百人,还批准为博士官置弟子五十人,根据成绩高下补郎中文学掌故,吏有通一艺者选拔担任重要职务。这就是历史上有名的"罢黜百家,独尊儒术"。从此,儒学成为中国封建社会的统治思想和官方意识形态,而道家等诸子学说则在政治上遭到贬黜。上述举措虽然不利于学术、思想和文化的发展,但有益于封建专制制度的加强和国家的统一。

"罢黜百家,独尊儒术"具有深远的影响和历史意义。秦王朝建立封建大一统的政治理论基础主要是法家思想。秦因暴政而遽亡,使法家思想面临重大挑战。汉兴,原本活跃于战国中晚期的黄老之学得到进一步发展。他们以道家思想为主并采纳了阴阳、儒、法、墨等学派的观点。到汉武帝时，黄老之术不再适应西汉政治、经济、思想和社会进一步发展和转型的需要，尤其是不适应建立政治上大一统的需要，于是有"罢黜百家、独尊儒术"，逐步确立起儒学的独尊与主导地位。此举对后世中国思想产生了极其深刻的影响。一方面，使汉代儒家经学得到重大发展，并被后世封建王朝奉为意识形态领域的正统思想，成为其封建专制统治的护身符；另一方面，严重禁锢了思想和学术自由，束缚了人们的思维创造，不利于思想文化的多元发展和社会进步。

二　德主刑辅和儒法合治的统治方略

汉武帝虽然使儒学定于一尊，但在实际统治中，采取的又是"习文法吏事，缘饰以儒学"的"阳儒阴法"方略，在"劝学修礼"的幌子下，把法家变为"酷吏"，以加强封建中央集权的国家机器。在汉武帝时代，"阳儒阴法"的治国策略已经初步形成。

武帝时期，儒法的结合还十分的表面化，效用也很有限。武帝倡导儒学，还限于对儒学粉饰太平的仪式和理论感兴趣，至于儒学教化人心的功能，轻徭薄赋、仁政爱民等主张，他还缺乏深刻认识，因而一概弃而不用。在骨子里，汉武帝还是偏爱法家申韩刑名之学。他的实际治国策略，明显偏于杀伐、苛察。武帝在位五十余年，先后任用14位丞相，其中5位因罪处死，4位死于狱中或自杀。

武帝之后，汉代治国策略才真正走向成熟，其标志是汉宣帝时明确提出的"霸、王道杂而用之"口号。霸道是法家主张，王道是儒家主张。霸、王道杂之的汉宣帝不仅本人持法严峻，以严厉手段打压那些议论朝政的臣子，而且所任用的也多是熟习并善用律法处理民间纠纷的人。

"阳儒阴法"的策略之所以是一种成熟的治国策略，一是由于它代表了一种兼容并蓄的政治态度，既避免了纯任儒家的迂腐柔弱，也避免了纯任法家的苛察严酷。二是表明汉统治者已经清楚认识到教化人心的重要性，是治国技巧更加圆熟的标志。三是表明汉代统治者已经告别传统儒家的空洞的政治理想主义，具有清醒的政治现实感。

三 《白虎通义》与两汉经学及其式微

汉武帝设立的五经博士均是今文经学博士。后来，出现了所谓的古文经，并在文字、思想、师说各方面都同今文经学派存在着严重分歧，双方因而展开了激烈的论争。西汉末东汉初，经今古文学之争达到了白热化程度。自西汉武帝时占统治地位的今文经学派，为保住自己的地位，亟须利用皇帝的权威制成定论，以压倒对方。董仲舒的《春秋繁露》提出一整套"天人感应"的神学目的论的唯心主义哲学体系，导致用神学解释经学之风愈刮愈烈。到西汉末东汉初，封建神学和庸俗经学的混合物谶纬迷信盛行起来，由于封建统治者的支持和提倡，迅速弥漫于学术思想领域。

为巩固封建统治，东汉章帝建初四年（公元79年），皇帝亲自主持和召集当时著名的博士、儒生在白虎观讨论五经之同异，以便使谶纬迷信和封建经典更好地结合，使神学经学化、经学神学化。博士、儒生纷纷陈述见解，章帝亲自裁决其经义奏议，后由班固等人整理编撰成《白虎通义》一书。《白虎通义》（又称《白虎通》《白虎通德论》）是今文经学的政治学说提要，广泛解释了封建社会一切政治制度和道德观念，成为当时封建统治阶级的神学、伦理学法典，尤其是书中提出的"君为臣纲，父为子纲，夫为妻纲"，为历史统治者所认同和大力倡导。

《白虎通义》用阴阳五行解释世界的一切事物，使阴阳五行成了人们认识与解释世界的思维模式和定式，但是，经学一旦发展为神学，它的生命力也就接近枯竭了。从这个意义讲，《白虎通义》宣告了经学的衰落，是经学走向没落与衰败的标志。

西汉末年，经学日益烦琐的趋势愈加强烈。东汉时期，古文经学战胜今文经学，成为经学的主流。东汉末年，混淆今古文的经学成为新的趋势。谶纬迷信使得经学越来越离弃理性的精神，读经也不再是做官的途径。三国时期，两汉经学彻底式微。中国的思想形态，开始转化为魏晋玄学。

四　唯物主义与反神学迷信思想

东汉初年，刘秀"宣布图谶于天下"，儒家谶纬之学遂成为东汉统治思想的重要组成部分。用人施政、重大决策，都要依谶纬决定。谶纬在东汉的流行，与汉代天人感应、阴阳灾异泛滥是分不开的。

谶纬之学对东汉政治、社会生活与思想学术均产生过重大的影响，在东汉末年渐衰。由于谶纬是人为制作的，可以被利用来散布改朝换代的政治预言，统治者逐渐认识到其中的危险，魏晋以后屡加禁止。隋炀帝正式禁毁谶纬后，谶纬之书大量散失。谶纬充斥着浓重的神学迷信因素，但含有许多天文、历数、地理等方面的古代自然科学知识。谶纬中的一些思想，也有其价值。像"君为臣纲，父为子纲，夫为妻纲"作为两千年中国君主专制社会的最高伦理规范，其最初的确切表达即是《白虎通义》从《礼纬含文嘉》中引来的。

谶纬迷信的流行，引起一些具有唯物主义思想的思想家的批评。扬雄和桓谭是两汉之际批评谶纬迷信的代表人物。他们都钻研古文经学，又深受当时黄老之学影响，这就形成了他们在学术上兼容儒家和道家思想的风格。

扬雄吸取《周易》和《老子》的理论，提出了"体自然"的基本命题。他说："夫作者贵其有循而体自然也，其所循也大，则其体也壮；其所循也小，则其体也瘠；其所循也直，则其体也浑；其所循也曲，则其体也散。故不攫所有，不强所无。譬诸身，增则赘，而割则亏，故质干在于自然。"① 这段话强调要在循"自然""体自然"上下功夫，承认"自然"是独立存在的，一切学说只有忠实地反映"自然"，才能成为真理。"攫"自然所本有，或者"强"自然所本无，妄事增减，则非"赘"即"亏"。当时有人反对扬雄"体自然"的观点，责问扬雄："雕刻众形者，匪天与？"创造万事万物的难道不是天吗？扬雄明确地回答说："吾于天与，见无为之为矣。""以其不雕刻也；如刻物而雕之，焉得力而给诸？"② 天是没有意志的，天道就是自然无为，没有什么造物的主宰者。有人引用项羽败于垓下临死时所说"非我用兵之罪，乃天亡我"，来证明天意的可畏。对此，扬雄分析说："汉屈群策，群策屈群力；楚群策，而自屈自力。屈人者克，自屈者负，天曷故焉？"③ 政权的得失在于人，群策群力就胜利，独断专行就失败，同天没有什么关系。扬雄对神仙方术也作了批评。他认为，神仙是不存在的，长生不死是不可能的，"有生者必有死，有死者必有终，自然之道也"④。他举例说，上至伏羲、神农，下至文王、孔子，没有一个人能够避免死亡的归宿，死是人所不可抗拒的"自然"规律。他指出，人活着应当努力追求知识，应以"耻一物之不知"作为自己的志向。如果一味贪生怕死，即使活着也是没有意义的。他要人们"以人占天"，不要"以天占人"，即根据人事以考察天的变化，

---

① 《太玄经·玄莹》。
② 《法言·问道》。
③ 《法言·重黎》。
④ 《法言·君子》。

不要用自然现象的变化来占卜人事吉凶。扬雄的思想还受到阴阳家的影响，他根据阴阳家的"历数"和易学的"象数"，提出了"玄"的范畴，并把"玄"作为宇宙的总根源，这就模糊了他对"自然"的解说。扬雄特别强调"九"的作用，他仿照《易纬》和孟喜、京房易学的卦气说，把世界上的一切事物和变化都塞进以"九"为基数的格式中，宣称天有"九天"、地有"九地"、人有"九人"、宗族有"九属"，等等。还认为任何一种社会现象都毫无例外地经历九个发展阶段：第一是思想动机；第二是反复思考；第三是形成意念；第四是流通发展；第五是彰明显著；第六是兴旺壮大；第七是停滞；第八是枯萎；第九是消失。在九个发展阶段中，"一至三者，贫贱而心劳；四至六者，富贵而尊高；七至九者，离咎而犯灾"[1]。他认为，从一到九，数越多，表面看起来顺利，实际上却潜藏着不顺利，数越小，表面看起来不顺利，而实际上却是顺利，所以，事物的生长与衰退，顺利与不顺利总是交替发生的。在象数的形式下流露出承认事物的发展变化和相互转化的思想。扬雄的伦理思想，以"性善恶混论"与"性善论"和"性恶论"相对立，强调人性好坏在于后天的努力，这是扬雄"体自然"之说在人性问题上的延展。

桓谭批评谶纬迷信，认为"非天故为作也"[2]。"故"是指原因、目的，没有意志和目的的天就是广袤的自然界。他列举许多事例批评各种虚妄和伪饰的言论。谶纬学家宣传说，鹳鸟是"天"的宝鸟，如果杀取此鸟，会引起天的震怒，而发出雷声。对此，桓谭辩驳说：人杀死鹳鸟和天打雷曾经在时间上先后发生，这只是偶然巧合，并不是"天"为了保护鹳鸟而故意打雷。[3] 桓谭认为，"阴阳之气"是产生天地万物的根源，万物的

---

[1] 《太玄经·太玄图》。
[2] 《新论·祛蔽》。
[3] 参见《新论·离事》。

生灭犹如四时的运行，是一种纯粹的自然过程，如果不按自然的本来面貌认识自然"变易其性"，而求助于天神之类的说教"求为异道"，那就是犯了迷不知返的错误。桓谭还提出了以形体为基础的形神一元论，认为形体是精神的基础，精神不能脱离形体而存在，如同烛光依赖烛脂一样，烛脂燃烧完毕，灯火无法复燃，人的形体衰老死亡，精神也随之消灭。人老如灯秃，人死如灯灭。这个烛火形神之喻，形象地说明了形亡神灭的观点，后为王充所直接继承。当然，桓谭的烛火形神之喻还不能完全彻底地说明精神现象的本质。

两汉时期唯物主义思想的集大成者是王充。《论衡》是王充的代表著作，也是中国历史上一部不朽的唯物主义的无神论著作。

王充的唯物主义的无神论思想可以概括为以下四点：第一，天自然无为。王充认为天和地都是无意志的自然的物质实体，宇宙万物的运动变化和事物的生成是自然无为的结果。他认为万物是由于物质性的"气"自然运动而生成的，"天地合气，万物自生"，生物间的相胜是因为各种生物筋力的强弱、气势的优劣和动作的巧便不同，并非天的有意安排，天不是什么有意志能祸福的人格神。第二，天不能故生人。王充认为天是自然，而人也是自然的产物，"人，物也；物，亦物也"，这样就割断了天人之间的联系。他发扬了荀子明于天人之分的唯物主义思想。他说："人不能以行感天，天亦不能随行而应人。"他认为社会的政治、道德与自然界的灾异无关，所谓"天人感应"的说法只是人们以自己的想法去比拟天的结果。第三，神灭无鬼。王充认为人有生即有死。人所以能生，由于他有精气血脉，而"人死血脉竭，竭而精气灭，灭而形体朽，朽而成灰土，何用为鬼？"他认为人死犹如火灭，火灭为何还能有光？他对于人的精神现象给予了唯物的解释，从而否定鬼的存在，破除了善恶报应的迷信思想。第四，今胜于古。王充反对"奉天法古"的思想，认为今人和古人相"齐"，今人与古人气禀相同，古今不异，没有根据说古人总是胜于今人，没有理由颂古非今。他认为汉比过去进步，汉在"百代之上"，因为汉在百代之后。这种见解与"天不变道亦不变"的思想是完全对立的。[①]

王充以他所理解道家的"自然无为"作立论宗旨，以"天"为天道观的最高范畴，以"气"为核心范畴，由元气、精气、和气等自然气化构成了庞大的宇宙生成模式，与"天人感应论"形成对立之势。其在主张生死自然、力倡薄葬，以及反叛神化儒学等方面彰显了道家的特质。他以事实验证言论，弥补了道家空说无着的缺陷。是汉代道家思想的重要传承者与发展者。

第四节　封建社会中华思想的发展阶段：封建社会前期以玄学为主流的哲学思想的兴起（魏晋南北朝）

魏晋南北朝时期的社会动乱促使以玄学为主流的哲学思想的兴起。魏晋南北朝时期的思想，在中华思想史上具有承前启后的重要地位。一是玄学思潮的兴起。玄学实际上是儒学式微之后道家思想的短暂兴起。老庄只是先秦"百家争鸣"中的一家，而道家思想对后世中国传统文化的影响力的真正确立与此一阶段代表性思想家对先秦道家思想的继承与拓展有着直接关系。二是佛学的传入和兴盛。佛教之所以传入和兴盛的大背景是两汉以降中国本土民族文化"主体性"意识衰落所致，但魏晋时期道家思

---

① 以上皆见《论衡》。

想的复兴实际上又为吸收佛教思想作了必要的理论准备。中国传统文化历来被称为儒、释、道三家之学，而在魏晋南北朝时期，儒释道"三者并立"的态势已初步形成。三是道教的产生和发展。与此同时，反玄学思潮和反佛教的无神论思想也在兴起和发展。此外，这一时期虽然战乱不断，大一统的中央集权遭到破坏，但一些有作为的政治家和思想家仍在为重建大一统的中央集权国家进行着不懈努力。

一 社会政治变动与玄学的兴起

东汉末年，在大规模农民起义的沉重打击下，刘汉政权趋于瓦解，统治阶级内部四分五裂，地主豪强拥兵自立，割据称雄，独霸一方，最后形成魏、蜀、吴三国鼎立的局面。公元220年曹操子曹丕取汉帝而代之，建立曹魏王朝。公元265年司马炎废魏帝自立，建立西晋王朝，但很快为北方民族所灭（公元316年）。从曹丕代汉到西晋灭亡，历时近一百年，这就是魏晋时期。

社会大动乱引起政治上的一个重要变化，即官僚选拔制度的改变：由汉代的乡举里选代之以"九品中正制"。它改变了汉代依据当地宗族乡党评议选拔人才的办法，在国家的直接控制下，由每州的"大中正主簿"和每郡的"中正功曹"来主持人物的评选。他们把当地的人物按"才能"分别评定为九等，供政府选用。曹魏当政时，人物的品评重在"才能"，"不计门第"。司马氏当政后，人物品评以"家世"为重，结果造成"上品无寒门，下品无势族"的局面，九品中正制完全变为豪强地主把持国家政权的工具。

社会政治的变化，在意识形态领域不能不有所反映，这就是玄学的兴起。随着经学的衰微，经学那套严格的"师法"和"家法"，因难于固守而开始被打破。汉末经学大师马融"学无常师",郑玄"本通儒,不执一",说明他们已经打破原来经学内部师承与家派的成见,走上了综合经今古文学的道路,开启了综合名、法、儒、道的魏晋玄学的先河。同时,东汉末年"品核公卿,裁量执政"的"清议"也为魏晋的玄学清谈所继承。由品评具体人物的"才性"问题过渡到关于抽象原则论辩的"玄理"问题是魏晋玄学的中心课题。

魏晋之际,关于才性问题的争论,有同、异、合、离四派不同的意见。关于才能与德性相互关系的讨论,表面上看起来很抽象,但是背后却隐藏着两大政治派别的残酷斗争。一个政治派系以曹魏宗室曹爽为中心,有夏侯玄、何晏、嵇康等人,他们都与曹魏宗室有亲戚或婚姻的关系,是才性论中的离异派。另一政治派系以儒学名门司马氏为中心,有傅嘏、钟会等人,他们是才性论中的合同派。依违于两个派系之间的有李丰、王广,他们也属于才性论中的离异派。

另一方面,魏晋玄学又是以《老子》《庄子》和《周易》(所谓"三玄")为主题的。《老》《庄》属道家,《周易》属儒家。于是,在儒道两家的关系问题上,也有同、异、合、离四派不同意见。何晏著《道德论》,论儒道"同";王弼论儒道"合"。无论主"同"主"合",都是援道入儒,用道释儒。裴頠著《崇有论》,论儒道"离",其用意在扬儒贬道。葛洪著《抱朴子》,论儒道"异",对两家学说持两可态度。

总之,关于才性和儒道的同异离合的争论,表明魏晋玄学已经摆脱汉代经学笺注的束缚,走上了综合名法儒道诸家的道路。这是汉代以来社会思潮转向的具体表现。

二 儒经的玄学化与反玄学思潮

魏晋玄学是魏晋时期出现的一种崇尚老庄的思潮。与世俗所谓玄学、玄虚实有不同,"玄"这一概念最早出现于《老子》:

"玄之又玄，众妙之门。"扬雄也讲玄，他在《太玄·玄摛》中说："玄者，幽摛万类，不见形者也。"王弼《老子指略》说："玄，谓之深者也。"玄学即是研究幽深玄远问题的学说。《老子》《庄子》和《周易》"三玄"中的《老子》《庄子》，被视为"玄宗"。魏晋玄学的主要代表人物有何晏、王弼、阮籍、嵇康、向秀、郭象等。其议题牵涉哲学各个领域，包括本体论、知识论、语言哲学、伦理学、美学等，都是前人未有触及或未能深入探讨的话题。

玄学在魏晋时期产生并发展为主流思潮，有它深刻的思想根源。

首先，魏晋玄学是在汉代儒学衰落的基础上，为弥补儒学不足而产生的。东汉末年黄巾起义摧毁东汉王朝，儒学也受到沉重打击。"旧居之庙（指孔庙），毁而不修，褒成之后，绝而莫继，阙里不闻讲颂之声，四时不睹蒸尝之位。"[①] 魏晋时期的统治阶级，必须建立新的理论。魏晋玄学以简约精致的思辨哲学而著称，一方面它在政治上继承了汉儒尊崇孔子的传统，另一方面在哲学上抛弃了汉代天人感应的神学目的论说教，而用改造了的老庄哲学对儒家名教作新的理论上的论证，从而调和了儒道，弥补了汉代儒学的不足。

其次，魏晋玄学是汉代道家思想黄老之学演变发展的产物。两汉时代除官方儒学外，道家思想也有很大发展。汉武帝独尊儒学之后，道家受到排斥，但道家思想并未因此窒息，而是作为官方儒学反对派继续得到发展。西汉末年的严遵、扬雄、桓谭，东汉的王充、仲长统等，都在不同程度上吸取了道家崇尚自然无为的思想。一般说来，汉代的道家思想有两个特点，一是崇尚自然无为，二是维护尊卑上下的等级制度（即名教）。魏晋玄学正是

---

① 《三国志·魏书·文帝纪》。

紧紧抓住了这两个特点，展开了自然与名教之辩，用道家的自然无为学说，论证贵贱等级制度的合理性，调和儒道两家思想。

最后，魏晋玄学是汉末魏初的清谈直接演变的产物。玄学被称为"谈玄"（清谈老庄）或"玄谈"。与汉末魏初清谈直接相关。汉末魏初的清谈，一般偏重于人物的品题和与人物品题有关的才性问题讨论。东汉末年外戚、宦官弄权，朝政腐败，一些地主阶级知识分子，各树朋党，互相吹嘘，以求取声名与官禄，臧否人物成为风气。之后，清谈由品评具体人物发展为讨论才性与圣人标准问题，从而产生了魏代的才性之学。刘邵的《人物志》提出，鉴察人物必须首先弄清人的材质，认为圣人具有"中和之质"的特点。"中和之质，必平淡无味，故能调成五材，变化应节。"刘劭的才性之学直探人物的本质，为魏晋玄学的产生开辟了道路。而何晏、王弼的玄学清谈比刘劭的清谈更进一步，从更抽象的角度，远离人物品题及才性等具体问题的讨论，跃进到宇宙观的高度，直探世界的本质，并用老子的虚无哲学来解释世界的本体，用老子的无为政治来补充儒家的名教之治。对以往清谈思想作出了重大发展。

玄学思想虽然继承了先秦的老庄哲学，实则与老庄哲学不尽相同。一是以"三玄"为主要研究对象。玄学家一般以研究《老子》与《庄子》为主，同时亦研究《周易》，并以《老子》《庄子》注解《周易》。王弼《周易注》与《周易略例》两书，是以老庄解《周易》的代表作。玄学家笔下的易学，已不是先秦时的易学，也不是汉儒象数学的易学，而是老庄化的玄学的易学。

二是以辩证"有无"问题为中心。魏晋玄学把老庄哲学中的"有无"当作中心课题。以何晏、王弼为代表的玄学贵无派把"无"当作世界的根本和世界统一性的基础。崇有论者裴𬱟则反对贵无思想，否认无能生有，认为有是自生的，自生之物以有为体。郭象也反对无能生有，提倡万物自生独化之说。他认为世界是由众多的具体物构成，"有"之外并不需要有一个"无"（绝对的无）作为自己存在的依据。但他把万物都看作是自生独化的，一切都独化于玄冥之境，表现出神秘主义倾向。

三是以探究世界本体为其哲学的基本内容。秦汉时期的哲学注重宇宙生成问题，魏晋玄学则主要讨论宇宙本体问题。玄学贵无派把"无"当作"有"的存在根据，提出了"以无为体"的本体论思想。他们认为，在形形色色的多样性的现象背后，必有一个同一的本体，否则多样性的现象就杂乱无章无以统一，并认为这个本体即是"无"。在他们看来，"有"不能作为自身存在的根据，"有"只能依赖于本体"无"才能存在。郭象既反对"无中生有"说，亦反对有必"以无为体"说，主张有之自生说，并认为"有"是各个独自存在的，不需要一个"无"作为自己的本体。

四是以解决名教与自然的关系问题为其哲学目的。先秦的老庄学以崇尚自然、反对名教（即儒家礼教）为基本特征，而魏晋玄学的老庄学，除了阮籍、嵇康之外，总的来说是以调和儒道、调和自然与名教为根本目的。王弼用以老解儒的方法注《周易》与《论语》，把儒道两者调和起来；他从本末有无的哲学理论出发，认为名教是"末"，自然（即"无"或"道"）是"本"，名教是自然的必然表现，两者是本末体用的关系，是统一的。郭象提出了名教即自然的理论，认为"圣人虽在庙堂之上，然其心无异于山林之中"，并把身在庙堂从事名教政务，然其心则逍遥无为，叫作"游外弘内"，所以道家的自然与儒家的名教是一致的。阮籍、嵇康的老庄学与王弼、郭象的玄学有所不同，表现了反儒的倾向。嵇康声称"每非汤武，而薄周孔"，提出了"越名教而任自然"的主张。阮籍讽刺儒家之徒是处于裤裆中的虱子，"行不敢离缝际，动不敢出裤裆，自以为得绝墨也"。然而阮籍、嵇康反儒主要是反对当时司马氏集团宣扬的虚伪的儒家礼教，他们并不反对维护封建纲常的名教，所以又都各自强调儒家礼乐的作用，认为真正的礼乐教化可以达到移风易俗的目的。

五是以"得意忘言"为方法。玄学的主要代表王弼、郭象等针对汉儒支离烦琐的解释方法，强调在论证问题时应注意把握义理，反对执着言、象，提出"得意忘言""寄言出意"的方法。但在魏晋时期，对言意关系的理解分歧较大，大致有以下三种观点：一为荀粲的"言不尽意"论。认为儒家经典都是圣人之秕糠，如象外之意，系表之言，蕴而不出，因此言不能尽意。二为王弼的"得意忘言"论。强调认识问题主要是把握义理，而不必执着言象。这对提高理论思维水平有一定的积极意义，但也有否认言、象在深化义理认识中作用的倾向。三为欧阳建的"言尽意论"。认为理得于心，非言不畅；物定于彼，非名不辨，主张言能尽意。这是在言意问题上的唯物主义观点。

六是以"辨名析理"为其哲学的思维形式。魏晋玄学家重名理之辩，善作概念的分析与推理，因此玄学的思辨性很强，辨析名理成为玄学哲学思维形式的基本特征之一。

从历史上看，魏晋玄学风行一时，反对玄学的各种思想也不断出现。其中有自然科学家，有儒家、道家和杂家的学者，如杨泉、裴頠、欧阳建、鲁褒、鲍敬言等人，他们虽然出发点不同，但都对玄学的基本命题和思想进行了严正批判。杨泉著《物理论》，认为天地万物莫不由"气"组成。这种观点否定了王弼等人的"以无为本"的本体论。西晋裴頠著《崇有论》，反对王弼等人的"贵无"说。他认为绝对的"无"是不可能生出任何东西来的，万物都是自生自长的。鲍敬言著《天君论》，抨击玄学的"名教本于自然"之说，认为世界是由阴阳二气构成的，天地万物、人类都统一于原始物质"元气"。

反玄学思想在魏晋时代出现，具有历史的必然性。其一，从社会历史背景的角度看，一种新的学术思想的出现一定有其时代的要求，反玄学思想也不例外。魏晋时期，门阀士族地主阶级的统治地位进一步得到巩固，但同时却加深了地主阶级和农民阶级之间的矛盾，而士族内部不同政治集团之间的争夺权利的斗争也十分尖锐。门阀士族是一个十分腐朽的阶层，当时一些大士族都是膏田万顷，奴婢成群，过着极端奢侈、豪华的腐化生活，但在表面上又装出一副对物质欲望十分淡薄和清高的样子，高唱"无为""无欲"调子。另外，一些在政治斗争中失意的士大夫也标榜崇尚虚无，以逃避现实的复杂政治斗争。因此，正始年间发展起来的玄学到西晋时期有了进一步的发展，而其流弊以至于不务正事、不尊礼教，造成一种"口谈浮虚，不遵礼法，尸禄耽宠，仕不事事"的社会风气。这种状况引起人们的不满，即使在统治阶级内部也有一些人为这种社会风气担忧而加以反对。于是，一大批进步的思想家对玄学思想进行了尖锐的批判。其二，魏晋反玄学思想是对玄学思想的否定。反玄学的思想也有思想自身发展的原因。玄学的弱点，在当时就引起一些名士的反省和反对者的批评。西晋时石勒破晋，名士王衍为石勒所俘，他在被杀前说："向若不祖尚浮虚，勠力以匡天下，犹可不至今日。"东晋王羲之也说："虚谈废务，浮文妨要，恐非当今所宜。"他们总结的教训是深刻的，所谓"清谈误国"，正是指玄学"祖尚浮虚"，即"议而不治"、脱离实际的学风。反玄学思想家们正是针对这样的不足提出他们的看法的。

三　佛教大规模的传入及其对中华传统思想的影响

公元前3世纪，阿育王就开始派遣传教师到四方传布佛教，有使者曾经远达埃及、希腊。两汉之际，佛教正式传入中国。

佛教的流传影响了中华传统思想，它的哲学思想和艺术形式与中华传统文化相结合形成有别于印度佛教文化的中华本土佛教文化，从而进一步丰富了中华传统思想文化的内容和形式。

魏晋南北朝时期的玄学，其先作为佛教般若学传播的媒介，其后与般若学交融汇合最终为般若学所取代。隋唐二代，佛教哲学的宇宙生成论、本体论、认识论和心性论在这一整个时期哲学理论中占重要地位，丰富和发展了中国古代哲学，影响和改变了尔后中国古代哲学的发展进程和面貌。中国佛教哲学的神不灭论和一切皆空的学说虽受到宋明理学家斥责，但是它的心性学说等又为理学家所吸取。佛教哲学和中国哲学相互影响、吸取，又相互挑战、斗争，彼此错综，交参互涵。佛教哲学在和中国哲学相互激荡中日益民族化、中国化，从而成为中国的一种宗教哲学。[1]

四 道教的产生、发展和传播

道教是中国土生土长的宗教，经过长期的历史发展而形成。道教最早可追溯到上古时期的崇敬自然与鬼神，从最早的人神沟通的占卜等多种方术，逐渐演变成殷周时期的祭祀上天和祖先。

鬼神崇敬早在原始社会甚至之前的洪荒时期便已存在。东汉末年，由于战乱以及汉朝统治的崩溃，导致社会对宗教产生急迫的需求。于是，不仅儒学逐渐宗教化，而且佛教也逐渐露头。传统的鬼神崇敬、神仙追慕、阴阳术数，与黄老思潮逐渐融合，道教教派应运而生。后世道教所以成为多神教，即源于上古之鬼神信仰。后世道教作斋醮法事，亦与鬼神祭祀礼仪和礼制有密不可分的关系。夏商周三代的礼乐文明，有相当一部分被道教保存下来。

作为道教最终形成的两个标志性事件：一是《太平经》的

---

[1] 参见方立天《中国佛教与传统文化》，上海人民出版社 1988 年版。

流传，二是张道陵的五斗米道（天师道）的出现。汉顺帝时（公元126—144年），《太平经》得到广泛传播。到汉灵帝时，张角奉《太平经》传教，号为太平道，信徒遍布天下九州，已经颇有影响。后来，黄巾起义失败，太平道日趋衰微。同样在顺帝时，张道陵学道于蜀郡鹤鸣山，招徒传教，称五斗米道。其子张衡、其孙张鲁保使得五斗米道的影响播于海内，遂发展为道教正宗天师道。

两晋南北朝时期，随着炼丹术的盛行和相关理论的深化，道教获得很大发展。道教吸取当时风行的玄学，丰富了自己的理论。东晋建武元年，葛洪对战国以来的神仙家理论进行了系统论述，写作了《抱朴子》，是道教理论的第一次系统化，丰富了道教的思想内容。南北朝时，寇谦之在北魏太武帝支持下建立了"北天师道"，陆修静建立了"南天师道"。

五 重建"大一统"主流意识的努力与唯物主义无神论思想的产生

曹操追求"大一统"努力的政治实践。曹操是三国时期的著名政治家、军事家，也是成就不凡的诗人，一生功勋卓著。

东汉末年，军阀割据，曹操抱着匡扶社稷的大一统思想，一生致力于使国家归于统一。他曾说："设使国家无有孤，不知几人称帝，几人称王。"[①] 在其诗《短歌行》中，他说："周公吐哺，天下归心。"一方面表明对于人才的渴望，另一方面则自比周公，暗示匡扶社稷、维护统一的政治抱负。为此，他对北方各军阀展开了统一战争。在联军征讨董卓的过程中，联军内部因为利益冲突起了内讧，此时袁绍与韩馥密谋预立幽州牧刘虞为帝，他们同时希望获得曹操支持。但曹操坚决拒绝。"未有昌邑亡国

[①]《三国志·魏书·武帝纪》裴松之注引《魏武故事》。

之衅,而一旦改易,天下其孰安之?诸君北面,我自西向。"①曹操仍然拥护还在西京长安的汉献帝,体现了心系天下安危、忠君以求统一的思想。建安元年(196年),曹操迎接天子,从此开始了"奉天子以令不臣"和"吾起义兵诛暴乱"的道路。

之所以迎接天子,在于在人民心目中,天子代表着天下之大义与大德。换言之,天子是大一统的政治代表。曹操很清楚这一点,因此将献帝迎接到自己的势力范围内安置。此后,曹操便充分利用天子之名、正朔之位,控制四方天下,目的即在于实现统一,归乎大一统。早期曹操手下的一大批士族幕僚,都是忠于汉室之人。曹操尊崇儒学,扮演一个忠心于大汉的臣子形象。至于曹操对献帝的不臣之心与举动,显然都与统一国家的目标无关,只是最高主宰由刘氏换做曹氏而已。后世封建史家保持正统观念,以此攻击曹操,实则没有道理。不过,曹操僭越于天子之上,也说明所谓的礼制与道德已经在这个时期消失。社会与国家的大分裂、大动荡,使得礼制与道德显得愈加不合时宜。异端思想对于儒学的冲击,与社会环境的改变互为表里,但国家向着统一发展的大方向丝毫没有改变。

北魏孝文帝拓跋宏追求"大一统"努力的政治实践。孝文帝的改革是北魏政治、经济发展以及鲜卑族进一步封建化的必然结果。改革促进了北魏政治、经济发展,体现了民族融合的巨大作用。鲜卑族用武力征服汉族及其他少数民族,文化上却被汉族所征服,吸收了汉文化精华,更加促进自身发展,巩固了封建统治。同时汉族也吸收了鲜卑族文化中优秀的部分,使自己的发展更为完善。

北魏孝文帝追求"大一统"的政治实践同样有利于我国的民族大融合,有利于少数民族经济发展,有利于少数民族从奴隶

---

① 《三国志·魏书·武帝纪》裴松之注引《魏书》。

制向封建制过渡，有利于北方经济的恢复和发展。鲜卑族最终汇入中华民族的大家庭。

范缜的"神灭论"唯物主义思想。范缜是南北朝时期著名的唯物主义思想家、杰出的无神论者。范缜的哲学著作《神灭论》继承和发扬了荀况、王充等人的唯物论思想，是中国古代思想发展史上具有划时代意义的不朽作品。

范缜生活在南朝佛教兴盛的时代。轮回报应的宗教思想，存在于社会的各个角落。唐朝诗人杜牧《江南春》一诗曾生动地勾画出当时信佛的景象："南朝四百八十寺，多少楼台烟雨中。"大量的人力物力用在佛寺僧塔的修建之中。统治阶级中一些上层人物，也信仰佛教。齐竟陵王萧子良，在府邸聚会名僧，讲论佛典，自东晋以来所未有。他甚至不惜有失宰相的身份，亲自为僧侣端茶上菜。萧子良还有交游宾客，聚会文学名士的雅好。他在京都鸡笼山西邸官舍礼贤纳士，萧衍（即梁武帝）、沈约等"八友"以及范缜等士人，都游于其门。这些名士，多是佛门信徒。笃信因果报应，认为前世、今世所行的善或恶，在来世必然要得到富贵或贫贱的报应。唯有范缜对此嗤之以鼻，大唱反调，盛称无佛。齐永明七年（489年），以竟陵王萧子良为首的佛门信徒与范缜展开了一场大论战。萧子良问范缜："你不信因果报应，那么为什么会有富贵贫贱？"范缜说："人生如同树上的花同时开放，随风飘落，有的花瓣由于风拂帘帷而飘落在厅屋内，留在茵席上；有的花瓣则因篱笆的遮挡而掉进粪坑。殿下就犹如留在茵席上的花瓣，下官就是落于粪坑的花瓣。贵贱虽然不同，但哪有什么因果报应呢？"萧子良不能驳倒范缜答辩，无言以对。经过交锋，范缜觉得有必要将自己无神论的观点加以系统阐述，遂写出著名的《神灭论》。

范缜简明扼要地概括了无神论与有神论争论的核心问题，即形与神之间的关系。《神灭论》一开始就提出了"形神相即"的观点。"形即神也,神即形也。"所谓"形"是形体,"神"是精神,"即"就是密不可分。范缜认为,精神与形体不可分离,形体存在,精神才存在;形体衰亡,精神也归于消灭。在范缜看来,形体和精神是既有区别又有联系的不能分离的统一体,即两者"名殊而体一",或曰"形神不二"。

范缜在"形神相即""不得相异"的基础上,进一步提出了"形质神用"的著名论点。他写道:"形者神之质,神者形之用,是则形称其质,神言其用,形之与神,不得相异也。"认为形体是精神的质体,精神是形体的作用;两者不能分离。他打比喻说:"神之于质,犹利之于刃;形之于用,犹刃之于利。利之名非刃也,刃之名非利也;然而舍利无刃,舍刃无利,未闻刃没而利存,岂容形亡而神在?"这就是说,精神与肉体之间的关系,就像刀刃与刀刃的锋利之间的关系,锋利指的不是刀刃,刀刃指的也不是锋利。然而,离开刀刃就无所谓锋利,离开锋利也无所谓刀刃。既然从未听说过刀刃没有了而锋利还存在的,怎么能说肉体死亡后而精神还能存在呢?这就有力证明了精神对形体的不可分割的依赖关系。

范缜对"质"和"用"的范畴也给予了深入浅出的论证。他提出,不同的"质"有不同的"用",而且精神作用只是活人的特有属性,宣扬佛教的人以树木和人为例,说人和树木同是质体,但人有知觉,树木则没有,可见树木只有一种性质,人有两种性质,所以人的精神可以离开形体而独立存在。范缜说:"人之质,质有知也;木之质,质无知也。人之质非木质也;木之质非人质也。安有如木之质而复有异木之知?"所以,质的不同,决定了人的"有知"和木的"无知",即特定的质体具有其特定的作用,不可混为一谈。

范缜还从发展、变化的观点阐述了质与用、形与神之间不可分割的关系。他驳斥了佛教徒对"生形"与"死形""荣木"

与"枯木"之间区别的故意混淆,说:"生形之非死形,死形之非生形,区已革矣!"人从生到死,木从荣到枯,形体发生了根本的变化,所以质的作用也随之变化。随着人的死亡,精神活动也停止消失了。

范缜不仅指出了"用"随"质"变,而且辩证地认为物体的变化有其内在的规律性。如人的生死,必是先生后死;木的荣枯,必是先荣后枯,顺序不可颠倒。他还认为,事物的变化有突变和渐变两种形式。突然发生的事物,如暴风骤雨,必然突然消失;逐渐发生的,如动植物,必然逐渐消灭。他总结说:"有欻有渐,物之理也。"认为突变和渐变是客观事物自身的发展规律。

范缜在对形神关系作深入探讨时,还把人的精神活动分为互相连接的两个阶段,把人的生理器官看作精神活动的物质基础。所谓精神活动的两个阶段:一是"痛痒之知"(感觉),二是"是非之知"(思维);两者的区别是"浅则为知,深则为虑";两者又属于人的精神活动的整体之中,即"手足虽异,总为一人;是非痛痒,虽变有异,亦总为一神矣"。他认为,口、眼、耳、鼻、手足担负着不同的感知职能;由于科学水平的限制,他还不了解大脑的作用,错误地认为"是非之虑"由"心器所主"。范缜在神灭论的最后部分,写道:佛教损害了国政,僧尼败坏了民俗。佞佛如同骤起的狂风迷雾,弛荡不休。我有感于这一弊端,渴望拯救沉溺于佛教的人们。

范缜的唯物主义思想意在回应外来佛教的文化挑战,它与汉魏以来曹操等人追求"大一统"努力的政治实践相互配合,同样构成了中国古代思想发展的一条内在脉络。

魏晋南北朝思想在中华思想史上具有一定的作用及地位。魏晋南北朝时期的核心主题是"玄学"的兴起与"佛教"的传入,二者都属于中国思想史上的标志性事件。就"玄学"而言,这是在两汉儒家经学失去政治扶持以后,出现的一股以标榜老庄并且会通孔老为方向的道家思想复兴运动，跟先秦儒道冲突不同，此种"玄学"思潮虽宗老庄，但并不否定"圣人"，表明调和儒道矛盾的特点，而道家对后世中国文化的影响力的真正确立由此开始。同时，由于注重德性的儒家一直是中华思想主流，这个传统从中国上古沟洫农业与中国上古巫术到三代礼治思想的确立便已显示其鲜明的倾向性，故魏晋时期"玄学"的兴起实乃中华传统思想"儒道互补"结构形成的一个不可或缺的重要环节，离开此环节，老庄对后世中华传统思想影响力的确立与本土思想"儒道互补"结构的形成都可能成问题。就"佛教"传入而言，汉末谶纬迷信盛行，本土民族文化主体性式微，使得佛教具有了入华的社会历史条件。魏晋玄学的兴起，玄学之玄理、玄智实可通般若智慧，为佛教传入做了理论对接的准备。佛教传入中土后融入本土文化并产生了体现不同于传统儒道思想的新思想，并且与本土思想并立共存，这说明了中国本土文化的开放性、包容性与会通性。佛教传入并成为中华传统文化的三大主干思想资源之一，足见南北朝时期佛教传入对后世中华传统思想直接而深远的影响。南北朝时期反对唯心主义玄学和有神论的唯物主义和无神论思想是中华优秀传统思想的精华。

第五节　封建社会中华思想的发展阶段：封建社会中期"大一统"意识形态的强化与佛教中国化（隋唐）

多民族国家的统一促成"大一统"主流意识形态的强化与儒释道"三者并立"。隋唐时期思想领域的主要特点，一是从先秦时期传承下来的"大一统"意识形态，再次在主流位置上得到重建；二是外来的佛教信仰得以中国化，与中国本土的儒家思想及后期的道教思想鼎立，形成儒释道"三者并立"的局面。与之同时，思想领域的斗争呈现新特点，唯物主义和无神论思想得到发展，取得了具有世界性影响的巨大成就。

一　多民族国家的重建与文化昌盛

分裂以及多民族的交融互动，是隋朝建立以前近三百年历史的基本特点。分裂与中华民族以大一统为旨归的特质不符，与社会人心相背，不是中国历史的正常状态。因此，尽管历时长远，但走向统一，成为历史的必然归宿。

多民族交融互动是伴随着冲突与战乱进行的。冲突与战乱给人民带来极大灾难，严重破坏了国家安定与社会发展，但在客观上也促进人民的迁徙、交往与交流。从十六国到南北朝，正是中国封建社会中期全国性的民族大交流、大融合时期，也是阶级斗争与民族交融相互纠缠、社会阶级大分化大重组的时期。

隋朝的建立，满足了大一统的社会需要，符合人民的愿望与历史发展的内在要求，民族融合融化由此终于有了一个重要的阶段性积极成果。唐朝以超出秦汉的庞大版图，进一步顺应历史发展规律与人心所向，巩固、发展了大一统政治局面和成果。在此基础上，唐朝迎来两汉之后新的更高阶段与水平上的文化昌盛，在当时的世界上处于领先地位。

由于民族血缘关系以及社会关系的深度交流与融合，隋唐两朝统治者均采取开明、开放、包容的民族政策，但汉文化无论在政治还是在思想意识以及内在心理上，都居于绝对主导地位。

隋朝的开国皇帝隋文帝杨坚（公元541—604年）统治期间，出现了政治清明、耕地扩大、农作物产量提高、经济富足的局面，被称为"开皇之治"。由于杨坚时期奠定了雄厚基础，尽管他的继任者隋炀帝杨广（公元569—618年）横征暴敛、发动战争，导致民不聊生，在激烈的阶级斗争所导致的大规模农民起义中，使得仅仅存在几十年的隋朝便覆亡了，但大一统的国家整体局面已经不可动摇，这为唐朝建立后大一统国家的繁荣发展，奠定了稳固的政治、经济、文化、思想与心理基础。

唐朝的历史以755—763年安禄山、史思明发动的安史之乱为分界线，前期是昌盛期，后期是衰亡期。在唐朝前期，特别是在唐太宗李世民（公元599—649年）时期，出现了空前繁荣的"贞观之治"。到唐玄宗开元年间（公元713—741年），又出现了"开元之治"。唐朝成为亚洲经济文化交流的中心。唐朝建立后的一百余年间，国强民富，人口大幅增长，疆域辽阔，经济繁荣。"但是，唐王朝后来的统治者渐渐忘乎所以，沉醉于声色犬马，唐玄宗'春宵苦短日高起，从此君王不早朝'，各级官吏贪污贿赂成风，结果'渔阳鼙鼓动地来，惊破霓裳羽衣曲'，发生了安史之乱，唐王朝也就从兴盛走向衰落，最后王仙芝、黄巢起义攻下长安，不久唐王朝就寿终正寝了。"[①]

隋唐时期，主要是在唐朝开国的前一百多年间，中国封建时代的文化达到了前所未有的繁荣昌盛局面。其中对后世影响最大的是诗歌创作。唐诗是中国古代诗歌创作的巅峰，其成就之大、影响之广、流传之远，举世公认。清人所编《全唐诗》收录两千两百多位唐代诗人的四万八千九百多首诗，这在世界诗歌史上是绝无仅有的。

唐代的古文写作，同样成就巨大，其中韩愈（公元768—824年）、柳宗元（公元773—819年）倡导的古文运动，对后世产生了极大影响。隋唐时期的绘画、书法、音乐、舞蹈以及石窟

[①] 人民日报评论部：《习近平讲故事》，人民出版社2017年版，第20页。

艺术，均达到了非常高超的水平。在科学技术方面，隋唐时期同样成就非凡。隋炀帝下令开掘建造的大运河，给人民带来了巨大苦难，但对于商品流通、经济发展乃至民族与文化融合，又具有很大的积极意义。大运河在科技史上，也展示出高超的水平。隋唐时期在天文、历法、算学、药学、造桥与造船方面的技术发明，都有非凡成就。科技的发展，为唯物主义和辩证法思想提供了依据。

学术与学术思想方面，隋唐时期均取得了骄人的成就。经学、历史学、地理学、音韵学、目录学、翻译学的成就对后世影响极大。唐代不仅首次正式设立了官修正史的制度，而且出现了《通典》《史通》等具有里程碑意义的经典著作。

隋唐时期繁荣昌盛的文化成就，对中国乃至世界产生了重大影响。直到今天，中国人还以穿"唐装"来代表优秀传统文化。

二 儒释道"三者并立"及其矛盾与融合

隋唐时期在中华思想发展史上出现的最重大变化，是儒释道"三者并立"。这"三者"经过长期的矛盾、斗争、竞争与交流，到隋唐终于有了一个结果，即"并立"。

所谓"三者"，是指儒、释、道。儒既指孔子创立的学说体系，也指宗奉孔子学说、传播儒家思想的学派。儒家学说并不属于宗教，但由于它具有强大的教化功能，因此也被称作"儒教"，与"释""道"两家纯粹的宗教体系并列。其实，"儒教"既不具有神信仰的属性，也不具备宗教性的仪轨形式，只是以儒家学说为教化。近代以来，有人试图把儒家改造为宗教，称为"国教"，但没有成功。还有学者论证儒家就是宗教，也没有被学术界所接受。本书依据语境的不同，有时也会把儒学"约定俗成"地称作儒教，但不认为儒学是宗教。儒释道被称为"三教并立"，实际上只是儒学加"两教"，故本书改称为儒释道

"三者并立"或"三家并立"。

"道"有"道学""道教"两义。道学是思想与哲学派别，道教则是中国本土宗教。道学与道教密不可分，但道教之学时常也叫道学，这要视语境而定。东汉末年农民战争之后，道教有了新的变化与发展，主要是加强了理论包装，改革了相关制度，道教的形态由原始道教过渡到神仙道教。这样一来，道教的性质也就改变了。本来，它是民众反抗封建统治的工具，却逐渐向与封建政权勾连的方向转变，由下层人民群众的风俗习惯、素朴信仰日益变成麻醉人民群众的精神鸦片。到隋唐时期，道教势力大增，不仅组织强大，宫观遍布全国，而且对道教的研究也蔚然成风，道教学者辈出，道教理论得到大发展。

与儒、道土生土长于中国不同，外来的佛教要在中国扎根，必须适应中国土壤，实现本土化。经过长期而曲折的调适过程，隋唐时期，佛教终于产生出许多具有中国本土特色的教派，具有了与儒道抗衡的强大实力，彻底改变了思想领域的局面。

与统治阶级紧密结合、竭力为封建统治服务，是儒释道的共同特点。不过由于三者的功能定位不同，社会作用不同，因此在帮助统治阶级统治劳动人民的方式方法上，这三者的表现也不同。为此，儒释道三者之间既客观上相互配合，主观上又相互斗争。儒家与封建统治的联系最直接，基本垄断了封建地主阶级中的官僚集团，掌握着行政大权和官僚队伍。道家虽然起于民间，但升入士族后，便非常重视在禁中与民间同时培养信徒与信众，利用本土的传统风俗习尚，以诊病问药为工具，以出世做神仙为标榜，尽力发挥社会与政治的双重功能。佛教则专门针对儒道两家相对不擅长的精神世界与思辨形式发挥作用，以其能够使人在幻想中达到幸福彼岸的严密的颠倒性意识力量，在社会各阶级、各阶层中取得生存与强盛基础。虽然它们三者都是封建统治的有力工具，同属封建统治阶级的阵营，相互斗争起来却也是异常激烈的。

隋唐之前，儒释道三者已经发生激烈的辩论与斗争。隋唐时期，这种斗争依然十分激烈。但总体上，在激烈的斗争中，三者都强化了自身的建设，在吸收借鉴对方的特长中突出了自身的主体性，客观上形成了各自不同的领域分工，即所谓"以佛修心、以道养身、以儒治世"的分工格局，这是三者能够形成并立局面的基本前提。

儒释道三者并立局面的形成，本质上反映的是封建政治统治体系的完善与巩固。三者激烈斗争的过程，就是将封建政治统治体系编织得更加精密化、严密化的过程。从斗争的内容看，无论是儒学与佛教在政治上的斗争，还是道教与佛教在教义教理上的激辩，抑或道儒之间的统治方式之争，都是在"君权至上"的共同原则下进行的。这样一来，斗争的过程，也就成为优选统治方略的过程。结果是，三者以三足鼎立的形式，共同成为封建统治的支撑力量，三者也因此而各守本体、各获其益，成为封建统治不可或缺的肢体与爪牙。

在中华思想史上，儒释道三者从并立到合一发展演变的过程，是一个重大的线索，对中国社会与文化的演变具有重大影响，反映了中国社会乃至中华思想许多独有的特点。

三者并立局面的形成，是与隋唐时期统治阶级对儒释道三者采取的政策分不开的。这一时期，封建等级秩序处于再重组的过程中。魏晋以来旧的名门大族，开始没落。因此，隋唐两朝的统治政策，也发生了变化。隋朝开明的宗教政策为佛教发展提供了良好的条件和可能。唐朝的情况则复杂得多。唐高祖试图限制佛教，但未及系统实施。唐太宗李世民则以儒家思想为本，竭力将佛道二教纳入儒家尊君的轨道。太宗之后，高宗、中宗、睿宗、武则天均信佛法。武则天及其子中宗尤以佞佛闻名。唐玄宗则是道教迷，收紧了佛教政策。道教进入全盛期，佛教特权明显下滑。其后，诸帝仍奉佛法。唐宪宗元和十四年（公元819年），皇帝下诏遣使臣到凤翔法门寺迎取佛骨到京城安放，于是发生了著名的韩愈上表反对的事件。多年后，唐懿宗十四年，还发生过一次迎佛骨事件。唐武宗即位后，佛教经历最为沉重的打击，史称"会昌法难"。这虽是佛教的一场灾难，但从反面见证了其势力的强大。武宗灭佛后，继任的宣宗一即位便大复佛寺。因此，佛教势力仍然很强，统治阶级继续扶植和利用佛教。总之，虽有安史、会昌两场灾难，但总体上，佛教兴旺是隋唐两朝的显著特征。

佛教的兴旺遭到来自儒家阵营的统治集团的深深担忧。早在唐高祖时，太史令傅奕就数次上书，请求去除佛教，但遭到佞佛势力的反对。这说明，在对待佛教的态度上，统治阶级集团内部发生了分裂，支持与反对佛教的势力形成了对峙的局面。傅奕好老庄、尊儒学，他的上疏反映了儒道对佛教的斗争。斗争的核心，是争夺政治话语权。由于释老在思想形式上最接近，因此佛道两家的相互敌视，远远超过它们对儒家的态度。为此，双方甚至发生过武斗流血事件。在斗争中，有时儒道会联合起来，有时是道、释之间直接缠斗，但佛教却从未与儒道中的某一家联合。大辩论背后，是利益的考量与政治性的权斗，是对皇帝作为最高仲裁者偏向自家的期待和渴望。

来自道家的反佛舆论更多偏于思想、学术与义理方面，来自儒家的反佛舆论则偏向政治治理。道家的反佛舆论出自道士，儒家的反佛舆论却大都出自官僚。三者孰优孰劣、何以相处，最高统治者究竟应该怎样对待佛教，是终唐一代始终未绝的热点议题。

儒释道三者在并立或鼎立的过程中，都或明或暗地取人之长，补己之短，完善自身，从而壮大自己。因此，争斗的过程客观上就是帮助对方的过程。整体看，佛教与佛学思想全面进入了唐代的学术与思想领域。佛教与佛学思想弥补了中国原生哲学的不足。中国原生哲学一旦吸纳佛学养分，佛学自身则会衰落下去。这是宋明理学兴起的重要前提。

在思想性质上，三者都属于唯心主义的思想体系。它们之间的斗争，属于唯心主义思想阵营内部的斗争。斗争的过程，也是调和的过程。特别是佛教，不断地调和与儒道的关系，向着与中华固有传统思想以及儒道相适应的方向发展，在总体上不丧失主体性的前提下，采用了诸多调和性的妥协策略，从而向着中国佛教的方向不断迈进。

在佛教中国化的过程中，出生于中国的佛教徒发挥了决定性的作用。这些人完全不同于那些来自域外的僧人，是在儒家、道家的文化环境中出生长大的，是从儒道跨界到佛教领域的。因此，在这些人的思想中，原本就蕴藏着儒道的内涵。

儒释道三者相互吸收、调和，使佛教走上了中国化的路径，也使儒道两家强化了形而上学的思考。中国化让儒释道三者既彼此独立，又你中有我、我中有你。儒学作为官方意识形态，反映的是统治阶级的所谓政治理性主义，它虽然蔑视宗教，但消灭不了宗教，也代替不了宗教，而且需要宗教辅助它来一起"驯服"民众。因此，儒学占据着政治哲学与道德哲学的主流位置，既不得不利用宗教，又始终对佛道保持着傲视与审视的态度，防止它们成为异己的力量。无论在相互争论中，抑或在统治阶级的统治思想深处，儒学都是最根本的政治指导，释道只能是它的补充。[①]

[①] 在政治座次排序上，隋出现过佛是太阳、道是月亮、儒是五星的言论和状况，唐则出现道是老大、儒是老二、释为老三的情况，儒似乎并不总是占据主导地位，但深入分析，则儒虽潮起潮落，根基始终未动摇。道释虽受宠，甚至风头盖过孔儒，但总给人"倡优之蓄"的感觉，其实地位并不稳固。从根本上说，统治者对儒的需要是制度性的，而对释道的需要则主要是情感性的。儒在情感方面虽然一时受挫，终有制度支撑。而统治者对释道的情感偏爱即使做出制度性安排，也并不牢靠。最终起决定作用的，只能是现任最高统治者的政治需要。韦伯认为，这是由中国社会世俗性的特点决定的。

由于儒学在吸收释道两家的因素为己所用之后，其官方意识形态的功能不断强大，在大儒们努力下，释道两家往往也有意无意地去依附儒家。这充分说明了儒学在中华传统思想中始终不可撼动的主流地位。最终掌握三者命运和地位高低的，则是最高统治者的政治需要。

总之，儒释道三者并立标志着魏晋玄学之后中华思想的又一次形态性改变。它是唯心主义阵营在大交锋基础上的一次大汇合与大融合，为宋明理学的产生做了充足的思想资源储备，在中华民族理论思维的演进过程中具有重要地位。政治上，它进一步强化了皇权至高无上的权威性，客观上有利于国家大一统局面的巩固。同时，由于唯心主义以及有神论思想的泛滥，也刺激了唯物主义与无神论思想的发展。

三 佛教的中国化及其流派

佛教中国化的过程，亦即中国佛教形成的过程。中国佛教一经形成，便成为中国文化的组成部分。中国佛教的形成过程，是中华思想史的基本线索之一。

佛教到达中国之后，必然与中国本土文化发生互动。互动的结果，只能是它被吸纳到中国原有文化中去，而不是中国原有文化被它同化。佛教中国化的主导力量，是中华本土文化，不是外来佛教。中国本土文化一旦将佛教吸纳，也不会保持原样，而是变得更加丰富而圆盈。佛教实现中国化之后，它也不再是原有的佛教，而成为中国文化的一部分。佛教中国化的过程，也是它脱离自身原生形态，进入中国文化的过程。

中国佛教不再是原生形态的域外佛教。它属于中国，因此具有不同于印度佛教的特点。但是，中国佛教与中国原生的先秦文化、特别是儒家文化比较起来，始终无法占据主导地位，中国因之没有也不会成为一个宗教国家。占据中国封建文化核心位置的，始终是中国原生的本土文化。尽管中国佛教已经成为中国传统文化的重要构成，却在传统文化与政治的大格局中，依然势力相对弱小。

佛教中国化的过程，是在隋唐时期完成的。由于在中国化的过程中形成了中国佛教，所以不仅在世界范围内丰富了佛教的样态与格局，而且对于原生的印度佛教也是一种贡献与观照，成为研究古代印度佛教的重要资料来源。中国佛教的整体发展水平不仅超过古代印度，而且在隋唐时期取代印度，成为世界佛教的中心。

中国佛教的形成过程，是在中国佛教各种流派的形成与演变过程中实现的。异彩纷呈的流派或教派，既是中国佛教形成过程中的主体内容，也是中国佛教的主体性表现形式。中华民族在接受佛教的过程中，从自己的文化立场与历史环境出发，形成对佛教不同的理解方式和践行方式。经过不同历史阶段的实践检验，这些不同的理解方式和践行方式，或者存活下来，或者湮没下去；或者弘扬起来，或者晦暗下去；或者并肩而立，或者起起落落，因而形成不同流派或教派的演变发展轨迹。它们共同的特点，在于都努力在中国立住脚、扎下根。因此，它们也都努力实现与中国原生元素的结合。结合得好则彰显，结合得差则晦暗，乃至湮灭。

关于中国佛教的流派，有"十宗"或"十三宗"的传说。这并不确切，但真实反映了流派的众多。所谓"宗"，一是指学说或学派，意同儒家、道家的"家"；二是指教派，亦即有创始人、有传授者、有信徒、有教义、有教规的宗教团体。

一般佛教史所提到的教派，主要有天台宗、三论宗、三阶教、法相宗、律宗、净土宗、华严宗、禅宗、密宗等。这些宗派，全部兴于隋唐两朝。它们的命运，决定于其中国化的历程能够走多远，是否能够彻底实现中国化。能够实现中国化则兴，不能实现中国化则亡，不能完全实现中国化则衰。彻底成功的教派是禅宗，它能够取得成功的关键，正在于它实现了与中国本土文化的有机结合。所以，禅宗被称作"适合中国士大夫口味的佛教"，也称作"汉化佛教"。①

禅宗是佛教中国化最典型的代表。它虽然是由域外僧人创立的，却是在中国僧人手里实现了中国化的。特别是僧人慧能（公元638—713年），是禅宗南宗的开创者，成了禅宗的第六祖，由他的言行集录而成的《六祖坛经》，是中国佛教著作唯一一部被称为"经"的经典，也是佛学中国化的文本代表。禅宗是佛教中国化的代表，它对后世产生了多方面的深远影响。

佛教各宗所讨论的问题，非常复杂而琐碎，但核心是心性问题。探讨"心性"问题原本为中国传统哲学所擅长，可以上溯孔孟。但无论在"心性"命题的内容发掘上，还是在探讨的逻辑形式上，佛教都丰富、深化、拓展了传统儒学的相关命题。佛教与儒家、道家对心性问题的探究，没有脱离唯心主义的范围，对社会发挥的总体作用是消极的，但是，它对于提升中华民族的思维能力，更加抽象深入地思考义理问题，对于唯心主义向着更精致化的方向发展，则具有推动作用。由于隋唐时期唯心主义的发展，后来的宋明理学才有雄厚的思想基础。

总而言之，佛教并没有取代中国固有的传统文化，而是被中国原生文化吸收了，这充分说明了中国固有文化的包容性。

四 反佛教和反神学思想的唯物主义兴起和发展

隋唐时期，反佛的舆论与思想始终存在，反神学的唯物主义在不断兴起和发展。当然，反佛与反神学不具有必然联系。反佛

---

① 范文澜：《中国通史》第4册，人民出版社2008年版，第193、242页。

不一定意味着反神学，也不一定意味着反天命或主张无神论。反佛或反神学、反有神论的，不一定就是唯物主义者。但是，在个别思想家那里，它们又是一致的、统一的。总体上，揭露、批判佛教具有反潮流的特质，代表的是进步思想。

隋唐时期反佛教的第一人，是傅奕。在我国无神论历史上，傅奕是一位重要代表。他对佛教的排斥态度，一是非常激烈，充满仇恨；二是长久而执着，在近20年的时间里四次上疏请求废除佛教。

傅奕反佛的基本立场、观点及主要论据，被他之后的排佛人士所承继，反映了整个排佛群体的共同价值取向。他反佛的基本考量，是维护封建统治。但是，他也有自己的学术与思想立场。他信仰的是儒、道。他虽然反佛，但不反儒、不反道。儒道在他思想深处，既是根本的价值信仰，也是不分高下先后的平等价值。这是傅奕思想的局限。不过，傅奕崇道，与"道教"有区别。他所谓"老庄玄一之篇"偏重于先秦道家之学，而非宗教之道。

最值得表彰的，是傅奕具有唯物主义自然观、发展观和生死观。他认为，人之生死寿夭乃自然决定。他提出，政治不可固守旧制，应根据实际情况，与时变革，认为这是社会发展的基本规则。在具体政治主张上，傅奕主张减少官员数量，减轻刑罚，戒除繁杂文牍，以德治国。这些进步的思想主张，反映了儒家民本主义的立场和道家清净无为的取向。由于他具有进步思想和大无畏的斗争精神，因此傅奕在中华思想上筑立了较高的地位。

傅奕代表了统治阶级内部主流官僚集团以及以儒道为基本价值观念的士人的基本利益，根本目的是维护封建王朝的长治久安。在傅奕之后，唐朝出现一大批反佛人士。这些反佛者的价值信仰，与傅奕是一致的。他们认为，佛教属于域外传来的异教，对于国家政治有害无益；佛教不仅极大增加百姓负担，而且败坏社会风气与人心、增加犯罪率、培养不劳而获的闲人、逃避国家税收，甚至已经危害国家政权。出于对稳固封建统治的担忧，所以他们主张废除佛教。

傅奕等人的揭露与批判，基本上是符合事实的。隋唐时期，寺院经济大肆扩张，已经成为压在人民头上的一座沉重大山。在社会上、政治上，僧侣阶级也成为统治阶级内部的一个庞大利益阶层。当然，社会层面的佛教徒恶行与佛教教义暨思想需要严格区分，不过，佛教在中国化过程及其后中国佛教的演变过程中，尽管不乏高僧大德的美言嘉行，却始终伴随着污染社会的丑陋行为。因此，佛教遭到富有文化与政治担当精神的士人批判，是必然的。这些批判，是进步的。至于他们没有将佛教徒的行径与佛教教义、佛学思想区别开来，乃至同样从唯心主义以及维护统治阶级统治的立场上来排斥佛教，并且表露出比较强烈的"严夷夏之防"的狭隘性，则是次要的方面。

与傅奕基于朴素唯物主义立场的排佛不同，从唯心主义立场和观点出发反佛教的思想家，最著名的是韩愈和李翱。

韩愈在中华思想史上是一位极其重要的人物。由于韩愈名气远远高于傅奕，因此，他一向被视为中国古代最具有标识性意义的反佛思想家与政治家。韩愈不仅反佛，而且反道。在反佛反道的同时，韩愈以坚定的儒学信仰构建了一套儒家的道统体系理论，因而深得后世儒家信徒尊崇，获得了正统祖师之一的地位。

元和十四年（公元819年）正月，唐宪宗派使臣到凤翔法门寺迎接佛骨，一时成为社会热点。韩愈认为此事荒唐，便给皇帝上了一份《论佛骨表》。这是中国佛教史与思想史上的一个重大事件。

韩愈反佛的政治立场与基本观点，与傅奕都是一致的。他一方面从夷夏之辨的民族主义立场排斥佛教，另一方面从尊祖、敬宗、亲民的儒家政治学说出发来揭露佛教，指出佛教绝对是王朝统治的异化力量。韩愈坚定的儒家正统思想，得到后代儒家的高度推崇。宋代儒学即将他视为地位仅次于孔孟的人物。这样的高度推崇，虽然直接源于他编制宣扬的道统理论，但也与他"攻乎异端"的行为相关。由于唐玄宗等皇帝佞道，因此韩愈对道教的批判，实则表现了较之排佛更大的政治勇气。

韩愈的思想是唯心主义的。他的基本理论主张，反映在《原道》《原性》等被称为"五原"的论著中，主要内容就是尊儒学、辟佛老。他的思想，开了后来理学唯心主义的先河。

李翱（公元772—841年）与韩愈一样，也非常坚定地崇儒排佛。他表达了与韩愈一致的立场和主张，但更强调佛教"以夷狄之风而变乎诸夏"的危害，因此，他认为必须以儒家的"复性"来阻止佛教的危害。

韩愈、李翱虽然同样出于唯心主义的理论立场，但客观上有利于唯物主义思想的发展。当然，李唐时期虽然有持续不断的反佛言论，但总体上，有神论是占优势的，无神论的声音是弱小的，理论是贫乏的。

隋唐时期唯物主义的思想代表，主要有吕才、柳宗元、刘禹锡。吕才（公元606—665年）具有鲜明的无神论思想。他严厉批判阴阳书中荒诞不经的内容，批判禄命迷信的宿命论，还严厉批判丧葬活动中的风水迷信行为，揭露其中的荒唐无稽。他与佛家僧众也作过争论。他鲜明的唯物主义思想，集中体现在认为"极微"和"气"是世界本原。他还具有刚柔相济的矛盾发展观，在对立力量的矛盾运动中寻找事物变化的原因，反对生而知之，强调后天学习实践的重要性。吕才的唯物主义思想及品格，值得认真发掘与表彰。

柳宗元的哲学思想同样属于唯物主义。他肯定了"元气"

是物质的客观存在，否认在"元气"之上还有主宰。他还对因果报应思想进行了批判，表达了朴素的唯物主义自然观。他的政治思想属于古代民本主义，同情民众疾苦，揭露了社会矛盾，尖锐地批判时政。他的历史思想属于古代的进步发展观。但是，他不反佛。他的思想本体，依然是儒家思想。在儒家思想下，有调和儒释道三家的属性。

刘禹锡（公元772—842年）同样不反佛，而且深信道教。在哲学上，他的唯物主义特征更加鲜明，提出了天与人"交相胜""还相用"的观点，认为自然的职能在于"生万物"，人的职能在于"治万物"，驳斥了当时的因果报应论和天人感应说。他重视社会经验，能够从社会经验的角度看待天命论。

柳宗元、刘禹锡在中华思想史上的突出地位，是由他们所阐发的唯物主义思想所奠定的。他们的思想，代表了唐朝唯物主义思想发展所达到的最高水平。

五 "大一统"政治思想的发展

"大一统"既是政治理论，也是政治实践、政治状态和政治局面，反映了中华民族最深沉的文化心理，内含着中国古人的哲学理念。在国家不统一的状态下，"大一统"是中国人追求的最终政治目标。在国家统一状态下，又是中国人维护的政治局面。"大一统"是通贯性、统合性概念，从自然哲学通贯到政治哲学，意味着由于自然秩序的先定性，国家治理必须整齐划一，以政治上的整齐划一通贯经济、思想、文化以及行政区划、民族关系，等等。通贯性与统合性，是中国古代哲学概念与范畴不同于西方哲学概念与范畴的一个显著特点。

隋唐大一统政治局面的出现，从思想动因说，正由于大一统观念的内在驱动。大一统政治局面形成后，又进一步强化了这一理念。隋唐时期，这一理念在核心内涵不变的前提下，无论思想内容，还是政治实践，都表现出一定的历史阶段性特点。最突出的特点，是在民族融合方面，发挥了无与伦比的作用。通过民族融合，统一的多民族国家不仅在政治和地理上得到实现，而且在文化和血缘上得到统合。不能在文化与血缘上归于"华夏正声"，虽有政权，也不能说完全实现了"大一统"。秦汉如此，隋唐如此，此后的统一王朝，无不如此。因此，"大一统"思想在演变过程中，它由政治理念与思想逐步发展成为中国古代的国家主权与治理理论，隋唐时期发挥了不可替代的重要作用。

隋唐不同于其他历史时期的一个显著特点，就是出现了规模空前的汉族与少数民族交互杂居与生活、界线空前模糊的局面。在这种情况下，大一统思想在国家统一以后，不是退隐台后，而是更加深入地进入国家治理的各项政策，首当其冲地成为民族融合的驱动力与判断标准。

隋唐时期民族关系空前融合的历史特点，主要体现在种族（民族）与政治、文化的关系上。汉族与少数民族混杂，汉化是主流。不论是汉化的"胡人"，还是"胡化"的汉人，最终都归于统一的隋唐王朝。促成这种历史大趋势的内在思想观念，就是"大一统"。尽管这一时期的种族与文化问题在细节上非常复杂，但始终贯穿其中的伏脉，是牢固坚定的大一统观念。隋唐一统后，这一观念依然是种族与文化合流归一内在而最有力的驱动力。

唐代文化所表现出的开放性和开拓性，"和民族成分的大混杂和大融合是密切相关的"[①]。这种大混杂和大融合的过程，是在统治者的政策推动下进行的。隋文帝在争取华夏正统地位上，下了不少功夫。唐朝的统治者更是在这方面做足了功夫。唐太宗

---

① 《费孝通全集》第 13 卷，内蒙古人民出版社 2009 年版，第 123 页。

被当时西域民族奉为"天可汗",成为最有政治象征意义的标志性称号。因此,中国古代民族关系在唐朝出现从未有过的融洽局面。

唐朝统治者在深入促进"大一统"上所运用的一个重大手段,就是占领和掌握话语权。对话语权的占领和掌握,主要是通过掌握历史的书写权以及经典的阐释权来实现的。

将书写历史的权力掌握在官方,是掌握话语权与意识形态主导权的重要手段。唐初所修八部正史,除《南史》《北史》之外,都是奉旨撰修。《晋书》还收录了唐太宗亲自撰写的四篇史论,称为"御修"。将修史权收归官方之后,在正统等问题上,唐太宗及唐代史家抛开正闰之争,将割据政权与民族列传区分开,分别立目,各叙其事,不仅反映了唐代统治者的博大胸怀,还反映他们对大一统理念的理解较之以往更加深化了,是大一统政治思想的重大发展。

这样做的效果,是突出了天下一家的政治观与民族观,对于强化唐朝正统地位、弘扬大一统观念发挥了重要作用。后来李吉甫撰写《元和郡县图志》,在立目上,就体现了大一统的原则。在《史通》中,刘知几更是非常鲜明地表达了正统观念。

唐太宗把隋朝开始的科举制度固定下来,指令颜师古考定"五经",让孔颖达等撰《五经疏》,命名为《五经正义》。公元653年,唐高宗将《五经正义》向全国颁发,从此经义有了统一标准,这对于统一思想起到了筑底作用。

唐代文学家皇甫湜说:"大一统所以正天下之位,一天下之心。"① 前者指政治秩序的拨乱反正,后者指思想认识的宗仰一致。在这方面,唐朝统治者下了大功夫。整个唐代,尽管有过封建制与郡县制的争论,出现过安史之乱等分裂与割据行为,但

---

① 皇甫湜:《皇甫持正文集·东晋元魏正闰论》。

"大一统"的理念与价值观始终不倒，构成不同人群与势力都试图抢夺的精神旗帜。

隋唐时期思想对后世及世界产生了不可估量的影响。唐朝思想是辉煌灿烂的。这种光辉灿烂，反映了中国封建思想在唐朝的繁荣与成熟。在繁荣、成熟的中国主体思想主导下，唐朝文化又表现出高度的包容性、开放性、吸收力、消化力以及国际化特征。

唐朝思想不仅对中国后世具有深远影响，而且对世界具有广泛的影响。隋唐时期的中国先进、开放、繁荣、强大、文明、雄浑、博大，包容而自信。它是当时亚洲的中心，也是世界中心之一，是当时世界上最先进、最文明、最发达的国家。唐朝对世界作出了贡献，在人类文明史上占有重要地位。

第六节 封建社会中华思想的发展阶段：封建社会中期儒学复兴与理学的形成（五代十国宋辽金）

五代十国宋辽金是中国封建社会理论思维形成的时期，宋朝思想是历史主场与主干，辽、西夏、金思想均有创造性发展。以思想学术、文学艺术为代表的两宋文化，非常繁荣。宋代教育兴盛，科技进入黄金时期，宗教以佛教为主，道教为次，同时出现新教派，历史学进入鼎盛期，文学创作以词创作闻名于世，散文创作成就近乎全盛。学术上出现"宋学"，哲学上出现了"程朱理学"。在宋朝，不仅儒学进入具有划时期意义的新时期，中华思想史也进入一个新时期，中华民族的理论思维形态步入一个新阶段，标志着中国封建时代理论思维的彻底形成。

一 儒学遇到的挑战与复兴

北宋初，儒学面临着挑战，一是来自社会层面的挑战；二是来自思想层面的挑战。

来自社会层面的挑战，主要是由于长期剧烈的战乱，五代十国宋初的社会出现了风俗陵夷、道德沦丧的状况，儒家的价值体系受到巨大冲击，呈现出崩溃之势，这不仅让统治阶级的上层痛心疾首，也让地主阶级中的知识分子深感重建道德伦理的迫切。儒学是否能够在社会与政治重建的历史转折关头发挥关键性的主导作用，对它来说是一个重大挑战。时代呼唤着新儒学的诞生。

来自思想层面的挑战，主要是由于魏晋以至隋唐时期佛道思想的发展，虽然无法撼动儒家思想的根基，但毕竟对儒学产生了严重挑战。五代十国时期，社会上不少人信奉出世的佛道哲学，不再信仰君臣、父子、夫妇的儒家纲常名教，这促使儒学必须要有新的作为。

直到北宋建立后的七十年，黄老之学依然畅行。宋太祖宋太宗全都大力扶持道教，宋真宗、宋徽宗时形成道教发展史上的两大高潮。佛学同样流行。北宋时期，除徽宗表演了一场佛教"道化"的闹剧，钦宗为时甚短，其余七帝（太祖、太宗、真宗、仁宗、英宗、神宗、哲宗），对佛教都采取扶植、利用的政策。到南宋，虽然对佛教采取过一些限制措施，但总体上，更加重视扶植、利用佛教。

上述情况，都需要儒学认真面对和回应。总体看，宋代儒学成功地面对和解决了它所遭遇的困局。这是由于宋代儒学成功地构建了儒学的新形态——理学，成功地实现了儒学的转型。它所采用的基本方法，是以儒为宗，以佛、道为用，在三者结合消化的基础上，创立儒学的新学说体系。当然，这一过程是长久的，也是曲折的。

就中国传统学术的主干——经学来说，由汉学支配的经学发展到宋朝，基本上已经没有再大规模顺延下去的可能。经学的出路，最具有现实性的就是由训诂走向义理。

在客观形势逼迫下，宋朝统治阶级处心积虑地维护、巩固中央集权统治，信奉儒学的知识分子也想着以"立言"来"立功"。范仲淹、李觏、司马光等人的政治思想，在北宋时期发挥了重要影响。他们都将目光投向儒学，希望重振儒家纲常，强化"君为臣纲"的儒家伦常体系，达到收拾人心、统一重建精神世界的目的。

由于统治阶级的高度重视，宋初虽然黄老之学畅行，但统治者已经开始注重恢复儒家道统，特别是通过礼制重整纲常。他们刊刻儒家典籍，修缮国子监，塑孔子、颜回及十哲像，祭祀孔子、追封孔子、拜谒孔墓，等等，鼓励儒学发展。总之，尽管佛道均在，儒学的发展也并非一帆风顺，但在崇儒方面，统治阶级已经尽量把文章做足，这就给儒学复兴提供了基础与机会。

其中对儒学复兴尤其有力的举措，是科举制度。北宋时期州县学校兴起、书院林立，成为理学兴起最重要的条件之一。宋真宗即位后，改革科举制度，明令规定考试依儒家经典，这就从根本上控制了儒学，儒学也因此而控制了政治。

儒学复兴同样与儒家学者的自觉努力分不开。宋初，一些儒家学者自觉掀起了儒学复兴运动，为新的学术思想奠定了基础，其主要思想成就体现在创新阐释儒家经典与创新辟佛两个方面。

通过阐释传统经典来改变学风与政治治理模式，是中华思想史的一个重要特点。这种给古人穿上新衣裳的所谓"托古"，在宋代表现为许多学者要求用新观点注解经书。孙复、刘敞等学者试图摆脱汉唐以来"不破疏注"的解经传统，主张大胆怀疑，别出新解，成为宋代义理之学的先导。柳开、王禹偁、孙奭等学者继承韩愈的思想，开启北宋声势浩大的排斥佛道运动的先声。欧阳修在庆历之际提出辟佛思路，试图弥补儒学在本体论、认识论上的缺陷，以回应佛学。欧阳修等人的辟佛思想为宋代儒者吸收佛道思想、重建新的儒学体系开辟了道路。儒家学者的自觉努力，与封建朝廷的尊儒举措，客观上形成了联动性的效应。

二 理学思潮的兴起及流派

两宋的思想内容虽然以理学为主体，实则非常驳杂。这期间既出现了许多著名的思想人物与流派，又充斥着各种各样的斗争。其中理学与反理学的斗争，是考察两宋时期思想现象的基本线索。而反理学的斗争，是以理学的兴起及其流派的繁衍为前提的。

宋初时期，即太祖、太宗、真宗三朝及仁宗亲政前（公元960—1033年）约80年，在思想领域，主要是黄老思想占重要地位，但逐渐被纳入儒家轨道，儒学思想逐渐上升。

北宋中后期至南宋中后期，即宋仁宗至宋宁宗开禧北伐失败（公元1033—1208年）约180年，特点是儒学正式成为主流，形成了以王安石为代表的王学与程朱理学的儒学内部的斗争。这期间，范仲淹、欧阳修、周敦颐代表了儒家思想扬弃黄老思想的最终完成，而濂（周敦颐）、洛（程颢、程颐）、关（张载）、蜀（苏轼、苏辙）、新（王安石）等学派与人物的出现，代表了儒学发展的新形势、新状态。其中王学与理学的斗争，是思想斗争与政治斗争的交织。政治上抗战派、保守派、投降派之间的斗争，也掺杂着思想路线上的斗争。斗争的总趋势，是理学势力逐渐壮大，出现了张栻、吕祖谦（浙东学派）、陆九渊、朱熹等一批理学大师，最终完成了理学体系的构筑。在理学发展壮大的背景下，出现了事功学派的陈亮（永康学派）、叶适（永嘉学派）等人，与理学展开斗争。在理学内部，爆发了主观唯心主义与客观唯心主义的争辩。在理学发展的过程中，发生了"庆元党禁"，理学被斥为"伪学"，曾遭受沉重打击，反映了思想发展的曲折性与复杂性。

南宋后期，即从嘉定元年（公元1208年）至宋亡约70年，程朱理学彻底摆脱了政治上的困境，成为官方哲学，开始主宰思想界。重要人物有真德秀（公元1178—1235年）、文天祥。[①] 至此，理学走完了它从诞生到走向政治中心、思想中心的路程。

理学在发展过程中，产生了诸多流派。流派的产生，是传统思想系统向新的形态转化过程中必然伴生的现象。

一是理学三先生，又称宋初三先生，即胡瑗（公元993—1059年）、孙复（公元992—1057年）、石介（公元1005—1045年）。他们主张"以仁义礼乐为学"，反对佛道，维护王权，尊王攘夷，开宋代理学的先声。

二是象数学，也叫先天学，即北宋邵雍（公元1011—1077年）创立的学说。此人在宋代理学谱系中很另类。他的历史观不仅是唯心主义的，而且是退化的、复古的。

三是濂学，即以北宋哲学家周敦颐（公元1017—1073年）为首的学派。周敦颐被公认为是理学开山祖师，但他的理论并不完备，规模也不大，可是影响很深远。

四是洛学，即以北宋哲学家程颢（公元1032—1085年）、程颐（公元1033—1107年）为首的学派。他们同样对理学影响巨大，被称作"二程"。二程政治上反对王安石变法，思想上出入于释老几十年，其思想本体在于主张理一元论，提出"有理则有气"的唯心主义观点。

五是闽学，又称考亭学派，是以南宋哲学家朱熹（公元

[①] "三期说"是张其凡提出来的。参见张其凡《宋代政治军事论稿》，安徽教育出版社2009年版。

1130—1200年）为代表的学派。该派后起，集理学之大成，也被称为"朱学"。朱熹是我国古代最著名的客观唯心主义者。他一方面吸纳佛教思想，另一方面全力接受二程思想，真正体现了儒释道三者合一。这是他能够集理学之大成的关键原因。他提出了理在气先的唯心主义本体论、知先于行的唯心主义先验论、调和主义的矛盾观、存天理灭人欲的伦理思想。由于他与二程思想的密切关系，因此统称他们为"程朱理学"。朱熹的客观唯心主义思想，与明代的王阳明一样，是维护封建统治阶级根本利益的反动思想。

六是象山学派，即南宋陆九渊（公元1139—1193年）创立的学派。他被誉为理学中"心学"的创始人，是我国古代典型的主观唯心主义代表人物之一。明代的王阳明继承弘扬了象山学派的理论，因此合称为"陆王学派"，是我国古代唯心主义阵营内部与"程朱理学"相对立的主观唯心主义的典型代表。

七是湖湘学派，以胡宏（公元1106—1162年）、张栻（公元1133—1180年）为代表的学派。

第八是金华学派，也称婺学、吕学，以吕祖谦（公元1137—1181年）为代表。吕祖谦曾经组织并主持一场哲学辩论大会，史称"鹅湖之会"。

九是关学。这是理学中著名的唯物主义学派，以北宋哲学家张载（公元1020—1077年）为首。张载提出了完整的古代唯物主义体系，具有朴素唯物主义反映论和朴素辩证法思想，还在人性论上提出了具有进步性的思想，在社会思想上将等级尊卑与人类共同体及大同思想相结合，在无神论方面具有反佛道宗教神学的思想。在理学或道学的所谓正统经典中，张载著作所阐述的唯物主义思想，显得格外醒目。

上述派别，基本划分为唯物主义与唯心主义两大阵营。其中濂洛关闽影响最大，故而连称。周敦颐、邵雍、张载、程颢、程颐，又统称为"北宋五子"，被称为宋代理学的正宗主脉。而程朱理学几乎成为南宋以后儒学的代表。

程朱理学的本质，在于"以理杀人"。程朱把"理"上升为最高哲学范畴、本体论，吸收了佛教（特别是禅宗）的思想。由于袭用了禅宗思想，程朱理学家一方面尽量装扮出"辟佛"的模样，以维护儒学"正统"，另一方面又对佛教、禅宗倍加赞赏，甚至在语言、文风上也尽量地模仿。

另有四个学派，是否属于理学系统尚存在争议，需进一步研究。

荆公新学。以王安石（公元 1021—1086 年）为代表的学派。王安石是唯物主义思想家，也是封建时代的政治家、文学家、改革家。他敏锐看到了尖锐的社会矛盾与宋王朝的严重危机，因此极力主张变法。王安石的改革范围涉及财政、税收、土地、军事、科举等方面。他废除诗赋辞章取士，恢复以《春秋》三传明经取士，还实行太学三舍法。他的改革主张与举措遭到代表大官僚大地主阶级利益的司马光等人激烈反对。面对争议，王安石提出了"天变不足法，祖宗不足畏，人言不足恤"的口号，具有重要的思想价值。王安石变法没有触动封建制度的根本，但打击了大地主兼并土地和免役逃税，客观上有利于生产的发展。列宁称赞王安石是"中国 11 世纪时的改革家"①。

王安石经学造诣很深，被誉为"通儒"。他的经学特色主要有三个方面：一是在学术上，促进宋代疑经变古学风的形成；二是在政治上，具有强烈的托古改制特点；三是在学派上，吸纳诸家，甚至吸收先秦法家商鞅的思想。所以，从宋代开始，王安石就被封建保守派批判为不是纯儒，但这恰恰是王安石经学的进步之处。

---

① 《列宁全集》第 12 卷，人民出版社 1987 年版，第 226 页。

在哲学上，王安石肯定了天地万物的物质性，用"五行说"阐述宇宙生成，丰富和发展了中国古代朴素唯物主义思想。他认为"道"是"气"。对于自然现象，他认为"水旱常数，但当修人事以应之"。对于天人感应、天命论等命题，都有所批判。其哲学命题"新故相除"，把中国古代辩证法推到一个新的高度。在发展观上，王安石具有与时俱进的品格与思想。他反对泥古不化，主张兴利除弊，为天下理财。王安石是值得深入发掘彰显的一位重要思想家。

蜀学。蜀学是"三苏"之学，即以苏洵、苏轼、苏辙为代表的学派，另有张耒、秦观、黄庭坚、晁补之等一批文学家，也划归在这一派。蜀学的基本特点是以儒家为本，但会通诸家，主要以文学创作为主，在文坛发挥影响，但均具有经学的造诣和思想见解。此外，他们既公开地宣扬佛学，也钻研道家的方术，表现了文士思想家的特点。在思想观念上，他们曾经与"洛学"发生严重争执。对于蜀学，尚需要更细致深入的发掘梳理。

永嘉学派与永康学派。永嘉学派以薛季宣（公元1134—1173年）、陈傅良（公元1137—1203年）、叶适（公元1150—1223年）为代表。永康学派以陈亮（公元1143—1194年）为代表。这是两个政治上进步的学派，都主张抗战和革新。在思想上，他们都主张功利主义，以此与程朱理学相对立。特别是陈亮，曾经与朱熹多次进行"王霸义利"辩论，表达了唯物主义观点。南宋时期，这两派与朱、陆势力相当，足见其在当时发挥的重要影响。

永嘉与永康学派连同婺学一起，也笼统地称作浙东学派。清朝初年，以黄宗羲、万斯大、万斯同、全祖望、章学诚、邵晋涵等人为代表的史学派别，也叫浙东学派（或称浙东史学），在学术史上影响甚大。

三 以功利主义为特征的唯物主义思想

理学在宋代发生、发展、传播经历了曲折的过程。它在宋朝并没有统一思想市场，更没有成为统治阶级始终倡导的意识形态。相反，它曾遭受压制与打击。这表明，宋代统治者对于理学维护封建统治的功用，还缺乏深刻认识和体验。在思想领域，理学也遭受了许多挑战。特别是以功利主义为特征的唯物主义思想阵营，对理学展开了鲜明的批判斗争。

宋代以功利主义为特征的唯物主义思想，集中体现在永嘉学派的代表人物叶适身上。以功利主义为特征的唯物主义思想是当时商品经济发展的产物，代表了新兴社会阶层的利益。

叶适主张功利之学，反对空谈性命，严厉批评朱熹学说，是永嘉学派的集大成者。永嘉学派与朱熹的理学、陆九渊的心学在当时并列为"南宋三大学派"，足见其势力之盛。叶适提倡功利，但并非不讲义理，而是认为"义理之学不必深穷"，主张将功利与义理结合起来，"既无功利，则道义者乃无用之虚语"，"物之所在，道则在焉"，以"物"为根，反对空谈性命。叶适也像程朱一样讲道统，但所讲道统的含义与程朱不同。叶适思想的核心，在于重典章、重经济、重致用、倡改革。在这一宗旨指导下，他提出了许多进步的思想。比如他说："通商惠工，以国家之力扶持商贾，流通货币"，明确反对"重本抑末"，主张商品经济与商品流通。对于理学家崇拜的曾子、子思、孟子，叶适都进行了大胆批判。

陈亮的朴素唯物主义思想体现得非常鲜明。他承认客观规律之实在，强调实事实物对于"道"的先在性、决定性。由"物"出发，他明确肯定理学所否定的利欲，认为义利就在利欲中，利体现了义，人欲体现了天理。在民族矛盾非常突出的现实环境中，他提倡"实事实功"，反对空谈"尽心知性"，讥讽理学家是"风痹不知痛痒之人"，这不仅有益于国计民生，而且切合现实需要，对此，应给予充分肯定。为维护自己坚定的思想立场，陈亮与朱熹多次进行文字交锋，毫不退让，虽两次被陷入狱，依然不改其说。

政治上，陈亮是坚定的主战派，不仅在军事理论上自成一家之言，而且在具体举措上提出许多主张乃至计划，这也是应予以表彰的。

陈亮的理论充满"异端"的叛逆性格，是当时各种唯心主义的对立面。他没有写专门的哲学著作，但其政治、军事以及历史主张，与唯物主义一致。特别是他与朱熹的"王霸义利之辩"，反映了南宋时期唯物主义与唯心主义对垒、斗争的基本议题与格局。在斗争中，陈亮坚定地主张王霸并用、义利双行，反对朱熹天理与人欲不能两立的主张。陈亮以"推倒一世之智勇，开拓万古之心胸"，对那些装腔作势、迂腐酸臭的理学家给予了深刻揭露、尖锐嘲讽。

永嘉与永康学派的共同特点，是坚持实践品格，而且具有比较鲜明的底层民众立场。他们不仅十分关注现实问题，而且能够从现实出发去思考理论问题。在山河破碎的险恶环境中，他们的立场和观点，反映了人民的愿望，代表了人民的利益，无疑是进步的。当然，他们的唯物主义立场和观点也是有局限的。

四 "均贫富""等贵贱"思想的提出及其影响

中国封建社会的一个重要特点，是发生过许多农民起义与农民战争。对此，毛泽东作过阐述。他说："地主阶级对于农民的残酷的经济剥削和政治压迫，迫使农民多次地举行起义，以反抗地主阶级的统治。从秦朝的陈胜、吴广、项羽、刘邦起，中经汉朝的新市、平林、赤眉、铜马和黄巾，隋朝的李密、窦建德，唐朝的王仙芝、黄巢，宋朝的宋江、方腊，元朝的朱元璋，明朝的李自成，直至清朝的太平天国，总计大小数百次的起义，都是农民的反抗运动，都是农民的革命战争。中国历史上的农民起义和农民战争的规模之大，是世界历史上所仅见的。在中国封建社会里，只有这种农民的阶级斗争、农民的起义和农民的战争，才是历史发展的真正动力。因为每一次较大的农民起义和农民战争的结果，都打击了当时的封建统治，因而也就多少推动了社会生产力的发展。只是由于当时还没有新的生产力和新的生产关系，没有新的阶级力量，没有先进的政党，因而这种农民起义和农民战争得不到如同现在所有的无产阶级和共产党的正确领导，这样，就使当时的农民革命总是陷于失败，总是在革命中和革命后被地主和贵族利用了去，当作他们改朝换代的工具。这样，就在每一次大规模的农民革命斗争停息以后，虽然社会多少有些进步，但是封建的经济关系和封建的政治制度，基本上依然继续下来。"①

毛泽东阐明了中国封建时代农民起义与农民战争的基本特点与功能作用，指出了最有代表性的农民起义与农民战争，是研究我国农民战争史，研究农民阶级意识形态的指导思想。

农民在发动起义之初或过程中，往往提出号召性的口号。这些口号既表明了起义的宗旨，也表明了起义的原因以及要达到的目标，是起义农民的基本政治纲领。

陈胜、吴广领导的秦末农民大起义，是我国历史上第一次大规模的农民起义与农民战争。起义领袖陈胜，少年时曾对佣耕的伙伴讲："苟富贵，无相忘"，表明他早就具有平均主义思想。在发动起义的时候，他发出了"王侯将相，宁有种乎"的呼喊②，提出"大楚兴，陈胜王"，"伐无道，诛暴秦"，显示了大无畏的英雄气概和革命首创精神，表明了人民也可以当家做主的

---

① 《毛泽东选集》第2卷，人民出版社1991年版，第625页。
② 关于"王侯将相，宁有种乎"是不是农民起义的口号，史学界存在不同认识。

革命思想，充盈着对平等社会的期待。

西汉末年，集中性的农民反抗活动和武装起义又一次在各地爆发。其中起义群体中的"赤眉军"是当时最大的一支农民起义军，他们在起义之初便提出了"杀人者死，伤人者偿创"的纪律要求，表现出爱护无辜民众的自觉意识。当时关东地区民众编出民谣说："宁逢赤眉，不逢太师；太师尚可，更始杀我。"太师、更始分别是王莽军的统帅王匡、廉丹。这表明，起义军真正代表了人民的利益。

东汉灵帝中平元年（公元184年），爆发了张角等人领导的黄巾起义。他们提出的口号是"苍天已死，黄天当立"，表明了与东汉政权坚决决裂、夺取政权的决心。

公元7世纪初，即隋朝末年，农民起义又集中性地爆发开来。其中李密、窦建德是当时两支主要起义军的首领。窦建德说，隋炀帝"易可摇动"，表明了胜利的自信与对隋王朝的蔑视。

唐朝末年，爆发了王仙芝、黄巢领导的起义。他们分别自称天补平均大将军、冲天大将军，提出了"均平"的要求，表明了革命的精神。当时流行歌谣："翻却曹州天下反"，表明了无畏的战斗精神。

北宋建立之初，宋太祖、太宗两朝，在川蜀地区爆发了农民和士兵的武装起义。接连不断的人民起义斗争，积累集聚成为王小波、李顺领导的大规模的农民起义。王小波对参加起义的农民说："吾疾贫富不均，今为汝均之！"获得农民热烈欢迎。王小波牺牲后，李顺继续践行均贫富的主张，"悉召乡里富人大姓，令具其家所有财粟，据其生齿足用外，一切调发，大赈贫乏"[1]。没收地主土豪土地，分给农民。最后，农民军打下成都，建号大

---

[1] 沈括：《梦溪笔谈》卷二五《杂志》。

蜀，李顺称大蜀王，立年号"应运"。

到北宋末年，又爆发了宋江、方腊等人领导的农民起义。北宋末南宋初，钟相领导的农民起义军，相互间称"爷儿"，体现了不分贵贱的平等关系。对官吏、豪富之家，则坚决"劫财"并镇压，以实现"均贫富"。钟相声明，要"等贵贱，均贫富"。两宋之交，金兵南侵，协同宗泽防守汴京（今河南开封）的义军首领王善说："天下大变，乃贵贱贫富更替之时。"

"等贵贱"是政治口号，针对的是封建等级秩序；"均贫富"是经济口号，针对的是封建剥削与盘剥。"等贵贱、均贫富"思想否定了"死生有命、富贵在天"的天命观，是对封建统治秩序的极大挑战。

元顺帝至正十一年（公元1351年），各地人民再次纷纷起义。红巾军提出"挑动黄河天下反"，传颂的歌谣说："此物一出天下反。"旗帜上书："龙飞九五，重开大宋之天。"

明朝末年，农民起义的高潮又到来了。起义军首领李自成迅速成长为颇有名望的农民军领袖。崇祯二年（公元1629年），他和李岩带领的队伍提出"均田免赋"等口号，获得广大人民的热烈欢迎，以至民间流传起"迎闯王，不纳粮"的歌谣。其后，他们还提出"贵贱均田"及"五年不征"，传播"不当差、不纳粮"的歌谣。起义军最终推翻了大明王朝。

恩格斯指出，农民战争是"对明显的社会不平等，对富人和穷人之间、主人和奴隶之间、骄奢淫逸者和饥饿者之间的对立的自发反应"[①]。两千多年里起义农民提出的口号，反映出不同历史时期阶级斗争的具体内容和特点，反映了下层人民的愿望、要求和思想，但基本内核都是一样的，即哪里有剥削压迫，哪里就有反抗。虽然并非每次农民起义都提出了明确口号，但从留下

---

① 《马克思恩格斯文集》第9卷，人民出版社2009年版，第112页。

的口号看，起义农民既反对封建国家的赋役剥削和等级、暴刑等上层建筑，更反对地主阶级的地租剥削和贪官污吏。从本质上讲，他们不仅与地主阶级对抗，而且是反对封建制度的。当然，无论起义农民，还是他们提出的口号，都有其难以克服的局限性，都无法从根本上彻底推翻封建制度。

理学对中华思想产生了深刻的影响。理学对中华思想的影响，既是全方位的，也是非常深远的。它几乎渗透到了南宋以后社会的各个方面。直到今天，在人们的社会生活乃至思想深处，它还发挥着作用和影响。

理学作为封建时代唯心主义的思想体系，是为封建剥削制度服务的。它代表封建朝廷和大地主阶级的利益，与人民的利益根本对立。政治上，他维护封建皇权专制，坚决镇压农民造反，并试图彻底消除农民造反的念头。思想上，它严重束缚人的思想，扼杀思想创造。伦理上，它严重地压抑人性，扼杀人性，特别是将广大妇女视为男性的附属品，对中国妇女造成了深远的伤害。在国家治理方面，它孕育涵养鼓励了大批迂腐无用的俗儒，严重阻遏了古代中国在自然科学方面的更大进步。在社会发展观上，它阻碍历史进步。尽管理学在封建时代的某些时期也曾遭受抑制或打压，但那主要是由于地主阶级内部的斗争造成的，反映了思想现象的复杂性，并没有改变理学的属性。近代以来中国人民对理学的严厉批判，应充分肯定。消除理学的封建余毒，仍然是社会主义初级阶段要坚持的长期而艰巨的任务。

理学也有其积极的一面，主要是强化了中华民族的理论思维，在教育方面提出了系统化的积极主张，采取了不少正确的举措；在维护封建国家政治统一上，理学也作出了一定贡献；在伦理道德教化方面，对于培育古代士大夫的坚毅人格也具有一定的价值。特别是理学中的朴素唯物主义派别，或者是理学中具有唯物主义倾向的思想家，提出了许多优质的思想主张，成为中华优秀传统思想的重要组成部分，为传承民族优秀精神基因作出了贡献。当然，理学对后世的影响，其唯心主义的方面远远大于其唯物主义的方面。总体上说，理学是与封建制度相适应的思想体系，服从和服务于封建主义。对理学，应本着去糟粕、取精华的态度予以评析。

第七节　封建社会中华思想的发展阶段：封建社会晚期封建阶级统治思想的衰落和工商阶层思想的萌生（元明清前期）

元明清三朝，主导性的统治思想始终以中原的汉文化为内在驱动力。明朝建立后，儒家正统思想进一步发展，但出现了王廷相、黄绾、吕坤反道学的思想，王艮创立的具有进步性与人民性的泰州学派，以何心隐为代表的乌托邦社会思想，以李贽为代表的革命叛逆思想，等等。清朝时期，封建文化日趋向上发展。清前期，理学呈现温和复兴势头，朱学突出兴旺起来；中期，汉学兴盛，理学势萎；后期，今文经学兴起，实学走向思想前台。封建社会晚期统治思想日益衰落。元明清三朝萌生了工商阶层的新思想。以商品生产为内生动力，与商业资本的结合日益紧密，新思想击破自给自足、封闭保守的思想范畴。工商阶层以及新兴市民阶层新思想的萌生，预示着孕育新的社会形态因素的环境已经显露。

一　元朝专制集权制度和理学的世俗化

在元朝，儒学遭遇了此前从未遭遇过的局面，使得它在理性化、精致化发展的道路上经受了严重挑战。此后的明清两个朝代，这种局面也没有出现过。这就是元朝统治者没有实行独尊儒学的政策，而是将儒学放置在了一个"尊"却不"独尊"的地位上。

这导致元朝儒学的地位与作用既不同于以往，又不同于此后的明清时期。作为新儒学的理学，虽然受到统治者尊崇，但许多儒生却贫困交加，甚至沦落为奴隶。一方面，职业儒生受到优厚待遇；另一方面，学而优则仕的上升之途基本被堵死，使得儒生们感到丧失了人生的希望。元朝依然实行科举制，但没有发挥隋唐以来科举的正常功能。尽管元朝对儒学做了较好的制度安排，现实情况却是儒学的境况非常窘迫。

蒙古族入主中原前，其社会形态处于向中原先进封建社会转型的过程之中，整个社会呈现出过渡性与混杂性交错、阶级矛盾与民族矛盾交织的特点。这对于适应并服务于中原封建皇权和封建地主制社会的儒学来说，有一个适应需要的过程。一直崇佛尊道的元朝建立者并没有彻底转化为崇儒尊儒的封建地主阶级代表，这也需要一个过程，况且元朝一部分残留的奴隶主贵族阶层对儒学持抵触和反对立场，这必然会使儒学及其新形态理学的生存遇到困难。

蒙古族入主中原建立的元朝实行的是封建制度统治，需要儒学。但元朝的封建统治仍然保留许多奴隶制传统的统治制度和统治方法。它对儒学的看重，也着重于儒学经世致用的实用性。对于儒学义理方面的"妙用"，元朝统治者尚缺乏理解，多鄙夷为空言。尽管元朝发展的方向是接受中原封建制度并被中原封建社会逐步同化，但转型过程并不顺畅。加之元朝是一个短促的王朝，因此元朝的封建制度始终没有达到以往封建制度的完备程度与高度。

这种情况反映在思想与意识形态领域，就是先进性与落后性的混杂叠加。在主张汉化的先进势力与抵制汉化的保守势力的斗争过程中，佛道文化与儒家文化同时受到尊崇。就儒学而言，理学实现了官学化，朱学取得官学地位，理学的地位十分显赫，但由于没有获得独尊的地位，因此始终无法统领全部意识形态。从朝廷到社会，弥漫着喇嘛教与汉地佛教、道教的信仰，此外还有伊斯兰教、基督教，等等。它们的社会地位与影响，甚至高于儒学。

教育是儒家士人最重要的职业基础，但元朝的学校普及程度及规模均不及宋金两朝，在教育管理方面也没有形成统一高效的管理体制，教师地位低，数量少，学生的贵族化程度却很高，而名额又少。这种情况在中国古代教育史上是绝无仅有的。因此，在绝望的心理状态下，儒士们只能另辟蹊径，以独立兴办私学的形式来填补职业空缺。所以，元朝的私学兴盛一时，水平也高于官学。这在客观上促进了儒学与社会底层民众的结合，也给科举无望且无意于与元朝统治者合作的士人，开辟了新的生存空间。

对于那些进入了体制的儒家士大夫来说，受规制的限制，他们只能从事教官、儒吏等下层职业，并只能在区域社会发展。这在客观上也促进了儒学与基层区域社会的结合。

元朝实行严格的户籍制度，这是儒学走向基层社会最直接的制度原因。户籍制度根据职业编户，并且世袭，其中儒户的职业是修习儒业，同时充当基层教师。这样的制度将儒户基本圈定在社会基层，成为民间教师的主要来源。

基于上述原因的综合作用，儒学在元代出现了世俗化与社会化的倾向。世俗化表明儒学脱离高堂讲章的贵族文本形式，开始以民间容易接受的通俗形式出现。社会化表明儒学更广泛地与基层社会相结合，成为区域社会不可或缺的组成部分，并成为明清时期乡绅社会的先导。世俗化与社会化相辅相成，不仅极大地推动了理学在元代的普及，而且通过与乡村建设的结合，以宗法联姻、掌握族权与绅权、制定乡约民规等方式，使得理学在民间的精神信仰体系中扎下根，造成了社会结构的变化。这是元代理学的一大特色，对后世的影响是深远的。

在元代理学世俗化、社会化及普及化的过程中，一些理学名家发挥了重要作用。

理学的北传为理学在北方传播起关键作用。理学北传的核心人物是宋元易代之际的赵复。他把程朱理学带到北方，客观上打通了南北之间思想流通的阻隔。此后，理学在北方出现了若干标志性的人物。其中许衡（公元1209—1281年）被称为元代朱学第一人。他透彻认识到少数民族要在中原立住脚，必须采用汉法。但他不主张实行科举制，也反对立太学。出于对儒学的信仰，他反对释老。许衡创立的"鲁斋学派"，为理学融入社会和贴近大众作出了贡献。他常年以"课童仆"为业，从事民办私学教育，还曾经被任命为集贤大学士兼国子祭酒，负责对"大朴未散"的蒙古子弟进行教育。他的主要著作《大学要略》《大学直讲》《中庸直讲》《稽千古文》《编年歌括》，集中反映了他对贵胄子弟的教学成果。特别是其中对《大学》《中庸》的通俗性讲解，被认为是"开了经学通俗化的先河"[1]。

以许衡为代表，元代理学名家带头编写了一批儒学通俗读物，这是此前未有过的现象，与元人文化水平较低、对中原儒学缺乏理解的现实相适应。这些读本所采用的语言，非常接近今天的白话文，极其通俗易懂。此外，元代还出现了宣扬儒家思想的连环画，元杂剧中的一些剧目也推动了理学观念的普及。不过，元杂剧体裁广泛，其中也包含一些反理学的内容。

总之，儒学与理学在元朝走过了非常特殊的道路。世俗化、社会化、通俗化，是这一时期所收获的重要果实。

---

[1] 陈谷嘉：《元代理学伦理思想研究》，湖南大学出版社2010年版，第37页。

二 明朝专制集权制度的强化与阳明心学

明朝是封建专制主义极为强化的时期。朱元璋称帝后，建立了绝对封建君主独裁统治制度，但朱元璋是有为之君，为明朝的长期统治奠定了物质和制度基础。

明代理学和哲学的发展，大体经历了三个阶段：一是明初诸帝时期，继续提倡理学，作为官方学术和王朝的统治思想；二是弘治、正德年间，王阳明的心学广为流行；三是万历以后，商品经济发展，朱学和王学都不再能控制社会人心，反理学的各种学说陆续兴起，形成名家辈出、思想争鸣的局面。[①]

明初诸帝时期理学，以明成祖时期修成的《五经大全》《四书大全》《性理大全》为标志，进入思想领域的统治地位，朱学成为其核心与中坚。

到明朝中期，朱学逐渐退居次要位置，王阳明的心学走向"前排"。王阳明的心学适应了明王朝挽救统治危机的需要。明朝中叶，制度危机加深，皇室、贵族、宦官和大官僚、大地主疯狂进行土地兼并，使农民阶级和地主阶级的矛盾日益尖锐。在残酷的压迫之下，大规模的农民起义不断发生。封建统治危机的出现，导致统治阶级内部争权夺利的斗争日益加剧。在这样的历史条件下，王阳明站在封建统治阶级的立场，力图挽救明王朝。一方面，在政治上致力于明朝中兴，维护明王朝的政治统治。他主张加强北方边疆的防御力量，抵抗北方边疆民族侵略。他一生的最大功业之一，是凭借过人的奇智大勇用三十五天便平定了南昌宁王朱宸濠之乱；另一方面，他在思想上积极批判朱熹的客观唯心主义理学，把封建社会危机归结为人心

[①] 蔡美彪等著：《中国通史》第 10 册，人民出版社 2008 年版，第 460—461 页。关于是否存在反理学的思潮与群体，存在争议。马克思主义学者一般都认为其存在。

不善，企图通过重建封建道德，加强封建信仰的灌输来化解社会危机，挽救明王朝统治。王阳明站在明王朝封建统治阶级立场上镇压过农民起义和少数民族起义。他的主观唯心主义哲学是为封建统治阶级服务的。

从唯心主义精致化的角度看，王阳明的心学已经到了登峰造极的地步，编织得非常精美、非常理性、非常系统。这一方面反映出王阳明理性思维能力的提升，另一方面反映出他维护封建统治的强烈的阶级意识。在本质上，王阳明的思想体系是以哲学形式掩盖起来的政治哲学。他的政治哲学的实质，是"蒙昧主义"。他的哲学思想，既不是来自对物质世界的"格"，也不是来自对知识世界的"知"，而是来自对封建专制制度的"诚"。凡是对统治阶级有利的，便是"良知"；凡是对统治阶级不利的，便是"山中贼"。面对压迫剥削，受压迫剥削的人不能反抗，而要反求诸己，求得心灵的平静。王阳明政治哲学的本质，与董仲舒完全一样，即确证"天不变，道亦不变"。不同的是，"天"是客体，王阳明要把这个客体装进人的内心。"天"都装得下，受阶级压迫就不算什么了！

王阳明学说的精髓主要体现在"心即理""知行合一""致良知"三说上。三说表现出来的形式很繁杂、玄妙，实质上无非要劳动人民"忍受"封建专制主义统治。

列宁指出："僧侣主义（＝哲学唯心主义）当然有认识论的根源，它不是没有根基的，它无疑是一朵无实花，然而却是生长在活生生的、结果实的、真实的、强大的、全能的、客观的、绝对的人类认识这棵活树上的一朵无实花。"[①] 列宁的上述思想表明：唯心主义是在人们的认识过程中产生的，人的认识是一个充

---

① 列宁：《哲学笔记》，人民出版社1993年版，第311页。

满矛盾的非常复杂的"近似于一串圆圈、近似于螺旋的曲线"①。这一曲线上的任何一个片段、小段都有可能被片面地变成独立的完整的直线，即有产生唯心主义的可能性。唯心主义哲学也是人类认识之树上的花朵，在人们的认识活动中是难以避免的，唯心主义哲学体系中也包含着某些合理的因素，但它由于颠倒了思想和存在的关系，脱离实践，因而总体上是错误的，是不结果实的。

王阳明把"致良知"当作全部思想的核心。他说"心即理"。换言之，心里面对统治阶级充满爱，就合乎"理"了。一切都取决于怎么把自己的"心"安顿好。"理也者，心之条理也。是理也，发之于亲则为孝，发之于君则为忠，发之于朋友则为信。"② 无须问"亲"与"君"或"朋友"怎么样，只需把自己的"心"调整到位，这就叫"心外无理""心外无物""心外无事"。总之，除了把对"君"的"忠"作为信仰之外，其他均不能琢磨。一旦琢磨，那么所得的"知"，肯定是不"良"的，而且是外在力量强加给内心的，是内心原本没有也不该有的东西。王阳明说，"良知"是人先天具有的，"见父自然知孝，见兄自然知弟，见孺人入井自然知恻隐"。对统治阶级具备了良知，自然在行动上会去爱他，此即"知行合一"。服从阶级压迫是"天理"，不服从阶级压迫是"人欲"，所以要"存天理，灭人欲"。对这样的道理，必须通过省察的功夫不断地去"致"。

王阳明哲学有一定的价值。王阳明生当皇帝昏庸、奸宦专权、社会分化而危机四伏、朱学牢笼天下且弊端尽显的明朝中叶，他的心学虽是唯心主义的，但是它反对占据思想统治地位的

---

① 列宁：《哲学笔记》，人民出版社1993年版，第311页。
② 王守仁著，陈恕编校：《王阳明全集》第1册《语录·文录》，中国书店2014年版，第229页。

朱熹理学，反对崇拜旧教条旧权威，是应革新理学、收拾人心、匡救时弊的封建社会需要而产生的。明代中叶，官僚士大夫和一般知识分子都沉溺于训诂辞章之学，把朱熹学说当作猎取名利的工具，王阳明批评当时的风气是"从册子上钻研，名利上考索，行迹上比拟。知识愈广而人欲愈滋"。他用主观唯心主义取代客观唯心主义，企图从哲学思想上变换一种新的形式，整饬人心，以化解明王朝面临的危机。

王阳明是宋明时期主观唯心主义的集大成者，把宋明主观唯心主义哲学体系发展到极致，一度成为封建社会的支配思想。他提出"心即理"，是针对朱熹"心""理"为二从而忽视了道德实践以及格物穷理的烦琐支离之弊；而"知行合一"的提出，也是有感于割裂知行内在联系的朱熹"知先行后"说与当时口讲圣贤之学而实求私欲功利的言行不一的社会风气；他强调"致良知"，体现了唯有疗救人心方能救治社会的深刻认知；他提出了根据人们年龄和身心发展水准的区别，因材施教，分别施以灵活的、为人接受的教育方法。虽然这些思想是为统治阶级服务的，是基于唯心主义的，但从道德实践领域，从哲学伦理道德以及认识论研究来说，不乏许多有价值的东西。

三 资本主义萌芽与启蒙思想的出现

毛泽东指出："中国封建社会内的商品经济的发展，已经孕育着资本主义的萌芽，如果没有外国资本主义的影响，中国也将缓慢地发展到资本主义社会。"[①] 毛泽东的论断表明，依照中国历史自身的发展规律，在没有外国资本主义干预的情况下，中国历史会按照马克思主义社会形态理论依次演进。因此，确定中国资本主义萌芽的出现时间，评估其发展水平与状况，是划分中国

---

① 《毛泽东选集》第2卷，人民出版社1991年版，第626页。

古代社会形态发展演进阶段的重要环节。为此，中国学者进行了深入研究，提出了诸多见解。大多数学者认为，中国的资本主义萌芽，出现于明朝中叶。没有人否认中国历史上出现过资本主义萌芽。

本书赞同中国资本主义萌芽出现于明中叶的见解。元明清时期的社会结构明显出现了不同于以往封建朝代的变化。这种变化，不是简单的量变，而是孕育着生产关系与社会结构变化的要素，预示着社会形态整体变化的方向。它不仅反映在经济基础层面，从上层建筑领域来看，也有反映。

从 16 世纪末期到 18 世纪中期，生产领域最能反映资本主义萌芽状况的是纺织业。早在洪武年间，钱塘一带就出现了雇工纺织的作坊，生产资料为作坊主私人所有，作坊主向佣工支付货币，佣工则是一无所有的劳动力出卖者。佣工没有封建人身依附性，可以自由出卖劳动力，可以从一个作坊到另一个作坊去工作，与作坊主是纯粹的雇佣关系。当然，这种雇佣关系，由于出现时间过早，还是个别现象；它是否属于资本主义性质，也值得更深入探讨，但它是一种新型雇佣关系，这种新型雇佣关系一旦发展和普及开来，就具有社会形态变化的意义。

到明代中叶，即嘉靖到万历年间（16 世纪末 17 世纪初），资本主义萌芽的发生状况，明显地不是个别与偶然现象了。这时，江南地区的丝织行业，不仅出现了相当规模的手工工场，而且随着商业城市的大量兴起，逐渐形成了区域性并与全国形成联动效用的大市场。在社会上，商人及其他上层人士奢侈浮华的生活，逐末盈利的拜金主义大量出现；在思想领域，封建礼法和等级秩序观念受到冲击，出现了反对专制主义、追求个性解放的启蒙思潮。这些现象，使得严密的封建生产关系出现松动的迹象。

但是，无论就行业讲，还是就地域讲，这种情况都发展得不均衡。特别是在农村地区，还很不发达。不过，即使在广大农村，也存在着资本主义属性的雇佣关系。

除手工作坊、雇佣关系、商品经济与市场三个方面之外，明朝中叶及其后的资本主义萌芽，集中体现在启蒙思想、市民阶级两个方面。五个方面所蕴含的生产关系表明，明清时期的资本主义萌芽，是切实存在的。

资本主义萌芽深受封建制度束缚，它只能非常缓慢地向前发展，还可能夭折，这是我国封建社会内部资本主义生产关系始终发展不起来的主要原因。我国资本主义发展，历明清两代，但资本主义萌芽在封建社会中只是稀疏地存在，往往只是一个地区、一市一县之事。明清时期虽然存在着资本主义萌芽的现象，但水平却不高，在经济总量中的占比还很小。

由于资本主义萌芽发展迟缓，明清时期进步思想家尽管提出了具有近代意义的许多命题和见解，但依然没有脱离地主阶级思想家的范畴。

这一时期，自然科学有了明显进步。宋应星的《天工开物》，徐光启的《农政全书》，李时珍的《本草纲目》，方以智的《物理小识》，焦循的《里堂学算记》，代表了明朝所达到的科学水平。自然科学的进步，为生产力的提升储备了条件，也为唯物主义思想提供了更坚实的科学基础。与自然科学的发展相适应，明世宗嘉靖（公元 1522—1565 年）之后，带有启蒙性质的思想在社会上逐渐而明显地生长出来。特别是到 17 世纪，启蒙思想已经具有思潮的属性。

首先是讲学与结社的风气兴盛起来。在这种风气中，一些读书人在讲论学术的时候，仿佛在野党一样议论政治。争取讲学与自由结社运动的代表，是明朝著名的东林党。明末还出现了具有政治属性的士大夫团体复社。

其次，出现了与西学初步结合的新学术人物与样本。明朝末年，西方天主教士在中国活动比较活跃，他们与一些中国学者发生关联，影响着中国的学术与思想生态。西方传教士带着不良的动机来到中国，以已经在西方落后的自然科学知识在中国传播，一方面与中国封建势力紧密结合，另一方面也在严密的封建体系中增添了异质的元素。

最后，出现了反对传统、冲破理学束缚、具有近代因素与色彩的思潮及代表人物。李贽、方以智、徐光启、李之藻等人，都提出了反传统的思想。李贽（公元1527—1602年）在哲学上没有脱离王阳明和禅学体系，但公开以"异端"自居。他直接造孔孟的反，反对"咸以孔子之是非为是非"，"敢倡乱道，惑世诬民"。方以智（公元1611—1671年）提出了重视实验科学（质测）的观点，认为理论学说必须立于实验科学的基础上。这些人物与言论，在明清时期形成了一个群体和舆论场。

四　清前期专制集权制度进一步强化和对理学的利用

清前期是指1840年鸦片战争爆发之前的清王朝。这一时期在意识形态领域积极为封建专制政权服务的思想，先是以理学为主，后是以经学为主。

清代理学与经学的发展，大体经历了三个阶段：一是清初至康熙、雍正诸帝，主要是程朱理学再次作为官方意识形态而占据统治地位；二是乾隆时期，主要是崇仰古文经学派的汉学成为潮流；三是嘉庆时期，今文经学再次兴起，公羊学成为新的学术潮流。

清代统治者对待孔孟之道、程朱理学的态度非常自觉和坚定。他们把儒学奉为正统，大力提倡。

康熙雍正时期，理学由主观唯心主义的王学而返归客观唯心主义的程朱，主题是程朱与陆王的唯心主义内部之争，总趋向是陆王不再时髦，程朱又到前台。这时期，理学的流品很杂，既有人格高洁的布衣儒者，也有廉洁爱民的名儒兼名臣，但也有人格猥琐、被人诟病的假道学。代表人物与主要提倡者有孙奇逢、张履祥、陆世仪、应㧑谦、汤斌、陆陇其、熊赐履、李光地、王懋竑。

康熙时期的理学，是在实学思潮向学术领域转移的背景下发生的。与理学并存的，还有经学等。

乾隆时期，以程朱为主体的理学不再兴盛，转而为经学兴盛，达于高峰。乾隆嘉庆两朝，经学名家众如群星，争相竞辉，由此而形成历史上著名的"乾嘉学派"，也叫作"乾嘉之学""朴学"。

乾嘉学派不是一个特定的学派，而是指共同遵循实证性的治学理念与方法从事经学研究的学术人群。他们主要生活在乾隆、嘉庆两朝，均采用汉代儒生训诂、考订的治经方法，与着重于心性义理之学的宋明理学形成鲜明对照，故被称为"汉学"。汉学是清朝实行专制主义的产物，但相关学者以深厚的学术造诣，专心从事于没有政治风险的文献整理、文字考订、文章辑佚、史事考据等学术事业，取得了集中国古典实证性研究之大成的成就。中国古典文献经过乾嘉学派众多学人之手，得到规模空前的整理，其学术成就之大，达到了中国封建时代的最高峰。从总体说，他们代表一种学术风气，不是思想家群体，但与思想史具有紧密的关系。因为偏重于学术研究，所以它开创了远离政治、轻视理论、专注微观研究、烦琐考证的不好学风，客观上维护了封建专制统治，对资本主义生产关系的发展不利，在性质上属于保守与不健康的学术风潮。但是，它对后世的影响极其深远。另一方面，在乾嘉之学中，既存在学术与思想并重的学者，也存在一些积极进步的思想与元素。例如戴震，就是乾嘉学派中一位杰出的思想家。

乾嘉汉学与宋明理学的关系，既有对立或歧异的方面，也有相同或契合的方面。它们最大的不同，表现在学术总体特色上，一个以思想性见长，一个以学术性见长。但是，也有指导思想上的差异。历史上，"汉宋之争"长期纠缠，成为著名的公案。

乾嘉学派的学术渊源，可以追溯到明末清初的顾炎武、黄宗羲。[①] 其后，出现了阎若璩、钱大昕、段玉裁、王念孙、王引之等名家大家。一些高官，如阮元、毕沅等，也是著名汉学家。就影响而言，主要有以惠栋为首的"吴派"和以戴震为首的"皖派"。

惠栋（公元1697—1758年）代表的吴派属于相对纯粹的学术流派，盛极一时。《周易》是惠栋研究的主要对象。惠栋的著作，几乎全是发明汉人言论。学问上与惠栋并立但在思想上高出惠栋的，是戴震（公元1723—1777年）。戴震的思想，一是具有唯物主义立场、倾向和观点，既表现在宇宙观上，也表现在批判理学上。他主张"理"与"欲"相统一，抨击程朱理学"以理杀人"，这是戴震最具有震撼力的口号，是对程朱理学最具标识性的指控。二是反对构建纯逻辑体系，主张理论与学术结合，以学术方式呈现理论见解。三是反对纯学术，主张通经致用。

从嘉庆开始，乾嘉考据之学逐渐脱离高峰位置，与之相随的是今文经学冒头并成长起来。

清朝今文经学复兴的首倡人，是庄存与（公元1719—1788年）。总体上，他不大在意汉学与宋学的区别，而是主张融通。在汉学一统的环境中，他这样的立场，是有先进性的。刘逢禄（公元1776—1829年）继承了庄的立场和学问，成为今文经学兴起的又一位代表人物。由于他们都是常州人，因此称为常州学派。

导源于西汉末期的今文经学与古文经学之争，是中国学术

[①] 侯外庐学派不赞同这种看法，认为"18世纪的专门汉学，好像是继承顾黄等人的考据，事实上是把清初学者的经世致用之学变了质的。专门汉学的前驱者，决不应当追源于顾黄诸人"。见《中国思想通史》第5卷，第361页。

史、思想史上的重大事件，在两千多年的封建社会里始终与中国思想史的思潮起伏演变互为表里。在经学问题上，两派存在着系统性的对立和长期斗争。这说明，中国封建社会思想的创造活动，主要是在释义活动中进行的。它们争夺的，是对经典的释义权。只有在掌握经典释义权的前提下，思想活动才能展开。五四运动后，随着儒家经典权威的被彻底打破，经学消亡，经今古文学的斗争也终结了。经今古文学之争、汉宋之争是中国历史上的重大思想事件，应给予认真研究。

清代今文经学在古文经学兴盛的环境中出现，某种意义上可以视为理学的回潮。但是，理学大规模回潮的可能性已经不存在。因此，今文经学最终演变的结果，是为晚清的变法思想提供了思想资源。晚清的改良主义思想家，从龚自珍、魏源，到夏曾佑、宋恕等人，大部分是今文经学家。最著名的代表，是康有为。今文经学家们穿着古人的衣裳，打着古人的旗帜，喊着古人的口号，试图演出历史的新场面。但是，个别古文经学家却更激进，不但要演出，而且要革命。章太炎是古文经学最著名的代表。由此可见，经今古文学家们在历史上的具体作用，不是他们的经学立场所决定的，而是阶级立场所决定的。

清前期思想与学术之演变，是封建专制主义制度之产物。它既有传承与弘扬中国优秀文化的贡献，也有需要抉发的隐衷及对后世的不良影响。其中一项很重要的不良影响，在于不但培养出一批没有骨气的乡愿之徒，而且还培养出一大批虚伪狡诈的利禄之辈，严重败坏了中国古代知识分子的优良气节。

五 清初"三大家"思想与实学思潮的形成

明代后期，"经世致用"成为思潮。与之相应，"实学"作为经世致用之学的实现途径得到大力提倡。到明清之际，出现了实学的三个代表人物，即顾炎武、黄宗羲、王夫之，被誉为清初三大家。

所谓实学，即切实之学，是一个综合性的宽泛概念，既包含反对清谈、空谈、玄谈的意思，也包含主张切实、经世、切己的意思。作为一种学术宗尚与主张，它代表着一种对待儒家经典的态度与方法，即反对"明心见性之空言"，主张"修己治人之实学"①。"实学"的对立面是"空言"。"空言"最大的害处，是导致亡国。凡是依据上述宗旨治学的学派，都属于实学。从颜李学派，到乾嘉之学，均属于实学。

具体说来，实学的基本特征，一是讲求经世致用。讲求经世致用的派别，一类由反理学的势力生发出来，另一类由理学内部实学化的势力派生出来。因此，实学并不意味着一定反对理学，而反理学却是实学最光辉的部分。反理学的实学人物，以黄宗羲、顾炎武、王夫之为典范。践行实学理念最彻底的思想派别，是颜李学派，即以颜元、李塨为代表的学派。颜元（公元1635—1704年）反对佛教，认为"道不在章句，学不在诵读；其如孔门博文约礼，实学、实习、实用之天下"②。李塨（公元1659—1733年）主张"多务实际，少谈原理"③。

二是重视实证性研究和经验知识。考据学之所以被称为实学，即主要因此。他们的基本信条是信而有征。实学与虚学相对。虚学的特点是游谈无根。具体讲，就是以经学来代替理学，认为经学就是理学，以踏踏实实的研究，代替高谈阔论。

黄宗羲（公元1610—1695年）是明末清初著名的实学代表之一。他不仅是一位学问渊博的伟大学者，还是一位敢作敢为的勇士。他的实学思想，反映在学术领域，集中体现在其史学成就

---

① 顾炎武著，黄汝成集释，栾保群、吕宗力校点：《日知录集释》上册，上海古籍出版社2006年版，第402页。
② 颜元：《与陆道威书》。
③ 梁启超：《中国近三百年学术史》，东方出版社1996年版，第130页。

上，因此成为浙东史学的开山。反映在哲学领域，体现在他反对宋儒"理在气先"的思想，认为"理"不是实体，只是"气"中的条理和秩序，具有唯物论的特点。在认识论上，他认为"致良知"的"致"就是"行"字，反对"测度想象，求见本体，只在知识上立家当，以为良知"。在历史思想上，黄宗羲具有正确的历史发展观点。在经济思想上，主张改革土地、赋税制度，反对传统的农本、工商末的观念，强调工商皆本。他还提出了著名的"黄宗羲定律"，即赋税每改一次，农民的负担经短暂下降后反而更加上升。

在政治思想上，黄宗羲具有民本主义特点，他猛烈抨击君主一人私有天下产业，高呼"为天下之大害者，君而已矣"。提出"天下为主，君为客"，认为"天下之治乱，不在一姓之兴亡，而在万民之忧乐"，主张"天子之所是未必是，天子之所非未必非"。应该以"天下之法"取代皇帝"一家之法"。在制度设计上，他主张设置宰相来与皇帝分权。《明夷待访录》是其政治思想的代表作，集中反映了黄宗羲民主性的政治思想。

在教育思想上，黄宗羲认为学校要讲时事政治，要广开言路，成为舆论园地与发声中心。主张理论与实践并重，多渠道录取人才。

在文学思想上，强调诗文必须反映现实，表达真情实感；不满明七子模拟剽窃之风。

黄宗羲思想的总体特点是经世致用。他研究经学、史学、文学乃至自然科学，都是为了"经世致用"。

顾炎武（公元1613—1682年）是实学思想的另一位代表人物，于国家典制、郡邑掌故、天文仪象、河漕、兵农及经史百家、音韵训诂之学，均有精深的研究。在哲学上，他赞成张载关于"太虚""气""万物"三者统一的学说，承认"气"是宇宙的实体，表现了唯物主义倾向。在政治上，他不满清廷的统治，怀念明朝，具有民族主义的特质。他怀疑君权，认为"人君之于天下，不能以独治也。独治之而刑繁矣，众治之而刑措矣"，强调"以天下之权寄之天下之人"。主张改革，变革郡县制，提出"众治"的政治主张，颇有近代的色彩。还提出："合天下之私以成天下之公，此所以为王政也。"在经济上，主张"利国富民"，提出"善为国者，藏之于民"的富民、利民思想。反对土地兼并与赋税繁重不均，具有民本主义情怀。在治学宗旨上，反对道学和心学，反对空谈心理性命，尤其反对阳明心学，认为六经之旨与当世之务应该结合，提出"博学于文""行己有耻"，肯定社会历史的探讨和操守气节的砥砺同等重要。力倡"明学术，正人心，拨乱世，以兴太平之事"。提出"舍经学无理学"的命题，认为"君子为学，以明道也，以救世也。徒以诗文而已，所谓雕虫篆刻，亦何益哉"？他提出的经学即理学的主张，成为清代经学家信仰的中心。

顾炎武的生平事迹、学术思想及学术成就，对后世产生了深远的影响。直到晚清时期，章太炎等人都把他当作做人与做学问的典范。

王夫之（公元1619—1692年）与黄宗羲、顾炎武一样，也是清朝实学思潮的开创者之一。与黄、顾不同的是，他更偏重于理论思考，在学术上不如黄、顾成就大，在思想史上的地位高于黄顾。

在哲学上，王夫之是著名的唯物论者，不但建构了古代唯物主义的哲学体系，而且具有朴素的辩证法思想。他总结和发展了中国传统的唯物主义，坚持了"气"决定论。"气"是物质实体，"理"是外在规律，有力批驳了程朱关于"理气"的唯心主义观点。他还提出，道理只能存在于具体事物中，不能说事物靠道理而存在。道与器不可割裂。由此出发，他对道、释以及理学的本体论都有驳斥。

在认识论上，王夫之坚持了唯物主义的基本点，肯定了物质与社会环境的优先性，认为"习成而性与成"，人性随着环境习俗的变化而变化，否定了"人性不变"的说法。但人性又不完全是被动的，而是可以自主地发生权变。他反对陆王"以知为行"和禅学家"知有是事便休"的主观唯心主义论点，反对"生而知之"的先验论，肯定感官是认识的物质基础，坚持了反映论的基本点。他提出，"名"与"辞"与"实"应该统一。"知实而不知名，知名而不知实，皆不知也。"

在政治上，王夫之反对豪强大地主，具有鲜明的民本主义特点。

在历史理论上，王夫之提出了系统的看法，从"道器"关系建立了历史进化论，反对保守退化思想，建构了理势合一的历史发展观，对复古主义、历史循环论都有批判。

在社会理论方面，王夫之反对禁欲主义，提倡不能离开人欲空谈天理，天理即在人欲之中，对程朱理学的"存天理，灭人欲"提出了批评。

王夫之还提出了一系列文学理论思想与观点。

王夫之在世时影响不大，但对后世发生了重大影响。特别是对"湘学"影响很大。晚清时期，湖南成为变法维新的重要地区，即引王夫之为前辈典范。

明清之际的实学，还包括自然科学。历史学、地理学、方志学均属于实学。

实学思想与代表人物的出现，是明清之际中国资本主义萌芽在意识形态领域的集中反映。三大家及其他具有启蒙意义的思想家们同时出现在这一时期，不是偶然的。黄宗羲提出工商皆本的思想，直接与资本主义萌芽相关。但是，尽管他们是地主阶级中的开明人士与先进分子，毕竟属于地主阶级思想家，因此存在难于克服的缺陷与不足。对此，应依据唯物史观，给予实事求是的具体分析。

元明清时期思想对于近代中华思想具有全面而深远的影响。无论是理学，还是追求经世致用的实学，以及朴素唯物主义的思想，都对后世发挥了全面而深入的影响。具体说来，主要有政治影响、文化影响、社会影响以及海外影响四个方面。

一是政治影响。积极的方面，主要体现为黄宗羲、顾炎武、王夫之的民本主义、民主主义以及反对专制主义的思想，直接影响了戊戌变法之后的革命党，成为革命党反对清王朝的重要思想理论资源。近代反对封建专制主义的思想，最直接的思想源头，即在明清之际。黄宗羲等人的民族情怀，成为后世爱国主义的重要思想资源。消极乃至反动的一面，主要是程朱理学与陆王心学，不断地被反动统治者所利用，成为他们维护统治、欺骗和压迫人民的思想武器。从近代的保守派、反动官僚到北洋军阀，再到国民党反动派，都喜欢理学，或推崇朱熹，或推崇王阳明。当然，也有一些革命进步人士，利用王阳明的心学砥砺自己，从事进步的事业。

二是文化影响。积极的方面，实学、汉学、今文经学均对后世有积极影响。实学启发了近代的经世思潮，汉学启发了近代的实证主义学风，今文经学启发了近代的变法思想。顾炎武等人反道学反心学的主张与见解，唯物主义的倾向与思想，在近代都发挥了积极作用。章太炎对儒学、特别是对程朱理学的批判，就是一个例证。王国维等人的学术研究，则深受乾嘉汉学影响。消极方面，主要是理学的消极影响覆盖了全社会。从艺术创作、学术研究、思维方式，一直到建筑样式、服装设计，都可以看到理学的消极影响。理学总体上阻碍了中国文化的近代转型，妨碍了中国文化的进步。五四新文化运动时期，喊出"打倒孔家店"的口号，其中也包含宋明理学。此外，乾嘉学派还造成了近代一味沉溺于考据、不擅长思想创造的不良学风。

三是社会影响。积极的方面,比如后来徽商、晋商的兴盛,就与明清实学思想对贱视工商、贬低工商思想的批判有关。邹容《革命军》反对瞧不起工商,即吸收了黄宗羲的思想。中华民族苦干实干的精神、艰苦卓绝的精神,与明清时期的实学思想分不开,时而也与王阳明的心学具有关联。消极方面,理学对于维护封建小农生产方式,维护封建社会结构的稳定性,阻碍社会开放与进步,扼杀人性等方面的作用,是非常明显的。

四是海外影响。可以说明清时期思想对海外既有广泛的影响,也有很直接具体的影响。特别是周边国家,事例甚多。其中朱舜水(公元1600—1682年)就是一个典型的代表人物。他也讲求经世致用,对道学家不满,与顾炎武、颜元类似,属于实学范畴内的人物,在日本发挥了较大的影响。

第八节　半殖民地半封建社会中华思想的转型阶段:旧民主主义革命思想的孕育与兴起(晚清)

半殖民地半封建社会尖锐的社会矛盾孕育和兴起了旧民主主义革命思想。1840年6月至1842年8月,英国殖民者为维护和扩大对中国的鸦片走私而悍然发动的鸦片战争,使中国丧失独立自主地位,开始沦为半殖民地。帝国主义入侵客观上给中国带来了先进的西方资本主义文明,使中国原有的封建自然经济开始解体,外来资本主义的侵入与本土原生态的资本主义因素,导致中国社会形态、社会性质发生了深刻变化。从1840年鸦片战争爆发到1949年中华人民共和国成立,社会形态是独特、畸形的半殖民地半封建社会。虽名义上中国仍有自己的国家政权,但领土主权完整遭到严重破坏；在外国资本主义与本国封建主义的双重压迫下，民族资本主义发展缓慢而曲折。同样自 1840 年鸦片战争起，为改变中国社会的落后状况，实现中华民族的伟大复兴，先进的中国人开始了反对帝国主义、建构现代国家以寻求民族独立，反对封建主义、发展资本主义以寻求社会进步的斗争。反帝反封建，构成了民主主义革命思想的主题。

在 1919 年五四运动中无产阶级登上政治舞台并成为民主革命的领导阶级之前，中国传统社会两大阶级即农民阶级与地主阶级中的有识之士，与近代产生的民族资产阶级，率先作为社会变革的主力军，为改变民族命运、寻求社会进步而进行不懈求索、艰苦抗争。在民族危机不断加深的背景下，旧民主主义思想孕育、兴起、激荡，并搅动起农民起义、维新变法与民主革命的历史洪流，但这些起义、变法和革命都先后归于失败。尤其是辛亥革命的失败，说明资本主义道路在中国走不通，旧民主主义革命思想和运动不能救中国，于是有了 1919 年后马克思主义的引入、新民主主义革命思想和运动的兴起。

一　鸦片战争与学习西方思想的提出

中华民族是一个具有五千年文明史、有着顽强生命力的伟大民族，历尽苦难而生生不息，不断从劫难走向辉煌，创造了自古至今连绵不断的中华文明。17 世纪英国爆发了资产阶级革命，科学技术和生产力加速发展，而"当时的清朝统治者却不看这个世界的大变化，夜郎自大，闭关自守，拒绝学习先进的科学技术。最后，在短短一百多年的时间里，就大大落后于西方国家，直至在西方列强的坚船利炮面前不堪一击"[①]。在朝野上下酣睡于"天朝上国"美梦之际，有识之士却预感到危机的即将降临。

---

① 《江泽民文选》第 3 卷，人民出版社 2006 年版，第 51—52 页。

还在鸦片战争爆发前夕，少数中国人已预言"天朝"已进入"日之将夕，悲风骤至"的衰世，也注意到了西方列强在东方的殖民扩张，并开始了解西方，关注西方，撰写了一些介绍外国史地、欧美知识的著作。

中国在鸦片战争中的惨败，使先进的中国人发现西方的"船坚炮利"远比中国的"大刀长矛"先进，感受到西强中弱、西方先进中国落后的严峻态势，意识到如今的侵略者不同于以往的"蛮夷"，其带来的西方文明要比中华古典文明先进，正是中国文明与西方文明之间的时代性落差，导致了中国在鸦片战争中的惨败，他们因此为改变中华民族的落后、弱势地位而发愤著书，以介绍海外情事为己任。据统计，从1840年起到1861年止，写成的有关介绍世界历史地理的书籍至少有22种之多。[1]代表性的著作有林则徐的《四洲志》、魏源的《海国图志》、姚莹的《康輶纪行》、梁廷枏的《海国四说》、徐继畬的《瀛环志略》。这些著作向国人介绍了一个比较完整的世界，介绍了异于中华文明的西方文明。

近代先进中国人对西方文明的认知，经历了从器物到制度、再到文化、思想的心路历程。近代初期，先进中国人所认识到的中国落后主要是器物和技术方面的落后，因而他们倡导学习西方的"船坚炮利"和民用技术。魏源在《海国图志》中就提出："夷之长技三：一战舰，二火器，三养兵练兵之法。"[2] 梁廷枏在《海国四说》里介绍了轮船、火车及蒸汽机原理。徐继畬在《瀛环志略》中介绍了西方火轮船行驶的有关情况。在近代初期的学习西方思潮中，经世思想家还介绍了西方政治制度，并表示了向往。魏源在《海国图志》中盛赞美国选举总统"惟不世及，

---

[1] 《剑桥中国晚清史》下卷，中国社会科学出版社1985年版，第172页。
[2] 《魏源全集》第4册，岳麓书社2004年版，第27页。

且不四载即受代,一变古今官家之局,而人心翕然"与国会议事"众可可之,众否否之",听从公议,"其章程可垂奕世而无弊"。徐继畬在《瀛环志略》中盛赞华盛顿"创为推举之法,几于天下为公",推许美国民主制度"不设王侯之号,不循世袭之规,公器付之公论"是"创古今未有之局"的盛举。

鸦片战争时期的学习西方思潮,体现了反对外国资本主义侵略、赶超西方国家、实现中华民族伟大复兴的思想底色。魏源在《海国图志》中明确承认了西方在技术层面比中国先进,故而倡导"师夷长技",但他强调"师夷"是为了"制夷"。他在全书序言中提出:"是书何以作?曰:为以夷攻夷而作,为以夷款夷而作,为师夷之长技以制夷而作。"[1] 他们在认识到中国落后于西方之初,就开始提出了赶超西方列强的目标。魏源在《海国图志》中提出,通过学习西方,"因其所长而用之,即因其所长而制之。风气日开,智慧日出,方见东海之民,犹西海之民,云集而鹜赴,又何暂用旋辍之有"?他还列举俄罗斯彼得一世通过学习西方而赶超西方、成为世界强国的例子,告诫国人,称"西史言俄罗斯之比达王聪明奇杰,因国中技艺不如西洋,微行游于他国船厂、火器局学习工艺,反国传授,所造器械,反甲西洋,由是其兴勃然,遂为欧罗巴洲最雄大国"[2]。

中国近代第一次学习西方热潮的缺陷也是显而易见的,如仍将西方列强贬称为"夷",仍用"海国""瀛环"等传统概念描绘外部世界,仍以"华夷"观念看待中外关系,先进观念与陈腐意识鱼龙混杂;局限在对"夷情"的介绍上,而对"夷情"与"国情"的结合探讨不多,使得学习西方思想的针对性、可操作性不强,导致此次介绍和研究西方的成果没有及时转化为被

---

[1] 《魏源全集》第4册,岳麓书社2004年版,第1页。
[2] 同上书,第31—32页。

政府采纳的强国之策、被民间接受的社会民意，最明显的例子是《海国图志》在国内遭受冷遇而在日本广泛传播的"墙内开花墙外香"现象。

二 太平天国的"大同"理想

进入近代以后，清王朝面对的挑战不仅来自外部西方列强，也来自国内的反清斗争。在鸦片战争失败不到十年后，一场轰轰烈烈的农民阶级反清运动登场。1851年初，洪秀全在广西桂平县金田村领导了武装起义，太平天国运动爆发，由此揭开了中国旧民主主义革命的序幕。

太平天国运动的基本诉求是反对封建统治阶级在经济上的剥削与政治上的特权，实现平均平等，达到天下"大同"，建立地上"天国"。太平天国领袖建立平均平等的"大同世界"的思想，其思想渊源有二：一是吸取了早期基督教教义中的平等思想。洪秀全1843年第四次参加科举考试落第后阅读了基督教布道书《劝世良言》，随后在家乡广东花县组织拜上帝会，并根据《劝世良言》所宣传的教义写成《原道救世歌》《原道醒世训》《原道觉世训》。二是吸取了儒家大同思想与农民的平均主义思想。《原道醒世训》中引述了"大道之行也，天下为公"的儒家大同思想，并向往"唐、虞、三代之世，天下有无相恤，患难相救，门不闭户，道不拾遗，男女别途，举选尚德"。太平天国还把历史上农民起义中存在的"劫富济贫""摧富益贫""均田免粮"一类的平均主义思想发展到最高峰。

早在金田起义发生之前，太平天国领导人的"大同"思想已经萌生。洪秀全在早期的《原道救世歌》中便提出了"天父上帝人人共""何得君王私自专""普天之下皆兄弟"等反对封建等级制度的平等思想。在1844年写成的《原道醒世训》中，他抨击了当时"世道乖漓，人心浇薄，所爱所憎，一出于私"，提出"天下凡间，分言之则有万国，统言之则实一家"，"天下多男人，尽是兄弟之辈，天下多女子，尽是姊妹之群"的天下大同思想。① 他在1847年写成的《原道觉世训》中，表达了"天下总一家，凡间皆兄弟"的大同主张，强调了上帝与妖魔的对立，提出了"阎罗妖"为"天下凡间我们兄弟姊妹所当共击灭之"的反清主张。洪秀全于金田起义前所建立的圣库制度，反映的是农民的绝对平均主义思想。②

太平天国的这种平均平等的"大同"思想，最集中地体现在定都天京后所颁布的《天朝田亩制度》中。该文献规定了"天下人人不受私，物物归上主"的原则，提出了建立"有田同耕，有饭同食，有衣同穿，有钱同使，无处不均匀，无人不饱暖"的"大同"理想社会蓝图，其核心是平分土地。它根据"凡天下田，天下人同耕"的原则，将天下土地按每年亩产量多少，分为上、中、下三级九等，然后好田坏田搭配平分土地，"凡分田照人口，不论男妇，算其家多寡，人多则分多，人寡则分寡，杂以九等"。凡16岁以上的男女每人得到一份同等数量的土地，15岁以下的减半。还提出了"此处不足，则迁彼处，彼处不足，则迁此处。凡天下田，丰荒相通，此处荒，则移彼丰处以赈此荒处，彼处荒，则移此丰处赈彼荒处"的调剂办法。它还绘制了以25家组成的"两"为基层组织单位的新社会蓝图，"两"设"两司马"，"每两设国库一，礼拜堂一"，农副业生产和分配都由"两"来管理，25家中婚丧等事支出均由每"两"设立的国库开支；由下到上的层级为每5家为伍，5伍为两，5两为卒，5卒为旅，5旅为师，5师为军，分别设立设伍长、两司马、卒长、旅帅、师帅、军师等。

---

① 《太平天国印书》第1册，江苏人民出版社1961年版，第7—10页。
② 韩山文：《太平天国起义记》，中国近代史资料丛刊《太平天国》第6册，上海人民出版社、上海书店出版社2000年版，第870页。

太平天国"大同"思想，反映了作为社会下层的农民阶级憎恨贫富分化、贵贱悬殊的社会不合理现象，不满意于政治地位、经济地位低下而要求实现平均平等的强烈愿望，尤其是《天朝田亩制度》提出的平分土地方案是对地主阶级土地所有制的否定，集中表达了广大农民群众的最根本诉求。它对于动员广大农民群众投身于反封建斗争，鼓舞他们的热情有一定积极的作用。但太平天国"大同"思想，所代表的是农民小生产者的理想，由于阶级与时代的局限，他们主要按照小生产者的标准来认识世界和改造世界，按照小生产者的标准来描绘未来世界。由于农民小生产者不是先进生产力的代表者，他们反封建，但取而代之的不是更为先进的经济与政治制度，而是跳不出王朝更替的"历史周期律"。太平天国领导人主张平均主义，他们反对封建王权、封建等级制度，但取而代之的不是社会平等，而是同样森严的等级制、世袭制；他们弃取孔子牌位、否定孔子思想，但取而代之的不是思想自由、科学真理，而是另一种迷信与谬误。

太平天国运动毕竟发生在西方殖民者侵略、资本主义文明引入的时代背景之下，其领导人对反封建与反侵略还是作了某种结合，对反对封建主义与发展资本主义还是进行了一些连接，从而在某种程度上突破了农民小生产者的思想格局。最值得一提的是，太平天国后期重要领导人洪仁玕1859年提出了带有鲜明资本主义性质的改革纲领——《资政新篇》，并得到了洪秀全某种程度的认可、同意因而得以颁发。政治上，主张加强中央集权、"以法治国""准卖新闻篇"和直接选举政府官员。经济上，鼓励发展近代交通业、采矿业、工商业、金融业，奖励技术发明，提倡保险事业。社会文化上，主张移风易俗，反对迷信，提倡新式教育。外交上，主张自由往来、平等互利，反对西方列强对中国主权的干预。《资政新篇》是中国近代史上第一个比较完整的近代化纲领，其思想较为超前，代表了19世纪60年代前学习西方思想的先进水平。由于面临严酷的军事斗争环境与太平天国运动很快失败，《资政新篇》所描绘的近代化蓝图在太平天国的历史上只是一纸文献，并没有得到任何实行。

三 洋务思潮与早期维新思潮

对外是两次鸦片战争的接连失败，对内则是太平天国运动、捻军起义的沉重打击，"内忧外患"的严峻形势使统治阶级内部发生了变化、分化，一部分守旧人士顽固拒绝变革，盲目排斥西学，以维护自身利益不受损害，他们被称为顽固派；一部分官僚、士大夫则希望通过学习西方，改变中国的落后状况，以维护清王朝统治的长治久安，他们被称为"洋务派"。洋务思潮就是19世纪60—90年代，在被称为"洋务派"的官僚和士大夫中流行的学习西方、改革内政以"求强""求富"的思想主张或文化取向。

洋务思潮是鸦片战争时期经世思潮的延续与发展，洋务论者的"变局观"与经世派的变易思想一脉相承，洋务论者的"师夷智以造炮制船""西学为用"是魏源等人"师夷长技"思想的延续与发展，洋务派与经世派之间还有师承关系，有的更是直接从经世派士绅转换而来。在从经世思潮向洋务思潮、早期维新思潮的过渡中，冯桂芬1861年刊行的《校邠庐抗议》一书有着极其重要的地位，可以说是联系、连接两者的桥梁。在该书中，冯桂芬认为除了魏源所认为的"船坚炮利不如夷"之外，中国还在其他四个方面"不如夷"：第一，"人无弃才不如夷"；第二，"地无遗利不如夷"；第三，"君民不隔不如夷"；第四，"名实必符不如夷"。这是导致中国"受制于小夷"的重要原因。[①] 要改

---

① 冯桂芬：《校邠庐抗议·制洋器议》，《采西学议——冯桂芬、马建忠集》，辽宁人民出版社1994年版，第75页。

变这种局面，就必须在维护儒家思想之正统地位的基础上，"采西学"，"制洋器"，向西方学习，即"以中国之伦常名教为原本，辅以诸国富强之术"。他相信，如此中国就能"始则师而德之，继则比而齐之，终则驾而上之，自强之道，实在乎是"。冯氏所提出"采西学""制洋器"思想为洋务派所继承和发展，尤其是他提出的"以中国之伦常名教为原本，辅以诸国富强之术"的思想更成了后来对中国近代社会影响至远至深的"中体西用"论的最初表述。

洋务派由掌握中央与地方大权的官僚与不掌握实权的知识分子两部分人组成。洋务派官僚，在中央以奕䜣、桂良、文祥为代表，在地方以曾国藩、李鸿章、左宗棠等起家于镇压太平天国运动的实力派要员为代表。19世纪80年代以后，清流派重要成员张之洞、张佩纶、吴大澂等转化为洋务派。洋务知识分子，一部分与洋务派官僚关系密切，或入幕襄赞，或奉派出使，或经营企业，如薛福成、马建忠、郭嵩焘、郑观应、盛宣怀、唐廷枢等，其中丁日昌等从幕僚历练而为地方大员；一部分与洋务派官僚关系若即若离，如著有《弢园文录外编》《弢园尺牍》的王韬，著有《危言》的汤震，著有《治平通议》的陈虬，著有《庸书》的陈炽等；还有一些纯技术型的知识分子，如徐寿、华蘅芳、李善兰等。他们在对时局的认识、对学习西方、对改革内政等，形成了一些共同认识，但也有一些分歧。后来的早期维新派就是从洋务知识分子中脱变出来的。

关于古今"变局"观。"变局论"出现于第一次鸦片战争后，黄钧宰率先以"古今之变局"概括战后国门洞开、"中外一家"之势。[①] 到第二次鸦片战争之后，"变局论"甚嚣尘上。

---

① 黄钧宰：《金壶七墨》，中国近代史资料丛刊《鸦片战争（二）》，神州国光社1954年版，第624页。

1864年春，王韬在《代上苏抚李宫保书》中，较早阐发了其变局论，称列强纷纷款关而求互市，"此古今之创事，天地之变局"。薛福成同年在《上曾侯相书》中也称"方今中外之势，古今之局也"。李鸿章、丁日昌、郑观应等也纷纷指出，中国正面对"千古未创之局""数千年来未有之变局"、三千年来未之有的"变局"、"五千年未有之创局"，面临着"数千年来未有之强敌"。他们强调以变应变，通过变法因应危局。洋务派的变局观，与顽固派"天不变，道亦不变"的形而上学观点截然不同，成为洋务运动变法自强的理论基础，也是从鸦片战争时期的变易史观发展到戊戌时期的进化史观的"中介"。

关于中外"和夷"观。面对"数千年未有之变局"，洋务派基于西强中弱的态势、"外国利器强兵百倍中国"的现实，主张采取"和夷"的对外路线，反对不顾实力凭意气孤注一掷，希望尽可能避免与列强直接对抗，而以一定程度的妥协、退让、隐忍以"力保和局"。曾国藩提出："与洋人交际，其要有四语：曰言忠信，曰行笃敬，曰会防不会剿，曰先疏后亲。忠者，无欺诈之心；信者，无欺诈之言；笃者，质厚；敬者，谦谨。此二语者，无论彼之或顺或逆，我当常常守此而勿失。"[1] 李鸿章在1862年5月给曾国藩的信中已提出"外敦和好，内要自强"的主张[2]，到了1880年在写给王闿运的信中又有"外须和戎，内需变法"的正式提法[3]，这一思想被称为洋务思潮、洋务运动的总纲。"外须和戎"的思想，表明洋务派对外国侵略者的本质认识不清，以为对其"犹可信义笼络"；对国家之间竞争的残酷

---

[1] 曾国藩：《复李鸿章》，中国近代思想家文库《曾国藩卷》，中国人民大学出版社2014年版，第232页。

[2] 李鸿章：《上曾制帅》，《李鸿章全集》第29卷，安徽教育出版社2008年版，第88页。

[3] 李鸿章：《复四川王山长壬秋闿运》，《李鸿章全集》第32卷，安徽教育出版社2008年版，第646页。

性、对国际政治环境的险恶认识不到位，以为可以通过"力保和局"徐图振兴；对一味委曲求全、妥协求和的危害性认识不足，导致在"和夷"路线指导外交上的一再退让，甚至卖国求荣。

关于制器练兵的"自强"观。洋务运动第一阶段以"求强"相号召，从制器、学技、操兵、建军等方面入手，即创办近代军事工业为重点。从 1861 年开始，"自强"一词在奏折、谕旨和士大夫的文章中时常出现。奕䜣 1864 年在其《统筹全局折》中强调："治国之道，在乎自强，而审时度势，则自强以练兵为要，练兵又以制器为先。"[1] 对奕䜣的观点，曾国藩非常认同，他在奏折中表示："至恭亲王奕䜣等奏请购买外洋船炮，则为今日救时之第一要务。"[2] 李鸿章强调："机器制造一事，为今日御侮之资，自强之本。""中国文物制度迥异外洋獉狉之俗，所以郅治保邦、固丕基于勿坏者，固自有在。必谓转危为安、转弱为强之道，全由于仿习机器，臣亦不存此方隅之见。"[3] 1865 年，左宗棠向总理衙门提出："至中国自强之策，除修明政事、精练兵勇外，必应仿造轮船，以夺彼族之所恃。"[4] 对于西方先进的枪炮船械，究竟是借雇、购买，还是自造，清政府内部存在着不同意见。洋务派官僚多主张自造，如左宗棠在该折表示"借不如雇，雇不如买，买不如自造"。他建议清政府设立船政局以自造轮船，福建船政局得以创立。19 世纪 70 年代，清政府曾就海防建设等问题在中央和地方的重要官员中展开了史称为"海防议"的一次大讨论，引发过"海防与塞防之争"。李鸿章等洋务

---

[1] 《同治五年八月二十八日总理各国事务衙门恭亲王等奏》，中国近代史资料丛刊《洋务运动（三）》，神州国光社 1954 年版，第 466 页。
[2] 曾国藩：《复李鸿章》，中国近代思想家文库《曾国藩卷》，第 188 页。
[3] 《李鸿章全集》第 2 卷，安徽教育出版社 2008 年版，第 201—202 页。
[4] 《左宗棠全集·书信》（一），岳麓书社 1996 年版，第 598 页。

要员大声疾呼加强海防。在他们的大力呼吁下，近代海军开始创建。洋务论者还强调要实现自强，必须变法，必须"力师西法"。李鸿章在《筹议海防折》中强调"办洋务、制洋兵，若不变法而徒骛空文，绝无实际"。郭嵩焘、丁日昌、郑观应等也阐述了"变法自强""借法自强"思想。

关于工商立国的"求富"观。 从 19 世纪 70 年代起，洋务派认识到需要通过创办民用工业，以解决在"求强"中遇到的资金、原料、交通等方面的困难，为此，又提出"求富"即创办民用工业。早在 1862 年，曾国藩在《复毛鸿宾》一信中就提出"商鞅以'耕战'二字为国……今之泰西，以'商战'二字为国"的观点。① 论及求强与求富的关系，李鸿章指出："然欲自强，必先理财。""夫欲自强，必先裕饷，欲浚饷源，莫如振兴商务。"② 他也强调了矿产业的重要性，指出："泰西各国以矿学为本图，遂能争雄竞胜。英之立国在海中三岛，物产非甚丰盈，而岁出煤铁甚旺，富强遂甲天下。中国金、银、煤、铁各矿胜于西洋诸国，只以风气未开，菁华闷而不发，利源之涸日甚一日；复岁出钜款购用他国煤铁，实为漏卮之一大宗。"③ 为促进工商业、矿业的发展，需要大力发展铁路、电线电报等基础设施与金融服务业，需要政府设立相应部门以护商保商。因此，洋务派尤其是洋务知识分子围绕开通铁路、兴办航运、架设电线、发展金融、设立商部与招商局等进行了阐述、建言，并提出了"以工商立国"的思想，从而有力批驳了顽固派反对发展近代工商业的言论，动摇了中国传统思想中"重本抑末""重农抑商"等陈腐价值观念。

关于"中体西用"论。 "中体西用"是洋务派处理中西文化

---

① 曾国藩：《复毛鸿宾》，中国近代思想家文库《曾国藩卷》，第 216 页。
② 《李鸿章全集》第 9 卷，安徽教育出版社 2008 年版，第 259 页。
③ 《李文忠公全集》奏稿，卷 40。

关系的核心命题，也是洋务派举办教育的基本指导思想。冯桂芬1861年在《校邠庐抗议·采西学议》中提出"以中国之伦常名教为原本，辅以诸国富强之术"，这是"中学为体，西学为用"思想的发端。王韬、薛福成、郑观应等洋务知识分子，对这一思想进行了展开。王韬提出："形而上者，中国也，以道胜；形而下者，西人也，以器胜。如徒颂西人，而贬己所守，未窥为治之本原者也。"① 郑观应专门写了一篇《道器》，以"道器"论来考察中学与西学的关系。薛福成提出"取西人器数之学，以卫吾尧、舜、禹、汤、文、武、周公之道。"陈炽在《自强》一篇也以"道器"对中西关系进行了说明："形而上者谓之道，修道之谓教，自黄帝、孔子而来，至于今未尝废也。""形而下者谓之器，是道之粗迹，先王遗意之所存，经秦政之酷烈熏烁而迁流于西域者。天将以器还中国，而以道行泰西，表里精粗，交易而退，人情之所便，天意之所开，虽圣人复生，其能拂人情、违天意，而冥行独往、傲然其不顾哉！"② 曾国藩、李鸿章、左宗棠等洋务大员对"中体西用"也进行了阐述。1862年，曾国藩在日记中写道："欲求自强之道，总以修政事、求贤才为急务，以学作炸炮、学造轮舟为下手功夫，但使彼以所长，我皆有之，顺则报德有其具，逆则报怨亦有其具。"③ 1895年4月，南溪赘叟在《万国公报》上发表《救时策》一文，首次明确表述了"中学为体，西学为用"的概念。次年，礼部尚书孙家鼐在《议复开办京师大学堂折》中再次提出，"自应以中学为主，西学为辅；中学为体，西学为用"。1898年，洋务派后期健将张之洞撰

---

① 王韬：《弢园尺牍》，中华书局1959年版，第30页。
② 陈炽：《庸书·自强》，中国近代思想家文库《陈炽卷》，中国人民大学出版社2015年版，第120页。
③ 曾国藩：《同治元年五月初七日日记》，中国近代思想家文库《曾国藩卷》，第234页。

写了著名的《劝学篇》，对"中体西用"思想进行了系统阐述，提出"中学为内学，西学为外学；中学治身心，西学应世事"；"旧学为体，新学为用，不使偏废。""中体西用"思想贯穿于洋务从兴起到后期的全过程，并一直影响着后来的维新运动的发展和清末"新政"的进行。"中体西用"具有推动西学传播与卫护封建政教的双重属性，前期推动西学传播的积极作用是主要的，到了后来"中学为体"框限于学习西方、改革内政的负面作用越来越明显。

作为洋务派的幕僚、下属与洋务运动的支持者、参加者，洋务知识分子与洋务派官僚有着相似的思想主张。但随着洋务运动的发展与学习西方的深入，其中一些思想家对洋务运动的局限进行了反思，开始从洋务派中脱变出来，成为早期维新思想家。他们对洋务派的维护君主专制、"官督商办"、"中体西用"等观点进行了批判，提出了诸如"君民共主""商办"之类更为激进的主张，对"中体西用"的框架也有所突破。外交上，他们具有比较强烈的反对外国侵略、希望中国独立富强的爱国思想，与李鸿章等洋务官僚一味"和夷"的妥协政策，形成了明显的区隔。经济上，他们力主"商办"，发出了"官办不如商办""官督商办势如虎""以商人纠股设立公司为根本"的呼声，与洋务派官僚以"官督商办"伤害民间资本的做法大相径庭。政治上，他们对封建政教制度，包括君主专制制度的弊端进行了批判；又继承了传统民本主义思想，同时，吸收与借鉴了西方政治思想，提出了其政治改革主张，其中最为亮眼的是提出了设议院、通下情、实行君主立宪的设想。文化上，他们对洋务派官僚"中体西用"思想的局限进行了批判。何启、胡礼垣在《新政真诠》《劝学篇书后》中就深刻批判了"中本西末""中体西用"的观点，如指出："虽然，本末者，事之始终也。指一事之全者而言，谓其有是本，因而有是末也，非指二事之散者而言，谓其本在此，其末在彼也，本末有先后而无不同也……泰西之学之有是末也，由其有是本也。泰西之才有是用也，由其有是体也。"从洋务思潮的母体中脱胎出来的早期维新思潮，为戊戌维新思潮的兴起，作了厚实的铺垫。

四 维新变法思潮的兴起与失势

洋务派官僚以"自强""求富"相标榜，但历时 30 余年的所谓"自救运动""同光新政"，并没有达到挽救清王朝封建统治危机、挽救中华民族面临的民族危机的目标，并没有使中国成功走上富强道路。在 1894 年爆发的甲午中日战争中，泱泱中华帝国惨败于"蕞尔岛夷"日本，宣告了中国洋务运动的破产与日本明治维新的成功。甲午惨败及由此造成的割地赔款，使中华民族面临的民族危机空前深重，这也成为中华民族觉醒的起点。"琴瑟之不调者，则改弦而更张之；厦屋之将圮者，则鸠工而重建之；国家之于法也，亦然。"[①] 危机催生变法，救亡唤起启蒙，"变法图存"逐渐成为国人的共识与时代的强音，并以 1895 年《马关条约》签订后康有为等人发起"公车上书"为标志，发展成为一股举国激荡的社会思潮与一场朝野震撼的政治运动。

洋务运动的破产与明治维新的成功，引发了维新志士对中日两国命运的深层思考，引发了他们对以"中体西用"为藩篱、以"师夷长技"为目的的洋务运动的深刻反思，也引发了他们对全方位实施变革并将政治体制改革放在首位的明治维新的高度关注。于是，洋务思潮的"小变"、"中体西用"、学习西方器物的技术层面现代化，以早期维新思潮对"商办""议院"等的关注为桥梁，发展到戊戌维新思潮的"大变"或"全变""以自由为体，以民主为用"、学习西方政治制度的体制层面近代化，而

[①] 《论阻挠新法》，《申报》光绪二十四年七月初二日。

"仿日变政""取法俄、日以定国是",实行君主立宪也就很自然地成了其变法路径的选择。

维新思潮的兴起,还与甲午战争失败后中国资本主义的初步发展有关。甲午战败后,由于清政府已允许外国人在华投资设厂,不得不宣布"准各省广开民厂",而洋务运动的破产也打破了官僚资本对近代新式企业的垄断;在甲午战败刺激下,一些爱国人士发出"实业救国"的强音,他们投资设厂希望与列强进行"商战"。这促进了中国民族资本主义的迅速成长和资产阶级的壮大,为维新思潮的兴起奠定了社会基础。维新思潮的主要代表人物与代表作有:康有为先后7次上书光绪帝,1891年写成《新学伪经考》,1896年写成《孔子改制考》并于翌年印行;严复于1896年翻译《天演论》,先分期连载于《国闻报》,后于1898年春正式出版;梁启超在《时务报》发表了《变法通议》《古议院考》等论说;谭嗣同1897年写成《仁学》,为维新派的第一部哲学著作;等等。

相比于鸦片战争前后的经世思潮、19世纪60—90年代的洋务思潮仅仅局限于少数官僚和士大夫,维新思潮则在更大的公共空间中传播着思想观念,在更多数的社会成员中引发了心理共鸣,从而真正具有了社会思潮的属性。这得益于与现代文明引介相伴而生的社会交往发展、传播媒介丰富、传播话语现代化与受众现代知识增加。社会交往方面,纷纷成立的各式社团,成为思想传播的重要渠道。梁启超著《戊戌政变记》卷七《改革起源》附《强学会封禁后之学会学堂报馆》与胡思敬《戊戌履霜录》卷四《二十一省新政表》分别列出18、36个学会,汤志钧在《戊戌变法史》中列出了53个学会,闾小波撰文在此基础上增补会、社31个。[①] 另据张玉法先生统计,从1895年11月康有为

---

① 闾小波:《变法维新时期学会、社团补遗》,《史学月刊》1995年第6期。

在北京成立强学会到"百日维新"失败，全国共成立各种学会68个，包括强学会、保国会等政治性学会，上海农学会等学术性学会，不缠足会、戒鸦片烟会等社会习俗改良类学会。传播媒介方面，各地创设的近代报刊，成为维新舆论发散的基本载体。据不完全统计，1895年至1898年底全国各地共创办报刊39种，重要者有1895年由康有为创办的《万国公报》（第46期改名《中外纪闻》），1896年由黄遵宪创办、梁启超任主笔的《时务报》，1897年由严复等创办、严复任主笔的《国闻报》，1898年由谭嗣同等创办的《湘报》等。传播话语方面，留学人员的派遣与翻译人才的培养为新思想东渐或以日本为中介的引介奠定了基础，白话文的使用更为新思想从精英阶层到草根阶层的传播架设了便捷的桥梁，"梁启超式的输入"风靡一时。受众知识方面，经过近代前期新式文教机构的启蒙，社会公众的西学知识、新学背景已大有改观，而维新派为培养维新人才，也创办了一批新式学堂，其中重要的有1891年康有为在广州创办的万木草堂，1897—1898年谭嗣同等在长沙创办的时务学堂等，这些都极大地促进了维新思想的传播。

以"变法"为基本诉求的维新思潮，其内容包括"变"的根据、"变"的速度、"变"的范围、"变"的目标等方面。

关于"变"的根据。虽都讲"变法"，维新派的理论依据却迥然不同于传统色彩浓重的经世派"变易"思想与洋务派的"变局"观，其言说变法乃以全新的进化史观为根据。从经世派、洋务派的变易史观，到维新派的进化史观，这是历史观的重大嬗变。严复在《原强》《天演论》等论著译著中，引介了"物竞天择，适者生存"的西方进化论，强调"优胜劣败，弱者先绝"的生存法则，不仅适合于自然界，也适合于人类社会，以此警醒国人。康有为对公羊"三世说"进行引申发挥，认为人类社会是沿着据乱世、升平世、太平世顺次进化的过程。

关于"变"的速度。从总体而论,维新派主张以渐进的方式,推行社会变革,包括政治改革;希望通过和平的、合法的手段,实现君主立宪制,采取有利于资本主义发展的经济、文化等方面的措施。从具体分析入手,维新派可以说是激进倾向与保守倾向交织,激进论者与渐进论者并存。维新派既体现了国难当头、救死不遑的急切变革心态,力求"大变、快变、全变"的激进变革思路,全面出击、一日数诏的冒进变革举措,但又采取了"托古改制"的思想路线、"君权变法"的改革模式与"和平改良"的改革道路,兼具激进性与保守性。维新思想家对"变"的速度也有不同取向,谭嗣同倾向"流血革命",被称为激进主义的源头;而严复力主历史进化不可"躐等""民之可化,至于无穷,惟不可期之以骤"的渐进改革主义。

关于"变"的范围。维新派反对顽固派的"天不变,道亦不变",也不满于洋务派"变器不变道""变末不变本"的"小变",他们强调"能变则全,不变则退,全变则强,小变仍亡",力主全方位变革,把变革从"变器"推进到"变道",从经济技术层面的现代化推进到政治体制层面的近代化与人的近代化。在"变器"方面,维新派主张发展资本主义工商业,实现"尚农""以农立国"到"尚工""定为工国"的转型;还在经世派、洋务派"师夷长技"、仿造枪炮的基础上,进而强调工艺创新、技术创新,希望实现从仿造到制造再到创造的转型。在"变道"方面,包括了"政""教""学""人心"等内容,政治上批判君主专制制度,主张兴民权、设议院、实行君主立宪;意识形态上抨击封建纲常名教,宣传自由、平等、民主思想;文教学术上,主张改科举、废八股、兴学校、派游学,主张发展现代学术、现代学科;文化心理、民族精神上,主张"鼓民力、开民智、新民德",开启了中国近代改造国民性思潮。

关于"变"的目标。近期目标是仿照俄、日,建设实行君主立宪的近代强国，发展资本主义经济、文化，使中国免遭列强瓜分之灾而日臻富强。远期目标实现《大同书》所描绘的大同社会理想。

自1895年"公车上书"后，在以康有为、梁启超、严复、谭嗣同为代表的维新思想家推动下，维新思潮蓬勃发展，维新变法、救亡图存思想成为一股不可抗拒的时代洪流。到了1898年"百日维新"期间，维新思潮发展成了一场自上而下的政治改革运动，从而达到了高潮。9月21日，慈禧发动政变，戊戌变法运动失败，维新思潮也走向低落。

维新思潮是救亡图存的爱国主义思潮，是资本主义性质的改革思潮，也是资产阶级性质的思想启蒙思潮，在唤起中华民族觉醒、启动政治近代化进程与开创近代学术文化事业等方面，立下了不可磨灭的历史功绩。但在洋务运动破产后，维新思想家所推动的近代化变革再遭重挫，中华民族付出沉重的社会成本与机遇成本，原因至为复杂，教训极为深刻。

戊戌政变发生后，维新思想家或流亡海外，或退守书斋，但继续为救亡图存、为推进社会进步而不懈努力。在离开了"庙堂"、离开了国内政治舞台后，他们转向思想启蒙，转向在国外为改革而继续呼唤、奔走。梁启超成为戊戌变法失败后舆论界、学术文化界"执牛耳的巨子"，领一时之风骚，开创了盛极一时的"梁启超时代"。他先后创办了《清议报》和《新民丛报》，并担任主笔，其启蒙宣传轰动一时。他发表的《新民说》，旨在将中国人从封建臣民改造为现代国民，成为20世纪初中国启蒙思想的最重要代表作；他发起以建立资产阶级新史学为目标的"史界革命"与文学上的"诗界革命""文界革命""小说界革命"，倡导和推广白话文，并率先使用"民族""中华民族"等新概念、新名词；等等。所有这些，都产生了广泛而深远的影响。严复在戊戌变法失败后，先后翻译和出版了《原富》《群学肆言》《群己权界论》《社会通诠》《法意》《穆勒名学》《名学浅说》等西学名著，译介了西方自由经济思想、民主与法制思想，传播了社会学、逻辑学等社会科学知识，宣传了科学思维，第一次较为系统地将西方哲学社会科学介绍到了中国，具有重要的启蒙意义。康有为在前期大同思想已基本形成的基础上，于1903年写成《大同书》第三稿，描绘了大同世界蓝图，作为晚清思想史上的一部"奇书"，具有重要的思想启蒙价值。在清末中国思想界主流从渐进改革转向激进革命的20世纪初年，梁启超、康有为、严复等人在政治上仍然主张改良，与革命派有着激烈的冲突，但在思想启蒙方面，他们以自身特有的方式为资产阶级民主主义思想的传播做出了自己的重要贡献，成了革命派的同路人。

五　资产阶级民主革命思潮

在农民阶级的太平天国运动、地主阶级改革派的洋务运动和代表民族资产阶级上层的维新派的维新变法运动相继失败以后，代表民族资产阶级中下层的革命派被推到了救亡图存的历史前台。以1894年11月兴中会成立为标志，资产阶级民主革命运动逐步展开，民主主义革命思潮迅速传播并经过与改良派的论争而成为社会思潮的主流。资产阶级民主革命思潮大致经历了兴起（1894—1902年）、发展（1903—1905年）、高涨（1905—1911年）、低落（民国初年）四个阶段。

兴起阶段。这一时期，主要是孙中山形成了民主革命思想，并有了少数追随者。孙中山在《建国方略》中追述自己"乙酉中法战败之年，始决倾覆清廷，创建民国之志"，也就是说从1885年开始已立志从事革命。但从萌生革命思想到投身革命有个过程，在这个过程中体制内改革思想与颠覆体制革命思想相互交织。在1894年11月孙中山成立兴中会、决定革命以图光复之前，已有颠覆体制的革命思想，如他于1893年冬与郑士良等八人聚会于广州南园抗风轩，提出了"驱除鞑虏、恢复华夏"的口号。但也有改良以求振兴的思想主张，如1890年冬在致郑藻如的信中，提出了振兴农桑、劝诫鸦片、多设学校等三条建议。1894年6月，他上书李鸿章，寻求体制内变革之路。兴中会初设时，仍"偏重于请愿上书等方式""冀九重之或一听，政府之或一奋起也"。但1895年甲午战败后，清政府仍顽固拒绝变革，"吾党于是抚然长叹，知和平之法无可复施。然望治之心愈坚，要求之念愈切，积渐而知和平之手段不得不稍易以强迫"[1]。他开始发动武装起义。

发展阶段。1900年的八国联军侵华战争与1901年《辛丑条约》签订，使中国面临被帝国主义瓜分的严重威胁，也暴露了清政府"洋人的朝廷"的本质，促使更多先进分子选择革命；民族资本主义在20世纪头十年迎来了第一次发展，加强了民族资产阶级的力量与地位；随着西方思想文化传播、兴学堂派留学与20世纪初"抵制美货"等反帝爱国运动兴起，新型知识分子队伍形成。这些因素促进了民主革命思想的发展与传播。1903年以后，民主革命思想广为激荡并流衍为"有一日千里之势"的社会思潮，改良思潮与革命思潮此消彼长，革命思潮取代改良思潮而成为历史发展主流。20世纪初期，在国内外出现了100多个爱国组织和革命团体；革命派在1902—1905年间，创办了《中国日报》《国民报》《游学译编》《湖北学生界》等30余种刊物，刊文宣传民主革命思想；出版了《新湖南》《黄帝魂》等一批宣传西方资产阶级民主主义的著作译作，其中有78种关于西方民主学说的著作被翻译出版。革命派知识分子在启蒙宣传中，批判君主专制制度，要求人权、平等与自由；批判封建纲常

---

[1] 《孙中山全集》第1卷，中华书局1981年版，第53页。

名教，提倡伦理道德革命；批判"奴隶根性"，提倡"国民意识"；破除封建迷信，重视科学教育。随着民主革命思潮传播，一批有才华的民主革命宣传家迅速成长，章炳麟、邹容、陈天华、秋瑾就是其中的杰出代表。章炳麟 1903 年撰写了《驳康有为论革命书》，论证了以革命推翻清政府的必要性，批驳了改良派的君主立宪思想；邹容 1903 年出版了小册子《革命军》，以西方资产阶级革命理论为武器，阐明革命的正义性和必要性，提出了资产阶级民主共和国的方案，公开树起了"中华共和国"的旗帜；陈天华 1903 年出版了《警世钟》和《猛回头》，着重宣传了反对帝国主义侵略的思想，号召推翻已成为"洋人的朝廷"的清政府；秋瑾把争取民主同争取妇女解放联系起来，着重宣传了妇女解放思想。

高涨阶段。1905 年 8 月，中国同盟会在日本东京成立，提出了"驱除鞑虏，恢复中华，创立民国，平均地权"的革命纲领；11 月孙中山在《〈民报〉发刊词》中，提出民族、民权、民生。中国同盟会纲领的制定与三民主义的始出，表明资产阶级民主革命思潮与资产阶级民主革命运动高潮的到来。三民主义是中国资产阶级民主主义革命思想的基石与核心，它"雏形"于 19 世纪末，初步形成于 20 世初，到这时已发展成为一套完整的思想体系。

民族主义是三民主义的政治前提。民族主义的思想渊源有二：一是继承了清朝历史上的反满传统，尤其是太平天国的反满思想；二是吸收了欧美及亚洲各国民族主义思想与民主革命思想。其内容包括兴中会和后来同盟会政纲中的"驱除鞑虏，恢复中华"两项内容，即推翻清王朝统治，重建汉人当权的政府。在清末，孙中山的民族主义思想以"反满"或"排满"为核心内涵与鲜明特色，但他也强调了"反满"与反封建专制的结合，强调了"反满"与反对列强瓜分的结合。旧三民主义的民族主义，没有明确反对帝国主义的口号，"反满"色彩过于浓厚。到民国初期，孙中山提出了"五族共和"思想，强调国内各民族在政治上的平等；稍后，提出了将国内各民族融合成"一大中华民族"的思想，倡导民族融合；在1924年中国国民党"一大"上重新解释的民族主义，明确提出反对帝国主义并将其放在首位。

民权主义是三民主义的核心内容。民权主义理论继承了儒家"天下为公"的思想和农民阶级反封建统治的精神；吸纳了西方资产阶级民主主义的自由、平等、博爱、"主权在民"等政治理念与民主共和国方案。民权主义就是政治革命，内容即兴中会誓词中的"创立合众政府"、十六字政纲中的"创立民国"，指推翻封建君主专制制度，建立资产阶级民主共和国。孙中山在西方行政、立法、司法三权分立学说的基础上，提出了自己的"五权分立"构想，也就是把考试从行政中分出，把监察从立法中分出，主张建立行政、立法、司法、考试、监察五院制政府；提出人民以集会或投票的方式直接行使选举、罢免、创制、复决四种政权；还把建立资产阶级民主政治的"措施之次序"规定为"军法之治""约法之治"和"宪法之治"，即后来的"军政—训政—宪政"的建国程序论。孙中山的民权主义表达了中国民族资产阶级的政治要求，反映了广大人民群众对民主和自由的渴望，在中国近代思想史上有着极其重要的意义。但也存在着反封建主义不彻底、对民众素质能力认识不足等缺陷。

民生主义是三民主义的归宿，是三民主义思想中最具有特色的部分。民生主义的提出受到了美国经济学家亨利·乔治的《进步与贫困》一书的影响。民生主义的内容就是十六字政纲中的"平均地权"。孙中山解释："文明之福祉，国民平等以享之。当改良社会经济组织，核定天下地价。其现有之地价，仍属原主所有；其革命后社会改良进步之增价，则归于国家，为国民所共享。肇造社会的国家,俾家给人足,四海之内无一夫不获其所。敢有垄断以制国民之生命者,与众弃之。"① 在孙中山晚年重新解释三民主义时,三民主义增加了"节制资本"的内容。民生主义是中国近代史上第一个把土地问题与发展资本主义联系起来的经济纲领,反映了民族资产阶级摆脱封建主义以发展资本主义工商业的愿望,也体现了孙中山对民生福祉与农民问题某种程度的重视。其缺陷是缺乏彻底的土地革命纲领,因而难以满足农民对土地的要求,难以调动起他们参加革命的积极性。

资产阶级民主革命思想的传播,在外部遇到了来自清王朝与立宪派的夹击,在内部则有不同思想派别的分歧。迫于内忧外患,清政府于1901年宣布实行新政,之后派员考查宪政、推出"预备立宪",以应付立宪运动,并试图消解民主革命的正当性,阻止民主革命思想的传播。立宪派也希望阻止革命发生而呼吁实行君主立宪,立宪派与革命派围绕立宪还是革命、实行君主立宪还是实行民主共和等问题,展开了激烈争论。在康有为于1902年抛出《辨革命书》后,章炳麟发表《驳康有为论革命书》,孙中山发表《敬告同乡书》,论证革命的必然性、可能性和必要性,批驳改良派真保皇、假革命的面目,号召与其"划清界限"。在1905年《民报》创刊后,革命派、改良派分别以《民报》《新民丛报》为主要阵地,围绕三民主义的内容,即要不要以暴力推翻清朝反动统治、要不要建立民主共和国、要不要改变封建土地所有制,展开了激烈论争。革命形势的快速发展,使民主革命运动、民主革命思潮成为不可抗拒的历史洪流,不仅使统治阶级通过"立宪"保留、加强君权的梦想落空,还把一部分立宪派人士卷入了革命大潮之中。在革命阵营、革命思潮内部,除了作为主流的革命民主主义、三民主义,还有国粹主义、无政

---

① 《孙中山全集》第1卷,中华书局1981年版,第297页。

府主义等不同思想流派。民主革命思潮在反帝反封建斗争中起到了积极作用，但革命派的内部思想分歧、非主流思想派别的消极影响，在胜利的欢歌声中，已隐然埋下了危机。1911年10月10日武昌起义的枪声响起，胜利在即，然而，失败也已临近，"其兴也勃焉，其亡也忽焉"。

低落阶段。民国成立以后，"破坏已终，建设伊始"。孙中山于1912年4月1日辞去临时大总统职务，将注意力聚焦于民生问题，认为"中华民国成立，民族、民权两主义均达到，唯有民生主义未着手"，因此，3月3日制定的《中国同盟会总章》只提"一民"主义，即"本会以巩固中华民国，实行民生主义为宗旨"。但袁世凯一步一步走向帝制复辟，将各项民主制度破坏殆尽，中华民国成为一块空招牌，民主革命果实已被葬送，民主革命思潮转向低落。1913年3月宋教仁被刺杀，袁世凯假共和、真专制的面目暴露，使孙中生认识到民权主义远未完成，因此，1914年中华革命党成立时恢复为"二民"主义，《中华革命党总章》规定"本党以实行民权、民生两主义为宗旨"。1919年10月，中华革命党改组为中国国民党时恢复了三民主义的提法。

资产阶级旧民主主义思想具有历史的局限性。农民阶级发起太平天国运动与义和团运动、地主阶级改革派开展洋务运动、资产阶级维新派发起戊戌变法等，先后都失败了；资产阶革命派领导的辛亥革命，仍难逃这一宿命。旧民主主义革命失败，有客观原因，也有主观原因，从中国民族资产阶级整体来讲，阶级力量弱小，而且分属改良派与革命派两个阵营，各自选择渐进与激进的政治路线，一直难以协调、整合，有时资产阶级内部两派论争的声势甚至大过与封建主义的抗争；从资产阶级革命派来讲，在思想理论、组织建设、社会动员、斗争策略等方面，都有可訾议之处。从与革命思想局限性相关的角度，以下方面值得我们重视：一是革命思想本身的弱点。三民主义代表了当时中国民族资产阶级思想认识的最高水平，对推动资产阶级革命运动的开展发挥了重要作用。它也有弱点、缺陷：民族主义方面，没有明确提出反对帝国主义的内容；民权主义方面，强调以革命手段推翻旧政权，但对革命所要推翻的是包括满汉地主阶级在内的整体缺乏正确认识，对革命武装建设、对武装斗争的重要性缺乏正确认识；民生主义方面，不是从根本上废除封建土地所有制，没有和农民的土地要求联系起来，因而难以通过土地问题的解决实现广泛的社会动员。二是革命党思想建设的弱点。孙中山提出了先进的三民主义理论，但在革命党内部遭到了冷遇、质疑与批评，大大影响了革命党的向心力、凝聚力、战斗力，大大影响了革命理论从"批判的武器"转换成"武器的批判"。三是革命思想启蒙宣传的弱点。先进的思想理论必须为广大群众所接受、所掌握并转化为群众的实践行动，才能发挥出其巨大的作用。理论的构建、创新固然重要，理论的宣传、引导也必须高度重视。在民主革命思想的宣传，在资产阶级民主主义的启蒙方面，资产阶级革命派所付出的努力与所发挥的影响，大大逊色于资产阶级改良派。根本的主观原因在于中国民族资产阶级的两面性所带来的革命不彻底性。历史证明，中国民族资产阶级领导不了中国民主主义革命。鉴于忽视民众启蒙而使中华民国成为空招牌的深刻教训，新一代中国民族资产阶级思想家继而发起了新文化运动。

戊戌变法、立宪运动、辛亥革命的相继失败，表明具有两重性的中国民族资产阶级不可能领导中国资产阶级民主革命取得胜利。历史的接力棒交到了无产阶级及其政党手里。从此，半殖民地半封建社会中华思想的演变进入到了新民主主义革命思想的形成和马克思主义中国化这一新的历史时期。

第九节　半殖民地半封建社会中华思想的转型阶段：新民主主义革命思想的形成和马克思主义中国化（辛亥革命至中华人民共和国成立前）

在中国新民主主义革命和社会主义建设的实践中，以毛泽东为代表的中国共产党人，把马克思主义与中国具体实际结合起来，创立了新民主主义革命理论，实现了马克思主义中国化的第一次历史性飞跃，产生了作为马克思主义中国化两大理论成果之一的毛泽东思想。

马克思主义传入中国并为中国人民所选择、所运用、所发展。从19世纪末，中国人已开始接触到欧洲的各种社会主义思潮。新文化运动兴起，尤其是十月革命后，马克思主义在中国得到初步传播。五四运动不仅促进了马克思主义的广泛传播，也促进了中国工人阶级队伍的成长与政治觉悟的提高。在马克思主义与中国工人运动相结合的条件下，1921年7月中国共产党诞生了。中国共产党的诞生，标志着马克思主义在中国的发展进入了崭新的阶段。这就是从马克思主义的传入传播到把马克思主义运用于解决中国问题的新的阶段，开启了马克思主义同中国革命实践相结合的历史进程，成为马克思主义中国化飞跃的历史起点。从此，中国共产党人拿起马克思主义武器，自觉运用马克思主义分析、解决中国的实际问题，推动马克思主义在中国大地落地生根、开花结果，不断推动马克思主义的中国化。

一　新文化运动的兴起、发展和思想论争

辛亥革命是旧民主主义革命的高潮，同时它的失败也标志着旧民主主义革命走向终结。清帝退位，但取得了中华民国总统职务的袁世凯一意孤行试图恢复帝制；民国创立，但中华民国的各项民主制度被军阀破坏殆尽，只剩了一块空招牌。惨痛的教训，使先进的中国人进一步认识到决不能"拿旧心理运用新制度"，仅靠移植西方的政治制度难以拯救中国，改造中国还需要从思想文化层面的深刻变革入手。袁世凯、康有为等人为了复辟帝制，在思想文化领域提倡尊孔读经，乃至请定孔教为国教并载入宪法，孔教成为后来新文化运动的批判焦点。

以 1915 年 9 月陈独秀在上海创办《青年杂志》（自第 2 卷第 1 号起易名为《新青年》）为标志，掀起了一场传播西方近代文明，提倡科学、民主和新文学的新文化运动。陈独秀在具有发刊词性质的《敬告青年》一文中提出："国人而欲脱蒙昧时代，羞为浅化之民也，则急起直追，当以科学与人权并重。"[1] 1917 年 1 月，陈独秀出任北京大学文科学长，《新青年》编辑部随即迁往北京，由陈独秀、胡适、钱玄同、刘半农、李大钊、沈尹默六人组成，后来还有高一涵等，从而实现了一刊（《新青年》）与一校（北大）的结合。同月，胡适在第 2 卷第 5 期上发表《文学改良刍议》，提出"须言之有物""不摹仿古人""须讲求文法""不作无病之呻吟""务去烂调套语""不用典""不讲对仗""不避俗字俗语"，成为提倡白话文、反对文言文的开山之作。陈独秀在《新青年》第 2 卷第 6 号上发表了《文学革命论》一文，提出文学革命"三大主义"，即"推倒雕琢的阿谀的贵族文学，建设平易的抒情的国民文学"；"推倒陈腐的铺张的古典文学，建设新鲜的立诚的写实文学"；"推倒迂晦的艰涩的山林

---

[1]《陈独秀文章选编》上册，生活·读书·新知三联书店 1984 年版，第 78 页。

文学，建设明了的通俗的社会文学"①。

新文化运动的倡导者提倡民主与科学，反对专制与迷信，集中批判了作为维护君主专制统治思想基础的孔子学说、纲常名教。陈独秀在《吾人最后之觉悟》一文中指出，共和立宪制以独立、自由、平等为原则，与"别尊卑、明贵贱"的纲常阶级制度为绝对不可相容之物。李大钊强调，思想自由是立宪国民生存之所必需，宪法乃为保障国民之自由而设，《中华民国约法》列入"国民教育以孔子之道为修身大本"的条文，"不啻将教授自由、言论自由、出版自由、信仰自由隐然为一部分之取消"②。1918年5月，鲁迅在《新青年》第4卷第5号发表我国第一部白话小说《狂人日记》，揭露了传统家族制度与封建礼教的"吃人"本质，深刻影响了中国思想史与文学史。1919年11月，吴虞在《新青年》第6卷第6号发表了《吃人与礼教》一文，声援鲁迅在《狂人日记》中对礼教的批判，痛斥"一面会吃人，一面又能够讲礼教"，"吃人的就是讲礼教的，讲礼教的就是吃人的"，进一步揭露所谓仁义道德的凶残与虚伪。

需要指出的是，五四新文化运动的倡导者虽然激烈地批判孔教或儒学，但他们批判的主要是两千多年来封建专制君主对孔教或儒学的利用，而对于孔子及其学说并没有全盘否定。李大钊就曾明确表示："余之掊击孔子，非掊击孔子之本身，乃掊击孔子为历代君主所雕塑之偶像的权威也；非掊击孔子，乃掊击专制政治之灵魂也。"③

新文化运动对旧文化、旧文学、文言文的批判，引发了守旧人士和文化保守主义者的强烈反弹，由此引发了五四前后延续十余年的东西文化论争。这次论争大致分为三个阶段：第一阶段从

---

① 《陈独秀文章选编》上册，生活·读书·新知三联书店1984年版，第172页。
② 《李大钊文集》上册，人民出版社1984年版，第245页。
③ 同上书，第264页。

《新青年》创刊到五四运动爆发，论战集中于比较东西文明的优劣与是否采用白话文上；1919年五四运动以后论争进入第二阶段，主要讨论东西文化能否调和的问题；第三阶段是1920年梁启超的《欧游心影录》连载和1921年梁漱溟的《东西方文化及其哲学》出版后形成了文化论争的高潮。梁启超、梁漱溟宣称"西方文化已经破产"，人类文化要发生"由西洋态度变为中国态度"的"根本改革"，世界未来文化是"中国文化之复兴"。胡适、吴稚晖、常乃惪等西化派反对把文化发展说成二元的或三条路向，认为人类文化只有一条路，现今西方文化是唯一的一条路。陈独秀、李大钊、瞿秋白、杨明斋等马克思主义者在论战中打出了社会主义文明的大旗，尤其是杨明斋于1924年出版的《评中西文化观》一书，是中国共产党人参与当时的东西方文化论战的重要文本。1922年1月，梅光迪、吴宓等人在国立东南大学创办了《学衡》杂志，批评新文学运动。鲁迅曾发表《估学衡》等文，抨击《学衡》的文学保守主义思想。1923年，围绕"科学与人生观"问题，以胡适、吴稚晖为代表的科学派和以梁启超、张君劢为代表的玄学派展开过激烈论战。

  1917年爆发的俄国十月革命，推动更多先进的中国人转向社会主义，转向马克思主义。中国出现了一批赞成俄国十月革命、具有初步共产主义思想的知识分子。李大钊成为中国最早的马克思主义者，成为中国大地上举起十月社会主义革命旗帜的第一人。他在1918年7月发表的《法俄革命之比较观》一文中，将俄国十月革命与法国大革命并提为"影响于未来世纪文明之绝大变动"，称十月革命是"二十世纪全世界人类普遍心理变动之显兆"；在11月发表的《庶民的胜利》一文中，称"一九一七年的俄国革命，是二十世纪中世界革命的先声"；在12月发表的《Bolshevism的胜利》一文中预言十月革命所掀动的潮流势不可当，Bolshevism是"二十世纪全世界人类人人心中共同觉悟的精神","试看将来的环球,必是赤旗的世界";在1919年元旦发表的《新纪元》一文中,进一步指出十月革命开辟了人类历史的新纪元,"这个纪元带来新生活、新文明、新世界"。

二 五四运动和马克思主义的广泛传播

1919年五四运动爆发,推动马克思主义在中国广泛传播。五四运动后,新文化运动发展为以传播马克思主义为中心的思想运动。"五四"时期马克思主义在中国得到广泛传播具有其历史的必然性:新文化运动对封建正统思想的批判,掀起了一股思想解放的潮流,为各种新思潮的输入和马克思主义的传播打开了闸门,引导着先进的中国知识分子继续面向外部世界寻找救国救民的真理,而近代以来中国向西方寻求真理的屡屡破产,第一次世界大战暴露出的西方资本主义文明的种种弊端,尤其是巴黎和会上列强欺侮中国的事实,则打破了先进的中国知识分子对西方资本主义及其政治制度的迷信与幻想。正当先进的中国知识分子既不满意于中国传统的封建宗法文明,又不再迷恋西方近代的资产阶级文明之际,十月革命一声炮响,给中国送来了不同于中国传统的封建宗法文明和西方近代的资产阶级文明的"第三种文明",于是,代表这"第三种文明"的马克思主义,在俄国革命胜利的示范之下,也就自然而然地成了先进的中国知识分子的选择。与此同时,在五四运动中以独立的政治力量登上了中国政治舞台的工人阶级的成长和壮大,又为马克思主义的广泛传播奠定了坚实的阶级基础。

五四运动爆发后,《新青年》加大了宣传马克思主义的力度,自五四运动到中国共产党成立的两年时间内,该刊共刊登宣传马克思主义和十月革命的文章137篇,成为传播马克思主义的主要阵地。1920年9月,上海共产主义小组成立后,《新青年》成为其事实上的机关刊物,宣传马克思主义的色彩日益浓重;

1923年复刊后直至1926年，以宣传马克思主义与介绍共产国际经验为主要任务，成了中国共产党党刊。为了宣传马克思主义，早期马克思主义者纷纷创办、主编其他刊物，如陈独秀、李大钊在北京创办《每周评论》，李达在上海主编《共产党》月刊，瞿秋白在北京创办《新社会》旬刊，毛泽东在长沙创办《湘江评论》，周恩来主编《天津学生联合会报》和《觉悟》等。此外，《晨报副刊》《民国日报副刊》《少年中国》《时事新报》《解放与改造》《劳动界》等报刊也纷纷发表介绍马克思主义的文章。

除刊物外，马克思主义著作和诠释马克思主义的著作也得到了大量的翻译和出版。首先是马克思、恩格斯、列宁的经典著作的译介。1920年8月，陈望道翻译的第一个《共产党宣言》全译本在上海出版，第一版印刷1000册很快就销售一空，9月又推出了第二版。同月，郑次川翻译的《科学的社会主义》（摘译恩格斯《社会主义从空想到科学的发展》第3章）由上海群益书社出版。1921年9月，中国共产党创立后创建的第一个出版机构——人民出版社在上海成立，计划出版"马克思全书"15种、"列宁全书"14种、"康民尼斯特（'共产主义'音译）丛书"11种。在诠释马克思主义的著作方面，有李汉俊翻译的《马格斯资本论入门》（人民出版社1920年版，原作者米里·伊·马尔西）、李季翻译的《社会主义史》（新青年社1920年版，原作者克卡普）、恽代英翻译的《阶级争斗》（新青年社1921年版，原作者考茨基）、李达翻译的《社会问题总览》和《唯物史观解说》（中华书局1921年版，原作者分别为高畠素之、郭泰）等。

这一时期，以李大钊、陈独秀为代表的中国早期马克思主义者还十分重视对马克思主义基本原理的介绍和运用。1919年10月、11月，李大钊在《新青年》第6卷第5、6号上发表的长文《我的马克思主义观》，是中国最早系统和完整地介绍、宣传马克思主义思想体系的文章。他认为马克思科学社会主义理论可以分为关于过去的理论——历史论（社会组织进化论）、关于现在的理论——经济论（资本主义经济论）、关于将来的理论——政策论（社会主义运动论），"这三部理论，都有不可分的关系，而阶级竞争说恰如一条金线，把这三大原理从根本上联络起来"。1922年7月1日，陈独秀在《新青年》第9卷第6期上发表《马克思学说》一文，也比较全面地阐明了马克思主义学说，该文分剩余价值、唯物史观、阶级斗争、劳工专政四个部分对马克思主义基本原理尤其是剩余价值进行了解读。除了宏观上对马克思主义思想体系的介绍外，有的文章则侧重对剩余价值学说、阶级斗争理论、唯物史观等某一部分、某一原理、某一观点的阐释和宣传。

1919年至1922年间，还发生过三次马克思主义同非马克思主义思潮的激烈论争。

首先是在新文化阵营内部发生的"问题与主义"的论争。1919年7月，胡适在《每周评论》第31号上发表《多研究些问题，少谈些"主义"!》一文，要求"多提出一些问题，少谈一些纸上的主义"。蓝公武立即以"知非"的笔名在《国民公报》发表《问题与主义》与之商榷。8月，李大钊在《每周评论》第35号发表《再论问题与主义》一文对胡文进行了批驳，他强调"问题"与"主义"是交相为用、并行不悖的，"大凡一个主义，都有理想与实用两面"，"根本解决"的确"很容易使人闲却了现在不去努力"，但是应该承认遇着时机，因着情形，或须取一个根本解决的方法，"经济问题的解决，是根本解决。经济问题一旦解决，什么政治问题、法律问题、家庭制度问题、女子解放问题、工人解放问题，都可以解决"。这场论争是围绕中国需要不需要马克思主义、需要不需要革命等重大问题而展开的。

接着发生的是关于社会主义是否适合中国国情的论争。1920年11月、12月，张东荪在陪同英国哲学家罗素在中国讲演的过程中，先后发表《由内地旅游而得之又一教训》《现在与将来》等文章，对罗素劝告中国"暂不主张社会主义"，当务之急是"开发中国资源"、发展实业的言论表示十分信服。1921年2月，梁启超在《改造》第3卷第6号上发表《复张东荪书论社会主义运动》一文，支持张东荪的观点，认为中国唯一的病症是穷，救治的办法是用资本主义的方法发展实业，而不是搞什么社会主义。1920年11月7日和8日，《民国日报》副刊《觉悟》先后发表江春（李达）的《张东荪现原形》、望道（陈望道）的《评东荪君底"又一教训"》、力子（邵力子）的《再评东荪君底"又一教训"》，对张东荪的观点进行了批驳。稍后，李达又发表《复东荪书论社会主义运动》一文。12月1日，陈独秀在《新青年》第8卷第4号上，专门开辟了一个《关于社会主义的讨论》专栏。其他文章还有李大钊的《中国的社会主义与世界的资本主义》，何孟雄的《发展中国的实业究竟要采用什么方法？》，蔡和森的《马克思学说与中国无产阶级》等。这些早期马克思主义者指出：中国产业虽然落后，但终究有了工业无产阶级，而且它处于不断发展壮大之中，社会主义在中国的兴起是必然的趋势，中国不是不要开发实业，而是要用社会主义的办法来开发实业。这场论争的实质，是20世纪初的中国该不该发展资本主义、能不能实行社会主义、需要不需要建立无产阶级政党等问题。

早期马克思主义者还与无政府主义者展开了论争。1919年至1921年间，黄凌霜、区声白等无政府主义者在《进化》《新青年》《奋斗》等刊物上发表《评〈新潮杂志〉所谓今日世界之新潮》《马克思学说的批评》《我们反对"布尔扎维克"》《为什么反对"布尔扎维克"》等宣传无政府主义、反对马克思主义的系列文章，主张取消包括无产阶级专政在内的一切"强权"，反对任何集中和一切组织纪律，提倡所谓"绝对自由"。1919年6月起，早期马克思主义者先后发表《谈政治》（陈独秀）、《什么叫社会主义?》和《无政府主义的解剖》(李达)、《我们要怎么样干社会革命》(施存统)等文章,批判无政府主义者不要国家、不要"强权"、不要组织纪律的错误观点。1921年8月1日,陈独秀又在《新青年》第9卷第4号辑录了《讨论无政府主义》专栏。通过这场论争,使大批先进的中国知识分子分清了科学社会主义和无政府主义的界限,摆脱了无政府主义的影响。

中国早期马克思主义者在三次论争中,批驳了资产阶级、小资产阶级的种种错误思想或思潮,一步一步地扩大了马克思主义的思想阵地,为中国共产党的创立奠定了坚实的思想基础。

三 中国共产党的成立与马克思主义中国化的初步探索

早在中国共产党成立前,早期马克思主义者就达成了共产党应当是以马克思主义为指导的无产阶级政党的思想共识。1920年9月、10月间,北京共产主义小组成立后,曾拟定临时纲领,该纲领中有赞成无产阶级专政的条款。1920年11月,在《共产党宣言》的指引下,由陈独秀主持、上海共产主义小组起草了《中国共产党宣言》,"第一次把马克思主义最重要的纲领性文献《共产党宣言》的核心思想与俄国社会主义革命与建设的指导思想——列宁主义的核心思想结合在一起,以最简明的概括与表述,展示给早期的中国共产党人"[①]。此后,各共产主义小组围绕建党问题进行了热烈的讨论,并在以马克思主义、列宁主义为理论指导这一问题上达成了共识。

1921年7月23日至7月31日召开的中国共产党第一次全国代表大会,通过了《中国共产党第一个纲领》,规定"我们的党定名为'中国共产党'",并明确把社会主义、共产主义作为中

[①] 高放:《从〈共产党宣言〉到〈中国共产党宣言〉》,《中国人民大学学报》2011年第3期。

国共产党的奋斗目标。这表明中国共产党在建党之初就确立了马克思主义在全党的指导地位。但这一纲领并未提及党在现阶段的奋斗目标以及"中国革命分两步走"。对此，出席一大会议的毛泽东作过如是评价："不提反帝反封建的民主纲领，只提社会主义革命，是空想的。"①

中国共产党成立后，注意运用马克思主义理论观察和分析中国面对的实际问题。1922年7月16日至23日，在上海召开的中国共产党第二次全国代表大会，根据列宁的民族殖民地问题理论，制定了中国民主革命的纲领。大会通过的《宣言》揭示了中国社会的半殖民地半封建性质，指出"加给中国人民（无论是资产阶级、工人或农人）最大的痛苦的是资本帝国主义和军阀官僚的封建势力，因此反对那两种势力的民主主义的革命运动是极有意义的"。《宣言》提出党在民主革命阶段的纲领是：消除内乱，打倒军阀，建设国内和平；推翻国际帝国主义的压迫，达到中华民族完全独立；统一中国为真正的民主共和国。中国共产党的最高纲领是："组织无产阶级，用阶级斗争的手段，建立劳农专政的政治，铲除私有财产制度，渐次达到一个共产主义的社会。"《宣言》阐述了中国革命分两步走的初步思想："民主主义革命成功了，无产阶级不过得着一些自由与权利，还是不能完全解放。而且民主主义成功，幼稚的资产阶级便会迅速发展，与无产阶级处于对抗地位。因此无产阶级便须对付资产阶级，实行'与贫苦农民联合的无产阶级专政'的第二步奋斗。如果无产阶级的组织力和战斗力强固，这第二步奋斗是能跟着民主主义革命胜利以后即刻成功的。"② 大会还通过了《关于"民主的联合战线"的决议案》，提出了建立民主主义革命联合战线的政策。中

---

① 《中国共产党第一次代表大会档案资料（增订本）》，人民出版社1984年版，第1页。

② 《中共中央文件选集》第1册，中共中央党校出版社1982年版，第114—115页。

共二大第一次提出明确的反帝反封建的民主革命纲领，将中共一大不同其他党派建立任何关系的政策转向建立民主主义联合战线，反映了中国共产党对于中国国情有了新的认识，开始将马克思主义基本原理与中国实际结合起来，尽管这种结合还是初步的。

四 中国共产党"新民主主义理论"的提出

在中国共产党联合战线的影响与苏俄的帮助下，在国共双方共同努力下，以1924年1月中国国民党第一次全国代表大会召开为标志，第一次国共合作正式形成，从而推动了国民革命高潮的到来。《中国国民党第一次全国代表大会宣言》（以下简称《宣言》）重新解释了三民主义，把旧三民主义发展成新三民主义。新三民主义的民族主义明确提出了对外反对帝国主义、对内各民族一律平等的内容。新三民主义的民权主义提出了民权为一般平民所共有、不为少数资产阶级所专有的原则。新三民主义的民生主义，除重申在同盟会时期就提出的"平均地权"外，又提出了"耕者有其田"的主张，从而把土地问题的解决和满足农民对土地的要求直接联系了起来。新民生主义还提出了发展国家资本主义和节制私人资本的纲领："凡本国人及外国人之企业，或有独占的性质，或规模过大为私人之力所不能办者，如银行、铁道、航路之属，由国家经营管理之，使私有资本制度不能操纵国民之生计，此则节制资本之要旨也。"新三民主义是三民主义的重大发展，是孙中山思想的一次飞跃，它摒弃了旧三民主义对帝国主义和封建主义的妥协性，有了明确的反帝反封建内容，在民主革命的主要结论上，同中共二大通过的最低纲领基本一致，因而成为第一次国共合作和后来抗日民族统一战线的政治基础。

在1924年至1927年国共合作共同实行新三民主义的过程

中，中国共产党人提出了新民主主义革命的基本思想。新民主主义革命的基本思想是毛泽东思想的萌芽，是马克思主义与中国实际初步结合的产物。无产阶级在民主革命中的领导权是其中的一个关键问题，中共早期领导人对此逐渐有了明确的认识。1925年1月在上海召开的中国共产党第四次全国代表大会，第一次在全党层面明确提出了无产阶级领导权思想以及工农联盟思想。大会通过的《对于民族革命运动之议决案》提出：中国的民族革命运动，必须最革命的无产阶级有力的参加，并且取得领导的地位，才能够得到胜利；农民是无产阶级同盟军，农民在中国民族革命中有重要的地位，如果不发动农民起来斗争，无产阶级的领导地位和中国革命的成功是不可能取得的。12月1日，毛泽东发表《中国社会各阶级的分析》，在分析中国社会各阶级经济地位与政治态度的基础上，提出了新民主主义革命总路线的基本思想：无产阶级团结占全国人口绝大多数的一切半无产阶级、小资产阶级，争取中产阶级的左翼，以打倒帝国主义、军阀、官僚、地主、买办阶级，建立各革命阶级的联合统治，反对在中国建立民族资产阶级的一阶级统治的国家，争取非资本主义的前途。

1927年，蒋介石、汪精卫先后背叛革命，国民革命失败，进入十年内战时期。中国共产党人在中心城市武装起义失败后，转向敌人统治力量薄弱的农村，探索了一条适合中国国情的中国革命新道路，这条道路既不同于旧式资产阶级民主革命道路，也不同于苏联"十月革命"以城市为中心的革命道路。在探索中国革命新道路实践的基础上，毛泽东先后在《中国的红色政权为什么能够存在？》《井冈山的斗争》等文中阐述了关于红色政权的理论，而红色政权理论的提出，奠定了农村包围城市道路理论的基础。1930年5月，毛泽东为反对当时中国工农红军中的教条主义思想而写的关于调查研究问题的重要著作《反对本本主义》，是辩证唯物主义认识论在实际工作中的具体运用和生动概括，是毛泽东应用马克思主义从事社会调查，同主观主义特别是教条主义作斗争的历史经验的科学总结。它反映了毛泽东思想的三个基本点，即实事求是、群众路线和独立自主的思想雏形。20世纪30年代初，党领导下的理论工作者还围绕中国社会性质、中国社会史和中国农村社会性质等问题与"托派"、国民党改组派等展开过三次论战。在论战中，他们论证了近代中国社会的半殖民地半封建社会的性质，阐明了中国新民主主义革命的历史根据和逻辑秩序，指明了未来中国发展的社会主义前途。这三次论战对于中国共产党提出"新民主主义理论"起到了积极的推动作用。

抗日战争时期，中国共产党的思想理论建设取得了辉煌成就，硕果累累，其硕果之一便是"新民主主义理论"的提出。1939年5月1日，毛泽东发表《五四运动》一文，其中提道：二十年前的五四运动，表明中国反帝反封建的资产阶级民主革命已经发展到了一个新的阶段。5月4日，他在《青年运动的方向》中把正在进行的革命称作"我们中国反对帝国主义和封建主义的人民民主革命"，称"这个革命，资产阶级已经无力完成，必须靠无产阶级和广大人民的努力才能完成"。"新民主主义理论"已呼之欲出。1939年10月，他在《〈共产党人〉发刊词》中总结了中国革命的基本经验，指出"统一战线，武装斗争，党的建设，是中国共产党在中国革命中战胜敌人的三个法宝"。同年11月，毛泽东在《中国革命和中国共产党》一文中，第一次把资产阶级民主革命区别为旧民主主义革命和新民主主义革命，指出新民主主义革命是"新式的特殊的资产阶级民主主义的革命"，提出了"新民主主义的革命，就是在无产阶级领导之下的人民大众的反帝反封建的革命"的新民主主义革命总路线。1940年1月，他在《新民主主义论》中，系统地阐述了新民主主义的理论和纲领，论述了中国革命分两步走即"包括新民主主义革命和社会主义革命两个阶段"战略,阐述了新民主主义的政治、经济和文化纲领。"新民主主义理论"的提出,是马克思列宁主义普遍原理与中国革命的具体实际相结合的产物,是马克思主义中国化取得重大进展的重要标志。

五 毛泽东思想的确立和马克思主义中国化的第一次飞跃

毛泽东思想的形成、发展和走向成熟,并被全党认可和接受,经历了一个过程。国民革命时期,新民主主义革命基本思想的提出,标志着毛泽东思想的萌芽;土地革命时期,创造性提出工农武装割据、"农村包围城市、武装夺取政权"的革命道路思想,标志着毛泽东思想初步形成;抗日战争时期,"新民主主义论"的提出和抗日民族统一战线方针政策的确定,标志着毛泽东思想走向成熟;延安整风运动中,毛泽东思想概念的提出与中共七大正式确立毛泽东思想在全党的指导地位,标志着毛泽东思想被全党认可和接受。从此,毛泽东思想成为党和人民的一面旗帜,指导新民主主义革命、社会主义革命和社会主义建设不断走向胜利。

毛泽东思想作为一个科学概念提出,有一个酝酿的过程。在毛泽东提出"马克思主义的中国化"的命题与"马克思列宁主义的理论和中国革命的实践相结合"的原则后,在作为马克思主义的中国化的理论成果毛泽东思想在事实上已经存在后,中国共产党的理论工作者与一些重要领导人感觉到需要对这一理论进行适当的命名与正确的评价。1941年3月,张如心在《共产党》杂志第16期发表的《论布尔什维克的教育家》一文中使用了"毛泽东同志的思想"这一提法,认为"毛泽东的著作是马列主义理论与中国革命实际结合典型的结晶体"。他后来还和邓拓在文章中使用过"毛泽东主义"的概念。由于毛泽东本人的反对,

"毛泽东主义"的提法没有流行起来。1943年7月5日，王稼祥在《解放日报》上发表的《中国共产党与中国民族解放的道路》一文提出了"毛泽东思想"，指出"毛泽东思想就是中国的马克思列宁主义"，是"马克思列宁主义在中国的发展"。7月6日，刘少奇发表于《解放日报》的《清算党内的孟什维主义思想》一文使用了"毛泽东同志的思想""毛泽东同志的思想体系"两个概念，提出中国共产党"应该用毛泽东同志的思想来武装自己，并以毛泽东同志的思想体系去清算党内的孟什维主义思想"。"毛泽东思想"这一概念提出后，很快被全党接受。1944年5月21日至1945年4月20日召开的中共六届七中全会通过的《关于若干历史问题的决议》明确提出："党在奋斗的过程中产生了自己的领袖毛泽东同志，形成了中国化的马克思列宁主义的思想体系——毛泽东思想。"1945年6月中共七大通过的党章正式规定毛泽东思想为中国共产党的指导思想。

刘少奇在中共七大所作的《关于修改党章的报告》中，对毛泽东思想作了科学的概括和全面的论述。他指出："毛泽东思想，就是马克思列宁主义的理论与中国革命的实践之统一的思想，就是中国的共产主义，中国的马克思主义。""毛泽东思想，就是马克思主义在目前时代的殖民地、半殖民地、半封建国家民族民主革命中的继续发展，就是马克思主义民族化的优秀典型。"毛泽东思想"是中国人民完整的革命建国理论"，"这些理论，表现在毛泽东同志的各种著作以及党的许多文献上。这就是毛泽东同志关于现代世界情况及中国国情的分析，关于新民主主义的理论和政策，关于解放农民的理论与政策，关于革命统一战线的理论与政策，关于革命战争的理论与政策，关于革命根据地的理论与政策，关于建设新民主主义共和国的理论与政策，关于建设党的理论与政策，关于文化的理论与政策等"。

毛泽东思想是"我们党创造性地运用马克思列宁主义的基

本原理，把它同中国革命的具体实践结合起来"的产物，是马克思主义中国化第一次历史性飞跃的理论成果，它的形成、发展和走向成熟，并被全党认可和接受，使我们党"找到了夺取中国革命胜利的正确道路。这对于马克思列宁主义的发展是一个重大的贡献"。①

六　中国向何处去的思考、选择与斗争

在1927年国共合作破裂之后，一些游离于国共之间的中间势力即已发端，第三党、改组派、人权派、乡村建设派等中间政派，既反对国民党蒋介石的一党专政、个人独裁，也反对共产党的武装斗争和土地革命，初步形成了三种政治力量、三种建国主张的分野。抗日战争初期，国民党制定和通过了《抗日建国纲领》，共产党提出了《抗日救国十大纲领》，中间党派也围绕抗日救国、国内政治发表了各自的主张。抗日战争进入相持阶段后，国民党顽固派大肆宣扬"一个主义""一个政党""一个领袖"。一些民族资产阶级的代表人物想在中国建立欧美式的资产阶级共和国，他们既要求国民党结束党治，实施宪政，又要求共产党交出军队，实行军队国家化。毛泽东在《新民主主义论》中提出"建设一个中华民族的新社会和新国家"、建立"新民主主义的共和国，也就是真正革命的三大政策的新三民主义共和国"，并对顽固派"收起"共产主义和建立资产阶级专政的主张进行了批驳。1945年4月，毛泽东在中共七大上作《论联合政府》的政治报告，提出了"废止国民党一党专政，建立民主的联合政府"的斗争口号；在《两个中国之命运》的闭幕词中，他指出在中国人面前"有两种中国之命运，光明的中国之命运和黑暗的中国之命运"，要为"建设一个光明的新中国，建设一

---

① 《三中全会以来重要文献选编》下，人民出版社1982年版，第792页。

个独立的、自由的、民主的、统一的、富强的新中国而奋斗"。

抗日战争胜利后,面临着两种中国之命运的决战,三种政治力量、三种建国主张之间进行了激烈的较量。早在日本投降前夕,毛泽东就指出:"从整个形势看,抗日战争的阶段过去了,新的情况和任务是国内斗争。蒋介石说要'建国',今后就是建什么国的斗争。"[1] 当时,以国民党统治集团为代表的地主阶级与买办性的大资产阶级,主张维护国民党一党专政的国家。以一些民主党派和无党派民主人士为代表的民族资产阶级,主张在国共相争的夹缝中走"中间路线",即政治上采纳英美的政治民主,经济上学习苏联的经济民主,创造中国特色的民主制度。以中国共产党为代表的工人阶级、农民阶级和城市小资产阶级,主张建立新民主主义国家,并且经过新民主主义,然后向社会主义、共产主义发展。1945年8月25日,中共中央发表《对目前时局的宣言》,阐明了中国共产党争取和平民主,反对独裁内战的方针,提出了和平、民主、团结三大口号,倡议"成立举国一致的民主的联合政府,并筹备自由无拘束的普选的国民大会"。1947年10月10日发布《中国人民解放军宣言》,提出要"联合工农兵学商各被压迫阶级、各人民团体、各民主党派、各少数民族、各地华侨和其他爱国分子,组成民族统一战线,打倒蒋介石独裁,成立民主联合政府"[2]。1948年4月30日,中共中央发出纪念五一节口号,提出:"各民主党派、各人民团体、各社会贤达迅速召开政治协商会议,讨论并实现召集人民代表大会,成立民主联合政府。"[3] 在1948年9月的中央政治局会议上,毛泽东首次使用了"人民民主专政"概念,提出"建立无产阶级领导的以工农联盟为基础的人民民主专政","我们是人

---

[1] 《毛泽东选集》第4卷,人民出版社1991年版,第1130页。
[2] 同上书,第1237页。
[3] 《中共中央文件选集》第17册,中共中央党校出版社1992年版,第146页。

民民主专政,各级政府都要加上'人民'二字,各种政权机关都要加上'人民'二字"[①]。1949年初,毛泽东在《将革命进行到底》一文中,首次把"人民民主专政"与共和国联用。同年6月他又发表《论人民民主专政》一文。

经过三种政治力量、三种建国主张的激烈较量,最终中国共产党所提出的建国主张取得了胜利,1949年10月1日中华人民共和国的成立,结束了国民党一党专政在大陆的统治,也宣告了资产阶级共和国方案的破产。

七 只有中国化的马克思主义才能救中国

自鸦片战争以来,先进中国人不断向外部世界寻找救国救民真理,从向往资产阶级民主主义,到接受马克思主义,再到在中国革命的实践中形成的指导中国革命的中国化的马克思主义——毛泽东思想;从走日式资产阶级改良之路,到走英美式资产阶级革命的老路,到走俄国社会主义革命新路,再到中国共产党人独立自主"走自己的路",使中国革命的前途从"山重水复疑无路",到"柳暗花明又一村",实现了从一再受挫到不断走向胜利的转折。

在从1921年7月中国共产党成立到1935年1月遵义会议的14年中,一方面因为有了马克思主义这一新的理论武器,使中国革命面目焕然一新,另一方面又由于中国共产党处于幼年时期,还不善于把马克思主义普遍原理与中国革命具体实践相结合,从而导致了1927年大革命失败和第五次反围剿失败。深刻的历史教训表明,理论必须与实践相结合,绝不能离开中国的具体国情和革命实践而空谈马克思主义。1935年1月遵义会议是以毛泽东为代表的中国共产党人独立自主探索中国革命道路的新

[①] 《毛泽东文集》第5卷,人民出版社1996年版,第135页。

篇章。遵义会议后，中国共产党人很快提出了"马克思主义中国化"的命题与"马克思列宁主义的理论和中国革命的实践相结合"的原则。经过延安整风，揭露和批判了主观主义尤其是教条主义学风，倡导树立理论与实际相统一的马克思主义学风，确立了实事求是的马克思主义思想路线，马克思主义中国化成为全党的共识。中共七大通过的党章，确定以马克思列宁主义的理论与中国革命的实践之统一的思想——毛泽东思想作为中国共产党的指导思想，实现了马克思主义中国化的第一次飞跃，毛泽东思想成为马克思主义中国化的第一个重大理论成果。在中国化的马克思主义——毛泽东思想指引下，中国共产党领导中国人民找到了新民民主主义革命的正确道路，完成了反帝反封建的任务，建立了人民民主专政的中华人民共和国，确立了社会主义过渡时期的总路线，实现了社会主义所有制改造，完成了社会主义革命，实现了向社会主义的过渡，确立了社会主义基本制度。中国革命不断从胜利走向胜利的历史，充分说明了只有中国化的马克思主义才能救中国。

第十节 社会主义初级阶段（含和平恢复和社会主义过渡时期）中华思想的繁荣阶段（中华人民共和国成立至今）

中国共产党成立后，团结带领全国各族人民，为中华民族作出了三个伟大历史贡献：一是完成了新民主主义革命，建立了中华人民共和国，彻底结束了帝国主义、封建主义、官僚资本主义对中国人民的统治、剥削和压迫，实现了国家独立和民族解放，劳动人民成为国家的主人；二是完成了社会主义革命，经过社主义所有制改造，确立社会主义基本制度，消灭了两千多年的剥削阶级和剥削制度，这是自有国家以来中华民族发展史上开天辟地的大事变，开启了中华民族由不断衰落到持续走向繁荣富强的新纪元；三是进行改革开放新的伟大革命，开辟了中国特色社会主义道路，使中国由落后于时代到大踏步赶上时代并日益走近世界舞台中央，近代以来久经磨难的中华民族迎来了从站起来到富起来、再到强起来的伟大飞跃，迎来了实现中华民族伟大复兴的光明前景。

三个伟大历史贡献，与马克思主义中国化的进程紧密联系在一起。在马克思主义中国化的进程中，中国共产党实现了两次伟大结合，完成了两次历史性飞跃。第一次结合是把马克思主义与中国革命实际和中国社会主义道路的探索实践相结合，第一次飞跃形成的理论成果是毛泽东思想。第二次结合是把马克思主义同中国社会主义建设实际相结合，第二次飞跃形成的理论成果是中国特色社会理论体系。这两大理论成果，都是马克思主义基本原理同中国具体实际相结合的产物。

关于两次结合、两次飞跃，中共十五大报告指出，第一次飞跃的理论成果的主要创立者是毛泽东，称为毛泽东思想；第二次飞跃的理论成果的主要创立者是邓小平，称为邓小平理论。中共十六大报告阐述了"三个代表"重要思想，中共十七大报告阐述了科学发展观，中共十七大报告正式提出了中国特色社会主义理论体系，指明它是包括邓小平理论、"三个代表"重要思想以及科学发展观等重大战略思想在内的科学理论体系。中共十九大报告指出，中共十八大以来，中国特色社会主义进入新时代，形成了习近平新时代中国特色社会主义思想。习近平新时代中国特色社会主义思想是中国特色社会主义理论体系的重要组成部分。

中国特色社会主义理论体系是在毛泽东思想的基础上建立起来的。中华人民共和国成立后，以毛泽东为主要代表的中国共产党人，为新的历史时期开创中国特色社会主义提供了制度条件、宝贵经验、理论准备和物质基础。改革开放前和改革开放后的两个历史时期，本质上都是中国共产党领导人民进行社会主义建设的实践探索。中国特色社会主义是在新中国已经建立起社会主义基本制度并进行了20多年建设的基础上开创的。改革开放后的社会主义实践探索是对前一个时期实践探索的坚持、改革和发展。

中国特色社会主义理论体系，以建设中国特色社会主义为主题，系统回答了在中国建设什么样的社会主义、怎样建设社会主义，建设什么样的党、怎样建设党，实现什么样的发展、怎样发展，新时代坚持和发展什么样的中国特色社会主义、怎样坚持和发展中国特色社会主义等一系列重大时代课题。它以社会主义初级阶段为历史依据，适应党在社会主义初级阶段的基本理论、基本路线、基本方略，是对马克思主义的丰富和发展，是当代中国的马克思主义。

中华人民共和国成立后，中华思想发展的主题与主线，就是从毛泽东思想到中国特色社会主义理论体系，这一马克思主义的不断中国化。围绕这一主题与主线，中华思想得到进一步丰富、繁荣和发展。

一 过渡时期总路线的提出和社会主义革命思想

1949年的中国，尚不具备立即进入社会主义社会的条件。根据马克思主义理论，结合中国实际，中国共产党在民主革命时期创造性地构建了新民主主义理论。中华人民共和国成立后，继续实行新民主主义，以便过渡到社会主义。这是一条符合中国国情的发展道路，是中国共产党人创造性地运用马克思主义、将马克思主义中国化的伟大成果之一。从新民主主义到社会主义，是由新民主主义向社会主义的过渡时期，这一过渡时期的经济、政治、文化是过渡时期中华思想发展史的基本背景。

新民主主义政权既不同于资产阶级的旧民主主义政权,也不完全相同于苏联的社会主义政权和东欧各国的人民民主政权,但在属于世界反帝国主义阵营,以工人阶级的革命政党为领导力量和实行民主集中制等方面,与苏联的社会主义政权和东欧各国人民民主政权又是相同的,在上层建筑部分,新中国已经具备相当的社会主义的属性。

人民民主专政为新中国的思想繁荣奠定了政治条件。1949年9月,毛泽东指出:"随着经济建设的高潮的到来,不可避免地将要出现一个文化建设的高潮。中国人被人认为不文明的时代已经过去了,我们将以一个具有高度文化的民族出现于世界。"[①]新民主主义的文化政策,简单地说,就是民族的形式、科学的内容、大众的方向。新中国提倡用科学的历史观点,研究和解释历史、经济、政治、文化及国际事务,奖励优秀的社会科学著作。在先进的方针指引下,封建的、买办的、帝国主义的、法西斯主义的旧文化快速消退,新民主主义文化、社会主义文化快速成长,学术思想领域的面貌也快速地焕然一新。

随着社会主义因素不断发展壮大,向社会主义过渡的问题被历史性地提了出来。

1952年9月,毛泽东最早提出向社会主义过渡问题。其后,毛泽东就这一重大历史课题,作了深入思考和广泛的调查研究。在深入思考与调查研究的基础上,1953年9月,在毛泽东领导下,党和国家发布了过渡时期总路线,即"从中华人民共和国成立,到社会主义改造基本完成,这是一个过渡时期。党在这个过渡时期的总路线和总任务,是要在一个相当长的时期内,逐步实现国家的社会主义工业化,并逐步实现国家对农业、手工业和

---

① 《毛泽东文集》第5卷,人民出版社1996年版,第345页。

资本主义工商业的社会主义改造"。过渡时期总路线被简称为"一化三改"。

过渡时期总路线反映了历史的必然性,是完全正确的,是过渡时期中国思想史发展的主题主线。

根据过渡时期总路线,中国革命进入下篇,即社会主义革命阶段。"社会主义革命"概念来自马克思主义理论。完成社会主义革命是无产阶级政党的历史使命,只能由无产阶级政党领导。社会主义是实现共产主义的前期阶段,中国通过生产资料的社会主义改造推进社会主义革命,任务是建立社会主义制度,建设社会主义。

到1956年,在全国绝大部分地区基本上完成了对生产资料私有制的社会主义"三大"改造,确立了社会主义制度,国民经济得到迅速恢复,开展了有计划的社会主义经济建设。在这个历史阶段,中国共产党确定的指导方针和基本政策是正确的,取得的胜利是辉煌的,上层建筑领域的变化是根本性的。以毛泽东为核心的中国共产党的第一代中央领导集体,领导人民胜利地进行了社会主义革命,建立了社会主义制度,成功实现了中国历史上最深刻最伟大的社会变革,为当代中国一切发展进步奠定了根本政治前提和制度基础。

二 社会主义建设时期社会主义建设道路的理论探索

从1956年中共八大开始,中国进入了社会主义建设时期,毛泽东领导全党进行了艰苦卓绝的社会主义建设的探索实践。在探索过程中,虽然经历曲折,但中国共产党在社会主义建设中取得的独创性理论成果和巨大成就,为新的历史时期开创中国特色社会主义提供了宝贵经验、理论准备、物质基础。

毛泽东领导社会主义建设道路探索的理论与实践充分说明,中国共产党对中国特色社会主义道路的探索从毛泽东就已经开始了，毛泽东在探索中提出的正确的思想观点和所带来的经验教训，对开辟中国特色社会主义道路具有十分重要的指导和借鉴意义。在对社会主义建设道路的探索过程中，毛泽东对"什么是社会主义，怎样建设社会主义"这个历史性课题展开理论上的思索和实践上的尝试，所形成的正确的思想观点充实和丰富了毛泽东思想，为中国特色社会主义理论体系创立做了充分而必要的理论准备。

第一，率先提出"以苏为鉴"的方针，强调建设社会主义要走自己的路，开始探索适合中国国情的社会主义建设道路。

从中华人民共和国成立到1956年生产资料所有制社会主义改造完成，是毛泽东对社会主义的探索前期。在这个时期，中国如何搞社会主义，主要还是学习苏联的社会主义建设经验，照搬照抄苏联的建设模式。但经过很短暂的摸索，毛泽东就已然感觉到完全照搬苏联建设模式是不行的。他说："解放后，三年恢复时期，对搞建设，我们是懵懵懂懂的。接着搞第一个五年计划，对建设还是懵懵懂懂的，只能基本上照抄苏联的办法，但总觉得不满意，心情不舒畅。"[①] 随着我国社会主义建设的深入，苏联模式逐渐暴露出其缺点和弊端，毛泽东开始认识到寻找适合中国国情的社会主义建设道路的迫切性。他明确指出："最近苏联方面暴露了他们在建设社会主义过程中的一些缺点和错误，他们走过的弯路，你还想走？过去我们就是鉴于他们的经验教训，少走了一些弯路，现在当然更要引以为戒。"[②] 在1956年至1957年上半年中共八大前后的一年半时间里，对社会主义建设规律，毛泽东进行了卓有成效的研究思考，他率先提出"以苏为鉴"、不要机械照搬外国经验的方针。他的创造性的认识集中反映在《论

[①]《毛泽东文集》第8卷，人民出版社1999年版，第117页。
[②]《毛泽东文集》第7卷，人民出版社1999年版，第23页。

十大关系》和《关于正确处理人民内部矛盾的问题》中。在《论十大关系》中，他明确指出，中国要走自己的路，要探索一条适合中国国情的建设社会主义的道路。在1956年1月的中共中央政治局会议上，毛泽东说："应该把马列主义的基本原理同中国革命和建设的具体实际结合起来，探索在我们国家里建设社会主义的道路。"① 在1956年4月召开的中共中央书记处会议上他继续说："把马列主义的基本原理同中国革命和建设的具体实际相结合，民主革命时期，我们在吃了大亏之后才成功地实现了这种结合，取得了中国新民主主义革命的胜利。现在是社会主义革命和建设时期，我们要进行第二次结合，找出在中国怎样建设社会主义的道路。"② 到了1959年底、1960年初，他在读苏联《政治经济学教科书》时，还在深入思考适合中国国情的社会主义建设道路问题，他认为："'每一个'国家都'具有自己特别的具体的社会主义建设的形式和方法'，这个提法好。"③ 毛泽东关于走自己的路，找一条适合中国国情的社会主义建设道路的提法，是中国特色社会主义道路形成的历史和逻辑起点。中国革命、建设和改革发展的根本经验是，一定要把马克思主义的基本原理和中国具体实践相结合。社会主义是普遍原理，人类社会一定要走社会主义道路是普遍规律，但中国怎么走，一定要结合中国国情，这是马克思主义实事求是的根本观点，这个根本观点构成了中国特色社会主义理论体系的思想路线基础和精髓。

第二，创造性地提出了社会主义社会基本矛盾、主要矛盾、人民内部矛盾和社会主义根本任务的理论。

毛泽东第一次明确指出生产力和生产关系、经济基础和上层建筑的矛盾是社会主义社会的基本矛盾，认为这对矛盾是基本适

---

① 《毛泽东传（1949—1976）》（上），中央文献出版社2003年版，第498页。
② 吴冷西：《忆毛主席》，新华出版社1995年版，第9页。
③ 《毛泽东文集》第8卷，人民出版社1999年版，第116页。

应前提下的不适应，可以经过改革使社会主义制度不断完善。提出人民对于经济文化迅速发展的需要同当前经济文化不能满足人民需要的状况之间的矛盾是当时我国国内的主要矛盾，明确提出了发展生产力的社会主义根本任务。提出要正确处理人民内部矛盾，认为这是社会主义国家政治生活的主题。提出要调动一切积极因素，化消极因素为积极因素的社会主义建设的总方针。毛泽东关于社会主义基本矛盾、主要矛盾、人民内部矛盾和根本任务的理论为形成社会主义建设正确路线和社会主义改革开放提供了重要的理论依据。

第三，在对中国国情的初步认识的基础上，形成了关于社会主义建设的正确路线，提出我国正处于不发达社会主义阶段，对社会主义建设的阶段性、长期性和曲折性形成了初步认识。

中共八大确立了以发展生产力为主要任务的全面建设社会主义的正确路线，这是建立在对我国国情的清醒认识基础上的。对国情的判断，最重要的是对我国所处发展阶段的判断，毛泽东一直在深思这个问题。他在读苏联《政治经济学教科书》时指出："社会主义这个阶段，又可能分为两个阶段，第一个阶段是不发达的社会主义，第二个阶段是比较发达的社会主义"[1]，认为我国正处在"不发达的社会主义阶段"。对中国处于社会主义初级阶段的基本国情的认识，最重要的是一定要认识到这个阶段的长期性。在中共八大召开期间毛泽东曾指出："要使中国变成富强的国家，需要五十到一百年的时光。"[2] 经历了"大跃进"的挫折后，毛泽东进一步认识到："看来建设社会主义只能逐步地搞，不能一下子搞得太多太快。"[3] 1961年毛泽东会见英国蒙哥马利元帅时说："建设强大的社会主义经济，在中国，五十年不

---

[1] 《毛泽东文集》第8卷，人民出版社1999年版，第116页。
[2] 《毛泽东文集》第7卷，人民出版社1999年版，第124页。
[3] 《毛泽东和他的秘书田家英》，中央文献出版社1989年版，第58—59页。

行,会要一百年,或者更多的时间","把时间设想得长一点,是有许多好处的,设想得短了反而有害"①。中国特色社会主义理论体系是建立在对中国长期处于社会主义初级阶段基本国情的判断上,毛泽东提出的"不发达的社会主义"观点对于社会主义初级阶段的理论认识是有开创性、启示性的。

第四,提出建设现代工业、现代农业、现代科学技术和现代国防的社会主义强国的发展目标和中国工业化道路。

毛泽东率先提出并初步规划了我国社会主义现代化的发展战略,他说,要"将我国建设成为一个具有现代工业、现代农业和现代科学文化的社会主义国家"②。在《读苏联〈政治经济学教科书〉的谈话》中,他又提出国防现代化的问题,"建设社会主义,原来要求是工业现代化,农业现代化,科学文化现代化,现在要加上国防现代化"③。毛泽东规划了我国社会主义"四个现代化"的建设目标,提出要把我国建设成现代化的社会主义强国、对人类做出较大贡献的思想观点。在工业化建设问题上,毛泽东强调不能照抄照搬外国经验,要正确处理农、轻、重三者关系,从中国国情出发,以农、轻、重为序,安排国民经济,走出一条中国特色的工农并举的工业化道路。

第五,提出了正确处理社会主义建设和发展问题的科学方法论。

毛泽东的《论十大关系》和《关于正确处理人民内部矛盾的问题》通篇贯穿了辩证法,贯穿了马克思主义处理社会主义建设和发展问题的科学方法论。《论十大关系》讲的是社会主义建设和发展中全局性的十个重大关系,十大关系就是十大矛盾,讲的是如何处理这些关系和矛盾。毛泽东要求我们必须学会用辩

---

① 《毛泽东文集》第 8 卷,人民出版社 1999 年版,第 301—302 页。
② 《毛泽东文集》第 7 卷,人民出版社 1999 年版,第 207 页。
③ 《毛泽东文集》第 8 卷,人民出版社 1999 年版,第 116 页。

证的思想处理社会主义建设和发展问题，他生动形象地概括说，讲辩证法就是运用"要讲两点"的辩证思想来观察矛盾，分析矛盾，解决矛盾。毛泽东说，一万年都有两点，将来有将来的两点，现在有现在的两点，个人有个人的两点，总之，是两点而不是一点，说只有一点，叫知其一，而不知其二。《论十大关系》和《关于正确处理人民内部矛盾的问题》通篇贯穿了毛泽东的关于"要讲两点"的辩证思想，主张处理社会主义建设和发展的重大关系和矛盾时，要讲两点，不能搞一点。毛泽东讲的两点，是有重点的两点，不是平铺直叙的两点。也就是说，在处理社会主义建设和发展的关系和矛盾时，在抓矛盾的主要方面时，也要抓好矛盾的非主要方面，处理好社会主义建设中重点和非重点的辩证关系。比如，在重工业和轻工业、统一性和独立性等方面，他都强调了两点。他说，为了建设一个强大的社会主义国家，必须有中央的强有力的统一领导，必须有统一计划和统一规律，破坏这种必要的统一是不允许的。统一性和独立性是对立的统一，要有统一性，也要有独立性。可以统一的，必须统一；不可以统一的，就不能够强求统一。

在处理国家、集体和个人三者关系问题上，毛泽东指出，不能只顾一头，必须兼顾国家、单位和个人的关系。无论只顾哪一头，都是不利于社会主义的，不利于无产阶级专政的，这是关系到全国人民的大问题。必须在全党和全国人民中间反复进行统筹兼顾的教育。在《关于正确处理人民内部矛盾的问题》一文中，毛泽东说，必须经常注意从生产问题和分配问题上处理好上述矛盾，必须兼顾国家利益、集体利益和个人利益三者之间的关系。他说，对社会主义道路的探索"开始反映中国的客观经济规律了"。统筹兼顾的思想就是用辩证法处理发展和建设问题科学方法。按照处理我国社会主义经济社会发展的辩证法思想，毛泽东在具体阐述社会主义经济社会发展的一系列重大关系中还提出了

"两条腿走路""综合平衡""并举"的重要思想。

第六，提出了关于社会主义商品经济、经济体制改革和对外开放问题的理论创新认识。

从1959年底到1960年初，毛泽东在读苏联《政治经济学教科书》时强调："马克思这些老祖宗的书，必须读，他们的基本原理必须遵守，这是第一。但是，任何国家的共产党，任何国家的思想界，都要创造新的理论，写出新的著作，产生自己的理论家，来为当前的政治服务，单靠老祖宗是不行的。"[①] 毛泽东读了斯大林《苏联社会主义经济问题》一书，总结苏联社会主义建设的经验教训，对社会主义商品经济进行创造性的理论探索。他认为，我国是一个商品很不发达的国家，看商品生产、看它与什么经济相联系，与资本主义相联系就出资本主义，与社会主义相联系就出社会主义；在我国价值规律仍然起作用，价值规律是一个伟大学校，对干部要进行教育，使他们懂得价值规律、等价交换，违反就要碰得头破血流。这些认识构成了社会主义市场经济理论的重要前提。毛泽东对传统计划经济提出质疑："我们不能像苏联那样，把什么都集中到中央，把地方卡得死死的，一点机动权也没有。"[②] 在经济体制方面，他主张着重解决中央与地方分清经济管理权限的分权问题，提出要充分发挥中央和地方两个积极性。中央向地方放权，扩大企业的自主权。关于社会主义所有制结构的改革，他提出"可以搞国营，也可以搞私营"，"可以消灭了资本主义，又搞资本主义"，因为"它是社会主义经济的补充"的看法。毛泽东主张对外开放，他说："一切民族、一切国家的长处都要学……但是，必须有分析有批判地学，不能盲目地学，不能一切照抄，机械搬用。"[③] 他还提出实行按

---

① 《毛泽东文集》第8卷，人民出版社1999年版，第109页。
② 《毛泽东文集》第7卷，人民出版社1999年版，第41页。
③ 同上。

劳分配，反对平均主义和过分悬殊的问题。

第七，提出社会主义民主政治建设的基本原则。

中国不搞苏联的"一党制"，也不实行西方的"两党制"或"多党制"的轮流执政体制，要坚持人民民主专政，实行人民代表大会制度、共产党领导的多党合作和政治协商制度。毛泽东提出在国家政治生活中，要扩大民主，反对官僚主义，逐步健全法制，做到"有法可依，有法必依"，中国共产党和民主党派要实行"长期共存，互相监督"的方针。他强调坚决实施民族区域自治制度，正确处理民族问题，促进少数民族经济文化的发展，反对大汉族主义和地方民族主义。还提出要防止国家领导人成为特殊阶层，防止领导机关的特殊化、官僚化。提出"造成一个又有集中又有民主，又有纪律又有自由，又有统一意志、又有个人心情舒畅、生动活泼，那样一种政治局面"[①] 的社会主义民主政治的总目标。

第八，提出社会主义文化教育建设的基本任务和方针。

文化教育事业是社会主义建设的重要组成部分，必须高度重视用马克思主义、社会主义思想道德武装知识分子和人民群众，继续对封建主义和资本主义思想进行批判。毛泽东提出必须实行"百花齐放、百家争鸣"的方针，实行"古为今用""洋为中用"，继承和吸收我国过去和外国一切有益的文化科学知识。他提出"向科学进军"的口号，充分肯定知识分子在我国社会主义建设中的地位和作用。毛泽东在中共八大预备会议上指出："现在的中央委员会，我看还是一个政治中央委员会，还不是一个科学中央委员会。"[②] 并提出，争取三个五年计划内造就100万到150万名高级知识分子，那时候，就会有许多工程师，有许

[①] 《建国以来毛泽东文稿》第6册，中央文献出版社1992年版，第543页。
[②] 《毛泽东文集》第7卷，人民出版社1999年版，第102页。

多科学家。提出在知识分子和人民群众中开展马克思主义和社会主义教育。

第九，提出中国共产党的建设的一系列重要思想。

坚持中国共产党是全国人民的领导核心，是领导社会主义事业的核心力量。关于中国共产党的建设，毛泽东强调党要密切联系群众，他认为建设一个伟大的社会主义国家，单有党还不行，党是一个核心，它必须要有群众。要好好团结群众，团结一切可以团结的人一道工作。他重申坚持理论与实践相统一这个马克思主义最基本的原则，反对主观主义、宗派主义和官僚主义，维护党的团结统一，发扬优良传统，加强集体领导，反对个人崇拜。他还提出了思想工作是一切工作的生命线的思想。

第十，提出和制定了独立自主的和平外交的方针政策。

关于对外方针和政策，毛泽东指出：自力更生为主，争取外援为辅，破除迷信，独立自主地干工业、干农业、干技术革命和文化革命，打倒奴隶思想，埋葬教条主义，认真学习外国的好经验，也一定研究外国的坏经验——引以为戒，这就是中国的路线。他提出了和平共处五项基本原则，强调要发展同一切国家的友好关系，反对大国的霸权主义，维护世界和平，促进人类进步。

毛泽东关于中国社会主义建设道路探索的正确认识，是马克思主义中国化的不断推进，是中国共产党理论创新宝库的伟大精神财富，是中国特色社会主义理论体系的必要准备。

以毛泽东为核心的中国共产党第一代中央领导集体的其他成员，同样对探索中国社会主义建设作出了贡献，提出了诸多宝贵思想。这些思想，以及党中央在调整国民经济过程中陆续制定的农村人民公社工作条例草案和有关工业、商业、教育、科学、文艺等方面的工作条例草案，等等，都是中国特色社会主义理论体系的重要思想资源与理论宝库。

三　改革开放时期中国特色社会主义理论体系的形成和发展

1978年12月，中国共产党召开具有重大历史意义的十一届三中全会，开启了改革开放历史新时期。改革开放伟大事业是以邓小平为核心的中国共产党的第二代中央领导集体带领全党全国各族人民开创的。改革开放是新时期最鲜明的特点。在改革开放中，中国以世界上少有的速度持续快速发展起来。中国共产党坚持马克思主义的思想路线，不断推进马克思主义中国化，坚持并丰富党的基本理论、基本路线、基本纲领、基本经验，开辟了中国特色社会主义道路，形成了中国特色社会主义理论体系。

中国特色社会主义是改革开放以来中国共产党的全部理论和实践的主题。中国特色社会主义理论体系，是包括邓小平理论、"三个代表"重要思想、科学发展观、习近平新时代中国特色社会主义思想在内的科学理论体系。习近平新时代中国特色社会主义思想是中国特色社会主义理论体系的最新成果，是系统完整、逻辑严密的科学理论体系，开辟了马克思主义中国化的新境界。简单通俗地讲，中国特色社会主义理论体系，这一马克思主义中国化的最新成果，奠基于毛泽东，开创于邓小平，推进于江泽民和胡锦涛，进一步发展于习近平。

邓小平理论。以邓小平为核心的中国共产党第二代中央领导集体，深刻总结我国社会主义建设经验和教训，借鉴世界社会主义历史经验，作出把党和国家工作中心转移到经济建设上来、实行改革开放的历史性决策，深刻揭示社会主义本质，确立社会主义初级阶段基本路线，明确提出走自己的路、建设中国特色社会主义，科学回答了建设中国特色社会主义的一系列基本问题，成功开创了中国特色社会主义。邓小平理论是这一过程的科学理论结晶。

以邓小平为主要代表的中国共产党人，奠定了中国特色社会主义理论体系的思想基础和主要内容。中共十三大概括建设中国特色社会主义理论的十二个思想观点，指出这些观点构成了理论的轮廓。中共十四大从九个方面阐述了这一理论的主要内容，把它称为"邓小平建设有中国特色社会主义理论"。中共十五大又作了进一步概括和阐述，将其命名为"邓小平理论"，并作为中国共产党的指导思想写入党章。

邓小平理论的主题是建设有中国特色社会主义。中共十五大报告指出，邓小平理论"是贯通哲学、政治经济学、科学社会主义等领域，涵盖经济、政治、科技、教育、文化、民族、军事、外交、统一战线、党的建设等方面比较完备的科学体系，又是需要从各方面进一步丰富发展的科学体系"[①]。

中共十五大报告还指出，邓小平理论之所以能够成为马克思主义在中国发展的新阶段，是因为：第一，邓小平理论坚持解放思想、实事求是，在新的实践基础上继承前人又突破陈规，开拓了马克思主义的新境界。实事求是是马克思列宁主义的精髓，是毛泽东思想的精髓，也是邓小平理论的精髓。第二，邓小平理论坚持科学社会主义理论和实践的基本成果，抓住"什么是社会主义、怎样建设社会主义"这个根本问题，深刻地揭示社会主义的本质，把对社会主义的认识提高到新的科学水平。新时期的思想解放，关键就是在这个问题上的思想解放。第三，邓小平理论坚持用马克思主义的宽广眼界观察世界，对当今时代特征和总体国际形势，对世界上其他社会主义国家的成败、发展中国家谋求发展的得失、发达国家发展的态势和矛盾，进行正确分析，作出了新的科学判断。

[①] 中共中央文献研究室编：《十五大以来重要文献选编》（上），人民出版社2000年版，第12页。

在邓小平理论的形成与发展过程中,社会以及思想文化领域,出现了一些思潮以及思想事件。这些思潮与思想事件,包含正确的内容,也包含许多噪音、杂音,还包含一些错误乃至反动思想,它们不是当代中华思想发展的主流。

"三个代表"重要思想。以江泽民为核心的中国共产党的第三代中央领导集体,坚持中国共产党的基本理论、基本路线,依据新的实践确立了党的基本纲领、基本经验,确立了社会主义市场经济体制的改革目标和基本框架,确立了社会主义初级阶段的基本经济制度和分配制度,开创全面改革开放新局面,推进中国共产党的建设新的伟大工程,成功把中国特色社会主义推向21世纪。这一时期的理论结晶,是"三个代表"重要思想。

2000年2月,江泽民首次对"三个代表"重要思想进行了比较全面的阐述。2002年11月,中共十六大决定把"三个代表"重要思想写入党章,与马克思列宁主义、毛泽东思想、邓小平理论一起作为党必须长期坚持的指导思想。

中共十六大报告归纳总结出党领导人民建设中国特色社会主义的十条基本经验,指出:"这些经验,联系党成立以来的历史经验,归结起来就是,我们党必须始终代表中国先进生产力的发展要求,代表中国先进文化的前进方向,代表中国最广大人民的根本利益。这是坚持和发展社会主义的必然要求,是我们党艰辛探索和伟大实践的必然结论。"[①] 这是对"三个代表"重要思想的正式表述。

"三个代表"重要思想是对马克思列宁主义、毛泽东思想和邓小平理论的继承和发展,它是在科学判断中国共产党的历史方位的基础上提出来的。要在新的历史条件下,在继续回答"什

[①] 中共中央文献研究室编:《十六大以来重要文献选编》(上),中央文献出版社2005年版,第8页。

么是社会主义，怎样建设社会主义"问题的基础上，进一步回答了"在新的历史条件下建设一个什么样的执政党，怎样加强执政党建设"问题。中国共产党历经革命、建设和改革，已经从领导人民为夺取全国政权而奋斗的党，成为领导人民掌握全国政权并长期执政的党；已经从受到外部封锁和实行计划经济条件下领导国家建设的党，成为对外开放和发展社会主义市场经济条件下领导国家建设的党。

中共十六大报告指出，贯彻"三个代表"重要思想，关键在坚持与时俱进，核心在坚持中国共产党的先进性，本质在坚持执政为民。必须使全党始终保持与时俱进的精神状态，不断开拓马克思主义理论发展的新境界；必须把发展作为党执政兴国的第一要务，不断开创现代化建设的新局面；必须最广泛最充分地调动一切积极因素，不断为中华民族的伟大复兴增添新力量；必须以改革的精神推进中国共产党的建设，不断为中国共产党的肌体注入新活力。

在"三个代表"重要思想形成的过程中，社会以及思想理论界，同样出现一些思潮与思想事件，发生了一些思想争论。通过思想斗争，极大地推进了中华思想的繁荣发展。

科学发展观。中共十六大之后，进入新世纪新阶段，以胡锦涛为总书记的党中央抓住重要战略机遇期，在全面建设小康社会进程中推进实践创新、理论创新、制度创新，强调坚持以人为本、全面协调可持续发展，提出构建社会主义和谐社会、加快生态文明建设，形成中国特色社会主义事业总体布局，着力保障和改善民生，促进社会公平正义，推动建设和谐世界，推进中国共产党的执政能力建设和先进性建设，在继续回答"什么是社会主义，怎样建设社会主义"，"建设一个什么样的执政党，怎样建设执政党"这一系列重大问题基础上，进一步回答了"实现什么样的发展、怎样发展"这一问题。成功在新的历史起点上坚持和发展了中国特色社会主义。这一时期的理论结晶，是以人为本、全面协调可持续发展的科学发展观。

2003年7月，胡锦涛提出"坚持全面发展、协调发展、可持续发展的发展观，更加自觉地坚持推动社会主义物质文明、政治文明、精神文明协调发展"①，按照"统筹城乡发展、统筹区域发展、统筹经济社会发展、统筹人与自然和谐发展、统筹国内发展和对外开放"的要求，推进各项事业的改革和发展。这一关于发展的世界观和方法论，被概括为科学发展观。

2007年10月，中共十七大把科学发展观写入党章，把科学发展观列入中国共产党的指导思想。胡锦涛在中共十七大上作报告，对科学发展观作了完整阐述。十七大报告指出："科学发展观，第一要义是发展，核心是以人为本，基本要求是全面协调可持续，根本方法是统筹兼顾。"②

中共十七大报告阐明了科学发展观的理论渊源与现实意义，指出科学发展观是对中国共产党的三代中央领导集体关于发展的重要思想的继承和发展，是马克思主义关于发展的世界观和方法论的集中体现，是同马克思列宁主义、毛泽东思想、邓小平理论和"三个代表"重要思想既一脉相承又与时俱进的科学理论，是我国经济社会发展的重要指导方针，是发展中国特色社会主义必须坚持和贯彻的重大战略思想。

中共十七大报告也阐明了创立科学发展观的现实背景，指出它是立足社会主义初级阶段基本国情，总结我国发展实践，借鉴国外发展经验，适应新的发展要求提出来的。

中共十七大报告明确指出："必须坚持把发展作为党执政兴国的第一要务。""必须坚持以人为本。""必须坚持全面协调可

---

① 《胡锦涛文选》第2卷，人民出版社2016年版，第67页。
② 中共中央文献研究室编：《十七大以来重要文献选编》（上），中央文献出版社2009年版，第10页。

持续发展。""必须坚持统筹兼顾。"还要始终坚持"一个中心、两个基本点"的基本路线；积极构建社会主义和谐社会；继续深化改革开放；切实加强和改进中国共产党的建设。

在科学发展观提出与形成的过程中，社会上与思想理论界思潮涌动，人们思想活动的独立性、选择性、多变性、差异性明显增强。在与错误思潮的斗争中，中国的马克思主义者坚定地维护和发展了中国特色社会主义理论体系，繁荣和发展了中华思想。

四　习近平新时代中国特色社会主义思想

中共十八大以来，以习近平为核心的党中央，高举中国特色社会主义伟大旗帜，以全新的视野，深化了对共产党执政规律、社会主义建设规律、人类社会发展规律的认识，取得重大理论创新成果，形成了习近平新时代中国特色社会主义思想。

2017年10月召开的中共十九大，作出了中国特色社会主义进入新时代、我国社会主要矛盾已经转化为人民日益增长的美好生活需要和不平衡不充分的发展之间的矛盾等重大政治论断，概括和提出了习近平新时代中国特色社会主义思想，确立为党必须长期坚持的指导思想并写进党章，实现了党的指导思想的与时俱进。这是中共十九大最重大的理论创新、最重要的政治成果、最深远的历史贡献。十九大报告是习近平新时代中国特色社会主义思想的集大成之作，是马克思主义的纲领性文献，闪耀着发展马克思主义的真理光芒。

中国特色社会主义进入了新时代，这是我国发展新的历史方位。"新时代"是承前启后、继往开来、在新的历史条件下继续夺取中国特色社会主义伟大胜利的时代，是决胜全面建成小康社会、进而全面建设社会主义现代化强国的时代，是全国各族人民团结奋斗、不断创造美好生活、逐步实现全体人民共同富裕的时代，是全体中华儿女勠力同心、奋力实现中华民族伟大复兴中国梦的时代,是中国日益走近世界舞台中央、不断为人类作出更大贡献的时代。

中国特色社会主义进入了新时代的重大政治判断的依据是:第一,改革开放以来特别是中共十八大以来的历史性成就和历史性变革标志中国特色社会主义进入新时代;第二,社会主义初级阶段社会主要矛盾的新变化决定中国特色社会主义进入新时代;第三,中国社会发展变化的新特征显示中国特色社会主义进入新时代;第四,历史交汇期新的历史任务和奋斗目标表明中国特色社会主义进入新时代;第五,中国共产党的理论和实践实现与时俱进的创新说明中国特色社会主义进入新时代。

中国特色社会主义新时代所使用的时代概念不是唯物主义历史观上的大的"历史时代"概念,而是从中国共产党和国家事业发展的角度提出来的。新时代特指中国特色社会主义发展已经站在一个新的历史起点上,进入一个新的历史阶段,处在一个新的历史方位上。

中国特色社会主义进入新时代,我国社会主要矛盾已经转化为人民日益增长的美好生活需要和不平衡不充分的发展之间的矛盾。经过改革开放40多年的发展,我国社会主要矛盾的两个方面都发生了重大改变。一方面,我国生产力水平整体上升,当前突出的问题是发展的不平衡不充分;另一方面,人民不仅对物质文化生活提出了更高要求,而且在民主、法治、公平、正义、安全、环境等各方面的要求也日益增长,对美好生活的需要越来越强烈。应对这个重大变化,必须认识到我国社会主要矛盾的变化是关系全局的历史性变化,对党和国家工作提出了许多新要求。要在继续推动生产力发展的基础上,更好地解决发展的不平衡不充分问题,大力提升发展质量和效益,更好满足人民在经济、政治、文化、社会、生态等各方面日益增长的需要。同时,也必须认识到我国社会主要矛盾的变化,没有改变我们对我国社会主所处历史阶段的判断，我国仍处于并将长期处于社会主义初级阶段的基本国情没有变，我国是世界上最大发展中国家的国际地位没有变。要牢牢把握社会主义初级阶段这个基本国情，牢牢立足社会主义初级阶段这个最大实际，牢牢坚持中国共产党的基本路线这个党和国家的生命线、人民的幸福线。

中国特色社会主义是中国当代一切发展进步的根本方向。习近平抓住时代特征、定标历史方位、揭示主要矛盾、提升实践经验，以巨大的政治勇气、责任担当和理论智慧，从理论和实践结合上系统回答了在大的历史时代视野中，人类走向何处，中国走向何处，这就是经过社会主义道路，走向新的社会形态的大命题；在中国独特的时代视野中，中国人民走向何处，这就是建设社会主义现代化强国、实现中华民族伟大复兴的大命题。习近平系统科学地回答了新时代坚持和发展中国特色社会主义这一重大时代课题，创立了习近平新时代中国特色社会主义思想，习近平新时代中国特色社会主义思想是主题鲜明、主线突出、思想创新、逻辑严谨、系统完整的理论体系，实现了马克思主义基本原理与中国具体实际相结合的又一次飞跃和新的结合，进一步丰富和发展了中华思想宝库。

第一，习近平新时代中国特色社会主义思想具有鲜明主题、突出主线和明确目标。

习近平新时代中国特色社会主义思想，牢牢抓住并且科学回答了"新时代坚持和发展什么样的中国特色社会主义、怎样坚持和发展中国特色社会主义"这个重大时代问题，是其鲜明主题；深刻阐述了新时代如何治国理政、实现国家治理能力和治理体系现代化，是其突出主线；建设富强民主文明和谐美丽的社会主义现代化强国，是其明确目标。

中国特色社会主义是中华人民共和国成立以来特别是改革开放以来全部理论与实践创新的根本主题，习近平新时代中国特色社会主义思想一以贯之地坚持了这个根本主题。在探索中国特色社会主义过程中，毛泽东率先提出要实现马克思主义同中国实际的"第二次伟大结合"，探索适合中国国情、具有中国特点的社会主义建设道路，形成了"建设有中国特色的社会主义"科学论断的思想源头，是中国特色社会主义理论体系的逻辑起点和直接理论来源。在开创中国特色社会主义过程中，邓小平创造性地揭示了中国特色社会主义这一根本主题，牢牢抓住并科学回答了"什么是社会主义、怎样建设社会主义"这个基本的首要问题，创立了邓小平理论，创立了中国特色社会主义理论体系。在进一步回答"什么是社会主义、怎样建设社会主义"的同时，江泽民围绕"建设什么样的党、怎样建设党"，创立了"三个代表"重要思想，丰富了中国特色社会主义理论体系。胡锦涛在深入回答"什么是社会主义、怎样建设社会主义"和"建设什么样的党、怎样建设党"的同时，围绕"实现什么样的发展、怎样发展"，创立了科学发展观，进一步丰富了中国特色社会主义理论体系。中国特色社会主义理论体系的创立和发展，极大地推进了当代中国马克思主义的创新。

中国特色社会主义进入新时代之际，进一步深化认识"什么是社会主义、怎样建设社会主义"，"建设什么样的党、怎样建设党"，"实现什么样的发展、怎样发展"，就突出地落脚到"新时代坚持和发展什么样的中国特色社会主义、怎么坚持和发展中国特色社会主义"这一重大的历史性课题上。习近平紧紧抓住这个重大时代课题，坚持以马克思列宁主义、毛泽东思想、中国特色社会主义理论体系为指导，坚持解放思想、实事求是、与时俱进、求真务实，坚持辩证唯物主义和历史唯物主义，紧密结合新时代条件和新实践要求，以全新的视野，进行艰辛理论探索，创立了习近平新时代中国特色社会主义思想，把当代中国的马克思主义——中国特色社会主义理论体系推到了一个新的高度。

第二，习近平新时代中国特色社会主义思想具有深刻的精神实质和丰富的核心内涵。

习近平的一系列论述，包括中国特色社会主义是既坚持科学社会主义基本原则，又具有鲜明实践特色、理论特色、民族特色、时代特色的社会主义，是中国特色社会主义道路、理论、制度、文化四位一体的社会主义，是统揽伟大斗争、伟大工程、伟大事业、伟大梦想的社会主义，是根植于中国大地、反映中国人民意愿、适应中国和时代发展进步要求的社会主义。这深刻揭示了新时代中国特色社会主义的质的规定性，构成了习近平新时代中国特色社会主义思想的精神实质。

习近平运用科学社会主义基本原理，结合中国实际国情，抓住新时代中国特色社会主义的本质要求，对新时代坚持和发展中国特色社会主义的总目标、总任务、总体布局、战略布局和发展方向、发展方式、发展动力、战略步骤、外部条件、政治保证等一系列基本问题进行了系统阐述，构成了习近平新时代中国特色社会主义思想的核心内涵：明确坚持和发展中国特色社会主义，总任务是实现社会主义现代化和中华民族伟大复兴，在全面建成小康社会的基础上，分两步走，在 21 世纪中叶建成富强民主文明和谐美丽的社会主义现代化强国；明确我国的社会主要矛盾是人民日益增长的美好生活需要和不平衡不充分的发展之间的矛盾，必须坚持以人民为中心的发展思想，不断促进人的全面发展、全体人民共同富裕；明确中国特色社会主义事业总体布局是"五位一体"、战略布局是"四个全面"，强调坚定道路自信、理论自信、制度自信、文化自信；明确全面深化改革总目标是完善和发展中国特色社会主义制度、推进国家治理体系和治理能力现代化；明确全面推进依法治国总目标是建设中国特色社会主义法治体系、建设社会主义法治国家；明确党在新时代的强军目标是建设一支听党指挥、能打胜仗、作风优良的人民军队，把人民军队建设成为世界一流军队；明确中国特色大国外交要推动构建新型国际关系，推动构建人类命运共同体；明确中国特色社会主义最本质的特征是中国共产党领导，中国特色社会主义制度的最大优势是中国共产党领导，党是最高政治领导力量，提出新时代中国共产党的建设总要求，突出政治建设在党的建设中的重要地位。这"八个明确"是习近平新时代中国特色社会主义思想的基本内涵。

新时代中国特色社会主义的基本方略，是习近平新时代中国特色社会主义思想的具体化，是习近平新时代中国特色社会主义思想的有机构成。基本方略从具体操作上，从理论和实践的实际落实上，明确提出了新时代坚持和发展中国特色社会主义必须牢牢把握的"十四条坚持"：坚持党对一切工作的领导，坚持以人民为中心，坚持全面深化改革，坚持新发展理念，坚持人民当家作主，坚持全面依法治国，坚持社会主义核心价值体系，坚持在发展中保障和改善民生，坚持人与自然和谐共生，坚持总体国家安全观，坚持党对人民军队的绝对领导，坚持"一国两制"和推进祖国统一，坚持推动构建人类命运共同体，坚持全面从严治党。这"十四条坚持"从行动纲领和实际举措上深刻回答了新时代怎样坚持和发展中国特色社会主义，对经济、政治、法治、科技、文化、教育、民生、民族、宗教、社会、生态文明、国家安全、国防和军队、"一国两制"和祖国统一、统一战线、外交、中国共产党的建设等各方面作出深刻的理论分析和政策指导，是习近平新时代中国特色社会主义思想的实际展开。

第三，习近平新时代中国特色社会主义思想具有完整的体系和创新的观点。

习近平新时代中国特色社会主义思想内容极其丰富，是一个包括一系列新思想、新理论、新观点的完整系统的理论体系。它以马克思列宁主义、毛泽东思想、中国特色社会主义理论体系为指导，贯穿辩证唯物主义和历史唯物主义的立场、观点和方法，以习近平新时代中国特色社会主义哲学思想为内在依据，包括新时代政治、经济、文化、法治、军事、生态文明和党建思想，治国理政，民族、宗教、反腐倡廉、统一战线、外交、"一国两制"等理论。

习近平新时代中国特色社会主义思想，不仅从理论指南和行动纲领层面上系统地回答了重大时代课题，而且从理论和实践的结合上提出了一系列重大创新性观点。这些创新观点主要是：关于在新时代坚持和创新马克思主义、毛泽东思想和中国特色社会主义理论体系，创造21世纪当代中国马克思主义，推动马克思主义中国化、时代化和大众化的重要观点；关于高举中国特色社会主义伟大旗帜，坚持和发展中国特色社会主义是改革开放以来我们党全部理论和实践的鲜明主题的重要观点；关于中国特色社会主义进入新时代，开启社会主义现代化强国建设新征程的重要观点；关于中国共产党的初心、使命和新时代使命是激励中国共产党人不断前进的根本动力的重要观点；关于稳中求进工作总基调是治国理政的重要原则，要长期坚持的重要观点；关于社会主义初级阶段的主要矛盾发生新的变化，但基本国情没有改变的重要观点；关于统筹推进中国特色社会主义"五位一体"总体布局，全面推进"四个全面"战略布局的重要观点；关于全面贯彻落实以人民为中心，创新、协调、绿色、开放、共享的新发展理念的重要观点；关于发挥社会主义市场经济的决定性作用，更好地发挥政府的作用，建立现代化经济体系，加快完善社会主义市场经济体系的重要观点；关于适应经济发展新常态，推动经济发展质量变革、效率变革、动力变革，深化供给侧结构改革，由高速增长阶段向高质量发展阶段推动经济社会持续健康科学发展的重要观点；关于推动高质量的发展是当前和今后一个时期确定发展思路，制定经济政策，实施宏观调控的根本要求的重要观点；关于必须高度重视实体经济，把制造业、创新驱动搞好，掌握和运用好关键技术，实施国家大数据发展战略，不能走单一发展、脱实向虚的路子的重要观点；关于中国经济是全球化的受益者，更是贡献者，中国开放的大门只会越开越大，中国的发展是世界的机遇的重要观点；关于建设社会主义民主政治，发挥社会主义协商民主重要作用，走中国特色社会主义政治发展道路的重要观点；关于培育和弘扬社会主义核心价值观，建设社会主义文化强国的重要观点；关于加强和改进宣传思想工作，牢牢掌握意识形态工作领导权管理权话语权的重要观点；关于打好"三大攻坚战"，防范各种风险，保障和改善民生，打造共建共治共享的社会治理格局，加强社会管理创新和制度建设，让改革发展成果更多惠及全体人民的重要观点；关于正确处理好经济发展同生态环境保护、建设社会主义生态文明和美丽中国的重要观点；关于实现国家治理体系和治理能力现代化的重要观点；关于当今时代正处于前所未有的大变局和坚决维护国家核心利益、推进全球治理体系改革，建立以合作共赢为核心的新型国际关系，共建人类命运共同体，走和平发展道路的重要观点；关于牢牢把握党在新形势下的强军目标，实施军民融合发展战略，加强国防和军队建设的重要观点；关于伟大斗争、伟大工程、伟大事业、伟大梦想的重大意义及其内在的逻辑递进关系的重要观点；关于坚持和贯彻新时代中国特色社会主义基本理论、基本路线和基本方略的重要观点；关于党的政治建设摆在首位，加强新时代中国共产党的领导和中国共产党的建设总体要求，确保党始终成为中国特色社会主义事业坚强领导核心的重要观点；等等。

第四，习近平新时代中国特色社会主义思想开创了马克思主义哲学新境界。

任何一种科学理论都是这个时代精神精华的体现，都必然以时代哲学强音作为内在根据。习近平新时代中国特色社会主义思想是新时代中国哲学精神的高度凝练，蕴含着辩证唯物主义和历史唯物主义的哲学精华，开创了当代中国马克思主义哲学的新境界。

一是在立场、观点、方法层面上提出了新论断，把马克思主义哲学世界观方法论的坚持和运用提升到了一个新高度。

马克思主义哲学是中国化马克思主义理论创新的"大本大源"。习近平新时代中国特色社会主义思想最根本的哲学依据，就是马克思主义哲学世界观方法论。习近平高度重视并带头运用辩证唯物主义和历史唯物主义，提出了一系列具有深邃哲学内涵的新观点。

首先，阐发了以人民为中心的马克思主义哲学基本立场，在坚持马克思主义哲学立场方面有了新认识。

始终为无产阶级和广大劳动人民服务，是马克思主义哲学的核心立场。习近平结合新时代的特征和要求，创造性地坚持了这个核心立场。习近平新时代中国特色社会主义思想的突出特色就是坚持以人民为中心的核心立场，坚持人民主体地位的根本原则，始终把满足人民日益增长的美好生活需要当作判断执政党执政能力的根本标准。习近平突出地强调，人民群众是历史的创造者，是决定党和国家前途命运的根本力量，必须牢牢坚持以人民为中心的发展思想，坚持立党为公、执政为民，积极践行全心全意为人民服务的根本宗旨，把中国共产党的群众路线贯彻到治国理政的具体实践中，把人民对美好生活的向往作为奋斗目标，依靠人民创造中国特色社会主义的历史伟业。

其次，阐发了马克思主义哲学基本观点，在发展马克思主义哲学观点方面有了新认识。

生产的、阶级的、群众的观点是马克思主义哲学最重要的基本观点。习近平特别重视生产观点，毫不动摇地坚持党在社会主义初级阶段的基本路线，坚持以经济建设为中心，大力解放和发展生产力，推动党和国家事业实现重大跃升。他运用阶级观点分析我们面临的国际形势、我国社会现阶段国内阶级关系和人民内部矛盾，突出强调人民当家作主，把坚持中国共产党的领导、人民当家作主、依法治国三者统一起来，发展社会主义民主政治，坚持工人阶级领导的、以工农联盟为基础的人民民主专政的社会主义国体，健全社会主义制度，保证人民当家作主落实到国家政治生活和社会生活之中。他坚决贯彻一切为了群众，一切依靠群众，从群众中来、到群众中去的群众路线，突出地强调必须多谋民生之利、多解民生之忧，在发展中补齐民生短板，促进社会公平正义，保证人民群众共享发展成果，提高人民群众生活的幸福红线。

最后，阐发了马克思主义哲学基本方法，在运用马克思主义哲学方法方面有了新认识。

矛盾分析方法是马克思主义哲学的基本方法。习近平特别善于应用矛盾分析法来分析当代国际局势、国内问题、时代特征、历史方位，坚持抓重点、抓关键、抓节点、抓主要矛盾，创造性地继承和发展了马克思主义哲学关于矛盾的基本原理，如关于主要矛盾发生新变化的重大政治判断；关于开展伟大斗争的重大提法等，都是矛盾分析方法的实际运用和充分发挥。阶级分析法是矛盾分析方法运用于阶级现象分析的基本方法。他创造性地将阶级分析方法运用于现实社会生活，如关于坚持阶级分析方法就是坚持马克思主义的政治立场；关于牢牢坚持人民民主专政的社会主义国体不动摇；关于大力推进全面从严治党，着力开展反腐败斗争；关于抵制西方反动势力对我西化分化、和平演变、"颜色革命"；关于牢牢把握意识形态工作的领导权、管理权、话语权等，都突出地体现了对马克思主义阶级分析方法的出色运用和实际发挥。

二是在思想路线、社会历史发展规律理论、辩证思维和认识改造世界功能等方面提出了新思想，把马克思主义哲学重要原理及其应用提升到了一个新高度。

马克思主义哲学的内在力量在于其真理性、科学性和逻辑性，其生命力在于永不枯竭的思想创新，其内在要求在于同具体实践相结合。习近平科学把握马克思主义哲学要领，从变化发展的实际中提炼出事关全局的根本问题，结合新时代的特点和要求，实现了新时代马克思主义哲学创新。

首先，丰富了实事求是思想路线这一马克思主义哲学精髓，在阐述实践创新与理论创新的互动方面形成了新见解。

理论联系实际是马克思主义哲学的基本原则，实事求是是中国化马克思主义哲学的精髓。习近平强调：必须从我国处于并将长期处于社会主义初级阶段这个最大的国情实际出发，决不能离开这个实际陷入空想；必须牢记空谈误国、实干兴邦，切实做到求真务实、敢于担当；必须把党领导人民发展奋斗中产生的丰富经验提升到理论的高度，丰富和发展马克思主义理论，坚持和发展中国特色社会主义；必须高度重视理论的作用，增强理论自信和战略定力。他指出，在新的时代条件下，要进行伟大斗争、建设伟大工程、推进伟大事业、实现伟大梦想，仍然需要保持和发扬马克思主义政党与时俱进的理论品格，勇于推进实践基础上的理论创新；在坚持马克思主义基本原理的基础上，以更宽广的视野、更长远的眼光来思考和把握国家未来发展面临的一系列重大战略问题，在理论上不断拓展新视野、作出新概括；更加深入地推动马克思主义同当代中国发展的具体实际相结合，实现实践创新和理论创新的互动，让当代中国马克思主义哲学放射出更加灿烂的真理光芒。

其次，论述了中国特色社会主义共同理想与共产主义远大理想的辩证关系，在丰富马克思主义历史发展规律理论方面形成了新见解。

习近平反复强调，共产主义是人类历史不可逆转的大趋势，马克思主义所揭示"两个必然"的历史发展趋势没有改变，要坚持共产主义理想信念这个安身立命的根本。要明确共产主义远大理想和中国特色社会主义共同理想的辩证统一关系，我们正在做的是社会主义初级阶段的事情，我们的事业是中国特色社会主义的事业，这个事业的本源和依据就是共产主义远大理想。我们依据共产主义和社会主义理想确立了中国特色社会主义道路、理论、制度，这样整个逻辑才成立。如果前提都不要了，就完全变成了实用主义。要回到我们的本源上去认识。[①] 全党同志特别是党的领导干部，必须准确把握中国特色社会主义的逻辑前提和理论依据，不能只看到眼前的事情而忘记了根本，只关注当下而忘记了初衷。实现共产主义是一个漫长的过程，需要一代又一代人接续奋斗，但决不能因此就不去努力，必须立足党在现阶段的奋斗目标，脚踏实地推进我们的事业。中国特色社会主义是党的最高纲领和基本纲领的统一，既是从我国正处于并将长期处于社会主义初级阶段的基本国情出发的，也没有脱离党的最高理想。既要坚定走中国特色社会主义道路的信念，也要胸怀共产主义的崇高理想，集中精力办好自己的事情，不断壮大综合国力，不断改善人民生活，扎扎实实地为共产主义远大理想而努力。

最后，阐释了富有时代特点和哲学意蕴的科学方法论，在发展马克思主义唯物辩证法方面形成了新见解。

习近平出色地运用和发展马克思主义唯物辩证法思想，创造性地提出和阐述了战略思维、系统思维、辩证思维、创新思维、法治思维、历史思维、底线思维、精准思维等科学方法，形成了习近平新时代中国特色社会主义思想的科学方法论体系。

---

① 参见《十八大以来重要文献选编》，中央文献出版社2014年版，第109—118页。

习近平新时代中国特色社会主义思想中处处闪耀着战略思维的光辉。习近平认为战略问题是一个政党和国家的根本性问题,战略上判断得准确,谋划得科学,赢得主动,事业就大有希望。领导干部要有战略思维、战略眼光和战略定力:"各级党政'一把手'要站在战略的高度,善于从政治上认识和判断形势,观察和处理问题……要努力增强总揽全局的能力,放眼全局谋一域,把握形势谋大事……用战略思维去观察当今时代,洞悉当代中国……"[①] 他从战略上对治国理政的各个方面进行了谋划:从顶层设计的角度出发,向世界描绘了一幅中华民族伟大复兴中国梦的图景及其路线图,也就是"两个一百年"奋斗目标;立足中国实际,坚持问题导向,形成了"五位一体"的总体布局和"四个全面"的战略布局;在具体操作层面上形成了一个个战略矩阵,例如提出京津冀协同发展、长江经济带发展、东北振兴、雄安新区、粤港澳大湾区等发展战略;提出决胜全面建成小康社会,实施科教兴国、人才强国、创新驱动发展、乡村振兴、区域协调发展、可持续发展、军民融合发展等一系列战略举措;提出中国特色大国外交、"一带一路"、人类命运共同体等战略构想。

系统思维就是从系统与要素、要素与要素、系统与环境的相互联系、相互作用中去把握和思考问题,处理好整体与部分、结构与功能的关系。习近平强调系统思维是要求在推进改革开放和社会主义现代化建设的过程中不能盲人摸象,不能以偏概全,以整体考量实现驾驭全局,以统筹协调实现协同推进。他提倡系统思维,一个突出的表现就是协调推进"四个全面"战略布局。"四个全面"作为一个完整统一体,既有目标又有举措,既有全局又有重点,展现了"一个目标、三个支撑点"的系统思维,其中全面建成小康社会是战略目标和前进方向,全面深化改革、

---

① 习近平:《之江新语》,浙江人民出版社2007年版,第20页。

全面依法治国、全面从严治党是战略举措和路径方法。"四个全面"各个方面是相辅相成、相互支撑、内在统一的关系，是一项系统工程，统一于实现中华民族复兴伟大梦想的实践之中。他指出，系统思维落实到实际工作中，就要求各级领导干部要具有全局意识、协同意识、整体意识和互补意识，注重把握好事物的整体性、协调性、次序性和各要素之间的衔接性，推动经济社会改革不断深入。

关于辩证思维，据不完全统计，中共十八大以来，习近平在公开场合的阐述就达六十多次。他强调：要学习掌握唯物辩证法的根本方法，不断增强辩证思维能力，提高驾驭复杂局面、处理复杂问题的本领。我们的事业越是向纵深发展，就越要不断增强辩证思维能力。当前，我国社会各种利益关系十分复杂，这就要求我们善于处理局部和全局、当前和长远、重点和非重点的关系，在权衡利弊中趋利避害、作出最为有利的战略抉择。"在推进改革中，要坚持正确的思想方法，坚持辩证法，处理好解放思想和实事求是的关系、整体推进和重点突破的关系、全局和局部的关系、顶层设计和摸着石头过河的关系、胆子要大和步子要稳的关系、改革发展稳定的关系。"[①] "要注重抓主要矛盾和矛盾的主要方面，注重抓重要领域和关键环节。"[②] 他把辩证思维运用到各项工作的部署之中。比如，在干部工作上，强调要坚持全面、历史、辩证地看干部，注重一贯表现和全部工作；在本地干部和外地干部的关系上，既要用好"飞鸽牌"，又要用好"永久牌"。

习近平提出正确认识新时代主要矛盾"变与不变"的辩证

[①] 中共中央文献研究室编：《习近平关于全面深化改革论述摘编》，中央文献出版社2014年版，第47页。
[②] 中共中央宣传部编：《习近平总书记系列重要讲话读本（2016年版）》，学习出版社、人民出版社2016年版，第79页。

关系。他认为，正确认识主要矛盾的变化，必须做到两个"必须认识到"，从变中看到不变，从不变中看到变。一是必须认识到，我国社会主要矛盾的变化是关系全局的历史性变化，对党和国家工作提出了许多新要求。要在继续推动生产力发展的基础上更好地解决发展的不平衡不充分问题，解决好全面和充分发展的问题，大力提升发展质量和效益，更好满足人民在经济、政治、文化、社会、生态等各方面日益增长的需要。二是必须认识到，虽然我国社会主要矛盾发生变化，但我国仍处于并将长期处于社会主义初级阶段的基本国情没有变，我国是世界最大发展中国家的国际地位没有变，以经济建设为中心、大力发展生产力是根本任务没有变。全党要牢牢把握社会主义初级阶段这个基本国情，牢牢立足社会主义初级阶段这个最大实际，牢牢坚持中国共产党的基本路线这个党和国家的生命线、人民的幸福线。关于主要矛盾、基本国情、国际地位、基本路线上的"变与不变"辩证关系的重大论断，是对唯物辩证法的对立统一规律的创造性运用和发展。

创新思维就是要敢于打破思维定式，解放思想、超越陈规、因地制宜、与时俱进、求真务实、锐意进取，通过思想认识的创新打开工作新局面。习近平高度重视创新问题，中共十八大以来他使用"创新"一词超过千次之多。他指出："创新是一个民族进步的灵魂，是一个国家兴旺发达的不竭动力，也是中华民族最深沉的民族禀赋。在激烈的国际竞争中，惟创新者进，惟创新者强，惟创新者胜。"[①] 他把创新思维体现在改革发展稳定、治党治国治军、内政外交国防的方方面面，贯彻到重大战略和发展理念中，形成了创新发展理念和创新驱动战略等。

法治思维是与人治、特权思维相对立的思维方式，强调将法

---

① 《习近平谈治国理政》第1卷，外文出版社2018年版，第59页。

律作为判断是非和处理事务的准绳，要求崇尚法治、尊重法律，善于运用法律手段解决问题和推进工作，善于运用法治思维和法治方式解决涉及群众切身利益的矛盾和问题。习近平指出："各级领导干部要提高运用法治思维和法治方式深化改革、推动发展、化解矛盾、维护稳定能力，努力推动形成办事依法、遇事找法、解决问题用法、化解矛盾靠法的良好法治环境，在法治轨道上推动各项工作。"① "各级领导机关和领导干部要提高运用法治思维和法治方式的能力，努力以法治凝聚改革共识、规范发展行为、促进矛盾化解、保障社会和谐。"② 习近平把全面依法治国即把法治思维运用于各项重大工作之中，注重用法治的方式来认识分析和处理解决问题，充分体现了马克思主义的历史辩证法。

习近平一向重视对历史的学习和历史思维的培养，要求用唯物史观来认识社会、指导实践。他认为，"历史是一面镜子，它照亮现实，也照亮未来。了解历史、尊重历史才能更好把握当下，以史为鉴、与时俱进才能更好走向未来。"③ 学习历史、研究历史、借鉴历史，可以给人类带来很多了解昨天、把握今天、开创明天的智慧。观察和认识中国，要从大历史的角度去看待问题，中华民族几千年的历史是一脉相承、不可割裂的，脱离了中国的历史和文化，脱离了当代中国的深刻变革，是难以正确认识中国的。在谈到中国道路的由来时，他明确提出这条道路"是在中华人民共和国成立 60 多年的持续探索中走出来的，是在对近代以来 170 多年中华民族发展历程的深刻总结中走出来的，是在对中华民族 5000 多年悠久文明的传承中走出来的，具有深厚

---

① 《习近平谈治国理政》第 1 卷，外文出版社 2018 年版，第 142 页。
② 同上书，第 145 页。
③ 习近平：《携手共创丝绸之路新辉煌——在乌兹别克斯坦最高会议立法院的演讲》，《人民日报》2016 年 6 月 23 日第 2 版。

的历史渊源和广泛的现实基础"①。树立历史思维就必须正确地看待自己的历史。在认识改革开放前后两个时期关系问题上,他指出,"不能用改革开放后的历史时期否定改革开放前的历史时期,也不能用改革开放前的历史时期否定改革开放后的历史时期"②。他在国家治理问题上提出,要治理好今天的中国,需要对我国历史和传统文化有深入了解,也需要对我国古代治国理政的探索和智慧进行积极总结;在中华优秀传统文化问题上要进行创造性转化和创新性发展。

底线思维是辩证思维方面的新提法。习近平多次强调,底线就是不可逾越的警戒线、是事物质变的临界点,一旦突破底线,则会出现无法接受的坏结果。要善于运用底线思维,防患于未然,这样才能赢得工作的主动权。当前我国经济社会发展中各种结构性的深层次矛盾日益凸显,在全面深化改革进程中必须管控风险、守住底线,这是决定工作成败的重要前提。他针对各项工作指出底线或"红线":对于有的地方在经济建设上急于上项目搞开发,没有考虑生态环境和社会民生的承受能力,从而激化社会矛盾甚至引发群体性事件的情况,提出要严守资源消耗的上限、环境质量的底线、生态保护的红线;对于农村土地制度改革,提出要坚持土地公有制性质不改变、耕地红线不突破、农民利益不受损三条底线;对于国家主权的底线,宣示中国将坚定不移维护自己的主权、安全、发展利益,任何国家都不用指望我们会吞下损坏中国主权、安全、发展利益的苦果;对于贪腐问题,提出干部要守住做人、做事、用权、交友的底线,对法纪制度要时刻怀有敬畏之心,做到不越边界、不踩红线、不碰高压线,这样才能少走"弯路"、不入"歧途"。

---

① 《习近平谈治国理政》第1卷,外文出版社2018年版,第39—40页。
② 同上书,第23页。

精准思维是一种强调精细务实的辩证思维方式，要求具体和准确到位，在一个个具体的点上去解决问题，拒绝那种大而化之、笼而统之地抓工作的做法。习近平重视精准化做事的方式方法。精准思维首先要求有强烈的问题意识，抓住了问题才能对症下药找到对策，无论是作决策、定方案，还是抓落实，都要紧紧抓住核心问题和关键问题不放，在问题的症结点和关键点上做文章、出实招。他提倡精准思维突出地体现在"精准扶贫"理念上。他强调，首先要解决好"扶持谁"的问题，即确保把真正的贫困人口弄清楚，把贫困人口、贫困程度、致贫原因等搞清楚，以便做到因户施策、因人施策；其次要解决好"谁来扶"的问题，加快形成中央统筹、省（自治区、直辖市）负总责、市（地）县抓落实的扶贫开发工作机制，做到分工明确、责任清晰、任务到人、考核到位。[①] 正是在精准扶贫思想指导下，中共十八大以来我国有六千多万贫困人口稳定脱贫，贫困发生率从10.2%下降到4%以下。

三是在系统完整性、逻辑严谨性和实际操作性方面提出了新认识，把马克思主义哲学认识和改造世界的作用提升到了一个新高度。

首先，习近平新时代中国特色社会主义思想"八个明确"的提法，涉及生产力与生产关系、经济基础与上层建筑的辩证关系，涵盖了经济建设、政治建设、文化建设、社会建设、生态文明建设以及国防、外交、党的建设各个领域，体现了马克思主义哲学认识世界的系统性、严谨性和科学性。

第一个明确侧重于国家发展层面，阐明了坚持和发展中国特色社会主义的总目标、总任务和战略步骤，用"富强民主文明和谐美丽"界定了社会主义现代化强国的总特征。第二个明确

---

① 《习近平总书记谈精准扶贫》，《新华每日电讯》2016年3月7日。

侧重于人的发展层面，阐明了新时代我国社会主要矛盾，用"促进人的全面发展、全体人民共同富裕"表达了人的全面发展的理想愿景。第三个明确侧重于中国特色社会主义的总体布局和战略布局，阐明了中国特色社会主义事业的发展方向，要求建设充满自信的社会主义中国。第四至第七个侧重于保障条件，分别从改革、法治、军队、外交四个方面，阐明了新时代坚持和发展中国特色社会主义的改革动力、法治保障、军事安全保障和外部环境保障，描绘了新时代中国特色社会主义的理想蓝图。第八个明确侧重于政治保证和领导力量，阐明了新时代坚持和发展中国特色社会主义的根本政治保证，提出了新时代党的建设总要求。"八个明确"逻辑上层层递进，内容上内在关联，环环相扣，相辅相成，涵盖了新时代坚持和发展中国特色社会主义的总目标、总任务、总体布局、战略布局和发展方向、发展方式、发展动力、战略步骤、外部条件、政治保障等问题，构成内容极其科学、丰富、严谨的思想体系。

其次，新时代坚持和发展中国特色社会主义基本方略"十四个坚持"的提法，是习近平新时代中国特色社会主义思想的具体化，是具有可操作性的现实对策和实际举措，体现了马克思主义哲学改造世界的实践功能。

"十四个坚持"从领导力量、发展思想、根本路径、发展理念、政治制度、治国理政、思想文化、社会民生、绿色发展、国家安全、军队建设、祖国统一、国际关系、党的建设等方面作出理论分析和政策指导，深刻回答了新时代怎样坚持和发展中国特色社会主义的一系列重大问题，对习近平新时代中国特色社会主义思想的理论精髓和思想要义展开具体阐述，形成了可付诸实践的战略策略和对策举措。"十四个坚持"的基本方略，同党的基本理论、基本路线一起，成为引领党和人民事业发展的具体方针和行动纲领，是习近平新时代中国特色社会主义思想的重要内容，充分体现了马克思主义哲学的实践品质。

最后，从时代与哲学的关系上深刻回答了当代中国与人类社会发展所面临的一系列重大问题，为解决当代人类问题提供了中国智慧、中国思想，体现了马克思主义哲学智慧。

纵览人类哲学史，学派林立，观点众多。如何判断一种哲学的历史价值，如何标识一派思想的哲学高度？归根到底要从哲学与时代的关系来说明，要看这种哲学是否回答了时代的根本问题，能否以巨大的理论穿透力和现实影响力来引领时代前进。真正的哲学，是社会变革的先导，时代的格言。黑格尔在论述哲学与时代的关系时曾经写道："每个人都是他那时代的产儿。哲学也是这样，它是被把握在思想中的它的时代。"① 黑格尔敏锐地看到了哲学与时代的关系，但没有找到推动时代进步的真正物质力量并进行理论上的提炼，只能回到"绝对精神"这种抽象的精神形式去说明世界历史的变迁。马克思主义的诞生，是人类思想史上壮丽的日出，破天荒地建构起了辩证唯物主义和历史唯物主义的理论大厦，破解了"人类历史的发展规律"和"现代资本主义生产方式和它所产生的资产阶级社会的特殊的运动规律"②，使得世界社会主义运动不仅拥有了"心脏"，而且拥有了"头脑"，不仅获得了强大的物质武器，而且获得了锐利的思想武器，真正做到以理论指导实践，以哲学引领时代。这正是马克思主义不同于思想史上任何一种思想理论的特质所在、品格所在、力量所在、高度所在。

时代的车轮滚滚向前，要求在思想中进一步把握时代、推动时代、引领时代的哲学标尺也在不断攀升。在漫长而曲折的科学社会主义发展进程中，社会主义有高潮，也有低谷，当前则正在

---

① ［德］黑格尔：《法哲学原理》序言，范扬、张企泰译，商务印书馆 1961 年版，第 12 页。

② 《马克思恩格斯选集》第 3 卷，人民出版社 2012 年版，第 1002 页。

随着中国特色社会主义开辟新时代而迎来恢宏的勃兴。历史发展不存在终结,它总是引导人们从现实的深层眺望未来。纵观我们的历史、当下和未来,可以看到,时代的命题、时代的呼声,一方面随着社会现实的变迁而不断发生变化,另一方面又具有内嵌于自身社会形态的稳定性。这就是中国向何处去,共产党向何处去,社会主义向何处去,人类社会向何处去的时代问题。这是当今时代最本质、最根本、最深层的理论问题,是需要思想家耗费无穷心血智慧去加以探索解答的哲学最高命题。习近平新时代中国特色社会主义思想,对这个时代问题作了解答。习近平思考问题,从来不是局限于一时一地,总是从大的历史尺度和全球大视野出发,立足于问题的深层和本质进行研究。习近平新时代中国特色社会主义思想,以广阔的历史视野、邃远的理论思维、科学的哲学创造、博大的天下情怀,聚合中国十四亿人民攻坚奋进的磅礴力量,总揽世界社会主义运动五百年的兴衰沉浮,放眼人类文明丰富多彩的发展道路,"从世界的原理中为世界阐发新原理"[①],将 21 世纪中国马克思主义推进到了一个新的哲学境地和哲学深度。

习近平新时代中国特色社会主义思想,是马克思主义中国化最新成果,是党和人民实践经验和集体智慧的结晶,是中国精神的时代精华,是国家政治生活和社会生活的根本指针。

习近平新时代中国特色社会主义思想是新时代中国共产党人的思想旗帜,为发展马克思主义作出了中国的原创性贡献,谱写了马克思主义新篇章,为实现中华民族伟大复兴提供了精神力量,饱含着对人类发展重大问题的睿智思考和独特创见,为建设美好世界贡献了中国智慧、中国方案。

习近平新时代中国特色社会主义思想的主要创立者是习近

[①] 《马克思恩格斯全集》第 47 卷,人民出版社 2004 年版,第 66 页。

平，他对创立这个思想体系起了决定性作用、作出了决定性贡献。习近平新时代中国特色社会主义思想作为21世纪马克思主义、当代中国马克思主义，必将引领中华民族走向光辉的未来。

中共十九大报告进一步指明了党和国家事业的前进方向，是中国共产党团结带领全国各族人民在新时代坚持和发展中国特色社会主义的政治宣言和行动纲领，是一篇与时俱进的马克思主义纲领性文献，通篇闪耀着马克思主义真理的光芒，通篇体现了以习近平同志为核心的党中央引领新时代中国特色社会主义的理论成果、实践成果、创新成果。新时代、新思想、新目标、新征程、新战略、新举措、新篇章、新未来，必将激励全党全国各族人民万众一心，开拓进取，把新时代中国特色社会主义推向前进！

五　马克思主义中国化的历史进程标志着中华思想的复兴、繁荣和发展

毛泽东关于"什么是社会主义，怎样建设社会主义"的理论探索及其所形成的正确思想观点、中国特色社会主义理论体系，是中华人民共和国成立以来最重要的两大理论成果，是中华思想的新高峰。进一步丰富和发展了毛泽东思想，丰富和发展了马克思主义，大大推进了马克思主义的不断中国化，在哲学、政治经济学、科学社会主义等马克思主义的三大组成部分上，开拓了马克思主义的新境界。它们都是在进行伟大斗争、建设伟大工程、推进伟大事业、实现伟大梦想的进程中形成的。

一是它具有前所未有的全球视野。在理论与实践两个方面，都立足于全球视野。中国走向世界，世界走入中国。中国屹立于世界民族之林，同时，中华思想屹立于世界思想之林。

二是它具有前所未有的时代高度。站在世界发展的最前沿，科技发展的最前沿。以最先进生产力的发展方向为基础，以马克

思主义中国化的最新成果为旗帜。

三是它具有前所未有的宽广范围。涉及与人相关、与社会相关、与国家相关的各个方面。但是，人民是它的核心。以人民为核心，辐射八方。

四是它具有前所未有的历史积淀。从五千年中走来，实现了前代先进思想家们的共同理想。中华民族的经验，中国共产党的经验，均融汇其中。

五是它具有前所未有的引导作用。不仅引领、指导中国，而且造福于世界。正是在中国特色社会主义理论体系引导下，中华民族走向全面复兴。

六是它既有前所未有的开放胸襟。它还会继续向前发展，向着更高的辉煌不断迈进。"既济"之后而"未济"，不断向上、向前。

中华思想的复兴、繁荣和发展，以中国特色社会主义理论体系为标志。但是，复兴不是以往辉煌的重复与复制，而是超越。繁荣不是无序的混杂生长，而是一体多样，百花齐放，争奇斗艳，归于大统。发展不是无谓的庞大，而是精气神的升华。

第五章　中华优秀传统思想"一以贯之"的精神基因

中华民族在其悠久的历史发展中，积淀了极其丰富的中华优秀传统思想，形成了鲜明独特的人文精神，构成了推动中华民族绵延不绝发展的思想动力，维持中华文明生生不息进步的精神基因，支撑中国人民奋发图强自立的内在动力，保证中华大家庭团结统一向前的道德遵循。通过收集、梳理、研究、总结、概括中华优秀传统思想的发展脉络和逻辑线索，探求出中华民族"一以贯之""一脉相承"的精神传承，弘扬光大中华优秀传统思想，在当代中国实现创造性结合、创新性转换和开创性发挥，为中国特色社会主义伟大事业，为中华民族伟大复兴提供思想泉源。

第一节　"自强不息"的奋斗精神

"自强不息"的奋斗精神是中华优秀传统思想的核心基因。

"自强不息"一词出自《易传·乾·大象》："天行健，君子以自强不息。""天"与"地"相对应，泛指宇宙，包括大自然的更替、日月星辰的运行和云雨风雷等自然现象的变化。"行"，指的是道。"天行"即"天道"，意指"天"的本性。"健"指刚健有为、生生不息和运行不止。古人在生产生活中观察和体悟到昼夜更替，春、夏、秋、冬周而复始，日月星辰运行，永远不息。"天"按其固有的本性永远不停息地运动变化。"天道"的变化显现出生生不息、运行不止，靠的是一种永不休止的刚健力量。君子应该效法天道，像天一样具有坚忍不拔、永不停息的品格，要奋发向上，积极进取，永不懈怠。

"自强不息"一词虽然最早出现在成书于战国时期的《周易》中，但其思想显然经过了长期演化的过程，其源头可追溯到远古时期。远古的神话和传说，如"盘古开天地""女娲补天""夸父追日""后羿射日"和"精卫填海"等，都蕴含和反映了中华先民与自然、命运的顽强搏击和英勇抗争，表现出自强不息的精神。缺乏这种精神，在残酷的自然面前，人类是难以生存下来的，文明更是难以延续下去的。

春秋战国时期是中华思想的形成阶段，作为中华思想之核心价值观念和精神基因的"自强不息"的奋斗精神，也在这一时期得到了理性的升华。在标志中华思想形成的诸子百家及学说中，刚健有为、勇猛精进的自强不息思想是非常丰富的。《周易》多次提到"刚"，如"刚健而文明，应乎天而时行"[①]，再如"刚健、笃实、辉光，日新其德"[②]等。《系辞传》上篇称"日新之谓盛德，生生之谓易"。《杂卦传》则有"《革》去故也，《鼎》取新也"。儒家的创始人孔子，在其一生的作为中，正体现了自强不息的精神。他"发愤忘食，乐以忘忧，不知老之将至"，无论处在什么样的困境当中，都不低头。其他儒家经典，同样提倡刚健自强、日新精进。《中庸》提道："博学之，审问之，慎思之，明辨之，笃行之。有弗学，学之弗能，弗措

---

① 《易经·大有》。
② 《易经·大畜》。

也；有弗问，问之弗知，弗措也；有弗思，思之弗得，弗措也；有弗辨，辨之弗明，弗措也；有弗行，行之弗笃，弗措也。人一能之，己百之；人十能之，己千之。果能此道矣，虽愚必明，虽柔必强。"① 道家虽然推崇柔静，但认为柔静像水一样，是更加内在、更具有力量的刚强，实则是以另一种方式来提倡不可战胜的"自强不息"的精神。《老子》提道："胜人者有力，自胜者强。知足者富，强行者有志，不失其所者久，死而不亡者寿。"② 庄子则在《逍遥游》中塑造了鲲鹏的形象。鲲化为鹏以后，"怒而飞，其翼若垂天之云""水击三千里，抟扶摇而上者九万里"。足见其刚健。注重践行的墨家更是重视自强不息，并且将这种精神贯穿到生活与行为中。墨子本人可以说是一位自强不息的典范，他强调："强必治，不强必乱；强必宁，不强必危"；"强必贵，不强必贱；强必荣，不强必辱"；"强必富，不强必贫；强必饱，不强必饥"；"强必暖，不强必寒"③。主张变革的法家，则将"自强不息"的精神贯彻到强国、足兵等政治主张和实践中，最终指导秦国实现了全国的统一。总之，先秦时期，自强不息已经成为中华民族最重要的精神标识和价值标准。

秦汉以后，人们在阐释、解读诸子百家尤其是儒家学说的过程中，不断传承、发挥和弘扬着"自强""弘毅""日新""健动"等思想，从而使自强不息的精神在中华文化发展过程中不断延续、稳固、弘扬，始终激励着中华儿女奋发向上，敬业进取。西汉的《淮南子·缪称训》说："忽乎日滔滔以自新，忘老之及己也。"唐代李鼎祚撰《周易集解》："乾健，故强。天一日一夜过周一度，故自强不息。老子曰：自胜者强。干宝曰：言君子通之于贤也。凡勉强以进德，不必须在位也。故尧舜一日万

---

① 《礼记·中庸·二十章》。
② 《老子》三十三章。
③ 《墨子·非命下》。

机，文王日昃不暇食，仲尼终夜不寝，颜子欲罢不能，自此以下莫敢淫心舍力，故曰自强不息矣。"① 孔颖达《周易正义》解释道："天行健者，谓天体之行，昼夜不息，周而复始，无时亏退，故云天行健。此谓天之自然之象。君子以自强不息，此以人事法天所行，言君子之人，用此卦象，自强勉力，不有止息。"② 刘禹锡《问大钧赋》有云："以不息为体，以日新为道。"另唐代王榮还撰有《盛德日新赋》。宋代的张载说："日新，悠久无疆之道欤"，"日新者，久而无穷也……唯日新，是谓盛德。义理一贯，然后日新。"③ 朱熹《周易本义》引用张载"日新者，久而无穷"之言，对"自强不息"进行了新的阐释："天行，则见其一日一周，若重复之象，非至健不能也。君子法之，不以人欲害其天德之刚，则自强不息矣。""盖学者自强不息，则积少成多，中道而止，则前功尽弃，其止，其往，皆在我而不在人也。"④ 明代的颜元说："汤，圣人也，用日新功，吾辈常人，当时新，时时新，又时新。"⑤ 王夫之指出："天地之德不易，而天地之化日新。今日之风雷非昨日之风雷，是以知今日之日月非昨日之日月也。"⑥ 清代李光地《周易折中》引王凯冲称"变化不息，故曰日新"⑦。

中国历代的优秀知识分子，在传承、发挥和阐释"自强不息"的奋斗精神时，许多人成为这一精神的践行者。著名哲学史家张岱年曾指出，在"自强不息"精神的熏陶影响之下，"中国历代优秀的知识分子表现了三个方面的优良品格和作风：第

---

① 李鼎祚：《周易集解》卷一《乾卦》。
② 《十三经注疏·周易正义》。
③ 《横渠易说·系辞上》。
④ 朱熹：《周易本义》，天津古籍出版社1986年版，第295页。
⑤ 《颜元集·颜习斋先生言行录·不为》。
⑥ 《思问录外篇》。
⑦ 李光地撰，刘大钧整理：《周易折中》，巴蜀书社2014年版，第500页。

一，诚挚热烈的爱国主义精神；第二，坚持不懈追求真理的精神；第三，刚强不屈与不良势力进行斗争的精神。"[1] 司马迁在《史记·太公自序》中说："西伯拘而演《周易》；仲尼厄而作《春秋》；屈原放逐，乃赋《离骚》；左丘失明，厥有《国语》；孙子膑脚，《兵法》修列；不韦迁蜀，世传《吕览》；韩非囚秦，《说难》《孤愤》；《诗》三百篇，大抵圣贤发愤所作也。"正是这种不屈不挠、自强不息的精神，鼓舞着司马迁在奇耻大辱中完成了《史记》这部不朽的著作，最终实现了"究天人之际，通古今之变，成一家之言"的伟大抱负。实际上，在中国历史上，身处逆境而不屈不挠、奋发有为的范例，可谓数不胜数。例如越王勾践为雪国耻而卧薪尝胆，韩信甘受胯下之辱而终成百万雄师统帅。古人常言，多难兴才，多难兴邦。纵观中国历史，为实现理想和追求而忍辱负重、为了国家和民族利益而奋发图强、甚至知其不可为而为之的仁人志士，可以说是史不绝书。例如诸葛亮的《前出师表》和《后出师表》、曹操的《步出夏门行·龟虽寿》，常为后人所称道。

　　进入近代，由于外国资本主义入侵，民族危机日益加深，更进一步激发了"自强不息"的民族意识，拓展并深化了"自强不息"的含义，实现民族和国家的富强成为时代的最强音，以"自强不息"精神来挽救"民族危亡"成了半殖民地半封建社会中华民族的共同期盼。1840年鸦片战争失败后不久，面对以英国为首的西方资本主义列强的侵略，魏源提出了"师夷之长技以制夷"的主张。他要人们相信，中国虽然在战争中失败，但只要"厉精淬志"，发愤图强，奋起直追，就一定会"风气日开，智慧日出，方见东海之民，犹西海之民"，赶上甚至"反甲

---

[1]《张岱年全集》第5卷，河北人民出版社1996年版，第668页。

西洋"①。第二次鸦片战争后，冯桂芬在《校邠庐抗议》中呼吁改变因"人自不如"而导致的"不如夷"的局面，指出"如耻之，莫如自强"，提出"借法自强"主张。地主阶级改革派的这种思想，标志着近代自强思想的萌发。洋务派进一步阐释了"借法自强"思想并将其付诸实践。"自强"成为洋务运动的主要口号之一，洋务运动也因此而被称为"自强运动"。其时，"人人有自强之心，亦人人为自强之言"。奕䜣指出："治国之道，在乎自强，而审时度势，则自强以练兵为要，练兵以制器为先。"②曾国藩在1862年6月3日的日记中写道："欲求自强之道，总以修政事、求贤才为急务，以学作炸炮、学造轮舟等具为下手工夫。"③李鸿章称兴办洋务是"中国自强根本"，指出"西洋军火日新月异，不惜工费而精利独绝，故能横行于数万里之外。中国若不认真取法，终无由以自强"④。早期维新思想家郑观应写了《自强论》，强调"中国当此危机之时，而求安图治，上下皆知非自强不可，而自强非变法不可"⑤。王韬在《变法自强》一文中强调面对"四千年来未有之创局"，"莫先乎变法自强"。这些"自强"的主张与思想，与自古以来的"自强不息"精神，均具有渊源关系。

1895年甲午战争失败后，变法自强思想进一步发展。资产阶级改良派的领袖康有为在《上海强学会后序》中指出，"天道无知，惟佑强者"，中国欲图救亡振兴"则惟有自强而已"⑥。严复在《劝学篇》等论著中提出了"与天争胜""自强保种"的忠告，给国人敲响了警钟。他还写了《原强》一文，指出"鼓

---

① 魏源：《海国图志》，岳麓书社1998年版，第31页。
② 同治朝《筹办夷务始末》卷二五。
③ 《曾国藩全集·日记二》，岳麓书社1988年版，第748页。
④ 《李鸿章全集》第4册，安徽教育出版社2007年版，第110页。
⑤ 夏东元编：《郑观应集》（上册），上海人民出版社1982年版，第338页。
⑥ 《康有为全集》第2册，中国人民大学出版社2007年版，第97页。

民力""开民智""新民德"三者为"自强之本"。谭嗣同指出,外敌入侵使得"中国谋自强,益不容缓矣",强调自强只能靠自己,"名之曰'自强',则其责在己而不在人"①。当时,以"自强"命名的社会团体、学堂、报刊与练军纷纷成立或创设。如张之洞1893年在武昌创办湖北自强学堂,1895年年底在南京建立的自强军。维新派1895年在北京、上海成立了"讲求中国自强之学"的强学会,1896年初创办了《强学报》等。为"亟拯斯民于水火,切扶大厦之将倾",孙中山于1894年11月在檀香山发起成立了中国第一个革命小团体——兴中会,在中国历史上第一次响亮地提出"振兴中华"的口号,从而开启了近代中华民族复兴思想之先河。孙中山本人"集毕生之精力以赴之,百折而不挠"从事救国事业,越挫越勇,屡败屡起,是中华民族自强不息民族精神的重要代表人物。

中华民国成立以后,各界人等也都强调"自强不息"精神。其中梁启超等人将儒学元典中的自强观念加以阐发,使之成为清华大学等校的校训。1914年11月5日,梁启超来到清华学校并以"君子"为题发表演讲,鼓励学生要做"真君子"。他说:"《鲁论》所述,多圣贤学养之渐,君子立品之方,连篇累牍势难胪举。周易六十四卦,言君子者五十三。乾坤二卦所云尤为提要钩元。乾象曰:'天行健,君子以自强不息'。坤象曰:'地势坤,君子以厚德载物'。乾象言,君子自励犹天之运行不息,不得有一暴十寒之弊。"②此后不久,清华学校就把"自强不息,厚德载物"定为校训,以激励师生,清华校歌中亦有"自强,自强,行健不息"之语。

九一八事变后,日本帝国主义不断扩大对中国的侵略,使中

---

① 《谭嗣同集》,岳麓书社2012年版,第382页。
② 《清华大学史料选编》第1卷,清华大学出版社1991年版,第260—261页。

华民族面临着空前深重的危机。在民族危难面前，中华儿女展示了誓死捍卫民族生存、捍卫祖国尊严的英勇气概，展示了"尽节用命，视死如归"的民族气节，展示了屡挫屡战、永不言败的顽强意志，展示了光复国土、复兴民族的坚定决心，使"自强不息"的民族精神得到了锤炼与升华，支撑着中华民族赢得了近代以来反侵略战争的第一次完全胜利，为实现中华民族复兴奠定了坚实基础。

1935 年，毛泽东在《论反对日本帝国主义的策略》一文中指出："我们中华民族有同自己的敌人血战到底的气概。有在自力更生的基础上光复旧物的决心，有自立于世界民族之林的能力。"[①] 这是对中华民族自强不息的奋斗精神的崭新诠释。经过艰苦卓绝的浴血奋战，中国人民打败了穷凶极恶的日本军国主义侵略者，开辟了中华民族伟大复兴的光明前景，开启了古老中国凤凰涅槃、浴火重生的新征程。自强不息是中华民族生生不息的精神活力，它支撑了中华民族上下五千年的生存与发展，如今再次使濒临绝境的中华民族重新焕发生机。

中国共产党自 1921 年 7 月 23 日成立那天起，就把实现共产主义作为党的最高理想和最终目标，义无反顾肩负起实现中华民族伟大复兴的历史使命，团结带领人民进行了艰苦卓绝的斗争，谱写了气吞山河的壮丽史诗。她之所以能由小变大、由弱变强，领导中国人民夺取反帝反封建的最后胜利、建立起中华人民共和国，其中一个重要的精神因素，就是继承、践行和发扬了中华民族"自强不息"的奋斗精神。

中华人民共和国成立后，面临一穷二白的处境和外敌入侵的威胁，又是在中国共产党领导下，经过几十年的艰苦奋斗，建成了经济总量居世界第二的社会主义强国。在这一过程中，自强不

---

① 《毛泽东选集》第 1 卷，人民出版社 1991 年版，第 156 页。

息精神发挥了重大的作用。

在社会主义条件下，古老的"自强不息"的奋斗精神不断得到弘扬与提升。 20 世纪八九十年代，张岱年先生多次撰文阐释中华民族精神，反复强调"自强不息""厚德载物"是中华民族精神的主要内容。他明确指出："中国的民族精神基本上凝结于《周易大传》的两句名言之中，这就是'天行健，君子以自强不息'、'地势坤，君子以厚德载物'。"① 这一观点得到学术界的普遍认同。

2002 年 11 月，江泽民在中共十六大报告中提炼了包括自强不息在内的中华民族精神，指出："在五千多年的发展中，中华民族形成了以爱国主义为核心的团结统一、爱好和平、勤劳勇敢、自强不息的伟大民族精神。"② 2006 年 6 月，胡锦涛在"两院"院士大会上以自强不息激励科技创新："中华文化包含着鼓励创新的丰富内涵，我们的先人们历来强调推陈出新、革故鼎新，强调'天行健，君子以自强不息'。"③ 2011 年 4 月，胡锦涛在庆祝清华大学建校 100 周年大会上的讲话中，高度评价了该校"自强不息、厚德载物"的校训。2012 年 5 月，胡锦涛和失聪少年郑洪涛一起拓印"自强不息"四个大字，用以激励全国青少年。

中共十八大以来，习近平多次引用"天行健，君子以自强不息"等古代名句，用以激励国人自强不息、奋勇创造。2013 年 9 月 26 日，在会见第四届全国道德模范及提名奖获得者时，习近平强调："中华文明源远流长，蕴育了中华民族的宝贵精神

---

① 张岱年：《晚思集》，新世界出版社 2002 年版，第 137 页。
② 江泽民：《全面建设小康社会　开创中国特色社会主义事业新局面——在中国共产党第十六次全面代表大会上的报告》，《人民日报》2002 年 11 月 9 日。
③ 胡锦涛：《在中国科学院第十三次院士大会和中国工程院第八次院士大会上的讲话》，人民出版社 2006 年版，第 10 页。

品格，培育了中国人民的崇高价值追求。自强不息、厚德载物的思想，支撑着中华民族生生不息、薪火相传，今天依然是我们推进改革开放和社会主义现代化建设的强大精神力量。"2014年4月1日，在布鲁日欧洲学院的演讲中，习近平又指出："中国是正在发生深刻变革的国家。我们的先人早就提出了'天行健，君子以自强不息'的思想。"① 同年6月9日，在"两院"院士大会上，习近平讲话再次指出："我们的先人们早就提出……'天行健，君子以自强不息。'"②

中共十九大正式宣告我国已经进入中国特色社会主义新时代。进入新时代，要有新气象，新作为，要实现"两个一百年"的奋斗目标和中华民族伟大复兴的"中国梦"，同样需要继承和发扬"自强不息"奋斗精神，"自强不息"奋斗精神也必将在新时代愈加被发扬光大。

第二节 "厚德载物"的道德修养

"厚德载物"，是中华民族优秀传统思想与人文精神的重要标识，彰显了中华民族在其悠久历史传统中形成的共同精神风貌和价值取向，对中华民族的形成、发展产生了积极而深远的影响。张岱年盛赞道："'自强不息'、'厚德载物'思想可以看作是中华民族精神的主要表现"，"是民族得以延续和发展的思想基础。"③

---

① 习近平：《在布鲁日欧洲学院的演讲》，人民出版社2014年版，第44页。
② 习近平：《在中国科学院第十七次院士大会、中国工程院第十二次院士大会上的讲话》，人民出版社2014年版，第3页。
③ 张岱年：《文化与哲学》，中国人民大学出版社2006年版，第37页。

"厚德载物"一词源自《易传》。《易·坤·象》曰："地势坤，君子以厚德载物。"意为大地柔顺，德性丰厚，哺育和容纳世间万物。继而《坤卦·象》中高度赞扬了"厚德载物"内含的"柔顺"品性，曰："坤厚载物，德合无疆。含弘光大，品物咸亨"，意为大地以其博大深厚之态养育万物，承载的美德无边，万物身处其中各得其所，得以茁壮成长。

关于"地势坤"，强调的是与天相对应的地的本质属性，意指孕育生命的大地，是自然的生，也是自然的长，既是无穷的，又是无尽的。这就是易学家所言的"至顺"，即后世所言的顺乎天应乎人。"厚德载物"具体来说可以分为两个层次，一是"德之厚"，二是"载之物"。容载万物，必须要"厚德"。司马光言"厚德而载，则物无不济"。宋代朱震解释道："君子积顺德，而至博厚，故能容载万物。"[1] 朱熹说："言其势之顺，则见其高下相因之，无穷至顺极厚，而无所不载也。"[2]

"厚德载物"的含义是说，大地能够承载万物，包容一切；能够努力效法大地这种品格的人，有海纳百川、宽厚包容的胸怀，能听进各种不同的意见，正确认识和解决各种问题，成为有修养的君子。可以说，"厚德载物"一语高度浓缩了中华传统思想重视"道德"修养的特质，以及中华思想的宽厚包容精神。[3] 所谓"君子以厚德载物者，言君子之人，法地之道，以宽厚其德，使其器业广大弘博，无所不容，以载万物。使万物无不得其所，皆如地之容载也"[4]。

"厚德载物"自战国时期提出，并得到了诸子百家的阐释和

---

[1] 《汉上易传》卷一。
[2] 《原本周易本义》卷五。
[3] 张岂之主编：《中华优秀传统文化核心理念读本》，学习出版社2014年版，第153—154页。
[4] 《周易口义》卷一。

弘扬，内容越来越丰富，内涵越来越精湛。随着中华传统文化的传承与发展，"厚德载物"的文化内涵也愈加丰富而深厚。总的来看，**"厚德载物"精神内涵主要包含以下三个方面**。

载物以德。殷周之际的社会变动，政权更替，带来信仰态度和价值观念上的反思，对春秋战国时期思想意识和生活方式影响很大。从"我生不有命在乎"①，到"天命靡常"②"惟命不于常"③的转变，进而出现了"以德配天""敬德保民"的治国理念。《尚书·蔡仲之命》提出"皇天无亲，惟德是辅"，虽未完全摆脱天命观，但重德的意识和观念突显出来，逐步走向历史舞台和实践政治中。春秋战国时期士人的人文情怀和民本思想的孕育和发展，与敬德思想共同为厚德载物思想提供了重要资源。

"厚德载物"的核心之一就是德何以厚，也即如何厚德。先贤对"负载万物"、无所不包的"厚德"进行了阐发。老子提出"上德若谷"④，主张人生应当效仿水德，"上善若水，水善利万物而不争，处众人之所恶，故几于道，居善地，心善渊，与善仁，言善信，正善治，事善能，动善时，夫唯不争，故无尤"⑤。"善"是德的核心要义之一，厚德就是要心善，有善仁、善信、善治、善能，做到无为而无不为。

孔子也从水、木、玉等自然现象中感悟君子之德。据记载，当子贡问及何以"君子见大水必观"时，孔子答道："夫水者，启子比德焉。遍予而无私，似德；所及者生，似仁；其流卑下，句倨皆循其理，似义；浅者流行，深者不测，似智；其赴百仞之谷不疑，似勇；绵弱而微达，似察；受恶不让，似包蒙不清以

---

① 《史记》卷三《殷本纪》。
② 《诗经·大雅·文王》。
③ 《尚书·康诰》。
④ 《老子》四十一章。
⑤ 《老子》八章。

入，鲜洁以出，似善化；至量必平，似正；盈不求概，似度；其万折必东，似意。是以君子见大水必观焉尔。"① 当子贡问及何以"君子贵玉"时，孔子答道："夫昔者君子比德于玉焉：温润而泽，仁也。缜密以栗，知也。廉而不刿，义也。垂之如队，礼也。叩之，其声清越以长，其终诎然，乐也。瑕不掩瑜，瑜不掩瑕，忠也。孚尹旁达，信也。气如白虹，天也。精神见于山川，地也。圭璋特达，德也。天下莫不贵者，道也。"② 除了孔子提到的玉之德，还有温、良、俭、让、孝、慈、虚、清、廉、洁、耻、直、中等，都是可以载物的"德"。宋代张浚言："君子以厚德载物，何也？善论大臣者必曰力量，何如？非力固不足以任天下之重。而所以养成其力量者，在厚德而已矣。德何为而厚乎？曰：至谦、至恭、至虚、至正，德之所以厚也若是也。"③

仁民爱物。仁民爱物是厚德的较高层次的追求与表现。"仁"是孔子提出的一个总的道德规范。《论语·阳货》："子张问仁于孔子。孔子曰：'能行五者于天下为仁矣。'请问之。曰：'恭、宽、信、敏、惠。恭则不侮，宽则得众，信则人任焉，敏则有功，惠则足以使人。'" 也就是说，能做到恭敬自重，宽厚诚信，勤敏关爱，就达到仁了，也就成为君子了。

"仁者爱人"是"仁"这一道德规范的核心要义。"己所不欲，勿施于人"与"己欲立而立人，己欲达而达人"④，是"仁"的重要表现，强调的是爱人与尊重他人。这种爱与尊重的对象是大众，是整个社会与国家，"泛爱众而亲仁"⑤，也就是博爱，即厚爱。孟子提出"君子之于物也，爱之而弗仁；于民也，

---

① 《说苑·杂言》。
② 《礼记·聘义》。
③ 《紫岩易传》卷十。
④ 《论语·卫灵公》《论语·雍也》。
⑤ 《论语·学而》。

仁之而弗亲。亲亲而仁民，仁民而爱物"①。他要求扩展仁爱，由己及人，由人及物，把仁德、厚德扩展到宇宙万物。这就是他所言的"万物皆备于我"②。荀子提出"以人度人，以情度情，以类度类"③，要求顾及他人他类，把厚德推及他人他类。墨子提出"天下兼相爱"，以及"视人之国若视其（己）国，视人之家若视其（己）家，视人之身若视其（己）身"④。董仲舒提出："质于爱民，以下至于鸟兽昆虫莫不爱，不爱，奚足为人？仁者，爱人之名也。"⑤ 宋代张载通过"察天行以自强，察地势以厚德"⑥，提出了"民，吾同胞；物，吾与也"⑦ 的命题，意指世界上的民众都是我的亲兄弟，天地间的万物都是我的同伴。明代杨爵明确言："民，吾同胞；物，为吾与。非仁者不能有此心也。"⑧ 明代来知德亦云："使一人得其愿，推而人人各得其愿，和吾利物之义也，使一事得其宜，推而事事各得其宜，则吾之德厚而物无不载矣。"⑨

宽厚包容。"厚德载物"精神中，也体现出包容万物的情怀。"地势坤，君子以厚德载物"，突出了大地无所不载，容纳万物、生长万物的包容与宽厚，意指君子要以大地为法，心胸要像大地之广阔，度量犹如大地之博大，以宽广的胸怀和深厚的德行来承担重大责任。老子的"上德若谷"⑩，也意指"上德"或"厚德"像"川谷"一样有宽阔的容量。孔子称自己侧重从"德

---

① 《孟子·尽心上》。
② 同上。
③ 《荀子·非相》。
④ 《墨子·兼爱中》。
⑤ 《春秋繁露》卷八《仁义法》。
⑥ 《大学或问下·四书或问》。
⑦ 《正蒙·乾称》。
⑧ 《周易辩录》卷一。
⑨ 《周易集注》卷一。
⑩ 《老子》四十一章。

义"的角度理解《周易》，提出了"己所不欲，勿施于人"[①]"己欲立而立人，己欲达而达人"[②]"躬自厚而薄责于人"[③]等重要思想，诠释了"宽""和""恕"等范畴。梁启超说："'躬自厚而薄责于人。'盖惟有容人之量，处世接物坦焉无所芥蒂，然后得以膺重任，非如小有才者，轻佻狂薄，毫无度量，不然小不忍必乱大谋，君子不为也。当其名高任重，气度雍容，望之俨然，即之温然，此其所以为厚也，此其所以为君子也。"[④]儒家的试图超越一己之私的带有普遍性意义的仁爱精神，实质上即是充分地表征了大地那种厚德载物、承载一切的宽厚、包容的精神。[⑤]当然在阶级社会中，超历史、超阶级的普遍性的爱实际上是不存在的。

在价值观上，厚德载物思想提倡以宽容精神对待域内各种思想文化。《易传·系辞下》提出"天下同归而殊途，一致而百虑"。在中国历史上，出现过百家争鸣的局面，并吸纳了佛教、伊斯兰教、基督教等外来思想，表现了中华思想"有容乃大"的宏伟气魄。

到了近代，中国知识分子在中西文化冲突和融合的二元思维下审视中国社会、文化的发展之路，继承了中国传统思想家对"厚德载物"的阐释和弘扬，并加入了新的理解，力图将之与中华民族精神相统一，使得"厚德载物"宽厚包容的人文精神更为突出。谭嗣同说："夫大《易》观象，变动不居……天以新为运，人以新为生。"[⑥]被誉为现代新儒家的熊十力往往借用《周

---

① 《论语·颜渊》。
② 《论语·雍也》。
③ 《论语·卫灵公》。
④ 《清华大学史料选编》第1卷，清华大学出版社2009年版，第260—261页。
⑤ 张岂之主编：《中华优秀传统文化核心理念读本》，学习出版社2014年版，第168页。
⑥ 《谭嗣同全集》，中华书局1988年版，第2页。

易》中的变易理论,并结合西方的进化论观念来表达自己的革命思想和社会理想,常常把《易经》视为具有民主革命理念的哲学源泉。近现代的知识分子在借用《周易》卦爻辞和相应理论来观照甚至试图探究中国的前途和出路方面所彰显出来的包容胸襟及仁爱精神,正是对"厚德载物"精神的继承和践行。① 面对西方文明的冲击,近代哲人主张中西兼采、中西互补、中西会通。康有为提出"泯中西之界限,化新旧之门户"②。梁启超指出:"舍西学而言中学,其中学必为无用;舍中学而言西学,其西学必为无本,无用无本,皆不足以治天下,虽庠序如林,逢掖如鲫,适以蠹国,无救危亡。"③ 严复提出"必将阔视远想,统新故而观其通,苞中外而计其全,而后得之",主张对西学兼收并蓄。④ 鲁迅在早年的《文化偏至论》中就提出过"取今复古,别立新宗"的思想,后来不断展开了其融合中西的主张。早期马克思主义者也发表了在中西融合的基础上追求创新的思想,如李大钊认为"东西文明,互有短长,不宜妄为轩轾于其间"⑤,恽代英提出"宜沟通中西文明之优点,以造吾国之新精神"⑥。

如何做到"厚德载物",成为真正的新时代君子,梁启超给出了自己的思考。民国初期,梁启超在清华学校发表的《君子》演讲中称:"坤象言君子接物,责人甚轻。孔子曰:'躬自厚而薄责于人。'盖惟有容人之量,处世接物坦焉无所芥蒂,然后得以膺重任,非如小有才者,轻佻狂薄,毫无度量,不然小不忍必乱大谋,君子不为也。当其名高任重,气度雍容,望之俨然,即

---

① 张岂之主编:《中华优秀传统文化核心理念读本》,学习出版社2014年版,第175页。
② 《康有为全集》第4集,中国人民大学出版社2007年版,第306页。
③ 《饮冰室合集·饮冰室文集之一》,中华书局1989年版,第129页。
④ 《严复集》第3册,中华书局1986年版,第560页。
⑤ 《李大钊文集》(上册),人民出版社1984年版,第574页。
⑥ 恽代英:《经验与知识》,《东方杂志》第14卷第10号(1917年)。

之温然，此其所以为厚也，此其所以为君子也。"① 孙中山对于中华传统思想的态度是辩证的、开放的，他认为《礼记·大学》中的"格物、致知、诚意、正心、修身、齐家、治国、平天下"八个条目，是中国古代最有系统性的政治哲学，这八个条目从整体上体现了由内到外，由小到大，由思想意识到具体行动的过程，是实现《大学》三纲领（大学之道在明明德，在亲民，在止于至善）的途径和方法。于是，他提出了"为众人服务"是革命者的新道德。② 这是对"厚德载物"道德观理念的彰显与创新发展，赋予其新的意义。

思考建立一个什么样的社会，走一条什么样的道路，这是近代志士仁人的责任和使命。"厚德载物"道德观念恰为此注入了思想动力和活力。康有为在《大同书》中提出要建立一个"人人相亲，人人平等，天下为公"的理想社会。孙中山经常写的匾额、横幅就有"博爱""天下为公"，"博爱"是其期盼的人与人的关系，"天下为公"是其提倡和实行三民主义所欲达到的境界。他推崇"仁爱"思想，指出："仁爱也是中国的好道德。古时最讲爱字的莫过于墨子。墨子所讲的'兼爱'，与耶稣所讲的'博爱'是一样的。古时在政治一方面所讲爱的道理，有所谓'爱民如子'，有所谓'仁民爱物'，无论对于什么事，都是用爱字去包括。所以古人对于仁爱究竟是怎么样实行，便可以知道。"③ 强调要把仁爱恢复起来，再去发扬光大。近代仁人志士还致力于传承、弘扬中华民族爱好和平的传统美德，如孙中山多次强调热爱和平是中国的传统道德之一，称"吾中华民族和平守法，根于天性，非出于自卫之不得已，决不肯轻启战争"④，

---

① 《清华大学史料选编》第1卷，清华大学出版社2009年版，第260—261页。
② 《孙中山全集》第10卷，中华书局1986年版，第156页。
③ 《孙中山全集》第9卷，中华书局1986年版，第244页。
④ 《孙中山全集》第2卷，中华书局1982年版，第8页。

"中国更有一种极好的道德,是爱和平"①,直至生命最后时光仍在呼唤"和平、奋斗、救中国"。

在中国革命和社会主义建设进程中,中国共产党人在批判继承中华传统道德思想的基础上,传承、弘扬了中华民族"厚德载物"的精神传统,丰富、发展了马克思主义的道德观念。毛泽东指出:"道德是人们经济生活与其他社会生活的要求的反映,不同阶级有不同的道德观,这就是我们的善恶论。"②在他看来,"思想情感"产生于"社会存在",是具有阶级性的,所以"在阶级社会里,也只有阶级的爱"。他坚持马克思主义的道德观,结合中国具体国情,批判地继承中华传统思想中的丰富道德遗产,为中国社会主义道德建设,做出了独特的贡献。他起草并经中国人民政治协商会议第一届全体会议通过的《中国人民政治协商会议共同纲领》,提倡将爱祖国、爱人民、爱劳动、爱科学、爱护公共财物这"五爱"作为中华人民共和国全体国民的公德,广泛吸纳了"精忠报国""爱民""勤俭"等中华优秀传统思想中的有益成分,对其进行了继承、改造和升华。

无产阶级道德的基本原则是集体主义。毛泽东提倡以集体利益和个人利益相结合的原则为一切言论行动的标准的社会主义精神,强调"全心全意地为人民服务,一刻也不脱离群众;一切从人民的利益出发"③,提出"为人民服务"这一中国共产党人必须遵循的道德宗旨和最高准则,着力培养和提高广大人民群众的社会主义和共产主义道德觉悟。"全心全意为人民服务"的社会主义道德思想继承了中华优秀传统思想中的"惠民""仁爱"精神,但去除了其中"爱有差等"的主张,最大限度地继承了中国优秀传统道德品质并有所创新,成为社会主义道德观念的核

---

① 《孙中山全集》第9卷,第236页。
② 《毛泽东文集》第3卷,人民出版社1996年版,第84页。
③ 《毛泽东选集》第3卷,人民出版社1991年版,第1094页。

心内涵。"全心全意为人民服务"是中国共产党人必须遵循的最高道德原则。

邓小平指出，物质文明和精神文明两手都要抓，两手都要硬。他概括精神文明的内容说："所谓精神文明，不但是指教育、科学、文化（这是完全必要的），而且是指共产主义的思想、理想、信念、道德、纪律，革命的立场和原则，人与人的同志式关系，等等。"[①] 以江泽民为核心的中国共产党的第三代中央领导集体一再强调："不能以牺牲精神文明为代价换取经济的一时发展。"[②] 在社会主义市场经济不断发展，国际国内形势复杂多变的背景下，将道德建设提到了一个新的高度。胡锦涛提出了"八荣八耻"的社会主义荣辱观，要求大力弘扬社会公德、职业道德、家庭美德。中共十八大报告指出：社会主义道德建设的基本任务是全面提高公民道德素质，并特别强调要深入开展道德领域突出问题专项教育和治理，加强政务诚信、商务诚信、社会诚信和司法公信建设，深入推进社会主义核心价值体系建设，积极培育社会主义核心价值观。

"厚德载物"道德观念的传承在构建社会主义核心价值观方面发挥着重要作用。习近平坚持从文明传承以及国家民族兴衰存亡的高度来看待修身立德，他在北京大学师生座谈会上的讲话中指出："核心价值，其实就是一种德，既是个人的德，也是一种大德，就是国家的德，社会的德，国无德不兴，人无德不立。"反复强调深入挖掘和阐发中华优秀传统思想中"仁""爱""和"的优秀道德基因，挖掘和阐发中华优秀传统道德讲仁爱、重民本、守诚信、崇正义、尚和合、求大同的时代价值。2013年9月26日，习近平在会见第四届全国道德模范及提名奖获得

---

① 《邓小平文选》第 2 卷，人民出版社 1994 年版，第 367 页。
② 《十四大以来重要文献选编》（中），人民出版社 1997 年版，第 1745 页。

者时强调,"自强不息、厚德载物"的思想,支撑着中华民族生生不息、薪火相传,今天依然是我们推进改革开放和社会主义现代化建设的强大精神力量。社会主义核心价值观的构建,依然需要"厚德",需要"载物",需要充分弘扬、创新、践行"厚德载物"的人文精神和价值理念。

中华民族的"厚德载物"道德观念内在地包含着博大精深、包容兼蓄的优良品质,中华优秀道德不排斥、不拒绝世界一切优良的道德品质,吸收一切先进思想道德,构筑中国特色的社会主义价值观和道德观念体系。邓小平指出:"社会主义要赢得与资本主义相比较的优势,就必须大胆吸收和借鉴人类社会创造的一切文明成果。"[1] 习近平指出,"文化因交流而多彩,文明因互鉴而丰富"[2]。强调:"我们在坚持民族优秀传统文化基础上,将一如既往地兼收并蓄,博采世界各种文明之长,借鉴各国有益文化,进一步丰富中国人民的精神世界。"[3]

各国思想都重视道德,但是没有哪一种思想,能像中华思想这样,把道德修养作为自己的基础,让道德修养渗透一切;也没有哪一种思想,能像中华思想这样,系统强调个人的品格修养,不仅把实践道德视为人性的体现,而且把它看得比生命更可贵,径将道德价值提高到最终决定个人、民族与国家荣辱兴衰的至高地位。[4] 讲仁爱、重诚信、崇正义、求大和、讲中庸、奉清廉、爱勤俭等"厚德载物"道德修养统领的道德品质在中国代代相传,深深植根于中国人的道德精神中,深深体现在中国人的行为举止上,成为新时代中华民族精神的重要象征和独特标识。

---

[1] 《邓小平文选》第3卷,人民出版社1993年版,第373页。
[2] 《习近平谈治国理政》第2卷,外文出版社2017年版,第534页。
[3] 习近平:《加强文化交流,促进世界和平——在第六十一届法兰克福国际书展开幕式上的致辞》,《人民日报》2009年10月14日第3版。
[4] 郑师渠、史革新主编:《历史视野下的中华民族精神》,广东人民出版社2014年版,第28页。

第三节 "天下兴亡，匹夫有责"的爱国主义

"天下兴亡，匹夫有责"的爱国主义是对祖国的忠诚和热爱，是中华民族思想的核心精神。中共十六大报告提出："在五千年的发展中，中华民族形成了以爱国主义为核心的团结统一、爱好和平、勤劳勇敢、自强不息的伟大民族精神。"[①] 爱国主义精神深深植根于中华民族心中，爱国主义主义传统在中华民族发展史上源远流长。正是因为有深厚持久的爱国主义传统，中华民族在五千年的发展中经受住了无数难以想象的风险和考验，历尽磨难而不灭，屡遭侵略而未亡，始终保持了旺盛的生命力，生生不息，薪火相传。

爱国主义在不同历史时期有着不同的表现形式和具体内容，有过古典爱国主义、近代爱国主义和当代爱国主义等历史形态。

爱国主义观念可以追溯至先秦时期。"爱国"二字在中国历史文献中很早就出现了，《战国策·西周策》中有"周君岂能无爱国哉"的说法；东汉时荀悦《汉纪·惠帝纪》则有"亲民如子，爱国如家"的记载。先秦、秦汉之际，涌现了"虽放流，睠顾楚国"的爱国诗人屈原、汉代牧羊北海十九载"大节不稍亏"的苏武等伟大的爱国者。从先秦时期开始，爱国主义成为中华优秀传统思想的重要观念与中国人的传统美德。

古典爱国主义主要表现为以下四个方面。

一是关心天下兴亡、以天下为己任的责任意识。《论语》中

[①] 江泽民：《全面建设小康社会　开创中国特色社会主义新局面》，《人民日报》2002年11月18日第1版。

记载了曾子说过的一段话:"士不可以不弘毅,任重而道远。仁以为己任,不亦重乎?死而后已,不亦远乎?"[1]《大学》有云:"古之欲明明德于天下者,先治其国;欲治其国者,先齐其家;欲齐其家者,先修其身;欲修其身者,先正其心;欲正其心者,先诚其意;欲诚其意者;先致其知;致知在格物。物格而后知至,知至而后意诚,意诚而后心正,心正而后身修,身修而后家齐,家齐而后国治,国治而后天下平。"孟子曾表示:"如欲平治天下,当今之世,舍我其谁也。"[2] 他还说:"得志,泽加于民;不得志,修身见于世。穷则独善其身,达则兼济天下。"[3] 与孟子同时代的宋钘、尹文以兼济天下为己任,庄子称其"愿天下之安宁以活民命,人我之养毕足而……止见侮不辱,救民之斗,禁攻寝兵,救世之战。以此周行天下,上说下教,虽天下不取,强聒而不舍者也,故曰上下见厌而强见也",是"图傲乎救世之士哉"[4]。范仲淹在《岳阳楼记》中有"先天下之忧而忧,后天下之乐而乐"的名言。明代东林党人顾宪成所写"风声雨声读书声,声声入耳;家事国事天下事,事事关心"的对联。顾炎武指出:"有亡国,有亡天下。亡国与亡天下奚辨?曰:易姓改号,谓之亡国;仁义充塞,而至于率兽食人,人将相食,谓之亡天下。是故知保天下,然后知保其国。保国者,其君其臣肉食者谋之;保天下者,匹夫之贱与有责焉耳矣。"[5] 在顾氏看来,"天下兴亡,匹夫有责"。"亡国"与"亡天下"是不同的:"亡国"指改朝换代。"亡天下"则意味着仁义道德隐而不彰。故王朝更替与天下兴亡是不同的:保护王朝不被颠覆是帝王将相的职

---

[1] 《论语·泰伯》。
[2] 《孟子·公孙丑下》。
[3] 《孟子·尽心上》。
[4] 《庄子·天下篇》。
[5] 顾炎武:《日知录》卷一三《正始》。

责，而天下兴亡则关乎每个人的利益，因而是所有民众都应该承担的义不容辞的责任。正是这样一种"天下兴亡，匹夫有责"的爱国气概、精神支撑着志士仁人在每一个关系到民族命运的生死关头，金戈铁马，大义凛然。

二是抵御外侮、献身祖国的报国情怀。当民族遭受外来侵略的时候，爱国主义精神表现得格外充分。在中华民族发展史上，涌现出大批抵御外侮、精忠报国的英雄英烈。"匈奴未灭，何以家为"，这是西汉抗击匈奴的名将霍去病抒发的豪情壮志；"男儿要当死于边野，以马革裹尸还葬"①，这是多次率军抵御外患的东汉名将马援表达的高远志节；"不能清中原而复济者，有如大江"②，这是东晋志士祖逖中流击楫时为收复失地立下的坚定誓言；"黄沙百战穿金甲，不破楼兰终不还"，这是唐代诗人王昌龄在《从军行》中抒写的戍边将士壮志报国的胸怀襟抱；"恢复山河日，捐躯分亦甘"，这是民族英雄岳飞在《归赴行在过上竺寺偶题》一诗中吐露的豪迈情怀；"楚虽三户能亡秦，岂有堂堂中国空无人"，这是宋代诗人陆游在《金错刀行》中吟咏的英雄气概；"人生自古谁无死？留取丹心照汗青"，这是南宋爱国志士文天祥赴难时在《过零丁洋》中留下的慷慨悲歌；"封侯非我愿，但愿海波平"，这是抗倭英雄戚继光在《韬钤深处》中所表明的宏伟志向。

三是坚持国家统一、反对分裂的价值取向。秦统一中国后，统一成为中国历史的主流，分裂是暂时性的，中国古代思想家无不怀揣强烈的国家统一的愿望。国家统一意识、情结与思想，成为凝聚中华民族与维系多元统一格局的精神支柱。历史上有很多推崇国家统一的言论，如《诗经》中的"普天之下，莫非王

---

① 《后汉书》卷二四《马援传》。
② 《晋书》卷六二《祖逖传》。

土"① 的诗句，反映了周初人们盼望结束战乱分裂局面的愿望，初步形成了"大一统"思想；孔子称赞"管仲相桓公，霸诸侯，一匡天下，民到于今受其赐"②；孟子主张以仁德、以王道统一天下，力主天下"定于一"③；荀子多处论及"一天下"及"天下为一"，如称"齐一天下而莫能倾，是大儒之征也"④；《春秋公羊传》中称"曷为先言王而后言正月？王正月也。何言乎王正月？大一统也"⑤；董仲舒不仅多次使用"一统"的概念，还在其"天地三策"中称"《春秋》大一统者，天地之常经，古今之通谊也"⑥；欧阳修指出"夫居天下之正，合天下于一，斯正统矣"⑦；等等。即便是少数民族政权的统治者，也怀抱着夷夏一体、天下一统的志向。如前秦皇帝氐人苻坚宣称："吾统承大业垂二十载，芟夷逋秽，四方略定，惟东南一隅未宾王化。吾每思天下不一，未尝不临食辍哺，今欲起兵以讨之。"⑧ 宋、辽、金鼎立之际，金海陵王完颜亮认为统一天下是正统，并赋诗表示"万里车书一混同，江南岂有别封疆"⑨。爱国主义情怀成为中华民族的主流思想，培养了大批以维护祖国统一为志向的爱国者。

四是身处异域、心系祖国的故土情怀。汉代苏武被匈奴拘押19年，始终保留了汉节与对汉朝的忠诚，李白赋诗称赞："苏武在匈奴，十年持汉节。白雁上林飞，空传一书札。牧羊边地苦，落日归心绝。渴饮月窟冰，饥餐天上雪。东还沙塞远，北怆河梁

---

① 《诗经·小雅·谷风之什·北山》。
② 《论语·宪问》。
③ 《孟子·梁惠王上》。
④ 《荀子·儒效》。
⑤ 《公羊传·隐公元年》。
⑥ 《汉书》卷五六《董仲舒传》。
⑦ 《居士集》卷一六。
⑧ 《晋书》卷一一四《苻坚载记下》。
⑨ 《三朝北盟会编》卷二四二。

别。泣把李陵衣，相看泪成血。"[1] 班超两次出使西域，久居西域共 31 年，致力于沟通西域与中原，始终不忘自己是汉朝使臣，一直到以 70 岁高龄回到故土。东汉末年，蔡文姬在离乱中被董卓旧部羌胡兵所掳，流落到南匈奴并嫁给了南匈奴左贤王，她在胡地居住了 12 年，但仍日夜思念故国，在曹操统一北方后毅然选择了回到故土，"文姬归汉"传为美谈。

爱国从来都是具体、历史的。具体到爱哪一个国家，爱什么样的国家。在每一个具体的社会形态，在每一个具体的民族国家，爱国主义都不是抽象的。在封建社会，爱国是受封建统治阶级的意识形态影响和决定的。中国古典爱国主义精神，在中国封建社会主要体现为对作为国家象征的封建君王及其代表的封建朝廷的忠诚，故其爱国情怀是与忠君报国、报效朝廷密切相连的。忠君报国是中国封建古典爱国主义的突出特点。

近代以来，古典形态的爱国主义得到深化。随着中国由封建社会转变为半殖民地半封建社会，人民大众同帝国主义、封建主义的矛盾上升为主要矛盾，反对帝国主义的侵略，反对封建主义丧权辱国的卖国行径成为爱国的新内涵，爱国主义的内容由封建社会的忠君报国转换为反帝反封建、争取民族独立、国家解放。近代爱国主义最开始是受中国新兴资产阶级的意识形态所决定，继而其中更为先进的知识分子接受了马克思主义，使爱国主义充实了马克思主义指导的工人阶级意识形态的崭新内涵，逐渐由忠君报国升华为爱祖国爱民族爱人民，争取民族独立、国家解放和人民幸福的近代爱国主义。在近代中国，爱国主义首先表现为争取民族独立，"变中国为独立、自由和领土完整的国家"[2]。中国人民为中华民族独立和国家富强进行艰苦卓绝的斗争，中华民族

---

[1] 李白：《苏武》，《李太白集 杜工部集》，岳麓书社 1987 年版，第 192—193 页。
[2] 《毛泽东选集》第 1 卷，人民出版社 1991 年版，第 152 页。

爱国主义传统发展到近代爱国主义的新阶段。

近代爱国主义主要表现在四个方面：

一是坚决抵抗外敌入侵，捍卫民族的独立和尊严。在鸦片战争和以后的历次反侵略战争中，爱国将领和广大民众不畏强暴，为捍卫民族独立和国家尊严，以自己的血肉之躯抵御外国列强的野蛮侵略，谱写了一曲曲惊天地、泣鬼神的爱国主义篇章。反抗列强入侵，捍卫民族独立，捍卫中国主权和领土完整，构成了近代爱国主义的主要内容。林则徐坚决禁毁鸦片，在遣戍新疆途中仍留下了"苟利国家生死以，岂因祸福避趋之"的千古名句；谭嗣同面对亡国灭种的危机留下了"四万万人齐下泪，天涯何处是神州"的慷慨悲歌；吉鸿昌写下"恨不抗日死，留作今日羞。国破尚如此，我何惜此头"的就义诗后从容不迫地走向刑场；郭沫若面对日本侵华在《归国杂感》中以"四万万人齐蹈厉，同心同德一戎衣"的诗句号召同胞；《义勇军进行曲》发出了"中华民族到了最危险的时候"的沉重呐喊。

二是致力于改变中华民族的屈辱命运，实现中华民族的伟大复兴。孙中山在《兴中会章程》中第一个喊出了"振兴中华"的口号；梁启超发表《少年中国说》一文，提出"少年智则国智，少年富则国富，少年强则国强，少年独立则国独立，少年自由则国自由，少年进步则国进步，少年胜于欧洲则国胜于欧洲，少年雄于地球则国雄于地球"[①]；李大钊频频使用"青春中国之投胎复活""少年中华之投胎复活""青春中华""中华再生"等说法，表达其民族复兴思想；九一八事变后，民族复兴思潮在中华大地全面涌动，提出了"实业救国""教育救国""科学救国"等各种救国思想。

**三是破除闭关自守、盲目尊大的观念，以开放的姿态，在与

---

① 《梁启超选集》，上海人民出版社1984年版，第125页。

世界的广泛联系中寻求中华民族的独立和富强。林则徐为了解西方情况组织编写《四洲志》,成为近代中国"开眼看世界的第一人";魏源在1842年成书的《海国图志》中提出了"师夷之长技以制夷"的主张;陈天华在1903年撰写的《警世钟》中提出"越恨他,越要学他,越能报他,不学断不能报"的思想;孙中山多次阐述了"开放主义"的理念;鲁迅1934年发表了《拿来主义》一文,批评了"闭关主义"。学习西方、对外开放成为近代仁人志士的共同主张。

四是在国际上以不同形式维护中国主权。 曾纪泽1880年赴俄谈判,重新修订了《伊犁条约》和《里瓦几亚条约》,收回了部分领土。晚清驻俄公使杨儒在与俄方谈判中国东北问题时坚持"条款须无损我主权方可签字",坚决拒绝签署俄方所提约稿。海外华侨心系祖国,支持抵制美货等爱国运动,支持孙中山领导的革命斗争,兴起轰轰烈烈的抗日救亡热潮。近代爱国主义还有其他表现形式,如有的在西方文化的冲击下重视文化的民族性,热爱传统文化;有的反对民族分裂和民族压迫,维护国家统一,增强各族人民的团结;等等。

1919年5月发生的五四运动是中国新民主主义革命的开端,也使爱国主义发展到了全新的阶段。 五四运动以全民族的力量高举起爱国主义的伟大旗帜。五四运动,孕育了以爱国、进步、民主、科学为主要内容的伟大五四精神,其核心是爱国主义。爱国主义是我们民族精神的核心,是中华民族团结奋斗、自强不息的精神纽带。"五四运动时,面对国家和民族生死存亡,一批爱国青年挺身而出,全国民众奋起抗争,誓言'国土不可断送、人民不可低头',奏响了浩气长存的爱国主义壮歌。"[①] 五四运动促

---

① 习近平:《在纪念五四运动100周年大会上的讲话》,《人民日报》2019年5月1日第2版。

进了马克思主义同中国工人运动的结合，为中国共产党成立做了思想上干部上的准备，为爱国主义充实了马克思主义指导的工人阶级意识形态新的时代内涵。

中国共产党成立后，始终高举爱国主义的伟大旗帜，为中国人民谋幸福、为中华民族谋复兴，带领中国人民为实现中华民族的独立、统一与复兴进行了不懈的斗争，一批批中国共产党人成了最忠诚、最坚定、最卓越的爱国主义者。中国最早的马克思主义者李大钊"矢志努力于民族解放之事业，实践其所信，励行其所知"①，为挽救"神州陆沉"、为保卫"锦绣之江山"而不懈奋斗，直至献身祖国。他曾说过："欲立其身，先忧其国，国家兴亡，匹夫有责，念书就是为了强国富民，不能只想自己一生锦衣玉食，而忘了国家民族。"② 方志敏烈士留下了爱国主义的绝唱《可爱的中国》，他深情地指出"中国是生育我们的母亲"，表示"无论如何，我们决不能让伟大的可爱的中国，灭亡于帝国主义的肮脏的手里"，深信"中国战斗之中一旦斩去了帝国主义的锁链，肃清自己阵线内的汉奸卖国贼，得到了自由与解放，这种创造力，将会无限的发挥出来"，"我们民族就可以无愧色的立在人类面前，而生育我们的母亲，也会最美丽地装饰起来，与世界上各位母亲平等携手了"③。少年毛泽东读到郑观应的《盛世危言》，"感到十分抑郁，忧虑我的祖国的前途，开始意识到参与救国，人人有责"④；面对日本帝国主义侵略，他宣示"我们中华民族有同自己的敌人血战到底的气概，有在自力更生

---

① 《李大钊文集》下册，人民出版社1984年版，第893页。
② 《李大钊全集》第2卷，人民出版社2006年版，第263页。
③ 方志敏：《可爱的中国》，中央档案馆、中共中央文献研究室《党的文献》杂志社编《红书简（先辈篇）》第2册，山西人民出版社2001年版，第661—662页。
④ ［美］埃德加·斯诺：《红星照耀中国》，李方准等译，河北人民出版社1992年版，第98页。

的基础上光复旧物的决心，有自立于世界民族之林的能力"①，充分体现了共产党人的爱国主义精神。在日益深重的民族危机面前，广大民众同仇敌忾，兴起广泛的、形式多样的救亡运动，坚决捍卫国家独立与尊严，如在1935年一二·九运动中发出"华北之大，已经安放不得一张平静的书桌了"的北平爱国学生，就传承了"天下兴亡，匹夫有责"的爱国主义情怀。国民党爱国将士与民主人士也表现出了忠贞报国、慷慨赴义的大义凛然的爱国主义精神。爱国将领杨虎城写过"西北大风起，东南血战多。风吹铁马动，还我旧山河"②的诗句，为了顺应全国人民团结抗日的要求，响应中国共产党抗日民族统一战线的号召，他和张学良发动西安事变，使"逼蒋抗日"获得成功、团结抗日局面初步形成，成为时局转换的枢纽。闻一多是著名的爱国主义诗人，他写下了诸多至性至情的爱国主义诗篇。如在《忆菊》里热情礼赞"我要赞美我祖国底花！我要赞美我如花的祖国！"③在《我是中国人》中自信宣称"伟大的民族！伟大的民族！我是东方文化的鼻祖；我的生命是世界的生命。我是中国人，我是支那人！"④在《七子之歌》里深情呼唤："那三百年来梦寐不忘的生母啊！请叫儿的乳名，叫我一声'澳门'！母亲！我要回来，母亲！"⑤

中华人民共和国成立以后，爱国主义精神有了新发展。在当代中国，爱国就是热爱社会主义的祖国，热爱人民，热爱中国共产党，爱国主义与社会主义本质上是统一的，爱社会主义祖国，爱人民，爱中国共产党本质上是一致的。爱国主义是同反对外来

---

① 《毛泽东选集》第1卷，人民出版社1991年版，第161页。
② 杨虎城：《还我旧山河》，曾凡华、程步涛主编《世界声音——纪念中国人民抗日战争暨世界反法西斯战争胜利70周年诗选》，线装书局2015年版，第428页。
③ 《闻一多作品集》，现代出版社2016年版，第75页。
④ 《闻一多文集》，广西人民出版社2007年版，第205页。
⑤ 《闻一多作品集》，第176页。

侵略、维护民族独立；反对民族分裂，维护国家统一；摆脱贫穷落后，实现中华腾飞联系在一起的。而社会主义是使中国实现独立和统一，实现民族复兴、国家富强的必由之路，集中体现了国家、民族和人民的根本利益。毛泽东强调，爱国主义与爱社会主义是统一的，在当代爱国主义的典型表现是拥护社会主义、拥护中国共产党领导，"资产阶级分子和从旧社会来的知识分子的绝大多数都是爱国的，他们愿意为蒸蒸日上的社会主义祖国服务，并且懂得如果离开社会主义事业，离开共产党所领导的劳动人民，他们就会无所依靠，而不可能有任何光明的前途"[1]。他指出，爱国主义是一个历史范畴，"爱国主义的具体内容，看在什么样的历史条件之下来决定"[2]，他主张爱国主义既要求热爱祖国的悠久历史和灿烂文化，主张"从孔夫子到孙中山"都应当给以总结，继承这一份珍贵的遗产；又要关心祖国的前途与未来，号召"将我们现在这样一个经济上文化上落后的国家，建设成为一个工业化的具有高度现代文化程度的伟大的国家"，"将我国建设成为一个伟大的社会主义共和国"[3]。他还主张要把爱国主义与国际主义结合起来，一方面"中国必须独立，中国必须解放，中国的事情必须由中国人民自己作主张，自己来处理"[4]；另一方面，要履行中国的国际主义义务，指出"中国是一个具有九百六十万平方公里土地和六万万人口的国家，中国应当对于人类有较大的贡献。而这种贡献，在过去一个长时期内，则是太少了"[5]。

邓小平在英国培格曼出版的《邓小平文集》"序言"中满怀

---

[1] 中共中央文献研究室编：《建国以来重要文献选编》第10册，中央文献出版社2011年版，第81页。

[2] 《毛泽东选集》第2卷，人民出版社1991年版，第486页。

[3] 《毛泽东文集》第6卷，人民出版社1999年版，第350页。

[4] 《毛泽东选集》第4卷，人民出版社1993年版，第1465页。

[5] 《毛泽东文集》第7卷，人民出版社1999年版，第156—157页。

深情地说:"我荣幸地以中华民族一员的资格,而成为世界公民。我是中国人民的儿子。我深情地爱着我的祖国和人民。"① 他强调了在当代中国爱国主义与社会主义的一致性,指出:"中国人民有自己的民族自尊心和自豪感,以热爱祖国、贡献全部力量建设社会主义祖国为最大光荣,以损害社会主义祖国利益、尊严和荣誉为最大耻辱。"② 又说:"有人说不爱社会主义不等于不爱国。难道祖国是抽象的吗?不爱共产党领导的社会主义新中国,爱什么呢?港澳、台湾、海外的爱国同胞,不能要求他们都拥护社会主义,但是至少也不能反对社会主义的新中国,否则怎么叫爱祖国呢?"③ 他关注国家的统一,提出了通过"一国两制"实现祖国完全统一的构想,强调祖国完全统一是中华民族的根本利益所在,"实现国家统一是民族的愿望,一百年不统一,一千年也要统一的。怎么解决这个问题,我看只有实行'一个国家,两种制度'"④,"这首先是个民族问题,民族的感情问题。凡是中华民族子孙,都希望中国能统一,分裂状况是违背民族意志的"⑤。他强调"国家的主权、国家的安全要始终放在第一位"⑥,"要维护我们独立自主、不信邪、不怕鬼的形象。我们绝不能示弱"⑦,指出"任何外国不要指望中国做他们的附庸,不要指望中国会吞下损害我国利益的苦果"⑧;认为要有效维护国家主权与安全,必须紧紧抓住经济建设这个中心、始终坚持发展这一硬道理,必须发展自己的高科技、在世界高科技领域占有一席之

---

① 郑晓国、南东风:《我是中国人民的儿子》,中国国际广播出版社1993年版,第302页。
② 《邓小平文选》第3卷,人民出版社1993年版,第3页。
③ 《邓小平文选》第2卷,人民出版社1994年版,第392页。
④ 《邓小平文选》第3卷,人民出版社1993年版,第59页。
⑤ 同上书,第170页。
⑥ 同上书,第348页。
⑦ 同上书,第320页。
⑧ 同上书,第3页。

地,必须靠自力更生、靠自己的力量使自己发展起来,必须认识到"中国的发展离不开世界"、始终坚持对外开放这一强国之路。

江泽民指出,"我们所讲的爱国主义是一种体现人民群众对自己祖国深厚感情的崇高精神,是同促进历史发展密切联系在一起的,是同维护国家独立和广大人民的根本利益密切联系在一起的","在现阶段,爱国主义主要表现为献身于建设和保卫社会主义现代化事业,献身于促进祖国统一事业","在当代中国,爱国主义与人民民主即社会主义本质上也是统一的"①。江泽民要求全社会要树立正气,首先是树立爱国正气,"文天祥专门写过一篇《正气歌》,他在《过零丁洋》中写下的'人生自古谁无死,留取丹心照汗青',以及顾炎武的'天下兴亡,匹夫有责',等等,为什么会成为千古传诵的名句,就是因为充满着高昂激越的爱国正气"②。他还指出:"青年人最怕的是学业荒废,志大才疏。古人云:'天下兴亡,匹夫有责'。现在我们要振兴中华,建设社会主义现代化的国家,靠的是什么?靠的是大家都有知识,都有本事。"又说:"我们一定要担当起对祖国对民族的责任。这里,最重要的就是要把个人前途和国家的前途结合起来。"他指出,"当前爱国热情的具体体现就是振兴中华,花大力气把经济搞上去,把祖国的社会主义现代化事业搞好",要求广大青年学生努力为中华民族的伟大复兴贡献自己的智慧和力量。③ 他认为爱国主义是中华民族精神的核心,指出"在五千多年的发展中,中华民族形成了以爱国主义为核心的团结统一、爱

---

① 《江泽民文选》第 1 卷,人民出版社 2006 年版,第 121—122 页。
② 同上书,第 485 页。
③ 何平、刘思扬:《"希望寄托在你们身上"——江泽民总书记关怀青年一代纪事》,《人民日报》1998 年 5 月 4 日。

好和平、勤劳勇敢、自强不息的伟大民族精神"①，要继承和弘扬我们优秀的民族传统和民族精神，继承和弘扬中国历史上一脉相承的爱国主义传统。

2011年10月9日，胡锦涛在纪念辛亥革命100周年大会上的讲话中指出："实现中华民族伟大复兴，必须坚定不移高举爱国主义伟大旗帜……在实现中华民族伟大复兴的征程上，我们一定要大力弘扬爱国主义精神，巩固和加强全国各族人民的大团结，巩固和加强海内外中华儿女的大团结，巩固和壮大最广泛的爱国统一战线，促进政党关系、民族关系、宗教关系、阶层关系、海内外同胞关系的和谐，广泛凝聚中华民族一切智慧和力量，团结一切可以团结的力量，万众一心为实现中华民族伟大复兴而奋斗。"②他提出要在全社会大力弘扬爱国主义、集体主义、社会主义思想，倡导社会主义基本道德规范，促进良好社会风气的形成和发展；要引导广大干部群众特别是青少年树立"八荣八耻"为内涵的社会主义荣辱观，首先的就是"坚持以热爱祖国为荣、以危害祖国为耻"。他强调大力弘扬爱国主义的光荣传统，"坚持爱国主义与社会主义的高度统一，时刻心系民族命运、心系国家发展、心系人民福祉，使爱国主义精神在新的时代条件下发扬光大"③。

习近平深刻阐释了爱国主义的深厚传统与时代特征。他强调爱国主义是中华民族精神的核心，始终是把中华民族坚强团结在一起的精神力量。他指出："在中华民族几千年绵延发展的历史长河中，爱国主义始终是激昂的主旋律，始终是激励我国各族人民自强不息的强大力量。"④"爱国主义是常写常新的主题。拥有

---

① 《江泽民文选》第3卷，人民出版社2006年版，第559页。
② 《胡锦涛文选》第3卷，人民出版社2016年版，第560页。
③ 胡锦涛：《在北京大学师生代表座谈会上的讲话》，人民出版社2008年版，第4页。
④ 《习近平谈治国理政》第1卷，外文出版社2018年版，第58页。

家国情怀的作品,最能感召中华儿女团结奋斗。范仲淹的'先天下之忧而忧,后天下之乐而乐',陆游的'王师北定中原日,家祭无忘告乃翁'、'位卑未敢忘忧国'、'夜阑卧听风吹雨,铁马冰河入梦来',文天祥的'人生自古谁无死,留取丹心照汗青',林则徐的'苟利国家生死以,岂因祸福避趋之',岳飞的《满江红》,方志敏的《可爱的中国》,等等,都以全部热情为祖国放歌抒怀。"① 他指出,"近代以来,中国人民为争取民族独立和解放进行的一系列抗争,就是中华民族觉醒的历史进程,就是中华民族精神升华的历史进程","杨靖宇、赵尚志、左权、彭雪枫、佟麟阁、赵登禹、张自忠、戴安澜等一批抗日将领,八路军'狼牙山五壮士'、新四军'刘老庄连'、东北抗联八位女战士、国民党军'八百壮士'等众多英雄群体,就是中国人民不畏强暴、以身殉国的杰出代表。正所谓'诚既勇兮又以武,终刚强兮不可凌。身既死兮神以灵,魂魄毅兮为鬼雄。'"②

习近平指出,当代中国爱国主义是与爱党爱社会主义、与实现中华民族伟大复兴中国梦密切联系在一起的。他说:"弘扬爱国主义精神,必须坚持爱国主义和社会主义相统一。我国爱国主义始终围绕着实现民族富强、人民幸福而发展,最终汇流于中国特色社会主义。祖国的命运和党的命运、社会主义的命运是密不可分的。只有坚持爱国和爱党、爱社会主义相统一,爱国主义才是鲜活的、真实的,这是当代中国爱国主义精神最重要的体现。"③ 他在 2017 年 5 月对黄大年同志先进事迹作出重要指示时强调,要把爱国之情、报国之志融入祖国改革发展的伟大事业之

---

① 习近平:《在文艺工作座谈会上的讲话》,人民出版社 2015 年版,第 24 页。
② 习近平:《在纪念中国人民抗日战争暨世界反法西斯战争胜利 69 周年座谈会上的讲话》,人民出版社 2014 年版,第 4、8 页。
③ 《习近平主持中共中央政治局第二十九次集体学习》,《人民日报》2015 年 12 月 31 日第 1 版。

中、融入人民创造历史的伟大奋斗之中,从自己做起,从本职岗位做起,为实现"两个一百年"奋斗目标、实现中华民族伟大复兴的中国梦贡献智慧和力量。① 他在 2019 年 4 月 30 日纪念五四运动 100 周年大会上的讲话中再次强调:"当代中国,爱国主义的本质就是坚持爱国和爱党、爱社会主义高度统一。"②

第四节 "苟日新、日日新、又日新"的创新精神

中华民族是具有伟大创造精神的民族。在几千年历史长河中,中华先民始终保持着伟大的创新精神与强大的创新能力,从而使中华文明长期领先于世界。习近平指出:"中华民族是富有创新精神的民族。我们的先人们早就提出:'周虽旧邦,其命维新。''天行健,君子以自强不息。''苟日新,日日新,又日新。'可以说,创新精神是中华民族最鲜明的禀赋。"③ 其中的"苟日新,日日新,又日新"一句,更为习近平在多个场合引用,体现了中华民族的创新精神。

先秦时期产生的《周易》《尚书》等中华优秀传统思想元典,即开始倡导创新和革新精神。《礼记·大学》:"汤之《盘铭》曰:'苟日新,日日新,又日新。'《康诰》曰:'作新民。'

---

① 《习近平对黄大年同志先进事迹作出重要指示》,《人民日报》2017 年 5 月 27 日第 1 版。

② 习近平:《在纪念五四运动 100 周年大会上的讲话》,人民出版社 2019 年版,第 7 页。

③ 习近平:《在中国科学院第十七次院士大会、中国工程院第十二次院士大会上的讲话》,《人民日报》2014 年 6 月 10 日第 2 版。

《诗》曰:'周虽旧邦,其命惟新。'是故君子无所不用其极。"①商汤在用于每天洗脸的盥洗盆上铸刻了"苟日新,日日新,又日新"这句铭文,告诫自己每天要有新的进步。

先秦元典中倡导日新、创新、革新、变通、变易、变革的名言,以《周易》最为集中,如"终日乾乾,与时偕行","日新之谓盛德","穷则变,变则通,通则久","时止则止,时行则行,动静不失其时,其道光明","天地之益无穷者,理而已矣","损刚益柔有时,损益盈虚,与时偕成",等等。②《周易》还提出"革命"一词:"革,去故也;鼎,取新也。""革"卦讲的就是革命、变革的道理,其中提道:"天地革而四时成,汤武革命,顺乎天而应乎人,革之时义大矣哉!"③《庄子》中有"与天下更始"④;《文子》中有"治国有常,而利民为本;政教有道,而令行为右。苟利于民,不必法古;苟周于事,不必循俗"⑤;《左传》中有"慧所以除旧布新也"⑥;《战国策》中的"古今不同俗,何古之法;帝王不相袭,何礼之循"⑦;《商君书》中有"治世不一道,便国不法古"⑧;"圣人不凝滞于物,而能与世推移"。⑨

《礼记·大学》及其他先秦元典所提出的日新、创新、革命等观念,为后世的政治家、思想们所传承。他们或对"日新"、变易观念不断进行诠释、阐释、弘扬,或倡导政治上的"与民更始"、风俗上的"化民成俗"、治学上的"精进不止"等,把

---

① 《大学·中庸》。
② 《周易·杂卦》。
③ 《周易·革卦·彖传》。
④ 《庄子·盗跖》。
⑤ 《文子·上义》。
⑥ 《左传·昭公十七年》。
⑦ 《战国策·赵策》。
⑧ 《商君书·更法》。
⑨ 《楚辞·渔父》。

创新、日新贯彻到各个领域。历代贤哲对"日新""革命""与时偕行"等观念多有阐发。对"日新"观念，朱熹解释"苟日新，日日新，又日新"说："盘，沐浴之盘也。铭，名其器以自警之辞也。苟，诚也。汤以人之洗濯其心以去恶，如沐浴其身以去垢，故铭其盘，言诚能一日有以涤其旧染之污而自新，则当因其已新者，而日日新之，又日新之，不可略有间断也。"① 王夫之指出："守其故物而不能日新，虽其未消，亦槁而死。不能待其消之已尽而已死。则未消者槁。故曰：'日新之谓盛德'。"②

孔颖达对"革命"观念解释道："天地革而四时成者，广明革义。此先明天地革者，天地之道，阴阳升降，温暑凉寒，迭相变革，然后四时之序，皆有成也。汤武革命，顺乎天而应乎人者，以明人革也。夏桀、殷纣，凶狂无度，天既震怒，人亦叛主，殷汤、周武，上顺天命，下应人心，放桀鸣条，诛纣牧野，革其王命，改其恶俗。故曰，汤武革命，顺乎天而应乎人。计王者相承，改正易服，皆有变革，而独举汤武者，盖舜禹禅让，犹或因循；汤武干戈，极其损益，故取相交甚者，以明人革也。"③ 李鼎祚《周易集解》引郑玄注曰："革，改也，水火相息而更用事，犹王者受命，改正朔、易服色，故谓之革也。"对"与时偕行"观念，唐代柳宗元在《惩咎赋》中提出"谨守而中兮，与时偕行"。程颐指出："天地之益无穷者，理而已矣。圣人利益天下之道，应时顺理，与天地合，与时偕行也。"④

历代有识之士主张顺时而动、顺势而动，反对因循守旧、昧不知变。西汉宣帝时期，桓宽在《盐铁论》中强调："明者因时

---

① 《大学章句》。
② 《思问录·外篇》。
③ 《周易正义》卷五。
④ 《二程集·易传》卷三。

而变，知者随事而制。"①《三国志·吴书》中记载了东吴名将钟离牧之言："非常之事，何得循旧。"②

"日新"精神体现在政治领域，就是改革变法，除旧布新。商鞅批驳了复古言论，论证了变法革新的必要性。他指出治理之道不是随意制定的，而必须依据于理与势，"圣人知必然之理，必为之时势，故为必治之政，战必勇之民，行必听之令"。他把历史发展过程分为上、中、下三世，"上世亲亲而爱私，中世上贤而说仁，下世贵贵而尊官"，三世时代不同、形势有别，推行的制度和实行的方法也应该有所不同，"世事变而行道异"。他提出"治世不一道，便国不法古"，"当时而立法，因事而制礼"③。强调礼法、治道要随着时代变化而变化。韩非提出了"世异则事异，事异则备变""不期修古，不法常可，论世之事，因为之备"④ 的主张，强调治理国家的法制要随时势的变化而变化。

汉武帝提出："朕嘉唐虞而乐殷周，据旧以鉴新。其赦天下，与民更始。"⑤ 北宋时期，王安石提出："天变不足畏，祖宗不足法，人言不足恤。"表达了排除阻力、推行新法的改革决心。他认为"尚变者，天道也"，新陈代谢是自然界与人类社会发展变化的基本法则，"有阴有阳，新故相除者，天也；有处有辨，新故相除者，人也"⑥。"天道尚变""新故相除"思想的提出，为其推行变法提供了理论依据。

"日新"观念体现在社会领域，就是要移风易俗，明德"新民"。《尚书·康诰》提出"作新民"。《大学》开篇说："大学

---

① 《盐铁论·忧边第十二》。
② 《三国志·吴书·钟离牧传》。
③ 《商君书·更法》。
④ 《韩非子·五蠹》。
⑤ 《汉书》卷六《武帝记》。
⑥ 《杨龟山先生集·字说辩》引《王氏字说》。

之道，在明明德，在亲民，在止于至善。"① 南宋思想家朱熹以"亲民"为"新民"，他说："程子曰：'亲，当作新'……新者，革其旧之谓也，言既自明其明德，又当推以及人，使之亦有以去其旧染之污也。"② 所以，"新民""亲民"就是要革其旧俗、去其旧染，使民更新，教民向善，实现移风易俗。《礼记·学记》提出"化民成俗，其必由学"，强调了教育对移风易俗易俗的重要作用。荀子开始使用"移风易俗"一词，主张通过艺术熏陶转移风气、改变习俗。他指出："乐者，圣人之所乐也，而可以善民心，其感人深，其移风易俗，故先王导之以礼乐而民和睦。"又说："故乐行而志清，礼修而行成，耳目聪明，血气和平，移风易俗，天下皆宁，美善相乐。"③ 应劭在《风俗通义》中指出："《尚书》：'天子巡狩，至于岱宗，觐诸侯，见百年，命大师陈诗，以观民风俗。'《孝经》曰：'移风易俗，莫善于乐。'《传》曰：'百里不同风，千里不同俗，户异政，人殊服。'由此言之，为政之要，辨风正俗，最其上也。"④ 历代统治者都把明礼义、正人心、厚风俗放到极为重要的位置。

"日新"观念体现在学术艺术领域，就是要不断进取，力求精进。北宋程颐解释道："君子之学必日新，日新者日进也。不日新者必日退，未有不进而不退者。"⑤ 南宋朱熹提出"学者自强不息，则积少成多；中道而止，则前功尽弃。其止其往，皆在我而不在人也。"⑥ 明代刘宗周指出："故君子之学日新而不已。子贡曰：'《诗》云：'如切如磋，如琢如磨。'其斯之谓与？'

---

① 《礼记·大学》。
② 《大学章句》第五章。
③ 《荀子·乐论》。
④ 《风俗通义·自序》。
⑤ 《二程集·河南程氏遗书》卷二五。
⑥ 《四书集注·论语集注》。

可与言臧矣。"① 中国历史上产生了老子、孔子、庄子、孟子、墨子、孙子、韩非子等闻名于世的思想大家，他们阐发的精妙哲理，至今仍涵养着中国人的智慧；造就了屈原、司马相如、王羲之、顾恺之、李白、杜甫、苏轼、关汉卿、曹雪芹等文艺巨匠，他们创作的文艺作品，成为人类文明史上的撼世力作与稀世珍品；涌现了鲁班、李冰、蔡伦、毕昇、张衡、祖冲之、李时珍等杰出的科技名家，他们刻苦的钻研与非凡的发明，曾在中外科技史上独领风骚。

近代中华民族面临空前严重的民族危机与亘古未有的历史变局，启蒙思想家把创新提升到关系民族生死存亡、关系国家能否应对挑战的历史高度，疾呼守旧将亡国，创新能强种，号召国人锐意求新。他们以新陈代谢的自然法则和世界各民族兴衰存亡的史实说明创造、创新、革新对国家和民族盛衰的极端重要性，并引经据典，对中华元典中的"日新"观念作了新阐述，开启了"日新"精神的近代传承与弘扬。

早在鸦片战争爆发前，龚自珍就诅咒摧折人的创造精神的封建文化和连"才偷""才盗"都见不到的平庸时代，提出"自我"是创造历史主体的理论。他说："天地，人所造，众人自造，非圣人所造……我光造日月，我力造山川，我变造毛羽肖翘，我理造文字语言，我气造天地，我天地造人，我分别造伦经。"② 他号召人们不受拘束地凭借自己的自由意志去从事创造活动，只要一个人有所发明有所创新，即使是范金、抟埴、削楮、鞣革、造木几的普通劳动者也堪称"豪杰"。魏源认为事物是发展变化的，"三代以上，天皆不同今日之天，地皆不同今日之地，人皆不同今日之人，物皆不同今日之物"，治理理念与治

---

① 《刘宗周全集》第 2 册，浙江古籍出版社 2012 年版，第 386 页。
② 《龚自珍全集》，上海古籍出版社 1975 年版，第 12 页。

理方法、制度与措施要随着时代发展而不断作出调整。他呼吁顺应时势，进行变革创新，强调"善言古者，必有验于今"①，提出了"变古愈尽，便民愈甚"的社会改革主张。

近代以来的中华民族先知先觉者在某种程度上认识到当时中国正面临着"数千年未有之变局"，必须顺应时势去应对这场变局，他们发起了以求强、求富为目标的洋务新政。洪仁玕发出"革故鼎新"的呼声，并指出："夫云净而月明，春来而山丽，衣必洗而垢去，物必改而更新，理之自然者也……乃有此慧眼，始能认识新天、新地、新人、新世界也。"他将"物必改而更新"之理，推而及于社会领域，"凡一切制度考文无不革故鼎新"，人也要"力求自新，转以新民"②。他在《资政新篇》中强调治国立政其要在顺应时势。他说："夫事有常变，理有穷通。故事有今不可行，而可豫定者，为后之福；有今可行，而不可永定者，为后之祸。其理在于审时度势与本末强弱耳。然本末之强弱适均，视乎时势之变通为律，则自今而至后，自小而至大，自省而至国，自国而至万邦，亦无不可行矣。其要在于因时制宜，审势而行而已。"③

资产阶级维新派之"维新"一词，取自"周虽旧邦，其命维新"。梁启超自号"中国之新民"，创办《新民丛报》，发表《新民说》，其中的"新民"一词亦系取自古义。康有为、梁启超等人引述元典中的日新又新、穷变通久、"作新民"等观念，倡导工艺创新、体制创新与国民心理改造。康有为在《上清帝第六书》中指出："夫病症既变，宜用新方；岁步既更，宜革旧

---

① 《魏源全集》第13册，岳麓书社2005年版，第1页。
② 洪仁玕：《英杰归真》，《太平天国印书》（下册），江苏人民出版社1979年版，第774—775页。
③ 洪仁玕：《资政新篇》，《太平天国印书》（下册），江苏人民出版社1979年版，第678页。

历。《易》贵观会通以行典礼;《论语》称孝母改父道,不过三年,则四年后可改无疑……《大学》称日新又新,其命维新;伊尹称用新去陈,病乃不存。故新则和,旧则乖;新则活,旧则板;新则疏通,旧则阻滞;新则宽大,旧则刻薄。自古开国之法,无不新,故新为生机;亡国之法,无不旧,故旧为死机。更新,则乳虎食牛;守旧,则为丛驱爵。"① 他在《请厉工艺奖创新折》中指出,西方列强与日本之所以臻于富强与其重视创新是分不开的,"盖近百年来,新法尤盛。各国及日本有专卖特许寮,掌鼓励人民制造新器。凡有创制新器及著一书,皆报官准其专卖,或三十年,或五十年,不准他人仿造;并赏给牌照以为光荣,视其器物分作数等";认为中国落后很大程度上是因为对创新不够重视,"窃寻吾人民极多,倍于欧洲十六国,而国势极弱,由无鼓励新艺、新法、新书、新器、新学致之也",因此,建议"以爵赏奖励新艺、新法、新书、新器、新学"②。谭嗣同提出:"欧、美二洲,以好新而兴;日本效之,至变其衣食嗜好。亚、非、澳三洲,以好古而亡。"③ 古今多少兴亡事在一次次地验证着守旧亡国、创新强种的结论。唐才常撰写了《尊新》,提出不仅要"新其政""新其法",还要"新其民""新其学",开民智"必自尊新始"④。

资产阶级革命派继承了中华优秀传统思想中的"日新""革命"等观念,倡导与时俱进,除旧布新。1883年,孙中山在香港拔萃书屋上学时,取号"日新",显然取自《大学》"苟日新,日日新,又日新"之义,后来的"逸仙"即为"日新"谐音转成。他对随行同志谈道:"革命二字,出于《易经》,其中有

---

① 《康有为全集》第4册,中国人民大学出版社2007年版,第13页。
② 同上书,第298—299页。
③ 《谭嗣同全集》(下册),中华书局1981年版,第319页。
④ 《唐才常集》,中华书局1980年版,第32页。

'汤武革命，顺乎天而应乎人'一语，日人称我们党为革命党，意义甚佳，我党以后称革命党可也。"① 孙中山相信："一旦我们革新中国的伟大目标得以完成，不但在我们的美丽的国家将出现新纪元的曙光，整个人类也将得以共享更为光明的前景。"② 他为"革新中国的伟大目标"奔走一生，直到临终前留下遗训："革命尚未成功，同志仍需努力。"

五四启蒙思想家将新文化运动的基本任务和基本精神定位为创新。经五四启蒙思想家而走上接受马克思的世界观和方法论道路的陈独秀在《青年》杂志创刊词《敬告青年》中说："新陈代谢，陈腐朽败者无时不在天然淘汰之途，与新鲜活泼者以空间之位置及时间之生命。人身遵新陈代谢之道则健康，陈腐朽败之细胞充塞人身则人身死；社会遵新陈代谢之道则隆盛，陈腐朽败之分子充塞社会则社会亡。""以人事之进化言之，笃古不变之族，日就衰亡；日新求进之民，方兴未已。"③ 他在《新文化运动是什么》中指出："新文化运动要注重创造的精神。创造就是进化，世界上不断的进化只是不断的创造，离开创造便没有进化了。我们不但对于旧文化不满足，对于新文化也要不满足才好；不但对于东方文化不满足，对于西洋文化也要不满足才好；不满足才有创造的余地。"④ 他还指出："人类文明之进化，新陈代谢，如水之逝，如矢之行，时时相续，时时变易……盖人类生活之特色，乃在创造文明耳。""生斯世也者，必昂头自负为二十世纪之人，创造二十世纪之新文明。"⑤ 只能遵循新陈代谢的宇宙法则，以创新为天职，才能不断有所发明，有所创造，否则必遭

---

① 冯自由：《革命逸史》，中华书局1981年版，第1页。
② 《孙中山全集》第1卷，中华书局1981年版，第255页。
③ 《陈独秀文章选编》（上册），生活・读书・新知三联书店1984年版，第74—75页。
④ 同上书，第516页。
⑤ 同上书，第101页。

淘汰。陈独秀把社会进步的本质归结为创新，而李大钊则把创造视为人的本质的存在方式，强调文明的人要做环境的主人，"太上创造，其次改造，其次顺应而已矣"①。

中国近代以来的先进思想家除了反复以"日新又新""穷变通久"等观念、以新陈代谢之理、以天下兴亡大势说明创新的重要，还对创新内涵、创新途径、创新类型、创新与传承的关系等作了阐述。

一是强调创新的本质在于不断地突破、"不断地进化"，不断地适应以致引领时代。在当时，人们对创造、创新的理解并不一致，比较肤浅的认识是把"新"和"西洋文化"等同起来，把"旧"同中国传统文化等同起来，把"创新"同彻底抛弃旧学、舍己从人、吸收西学等同起来。如汪叔潜在《新旧问题》中说："所谓新者无他，即外来之西洋文化也；所谓旧者无他，即中国固有之文化也。"② 当时以"中国西学第一人"闻名的严复曾经批评"乃谓旧者既废矣，何若恝弃一切，以趋于时"③ 的轻飘、浮躁态度。五四启蒙思想家开始把创新同时代发展、社会进步联系起来，而不是简单地把创新等同于引进"西洋文化"。他们强调，创新是永无止境的，指出"我们不但对于旧文化不满足，对于新文化也要不满足才好；不但对于东方文化不满足，对于西洋文化也要不满足才好；不满足才有创造的价值"④。

二是分析了传统的创新性发展、西学的创造性运用与会通古今中西的综合创新等创新途径。关于创新途径，比较经典的说法有二：一是梁启超在《新民说》中提出的"淬励其所本有而新

---

① 《李大钊文集》（上册），人民出版社1984年版，第174页。
② 汪叔潜：《新旧问题》，《青年杂志》第1卷第1期，1915年9月15日。
③ 严复：《〈英文汉诂〉卮言》，《严复集》第1册，中华书局1986年版，第156页。
④ 陈独秀：《新文化运动是什么？》，《陈独秀文章选编》上册，生活·读书·新知三联书店1984年版，第516页。

之"与"采补其所本无而新之";二是孙中山在《中国革命史》中所说的"因袭吾国固有之思想者""规抚欧洲之学说事迹者"与"吾独见而获创者"。我们不妨将近代先驱者提到的创新途径概括为以下三种。一是传统的创新性发展或者说是元典精神的现代重铸。所谓"以复古为解放""淬励其所本有而新之""因袭吾国固有之思想者""改用新式机器发掘淘炼"(严复)等说法均指此。二是"取材异域"并创造性地运用于中国。所谓"采补其所本无而新之""彼西方美人必能为我家育宁馨儿以亢我宗也"①"规抚欧洲之学说事迹者""拿来主义"等说法即此之谓。三是中西会通基础上的综合创新。"泯中西之界限,化新旧之门户"②、"统新故而视其通,苞中外而计其全"③、"吸食与保存两主义并行"④、"学无新旧、无中西、无有用无用之说"⑤以及鲁迅在《文化偏至论》里所说的"外之既不后于世界之思潮,内之仍不失固有之血脉"等说法,都是在强调中西会通,综合创新。

三是推进"器物"创新、制度创新、伦理创新、学理创新、文化创新等各种领域、各种类型的创新。近代先进中国人迫切希望改变现状,使工艺、知识、方法出现新元素、使民智、民力、民德出现新风貌,使国家、民族、社会出现新气象,因此有非常强烈的求新愿望。近代初期,举国求新不够而守旧有余。洋务运

---

① 梁启超:《论中国学术思想变迁之大势》,《饮冰室合集》第1册,中华书局1989年版,文集之七第4页。
② 康有为:《奏请经济岁举归并正科并各省岁科迅即改试策论折》,《康有为政论集》上册,中华书局1981年版,第295页。
③ 严复:《与〈外交报〉主人书》,《严复集》第4册,中华书局1986年版,第560页。
④ 师菫(高旭):《学术沿革之概论》,杨天石、王学庄《南社史长编》,中国人民大学出版社1995年版,第46页。
⑤ 王国维:《〈国学丛刊〉》,方麟选编《王国维文存》,江苏人民出版社2014年版,第702页。

动时期，求新主要是指"器新"。到戊戌维新时期、辛亥革命时期，国人以革新国家治理制度为重点，并已呈现出一切求新的趋势。康有为不仅上书呼吁变法，还上折建议以爵赏鼓励"新艺、新法、新书、新器、新学"，驱使天下士人"多著新书，多制新器"，"转而钩心构思，求新出奇"①；梁启超呼吁建立现代新学术，指出"有新学术，然后有新道德、新政治、新技艺、新器物"②。值得一提的是，维新派突破了"中体西用"的框架，要求在体制上"破除旧制，与民更始，发奋维新"③，且要求引入西方资产阶级政治社会科学，建立现代新文艺、新史学、新学说；突破了洋务运动"人惟求旧，器非求旧，惟新"的模式，即不仅器是新的好，人也是新的好，从而提出了新民、新人、新民德，开启了改造国民性的思潮。革命派以激进手段推动从帝国到民国的颠覆性制度创新，在中国开创了资产阶级民主共和制度，并使自由、平等、博爱的社会政策治观念深入人心。到了五四时代，提倡新道德、传播新思潮、倡导新文化、开创新文学、呼唤新青年、期待新国家，崇新趋新求新的潮流更呈强势。李大钊号召青年们"打起精神，于政治、社会、文学种种方面开辟一条新路，创造一种新生活"④，明确倡导在各个领域进行创新。从大的方面讲，那个时候先进分子所讲的创新包括"革心"与"革新"，即树立新观念与创建新社会两种基本类型。

四是阐释了旧与新、破旧与立新关系的辩证关系。他们认识到：创新必须"冲决网罗"，破坏偶像，"打破'天经地义'

---

① 《请以爵赏奖励新艺新法新书新器新学设立特许专卖》，《康有为全集》第4集，中国人民大学出版社2007年版，第298—299页。

② 梁启超：《近世文明初祖二大家之学说》，《饮冰室合集》文集之十三，中华书局1989年版，第1页。

③ 《进呈〈日本变政考〉等书乞采鉴变法以御侮图存折》，《康有为全集》第4集，中国人民大学出版社2007年版，第49页。

④ 李大钊：《新的！旧的！》，《李大钊文集》上册，第540页。

'自古如斯'的成见",突破旧观念、旧教条、旧习俗、旧规矩。创新不是突然从天而降,必然对旧文化有所承传,"古人所创的事业中,即含有后来的新兴阶级皆可以择取的遗产"[①];创新要从模仿、传承开始,"凡富于创造性的人必敏于模仿,凡不善模仿的人必不能创造……创造只是模仿到十足时的一点点新花样"[②]。新与旧是相对的,是可以相互转换的,如老树新芽、古井新泉"旧也不得不谓之新","所谓创造新文化即从旧文化里转变出一个新文化来"[③],而随着时代的前进新的很快会变成旧的。新知与旧学可以兼容,新人与老人应当包容,新文化与旧道德亦可并存,可以"并存同进",我们"一面要有容人并存的雅量,一面更要有自信独守的坚操"[④],新青年要"包容覆载那些残废颓败的老人,不但使他们不妨碍文明的进步,且使他们也享受新文明的幸福"[⑤]。要坚信新故相除、新陈代谢是必然趋势,"旧者万不能常存,终必为新者所战胜"[⑥],"人身遵新陈代谢之道则健康""社会遵新陈代谢之道则隆盛"[⑦]。

近代以来先进的思想家不仅呼唤创新,而且在寻求救国救民真理的实践中身体力行,取得了可喜的创新成果。这些新成果以近代新儒学、三民主义、激进民主主义三大思潮为代表。康有为的新儒学较典型地体现了传统的创造性转换。他曾说:"勉强为

[①] 鲁迅:《〈浮士德城〉后记》,《鲁迅全集》第8卷,人民文学出版社1991年版,第356页。
[②] 胡适:《信心与反省》,《胡适全集》第4卷,安徽教育出版社2003年版,第499页。
[③] 梁漱溟:《乡村建设大意》,《梁漱溟全集》第1卷,山东人民出版社1989年版,第612页。
[④] 李大钊:《新旧思潮之激战》,《李大钊文集》上册,第660页。
[⑤] 李大钊:《新的!旧的!》,《李大钊文集》上册,第540页。
[⑥] 蕴巢:《新旧之争》,《每周评论》1919年4月13日。
[⑦] 陈独秀:《敬告青年》,《陈独秀文章选编》上册,生活·读书·新知三联书店1984年版,第73页。

学，务在逆乎常纬。"① 即打破常规，冲破俗见，进行创造性活动。他采用"六经注我"的创造性方式，重新诠释儒学，如他的两部著作《新学伪经考》和《孔子改制考》就是不惜"强孔子以从己"的成果，孔子被打扮成了争取民主的改革家。梁启超在《清代学术概论》中赞誉其师的"托古改制"，认为其"对于数千年经籍谋一突飞的大解放，以开自由研究之门"。孙中山的三民主义鲜明地表现为中西会通基础上的综合创新。他主张"取欧美之民主为模范，同时仍取数千年前旧有文化而融贯之"②。他在"因袭"与"规抚"的基础上"融贯"中西，在"融贯"中创新，寓创新于"融贯"，务求有"创获而独见"。三民主义就是"融贯"中西、综合创新的产物：民族主义"融贯"了"夷夏之辨"的封建传统族类民族思想与近代西方资产阶级民族主义；民权主义"融贯"了封建传统民本思想与西方资产阶级民主学说、议会政治；民生主义"融贯"了传统农民平均主义与亨利·乔治、约翰·穆勒以及马克思等人的经济思想。最典型的莫过于"五权分立"学说，它借鉴了西方"三权分立"的理论，又采择了考试、监察"中国固有的两大优良制度"，"创立各国至今所未有的政治学说，创建破天荒的政体"③。五四启蒙思想家的激进民主主义则突出地反映了"取材异域"的创新思维取向。陈独秀明确表示，只有德、赛两位洋先生"可以救治中国政治上、道德上、学术上、思想上一切的黑暗"，为提倡民主与科学，"就是断头流血，都不推辞"。鲁迅指出不应害怕吸取外来文化，而应放胆地、大度地吸收，"决不会吃了

---

① 康有为：《长兴学记序》，《康有为全集》第 1 册，中国人民大学出版社 2007 年版，第 341 页。
② 孙中山：《在欧洲的演说》，《孙中山全集》第 1 卷，第 560 页。
③ 孙中山：《与该鲁学尼等的谈话》，《孙中山全集》第 1 卷，第 320 页。

牛肉自己也即变成牛肉的"①。

中国共产党人继承了中华民族千年接续的日新观念与创新精神，以开天辟地、敢为人先的气概，将马克思主义创造性地运用于中国实践，并开创了适合中国革命与建设的道路，再次表明中华民族是富有伟大创新精神的民族。

作为中华人民共和国的主要缔造者，毛泽东高度重视创新精神，对理论创新、实践创新、制度创新、科技创新、文艺创新等都有所阐述并身体力行。如关于理论创新，毛泽东指出："马克思这些老祖宗的书，必须读，他们的基本原理必须遵守，这是第一。但是，任何国家的共产党，任何国家的思想界，都要创造新的理论，写出新的著作，产生自己的理论家，来为当前的政治服务，单靠老祖宗是不行的。"他指出："我们已经进入社会主义时代，出现了一系列的新问题，如果单有《实践论》、《矛盾论》，不适应新的需要，写出新的著作，形成新的理论，也是不行的。"② 毛泽东思想是马克思列宁主义在中国的创造性运用和发展，是马克思主义中国化第一次历史性飞跃的理论成果。

关于科技创新，毛泽东于1940年提出"自然科学是人们争取自由的一种武器"③，从1953年起多次号召要"在技术上兴起一个革命"，1956年发出"向科学进军"的号召，1963年提出"科学技术这一仗，一定要打，而且必须打好"④。可见技术革命一直是其高度关注的问题。关于文艺创新，毛泽东于1942年为延安评剧院题写了"推陈出新"的题词，于1951年为中国戏曲研究院题写了"百花齐放，推陈出新"的题词。毛泽东对"推陈出新"解释说："陈者旧也，过去的事物都叫旧，也就是所谓

---

① 鲁迅：《关于知识阶级》，《鲁迅全集》第8卷，第192页。
② 《毛泽东文集》第8卷，人民出版社1999年版，第109页。
③ 《毛泽东文集》第2卷，人民出版社1993年版，第269页。
④ 《毛泽东文集》第8卷，人民出版社1993年版，第351页。

传统。传统有精华，也有糟粕，所以要改革。'推'字可以作推开、推掉、推翻解释，也可以解释成推崇、推动、推进嘛。对于旧的传统剧目要具体分析，其中民主性的精华要推崇、推动、推进；封建性的糟粕要推开、推掉、推翻，这就对了。"①

邓小平坚持与时俱进，勇于实践，带领党和人民开启了改革开放的历史进程，开创了中国特色社会主义，开拓创新成为其最鲜明的领导风范。他支持关于真理标准问题的大讨论，强调"不解放思想不行，甚至于包括什么叫社会主义这个问题也要解放思想"②，创立了邓小平理论，开拓了马克思主义的新境界；他深刻认识到"不改革不行，不制定新的政治的、经济的、社会的政策不行"③，指出革命是解放生产力，改革也是解放生产力，强调改革开放要大胆地试、大胆地闯，要求勇于进行实践创新，杀出一条血路，走出一条新路；他提出了"科学技术是第一生产力"④的著名论断，强调"中国必须发展自己的高科技，在世界高科技领域占有一席之地"⑤，并亲自批准实施"高技术研究发展计划"即"863计划"。他强调："现在世界突飞猛进地发展，科技领域更是如此。中国有句老话叫'日新月异'，真是这种情况。我们要赶上时代，这是改革要达到的目的。"⑥

江泽民在中共十五届六中全会上指出：主张创新，与时俱进，不仅是马克思主义的优良传统，也是我们中华民族的优良传统。他时常提及的"与时俱进"，就源于《周易》的"与时偕行"与其他先秦元典中的类似说法。他反复强调创新对于国家、民族发展的极端重要性，指出："创新是一个民族进步的灵魂，

---

① 祝晓风、易丹：《"推陈出新"的故事》，《神州》2007年第5期。
② 《邓小平文选》第2卷，人民出版社1994年版，第312页。
③ 《邓小平文选》第3卷，人民出版社1993年版，第266页。
④ 同上书，第274页。
⑤ 同上书，第279页。
⑥ 同上书，第242页。

是一个国家兴旺发达的不竭动力……一个没有创新能力的民族，难以屹立于世界先进民族之林。"① "创新……是一个政党永葆生机的源泉……创新，包括理论创新、体制创新、科技创新及其他创新。二十多年来，我们党领导人民进行改革开放和现代化建设取得的伟大成就，都是与我们不断进行的理论创新、体制创新、科技创新等分不开的。"② 关于理论创新，他强调马克思主义的生命力就在于它在实践中能够不断创新，指出："实践基础上的理论创新是社会发展和变革的先导。通过理论创新推动制度创新、科技创新、文化创新以及其他各方面的创新，不断在实践中探索前进，永不自满，永不懈怠，这是我们要长期坚持的治党治国之道。"③ 关于体制创新，他指出："我们进行体制创新，就是要不断完善适应发展社会主义市场经济、全面建设有中国特色社会主义要求的各方面的体制。"④ 关于科技创新，他在 1995 年全国科学技术大会上的讲话中提出了"科教兴国"的战略，在 1999 年全国技术创新大会上指出："科技创新越来越成为当今社会生产力解放和发展的重要基础和标志，越来越决定着一个国家、一个民族的发展进程。"⑤

胡锦涛 2008 年 5 月在日本早稻田大学演讲时引述"苟日新，日日新，又日新"等格言，指出："今天中国人民秉持的价值观念，既来自己在当今时代的丰富实践，也源于中华文明的深厚根基，成为激励中国人民变革创新、与时俱进的强大精神力量。"⑥ 他在中共十七大报告中提出，提高自主创新能力，建设创新型国家，这是国家发展战略的核心，是提高综合国力

---

① 《江泽民文选》第 1 卷，人民出版社 2006 年版，第 433 页。
② 同上书，第 64 页。
③ 同上书，第 537—538 页。
④ 同上书，第 65 页。
⑤ 《江泽民文选》第 2 卷，人民出版社 2006 年版，第 392 页。
⑥ 胡锦涛：《在日本早稻田大学的演讲》，《人民日报》2008 年 5 月 9 日第 2 版。

的关键；他在中共十八大报告中强调"实践发展永无止境，认识真理永无止境，理论创新永无止境"，强调"科技创新是提高社会生产力和综合国力的战略支撑，必须摆在国家发展全局的核心位置"①。

习近平多次引述"苟日新，日日新，又日新"典故，并着力弘扬传统文化创新观念与创新精神的丰富内涵。他在2013年5月4日与青年代表座谈时勉励大家："广大青年一定要勇于创新创造。创新是民族进步的灵魂，是一个国家兴旺发达的不竭源泉，也是中华民族最深沉的民族禀赋，正所谓'苟日新，日日新，又日新'。"②他强调"创新精神是中华民族最鲜明的禀赋"③。2013年8月19日，他在全国宣传思想工作会议上发表重要讲话时引用了桓宽《盐铁论》中的"明者因时而变，知者随事而制"与《二程集》中的"不日新者必日退"。在2017年新年贺词中引用了王夫之《尚书引义·太甲》中的"新故相推，日生不滞"。他在博鳌亚洲论坛2018年年会开幕式上发表主旨演讲时引用了《淮南子》中"苟利于民，不必法古；苟周于事，不必循俗"。他在2018年庆祝改革开放40周年大会讲话中引用了"周虽旧邦，其命维新""治世不一道，便国不法古"等。

中共十八届五中全会提出了创新、协调、绿色、开放、共享发展新理念，创新位居"五大发展理念"之首。习近平指出："我们必须把创新作为引领发展的第一动力，把人才作为支撑发展的第一资源，把创新摆在国家发展全局的核心位置，不断推进

---

① 胡锦涛：《坚定不移沿着中国特色社会主义道路前进 为全面建成小康社会而奋斗——在中国共产党第十八次全国代表大会上的报告》，人民出版社2012年版，第21页。

② 习近平：《在同各界优秀青年代表座谈时的讲话》，《人民日报》2013年5月5日第2版。

③ 习近平：《在中国科学院第十七次院士大会、中国工程院第十二次院士大会上的讲话》，《人民日报》2014年6月10日第2版。

理论创新、制度创新、科技创新、文化创新等各方面创新，让创新贯穿党和国家一切工作，让创新在全社会蔚然成风。"[1] 他强调把坚持马克思主义和发展马克思主义统一起来，结合新的实践不断作出新的理论创造。中共十九大确立为党的指导思想的习近平新时代中国特色社会主义思想就是运用马克思主义立场、观点、方法，总结新的实践经验而构建起的新的理论体系，体现了新时代马克思主义中国化的理论创新。

第五节 "小康""大同""天下为公"的社会理想

"小康""大同""天下为公"是中国古代思想家在描摹、设计理想社会时提出的概念，两者在层次、内容上有区别，但都寄托了美好的社会理想，是中华传统优秀思想对美好社会理想的向往、憧憬和追求，激励着中华民族的优秀子孙一代又一代不懈地为之而奋斗。

自先秦时期提出后，后世思想家在阐发社会理想时，均沿用"小康""大同""天下为公"概念，具有权威性。从近代开始，这三个概念又具有象征性，成为理想社会的象征性概念，旧概念被赋予新内涵。特别是中国共产党诞生后，这三个概念的内涵发生实质性、根本性改变，被中国共产党人赋予了科学社会主义，关于未来社会的科学理论新的时代内容，所描绘的社会景象令人向往、催人奋进；伴随着党带领人民不懈奋斗，理想也一步步地变为现实。

---

[1] 《习近平谈治国理政》第 2 卷，外文出版社 2017 年版，第 198 页。

"小康""大同""天下为公"概念源自儒家经典《礼记》，假托孔子之口。关于"大同"，《礼记·礼运》有云："大道之行也，与三代之英，丘未之逮也，而有志焉。大道之行也，天下为公，选贤与能，讲信修睦。故人不独亲其亲，不独子其子，使老有所终，壮有所用，幼有所长，矜寡孤独废疾者皆有所养，男有分，女有归。货恶其弃于地也，不必藏于己；力恶其不出于身也，不必为己。是故谋闭而不兴，盗窃乱贼而不作，故外户而不闭。是谓大同。"① 此即"大同"社会的经典描述。在这种状态下，维持社会运行的伦理观念是"天下为公"，人们没有私心，财产公有，社会分工合理，没有阶级分化，世人各尽其能、各取所需，讲信修睦，路不拾遗，夜不闭户。这种大道通行、天下为公的"大同"社会，是中国古代儒家所构想的一种最为理想但并未见诸现实的社会状态，所谓"丘未之逮也"。

"小康"社会比"大同"低级或逊色。《礼记·礼运》有云："今大道既隐，天下为家，各亲其亲，各子其子，货力为己，大人世及以为礼，城郭沟池以为固，礼义以为纪；以正君臣，以笃父子，以睦兄弟，以和夫妇，以设制度，以立田里，以贤勇知，以功为己。故谋用是作，而兵由此起。禹、汤、文、武、成王、周公，由此其选也。此六君子者，未有不谨于礼者也。以著其义，以考其信，著有过，刑仁讲让，示民有常。如有不由此者，在执者去，众以为殃。是谓小康。"② 所谓"大道既隐"，即"天下为家"取代"天下为公"观念，"公天下"变为"私天下"。在这种社会状态下，伦理观念以"私"为中心，位高者视权力、财富为私有，人们行事以个人利益为中心，权谋作，兵革起。于是，圣人出而制礼，以维系君臣、父子、兄弟、夫妇之纲

---

① 《礼记·礼运》。
② 同上。

常，以及社会运行之秩序，所谓"圣人以礼示之，故天下国家可得而正"①。这种大道既隐、天下为家的社会，就是"小康"。

《礼记》成书过程颇为复杂。一般认为，它是战国秦汉儒家学者逐渐删削增益而成②，其中关于"小康""大同"社会的表述可能并非出自孔子，属于假托。因此，"小康""大同"作为单个名词虽较早出现，但作为一组彼此关联的概念，则应视为春秋战国以来的儒家逐步建构而成，而且其建构思路有可能吸收了其他学派的思想。③

春秋战国时期，奴隶制旧社会秩序已经崩坏，封建制的新秩序尚未完全建立，所谓"世道衰微，邪说暴行有作，臣弑其君者有之，子弑其父者有之"④。在这种社会背景下，先秦诸子基于各自立场，纷纷提出救世主张，以图重建一个安定有序的理想社会。如《老子》提出"小国寡民"理想，希望"使民复结绳而用之。甘其食，美其服，安其居，乐其俗。邻国相望，鸡犬之声相闻，民至老死，不相往来"⑤。《庄子》转述了"小国寡民"理想，并提出一个与之相似的"建德之国"，即"其民愚而朴，少私而寡欲；知作而不知藏，与而不求其报；不知义之所适，不知礼之所将；猖狂妄行，乃蹈乎大方；其生可乐，其死可葬"⑥。老庄一派把理想社会寄托于远古的初民社会，是一种"向后看"的复古思想。这种方案在生产力逐渐发展、地主阶级日渐兴起的春

---

① 《礼记·礼运》。
② 参见洪业《礼记引得序》，《洪业论学集》，中华书局1981年版，第197—220页。
③ 近代以来，不少学者认为儒家"大同"思想借鉴了其他学派的学说。如吴虞有"窃道家之绪余"之说（《儒家大同之义本于老子说》，《新青年》第3卷第5期，1917年7月1日）；蔡尚思有"出于道家"说法［《中国传统思想总批判》（附补编），上海古籍出版社2006年版，第84—85页］；梁漱溟也提出过质疑（《梁漱溟全集》第1卷，山东人民出版社1991年版，第462—463页）。
④ 《孟子·滕文公下》。
⑤ 《老子》八十章。
⑥ 《庄子》外篇《山木》。

秋战国时期，缺乏实现的社会经济基础。墨子从小生产者立场出发，针对当时的社会矛盾，提出过诸如非攻、节葬等切近实际的主张，但其终极理想是以兼爱、尚同为核心观念，建立一个"天下之人皆相爱，强不执弱，众不劫寡，富不侮贫，贵不敖贱，诈不欺愚"[1]的理想社会，而且墨子同样将之托于三代圣王。这种主张在战国时期同样缺乏付诸实践的社会基础，流于空想。

概言之，先秦诸子因应现实社会矛盾，既提出一些切近实际的主张，又都设计出一个不切实际的高远理想；大多将这些主张假托于上古圣王之世，在思维方式上表现出"向后看"，维持原有的旧的奴隶制度的复古特点，亦即"托古改制"。

作为当时重要的思想流派，儒家也不例外，但更具务实特点，更重视通过礼治来建立现世社会的秩序。如孔子试图以复礼、正名，来重建一个"有道"社会，虽具有复古色彩，但他所要复的"古"很明确，就是奴隶社会的周制，所谓"周监于二代，郁郁乎文哉！吾从周"[2]。他所说的"道"，是以周礼为核心，以血缘为纽带，亲疏有别、等级明确，所谓"亲亲"，"尊尊"，"君君，臣臣，父父，子子"[3]；"有道"则是指这种秩序规范得到严格遵循，如司马迁所说"序君臣父子之礼，列夫妇长幼之别，不可易"[4]；如此，才有望恢复"礼乐征伐自天子出""政不在大夫""庶民不议"[5]的有序社会。所以，孔子所追求的"道"，不是"大同"社会之"大道"，而是"小康"社会中圣人所示之"礼"。

孟子所追求的理想社会是一个以"仁政"思想为指导，以

---

[1] 《墨子·兼爱上》。
[2] 《论语·八佾》。
[3] 《论语·颜渊》。
[4] 《史记》卷一三〇《太史公自序》。
[5] 《论语·季氏》。

"井田制"为基础，使民有恒产的社会。孟子也借上古圣王来论证自己的主张，如"欲为君，尽君道；欲为臣，尽臣道。二者皆法尧舜而已矣"；"三代之得天下也以仁，其失天下也以不仁"①。他欲行"井田制"，也是一种复古，即恢复和维持以血缘为纽带的宗法世系奴隶制度的表征。不过，孟子身处战国时期，当时的社会经济条件及儒墨相争的思想背景，决定他不可能主张复"天下为公"的"大同"之古。他所说的"老吾老，以及人之老；幼吾幼，以及人之幼"，与《礼记·礼运》所描述"大同"社会的"人不独亲其亲，不独子其子"有相似之处，但他是以"吾"为中心而"推恩"于"人"。这也是"仁政"的逻辑思路。孟子希望通过统治者行"仁政"，使社会达到一种"父子有亲，君臣有义，夫妇有别，长幼有序，朋友有信""七十者衣帛食肉，黎民不饥不寒"②的理想状态。这一社会理想更接近《礼记》中的"小康"社会，也更为具体。

与孔孟相同，荀子的理想社会同样是一个"尚贤使能，等贵贱，分亲疏，序长幼"③的等级分明的社会；在这个社会中，"礼"仍然是维持社会秩序的根本，所谓"人无礼不胜，事无礼不成，国家无礼不宁"④。而且，荀子也将"礼"托于圣人制作，流露出"复古"色彩，只不过他要复的是"后王"之古。譬如，他在论述理想的"王道"社会时说，"王者之制，道不过三代，法不贰后王"⑤。与孔孟不同的是，荀子持"性恶论"，认为人不会主动遵循或服从圣王制作的礼仪规范、统治秩序，故主张通过"隆礼重法"，主动控制人性之"恶"，以建立并维持等级分明的

---

① 《孟子·离娄上》。
② 《孟子·滕文公上》；《孟子·梁惠王上》。
③ 《荀子·君子》。
④ 《荀子·劝学》。
⑤ 《荀子·王制》。

理想社会秩序。这里的"法",仍以"礼"为指导原则,所谓"礼者,法之大分,类之纲纪也"[①]。换言之,"礼"的社会控制属性,在荀子这里得到显著增强。不仅如此,荀子所要建立的等级秩序,也不再是以血缘为纽带的宗法世系奴隶制度,而是符合战国时期新兴地主阶级利益的封建制度新秩序,如他所说:"虽王公士大夫之子孙也,不能属于礼义,则归之庶人。虽庶人之子孙也,积文学,正身行,能属于礼义,则归之卿相士大夫……是之为天德,是王者之政也。"[②] 可见,与孔孟相比,荀子也追求"等贵贱,分亲疏,序长幼"的理想社会,但其秩序规范本身的新生社会形态的内涵已有很大改变。

概括地说,孔子、孟子、荀子所描述的理想社会,字面意思相近,其内涵则随着历史的发展、社会状况的改变而逐渐调整。应以历史唯物主义的观点,以动态、发展的眼光来认识儒家的"小康""大同""天下为公"概念,不能静态地停留于《礼记·礼运》的字面表述。"小康""大同""天下为公"在儒家思想中是一组彼此关联的概念,"小康"社会的秩序规范源于儒家的"礼",而"礼"的内涵又随着社会变迁不断调整充实,因此,它虽比"大同"社会低级,但更切近现实社会需求,也更受历代儒家重视。相比"小康"内涵的不断调整充实,"大同"主要是古代儒家所描绘的一种皇古高远的社会愿景,与"小国寡民"的性质类似,既不具有现实的社会基础,又没有达到这种社会状况的可行的途径,没有调整的必要,故康有为有"夫子言礼,专言小康,不论大同"[③] 一说。"小康"社会出现在"大同"社会之后,反映了儒家"退化论"的社会历史观,而将已成为过去的"小康""大同"悬为鹄的,也反映了儒家"向后

---

① 《荀子·劝学》。
② 《荀子·王制》。
③ 《万木草堂口说·礼运》。

看"的复古思想。

儒学在汉代取得独尊地位,《礼记》在唐代更取得经典地位,使得"小康""大同""天下为公"深刻影响了中国封建社会人们的社会理想。

"大同"社会因皇古高远,在历代思想家的笔下并无太多改变。例如,西汉董仲舒所描绘的"五帝三王"之世,是一个"不敢有君民之心""民家给人足""修德而美好""情至朴而不文"[1]的社会。明代王阳明描述唐虞三代之世,仍是"人无异见,家无异习","天下之人熙熙皞皞,皆相视如一家之亲。其才质之下者,则安其农、工、商、贾之分,各勤其业以相生相养,而无有乎希高慕外之心。其才能之异若皋、夔、稷、契者,则出而各效其能,若一家之务"[2]。这些文字与《礼记》描述的"天下为公,选贤与能,讲信修睦"的"大同"社会相比,并无实质差别。

"小康"社会因切近现实社会,其内涵被后世思想家根据现实需要不断地调整充实。譬如,董仲舒虽描绘了"不敢有君民之心"的"王道"社会,但他真正要建立的则是一个适应汉代封建社会政治需要的君主专制的"大一统"社会。董仲舒的基本政治原则是"奉天而法古"[3]。他提出君权天授说,即"天子受命于天,天下受命于天子,一国则受命于君"[4],赋予君主绝对权威,以适应西汉加强中央集权封建君主专制制度的现实需要;又以"天道之大者在阴阳""阳尊阴卑"[5]为理论依据,提出"君臣、父子、夫妇之义,皆取诸阴阳之道。君为阳,臣为阴;父为阳,子为阴;夫为阳,妇为阴"[6],即在中国影响深远

---

[1] 《春秋繁露·王道》。
[2] 《传习录·答顾东桥书》。
[3] 《春秋繁露·楚庄王》。
[4] 《春秋繁露·为人者天》。
[5] 《汉书》卷五六《董仲舒传》。
[6] 《春秋繁露·基义》。

的"三纲"伦理,以明确尊卑有序的社会关系。董仲舒虽主张"道者……仁义礼乐皆其具"①,但这里的礼乐已迥异于孔子的礼乐。

唐代韩愈描绘了理想社会图景。在他笔下,"博爱之谓仁,行而宜之之谓义,由是而之焉之谓道,足乎己而无待于外之谓德。其文,《诗》《书》《易》《春秋》;其法,礼、乐、刑、政;其民,士、农、工、贾;其位,君臣、父子、师友、宾主、昆弟、夫妇;其服,麻、丝;其居,宫、室;其食,粟米、果蔬、鱼肉;其为道易明,而其为教易行也。是故以之为己则顺而祥,以之为人则爱而公,以之为心则和而平,以之为天下国家,无所处而不当。是故生则得其情,死则尽其常,郊焉而天神假,庙焉而人鬼享。"② 这一图景常被视为《礼记》中"小康"社会的翻版。韩愈以批判佛道、重振儒学为己任,建构出自尧舜直至孔孟的儒家道统,并以孔孟继承者自居,故其理想的社会模式确与孔孟相近。不过,韩愈重整孟子性善论、荀子性恶论和扬雄的善恶相混论,提出上、中、下的性三品说,并把仁义礼智纳入性三品说,使之成为人的自然本性。这使得儒家的礼仪道德日趋绝对化,成为宋明理学的先导。③

宋代理学兴起,理学家追求"小康"社会的理想并未改变,但维持"小康"社会运行的秩序规范却发生较大改变。如朱熹虽也追求一个"父子有亲,君臣有义,夫妇有别,长幼有序,朋友有信"④ 的理想社会,但维持这一社会运行的"礼"却是永恒不变的"天理",所谓"礼者,天理之节文,人事之仪则

---

① 《汉书》卷五六《董仲舒传》。
② 《韩昌黎文集·原道》。
③ 参见刘泽华、葛荃主编《中国古代政治思想史》,南开大学出版社2001年版,第380页。
④ 《晦庵先生朱文公文集·戊申延和奏札一》。

也"①。"天理"先于事物存在，所谓"天生自然，不待安排，盖道理流行，无亏无欠，是天生自然如此"②。同时，朱熹认为，万事万物都有其特殊的理，归于最根本、普遍的"天理"，亦即"理一分殊"。这样，"三纲五常"等封建等级秩序，就具有了"天理"的依据，所谓"其张之为三纲，其纪之为五常，盖皆此理之流行"③，人们须绝对服从，否则就是违背天理。在理学家这里，封建社会的伦理秩序变成绝对化的永恒"天理"。

概括地说，中国封建社会的思想家们在阐释切近现实的"小康"社会时，往往站在封建统治阶级的基本立场上，并随着社会条件的改变而不断调整充实。但从总体上看，这种调整充实并未突破儒家思想框架，没有实现质的改变。

明清之际，中国社会内部已经缓慢地产生了具有早期资本主义色彩的工商业经济的发展，受社会经济发展和政权鼎革等因素影响，人们所追求的理想社会开始出现新的思想元素。 以清初三大思想家为例，黄宗羲提出"天下为主君为客"，顾炎武倡言"以天下之权寄之天下之人"，王夫之主张"不以一人疑天下，不以天下私一人"④等，均对宋明理学进行反思，对封建君主专制制度提出挑战。在此过程中，"小康""大同""天下为公"逐渐呈现脱离旧的封建传统思想的趋势，变成人们阐述新的社会理想的一种标识符号。

自鸦片战争起，面对"三千年未有之大变局"，一些仁人志士积极地睁眼看世界，苦苦探索拯救危机、改变中国积弱积贫之现状的途径。在此背景下，"小康""大同""天下为公"新的

---

① 《论语集注》卷一。
② 《朱子语类》卷四〇。
③ 《晦庵先生朱文公文集·读大纪》。
④ 参见黄宗羲《明夷待访录·原君》、顾炎武《日知录·守令》、王夫之《黄书·宰制》。

社会理想的符号化趋向日益明显。

洪秀全吸收西方基督教理念，糅合中国传统的儒家学说，提出了"天下一家"说——世人灵魂均来自上帝，彼此同为上帝子女，所以天下总一家、四海皆兄弟。他谴责"世道乖离，人心浇薄，所爱所憎，一出于私"现象，赞许传说中的唐虞三代之世，并直接征引《礼记·礼运》中描述"大同"社会的文字，呼吁"天下一家，共享太平"[①]。作为太平天国的纲领性文献，《天朝田亩制度》具体反映了洪秀全改造中国旧的封建社会的构想。它主张平分土地，憧憬建立一个"有田同耕，有饭同食，有衣同穿，有钱同使，无处不均匀，无人不饱暖"的理想社会，在理论上断然否定了滋生剥削和纷争现象的封建私有制。不过，在西方工业革命飞速发展的年代，该文献却将男耕女织的小农生活理想化、绝对化，明显不符合时代发展潮流，且空想性、矛盾性十分浓厚。譬如，既渲染绝对平均主义、强调处处均匀，同时又将全体社会成员划分为"功勋等臣""后来归从者"两大类，规定前者享有"世食天禄"特权，后者战时为兵、无事则"耕田奉上"。在现实中，太平天国奉行儒家纲常伦理观念，严判上下尊卑，等级制度森严，官员醉心升迁、私欲膨胀现象日趋严重。作为中国历史上旧式农民起义的最高峰，太平天国想开创新朝，却又无力挣脱旧的封建制度。从总体上、本质上讲，洪秀全的思想并没有更新的历史内涵。

戊戌维新时期，"小康""大同""天下为公"具有了超越旧的封建历史传统的新内涵。康有为倡议托古改制，将近代西方文明与中国传统概念相糅合，重构了"小康""大同"社会理想。他把"小康""大同"思想与公羊三世说相结合，认为人类

[①] 参见《太平诏书·原道醒世训》，夏春涛编《中国近代思想家文库·洪秀全　洪仁玕卷》，中国人民大学出版社2015年版，第26—27页。

发展历经"据乱世""升平世"和"太平世"三个阶段,其中,后两个阶段分别对应《礼记·礼运》中的"小康""大同"社会。在戊戌变法前,康有为视中国封建社会为"小康",西方资本主义君主立宪制为"大同";后又改称中国封建社会为"据乱世",西方君主立宪制为"升平世"("小康"),"升平世"后还有一个"无邦国,无帝王,人人平等,天下为公"的"极乐世界",即"太平世"("大同"),所谓去国界合大地、去级界平民族、去种界同人类、去形界保独立、去家界为天民、去产界公生产、去乱界治太平、去类界爱众生、去苦界至极乐。[①] 康有为的"小康""大同""天下为公"思想,是近代中西封建主义与资本主义两大制度文明冲突融合的产物。他以社会进化思想重构从"小康"到"大同""天下为公"的发展道路,是对中国封建传统"退化""复古"社会历史观的根本性改变,有助于社会革命思想在晚清的传播;他吸收西方天赋人权、自由平等思想,提出去国界、去种界、去级界等一系列主张,反映了新兴资产阶级反帝反封建的要求;他所描绘的"至公""极乐"的"大同"社会,也在一定程度上带有空想社会主义和共产主义色彩。不过,康有为的主旨是通过循序渐进的社会改良,在中国建立资本主义的君主立宪制。如梁启超所说:"(康)有为始终谓当以小康义救今世,对于政治问题,对于社会道德问题,皆以维持旧状为职志。自发明一种新理想,自认为至善至美,然不愿其实现,且竭全力以抗之遏之;人类秉性之奇诡,度无以过是者。"[②] 康有为的社会理想是资产阶级改良派思想,有解放思想的积极意义,但不符合中国国情实际,无法解决当时中国社会面对的现实困境。戊戌变法失败后,康有为的思想日趋保守,成为资产阶级

---

① 参见汤志钧《康有为的大同世界与〈大同书〉》,上海人民出版社2016年版,第161页;另参见康有为《大同书》各卷标题。
② 梁启超:《清代学术概论》,中华书局2011年版,第123页。

民主革命的反对者。

　　中国资产阶级民主革命先行者孙中山先生在阐述三民主义之民生主义时，也以"大同""天下为公"概念予以诠释，并在一定程度上吸收了社会主义思想。1905年，孙中山在《〈民报〉发刊词》中首次提出民生主义。他基于西方社会继政治问题后产生经济问题之事实，认为"二十世纪不得不为民生主义之擅场时代"，主张中国要"睹其祸害于未萌"，"举政治革命、社会革命毕其功于一役"[①]。其中，"民生主义之擅场时代"指欧洲的社会主义运动；民生主义具体化为平均地权的措施，与"耕者有其田"传统理念以及"社会主义"理想有关。[②] 辛亥革命后，孙中山一度称民生主义为"国家社会主义"，主张"排斥少数资本家，使人民共享生产上之自由"，憧憬"实行社会主义之日，即我民幼有所教，老有所养，分业操作，各得其所"[③]。这种措辞与传统的"小康""大同"思想有相通之处。第一次国共合作以后，孙中山重新阐释三民主义，更有"民生主义就是社会主义，又名共产主义，即是大同主义"[④] 等说法。民生主义反映了当时中国资产阶级革命派的利益要求，具有进步意义。但孙中山所说的"民生主义"和"大同主义"，不是真正的马克思主义。孙中山明确表示，"师马克思之意则可，用马克思之法则不可"[⑤]，反映了他对马克思主义的真实态度。他对马克思的唯物史观和剩余价值学说并不认同，对阶级斗争学说也颇多批评，并称马克思只是一个"社会病理家"，而非"社会生理家"[⑥]。他认为中国的社会问题"是患贫，不是患不均"，主张"要用一种思患预防的办

[①] 《孙中山全集》第1卷，中华书局1981年版，第288—289页。
[②] 同上书，第228页。
[③] 《孙中山全集》第2卷，中华书局1982年版，第338—339、523页。
[④] 《孙中山全集》第9卷，中华书局1986年版，第355页。
[⑤] 同上书，第392页。
[⑥] 同上书，第369页。

法来阻止私人的大资本,防备将来社会贫富的大毛病"①。因此,孙中山的民生主义虽然是世界社会主义运动背景下的产物,但就其实质而言,仍是一种社会改良主义,与科学社会主义大相径庭。

两千多年来,中国历代思想家站在各自所代表的阶级阶层立场上,虽曾描绘出不同的理想社会图景,具体表述有别,但一直都在沿用"小康""大同""天下为公"概念。它们作为中国人民所向往的美好社会的标识符号,早已深入人心。

"小康""大同""天下为公"成为理想社会的象征性概念,为马克思主义在中国的传播提供了便利,增强了人们对崭新的社会理想的认同感,减少了思想或文化上的隔阂。

中国共产党主要创始人陈独秀、李大钊、毛泽东等在诠释马克思主义时,均使用了这些概念。② **只有在中国共产党人这里,"小康""大同""天下为公"传统概念才真正被赋予超越旧时代的科学社会主义的崭新内涵,并在逐步探索中形成付诸实践的行动方案。**例如,陈独秀设想依靠工农及被压迫剥削阶级的力量取得民主革命的胜利,然后建立一个工农领导包括各阶级在内的民主专政政权,通过实行以国家资本主义为主的经济制度,进行经济建设,并逐步过渡到社会主义。③

1949年,毛泽东在《论人民民主专政》中充满自信地指出,"康有为写了《大同书》,他没有也不可能找到一条到达大同的路",而中国共产党人找到了,这就是在中国实行"工人阶级(经过共产党)领导的以工农联盟为基础的人民民主专政"。在

---

① 《孙中山全集》第9卷,中华书局1986年版,第392页。
② 参见《李大钊全集》第4卷,人民出版社2013年版,第149—150页;《陈独秀文集》第1卷,人民出版社2013年版,第268页;《毛泽东选集》第4卷,人民出版社1991年版,第1469、1471页等。
③ 参见唐宝林、贾可卿《略论陈独秀对中国革命与建设道路的探索》,《安徽史学》2001年第1期。

该文中，他三次使用"大同"概念来形容中国共产党人的最终奋斗目标——实现共产主义远大理想，并将这一过程概括为"在工人阶级和共产党的领导之下稳步地由农业国进到工业国，由新民主主义社会进到社会主义社会和共产主义社会，消灭阶级和实现大同"[1]。在中国建立人民民主专政、最终实现大同，是中国共产党以马克思列宁主义为指导，结合革命实践经验得出的结论，符合中国国情，顺应人类社会发展规律。至此，"大同"概念的内涵已发生根本性改变。

在中国共产党人那里，"大同"社会喻指共产主义社会，是远大理想，而建设小康社会是现实目标。中华人民共和国成立特别是改革开放以来，中国共产党在制定、描摹国家发展蓝图与战略目标时，一再借用"小康"概念。传统意义上的小康社会是天下为家的"私天下"，伦理观念以"私"为中心，而当代中国小康社会致力于消灭剥削、消除两极分化，实现共同富裕。确切地说，"小康"概念被赋予崭新的时代内涵和鲜明的社会主义本质属性，成为美好社会的代名词，其内涵不断丰富和发展，并且一步步变为现实，是中华人民共和国成立特别是改革开放以后的事情，是中国共产党带领人民不懈探索奋斗的结果。"小康社会"成为建设中国特色社会主义、实现中华民族伟大复兴的一个非同寻常的重要概念和奋斗目标。用传统的"小康"概念来描述未来发展愿景，易于为人们理解和接受，激起人们对未来的热切向往，体现了中国特色。

1979年12月，邓小平在会见外宾时，把人均国民生产总值800—1000美元、低于发达国家现代化标准的"中国式的现代化"称为"小康之家""小康的国家"。1984年3月会见外宾时，首次将人均国民生产总值到20世纪末翻两番称为"小康社

---

[1] 以上参见《毛泽东选集》第4卷，人民出版社1991年版，第1469、1471、1476页。

会"。他表示："翻两番、小康社会、中国式的现代化，这些都是我们的新概念。"① 1987年10月，中共十三大指出我国目前仍处于社会主义初级阶段，正式将实现小康确定为现代化建设"三步走"发展战略的第二步目标。小康达标不以经济为唯一指标，还包括其他领域的发展。中共十三届七中全会明确指出，实现第二步战略目标的基本要求包括把国民经济的整体素质提高到一个新水平，人民生活从温饱达到小康，以及发展科技、教育、文化事业，社会主义精神文明建设达到新水平，等等。在实现现代化建设前两步战略目标、人民生活总体上由温饱进入小康的基础上，2000年10月中共十五届五中全会郑重宣布，"从新世纪开始，我国将进入全面建设小康社会，加快推进社会主义现代化的新的发展阶段"。这是中华民族发展史上一个新的里程碑。

中共十六大分析指出，我国正处于并将长期处于社会主义初级阶段，现在达到的小康还是低水平的、不全面的、发展很不平衡的小康，人民日益增长的物质文化需要同落后的社会生产之间的矛盾仍然是我国社会的主要矛盾。考虑到第三步战略目标的周期（半个世纪）太长，大会确定了2020年这个时间节点，其奋斗目标是全面建设小康社会，即建设更高水平的小康社会；其特征为六个"更加"，即经济更加发展、民主更加健全、科教更加进步、文化更加繁荣、社会更加和谐、人民生活更加殷实。中共十七大号召全党为夺取全面建设小康社会新胜利而奋斗，在十六大确立的全面建设小康社会目标的基础上对我国发展提出新的更高要求，包括首次提出"建设生态文明"概念。

中共十八大的召开，标志着中国特色社会主义进入新时代。大会正式提出"两个一百年"奋斗目标，2020年的目标从"全

---

① 《邓小平文选》第3卷，人民出版社1993年版，第54页。

面建设小康社会"改为"全面建成小康社会"。一字之差，含义深远，说明全党全体人民攻坚克难砥砺前行，正越来越接近预设的奋斗目标。大会提出建设美丽中国，增加生态文明建设，正式确立中国特色社会主义经济建设、政治建设、文化建设、社会建设、生态文明建设"五位一体"总体布局。十八大之后，逐渐明确"四个全面"战略布局，其一便是全面建成小康社会。统筹推进"五位一体"总体布局，协调推进"四个全面"战略布局，使中国特色社会主义道路越走越宽广。

中共十九大报告的标题为"决胜全面建成小康社会，夺取新时代中国特色社会主义伟大胜利"。大会郑重宣布，"中国特色社会主义进入新时代，我国社会主要矛盾已经转化为人民日益增长的美好生活需要和不平衡不充分的发展之间的矛盾"。这意味着近代以来久经磨难的中华民族迎来从站起来、富起来到强起来的伟大飞跃，迎来实现中华民族伟大复兴的光明前景。大会将"两个一百年"之间的30年又加以细化，新设2035年这个时间节点，将原先设计到21世纪中叶"基本实现现代化"改为到2035年"基本实现社会主义现代化"。这就把第二个百年目标提前了15年。大会就第二个百年奋斗目标作了新表述——"把我国建成富强民主文明和谐美丽的社会主义现代化强国"，加了"美丽"二字，5个关键词分别对应五大建设。实现"强国"目标，即实现了中华民族伟大复兴。

中华优秀传统思想的"大同"理念在当代中国被中国共产党人赋予了马克思主义科学理论的时代新内涵，产生更为积极的影响和作用。实现中国特色社会主义共同理想和共产主义远大理想，就是通过中国特色社会主义道路，通过不断增添新的内容，不断向前推进"全面小康"社会，而最终实现科学社会主义的"大同"社会理想。习近平在联合国总部阐释构建人类命运共同体时，专门引述了《礼记·礼运》"大道之行也，天下为公"一语。① 赋予"大同"理念以"人类命运共同体"的崭新内容。在维护世界和平、促进共同发展上，中国正发挥着越来越重要的作用。"小康""大同"概念在当代中国被赋予新内涵、产生新影响，说明中国共产党始终走在时代前列，是中华优秀传统思想的忠实传承者和弘扬者。

第六节 "和而不同"的处世之道

"和"是中华优秀传统思想的重要精神基因，追求"和而不同"是中华优秀传统思想的重要精神。"和"的内容就是万物"各得其所"，是表示一种关系、一种秩序，表示事物的存在形式。② 正所谓"和也者，天下之大道也"③。"和而不同"的思想理念和处世原则是中华优秀传统"和"思想的核心内容之一。

"和而不同"一词源自《论语·子路》。孔子言："君子和而不同，小人同而不和。"在这里，孔子虽然把对"和"与"同"的不同取舍作为区分"君子"和"小人"的标准，但充分表明了儒家重和去同的理念和价值取向。孔子的"和而不同"思想来源甚早。西周末年，史伯就提出"和实生物，同则不继"的著名论断。他说："夫和实生物，同则不继。以他平他谓之和，故能丰长而物归之，若以同裨同，尽乃弃矣。"④ 意思是说，只有不同的事物和谐共处，才能生成丰硕的世界万物。如果世界只是相同性质的事物相加在一起，就会呆板衰落。多样的统一，才

---

① 参见《习近平谈治国理政》第2卷，外文出版社2017年版，第522页。
② 钱逊：《"和"——万物各得其所》，《清华大学学报》2001年第5期。
③ 《礼记·中庸》。
④ 《国语·郑语》。

是真正的"和"。

中国古人较早就认为，如果自然界阴阳调和，人间就会风调雨顺、祥瑞普降。《道德经》第四十二章提出"万物负阴而抱阳，冲气以为和"，讲自然的和气。庄子强调人应"与天和"，即"明白于天地之德"，从而实现"人和"①。《周易·乾卦·彖传》云："乾道变化，各正性命，保合太和，乃'利贞'。首出庶物，万国咸宁。"自然界中，万物各有其特性，有差异性，但这些不同性质的事物只有协调统一在一起，相互平衡，才能发挥出最伟大的自然之力量。《中庸》说："致中和，天地位焉，万物育焉。"《荀子·天论》言"万物各得其和以生，各得其养以成"。这都是以"和"为人道追求的最高目标。一旦达到"太和""中和"的境地，自然、社会、人事，就都和谐共处了。

汉代董仲舒认为"德莫大于和"②，这是基于其唯心主义的天人感应思想，并融合阴阳五行说而对"和而不同"精神内涵的一种理解和认知。他在《春秋繁露·执贽》中又言："和者，天之功也。举天地之道，而美于和，是故物生。"《淮南子·氾论训》亦言"天地之气，莫大于和"，更是"和而不同"宇宙观的表达。自然万物生息变化，都得益于"和"这一精气的支持，因而人在修养上就应"因天地之资，而与之和同"③。

北宋范仲淹明确说："和而不同，亦犹天地分而其德合，山泽乖而其气通，日月殊行，在照临而相望，寒暑异数，于化育以同功。"④ 意思是说，天与地是上下相对应的，天地相合便有了生生不息的大德；山与泽高低不同而气脉相通，日与月运行不同而同处天空，寒与暑为不同节气，但都可华育万物。这是把

---

① 《庄子·天道》。
② 《春秋繁露·循天之道》。
③ 《淮南子·主术训》。
④ 《范文正公集·别集》卷三。

"和而不同"看作分中有合的宇宙世界。张载提出，太和就是道，着重讲宇宙万物对立性与差异性的统一。他在《正蒙·太和》中说："太和所谓道，中涵浮沉、升降、动静相感之性。"在他看来，作为气，太和是宇宙的本原；作为理，太和是宇宙的规范；作为理想，太和是人修养的最高境界。这也就是他所言的"心和则气和，心正则气正"[1]。清代王夫之对此作了阐释，他认为"阴阳异撰……合同而不相悖害，浑沦无间，和之至也。未有形器之先，本无不和；既有形器之后，其和不失，故曰太和"[2]。这把"太和"作为"和"的终极追求目标。世界各种事物之间的关系所呈现出来的对立状态，必将通过"和"来解决。苏轼赞叹自然界万物的和而不同这一美轮美奂的妙境。他说："天之云霞，地之卉木，水色山光之紫翠蔚蓝，无一'同'者。然而莫非造化秀灵之气也。及其生物不测，则若相为左右手。"[3]正是大自然的千奇百态，造就了世界万物及其美妙与莫测。

"和而不同"的处世之道，是建立在中华朴素辩证法关于对立统一的哲学观基础上的。"和而不同"不是片面地只讲和，不讲分，只讲一致，不讲差别，只讲统一，不讲对立的，它强调在分、差别和对立之中求得合、一致与统一，体现了深刻的哲学辩证法思想。

"和而不同"的处世之道，随着时间推移和时代变迁而不断与时俱进，主要呈现出三种表现形式：

"和而不同"的社会观。在中国社会内部人与人的关系上，中华优秀传统思想倡导"和而不同"。《尚书·精义》中说："无偏无党，王道荡荡，无偏无党，王道平平，是大公之道，天下之常道也。""和而不同"不仅是君子的道德要求，也是中国古代

---

[1] 《张载集·经学理窟·气质》。
[2] 《张子正蒙注·太和》。
[3] 《御选唐宋文醇》卷三九《眉山苏轼文二》。

治国理政所追求的重要准则。晏婴说:"和如羹焉。水火、醯醢、盐梅以烹鱼肉,燀之以薪,宰夫和之,齐之以味,济其不及,以泄其过,君子食之,以平其心。君臣亦然,君所谓可,而有否焉,臣献其否,以成其可;君所谓否,而有可焉,臣献其可,以去其否。是以政平而不干,民主争心。"① 这将"和而不同"的观念引入政治生活,对传统政治生活的价值取向有着深远影响。

"和而不同"并非指不同事物和谐相处,这里的"和"与"同"是两种状态,也是两种态度,"不同"不是指事物,而是说君子不赞成"同"这种状态。② 孔子说:"君子矜而不争,群而不党。"③ 君子应该"泛爱众",普遍团结人而不结党营私。他意识到,民众知礼则"易使"。他的学生有子对老师的这一认识加以阐释,提出"礼之用,和为贵。先王之道,斯为美,小大由之。有所不行,知和而和,不以礼节之,亦不可行也"④。朱熹释道:"和者,从容不迫之意。"⑤ 在他看来,礼仪制度虽显得庄严,却出于自然之道,故在遵循礼仪时要从容不迫,不偏不倚。这都是在强调治国理政、礼仪制定要以"和"为基本准则。《国语·郑语》称赞商契能"和合五教,以保于百姓者也"。

东汉末史学家荀悦提出百官之间"和而不同,让而不争,勤而不怨,无事惟职是司",积极倡导君臣各守其责,互相礼让,形成好的"治国之风"⑥。补偏纠弊同样为和而不同思想的内涵之一。晋葛洪说:"和而不同,见彼有失,则正色而谏之;

---

① 《左传·昭公二十年》。
② 周桂钿:《君子和而不同》,《光明日报》2016年1月21日第3版。
③ 《论语·卫灵公》。
④ 《论语·学而》。
⑤ 《论语集注·学而》。
⑥ 《申鉴·政体》。

告我以过，则速改而不惮。"① 南朝史学家范晔又提出，"周而不比，和而不同，以救过为正，以匡恶为忠"②。《隋书·郭衍传》中明确提出，"和而不同，事君之常道"。"和而不同"成为中华优秀传统政治思想的重要内容，也是治国之道。《意林》中言："君臣亲而有礼，百官和而不同，此治国之风也。"③ 唐太宗与谏臣魏徵讨论治国之道时提出了"兼听则明，偏信则暗"的重要认识，对于贞观之治的出现是有一定推动作用的，这是和而不同中"纳和言"的重要实例。

明代黄洪宪写有《君子和而不同》一文，说："天下国家大事，本非一人之意见，所得附和而强同者，惟平其心以待之而已矣。和出于平，而又何比焉？合志同方，非以植私也。天下万世之道，本非一己之私心所能任情而强和者，惟公其心以应之而已矣。和生于公，而又何徇焉？"④ 宋代苏辙亦言："古者君臣之间和而不同，上有宽厚之君，则下有守法之臣。"⑤ 这都是强调处理政治关系的"和而不同"的理念。如何真正实现"和而不同"的政治观，黄洪宪对此也有自己的思考。他说："夫'和'者，天下大同之道也。惟其'道'而不惟'情'，此君子之'和'。"这是说如果君臣之间，上下级之间，同僚之间，都以"道"这一根本道德之标准处理关系，而不是任私、任情，"和而不同"的政治风气就自然会形成。

"和而不同"的人际观。《诗经·小雅·常棣》言："兄弟既具，和乐且孺。"孔子的学生曾子认为，实施礼仪，可以使"民德归厚"。荀子进一步阐释道，礼乐可以"和亲"父子兄弟，

---

① 《抱朴子·外篇·交际》。
② 《后汉书》卷八〇下《文苑列传下·刘梁》。
③ 《意林》卷五。
④ 《文渊阁四库全书·集部》总集类《钦定四书文·隆万文》卷三。
⑤ 《栾城集·应诏集》卷六。

"和顺"乡里,"和齐"民众。① 《大学》一书将孔子的"中庸"中的"中和"这一修养思想系统化,通过内有"明明德",即内心、精神的和谐,外有"亲民",便是家和、政和,最终达到"至善"的理想目标,即天下和。格物致知是"和而不同"人身修养的根本途径。西汉以孝治天下,就是在"和"的思想上特别强调家庭和谐的理念,要求父子、兄弟、夫妇之间和睦相处,相互帮助,互助友爱。

"和因义起,同由利生"② 即重义轻利,这是对"和而不同"思想内涵的准确把握和精深理解,重义轻利,强调的是"和而不同"的人生道德修养。君子与小人是儒家在人的道德修养上所提出的重要概念和辨别标准。南宋朱熹在注释"和而不同"时说,有修养的君子"常和而不可以苟同",而小人则"有些小利害,便至纷争不和也"③。康有为不仅赞成朱熹的这一理解,并作了进一步阐释。在他看来,君子对待他人,"有公心爱物",这才称得上是"和"。在生活实践中,"独立不惧,各行其是",这就是所谓的"不同"④。明代程敏政对孔子"君子和而不同,小人同而不和"理解得更为通俗,他说:"孔子说君子的心术公正,专一尚义,凡与人相交,必同寅协恭,无乖戾之心。然事当持正处,又不能不与人辩论,故曰'君子和而不同'。小人的心术私邪,专一尚利,凡与人相交,便巧言令色,有阿比之意。然到不得利处,必至于争竞,故曰'小人同而不和'。"⑤ 在人际交往中,君子能与人为善,而在具体问题认识上,却不必苟同于他人;小人往往在具体问题上附和他人,却纷争利益,不与人和善。

---

① 《荀子·乐论》。
② 《论语正义·子路》。
③ 《朱子语类》卷四十三。
④ 康有为:《论语注》。
⑤ 《篁墩文集》卷二。

人心和善又是"和而不同"在人身道德修养方面的重要体现。《老子·八章》言:"善利万物而不争。"《礼记·曲礼》说:"礼不妄说人,不辞费。礼不逾节,不侵侮,不好狎。修身践言,谓之善行。"《礼记·大学》:"大学之道,在明明德,在亲民,在止于至善。"《孟子·公孙丑上》:"取诸人以为善,是与人为善者也。故君子莫大乎与人为善。"《荀子·劝学》讲"积善成德"。《管子·小匡》中所说"民皆勉为善。士与其为善于乡,不如为善于里,与其为善于里,不如为善于家",强调的就是以家庭和睦为基础的社会和谐思想。贾谊也有"善不可谓小而无益,不善不可谓小而无伤"之说。①

北宋刘攽言:"道莫贵于因众以宁德,莫大乎与人为善。"② 程颐说:"人知不善而犹为不善,是亦未尝真知。若真知,决不为矣。"③ 南宋刘克庄言:"所谓与人为善者也,分人以德者也。"④ 元代戴表元也说:"善者,天理之总名,人人有之。人人有之而有不能有之者,心不在焉故也。心于善者,不但能有己之善,又能有人之善,不但能有人之善,又能与人同其善。心不在于善者,人己两失之矣。"⑤ 这是强调与人为善的途径,即以心为善。

在思想文化上,善于和而不同,博采众家之长,是中华思想的优良传统。⑥ 战国时期的"百家争鸣"就是"和而不同"思想在学术思想文化上的典型呈现,不同学派,不同思想体系,不同层次的思想文化阐释主体,互有争论,相互探讨,互鉴交流,殊途同归。

"和而不同"的邦交观。"和而不同"的处世之道体现在中

---

① 《新书·审微》。
② 《彭城集·皋陶戒舜在知人赋》。
③ 《河南程氏遗书》卷二上。
④ 《后村集·与游丞相》。
⑤ 《剡源集·讲义》。
⑥ 张岂之主编:《中华优秀传统文化理念读本》,学习出版社2014年版,第278页。

原王朝处理邦国关系上,是倡导"协和万邦"的邦交观。"协和万邦"的说法出自《尚书·尧典》:"克明俊德,以亲九族。九族既睦,平章百姓,百姓昭明,协和万邦,黎民于变时雍。"《尚书·尧典》认为"柔远能迩,安劝大小庶邦",才能"蛮夷率服"。其他先秦元典中也阐述了协和万邦的思想。

《周礼》中说:"以和邦国,以统百官,以谐万民。"《周易·乾卦》说:"首出庶物,万国咸宁。"《论语·颜渊》篇中说:"君子敬而无失,与人恭而有礼,四海之内,皆兄弟也。"《论语·季氏》篇中说:"远人不服,则修文德以来之。"《中庸》提出治理国家、天下的九条准则,其中两项是"柔远人也,怀诸侯也",认为"柔远人则四方归之,怀诸侯则天下畏之"。"送往迎来嘉善而矜不能,所以柔远人也",指大国对周边邦国应该友善,表彰其好的方面,对于他们还做不到的则给予帮助;"继绝世举废国,治乱持危,朝聘以时,厚往而薄来,所以怀诸侯也",指收取小邦国的贡品不妨少些轻些,而回报的礼品却要厚重。孟子提出了推行"王道""以德服人"、反对霸道的国际秩序观,他说:"以力服人者,非心服也,力不赡也;以德服人者,中心悦而诚服也。"[1]《墨子》主张"兼爱""非攻""尚同"的主张。《孙子兵法》是一部兵书,但也提出了亲善友邦的政略,指出"上兵伐谋,其次伐交,其次伐兵,其下攻城,攻城之法为不得已","不战而屈人之兵,善之善者也"[2]。《左传·隐公六年》中有云:"亲仁善邻,国之宝也。"《国语·晋语》称:"固国者在亲众而善邻。"

秦汉以后,协和万邦、天下大同的理念得以传承,中原王朝与周边邦国的交往得以延续,陆上与海上丝绸之路得以向域外延

---

[1] 《孟子·公孙丑上》。

[2] 《孙子·谋攻》。

伸。汉武帝于公元前139年和公元前119年派张骞两次出使西域，积极发展同西域各国的关系，开辟了一条连接欧亚的陆上丝绸之路。唐太宗拒绝"震威耀武，征讨四夷"的建言，而采纳魏徵"偃武修文，中国既安，四夷自服"[①]的建议，不轻易发动战争，成为成就贞观之治的重要原因，他自己总结对外关系上"成今日之功"有五个因素，其中一个方面是"自古皆贵中华，贱夷、狄，朕独爱之如一，故其种落皆依朕如父母"[②]。他还说过："我今为天下主，无问中国及四夷皆养活之，不安者我必令安，不乐者我必令乐。"[③] 朱元璋奉行睦邻友好政策，向邻国宣传"朕仿前代帝王治理天下，惟欲中外人民，各安其所。又虑诸蕃僻在远方，未悉朕意，故遣使者往谕，咸使闻知"[④]。又称："自古为天下主者，视天地所覆载，日月所照临，若远若近，生人之类，无不欲其安土而乐生。然必中国治安而后四方外国来附。"[⑤] 明成祖派郑和七下西洋，广播仁爱于友邦，开通了中国通往东南亚、北印度洋沿岸各国以至非洲的"海上丝绸之路"。明代思想家王阳明在《传习录》中提到"圣人之心，以天地万物为一体，其视天下之人，无外内远近"，"天下之人，熙熙皞皞，皆相视如一家之亲"[⑥]。清政府实行"布恩信，怀远人"的政策，以"协和万邦"处理周边邦国的关系，在鸦片战争前维持了"天朝上国""万方来朝"的局面。

近代以后，中国人民历经苦难，所以更珍视和平，因此，"协和万邦"思想、"爱好和平"美德得到了传承与发展。 洪秀全在《原道觉世训》中强调"天下总一家，凡间皆兄弟"，希望

[①] 《资治通鉴》卷一九八。
[②] 《旧唐书》卷七一《魏徵传》。
[③] 《册府元龟》卷一七〇《来远》。
[④] 《明史》卷三二四《外国传五》。
[⑤] 《明太祖实录》卷五三。
[⑥] 《王阳明全集》第1册，天津社会科学院出版社2015年版，第52—53页。

建立"天下一家,共享太平"的"地上天国"。孙中山强调要传承中华民族爱好和平的传统美德。他指出,中华民族是爱好和平的民族,热爱和平是中国的传统道德之一,不但要保存,还要发扬光大。他强调中国一旦实现民族复兴的目标,不能走列强以强凌弱的老路,重蹈其覆辙,而是"要'济弱扶倾,才是尽我们民族的天职","要以固有的道德和平做基础"[①]。他还指出:"主张和平,主张大同,使地球上人类最大之幸福,由中国人保障之;最光荣之伟绩,由中国人建树之;不止维持一族一国之利益,并维持全世界全人类之利益焉。"[②] 他相信中华民族复兴,将为人类"普遍和平"带来福音。

中国共产党人传承、弘扬、发扬光大了中华民族"和而不同"处世之道的精华。毛泽东提出正确处理人民内部矛盾,还提出要"造成一个又有集中又有民主,又有纪律又有自由,又有统一意志,又有个人心情舒畅、生动活泼,那样一种政治局面"[③]。通过正确处理人民内部的各种矛盾,以达到中华各民族人民的和谐相处,实现中华民族的大团结。党的十一届三中全会以后,以邓小平同志为核心的党的第二代中央领导集体断然抛弃"以阶级斗争为纲"的错误方针,提出了实现中华民族共同富裕的中国特色社会主义道路。江泽民曾指出:"两千多年前,中国先秦思想家孔子就提出了'君子和而不同'的思想。和谐而又不千篇一律,不同而又不相互冲突。和谐以共生共长,不同以相辅相成。和而不同,是社会事物和社会关系发展的一条重要规律,也是人们处世行事应该遵循的准则,是人类各种文明协调发展的真谛。"[④] 胡锦涛对构建社会主义和谐社会问题作出一系列

---

① 《孙中山全集》第 9 卷,中华书局 1986 年版,第 253 页。
② 《孙中山全集》第 2 卷,中华书局 1982 年版,第 240 页。
③ 《毛泽东选集》第 5 卷,人民出版社 1977 年版,第 456 页。
④ 《江泽民文选》第 3 卷,人民出版社 2006 年版,第 522 页。

重要论述，提出了切实保持经济持续快速协调健康发展、把维护社会公平放到更加突出的位置、切实加强社会建设和管理、切实处理好新形势下的人民内部矛盾等重要观点，将构建社会主义和谐社会确立为我们党的重大战略思想。

习近平指出："中华文化崇尚和谐，中国'和'文化源远流长，蕴涵着天人合一的宇宙观、协和万邦的国际观、和而不同的社会观、人心和善的道德观。在5000多年的文明发展中，中华民族一直追求和传承着和平、和睦、和谐的坚定理念。以和为贵，与人为善，己所不欲、勿施于人等理念在中国代代相传，深深植根于中国人的精神中，深深体现在中国人的行为上。"[1] 他在中共十九大报告中强调，世界各国人民应该秉持"天下一家"理念，张开怀抱，彼此理解，求同存异，共同为构建人类命运共同体而努力。他强调，"中华民族历来是一个爱好和平的民族……爱好和平的思想深深嵌入了中华民族的精神世界，今天依然是中国处理国际关系的基本理念"[2]。"和而不同"的处世之道有着鲜明的民族特色，有着永不褪色的时代价值。

第七节 "民惟邦本、强国富民"的民本思想

民本思想是中华优秀传统思想的重要内容，它肇始于夏商周三代，发展于春秋战国时期，后为历代思想家、政治家不断阐释。

---

[1] 习近平：《在中国国际友好大会暨中国人民对外友好协会成立60周年纪念活动上的讲话》，《人民日报》2014年5月16日第2版。

[2] 习近平：《在纪念孔子诞辰2565周年国际学术研讨会暨国际儒学联合会第五届会员大会开幕会上的讲话》，人民出版社2014年版，第3页。

"民本"一词，出自《尚书·五子之歌》："皇祖有训，民可近，不可下，民惟邦本，本固邦宁。"虽然无法判断《五子之歌》已佚原文是否存在"民惟邦本，本固邦宁"这句话，但根据现存的先秦文献基本可以断定，民本思想在商周时初见端倪。《尚书》有"重我民""罔不惟民之承"的记载；[1]亦有"王司敬民，罔非天胤"之说。[2]《尚书·周书》有许多反映民本观念之记述，如《泰誓》说："天视自我民视，天听自我民听。"《皋陶谟》说："天聪明自我民聪明，天明畏自我民明畏。"《尚书·五子之歌》中"民惟邦本，本固邦宁"之语，可以视为中华传统民本思想之经典表达和最早源头。"民惟邦本"之基本含义，是承认"民"为国之根基、源泉与主体。殷周时期所产生的"重民""保民""尊民""亲民"思想意识，《尚书·盘庚》中所谓"视民利用迁"之语，《尚书·康诰》所反复提及的"用保乂民""用康保民""惟民其康乂"及"裕民""民宁"等，均为先秦时期"民惟邦本"之明证。

民本思想是以儒家为代表的中华优秀传统思想的重要内容。儒家的民本思想有两个突出特点：一是关注民生；二是以维新治世。前者体现为天下为公，注重民众生存状况，"天地之大德曰生"[3]，唯有解决好"民生"问题方能"得民心"，而得民心者方可得天下；后者表现为不断推出社会精英以治理国家。孔子的"仁者爱人"思想，是儒家民本思想之基础。孔子所说的"人"不是作为个体的"人"，而是作为群体的"民"，故孔子提倡："道千乘之国，敬事而信，节用而爱人，使民以时。"[4]主张统治

---

[1] 《尚书·盘庚》。
[2] 《尚书·高宗肜日》。
[3] 《周易·系辞下》。
[4] 《论语·学而》。

者要施"德政""仁政","因民之所利而利之"①,体现了儒家初步的民本思想——仁心爱民。孔子之人、民同语,爱人即爱民。

孟子则对先秦时期儒家"民本"思想作了经典阐释。他从殷周历史教训出发,提出了"民者君之本"的核心观点,强调君主统治的基础在于民众。《孟子·尽心下》说:"诸侯之宝三:土地,人民,政事。"在他看来,无土地则无以立国,无人民则无以存国,无政事则无以治国。在孟子看来,在君主、土谷之神和人民这三者之间,人民最为重要。诸侯君主如果危害国之生存,可以改立;土谷之神如果不灵效,也可以变更,唯有民众是须臾不可缺失的。民为国之根本和基础,君主只有得到民众拥护,方能保证政治统治的稳固。《孟子·尽心下》说:"是故得乎丘民而为天子,得乎天子而为诸侯,得乎诸侯而为大夫,诸侯危,则变置。牺牲既成,粢盛既洁,祭祀以时,然而旱干水溢,则变置社稷。"

正因如此,孟子重视《尚书》所谓"天视自我民视,天听我民听"之说,强调民意即天意,主张以"国人"之民意作为评判国事之根据。《孟子·梁惠王下》说:"国君进贤,如不得已,将使卑逾尊、疏逾戚,可不慎与?左右皆曰贤,未可也;诸大夫皆曰贤,未可也;国人皆曰贤,然后察之,见其贤,然后用之。左右皆曰不可,勿听;诸大夫皆曰不可,勿听;国人皆曰不可,然后察之,见之可焉,然后去子。左右皆曰可杀,勿听;诸大夫皆曰可杀,勿听;国人皆曰可杀,然后察之,见可杀焉,然后杀之。故曰国人杀之也。如此,然后可以为民父母。"民能够直接与"天"相通,天意要由民意来显现,只有顺应民意、合乎民心,才能一统天下。在他看来,得天下之要在于得民,得民

---

① 《论语·尧曰》。

之要在于得民心。《孟子·离娄上》说："桀纣之失天下也,失其民也;失其民,失其心也。得天下有道:得其民,斯得天下矣;得其民有道:得其心,斯得民矣;得其心有道:所欲与之聚之,所恶勿施尔也。"正因推崇"民为贵,社稷次之,君为轻",故孟子力主统治者当施仁政,善待民众,并提出"唯仁者宜在高位"的主张。也正因如此,他主张"制民之产",劝告君主关注民生问题。《孟子·梁惠王上》云:"明君制民之产,必使仰足以事父母,俯足以畜妻子;乐岁终身饱,凶年免于死亡。然后驱而之善,故民之从之也轻。"孟子的民本思想包含着重民、保民、用民、利民、悯民、恤民等,其基本内涵是顺民意、得民心、用民力、重民生。

孟子的民本思想还包含着君民平等和限制"君权"的思想因素,这种思想因素为后儒所承继并有所发挥。荀子亦主张君主对民众应当"利而后利之,爱而后用之,保社稷者也"①。含有利民、爱民之意。《荀子·王制》则提出了著名的君民"舟水"之喻:"君者,舟也;庶人者,水也。水则载舟,水则覆舟。此之谓也。故君人者欲安,则莫若平政爱民矣。"正因看到了民众中所潜藏的巨大能量,故君主应当"爱民"。

先秦时期的民本思想为秦汉以后儒家士大夫所继承并有所发挥。西汉贾谊强调国以民为本的政治理念:"闻之于政也,民无不为本也。国以为本,君以为本,吏以为本……此之谓民无以不为本也。"② 东汉王符在《潜夫论·本政》中对君民关系作了精辟阐述,主张君主体恤民情,关心民众疾苦,施仁政以顺民心:"天以民为心,民安乐则天心顺,民愁苦则天心逆。民以君为统,军政善则民和洽,君政恶则民冤乱。君以恤民为本。"

---

① 《荀子·富国》。
② 《新书·大政上》。

儒家民本思想所蕴含的某种积极因素，为唐宋以后历代君王及儒家士大夫所继承和阐扬。唐太宗《百字箴言》体现了其对民众生活疾苦之体恤，其所谓"夫人者国之先，国者君之本"，包含着以民为先的政治理念，他提出"为君之道，必须先存百姓"。他告诫侍臣云："凡事皆须务本，国以人为本，人以衣食为本，凡营衣食，以不失时为本。"① 此处所谓人，仍然指民。宋人苏轼继承儒家"民者，天下之本"观点，阐发了君主顺乎民意、实施仁政的思想。② 程颢以"视民如伤"为座右铭，程颐则强调治者当重民与报民："人主所以有崇高之位者，盖得之天下，与天下之人共戴也，必思所以报民；古之人君视民如伤，若保赤子，皆是报民也。"③ 故强调："为政之道，以顺民心为本，以厚民生为本，以安而不扰为本。"④ 希望君主体恤民情，爱惜民力，使民富裕："养民之道，在爱其力，民力足则生养遂，生养遂则教化行而风俗美，故为政当以民力为重也。"⑤ 像朱熹这样的理学名家同样有许多重民与尊民之论。古代儒学大家关于民本思想言论甚多，但基本含义均为传统的重民之意、牧民之术与治民之法，构成了古代儒家民本思想的核心理念。

中国历代关心民众疾苦的儒家士大夫，往往利用民本思想来抵制君主专制主义，以保持社会之清明和政治之正常运转。程颐反对愚民政策，主张以仁政教化民众。他说："民可明也，不可愚也；民可教也，不可威也；民可顺也，不可强也；民可使也，不可欺也。"⑥ 邓牧在《伯牙琴》中亦提出，君主本为众人推举的"天下有求于我、我无求于天下"之人，即"天生民而立之

---

① 《贞观政要·务农第三十》。
② 《策别训兵旅二》。
③ 《二程集·遗书》卷一九。
④ 《二程集·文集》卷五。
⑤ 《河南程氏经说》卷四。
⑥ 《二程遗书》卷二五。

君，非为君也"①。若民所立之君施行暴政，民众便有反抗之权："夫夺其食，不得不怒；竭其力，不得不怨。"② 正因儒家民本思想中含有限定君权之意的积极因素，故为历代独裁君主所讳忌。朱元璋对孟子"民贵君轻"之说甚为不满："怪其对君不逊，怒曰：'使此老在今日，宁得免乎？'"③ 故诏令重修《孟子节文》，删除《孟子》中不利于君主专制之民本言论。

概括地说，传统民本思想大致包括三方面的内容：

第一，在一定程度上认识到了民众在历史长河与社会舞台上的地位与作用。历代哲人从天与人、民与邦、民与君、民与官的关系上，阐释了"民"的重要作用。民本思想在天人关系上，体现为贵人轻神，提出了"民为神主"。《尚书·皋陶谟》说："天聪明，自我民聪明；天明威，自我民明威。"《尚书·泰誓》说："天视自我民视，天听自我民听。""民之所欲，天必从之。"《左传·桓公六年》记载，在楚征伐随的过程中，随国贤臣季梁向随侯进谏："所谓道，忠于民而信于神也……夫民，神之主也。是以圣王先成民，而后致力于神。"《左传·庄公三十一年》引史嚚语："国将兴，听于民；将亡，听于神。"强调统治者只要对民负责就是对天负责，顺乎民心就是顺从天意。西汉思想家贾谊在《新书·大政》篇中断言："夫灾与福也，非粹在天也，必在士民也。"王夫之直接将"天"诠释为"人之所同然"或"民心之大同"④。这就是说，民众即天，民众共同的愿望、要求和利益就是天理。

民本思想在民与邦的关系上，体现为强调民为邦本，认为民众是国家的根本。《尚书·五子之歌》中说："民惟邦本，本固

---

① 《伯牙琴·君道》。
② 《伯牙琴·吏道》。
③ 《鲒埼亭集》卷三五。
④ 《读通鉴论》卷一九。

邦宁。"孟子称："诸侯之宝三：土地、人民、政事。宝珠玉者，殃必及身。"① 贾谊提出："闻之于政也，民无不为本也。"② 王符《潜夫论·边议》说："国以民为基。"宋代石介指出："民者，国之根本也。天下虽乱，民心未离，不足忧也；天下虽治，民心离，可忧也。"③ 唐甄《潜书·明鉴》说："封疆，民固之。府库，民充之；朝廷，民尊之；官职，民养之。"这些论述都旨在说明，民众是国家之根本和基础，只有安众养民，培根固本，才能治国宁邦，长治久安。

民本思想在民与君的关系上，体现为民贵君轻，民本君末。孟子的所谓"民本"的基本内涵，是以民为本，以君为轻。孟子阐述了"民贵君轻"的思想。他说："民为贵，社稷次之，君为轻。"④ 荀子提出了"民水君舟"之说。他说："君者，舟也；庶人，水也。水则载舟，水则覆舟。"⑤《史记·郦生陆贾列传》指出："王者以民人为天，而民人以食为天。"明末清初思想家黄宗羲在《明夷待访录·原君》中提出了"天下为主，君为客"的观点。

民本思想在民与官的关系上，体现为要求官员勤政爱民。历代士大夫留下了许多忧民爱民的诗文，如"心中为念农桑苦，耳里如闻饥冻声"；"百姓多寒无可救，一身独暖亦何情"；"先天下之忧而忧，后天下之乐而乐"；民间也流传着"当官不为民做主，不如回家烤白薯"之类的话语。柳宗元明确提出"吏为民役"主张："凡吏于土者，若知其职乎？盖民之役，非以役民而已也。凡民之食于土者，出其什一佣乎吏，使司平于我也。今

---

① 《孟子·尽心下》。
② 《新书·大政上》。
③ 《石介集·根本论》。
④ 《孟子·尽心下》。
⑤ 《荀子·王制》。

我受其值怠其事者，天下皆然。岂惟怠之，又从而盗之。向使佣一夫于家，受若值，怠若事，又盗若货器，则必甚怒而黜罚之矣。"①

第二，在一定程度上认识到得民心者得天下，失民心者失天下。《管子·牧民》说："政之所兴，在顺民心；政之所废，在逆民心。"战国时期，孟子在总结夏、商、周三代兴亡的历史时，阐发了"政得其民"的思想。《孟子·离娄上》说："桀纣之失天下者，失其民也；失其民者，失其心也。得天下有道：得其民，斯得天下矣。得其民有道：得其心，斯得民矣。"孟子认为，国君如果"暴其民"，就必然导致"身弑国亡"的下场，而人臣杀死像夏桀、商纣那样的暴君，也不是"弑君"，而是合理的行为。《孟子·梁惠王下》说："贼仁者谓之贼，贼义者谓之残，残贼之人，谓之一夫，闻诛一夫纣矣，未闻弑君也。"对于残民以逞的独夫民贼，一些儒学大家主张用暴力的手段加以推翻。

第三，在一定程度上认识到治国者要哀民生之疾苦。治国者要念稼穑之艰难，节用爱民，体恤民生，与民同忧，与民同乐。管仲认为，富以养民是治国为政者的首要任务，"凡治国之道，必先富民。民富则易治也，民贫则难治也……故治国常富，而乱国常贫。是以善为国者，必先富民，然后治之。"② 孔子提出"道千乘之国，敬事而信，节用而爱人，使民以时"③，反对横征暴敛。《论语·颜渊》说："百姓足，君孰与不足？百姓不足，君孰与足？"孟子主张："制民之产，必使仰足以事父母，俯足以蓄妻子，乐岁终身饱，凶年免于死亡。"④ 贾谊认为："夫为人

---

① 《柳河东集·送薛存义序》。
② 《管子·治国》。
③ 《论语·学而》。
④ 《孟子·梁惠王上》。

臣者，以富乐民为功，以贫苦民为罪。故君以知贤为明，吏以爱民为忠。"① 刘向指出："善为国者，爱民如父母之爱子、兄之爱弟，闻其饥寒为之哀，见其劳苦为之悲。"② 他们主张为政者应当从民众的物质利益上把儒家民本思想落到实处。对民众中的穷困者，对社会上的弱者，历史上的仁人志士倾注了关注、同情与关爱。屈原在《离骚》中哀叹"长太息以掩涕兮，哀民生之多艰"。《礼记·礼运》篇提出了"矜寡孤独废残者皆有所养"的思想。孟子提出，为政者不可"独乐"，要"与民同乐"，"乐民之乐者，民亦乐其乐；忧民之忧者，民亦忧其忧。乐以天下，忧以天下，然而不王者，未之有也。"③

　　传统民本思想不仅培育了一批懂得"水能载舟，亦能覆舟"的道理、重视与民休息的帝王，也造就了许多体恤民情、敢于为民请命的贤臣良吏。中国封建社会出现的清明盛世都在一定程度上留下了统治者认识到民为邦本的影子。如汉初的文帝、景帝在政治上实行"清静无为"的宽和原则，减省刑罚，避免征战，与民休息；在经济上实行轻徭薄赋的政策，减轻了农民负担，于是出现了世代称誉的"文景之治"。如唐太宗以做"乐民之君"为志，常以"载舟覆舟"的古训自诫，并以此诲喻太子，倡导去奢从俭，实行轻徭薄赋，选用清廉官吏，使社会迅速由大乱进入大治，出现"贞观之治"局面。古人习惯把爱民亲民的贤臣良吏称为"父母官"。西汉名吏召信臣勤政为民，在任南阳太守时，组织人民开通沟渎，以广灌溉，增加了良田，民得其利，蓄积有余。他还严禁嫁娶丧葬过于奢靡，严惩游手好闲的官家子弟，提倡耕稼力田，因而深受百姓敬慕，被称为"召父"。东汉光武帝时的名医杜诗在担任南阳太守任上，清廉节俭，诛暴立

---

① 《新书·大政上》。
② 《说苑·政理》。
③ 《孟子·梁惠王下》。

威，发明了用水力鼓动排橐冶铁的水排，方便了百姓。人们称他为"杜母"。古代的明君贤臣、清官良吏宽政惠民、厚生利民、除暴安民、济世为民的施政行为，尽管有其历史与阶级的局限，但其悲悯、体恤、爱护天下苍生，体谅民众疾苦，关心百姓生活，反映了民众的某些利益和愿望，有利于民众的生存与发展，其历史进步作用是应该肯定的。

但应该看到，以"重民""爱民""亲民""利民""恤民"为主要内容的民本思想及其在封建传统政治中的实践，虽然体现了古代思想家与政治家对"民"的重视，但其历史局限是显而易见的。民本思想虽然期盼、仰望圣君贤相"为民"作主，但"为民"只是手段，"仁政"只是幌子，而维护和巩固封建地主的阶级统治和国家政权才是根本目的，故它以君为主体和本位，而不是以民众为主体和本位。民本思想要求执政者"爱民如子"，明君与清官只要关切民生，就被视为"君父""父母官"，骨子里流露的是官尊民卑的观念。亲民、重民是存社稷、固君位、达邦宁的手段，民众被认为是一种值得重视和利用的政治资源，因而贵民、重民被封建统治阶级视为"驭民""治民"之术。

需要强调的是，儒家民本论所谓的民，是相对于"君"而言的"民众""大众""百姓"等抽象群体概念，而不是一个个具体的实在的人民大众。"民众"这个抽象的群体概念，混淆了统治阶级和被统治阶级、剥削阶级与被剥削阶级的区别，不承认人民作为历史发展和社会运动主体的地位。人、民、人民、民众等概念从来都是历史的、具体的，在阶级社会，人、民、人民、民众划分为具体的阶级，从来就没有抽象的、超历史的、超阶级的人、民、人民和民众。儒学作为中国封建社会的主流意识形态，作为封建地主统治阶级的统治思想，他们眼中的"民"是受他们统治的被统治阶级，他们心目中的"民"是相对于"君"

而言的，"民"自然处于与君相对的被统治者地位，是只能居于社会下层而被称为百姓、庶民、黎民、草民的民。封建儒家民本思想与近代资产阶级民本思想有着一定差异，与工人阶级政党所讲的以人民为主体的思想更是有着根本性质的不同。他们主张的民本，就在于"民"没有成为社会的主体，而只能作为社会的被统治的客体，即不是"由民作主"，而只能是统治阶级占统治地位的"为民作主"。故儒家民本思想本质上唯有"治民"而无"民治"，儒家民本思想是难以冲破封建地主统治阶级君主专制藩篱的。

鸦片战争以来，儒家民本思想受到晚清进步思想家的关注并得到重新解释，成为接受西方近代资产阶级"民权"观念的思想基础和重要中介。晚清改良维新派分属两大阵营：一个阵营是地主阶级内部的改良派；另一个阵营是资产阶级维新派。资产阶级维新派多以中国"三代之治"比附西方近代资产阶级"民主"，以儒家传统"民本"诠释西方近代资产阶级"民主"，只注意西方资产阶级的民主形式，而不注意其反封建、反专制的民主实质，将西方议院作为通上下之情、实现军民共治的有效方式而加以推崇。王韬在批评君权的基础上，主张伸张"民权"，仿效英国实行"君民共主"。他在《重民》中说："天下何以治？得民心而已！天下何以乱？失民心而已！"[①] 又说："呜呼！勿以民为弱民，盖至弱而不可犯也；勿以民为贱民，盖至贱而不可虐也；勿以民为愚民，盖至愚而不可欺也。夫能与民同其利者，民必与其上同其害；与民共其乐者，民必与其上共其忧。"[②]"善为治者，贵在求民之隐，达民之情，民以为不便者不必行，民以为不可者不必强。"[③] 他称赞英国君主立宪政体之君民相通做法，

---

① 王韬：《弢园文录外编》，中州古籍出版社1998年版，第62页。
② 同上书，第63页。
③ 同上书，第65页。

并将其归于中国三代之遗意:"惟君民共治,上下相通,民隐得以上达,君惠亦得以下逮,都俞吁弗,犹有中国三代以上之遗意焉。"①

郑观应从重民、爱民的封建民本思想出发,接受了西方近代资产阶级的民权思想,提出了设立议院、实行君主立宪的主张。他在《盛世危言》之《议院》中说:"中国历代帝王继统,分有常尊……所以《洪范》稽疑谋及庶人,盘庚迁都咨于有众。盖上下交则为泰,不交则为否。天生民而立之君,君犹舟也,民犹水也,水能载舟,亦能覆舟,伊古以来,盛衰治乱之机总此矣。况今日中原大局,列国通商势难拒绝,则不得不律之以公法。欲公法之足恃,必先立议院、达民情,而后能张国威、御外侮。"英国设立议院之举实为得民心之意:"故欲行公法,莫要于张国势;欲张国势,莫要于得民心;欲得民心,莫要于通下情;欲通下情,莫要于设议院。中国而终自安卑弱,不欲富国强兵为天下之望国也则亦已耳,苟欲安内攘外,君国子民持公法以永保太平之局,其必自设立议院始矣。"② 儒家传统民本思想成为晚清进步改良维新派思想家接受西方资产阶级民权思想的基础,也成为他们诠释西方民主思想的理论工具。改良维新派倡导资产阶级民权思想的传统资源,显然来源于儒家民本思想,儒家民本思想是改良维新派民权思想的底色。

谭嗣同在《仁学》中对君主起源作出新解释:"生民之初,本无所谓君臣,则皆民也。民不能相治,亦不暇治,于是共举一民为君……夫曰共举之,则因有民而后有君。君,末也;民,本也。天下无有因末而累及本者,亦岂可因君而累及民哉?夫曰共举之,则且必可共废之。君也者,为民办事者也;臣也者,

---

① 王韬:《弢园文录外编》,中州古籍出版社1998年版,第65页。
② 夏东元编:《郑观应集》,人民出版社1982年版,第96页。

助民办事者也。赋税之取于民，所以为民办事之资也。如此而事犹不办，事不办则易其人，亦天下之通义也。观夫乡社赛会，则必举一长，使治会事，办人理财之权咸隶焉。长不足以长则易之，虽愚夫愿农，犹知其然矣。"① 既然君主只是天下之民"共举"出来的"为民办事"者，并且民可"共举"君，亦可"共废"君，那么君之权力就绝对不是来自"天"，而只能来自于民。君臣因"卫民"需要而设，民才是天下之"真主"，"君末也，民本也"，民可举君，也可废君。谭嗣同否定传统君权之旨，在于伸张近代民权。这些观点带有浓厚的近代资产阶级民主色彩，封建传统民本思想被西方资产阶级民权观念所激活，在思想内涵上有了较大突破，但谭嗣同思想的底色仍然是封建儒家民本思想。

中国封建传统民本思想在晚清时期仍然作为重要思想资源而受到重视，并成为接引西方资产阶级近代民权思想的基础和中介。同时，随着对西方民主思想认识的加深，封建传统民本思想在新的时代环境刺激下发生了转化。

儒家民本思想在近代西方资产阶级民主思想的刺激和砥砺之下，逐渐转化为接近近代资产阶级民权思想的基本理念。以康有为、梁启超为代表的维新派从封建传统民本思想入手，一定程度上引入西方近代资产阶级民主观念，重新审视君民关系，肯定民之作用，并将民置于与君平等之地位，显然包含着将儒家民本思想转化为近代资产阶级民权思想的进步倾向。

康有为在给光绪帝的奏折中，引《洪范》《孟子》《周礼》的有关记载，证明自己主张的"君民同体"符合"先王之治天下，与民共之"的古训，表明其民权思想来源于儒家民本思想。严复在《辟韩》中将君主与臣民关系视为特定历史阶段社会分

---

① 谭嗣同：《仁学》，中华书局1958年版，第50页。

工的需要："君也臣也刑也兵也，皆缘卫民之事而后有也。"并指出："斯民也，固斯天下之真主也"；"秦以来之为君，正所谓大盗窃国者耳。国谁窃？转相窃之于民而已。"① 这种认识既来源于黄宗羲之论，亦源自西方资产阶级民主思想。严复在否定封建统治阶级的君权神授之说后，进而介绍西方近代资产阶级民主思想，对近代资产阶级民主、自由、平等诸核心理念作了解释，表达了以近代西方资产阶级民主思想代替中国封建传统民本思想之趋向。

梁启超则认为，《礼记》所讲的"民之所好好之，民之所恶恶之，此之为民父母"，《孟子》所讲的"国人皆曰贤，然后察之；国人皆曰不可，然后察之；国人皆曰杀，然后杀之"，均为近代西方资本主义民权思想的基础。② 梁启超对传统"仁政"的局限作了深刻分析："出吾仁以仁人者，虽非侵人自由，而待人于仁者，则是放弃自由也。"③ 故他主张贵自由，定权限，为传统民本思想注入了近代意义的资产阶级民主思想的新内容，促使封建儒家民本思想向近代资产阶级民主思想转化。

孙中山常常引用关于民本思想的名句，如《尚书》中的"民惟邦本，本固邦宁"、孔子的"大道之行也，天下为公"、孟子的"民为贵，社稷次之，君为轻"、朱熹的"国以民为本"等。孙中山在《民权主义》的讲演中说："两千多年前的孔子、孟子便主张民权。孔子说：'大道之行也，天下为公。'便是主张民权的大同世界。又'言必称尧舜'，就是因为尧舜不是家天下。尧舜的政治名义上虽然是用君权，实际上是行民权，所以孔子总是宗仰他们。孟子说：'民为贵，社稷次之，君为轻。'又说：'天视自我民视，天听自我民听。'又说：'闻诛一夫纣矣，

---

① 王栻编：《严复集》第 1 册，中华书局 1986 年版，第 34—36 页。
② 梁启超：《古议院考》，《时务报》第 10 期。
③ 梁启超：《新民说》，商务印书馆 2016 年版，第 93 页。

未闻弑君也.'他在那个时代，已经知道君主不必一定是要的，已经知道君主一定是不能长久的，所以便判定那些为民造福的就称为'圣君'，那些暴虐无道的就称为'独夫'，大家应该去反抗他。由此可见，中国人对于民权的见解，二千多年以前已经早想到了。"①

孙中山是中国资产阶级民主革命的先驱，是中国反帝反封建的资产阶级旧民主主义革命的代表。孙中山的政治主张是中国新兴资产阶级的意识形态和政治需要。孙中山对儒家传统民本思想的认知和改造，根本不同于中国封建地主阶级内部的改良派和资产阶级维新派对儒家传统民本思想的认知和改造，孙中山的资产阶级民主主义思想是反帝、反封建的，是进步的、革命的。而改良维新派则主张保留封建君主专制制度，是在这个大前提下的部分改良和调整。地主阶级内部的改良派目的是通过改良维护封建君主专制制度。而资产阶级维新派则是在不触动封建君主专制制度的前提下，求得新兴资产阶级需要的改良让步。

由于中国新兴资产阶级的先天不足，其革命性是有局限的，具有软弱性的一面。孙中山运用资产阶级民生观对儒家民本思想的继承与改良，其理论结果就是其民主、民生、民权的旧三民主义和后来的新三民主义。

儒家民本思想向近代资产阶级民主思想转化过程，实际上是近代资产阶级民主思想冲破封建民本思想的藩篱而逐渐成为中国近代进步思想的过程。从儒家民本思想到维新新民本思想，从维新新民本思想到近代民权思想，再到近代中国资产阶级的民主主义，经历了复杂的转变过程。维新派从封建民本思想角度审视近代西方资产阶级民权思想，将民权看作民本思想的具体措施、民本的西方模板和民本的新形式。近代资产阶级民主思想的核心为

---

① 《孙中山全集》第9卷，中华书局1986年版，第262页。

民有、民治和民享，主张主权在民，不是主权在君；主张为民作主，替民作主，为民服务。然而，中国新兴资产阶级的民主思想有其阶级局限性，他讲的人民，首先是新兴资产阶级，代表了新兴资产阶级的利益，当然也在一定程度上体现了其他劳动阶级的利益。但另一方面，由于中国资产阶级的两面性，也决定了其民主主义思想的不彻底性，不能代表中国广大劳动阶级。

中国曾是具有悠久历史传统的小生产者的封建社会的国度，农民占全国人口的绝大多数，农民问题是中国社会的根本问题。封建儒家的所谓"民本"，实际上就是以农为本，重民实际上就是重农。中华封建优秀传统民本思想侧重于重农。

中国共产党对中华优秀传统民本思想的继承、改造与弘扬，既不同于近代资产阶级维新派的民本思想观，又不同于中国资产阶级的民主主义思想，而是赋予了新的时代内涵和现实价值。中国共产党是以马克思列宁主义为指导思想的无产阶级政党，是代表以工人阶级、农民阶级为主体的最广大中国人民利益的，是为人民谋福祉的。中国共产党坚持"人民群众是历史创造者"的基本观点，重视人民群众的历史作用，依靠人民、保障民权、关注民生，确立了"为人民服务"的宗旨，对传统民本思想作了马克思主义的新阐释，创造了中国化的马克思主义的群众观点和群众路线，实现了中华优秀传统民本思想创造性转化和创新性发展。

中国共产党的创造性阐释主要集中在两个方面：一是高度重视人民群众的主体地位，强调人民群众是真正的英雄，是决定国家前途命运的根本力量；尊重人民群众的首创精神，最大限度地激发人民群众的创造热情，保障人民群众的民主权利，建立中国特色的社会主义民主制度，实现人民群众当家作主，将儒家的"为民作主"思想转化为"人民当家作主"的实践。二是高度重视人民群众的历史作用，坚定地站在人民群众的立场上，相信群众，依靠群众，继承儒家强调的保民、重民和悯民思想，树立人民至上的理念，提出人民利益高于一切，牢固确立"为人民服务"的根本宗旨，实现了向"为人民服务"思想的彻底转变。

中国共产党从诞生之日起，就将"为人民谋取幸福"写进党章，确定了"为人民服务"的根本宗旨。毛泽东在《为人民服务》的演讲中公开申明："我们这个队伍完全是为着解放人民的，是彻底地为人民的利益工作的。"[①] 全心全意为人民服务是中国共产党的根本宗旨，是党的活动的根本出发点和落脚点，是区别于其他政党的最根本的标志。中国共产党除了工人阶级和广大人民群众的利益，没有自己的特殊利益。"为人民服务"的根本宗旨，决定了中国共产党是人民根本利益的忠实代表者和坚定维护者，一切工作都以广大人民根本利益为最高标准，做到立党为公、执政为民，权为民所用、情为民所系、利为民所谋。

在中国特色社会主义新时代，中国共产党不忘初心、牢记使命，提出"以人民为中心"的思想，使传统民本思想在新的历史条件下获得进一步的创新性发展。习近平指出："人民是创造历史的动力，我们共产党人任何时候都不要忘记这个历史唯物主义最基本的道理。"[②] 习近平在中共十九大报告中，把"坚持以人民为中心"作为新时代中国特色社会主义思想的核心内容加以阐述。他指出，人民是历史的创造者，是决定党和国家前途命运的根本力量；必须坚持人民主体地位，坚持立党为公、执政为民，践行全心全意为人民服务的根本宗旨，把党的群众路线贯彻到治国理政全部活动之中，把人民对美好生活的向往作为奋斗目

---

① 《毛泽东选集》第 3 卷，人民出版社 1991 年版，第 1004 页。
② 《习近平总书记系列重要讲话读本（2016 年版）》，学习出版社、人民出版社 2016 年版，第 128 页。

标，依靠人民创造历史伟业。习近平"以人民为中心"的思想，不仅是对马克思主义唯物史观的历史传承和创新发展，而且是对中华传统民本思想在新时代的创新性发展。

以人民为中心的思想，集中体现了人民至上的价值取向和人民主体地位的历史观点。人民是历史的创造者，是决定党和国家前途命运的根本力量。党的根基在人民、血脉在人民、力量在人民。人民始终是党的力量之源和胜利之本。中国共产党之所以能取得一系列举世瞩目的成就，根本原因是始终坚持人民主体地位，坚持依靠人民创造历史伟业。依靠人民，就是把人民作为发展的力量源泉，充分尊重人民主体地位，充分尊重人民所表达的意愿、所创造的经验、所拥有的权利、所发挥的作用，充分尊重人民群众首创精神。一切工作的成败得失要由人民群众来检验，以人民拥护不拥护、赞成不赞成、高兴不高兴、答应不答应作为根本标准。

以人民为中心的思想，彰显了中国共产党的人民性特质，集中体现了中国共产党全心全意为人民服务的根本宗旨。习近平指出："为人民谋幸福，是中国共产党人的初心。我们要时刻不忘这个初心，永远把人民对美好生活的向往作为奋斗目标。"[①]党的一切工作的出发点和落脚点，都是为了实现好、维护好、发展好最广大人民的根本利益。一切为了人民，把增进人民福祉、提高人民生活水平和质量、促进人的全面发展作为根本出发点和落脚点，带领人民不断创造美好生活，不仅生动诠释了中国共产党全心全意为人民服务的根本宗旨，而且是立党为公、执政为民的生动体现，是共产党人始终坚守的政治灵魂和精神支柱。

以人民为中心，集中体现了人民共享发展成果的利益追求。

[①] 习近平：《在党的十九届一中全会上的讲话》，《求是》2018年第1期。

习近平指出："必须始终把人民利益摆在至高无上的地位,让改革发展成果更多更公平惠及全体人民。"① 人民群众既是社会主义革命、建设和改革发展成果的创造者,也是社会主义革命、建设和改革发展成果的享有者。发展成果由人民共享,使发展的成果惠及全体人民,逐步实现共同富裕,是中国共产党的价值追求,也是社会主义的本质要求。发展为了人民、发展依靠人民、发展成果由人民共享,归根结底是要让人民群众有更多获得感。

以人民为中心,集中体现了中国共产党密切联系群众的优良作风。作为来自于人民、植根于人民的中国共产党,融入人民、不脱离群众是其政治本色。习近平指出："我们党来自人民、植根人民、服务人民,一旦脱离群众,就会失去生命力。"② 坚持以人民为中心,就必须始终保持党同人民群众的血肉联系,自觉从人民群众的伟大实践中汲取智慧和力量,自觉接受人民群众的评判和监督,真正为群众办实事、解难事、做好事,赢得人民信任和支持。

"以人民为中心"的思想,是中国共产党将马克思主义的"人民群众是历史创造者"的基本观点与中华优秀传统民本思想相结合而提出的创新性理论成果。一切为了人民、一切依靠人民、从人民中来、到人民中去、发展为了人民、发展依靠人民、发展成果由人民共享、保持党与人民的血肉联系,是"以人民为中心"思想的核心内涵。它既是中国共产党对中国特色社会主义新时代丰富实践经验的科学总结,也是根据新时代需求对中华优秀传统民本思想所进行的创造性阐释。这样的新阐释,不仅促进了中华优秀传统民本思想的现代创造性转化,而且成为中华传统民本思想在新时代获得创新性发展的标志。"以人民为中

---

① 《中国共产党第十九次全国代表大会文件汇编》,人民出版社2017年版,第36页。
② 同上书,第53页。

心"思想,深植于中华优秀传统思想的沃土,是对中华优秀传统民本思想的创新性发展,对马克思主义中国化的创新性丰富。

第八节 "道法自然、天人合一"的自然生态理论

中华传统思想高度关注人的问题,同时也注重"究天人之际",注重探索天人关系、自然与人类的关系,形成了人与自然和谐共处的自然观。道家在天人关系上提出了"道法自然"的思想,儒家则对"天人合一"的命题多有阐释,两家都认为天地与人共生共存,人道与天道相近相通,人类与自然应当和谐相处。古人有关天人和谐统一及据此提出的敬畏自然、尊重自然、关爱自然的生态伦理观点,对解决当代所面临的生态危机、环境问题,对构筑尊崇自然、绿色发展的生态体系,对建设"美丽中国""美好世界",具有重要的借鉴意义。

"道法自然"是道家的核心观念。《老子》第二十五章论道:"有物混成,先天地生。寂兮寥兮,独立而不改,周行而不殆,可以为天下母。吾不知其名,字之曰道,强为之名曰大。大曰逝,逝曰远,远曰反。故道大,天大,地大,人亦大。域中有四大,而人居其一焉。人法地,地法天,天法道,道法自然。"基于"道法自然"思想,老子主张"无为",称"是以圣人无为故无败……以辅万物之自然而不敢为"[①]。"道常无为"就是要顺乎自然,不要人为干涉;"道"看似无所作为,但必将在万物的"自化"中发挥作用。老子在中华思想发展史上最早提出了"自

[①] 《老子》六十四章。

然"的概念,该词在《老子》中共出现了五次①,以"道法自然"一说最为著名。"道法自然"的思想,启示人们要效法、顺应万物之自然,效法、顺应万物"自己而然"、不受外力干涉的运行之道,不违背自然规律、违背事物自身规律而恣意妄为。

庄子继承了老子"道法自然"的观念,进一步阐述了人与万物和谐共生的思想。《庄子》一书八次提及"自然"一词,如"吾所谓无情者,言人之不以好恶内伤其身,常因自然而不益生也"②,"汝游心于淡,合气于漠,顺物自然而无容私焉,而天下治矣"③,"夫至乐者,先应之以人事,顺之以天理,行之以五德,应之以自然,然后调理四时,太和万物"④,"吾又奏之以无怠之心,调之以自然之命,故若混逐丛生,林乐而无形"⑤,"当是时也,莫之为而常自然"⑥ 等。庄子认为人类应当尊重、顺适自然,主张"无以人助天"⑦ "无以人灭天"⑧ "天与人不相胜"⑨,告诫世人"圣人处物而不伤物,不伤物者,物亦不能伤也"⑩,这样人与自然之间才能做到"万物不伤""物我两忘",从而达到"天地与我并生,万物与我为一"⑪ 的境界。《庄子》里记载了一个"庄周梦蝶"的故事,体现了物我相交、人与自

---

① 其他4次为:"悠兮其贵言,功成事遂,百姓皆为我自然"(十七章);"希言,自然"(二十三章);"是以万物莫不尊道而贵道,道之尊,德之贵,夫莫之命而常自然"(五十一章);"是以圣人欲不欲,不贵难得之货;学不学,复众人之所过。以辅万物之自然,而不敢为"(六十四章)。
② 《庄子·德充符》。
③ 《庄子·应帝王》。
④ 《庄子·天运》。
⑤ 同上。
⑥ 《庄子·缮性》。
⑦ 《庄子·大宗师》。
⑧ 《庄子·秋水》。
⑨ 《庄子·大宗师》。
⑩ 《庄子·知北游》。
⑪ 《庄子·齐物论》。

然融合为一的境界。

　　老、庄之后，又有其他思想家、文献对"自然"思想进行阐释。以"自然"命名的文献有《文子·自然》，"自然"出现15次；《论衡·自然》，"自然"出现72次；《淮南子》，"自然"出现22次；严遵的《老子指归》，"自然"出现90次。[①] 后世对"道法自然"有着不同的解释，主要有二说：一是认为"自然"是"道"的属性、状态。"道性自然，无所法也"[②]，意即道的本性就是自然，以自己自然而然的存在为法。二是认为"自然"不是"道"的属性，而是万物的属性。王弼在《老子道德经注》中说："道不违自然，乃得其性，法自然也。法自然者，在方而法方，在圆而法圆，于自然无所违也。"[③] 他是从"遵循万物的自然"这一含义上来诠释"道法自然"的。老子对遵循、效法"万物的自然"，有时有明确的指向。如：主张效仿水德，"上善若水，水善利万物而不争，处众人之所恶，故几于道，居善地，心善渊，与善仁，言善信，正善治，事善能，动善时，夫唯不争，故无尤"[④]；主张效仿江、海以低下的姿态而汇合百川之水，"道之在天下，犹川谷之于江海"，"江海之所以能为百谷王者，以其善下之，故能为百谷王"[⑤]。后来，从"自然"一词引申出"可以表示作为实体的大自然、自然界"[⑥]，作为万物之整体的大自然、自然界这一含义。

　　道家主张尊重、遵循天地、万物、人类的自然状态，做到因

[①] 参见杨杰《"道恒无为"抑或"道法自然"——论道家主旨的典范转变》，《"传统文化的传承与创新"学术研讨会论文集》，华北电力大学出版社2018年版，第201—318页；曹峰《〈文子·自然〉研究——兼论对"道法自然"的理解》，《现代哲学》2018年第5期。
[②] 王卡点校：《老子道德经河上公章句》，中华书局1993年版，第103页。
[③] 王弼注，楼宇烈校释：《老子道德经注校释》，中华书局2008年版。
[④] 《老子》八章。
[⑤] 《老子》六十六章。
[⑥] 叶树勋：《老子"自然"观念的三个问题》，《人文杂志》2018年第5期。

循自然，道常"无为"。"无为"即"顺自然也"。"无为"与"自然"一样，成为道家的核心概念，《老子》中出现"无为"12次，如"圣人处无为之事，行不言之教"①，"道常无为而无不为"②，"为学日益，为道日损，损之又损，以至于无为，无为而无不为"③等。《庄子》中出现"无为"67次，如"圣人者，原天地之美而达万物之理，是故至人无为，大圣不作，观于天地之谓也"④，"古之畜天下者，无欲而天下足，无为而万物化，渊静而百姓定"⑤。今本《文子》中出现"无为"61次，如"天地之道，无为而备，无求而得，是以知其无为而有益也"，"清虚者，天之明也，无为者，治之常也，去恩惠，舍圣智，外贤能，废仁义，灭事故，弃佞辩，禁奸伪，则贤不肖者齐于道矣。静则同，虚则通，至德无为，万物皆容，虚静之道，天长地久，神微周盈，于物无宰"⑥。《淮南子》中出现"无为"59次，该书阐述了"自然无为"的思想。"无为"不是无所作为，"就早期原始科学的道家哲学而言，'无为'的意思就'不做违反自然的活动'（refraining from activity contrary to nature），亦即不固执地要违反事物的本性，不强使物质材料完成它们所不适合的功能"⑦。道家的"无为"思想，在自然生态观上体现为倡导因循天道、顺应自然，遵守自然规律、事物自身规律，对万物少作干预，使万物不受宰制，实现人与万物自然和谐共生。

儒家多使用"天"的概念探讨人类与自然的关系，阐述了

---

① 《老子》二章。
② 《老子》三十七章。
③ 《老子》四十八章。
④ 《庄子·知北游》。
⑤ 《庄子·天地》。
⑥ 《文子·自然》。
⑦ ［英］李约瑟：《中国科学技术史》第2卷，科学出版社、上海古籍出版社1990年版，第76页。

"天人合一"的思想，力图建立人与自然之间的和谐。"自然"一词主要见于道家典籍，"儒家十三经，无一提及'自然'。先秦儒家者中，只有《荀子》2 见"①。《周易》将人与天、地并称"三才"，阐发了丰富的天人和谐的思想，如强调人道来源于天道，"有天地，然后有万物；有万物，然后有男女；有男女，然后有夫妇；有夫妇，然后有父子；有父子，然后有君臣；有君臣，然后有上下；有上下，然后礼仪有所措"②。《周易》本身就是三道统一的产物，"昔者圣人之作《易》也，将以顺性命之理，是以立天之道曰阴与阳，立地之道曰柔与刚，立人之道曰仁与义，兼三才而两之，故《易》六画而成卦，分阴分阳，迭用柔刚，故《易》六位而成章"③。三道统一，人应当"赞天地之化育"，与天地相参，《易传·文言》提出"夫大人者，与天地合其德，与日月合其明，与四时合其序，与鬼神合其吉凶，先天而天弗违，后天而奉天时"，所谓"与天地合其德"，是指人与自然要相互适应，相互协调。《易传·系辞下》说"天地之大德曰生"，《易传·系辞上》说"生生之谓易"，《周易》主张效仿天地生生不息之德，即"天行健，君子以自强不息"。

孔子热爱自然，并表达了自己乐山乐水的情怀："子曰：知者乐水；仁者乐山。知者动，仁者静。知者乐，仁者寿。"④ 表示希望自己像春风一样，"莫春者，春服既成，冠者五六人，童子六七人，浴乎沂，风乎舞雩，咏而归"⑤，与大自然融为一体。他也敬畏自然，提出"巍巍乎，惟天为大"⑥"畏天命"⑦"获罪

---

① 罗安宪：《论老子哲学中的"自然"》，《学术月刊》2016 年第 10 期。
② 《周易·序卦》。
③ 《周易·说卦》。
④ 《论语·雍也》。
⑤ 《论语·先进》。
⑥ 《孟子·滕文公上》。
⑦ 《论语·季氏》。

于天，无所祷也"①。他主张在认知自然的基础上顺应自然、尊重自然，说自己"五十知天命"，并称可以通过学习《诗经》"多识于鸟兽草木之名"②。他认为人道与天道、人心与天理是相通的，人的仁德是天生于人的，主张效仿自然。他赞美自然："天何言哉？四时行焉，百物生焉，天何言哉？"③ 他从水、木、玉等自然现象中感悟君子之德。据记载，当子贡问及何以"君子见大水必观"时，孔子答道："夫水者，启子比德焉。遍予而无私，似德；所及者生，似仁；其流卑下，句倨皆循其理，似义；浅者流行，深者不测，似智；其赴百仞之谷不疑，似勇；绵弱而微达，似察；受恶不让，似包蒙不清以入，鲜洁以出，似善化；至量必平，似正；盈不求概，似度；其万折必东，似意。是以君子见大水必观焉尔。"④ 当子贡问及何以"君子贵玉"时，孔子答道："夫昔者君子比德于玉焉：温润而泽，仁也。缜密以栗，知也。廉而不刿，义也。垂之如队，礼也。叩之，其声清越以长，其终诎然，乐也。瑕不掩瑜，瑜不掩瑕，忠也。孚尹旁达，信也。气如白虹，天也。精神见于山川，地也。圭璋特达，德也。天下莫不贵者，道也。"⑤《论语》还以《诗经》的"如切如磋，如琢如磨"描述人的修身养德。⑥《中庸》提出："惟天下之至诚，为能尽其性；能尽其性，然后能尽人之性；能尽人之性，然后能尽物之性；能尽物之性，则可以赞天地之化育；可以赞天地之化育，则可以与天地参矣。"将"尽人之性"与"尽物之性"结合起来，就可以参与天地万物之化育，达到"天地人和"的、尽善尽美的境界。

---

① 《论语·八佾》。
② 《论语·阳货》。
③ 同上。
④ 《说苑·杂言》。
⑤ 《礼记·聘义》。
⑥ 《论语·学而》。

孟子关注天人如何和谐相处的问题，他继承孔子天人合德、天道人道合一的思想，提出了尽心知性知天、"仁民爱物"的思想。孟子把"诚"作为天道、人道相通的基础，他指出："诚者天之道也，思诚者人之道也。至诚而不动者，未之有也；不诚，未有能动者也。"① "思诚"就是人类个体体悟天道的过程，也是打通人道与天道、实现人与自然的融合的过程，"万物皆备于我矣，反身而诚，乐莫大焉"②。他认为人天生就有"仁义礼智"四端，"仁义礼智，乐善不倦，此天爵也"③。因为人道、天道是相通的，所以"知性"就可以"知天"："尽其心者，知其性也。知其性，则知天矣。存其心，养其性，所以事天也。"④ 孟子主张，人类德性与生态德性也是相通的，"仁者无不爱也"，这种仁爱应该由父母双亲推及宇宙万物，实现"君子之于物也，爱之而弗仁；于民也，仁之而弗亲。亲亲而仁民，仁民而爱物"⑤。

北宋著名哲学家张载在《正蒙·乾称篇》中提出了"民胞物与"的思想，并第一次使用了"天人合一"这一表述。该篇指出："儒者则因明致诚，因诚致明，故天人合一，致学而可以成圣，得天而未始遗人。"还说："乾称父，坤称母；予兹藐焉，乃混然中处。故天地之塞，吾其体；天地之帅，吾其性。民，吾同胞；物，吾与也。""民吾同胞，物吾与也"的说法被后世概括为"民胞物与"，意即民为同胞，物为同类，一切人、物都是宇宙大家庭的平等成员，对他人、对万物都要怀抱仁爱之心，以实现人与自然的和谐相处。

程朱和陆王两大学派继续对天人合一的思想进行了深化。北

---

① 《孟子·离娄上》。
② 《孟子·尽心上》。
③ 《孟子·告子上》。
④ 《孟子·尽心上》。
⑤ 同上。

宋程颢则阐述了"一天人"、贯通天地人为一体的宇宙观。他主张"合内外之道，一天人，齐上下"①。又说："除了身只是理，便说合天人，合天人已是为不知者引而致之，天人无间"②。还讲："安有知人道而不知天道者乎？道一也，岂人道自是一道，天道自是一道……天地人只一道也，才通其一，则余皆通。"③他认为，"天人本无二，不必言合"，天人本就是一体、天道与人道本就只是一个道，无须再讲"合一"④。仁是不分内外物我的，"仁者浑然与物同体"，"仁者，以天地万物为一体"⑤。他提倡"春的精神"，即仁、和，强调"观万物皆有春意"，体会到万物盎然生发的春意，也就感悟到了仁；主张讲仁要对人与天地、人与万物一视同仁，既要爱自己身体的小我，也要爱惜天地万物的大我，"若夫至仁，则天地为一身，而天地之间品物万形为四肢百体。夫人岂有视四肢而不爱者哉？"⑥程颐强调，人在天地之间，不能游离于自然之外，不能凌驾于自然之上，他指出："人之在天地，如鱼在水，不知有水，只待出水，方知动不得。"⑦南宋理学家朱熹指出："天即人，人即天，人之此生得之于天，既生此人，则天又在人矣"⑧，"盖天地万物本吾一体，吾之心正，则天地之心亦正矣，吾之气顺，则天地之气亦顺矣"⑨。南宋另一理学家、开创心学学派的陆九渊"十余岁，因读古书至宇宙二字，解者曰：'四方上下曰宇，往古今来曰宙。'忽大省曰：'元来无穷。人与天地万物，皆在无穷之中者也。'乃援

---

① 《二程遗书》卷三。
② 《二程遗书》卷二上。
③ 《二程遗书》卷一八。
④ 《二程遗书》卷六。
⑤ 《二程遗书》卷二上。
⑥ 《二程遗书》卷四。
⑦ 《二程遗书》卷二上。
⑧ 《朱子语类》卷一九。
⑨ 《中庸章句》第一章。

笔书曰：'宇宙内事乃己分内事；己分内事乃宇宙内事。'"① 他提出了"宇宙便是吾心，吾心即是宇宙"②的命题，以心本体论展开"天人合一"思想。王阳明把宇宙万物与人类归一于本心、归一于良知，他说："夫人者，天地之心，天地万物，本吾一体者也"③，"夫圣人之心，以天地万物为一体"④，"盖天地万物与人原是一体，其发窍之最精处是人心一点灵明。风雨露雷、日月星辰、禽兽草木、山川土石与人原只一体，故五谷禽兽之类皆可以养人，药石之类皆可以疗疾，只为同此一气，故能相通耳"⑤。

道法自然、天人合一的思想，要求人们以友爱、宽厚的态度对待自然生态、自然万物。三代时就对人们伐木、渔猎活动提出了严格的要求，相传夏禹提出禁令，"春三月，山林不登斧，以成草木之长；夏三月，川泽不入网罟，以成鱼鳖之长"⑥。到了商代，保护自然与道德教化的目的结合起来，《史记·殷本纪》记载了商汤"网开三面"，给鸟放开生路，从而使天下归心的典故。《吕氏春秋·上农》记载，周朝时制"四时之禁"，"四时之禁：山不敢伐材下木，泽人不敢灰僇，缳网罝罦不敢出于门，罛罟不敢入于渊，泽非舟虞不敢缘名"，强调不到适当季节，山中不得伐木取材，水泽地区不得烧灰割草，捕取鸟兽的罗网不得带出门外，鱼网不得下水，不是主管舟船的官员不得借口行船。《周易》描绘了"鸣鹤在阴，其子和之；我有好爵，吾与尔靡之"的、其乐融融的生态美景。荀子提出："山林泽梁，以时禁

---

① 《陆九渊集》，中华书局 1980 年版，第 482 页。
② 《象山全集》卷三六。
③ 《王文成公全书》卷二《答聂文蔚》。
④ 《传习录中·答顾东桥书》。
⑤ 《传习录下》。
⑥ 《逸周书·大聚》。

发而不税"①，管子也说"山林虽广，草木虽美，禁发必有时"②。《礼记·月令》提到，孟春之月"禁止伐木，毋覆巢，毋杀孩虫，胎夭飞鸟，毋麛毋卵"；仲春之月"毋竭川泽，毋漉陂池，毋焚山林"等。孔子提出"钓而不纲，弋不射宿"③，反对用大挂网拦河捕鱼，反对射猎夜宿之鸟，主张给动物留条生路。曾子说"断一树，杀一兽，不以其时，非孝也"④。孟子指出："数罟不入洿池，鱼鳖不可胜食也；斧斤以时入山林，材木不可胜用也。"⑤他坚决反对砍伐树木，破坏森林的自然之美，主张对树木应当像对人一样心存善心："牛山之木尝美矣，以其郊于大国也，斧斤伐之，可以为美乎？是其日夜之所息，雨露之所润，非无萌蘖之生焉，牛羊又从而牧之，是以若彼濯濯也。人见其濯濯也，以为未尝有材焉，此岂山之性也哉？虽存乎人者，岂无仁义之心哉？其所以放其良心者，亦犹斧斤之于木也，旦旦而伐之，可以为美乎？"⑥荀子提出："养山林、薮泽、草木、鱼龟、百索，以时禁发，使国家足用，而财物不屈。"⑦睡虎地出土的《秦简·田律》规定："春二月，毋敢伐材木山林及雍隄水；不夏月，毋敢夜草为灰。"汉代董仲舒要求人们"无伐名木，无斩山林"⑧，指出"恩及于毛虫，则走兽大为，麒麟至"，"四面张罔，焚林而猎，咎及毛虫，则走兽不为，白虎妄搏，麒麟远去"⑨。《淮南子·主术》中记载："故先王之法，畋不掩群，不取麛夭，不涸泽而渔，不焚林而猎。豺未祭兽，置罦不得布于

---

① 《荀子·王制》。
② 《管子·八观》。
③ 《论语·述而》。
④ 《礼记·祭义》。
⑤ 《孟子·梁惠王上》。
⑥ 《孟子·告子上》。
⑦ 《荀子·王制》。
⑧ 《春秋繁露·求雨》。
⑨ 《春秋繁露·五行顺逆》。

野。獭未祭鱼，网罟不得入于水。鹰隼未挚，罗网不得张于溪谷。草木未落，斤斧不得入山林。昆虫未蛰，不得以火烧田。孕育不得杀，鷇卵不得探。鱼不长尺不得取，彘不期年不得食。"这种生态伦理思想得到了传承，历代文人在各自作品中都表达了对自然生命的关爱和感怀。如唐朝诗人白居易吟咏《鸟》一诗："谁道群生性命微，一般骨肉一般皮。劝君莫打枝头鸟，子在巢中望母归"。丰子恺编绘的《护生画集》就引用了此诗。唐朝另一诗人陆龟蒙在《南泾渔父》中写道："孜孜告吾属，天物不可暴。大小参去留，候其挚养报。终朝获鱼利，鱼亦未尝耗。同覆天地中，违仁辜覆焘。"宋代"凡所行事，皆范模于天地阴阳之端，至如树木以时伐，禽兽以时杀，春夏则生育之，秋冬则肃杀之，使物遂其性，民安其所，是范围天地之道而无过越也"[1]。

随着近代自然科学的传入，近代思想家们根据现代知识背景，对以道法自然、天人合一为核心的传统生态自然理论，进行了新的诠释。如康有为指出："仁"在天地万物与人类之间是相通的，"仁者在天为生生之理，在人为博爱之德"，"乾为吾父，坤为吾母，人身特天之分气耳……凡众生繁殖皆吾同气也，必思仁而爱之，使一民一物得其所焉"[2]。主张对"一民一物"都要仁爱、博爱。梁漱溟在《东西文化及其哲学》中批评西方文化一味讲征服自然，"使人与自然之间，人与人之间生了罅隙，而这样走下去，罅隙越来越大"，推崇中国文化"以为宇宙间实没有那绝对的，单的、极端的、一偏的、不调和的事物"的调和精神，推崇孔子"生生之谓易""天地之大德曰生"等赞美"宇宙之生"的话语，认为"孔家没有别的，就是顺着自然道理吗，顶活泼流畅的去生发。他以为宇宙总是向前生发的，

---

[1] 李衡：《周易义海撮要》卷七。
[2] 《孟子微·中庸注》。

万物欲生，即任其生，不加造作，必能与宇宙契合，使全宇宙充满了生意春气"①。

中国共产党人继承了中华优秀传统思想所蕴含的生态自然理论，将其与马克思主义的自然观结合起来，提出了保护自然环境、实现可持续发展、建设生态文明的丰富思想。

毛泽东熟知传统文化的自然思想，常引用古语阐述其自然观，如在《读艾思奇编〈哲学选辑〉一书的批语》中，引用《庄子·人间世》的"其作始也简，其将毕也必巨"一语揭示事物变化由小到大的规律；在中共八届二中全会的讲话中以《庄子·天下篇》的"飞鸟之景，未尝动也"一语说明"动是绝对的，静是暂时的"。他认识到自然规律，不可抗拒，不可违抗，必须尊重自然，遵守自然规律。他在早年时就指出："人类者，自然物之一也，受自然法则之支配，有生必有死，即自然物有成必有毁之法则。凡自然法则者，有必然性。"②他又主张人在自然面前不是完全被动的，而是有着主观能动性，可以对自然界施加影响。他说："吾人虽为自然所规定，故自然有规定吾人之力，吾人亦有规定自然之力；吾人之力虽微，而不能谓其无影响自然。"③中华人民共和国成立后，毛泽东高度关注生态建设，希望把祖国建设成为美丽家园。1949年毛泽东主持制定的《中国人民政治协商会议共同纲领》提出了"保护森林，并有计划地发展林业"的方针。1955年12月21日，毛泽东在起草的《征询对农业十七条的意见》中指出："在十二年内，基本上消灭荒地荒山，在一切宅旁、村旁、路旁、水旁，以及荒地上荒山上，即在一切可能的地方，均要按规格种起树来，实行绿化。"④

---

① 参见《梁漱溟全集》第1卷，山东人民出版社2005年版。
② 《毛泽东早期文稿》，湖南人民出版社1990年版，第66页。
③ 萧三：《毛泽东同志的青少年时代》，中国青年出版社1979年版，第48页。
④ 《毛泽东文集》第6卷，人民出版社1999年版，第509页。

1956年3月1日，毛泽东发出"绿化祖国"的伟大号召，极大地鼓舞了全国人民植树播绿、美化家园的热情。4月25日，毛泽东在《论十大关系》的报告中指出："天上的空气，地上的森林，地下的宝藏，都是建设社会主义所需要的重要因素。"[①] 1959年6月22日，他同河南省委负责人谈话时指出："没有林，也不成其为世界。"[②] 1966年，他提出"一切能够植树造林的地方都要努力植树造林，逐步绿化我们的国家，美化我国人民劳动、工作、学习和生活的环境"[③]。他还提出"水利是农业的命脉""要把黄河的事情办好""一定要根治海河""一定要把淮河修好"等思想。

邓小平关注生态环境建设，指出发展经济要遵循自然规律，走生态资源的可持续化发展道路。他关注国土绿化状况，号召"植树造林，绿化祖国，造福后代"[④]，尤其是关注我国西北、华北和东北地区防护林的建设。1978年，邓小平等中央领导同志在《关于在我国北方地区建设大型防护林带的建议》上作出重要批示，支持在三北地区开展以"防风固沙，蓄水保土"为宗旨的防护林建设。1988年三北防护林体系建设工程实施10年时，他为该工程写下"绿色长城"的题字。1979年，在邓小平提议下，五届全国人大六次会议决定每年3月12日为我国的植树节；1981年12月13日，五届全国人大四次会议讨论通过了《关于开展全民义务植树运动的决议》；1982年植树节，邓小平率先垂范，在北京玉泉山上种下了义务植树运动的第一棵树。邓小平主张通过科学技术推动生态环境建设，强调解决农村能源，保护生态环境等问题，要靠科学。

---

① 《毛泽东文集》第7卷，人民出版社1999年版，第34页。
② 《毛泽东论林业（新编本）》，中央文献出版社2003年版，第69页。
③ 同上书，第77页。
④ 《邓小平文选》第3卷，人民出版社1993年版，第21页。

江泽民高度重视中华优秀传统思想中道法自然、天人合一的思想，如他1997年11月1日在哈佛大学的演讲中提道："记得我在高中读书时，老师给我们讲微积分，第一课就是讲《庄子》中的'一尺之捶，日取其半，万世不竭'，很形象地使我建立起极限的概念。这表明中国古人就已认识到事物的发展变化是无限的，也说明我们的先人对自然界的认识已达到相当的水平。早在公元前二千五百多年，中国人就开始了仰观天文、俯察地理的活动，逐渐形成了'天人合一'的宇宙观。"[1] 他高度关注重视人口、资源、环境工作，强调走可持续发展道路。1997年中共十五大报告强调："我国是人口众多、资源相对不足的国家，在现代化建设中必须实施可持续发展战略。"2002年中共十六大报告提出"可持续发展能力不断增强，生态环境得到改善，资源利用效率显著提高，促进人与自然的和谐，推动整个社会走上生产发展、生活富裕、生态良好的文明发展道路"，将生态文明建设作为全面建设小康社会的四大目标之一。

胡锦涛继承了"天人合一"的思想，把建设生态文明、实现人与自然的和谐相处作为构建和谐社会的重要内容。2005年2月19日，胡锦涛在省部级主要领导干部提高构建社会主义和谐社会能力专题研讨班开班仪式上指出："构建社会主义和谐社会，是党提出的一项重大任务。要建设的和谐社会是民主法制、公平正义、诚信友爱、充满活力、安定有序、人与自然和谐相处的社会。""人与自然和谐相处，就是生产发展，生活富裕，生态良好。""要科学认识和正确运用自然规律，学会按照自然规律办事，更加科学地利用自然为人们的生活和社会发展服务，坚决禁止各种掠夺自然、破坏自然的做法。"[2] 他在中共十七大报

---

[1]《江泽民文选》第2卷，人民出版社2006年版，第59页。
[2]《十六大以来重要文献选编》中册，中央文献出版社2006年版，第706页。

告中首次提出了"生态文明建设"的概念。两个月后,他在新进中央委员会的委员、候补委员学习十七大精神研讨班上的讲话中界定了生态文明建设:"建设生态文明,实质上就是要建设以资源环境承载力为基础、以自然规律为准则、以可持续发展为目标的资源节约型、环境友好型社会。"① 中共十八大报告把生态文明独立成篇,提出了"推进绿色发展、循环发展、低碳发展""建设美丽中国"。

习近平高度重视生态文明建设,也高度重视弘扬中华优秀传统思想。习近平在列举中华优秀传统思想时,多次提到了"道法自然""天人合一""民胞物与""仁者,以天地万物为一体"等古人在自然生态观方面的重要思想。如 2014 年 3 月 14 日,习近平在中央财经领导小组第五次会议上的讲话中指出:"建设生态文明,首先要从改变自然、征服自然转向调整人的行为、纠正人的错误行为。要做到人与自然和谐,天人合一,不要试图征服老天爷。"② 同年 5 月 4 日,习近平在北京大学师生座谈会上发表讲话列举中华文化中的优秀思想时提到了"天人合一";5 月 15 日,他在中国人民对外友好协会成立 60 周年纪念活动上的讲话,首次提出阐释中国和平发展基因的"四观",包括:天人合一的宇宙观、协和万邦的国际观、和而不同的社会观、人心和善的道德观。2018 年 5 月 18 日,习近平在全国生态环境保护大会上指出:"中华民族向来尊重自然、热爱自然,绵延 5000 多年的中华文明孕育着丰富的生态文化。《易经》中说,'观乎天文,以察时变;观乎人文,以化成天下','财成天地之道,辅相天地之宜'。《老子》中说:'人法地,地法天,天法道,道法自然。'《孟子》中说:'不违农时,谷不可胜食也;数罟不入洿

---

① 《十七大以来重要文献选编》上册,中央文献出版社 2009 年版,第 109 页。
② 中共中央文献研究室编:《习近平关于社会主义生态文明建设论述摘编》,中央文献出版社 2017 年版,第 24 页。

池，鱼鳖不可胜食也；斧斤以时入山林，材木不可胜用也。'《荀子》中说：'草木荣华滋硕之时，则斧斤不入山林，不夭其生，不绝其长也。'《齐民要术》中有'顺天时，量地利，则用力少而成功多'的记述。这些观念都强调要把天地人统一起来、把自然生态同人类文明联系起来，按照大自然规律活动，取之有时，用之有度，表达了我们的先人对处理人与自然关系的重要认识。"① 2019年5月15日，他在"首届亚洲文明对话大会"开幕式上的主旨演讲中指出："道法自然、天人合一是中华文明内在的生存理念。"② 习近平多次强调"既要金山银山，更要绿水青山；绿水青山就是金山银山"。中共十八大提出将生态文明建设纳入中国特色社会主义事业"五位一体"总体布局，十八届五中全会又提出了"创新、协调、绿色、开放、共享"的五大发展理念。此后，习近平对五大发展理念中的绿色发展理念进行了系统、深入的阐述。他多次阐述了"人与自然是一种共生关系"的思想，并在中共十九大报告中进而提出"人与自然是生命共同体，人类必须尊重自然、顺应自然、保护自然，我们要建设的现代化是人与自然和谐共生的现代化"。

第九节 "四海一家、天下为一"的"大一统"政治理念

"大一统"是中华优秀传统思想国家治理的政治理念。

"大一统"的说法最初出自战国时期齐国人公羊高撰著的

---

① 习近平：《推动我国生态文明建设迈上新台阶》，《求是》2019年第3期。
② 习近平：《深化文明交流互鉴　共建亚洲命运共同体——在亚洲文明对话大会开幕式上的主旨演讲》，人民出版社2019年版，第9页。

《春秋公羊传》(也称《公羊传》或《公羊春秋》)。此书对《春秋》中的"元年春,王正月"一句经文作出如下解释:"元年者何?君之始年也。春者何?岁之始也。王者孰谓?谓文王也。曷为先言王而后言正月?王正月也。何言乎王正月?大一统也。"[1]这是"大一统"这一名词提出的开始。古代"大一统"观念"其基本内容包括以'尊王'为核心的政治一统;以帝国形成为目标的疆域一统;以'内华夏'为宗旨的民族一统;以'崇礼'为中心的文化一统"[2]。大一统观念深刻影响着中国历史、中华民族的发展,并深深积淀在中华儿女的思想情感、民族心理之中,对统一的封建王朝国家的形成与发展,对凝聚华夏民族与维系多元统一格局,产生了巨大的作用。近代思想家批判地继承了传统"大一统"思想,提出了各具特色的国家统一思想与中华民族观念。中国共产党人对国家统一作出不懈努力,对"中华民族"的认识不断深化,在传承"大一统"思想等历史遗产的基础上,提出了多元一体的中华民族观念、"铸牢中华民族共同体意识"等丰富思想,缔造了多元一体的"大一统"社会主义现代国家。

"大一统"思想早在先秦时已经出现,黄帝时已有"大一统"观念的萌芽。据《管子·地数》记载:"黄帝问于伯高曰:'吾欲陶天下而以为一家,为之有道乎?'伯高对曰:'请刈其莞而树之,吾谨逃其蚤牙,则天下可陶而为一家。'黄帝曰:'此若言可得闻乎?'伯高对曰:'上有丹砂者下有黄金,上有慈石者下有铜金,上有陵石者下有铅、锡、赤铜,上有赭者下有铁,此山之见荣者也。苟山之见其荣者,君谨封而祭之。距封十里而为一坛,是则使乘者下行,行者趋。若犯令者,罪死不赦。然则

---

[1] 《公羊传·隐公元年》。
[2] 王再承:《论中华大一统的思想趋势》,《新疆社会科学》2017年第4期。

与折取之远矣.'"所谓"欲陶天下而以为一家"与后世君臣追求的"天下一统""四海一家"的目标相契合。黄帝也有追求大一统、"陶天下而以为一家"的实践。司马迁在《史记·五帝本纪》中记载了黄帝败炎帝、诛蚩尤、"万战万胜""诸侯咸尊轩辕为天子"的过程:"蚩尤作乱,不用帝命,于是帝乃征师诸侯,与蚩尤战于涿鹿之野,遂擒杀蚩尤。而诸侯咸尊轩辕为天子,代神农氏,是为黄帝。天下有不顺者,黄帝从而征之。"《管子·五行》记述了黄帝时各部族融合的过程:"昔者黄帝得蚩尤而明乎天道,得大常而察于地利,得奢龙而辩于东方,得祝融而辩于南方,得大封而辩于西方,得后土而辩于北方。黄帝得六相,而天地治、神明至。"部族融合为"大一统"进程与"大一统"思想发展奠定了基础。黄帝时代,以部族融合促进了"天下一统"的地理"大一统",而且通过"作书""作礼"等促进了文化认同,古籍中有"昔者黄帝始以仁义撄人之心"[①]"黄帝作为君臣上下之义,父子兄弟之礼,夫妇妃匹之合"[②]等种种传说。到了尧、舜、禹时代,部族融合、天下一统的趋势进一步发展。《尚书·尧典》颂扬尧"光被四夷,格于上下。克明俊德,以亲九族。九族既睦,平章百姓。百姓昭明,协和万邦"。荀子认为"能用天下者谓之王"[③],他称赞"夫尧舜者,一天下也"[④]。夏代,"茫茫禹迹,画为九州"[⑤];其疆域"东渐于海,西被于流沙,朔南暨声教,讫于四海"[⑥]。

到了商周时期,"大一统"思想渐趋清晰。殷商时期,已形成辽阔疆域,"古帝命武汤,正域彼四方。方命厥后,奄有九

---

① 《庄子·在宥》。
② 《商君书·画策》。
③ 《荀子·正论》。
④ 《荀子·王制》。
⑤ 《左传·襄公四年》。
⑥ 《尚书·禹贡》。

有","邦畿千里,维民所止,肇域彼四海"①。周朝建立后,向大一统迈进了一大步。《尚书·武成》述周武王追忆文王九年他继位时的形势,称"惟九年大统未集",即指当时未完成一统天下的大业。《尚书·金滕》称周武王"乃命于帝庭,敷佑四方,用能定汝子孙于下地,四方之民罔不敬畏"。《尚书·洪范》曰:"天子作民父母,以为天下王。"《大盂鼎》铭文中说:"丕显文王,受天有大命。在武王嗣文作邦,辟厥匿,匍有四方,畯正厥民。"西周通过分封制统治天下,"立七十一国,姬姓独居五十三人"②,"周之所封四百余,服国八百余"③。《诗经·周颂·执竞》中说:"自彼成康,奄有四方,斤斤其明。"这是说西周已经广有四方,纲纪天下,实现了空间上、政治上的大一统。至于《诗经·小雅·北山》中的名句"普天之下,莫非王土;率土之滨,莫非王臣",强调天下的土地、臣民统属于天子,较为明确地表达了"大一统"思想。

公元前770年平王东迁后,进入春秋时期,周室衰微,诸侯争霸。孔子主张拨乱反正,恢复一统,他认为"天下有道,则礼乐征伐自天子出;天下无道,则礼乐征伐自诸侯出"④。他称赞"管仲相桓公,霸诸侯,一匡天下,民到于今受其赐"⑤。《春秋》相传是孔子整理、编定的,《春秋公羊传》的"大一统"思想与其思想的影响有关。孔子之后,孟子、荀子等继承者,对"大一统"思想进行了发挥、发展。到孟子生活的时代,周室已有名无实,故他不再提复礼,但仍主张以仁德、以王道统一天下。他指出:"'天下恶乎定?'吾对曰:'定于一。''孰能一

---

① 《诗经·商颂·玄鸟》。
② 《荀子·儒效》。
③ 《吕氏春秋·观世》。
④ 《论语·季氏》。
⑤ 《论语·宪问》。

之?'对曰:'不嗜杀人者能一之。'……如有不嗜杀人者,则天下之民皆引领而望之矣。诚如是也,民归之,由水之就下,沛然谁能御之?"① 可见,孟子力主天下"定于一",且主张以王道一统天下。荀子更是多处论及了"一天下"及"天下为一",如"通则一天下,穷则独立贵名""大儒者,善调一天下者也,无百里之地则无所见其功""齐一天下,而莫能倾也,是大儒之征也"② "文王载百里地而天下一"③ "一天下,财万物,长养人民,兼利天下,通达之属,莫不从服"④ 等,还说过"四海之内若一家,通达之属莫不从服"⑤。

诸子百家争鸣,但多赞成"大一统"思想。儒、道、法各家对"大一统"思想均有阐述。道家以"道"统摄一切,统摄宇宙万物,主张天地人统一,以天道推演人道,强调整体性、和谐性和统一性,提出了天地万物统一于道、"天下"也即人的社会一统于"圣人"(或许是得道的"人主""社稷主"和"天下王")的"大一统"思想。墨家代表人物墨子主张"天下唯能一同天下之义,是以天下治""天子发宪布令于天下之众"⑥,"尚同"即推崇政治上的统一成为墨家的十大主张之一。法家早期代表人物商鞅主张"一任于法""以法为教"⑦,取缔一切不符合法令的思想,以法律统一人们的思想;法家的另一代表人物韩非子主张"道无双,故曰一"⑧,主张"事在四方,要在中央,圣人执要,四方来效"⑨,强调中央集权与思想统制的重要性;李

---

① 《孟子·梁惠王上》。
② 《荀子·儒效》。
③ 《荀子·仲尼》。
④ 《荀子·非十二子》。
⑤ 《荀子·儒效》。
⑥ 《墨子·尚同》。
⑦ 《商君书·定分》。
⑧ 《韩非子·扬权》。
⑨ 《韩非子·物权》。

斯向秦王提出"灭诸侯，成帝业，为天下一统"①。法家的大一统思想，奠定了秦始皇统一中国的政治基础。

秦汉统一帝国建立后，"大一统"思想从政治理念转化成了政治实践，其内涵得到了丰富和发展，其影响得以深化和扩大。秦始皇兼并六国，开创了中国历史上空前的"大一统"局面。秦皇扫六合，使秦朝疆域"地东至海暨朝鲜，西至临洮、羌中，南至北向户，北据河为塞，并阴山至辽东"②，建立了疆域版图上的大一统局面；自称皇帝，确立了至高无上的皇权，废除了分封制，建立了郡县制度，确立了"海内为郡县，法令由一统，自上古以来未尝有，五帝所不及"③的政治大一统局面；还"一法度衡石丈尺，车同轨，书同文字"④，试图在经济、文化等方面实现统一。

汉代儒家大力推崇、倡导"大一统"思想和实践。《公羊传》明确提出了"大一统"的概念，并从多方面阐释了"大一统"的意义：突出天子至高无上，强调"王者无敌，莫敢当也"⑤的政治一统；突出天子声威不受区域所限，强调"王者无外"⑥的疆域一统；把"夷狄"纳入大一统范围的夷夏一统，"《春秋》内其国而外诸夏，内诸夏而外夷狄。王者欲一乎天下，曷为以外内之辞言之？言自近者始也"⑦。汉代大儒董仲舒不仅多次使用一统的概念，还在其"天地三策"中称："《春秋》大一统者，天地之常经，古今之通谊也。"⑧董仲舒对"大一统"

---

① 《史记》卷八七《李斯列传》。
② 《史记》卷六《秦始皇本纪》。
③ 同上。
④ 同上。
⑤ 《公羊传·成公元年》。
⑥ 《公羊传·隐公元年》。
⑦ 《公羊传·成公十五年》。
⑧ 《汉书》卷五六《董仲舒传》。

思想作了进一步的阐释：其一，对经文作了新的诠释，将其提升到哲理一统。如他认为将鲁隐公即位第一年称为元年，是因为"元"是"万物之所从始"，"谓一为元"意味着重视开端，"案《春秋》谓一元之意，一者万物之所从始也，元者辞之所谓大也。谓一为元者，视（示）大始而欲正本也"①。其二，强调君权至上、"强干弱枝，大本小末"②的政治一统。他强调天子受命于天，"受命之君，天意之所予也，故号为天子者，宜视天为父，事天以孝道也；号为诸侯者，宜谨视所候奉之天子也"③；强调要抑制诸侯势力，防止大臣专权，"有天子在，诸侯不得专地，不得专封，不得专执；天子之大夫，不得舞天子之乐，不得致天子之赋，不得适天子之贵"④。其三，罢黜百家、独尊儒术的思想一统。董仲舒指出："今师异道，人异论，百家殊方，指意不同，是以上无以持一统，法制数变，下不知所守。臣愚以为诸不在六艺之科、孔子之术者，皆绝其道，勿使并进。邪辟之说灭息，然后统纪可一，而法度可明民知所从。"⑤ 汉武帝采纳了其建议，中国思想史进程发生了从"百家争鸣"到"独尊儒术"的转折，由政治一统转向思想一统。儒家"大一统"思想经过董仲舒的阐发而得到丰富、深化，并以较完善的理论形态出现。司马迁把"大一统"思想贯穿于《史记》的编撰之中，对"大一统"思想在史学上的展开作出了独特的贡献。《史记》将十二本纪置于全篇之首，以黄帝作为中华帝王之祖，体现了以帝王为天下核心的政治理念，阐明了统一是历史大势的规律；《史记》将《礼书》列为八书之首，体现了司马迁对以礼维护大一统社

---

① 《汉书》卷五六《董仲舒传》。
② 《春秋繁露·十指》。
③ 《春秋繁露·深察名号》。
④ 《春秋繁露·王道》。
⑤ 《汉书》卷五六《董仲舒传》。

会秩序之意义的认识；《史记》记载了匈奴、南越、东越、朝鲜、西南夷、大宛等少数民族的历史，"从历史的角度证明华夷一家，让四夷入史，将其纳入中国通史的范围，其意义非同凡响"[1]。

此后，儒家"大一统"思想在中华民族多元统一格局的进程中，不断有新的发挥、发展，如朱熹的"正统"观、王守仁的"万物一体""天下一家""中国一人"思想等。

中国古代思想家的"大一统"思想的主要内容如下：

对"大一统"意义的认识。古代哲人高度重视和推崇统一而反对分裂。一是视大一统为天经地义。如董仲舒所说的大一统是"天地之常经"，把一统提升到永存于天地、古今皆然的普遍法则的高度。《汉书·王阳传》中也说："春秋所以大一统者，六合同风，九州共贯也。"二是视统一为民心所向。孟子在回答梁惠王"怎样才能使天下安定"这一问题时，明确地表示只有统一才能安定天下。荀子认为"臣使诸侯一天下，是又人情之所同欲也"[2]。韩非子等思想家也表达了统一才能安定天下避免动乱的思想。大一统的意识、观念，深深扎根于炎黄子孙的心灵中，陆游"王师北定中原日，家祭无忘告乃翁"的诗句即代表了人们盼望统一的典型心态。三是视一统为正统，把是否赞成统一、是否有利于统一作为基本的价值取向。孔子把管仲助齐桓公一匡天下看成大仁大义。司马迁对当时儒生嘲笑秦始皇不以为然，而充分肯定了其统一中国的功绩："秦取天下多暴，然世异变，成功大。"[3] 在判断谁为正统，谁是合法的统治者问题上，坚持从维护国家统一、反对分裂割据的大义出发，以一统天下为正统，也就是谁拥护天下，谁追求统一，谁就是正统。入据中原

---

[1] 张子侠：《"大一统"思想的萌生及其发展》，《学习与探索》2007 年第 4 期。
[2] 《荀子·王霸》。
[3] 《史记》卷一五《六国年表序》。

的少数民族政权，推翻中原王朝，统一天下，也可以一统而居正统。《元史·刘整传》中说："至元四年十一月，入朝，劝伐宋，曰：'自古帝王非四海一家不为正统。圣朝有天下十七八，何置一隅不问，不自弃正统耶？'世祖曰：'朕意决矣！'"

对"大一统"内涵的阐释。古人所倡导的"大一统"，包括政治一统、思想一统、民族一统和疆域一统等。关于政治一统，就是政权要统一于王权、君权，因此，儒家提出"忠君尊王"作为大一统思想的理论基础。孔子提出"尊尊"，而尊尊首先是要尊君。《礼记·丧服四制》说："天无二日，土无二王，国无二君，家无二尊，以一治之也。"《孟子·离娄上》提出："人人亲其亲，长其长，而天下平。"《荀子·王制》："君臣、父子、兄弟、夫妇，始则终，终则始，与天地同理，与万世同久，夫是谓之大本。"董仲舒强调天下要"一统乎天子"[1]。法家明确主张君主专制、中央集权，如韩非提出君主要"独制四海之内"[2]。墨子主张"尚同"，提出"上之所是必皆是之，所非必皆非之"[3]。

关于思想一统。孔子主张克己复礼，即将思想统一于以礼乐文明为核心的周礼。孟子称"我亦欲正人心，息邪说，距诐行，放淫辞，以承三圣者"[4]，以继承大禹、周公、孔子三位圣人，匡正统一社会思想作为自己的职责、追求。荀子推崇"总方略，齐言行，壹统类"的思想一统，提出"法仲尼、子弓之义，以务息十二子之说"[5] 从而统一天下的思想；批评儒学以外的各家学说都有失误，"墨子蔽于用而不知文，宋子蔽于欲而不知得，

---

[1] 《春秋繁露·符瑞》。
[2] 《韩非子·用度》。
[3] 《墨子·尚同》。
[4] 《孟子·滕文公下》。
[5] 《荀子·非十二子》。

慎子蔽于法而不知贤，申子蔽于势而不知知，惠子蔽于辞而不知实"①。他不仅主张政治和社会的统一，更主张"一制度""风俗以一""隆礼而一""乐者审一"等，即主张制度、礼义、道德、思想、风俗及艺术等各个方面都统一的局面。董仲舒提出"罢黜百家，独尊儒术"，主张以儒家思想统一天下。在他的推动下，儒家思想被确立为中华传统思想的核心，奠定了几千年中国文化统一的基础。

关于民族一统。中国自古以来是多民族国家，在古文献中就出现了繁多的民族称谓。在民族问题上，儒家虽有"尊王攘夷"，明辨华夷的思想，但认为少数民族应与华夏一体看待，做到夷夏一统，天下一体，中华一家。孔子说："惟天子至圣，见而民莫不敬，言而民莫不信，行而民莫不悦，是以声名洋溢乎中国，施及蛮貊。"②"柔远人"与"怀诸侯"被作为治国的重要原则。孔子把文化作为区分夏夷的主要标准，不以血统、种族排斥异族，而认为夷狄是可以教化的，夷用夏礼则可以进而为华夏。《公羊传》提出："曷为外也？《春秋》内其国而外诸夏，内诸夏而外夷狄。王者欲一乎天下，曷为以外内之辞言之？"③何休将"三世"解释为：所传闻世，"内其国而外诸夏"；所闻世，"内诸夏而外夷狄"；所见世，"夷狄进至于爵，天下远近大小若一"④。少数民族政权的首领也都不自外于"中国"，往往以"中国"古史上的某一显赫人物为始祖，并积极接受中原文化。

关于疆域一统。《诗经·北山》中所说的"溥天之下，莫非王土"，《礼记·坊记》中所说的"天无二日，地无二王"等，

---

① 《荀子·解蔽》。
② 《中庸·第三十一章》。
③ 《公羊传·成公十五年》。
④ 《春秋公羊经传解诂》卷一。

即指空间概念上的大一统。炎黄子孙普遍希望在中华民族长期居住和生活的区域内，保持领土完整与版图统一，既反对内部割据，也反对外部割占。此外，大一统还包括时间上的长治久安、江山永固等。

对实现大一统手段的探讨。孔子、孟子等古代哲人都表达了尽量使用王道、仁道的办法，使用和平手段，使用怀柔教化的方式实现大一统的愿望。孔子提出"远人不服，则修文德以来之，既来之，则安之"[①] 孟子提出"仁者无敌"，认为"不嗜杀人者能一之"[②]。荀子赞扬先王不战而服人，称"禹劳心力，尧有德，干戈不用三苗服"[③]。他认为"用国者义立而王，信立而霸，权谋立而亡，三者，明主之所谨择也，仁人之所务白也"，强调礼义是立国、一统天下的根基，"綦定而国定，国定而天下定"[④]。他们又认为，正义的统一战争是必要的，是值得肯定的。孟子就肯定了商汤放桀、武王伐纣、周公东征这一类正义的战争。法家则主张靠力而非仁义实现天下一统。如商鞅主张通过富国强兵实现"兵出而无敌，令行而天下从"[⑤]；韩非主张"上古竞于道德，中世逐于智谋，当今争于力气"，"无事则国富，有事则兵强，此之谓王资"[⑥]。要维护统一的多民族国家的格局，要求在维护天下一统的前提下，承认差异，承认各个民族各具特点和个性。为此，古代有识之士提出对边远地区实行因俗而治的思想。《尚书》记载，古代将王畿之外划分为甸服、侯服、绥服、要服、荒服等五服，每服500里，中央政权对不同的服有不同的要求。

---

① 《论语·季氏》。
② 《孟子·梁惠王上》。
③ 《荀子·成相》。
④ 《荀子·王霸》。
⑤ 《商君书·画策》。
⑥ 《韩非子·五蠹》。

辽太祖提出过"以国制治契丹,以汉制待汉人"①的胡汉两制方针。这是对实现统一手段的有益探讨。

植根和合观念的大团结、"大一统"思想,在中华民族历史上产生了广泛、持久而深远的影响。

到了近代,帝国主义列强纷争,并侵略瓜分中国的时局与西方资本主义思潮的冲击,使"大一统"思想受到了强烈的冲击与挑战,近代学人"一方面根据古典经义坚持一统之局是中国自立的基础,以免被外国瓜分;另一方面又批判一统局面会压抑思想竞争,导致专制统治的延续"②。他们从批判君主专制的角度,对古代政治一统、思想一统多有批判,但从维护国家统一的立场出发,主张维护疆域一统、民族一统,阐述了国家统一思想与中华民族观念。

近代启蒙思想家以西方资产阶级民主主义为武器,对大一统导致政治专制、导致思想禁锢、导致国民性愚弱,进行了揭露与批判。近代初期,针对西方列强侵略中国、"以广运万里、地球中第一大国受制于小夷",冯桂芬深为困惑,他质问:"彼何以小而强?我何以大而弱?"③ 1894—1895年甲午中日战争爆发,中国在"受制于小夷"后又败于"岛夷"日本,近代启蒙思想家们认识到处在列国竞争的国际环境下,大一统格局未见得全是优势,"一统垂裳"的治国体制与方法亟待改弦更张。康有为在《上清帝第二书》中指出,在万国林立、列强争霸的时代,"当以列国并立之势治天下,不当以一统垂裳之势治天下","列国并立则争雄角智,一统垂裳则拱手无为"④;"夫今日大地忽通、

---

① 《辽史》卷四五《百官志》。
② 杨念群:《论"大一统"观的近代形态》,《中国人民大学学报》2018年第1期。
③ 《校邠庐抗议·制洋器议》。
④ 康有为:《上清帝第二书》,《康有为全集》第2集,中国人民大学出版社2007年版,第37页。

万国竞长之时,迥非汉、唐、宋、明一统之旧","当今日而思图存舍变法外更无他巧"①。他认识到"一统之世"不如"竞长之势"有活力,是造成中国大而弱、泰西小而强的原因。他指出:"中国自汉、唐、宋、明之后,皆为大一统之时,及今欧、亚、美、澳,遂为诸国竞长之势","夫治一统之世以静,镇止民心,使少知寡欲而不乱;治竞长之世以动,务使民心发扬,争新竞智,而后百事皆举,故国强。治一统之世以隔,令层级繁多,堂阶尊严,然后威令行;治竞长之世以通,通上下之情,通君臣之分,通心思,通耳目,通身体,威令无阻阂,而后血脉流注而能强。治一统之世以散,使民不相往来,耕田凿井,不识不知;治竞长之世以聚,令人人合会讲求,然后见闻广,心思扩,有才可用。治一统之世以防弊,务在防民而互相牵制;治竞长之世以兴利,务在率作兴事,以利用成。"②严复直接批评了《春秋》"大一统"思想,他指出:"盖自《公羊》说兴,而以谓《春秋》大一统,《中庸》同轨同文之盛,议礼考文之尊,于是乎有正统偏安割据之等差。而一王代兴,非四讫同前,则以为大憾。向使封建长存,并兼不起,各君其国,各子其民,如欧洲然,则国以小而治易周,民以分而事相胜,而其中公法自立,不必争战无已时也。且就令争战无已,弭兵不成,谛以言之,其得果犹胜于一君之腐败。呜呼!知欧洲分治之所以兴,则知中国一统之所以弱矣。"③梁启超认为,中国大一统格局相比于泰西列国并立,既有优势,也有劣势。他指出:"中国者,天然大一统之国也,人种一统,言语一统,文学一统,教义一统,风俗一

---

① 康有为:《外衅危迫分割洊至急宜及时发愤大誓臣工开制度新政局折》,《康有为全集》第4集,中国人民大学出版社2007年版,第12—13页。
② 康有为:《请御门誓众开制度局以统筹大局折》,《康有为全集》第4集,中国人民大学出版社2007年版,第87页。
③ 严复:《〈法意〉按语》,《严复集》第4册,中华书局1981年版,第965页。

统,而其根源莫不由于地势。中国所以逊于泰西者在此,中国所以优于泰西者亦在此。"① 在梁启超看来,大一统的劣势主要是实行政治一统、思想一统造成了国民愚弱,是"中国积弱之源"。他在《中国积弱溯源论》中痛批君主专制"愚其民、弱其民、散其民",封建礼教"使人柔顺屈从",使整个社会失去活力,造成了中国的大而弱。他在《新民说·尚武》一文中指出:"中国以文弱闻于天下,柔懦之病,深入膏肓,乃至强悍性成驰突无前之蛮族,及其同化于我,亦且传染此病",其原因之一是"由于国势之一统","若夫一统之世,则养欲给求而无所与竞;闭关高枕而无所与争;向者之勇力武功无所复用。其心渐弛,其气渐柔,其骨渐脆,其力渐弱。战国尊武,一统右文,固事势所必至,有不自知其然者矣。我中国自秦以来,久大一统,虽间有南北分割,不过二三百年,则旋归于统合,土地辽广,物产丰饶。虽有异种他族环于其外,然谓得其地不足郡县,得其人不足臣民,遂鄙为蛮夷而不屑与争,但使其羁縻勿绝拒杜勿来而已,必不肯萃全力而与之竞胜。太平歌舞,四海晏然,则习为礼乐揖让,而相尚以文雅,好为文词诗赋训诂考据,以奇耗其材力,即有材武桀勇者,亦闲置而无所用武,且以麤鲁莽悍,见屏于上流社会之外。重文轻武之习既成,于是武事废堕,民气柔靡,二千年之腐气败习,深入于国民之脑。遂使群国之人,奄奄如病夫,冉冉如弱女,温温如菩萨,戢戢如驯羊"②。

民国时期,仍有思想家对封建大一统之政治专制与思想专制造成国民愚弱、国家衰亡进行抨击。如陈独秀在《抵抗力》一文中,认为中国衰亡"抵抗力之薄弱,为最深最大之病根",而国

---

① 梁启超:《中国地理大势论》,《饮冰室合集》文集之十,中华书局1989年版,第77页。
② 梁启超:《新民说·论尚武》,《饮冰室合集》专集之四,中华书局1989年版,第111—112页。

人抵抗力薄弱,其原因之一是"统一之为害也。列邦并立,各自争存,智勇豪强,犹争受推重。政权统一,则天下同风,民贼独夫,益无忌惮;庸懦无论矣,即所谓智勇豪强,非自毁人格,低首下心甘受笞挞,奉令惟谨"①。战国策派成员林同济指出,战国时代"列国倾全力以向国际之场作全体战,歼灭战……全体战歼灭战的最后结果,是一强吞诸国,而制出一个大一统帝国"②;到了"大一统帝国"阶段,"最迫切的欲望就是太平",只求"天下无事",终不免"摆不脱'颓靡'的色彩与精神"③。

近代思想家虽激烈批判封建政治专制与思想专制,但都推崇中国的疆域一统与民族一统。在封建大一统王朝走向终结的过程中,梁启超、杨度等人基于民族一统的理念提出"中华民族"这一名号。梁启超在1902年发表的《论中国学术思想变迁之大势》一文中率先使用了"中华民族"概念,在1905年发表的《历史上中国民族之观察》一文中强调"中华民族自始本非一族,实由多民族混合而成",传承了夷夏一家的民族一统立场。杨度在1907年撰写的《金铁主义说》一文中强调"中华民族"是一个"文化之族名",并使用了"五族合一""五族一家"等提法。中华民国成立后,孙中山在1912年元旦发布的《临时大总统宣言书》中明确宣示了保持疆域一统、民族一统的愿望,提出:"国家之本在于人民,合汉、满、蒙、回、藏诸地为一国,即合汉、满、蒙、回、藏诸族为一人,是曰民族之统一。武汉首义,十数行省先后独立,所谓独立,对于清廷为脱离,对于各省为联合,蒙古、西藏意亦同此,行动既一,决无歧趋,枢机

---

① 陈独秀:《抵抗力》,《陈独秀文章选编》上册,生活·读书·新知三联书店1984年版,第93页。
② 林同济:《形态历史观》,《时代之波——战国策派文化论著辑要》,中国广播电视出版社1995年版,第10页。
③ 林同济:《从战国重演到形态史观》,《天地之间:林同济文集》,中国广播电视出版社1995年版,第34—41页。

成于中央，斯经纬周于四至，是曰领土之统一。"① 此后，各方人士对国家统一思想、中华民族观念多有阐释，他们对中华民族所赖以生存的辽阔版图都深感骄傲自豪，对维护中华民族的领土完整都深感"守土有责"。

"大一统"思想观念、"大一统"的国家形态是中国历史发展的基本特色，是中华民族世代相传的思想遗产。中国共产党人以马克思主义为指导，在批判地继承"大一统"思想，将其所蕴含的国家统一、民族独立、人民团结等思想元素与社会主义国家建设、中华民族共同体建设结合起来，成为维护我国统一的多民族国家、维护多元一体的中华民族格局、实现中华民族大团结大统一的历史文化根基。

以毛泽东为核心的中共第一代中央领导集体，在全面抗战时期确立了多元一体的中华民族观念。1939年，毛泽东在《中国革命和中国共产党》一文中对"中华民族"作了阐述，指出：中国是世界上最大的国家之一，"拥有四亿五千万人口，差不多占了全世界人口的四分之一。在这四亿五千万人口中，十分之九以上为汉人。此外，还有蒙人、回人、藏人、维吾尔人、苗人、彝人、壮人、仲家人、朝鲜人等，共有数十种少数民族，虽然文化发展的程度不同，但是都已有长久的历史"②。1939年由八路军政治部所编的《抗日战士课本》对中华民族作了界定："中国有四万万五千万人口，组成中华民族。中华民族包括汉、满、蒙、回、藏、苗、瑶、番、黎、夷等几十个民族，是世界上最勤劳，最爱和平的民族。中国是一个多民族的国家，中华民族是代表中国境内各民族之总称。"③ 在取得新民主主义革命胜利后奠

---

① 《孙中山全集》第2卷，中华书局1982年版，第6页。
② 《毛泽东选集》第2卷，人民出版社1991年版，第622页。
③ 中共中央统战部编：《民族问题文件汇编》，中共中央党校出版社1991年版，第807—808页。

定了中华人民共和国的国家制度，结束了旧中国一盘散沙、四分五裂的状态。中华人民共和国成立前夕，毛泽东指出："我们应当进一步组织起来。我们应当将全中国绝大多数人组织在政治、军事、经济、文化及其他各种组织里，克服旧中国散漫无组织的状态，用伟大的人民群众的集体力量，拥护人民政府和人民解放军，建设独立民主和平统一富强的新中国。"① 经过新中国成立初期的和平恢复和社会主义所有制改造的过渡，建立了社会主义制度，确立和奠定了人民代表大会制度、中国共产党领导的多党合作和政治协商制度、民族区域自治制度三项基本政治制度，保证了国家统一、民族团结的实现。

作为中共第二代中央领导集体的核心和改革开放的总设计师，邓小平高度关注国家统一，他提出了以"一国两制"解决国家统一问题的科学构想。1982年1月11日，邓小平会见美国华人协会主席李耀滋时指出：我们思考祖国统一问题的出发点是，"国家统一是我们整个中华民族的愿望，这不仅有利于子孙后代，在中国五千年的历史上也是一件大事"②。1984年6月22日、23日，邓小平在分别会见香港工商界访京团和香港知名人士钟士元等时指出："实现国家统一是民族的意愿，一百年不统一，一千年也要统一。"③ 1986年9月2日，邓小平在接受美国记者采访时指出："（统一）首先是个民族问题，民族的感情问题。凡是中华民族子孙，都希望中国能统一，分裂状况是违背民族意志的。"④ 1987年4月16日，邓小平会见香港特别行政区基本法起草委员会成员时指出："中国的统一是全中国人民的愿

---

① 《毛泽东文集》第5卷，人民出版社1996年版，第348页。
② 中共中央文献研究室编：《邓小平思想年谱（1975—1997）》，中央文献出版社1998年版，第212页。
③ 《邓小平文选》第3卷，人民出版社1993年版，第59页。
④ 同上书，第170页。

望,是一百几十年的愿望,一个半世纪了嘛。从鸦片战争以来,中国的统一是包括台湾人民在内的中华民族的共同愿望,不是哪个党哪个派,而是整个民族的愿望。"[①] 邓小平还非常关注实现各民族的真诚团结,他提出了汉族离不开少数民族,少数民族也离不开汉族的"两个离不开"重要思想。

以江泽民为核心的中共第三代中央领导集体成功地将"一国两制"构想在香港、澳门付诸实施,香港自1997年7月1日实现了回归,澳门自1999年12月20日回归祖国怀抱。1995年1月30日江泽民发表《为促进祖国统一大业的完成而继续奋斗》的"新春讲话",提出对台政策"八项主张",简称"江八点",成为大陆对台工作的纲领性文件。其主要内容包括:坚持一个中国原则;反对台湾当局搞"两个中国""一中一台";两岸在一个中国的前提下,进行逐步实现和平统一的谈判;不承诺放弃对台使用武力;大力发展两岸经济交流与合作;共同继承和发扬中华文化的优秀传统;充分尊重台湾同胞的生活方式和当家作主的愿望;欢迎台湾当局领导人以适当身份访问大陆。在中华民族大团结大统一问题上,江泽民发展了邓小平"两个离不开"的思想,提出了汉族离不开少数民族,少数民族离不开汉族,各少数民族之间也相互离不开的"三个离不开"的重要观点。

以胡锦涛同志为总书记的党中央提出了两岸关系和平发展的重要思想和一系列政策主张。2005年3月4日,他在看望参加全国政协十届三次会议民革、台盟、台联界委员时就新形势下发展两岸关系提出了四点意见即"四个决不":坚持一个中国原则决不动摇、争取和平统一的努力决不放弃、贯彻寄希望于台湾人民的方针决不改变、反对"台独"分裂活动决不妥协。同年3月14日,十届全国人大三次会议高票通过《反分裂国家法》;4

[①] 《邓小平文选》第3卷,人民出版社1993年版,第219页。

月29日，胡锦涛与时任中国国民党主席的连战举行会谈并发布了"两岸和平发展共同愿景"。胡锦涛深刻认识到新形势下加强民族团结的重大意义，他在2003年3月4日的全国政协十届一次会议少数民族界委员联组讨论会上明确提出"两个共同"思想，强调：各民族共同团结奋斗、共同繁荣发展是新世纪新阶段民族工作的主题。他在讲到民族团结重要性时强调，我国各民族团结进步是中华民族的生命所在、力量所在、希望所在。2005年5月，中共中央、国务院颁发了《关于进一步加强民族工作加快少数民族和民族地区经济社会发展的决定》。

习近平2011年在中央党校秋季学期开学典礼上的讲话中直接谈到了"大一统"思想的积极意义，他说："春秋时期，孔子修订《春秋》，包含'大一统'思想。到了秦汉时期，'大一统'已成为当时政治思想领域中的主流。基于这种认识，各族人民都把维护国家统一看作天经地义、义不容辞的神圣使命与责任。尽管在一些历史时期也曾出现过分裂局面，但统一始终是主流。而且不论分裂的时间有多长、分裂的局面有多严重，最终都会重新走向统一。"① 2014年11月，他在与到访的时任美国总统奥巴马会晤时指出：中华文明从一开始就重视"大一统"。历史多次证明，只要中国维持大一统的局面，国家就能够强盛、安宁、稳定，人民就会幸福安康。一旦国家混乱，就会陷入分裂。老百姓的灾难最惨重。他在2014年召开的中央民族工作会议暨国务院第六次全国民族团结进步表彰大会上提出加强中华民族大团结，长远和根本的是增强文化认同，建设各民族共有精神家园，积极培养中华民族共同体意识。他在2017年10月中共十九大报告中强调：铸牢中华民族共同体意识，加强各民族交往交流交融，促进各民族像石榴籽一样紧紧抱在一起。"大一统"

---

① 习近平：《领导干部要读点历史》，《学习时报》2011年9月5日。

思想、大一统的历史遗传结构深刻影响着中国人的"文化心理结构","要经营这种历史遗传结构,就要将其纳入到现代多民族国家建设的格局与进程中,铸牢中华民族共同体意识便是题中之义"①。

第十节　德法相辅的治国方略

在几千年文明史中,中华民族形成了以德治国的治国方略,也积淀了以法治国的治国传统。德法兼治、相辅相成是中华民族治理和管理国家的特点。尽管有短暂偏德或重法的现象,但从中国历史大势来看,以德为主、德法兼治的治理思想,是中国社会治理的重要理念,是中华优秀传统思想一以贯之的重要精神因素,是中华文明的重要标志。

德礼刑法是中国社会长期治国理政实践的产物。在中华民族从氏族向国家形态转变过程中,德礼刑法等观念就已萌生。"国之大事,在祀与戎。"② 就是说,国家大事,在于祭祀和战争。礼,起源于部落祭祀活动。《说文解字》说:"礼,履也,所以事神致福也。"祭祀有一定的仪式和程序,规范氏族成员的位置和言行,这种宗法规范成为"礼制"。合乎规范为有礼,不合规范为非礼。维护宗法贵族等级秩序,即"礼治"。

刑是兵的一种。"刑起于兵"。《国语·鲁语》记载:"大刑用甲兵,其次用斧钺,中刑用刀锯,其次用钻凿,薄刑用鞭扑,以威民也。故大者陈之原野,小者致之市朝。"《汉书·刑法志》

---

① 严庆、平维彬:《"大一统"与中华民族共同体意识的形成》,《西南民族大学学报》2018年第5期。

② 《左传·成公十三年》。

重复这段话，强调"其所由来者上矣"①。律是兵的要素。律是钟鼓发出有节奏的声响，表示进攻或退守的命令。《周礼·春官·大师》记载："大师执同律以听军声而诏吉凶。"

刑发展到一定程度，构成"法"。相传蚩尤作五刑而成法。《尚书·吕刑》记载："蚩尤惟始作乱，延及平民，罔不寇贼、鸱义、奸宄、夺攘、矫虔。苗民弗用，灵制以刑，惟作五虐之刑曰灋。杀戮无辜，爰始淫为劓、刵、椓、黥。"②古代将"法"写作"灋"。"廌"是传说中黄帝时期皋陶所养独角兽。皋陶在断案时，廌角触向谁，谁就是有罪过的一方。

德是刑法兵中的布德教化。最早的"德"，在甲骨文中与"得"相通。《说文解字》说："得，行为所得也。"商代的"德"，表示获得战俘，也表示买卖有所收获。兵戎相见，意味着侵掠残杀，也意味着保境安民。部落战争也包含保境安民德的理念。五帝时期，黄帝和蚩尤爆发战争。《史记·五帝本纪》记载，"炎帝欲侵凌诸侯，诸侯咸归轩辕。轩辕乃修德振兵，治五气，艺五种，抚万民，度四方"，经涿鹿战争，轩辕战胜蚩尤，代神农氏，是为黄帝。修德是振兵的基础。黄帝战胜蚩尤后，鉴于"上帝监民，罔有馨香德，刑发闻惟腥"，于是"德威惟畏，德明惟明"，体恤百姓。"士制百姓于刑之中，以教祗德。穆穆在上，明明在下，灼于四方，罔不惟德之勤，故乃明于刑之中，率义于民棐彝。"③典刑以制百姓，布德以教化；把德明于刑中，在刑中秉承民彝。

五帝时期德刑兼施已经萌发。尧舜时期，出现专职法律的官皋陶。《尚书·舜典》记载舜对皋陶说，"蛮夷猾夏，寇贼奸宄。汝作士，五刑有服，五流有宅，五宅三居。""象以典刑，流宥

---

① 武树臣：《中国法律思想史》，法律出版社2017年版，第47页。
② 《尚书·周书·吕刑》。
③ 同上。

五刑，鞭作官刑，扑作教刑，金作赎刑，眚灾肆赦，怙终贼刑。"《皋陶谟》记载："天叙有典，敕我五典五惇哉！天秩有礼，自我五礼有庸哉！同寅协恭和衷哉！天命有德，五服五章哉！天讨有罪，五刑五用哉！政事懋哉懋哉！"包含着典礼兼施、德刑兼用的方式。

氏族时期，刑礼德法观念萌发，就是维护等级制度的工具，也代表治理社会和国家的方式。《礼记·礼运》说："是故礼者君之大柄也，所以别嫌明微，傧鬼神，考制度，别仁义，所以治政安君也。故政不正则君位危，君位危则大臣倍、小臣窃。刑肃而俗敝，则法无常，法无常而礼无列，无礼列则士不事也。刑肃而俗敝，则民弗归也，是谓疵国。"礼是君王权柄，规范等级制度，体现君臣伦理；仁义是君臣伦理的思想体现；刑罚是维护君臣等级的规矩。礼刑德法规范君臣伦理秩序，也规范社会等级关系。

国家产生之后，作为国家治理的礼刑德法合治方式初显实践意义。夏朝奴隶制国家的产生，法制也承袭皋陶之法。《左传·昭公六年》记载："夏有乱政，而作禹刑。"禹刑内容已经失传。《隋书·艺文志》说："夏后有正刑五条，科条三千。"《左传·昭公十四年》记载："《夏书》曰：昏、墨、贼、杀，皋陶之刑也。"夏朝把伦理道德的缺失纳入刑罚。《孝经·五刑》记载："五刑之属三千，而罪莫大于不孝。"所谓"非孝"，曾子曾说："居处不庄，非孝也；事君不忠，非孝也；莅官不敬，非孝也；朋友不信，非孝也；战陈无勇，非孝也。"[①] 显示刑法是维护伦理和征战的工具。

夏朝建立后，礼的规范成为"礼制"。孔子说："殷因于夏礼，所损益，可知也。周因于殷礼，所损益，可知也。其或继周

---

① 《礼记·祭义》。

者，虽百世，可知也。"[1] 孔子称西周"为国以礼"，即"礼治"模式。

西周统治者为解释灭商的合理合法性，运用"德"的理念。德是礼的核心理念，礼是德的社会规范。《礼记·曲礼上》记载："道德仁义，非礼不成，教训正俗，非礼不备。分争辨讼，非礼不决。君臣上下父子兄弟，非礼不定。宦学事师，非礼不亲。班朝治军，莅官行法，非礼威严不行。祷祠祭祀，供给鬼神，非礼不诚不庄。"礼治是西周的治国方式。礼制和道德的统一，决定了礼治和德治的统一。礼制的核心理念是伦理道德，《礼记·大传》称为"亲亲也，尊尊也，长长也，男女有别"。《孟子》解释其为"父子有亲，君臣有义，夫妇有别，长幼有序，朋友有信"[2]。

夏商周时期是神权法萌发时期。夏商统治者宣称自己"受命于天"；"天降典刑"与"受命于天"相互结合。夏商征伐借助"恭行天罚"名义。夏启讨伐有扈氏，称"有扈氏威侮五行，怠弃三正，天用剿绝其命，今予惟恭行天罚"。商汤伐夏时称"有夏多罪，天命殛之"[3]。西周对夏商神权法观念做出修正和补充，提出"以德配天"说，强调统治者受天命，也受天德，天命配有德之人。所谓"皇天无亲，惟德是辅"[4]。负天命必有德，无德则无天命。西周取代殷商，是因为商人"不敬其德"[5]，而"皇天上帝"则"大命文王"[6]。

刑罚也是维护王朝统治之具。《史记·宋世家》记载，周武王向箕子请教为政之道，于是有《洪范》。"天乃锡禹洪范九

---

[1] 《论语·为政》。
[2] 《孟子·滕文公上》。
[3] 《尚书·汤誓》。
[4] 《左传·僖公五年》引《周书》。
[5] 《尚书·召诰》。
[6] 《尚书·康诰》。

畴"。洪，意为大；范，意为法。西周时期最主要的立法成果是《九刑》和《吕刑》。西周刑法不完善，需要刑礼互相补充，相辅相成。所谓"礼之所去，刑之所取，失礼则入刑，相为表里"①。礼范之内，则礼治；越礼之外则刑治。又如西汉贾谊所说："夫礼者禁于将然之前，而法者禁于已然之后。"② 显示西周已经确立了礼刑合治的治国理念。不过，礼刑合治所强调的是"礼不下庶人，刑不上大夫"③。也就是说，礼是统治者的等级之礼，刑则更多的是针对被统治者的刑。

周公主张"明德慎罚"，提出"惟乃不显考文王，克明德慎罚；不敢侮鳏寡，庸庸、祗祗、威威、显民"④。周公摄政期间，"一沐三捉发，一饭三吐哺"，"周公吐哺，天下归心"传为佳话。这也开始体现了德主刑辅的理念。明德慎罚是最高统治者施德政、慎刑罚，以德服人，包含刑治、德治、人治相统一的意蕴。

春秋战国时期形成德法合治和德法分治两种治理方案。春秋时期，"礼崩乐坏"，导致神权法思想瓦解，成文法开始出现。春秋前期管仲注重礼治作用，提出"礼义廉耻，国之四维"，主张"德礼不易，无人不怀"⑤。同时主张刑治，强调"劝之以庆赏，纠之以刑罚"⑥。春秋晚期，郑国子产承继刑治方式，提出"天道远，人道迩"，昭公六年三月，"郑人铸刑书"。杜预注："铸刑书于鼎，以为国之常法。"⑦ 这是中国历史上第一次公布成文法。子产主张宽猛相济的治国理念，提出"唯有德者能以宽

---

① 《后汉书》卷四六《陈宠传》。
② 《汉书》卷四八《贾谊传》。
③ 《礼记·曲礼上》。
④ 《尚书·康诰》。
⑤ 《左传·僖公七年》。
⑥ 《国语·齐语》。
⑦ 《春秋左传集解》，上海古籍出版社1977年版，第1276页。

服民，其次莫如猛"①。继承了以德服人、德刑相济的治国理念。

先秦百家争鸣时期，儒家重德治而轻法治；法家重法治而轻德治，反映了德法分治的趋势。儒家思想的核心是"仁"，伦理道德是仁的内容和体现。礼是施仁政的基本方式。孔子说："克己复礼为仁。一日克己复礼，天下归仁焉。"礼又是社会言行规范和准绳。"非礼勿视，非礼勿听，非礼勿言，非礼勿动。"② 儒家主张的仁，是圣人君子的仁德。"惟仁者宜在高位"③。圣贤君子具有最高权威。孔子说："为政以德，譬如北辰，居其所，而众星共之。"④ 圣贤以德治政，则众人仰服。仁德权威意味着法令。孔子说："其身正，不令而行；其身不正，虽令不从。"⑤ 包含以德帅法、德主法辅的意蕴。圣贤仁德也为世人的表率。孟子说："君仁，莫不仁；君义，莫不义；君正，莫不正。一正君而国定矣。"⑥ 君子仁德，民众仁德，反映了以德服人、以德教民、以德治国的理念。圣贤的仁德权威及其法令效力，反映人治和德治相统一的理念。荀子提出"有治人，无治法"的观点，"君子者，法之原也"⑦。后人评价说，"其人存，则其政举；其人亡，则其政息"⑧。

儒家继承周朝礼制，以仁为核心，以礼制为规范，以刑法为补充。孔子曰："道之以政，齐之以刑，民免而无耻。道之以德，齐之以礼，有耻且格。"⑨ 又说："名不正则言不顺，言不顺则事不成，事不成则礼乐不兴，礼乐不兴则刑罚不中，刑罚不中

---

① 《左传·昭公二十年》。
② 《论语·颜渊》。
③ 《孟子·离娄上》。
④ 《论语·为政》。
⑤ 《论语·子路》。
⑥ 《孟子·离娄上》。
⑦ 《荀子·君道》。
⑧ 《礼记·中庸》。
⑨ 《论语·颜渊》。

则民无所措手足。"① 集中体现德治、礼治、刑治的结构关系和综合治理方式。这为汉朝形成德法兼治模式奠定了思想基础。

先秦法家重视法制治国方式。法家对"礼崩乐坏"的大势做出判断，认为"上古竞于道德，中世逐于智谋，当今争于气力"②。故尧舜禹汤文武圣贤之道已经过时，"欲以先王之政，治当世之民"，无异于"守株待兔"。法家提出的良策，是"塞民以法"③，提出"明主之国，无书简之文，以法为教；无先王之语，以吏为师；无私剑之捍，以斩首为勇"，"境内之民，其言谈者必轨于法"④。法令是国家权力的体现、等级制度的社会规范和行为准则。"法者，所以兴功惧暴也；律者，所以定分止争也；令者，所以令人知事也。法律政令，吏民规矩绳墨也。"⑤ 法令为民吏言行画出红线，合政令则合理，越政令则惩罚。"有权衡者不可欺以轻重，有尺寸者不可差以长短，有法度者不可巧以诈伪。"⑥

韩非子说："以法治国，举措而已。"⑦ 法治是治理国家的举措、方式、方法。君王制定法令，遵者赏，违者罚，则天下治。圣贤难治乱世，法治能安天下。尧舜圣君、桀纣暴君，"千世而一出"，圣贤治国，难以长久。"释法术而任心治，尧不能正一国；去规矩而妄意度，奚仲不能成一轮；废尺寸而差短长，王尔不能半中。"采用"缘法而治"方式，则不必待圣君。以人治国，则"千世乱而一治"；以法治国，则"千世治而一乱"⑧。以

---

① 《论语·子路》。
② 《韩非子·五蠹》。
③ 《商君书·画策》。
④ 《韩非子·五蠹》。
⑤ 《管子·七臣七主》。
⑥ 《意林》卷二引《慎子》佚文。
⑦ 《韩非子·有度》。
⑧ 《韩非子·难势》。

法治国，则可得长治久安。①

　　法家秉持以法治国、法术势兼备的治国理念。法，是君王治国的法令；势，是君王所握的权势；术，是推行法治的方法。君王无势，与百姓无异；有法无君，等于无法。故势与法相结合。"抱法处势则治，背法去势则乱。"② 法家还强调法与术的结合。"徒术而无法，徒法而无术"，都难治天下。值得注意的是，法家是把法建立在礼教之上。韩非认为："天下皆以孝悌忠顺之道为是也，而莫知察孝悌忠顺之道而审行之，是以天下乱。"③ 天下都信奉伦理道德，却没有考察如何行伦理道德，所以造成天下大乱局面。尧舜，为人君，而臣事君；汤武时期，为人臣子却弑杀其君，故天下不治而乱。故"所谓明君者，能畜其臣者也；所谓贤臣者，能明法辟、治官职以戴其君者也"④。做君王要有君王的道理，做人臣也有做人臣的法理，才能君臣有序，天下有治。

　　先秦儒家主张德治和法家奉行法治，代表王道与霸道的分野。王道是圣贤之道，讲究以德服人；霸道是权势之道，讲究以力服人。孟子曰："以力假仁者霸，霸必有大国。以德行仁者王，王不待大。汤以七十里，文王以百里。以力服人者，非心服也，力不赡也；以德服人者，中心悦而诚服也，如七十子之服孔子也。"⑤《史记》中《孔子世家》和《商君列传》分别代表以王道治鲁和以霸道治秦的成功案例。反映了德治和法治各有利弊，暗示了儒家和法家法律思想融合发展的趋势。

　　西汉时期德主刑辅治理方式的形成。秦朝承袭法家思想，推

---

① 参见马小红、姜晓敏《中国法律思想史》，中国人民大学出版社 2015 年版，第 65 页。
② 《韩非子·难势》。
③ 《韩非子·忠孝》。
④ 同上。
⑤ 《孟子·公孙丑上》。

行"以法治国","皇帝临位,制作明法……诸产得宜,皆有法式"①。湖北睡虎地秦简、湖南里耶秦简、岳麓书院藏秦简,反映了秦朝法制的完备。秦朝奉行"以法为教""以吏为师""专任刑罚"。严刑酷法使法治走向极端,"刑者相半于道,而死人日成积于市"②。汉承秦制,又批判其暴政,引入黄老思想,主张"道莫大于无为",以道为本、德刑相济,"约法省禁",提出"刑不厌轻""罚不患薄"的政策,为汉武帝时期确立德主刑辅治理方式奠定基础。

汉武帝时期,"罢黜百家,表彰六经",以儒家思想为核心,兼采法家、道家、阴阳家学说,确立德主刑辅、君权至上、法有差等规范,初步形成封建正统法律思想。董仲舒是这些思想的典型代表。董仲舒认为:"庆、赏、罚、刑,与春、夏、秋、冬,以类相应也,如合符。故曰王者配天。"③ 皇帝执行上天旨意行事,"王者法天",皇帝代天论功行赏、论过行罚。伦理关系是法律规范的核心。董仲舒还认为,天有阴阳,人亦有阴阳。"君臣、父子、夫妇之义,皆取诸阴阳之道。君为阳,臣为阴;父为阳,子为阴;夫为阳,妻为阴。"④ 人伦关系可概括为"君为臣纲、父为子纲、夫为妻纲",三纲合乎天道,"可求于天"⑤。仁义礼智信"五常"是"三纲"的标准。"三纲五常"成为神圣不可侵犯的封建正统法律的思想基础。汉朝也实行礼制,礼制把官僚等级制度化。把"三纲五常""等级秩序""尊卑长幼"规范化、制度化,体现汉朝礼律融合、法有差等的理念。

---

① 《史记》卷六《秦始皇本纪》。
② 《史记》卷八七《李斯列传》。
③ 《春秋繁露·四时之制》。
④ 《春秋繁露·基义》。
⑤ 同上。

另外，德主刑辅是汉朝社会治理的基本范式。即如董仲舒所强调的，"天道之大者在阴阳。阳为德，阴为刑。刑主杀而德主生"[1]。阳主生，阴主杀；教化为阳，刑罚为阴。"阳者，天之德也；阴者，天之刑也"[2]，德刑都是上天意志的体现。在德刑运用上，"大德而小刑"，"先德后刑"，"任德不任刑"，"德而后刑"[3]。德刑关系应是"德主刑辅"[4]，以政教为本，以刑罚为辅。《汉书·刑法志》说："文德者，帝王之利器；威武者，文德之辅助也。"

汉朝法制，以儒家经典为最高标准，以礼刑制度为规矩；儒家伦理是法律规范的对象，法律是儒家伦理的工具。这反映了德法合治、礼法融合的理念。董仲舒倡导依据《春秋》及《公羊传》进行诉讼和断案，故称"《春秋》决狱"。"故《春秋》之治狱，论心定罪。志善而违于法者免，志恶而合于法者诛。"[5]把"心"和"志"即主观动机作为判断是否违法的依据。董仲舒解释说："《春秋》之听狱也，必本其事而原其志。志邪者不待成，首恶者罪特重，本直者其论轻。"[6]《春秋》决狱"开儒家思想法律化之先河"[7]。

唐朝"德礼为本、刑罚为用"治国方式的确立。 唐朝统治者吸取隋朝严刑乱法而致倾覆的教训，注重儒家正统思想和法治结合。唐太宗时期，在《武德律》基础上，制《贞观律》；唐高宗时期，在《贞观律》基础上编纂《永徽律》；其后对《永徽

---

[1] 《汉书》卷五六《董仲舒传》。
[2] 《春秋繁露·王道通三》。
[3] 《春秋繁露·天辨在人》。
[4] 《春秋繁露·精华》。
[5] 《盐铁论·刑德》。
[6] 《春秋繁露·精华》。
[7] 《中国法制史》编写组：《中国法制史》（第二版），高等教育出版社2019年版，第86—87页。

律》做出注解，称为《永徽律疏》，后世称之为《唐律疏议》。《唐律疏议》是秦代以来法制建设的集大成者。

唐朝继承汉代礼法融合治理思想，确立"德礼为本，刑罚为用"的治理方式。长孙无忌在《唐律疏议·序》中说："德礼为政教之本，刑罚为政教之用，犹昏晓阳秋相须而成也。"德礼是政治教化的根本，刑罚是政治教化的工具，清楚概括德礼、政教、刑罚三者的关系，确立了德礼为本、政教为制、刑罚为用的治理方式。唐朝立法，在儒家经典中寻找依据，用儒家思想来阐释法律的含义，体现道德礼仪融入法律制度之中。唐朝全面确立了"三纲"在法律中的核心地位。《唐律疏议》设置了谋反、谋大逆、谋叛、恶逆、不道、大不敬、不孝、不睦、不义、内乱等"十恶"罪名，提出"五刑之中，十恶尤切。亏损名教，毁裂冠冕，特标篇首，以为明诫"。凡是触动皇权、危害国家、破坏社会秩序、扰乱伦理的行为，都在严惩之列。

中国古代德法兼治思想的核心内容包括以下五项：

以德为主、德法融合的治理理念。中国古代德法兼治思想的核心内容首先表现为以德为主、德法相融。德是法的内容，法是德的规范；德的限制就是法，法的内核就是德。以德为本、德法兼施、德法合一是治国基本理念。《商君书·画策》说："所谓义者，为人臣忠，为人子孝，少长有礼，男女有别；非其义者，饿不苟食，死不苟生，此乃有法之常也。"合乎道德就是合乎法律，合乎法律也是合乎道德。《韩非子·忠孝》说："臣事君，子事父，妻事夫，三者顺则天下治，三者逆则天下乱，此天下之常道也。"《睡虎地秦墓竹简·为吏之道》说："君怀臣忠，父慈子孝，政之本也。"伦理纲常是政治根本，法治必须以伦理道德为本。违背伦理纲常，即便法治完备也天下大乱；尊奉伦理纲常，即便法治稀少也能天下大治。《淮南子·泰族训》说："有道以统之，法虽少，足以化矣；无道以行之，法虽众，足以乱矣。"① 朱熹认为，存天理、尊伦理，即为德治；以刑制约，则为法治。② 以法治体现德治则天下治。"立善法于天下，则天下治；立善法于一国，则一国治。"③

以德治为主、以法治为辅的治理方式。礼法从萌芽起，就具有融合的特点。礼治和法治相融是古代治理的重要思想。先秦儒家和法家虽然在治国理念上有"礼治"和"法治"的对立，但二者在维护君主专制、等级制度和宗法制度方面并无差别。就儒家来说，伦理纲常是本，违背伦理就是违背法律；就法家来说，法律就是维护伦理纲常，遵守法律就是遵守伦理纲常。礼刑德法本质上统一于伦理纲常。这为礼法融合提供了伦理基础。朱熹认为："盖三纲五常、天理民彝之大节，而治道之本根也，故圣人之治，为之教以明之，为之刑以弼之。"④ 又说："若夫道德性命之与刑名度数，则其精粗本末虽若有间，然其相为表里，如影随形，则又不可得而分别也。"⑤ 伦理纲常是政教和法制的根本；政教和刑罚是伦理纲常的表现，二者互为表里，如影随形。总的来说，国家治理是以德为主、德法兼治的方式。朱熹说："愚谓政者，为治之具；刑者，辅治之法。德礼则所以出治之本，而德又礼之本也。此其相为终始，虽不可以偏废，然则政能使民远罪而已。德礼之效，则有以使民日迁善而不自知，故治民者不可徒恃其末，又当深探其本也。"⑥ 德礼为本，政刑为末；以德治、礼治为主，以政治、刑治为辅。

以帝王为主、以集权政体为制度的治理结构。秦始皇统一六国，废除分封制，设立郡县制，建立封建君主专制中央集权政

---

① 《淮南子·泰族训》。
② 《朱子语类》卷二十三。
③ 《临川先生文集·周公》。
④ 《朱文公文集》卷一四《戊申延和奏札一》。
⑤ 《朱文公文集》卷七〇《读两陈建议遗墨》。
⑥ 《论语集注》卷一《为政》。

体。这种政体的核心精神，是"三纲五常"。《论语·颜渊》记载：齐景公问政于孔子。孔子对曰："君君，臣臣，父父，子子。"孔子主张"不在其位，不谋其政"。在什么位，谋什么政；"君子思不出其位"，这有利于维护君臣等级制度。伦理纲常是君主政体的指导思想，君主政体是伦理纲常的政治制度；遵守伦理纲常和维护等级政体是一致的。

以圣贤为主、君治与吏治相结合的治理主体。有法无德之人，则法蔽；有德无法之人，则德迷。明德礼之人才能秉公执法，以仁驭法，以法载仁。王夫之说："天下有定理而无定法。定理者，知人而已矣，安民而已矣，进贤远恶而已矣；无定法者，一兴一废一繁一简之间，因乎时而不可执也。"[①] 天下定理，是进贤远恶，反映"定法"以伦理道德为原则和标准。有明德明法之人，则能施仁政。

能治天下者，必有圣王贤臣。圣君贤臣之所以能治国安邦，既要占据道德高位，又要掌握法治权柄。这需要以修身为本。《大学》讲："古之欲明明德于天下者，先治其国；欲治其国者，先齐其家；欲齐其家者，先修其身；欲修其身者，先正其心；欲正其心者，先诚其意；欲诚其意者，先致其知，致知在格物。""自天子以至于庶人，一是皆以修身为本。其本乱而末治者否矣。其所厚者薄，而其所薄者厚，未之有也。"

"法与时变"的治理理念与治理变革。古代德法兼治理念奉行"与时偕行"精神。先王之法，由前世而来，后人或增或减、或损或益，不可泥古不化。古今情势、风俗、语言有异，不可循古而治。先王有先王成法，今人宜有今人之成法，不可前后不变。如果因袭先王之法，无异于循表夜涉、刻舟求剑、引婴投江。"故治国无法则乱，守法弗变则悖。悖乱不可以持国。世易

---

① 《读通鉴论》卷六《光武》。

时称，变法宜矣。"① 主张"法与时变"的精神，并且认为："圣人制礼乐而不制于礼乐。治国有常，而利民为本；政教有经，而令行为止。苟利于民，不必法古；苟周于事，不必循旧；夫夏商之衰也，不变法而亡。三代之起也，不相袭而王。故圣人法与时变，礼与俗化，衣服器械各便其用，法度制令各因其宜，故变古未可非，而循俗未足多也。"②

"法与时变"的治理理念，也包含变与不变的关系。"变"的是"法令"、规制，不变的是伦理纲常。"法制礼义者，治人之具也，而非所以为治也。故仁以为经，义以为纪，此万世不更者也。若乃人考其才，而时省其用，虽日变可也。天下岂有常法哉！当于世事，行于人理，顺于天地，祥于鬼神，则可以正治矣。"③ 以伦理纲常为天经地义，以礼仪法制为言行规范，顺天理奉鬼神，则天下治。这种治理方式体现张弛之力，从中可窥测封建专制的延续性和阶段性，而变易精神成为社会前进的牵引力量。

鸦片战争以来，帝国主义列强坚船利炮打开中国国门，中国遭遇"数千年未有之变局"。中国在从封建社会向半封建半殖民地社会转型过程中，带来传统德法兼治向近代治理方式转变，封建正统治理思想衰落。

洋务派承继古代德法相辅的传统，根据"中学为体、西学为用"主张，强调法律是遵守"三纲"的规矩，是维护伦常名教的工具。张之洞说："盖法律之设，所以纳民于轨物之中，而法律本原实与经术相表里，其最著者为亲亲之义、男女之别，天经地义，万古不刊。"④ 改良派以西方资产阶级思想为武器，批判封建专制，推动维新变法，反映中国法制从封建正统法制向资

---

① 《吕氏春秋·察今》。
② 《淮南子·氾论训》。
③ 同上。
④ 《张文襄公全集》卷三十七《劝学篇·明纲》。

产阶级近代法制的转变。他们以进化论为依据，主张改变君主专制政体为君主立宪政体，采用西方资产阶级国家的法律制度。康有为借"公羊三世"说，提出社会发展"凡君主专制、立宪、民主三法，必当一一循序行之，若紊其序则必大乱"①。严复抨击专制之君是"无法"之君，专制之国是"无法"之国②；君主身兼"刑、宪、政"三权，掌握生杀大权，"乱则作威，喜则作福"③。康有为说："近泰西论政，皆言三权，有议政之官，有行政之官，有司法之官。三权立，然后政体备。"④

改良派抨击伦理纲常，倡导西方自由平等。谭嗣同批评"君权神授"和"三纲五常"，指出两千年来之政，皆秦政；两千年来帝王，皆"独夫民贼"；主张民本君末、立君为民。三纲五常造成伦理地狱，"三纲之慑人，足以破其胆，而杀其灵魂"。故呼唤"冲决君主之网罗""冲决伦常之网罗"⑤。严复提出，西方政治"以自由为体，以民主为用"。他比较中西差异，认为"中国最重三纲，而西人首明平等；中国亲亲，而西人尚贤；中国以孝治天下，而西人以公治天下；中国尊主，而西人隆民"，中西最大差异在于自由。⑥ 资产阶级改良派的法治思想是资产阶级思想启蒙和思想教育，推动了维新变法运动，对中国法律制度和治理观念的变革产生深远影响，是近代以来中国治理方式转型的重要环节。

戊戌变法失败，表明中国以皇权为核心的封建专制制度难以转变为君主立宪。以孙中山为代表的革命派走上民主革命道路，

---

① 《答南北美洲诸华侨论中国可行立宪不可行革命书》，《康有为政论集》，中华书局1998年版，第476页。
② 《严复集·辟韩》，中华书局1986年版。
③ 《法意》第五卷按语。
④ 《上清帝第六书》，《康有为政论集》，中华书局1998年版，第213页。
⑤ 《仁学》，《谭嗣同全集》，天津古籍出版社2016年版，第4页。
⑥ 《严复集·论世变之亟》，中华书局1986年版，第3页。

学习西方民主宪政，批判封建刑罚道德，主张建立资产阶级法治国家。

三民主义是民国时期立法的主要指导思想，也是革命派治理国家的核心观念。早期三民主义以"驱逐鞑虏、恢复中华、创立民国、平均地权"为主要内容。1924年国共合作中，孙中山提出"联俄、联共、扶助农工"三大政策，发展为新三民主义。1912年3月制定的《中华民国临时约法》，体现三民主义主要精神，提出，"中华民国之主权，属于国民全体"。"中华民国人民，一律平等，无种族、阶级、宗教之区别。""中华民国以参议院、临时大总统、国务员、法院，行使其统治权。"《中华民国临时约法》是中国第一部近代资产阶级性质的宪法，反映了民主共和的理念。

在马克思主义指导下，中国共产党的治国理念具有与传统不同的科学的执政思想。中国共产党围绕革命、建设和改革任务，批判地继承中华优秀传统思想德法兼治的理念，形成了中国特色社会主义治国理政执政思想。

新民主主义革命时期，中国共产党领导人民把革命和法制结合起来，以革命推进法制建设，以法制建设保障革命成果，揭开中国人民法制建设的新篇章。

在中央苏区时期，中国共产党领导人民制定《中华苏维埃共和国宪法大纲》，集中体现党领导政权和宪法的性质。在根据地和解放区大力加强法制建设。

在领导革命实践中，中国共产党创造了独特的革命道德，把革命道德作为治理社会的精神武器。马克思主义是革命道德的指导思想，在中华民族史上确立了科学的共产主义理想信念和共产主义道德。科学的世界观决定科学的人生观和价值观。中国共产党坚持无产阶级政党的性质，把为人民服务作为宗旨和人生追求。为建立独立、自由、民主、统一、富强的新中国，倡导和践行爱国主义、集体主义、社会主义和国际主义，倡导革命英雄主义。中国共产党人继承"五四"精神，倡导科学和民主精神。领导人民进行经济社会建设，在各领域树立一定的职业规范；提倡移风易俗，倡导自由婚姻，形成崭新社会公德和家庭美德。批判和改造中华优秀传统道德，发扬自强不息、厚德载物、勤劳勇敢、勤俭节约、谦虚谨慎、不骄不躁、艰苦奋斗等优良品质。革命理想、纪律、道德成为根据地治理社会的依据。中国共产党继承和超越传统道德和德治观念，为中华人民共和国发挥道德的社会治理功能准备了条件。

根据地和解放区的法制建设，反映中国共产党领导人民革命的理论和实践，包含着革命道德的内容和精神，体现了德法兼顾的优秀传统。革命的法制和革命的道德相结合，是中国共产党治理根据地和解放区社会的重要方式，创造了将革命法制和革命道德相结合的典范。

中华人民共和国成立以来，从和平恢复时期、社会主义过渡时期到社会主义建设时期、改革开放新时期和中国特色社会主义新时代，中国共产党把马克思主义同中国国情实际，同中华优秀传统思想相结合，逐步形成了成熟管用的德法兼施、依法治国与以德治国相辅相成的治国理念和方略。

中华人民共和国的成立，实现了从剥削阶级统治向人民民主专政制度的伟大跨越，人民成为国家和社会的主人，开启了中国共产党领导人民制定国家法律的新阶段。

中华人民共和国成立初期，党领导人民废除国民党在大陆的旧法统，运用民主革命时期法制建设经验，"抓紧建设社会主义法治，初步奠定了社会主义法治的基础"[①]。围绕巩固人民政权和保障社会秩序加强法制建设。毛泽东说，法律"是维护革命

[①]《习近平关于全面依法治国论述摘编》，中央文献出版社2015年版，第8页。

秩序，保护劳动人民利益，保护社会主义经济基础，保护生产力的。我们要求所有的人都遵守革命法制"①。从1949年到1954年一届全国人大召开前，党领导人民颁布实施具有临时宪法性质的《中国人民政治协商会议共同纲领》，制定中央人民政府组织法、婚姻法等法律，开启中华人民共和国法制建设的历史进程。一届全国人大一次会议通过第一部《中华人民共和国宪法》，同时制定全国人民代表大会、国务院、地方各级人民代表大会和地方各级人民委员会、人民法院、人民检察院等国家机构的组织法，确立了国家政治生活的基本原则。中共八大提出："国家必须根据需要，逐步地系统地制定完备的法律。"② 截至"文化大革命"前，中国共制定法律、法令130多部。③ 这为改革开放后发展社会主义法制奠定了基础。

中国共产党高度重视思想道德教育在治国理政中的引领和示范意义。政治思想工作是经济工作和其他一切工作的生命线。毛泽东指出："思想、政治是统帅，是君，技术是士兵，是臣，思想、政治又是技术的保证。"④ 党领导人民在建立公有制、进行现代化建设基础上，倡导爱国主义、集体主义、社会主义和国际主义的原则。党领导人民把社会主义道德法制化、制度化。《中华人民共和国宪法》规定："中华人民共和国公民必须遵守宪法和法律，遵守劳动纪律，遵守公共秩序，遵守社会公德。"⑤ 中国共产党和毛泽东倡导全心全意为人民服务的宗旨和道德，强调共产党人的"品德就是忠实为人民服务，鞠躬尽瘁，死而后已"⑥。

---

① 《毛泽东文集》第7卷，人民出版社1999年版，第197—198页。
② 《建国以来重要文献选编》第9册，中央文献出版社2011年版，第301页。
③ 国务院新闻办公室：《中国特色社会主义法律体系》，《人民日报》2011年10月28日第14版。
④ 《建国以来毛泽东文稿》第7册，中央文献出版社1992年版，第25页。
⑤ 《建国以来重要文献选编》第5册，中央文献出版社2011年版，第467页。
⑥ 《建国以来毛泽东文稿》第7册，中央文献出版社1992年版，第202—203页。

党通过典型示范作用，提倡学习雷锋、王进喜、焦裕禄等时代模范，投身社会主义建设。在党和毛泽东倡导的优秀道德品质感召下，中国社会形成良好的道德风尚，促进国家、民族和人民的整体进步。邓小平曾说："五十年代，广大党员和人民讲理想，讲纪律，讲为人民服务，爱党，爱国家，爱社会主义，这样的社会风气和道德面貌不是很好吗？三年困难时期，党和人民不是团结奋斗，渡过了难关吗？多好的老百姓啊！我们要恢复和发扬这个传统。"①

中国共产党重视法制的强制规范作用，也重视道德教育的引领示范作用。毛泽东曾说，人民为有效进行生产生活，就要求发布强制性行政命令，同时伴之说服教育。强制性行政命令"同用说服教育的方法去解决人民内部的矛盾，是相辅相成的两个方面"②。单靠哪个方面都行不通。这些都为改革开放后依法治国和以德治国积累了宝贵经验。

鉴于"文化大革命"破坏民主和法制的沉痛教训，中共十一届三中全会提出："为了保障人民民主，必须加强社会主义法制，使民主制度化、法律化，使这种制度和法律具有稳定性、连续性和极大的权威，做到有法可依，有法必依，执法必严，违法必究。"③ 发展社会主义民主，必须健全社会主义法制，二者密不可分。加强法制建设与人们的思想政治素质和道德素质相关。邓小平指出："加强法制重要的是要进行教育，根本问题是教育人。"④ 教育主要是思想道德素质和科学文化素质教育。这样把法制建设和思想道德建设联系起来，反映了对德法兼施治国思想的发展。中共十二届六中全会通过《关于社会主义精神文明建

---

① 《邓小平文选》第 3 卷，人民出版社 1993 年版，第 318 页。
② 《毛泽东文集》第 7 卷，人民出版社 1999 年版，第 209—210 页。
③ 《三中全会以来重要文献选编》上，中央文献出版社 2011 年版，第 9 页。
④ 《邓小平文选》第 3 卷，人民出版社 1993 年版，第 163 页。

设指导方针的决议》，从现代化建设总体布局高度，阐述了社会主义精神文明的战略地位、根本任务、共同理想、道德建设、民主法制纪律的教育等内容，强调："加强社会主义民主和法制的建设，根本问题是教育人。要从小学开始，在进行理想、道德、文明礼貌等教育的同时，进行民主、法制和纪律的教育。"① 为提出依法治国和以德治国相结合的方略准备了思想条件。

中共十四大确立了社会主义市场经济体制的改革目标，要求建立与之相适应的法律体系和思想道德体系。法治以其权威性和强制手段规范社会主体的行为，德治以其说服力和劝导力提高社会主体的思想道德觉悟。江泽民指出，发展社会主义市场经济，建设中国特色社会主义，"要坚持不懈地加强社会主义法制建设，依法治国，同时也要坚持不懈地加强社会主义道德建设，以德治国。对于一个国家的治理来说，法治和德治，从来都是相辅相成、相互促进的。二者缺一不可，不可偏废"。法治属于政治文明，德治属于精神文明。"要把法制建设与道德建设紧密结合起来，把依法治国与以德治国紧密结合起来。"②

中共十五大阐述依法治国基本内涵，指出"依法治国，是党领导人民治理国家的基本方略"③ 中共十六大把"坚持物质文明和精神文明两手抓，实行依法治国和以德治国相结合"作为社会主义建设的基本经验，强调"依法治国和以德治国相辅相成。要建立与社会主义市场经济相适应、与社会主义法律规范相协调、与中华民族传统美德相承接的社会主义思想道德体系"④。社会主义道德建设，以马克思主义为指导，以为人民服务为核心，以集体主义为原则，以爱祖国、爱人民、爱劳动、爱科学、

---

① 《十二大以来重要文献选编》下，中央文献出版社2011年版，第130页。
② 《十五大以来重要文献选编》中，中央文献出版社2011年版，第677页。
③ 《十五大以来重要文献选编》上，中央文献出版社2011年版，第26页。
④ 《十六大以来重要文献选编》上，中央文献出版社2005年版，第30页。

爱社会主义为基本要求,以职业道德、社会公德、家庭美德建设为落脚点。这都应成为社会全体人员的行为规范。

中共十六大以来,中国围绕"五位一体"总体布局全面推进法治建设。截至 2011 年 8 月,中国制定"现行宪法和有效法律共 240 部、行政法规 706 部、地方性法规 8600 多部,涵盖社会关系各个方面的法律部门已经齐全,各个法律部门中基本的、主要的法律已经制定,相应的行政法规和地方性法规比较完备,法律体系内部总体做到科学和谐统一,中国特色社会主义法律体系已经形成"[1],"五位一体"各方面建设都实现了有法可依。这是中国法治建设进程的重要里程碑。

中共十八大以来,中国特色社会主义进入新时代。在有 14 亿人口的大国坚持和发展中国特色社会主义,要实现经济发展、政治清明、文化昌盛、社会公正、生态良好,必须运用法治和德治两种治国方式。习近平指出:"在新的历史条件下,我们要把依法治国基本方略、依法执政基本方式落实好,把法治中国建设好,必须坚持依法治国和以德治国相结合,使法治和德治在国家治理中相互补充、相互促进、相得益彰,推进国家治理体系和治理能力现代化。"[2]

依法治国和以德治国相结合,是发展和完善中国特色社会主义制度的战略举措,是推进国家治理体系和治理能力现代化的基本方略。中共十八大以来,以习近平为核心的党中央把全面依法治国纳入"四个全面"战略布局,提出全面依法治国总目标和战略规划,完善中国特色社会主义法治体系,发展中国特色社会主义法治理论,标志着中国进入全面依法治国、推进法治现代化的新时代。中共十八大以来,党中央加强对意识形态工作领导

---

[1] 国务院新闻办公室:《中国特色社会主义法律体系》,《人民日报》2011 年 10 月 28 日第 14 版。

[2] 《习近平谈治国理政》第 2 卷,外文出版社 2017 年版,第 133 页。

权，全面推进党的理论创新，坚持马克思主义在意识形态领域的指导地位，坚持和发展中国特色社会主义，阐释和宣传中国梦，培育和弘扬社会主义核心价值观，发展中国特色社会主义文化，增强"四个自信"，提升国家文化软实力和中华文化影响力。

以德治国的治理理念发展也进入新时代。在总结中共十八大以来建设经验基础上，2018年3月，十三届全国人大一次会议通过《中华人民共和国宪法修正案》。根据修正案，宪法第五条规定："中华人民共和国实行依法治国，建设社会主义法治国家。"第四十二条规定："国家通过普及理想教育、道德教育、文化教育、纪律和法制教育，通过在城乡不同范围的群众中制定和执行各种守则、公约，加强社会主义精神文明的建设。"① 表明依法治国和以德治国纳入国家根本大法，成为推进国家治理体系和治理能力建设的最高准则。

全面依法治国是国家治理的深刻革命，是总结中华人民共和国法治建设经验教训作出的重大抉择，是完善和发展中国特色社会主义制度、推进国家治理体系和治理能力现代化的重要方面。中共十八大提出"全面推进依法治国"，要求"推进科学立法、严格执法、公正司法、全民守法"②。中共十八届三中全会围绕全面深化改革的总目标，提出"建设法治中国"目标，强调"坚持依法治国、依法执政、依法行政共同推进，坚持法治国家、法治政府、法治社会一体建设"③。中共十八届四中全会提出："全面推进依法治国，总目标是建设中国特色社会主义法治体系，建设社会主义法治国家。"④ 全面摹画法治中国建设的蓝图。

实现全面依法治国的总目标，必须坚持依法治国和以德治国

---

① 《中华人民共和国宪法》，《人民日报》2018年3月22日。
② 《十八大以来重要文献选编》上，人民出版社2014年版，第21页。
③ 同上书，第529页。
④ 《十八大以来重要文献选编》中，人民出版社2016年版，第157页。

相结合。习近平指出:"法律是成文的道德,道德是内心的法律。法律和道德都具有规范社会行为、调节社会关系、维护社会秩序的作用,在国家治理中都有其地位和功能。法安天下,德润人心。法律有效实施有赖于道德支持,道德践行也离不开法律约束。法治和德治不可分离、不可偏废,国家治理需要法律和道德协同发力。"① 推进依法治国进程,培育和弘扬社会主义核心价值观,弘扬中华传统美德,培育社会公德、职业道德、家庭美德、个人品德,提高人们的思想道德素质,为依法治国提供良好人文环境。坚持依法治国和以德治国相结合,坚持德法并用、德法兼治,"以法治体现道德理念、强化法律对道德建设的促进作用,以道德滋养法治精神、强化道德对法治文化的支撑作用,实现法律和道德相辅相成、法治和德治相得益彰"②。

习近平强调:"要把道德要求贯彻到法治建设中。以法治承载道德理念,道德才有可靠制度支撑。法律法规要树立鲜明道德导向,弘扬美德义行,立法、执法、司法都要体现社会主义道德要求,都要把社会主义核心价值观贯穿其中,使社会主义法治成为良法善治。"③ 中共十八大以来,推进依法治国和以德治国相结合,注重加强道德对法治的支撑作用,为全面推进依法治国提供良好人文环境。2016年12月9日,习近平在中央政治局第三十七次集体学习时强调:"立法、执法、司法都要体现社会主义道德要求,都要把社会主义核心价值观贯穿其中,使社会主义法治成为良法善治。"④ 在这种思想指引下,2016年12月,中办、国办印发《关于进一步把社会主义核心价值观融入法治建设的指导意见》,提出把社会主义核心价值观融入法治国家、法治政

---

① 《习近平谈治国理政》第2卷,外文出版社2017年版,第133页。
② 《十八大以来重要文献选编》中,人民出版社2016年版,第159页。
③ 《习近平谈治国理政》第2卷,外文出版社2017年版,第134页。
④ 同上。

府、法治社会建设全过程。① 该《意见》确立运用法治推动核心价值观建设的基本方略。《中华人民共和国宪法》第二十四条规定："国家倡导社会主义核心价值观，提倡爱祖国、爱人民、爱劳动、爱科学、爱社会主义的公德，在人民中进行爱国主义、集体主义和国际主义、共产主义的教育，进行辩证唯物主义和历史唯物主义的教育，反对资本主义的、封建主义的和其他的腐朽思想。"② 2018年5月，中共中央印发《社会主义核心价值观融入法治建设立法修法规划》，提出经过5—10年时间，推动社会主义核心价值观全面融入中国特色社会主义法律体系。③ 根据这个原则，十二届全国人大五次会议通过《中华人民共和国民法总则》，十二届全国人大常委会第二十九次会议通过《中华人民共和国国歌法》，十三届全国人大常委会第二次会议通过《中华人民共和国英雄烈士保护法》等，都在开篇规定"培育和践行社会主义核心价值观"的条款。

在总结依法治国和以德治国的历史经验、实践经验基础上，中共十九大明确把坚持全面依法治国和社会主义核心价值体系，作为新时代坚持和发展中国特色社会主义的基本方略。十九大报告指出："全面依法治国是中国特色社会主义的本质要求和重要保障。必须把党的领导贯彻落实到依法治国全过程和各方面，坚定不移走中国特色社会主义法治道路，完善以宪法为核心的中国特色社会主义法律体系，建设中国特色社会主义法治体系，建设社会主义法治国家，发展中国特色社会主义法治理论，坚持依法治国、依法执政、依法行政共同推进，坚持法治国家、法治政

---

① 《中办国办印发〈关于进一步把社会主义核心价值观融入法治建设的指导意见〉》，《人民日报》2016年12月26日第1版。
② 《中华人民共和国宪法》，《人民日报》2018年3月22日。
③ 《中共中央印发〈社会主义核心价值观融入法治建设立法修法规划〉》，《人民日报》2018年5月8日第1版。

府、法治社会一体建设,坚持依法治国和以德治国相结合,依法治国和依规治党有机统一,深化司法体制改革,提高全民族法治素养和道德素质。"十九大报告指出:"坚持社会主义核心价值体系。文化自信是一个国家、一个民族发展中更基本、更深沉、更持久的力量。必须坚持马克思主义,牢固树立共产主义远大理想和中国特色社会主义共同理想,培育和践行社会主义核心价值观,不断增强意识形态领域主导权和话语权,推动中华优秀传统文化创造性转化、创新性发展,继承革命文化,发展社会主义先进文化,不忘本来、吸收外来、面向未来,更好构筑中国精神、中国价值、中国力量,为人民提供精神指引。"① 这是全面实施新时代依法治国和以德治国方略的战略部署。

改革开放以来,中国共产党在总结法治建设经验基础上,坚持物质文明和精神文明一起抓,实行依法治国和以德治国相结合,把依法治国确立为治理国家的基本方略,把依法执政确定为党治国理政的基本方式,走出了一条中国特色社会主义法治道路。"这条道路的一个鲜明特点,就是坚持依法治国和以德治国相结合,强调法治和德治两手抓、两手都要硬。这既是历史经验的总结,也是对治国理政规律的深刻把握。"②

第十一节 "知行合一、躬行实践"的贵在实干观

"知行合一、躬行实践"的贵在实干观,是中华优秀传统知

---

① 《中国共产党第十九次全国代表大会文件汇编》,人民出版社2017年版,第18页。
② 《习近平谈治国理政》第2卷,外文出版社2017年版,第134页。

行观的核心理念，是中华优秀传统思想的瑰宝，对涵养当代国人的实干精神，推进中国特色社会主义伟大实践，弘扬21世纪当代中国马克思主义思想的实践品格，推动马克思主义不断中国化、时代化和大众化，推进中国特色社会主义伟大事业，有着重要的借鉴意义。

知行关系是中国古代思想家不断思考、争论不休的一个重要问题。在知行关系上，先贤们对何为知、何为行、知行先后、知行难易等问题有着不同的看法，大体上分为朴素唯物主义的知行观和唯心主义的知行观，唯心主义知行观又分为客观唯心主义知行观和主观唯心主义知行观。然而无论是朴素唯物主义知行观，还是唯心主义知行观，他们所讲的"行"，并不是马克思主义哲学意义上的实践范畴。尽管如此，他们还是多主张知行合一，多强调躬行实践，主张言行一致，反对知行脱节，强调贵在实干。

《老子》中较早提到了知行问题。他提出："吾言甚易知，甚易行；天下莫能知，莫能行。言有宗，事有君；夫唯无知，是以不我知也。知我者希矣，则我者贵矣。是以圣人被褐怀玉。"[1] 老子说自己的"甚易知，甚易行"，但天下却没有人理解，也就更谈不上实行，应了一句"自古圣贤皆寂寞"。他认为"莫能知"导致"莫能行"，揭示了"知"对于"行"的指导意义。他提出"不出户，知天下"，"圣人不行而知"[2]，有轻视行的倾向。他又认为天下难治，是因为人民"多智"，主张"使民无知无欲，使夫智者不敢为也"[3]，提出"绝学无忧"[4]，也涉及了知行关系。庄子发展了老子的认识论思想，但他看不到知对于行的积极意义，指出"名也者，相轧也；知也者，争之器，二者凶

---

[1] 《老子》七十章。
[2] 《老子》四十七章。
[3] 《老子》三章。
[4] 《老子》二十章。

器，非所以尽行也"①，主张"去知"②"绝圣弃知"③。

在儒家经典中，《尚书·说命》提出了知行难易问题。相传在公元前13世纪的殷商时代，宰相傅说对殷商王武丁讲了一套治国方案，"说拜稽首曰：'知之非艰，行之惟艰。'"傅说强调懂得道理并不难，难的是付诸实行。后人把这一思想概括为"知易行难"，这一思想对中华思想界产生了重要影响。据清代学者及近人考证，"古文尚书"是晋代梅赜（或作梅颐）献给晋元帝的一部伪书，而《说命》是"古文尚书"中的一篇，因此，"知易行难"最早是由殷商时期傅说提出的说法就不能成立了。但"知易行难"在一定程度上反映了儒家强调行、强调躬行践履的特点，人们也愿意相信"非知之艰，行之惟艰"是出自儒家经典，是由儒学先贤提出来的。

儒家创始人孔子对"行"是非常重视的，"行"是他对弟子进行教育的重要内容，"子以四教：文、行、忠、信"④。在知行关系、言行关系、"学"与"行"的关系上，孔子强调行在学先、行重于言，所言、所学、所知要见之于行。《论语·学而》："子曰：'弟子入则孝，出则悌，谨而信，泛爱众，而亲仁。行有余力，则以学文。'"这里说的"行有余力，则以学文"，是把"行"摆在优先于"学"的位置。接着说："贤贤易色；事父母，能竭其力；事君，能致其身；与友交，言而有信。虽曰未学，吾必谓之学矣。"这是看重实际的德行，认为有良好的道德修为，"虽曰未学，吾必谓之学矣"。又说："君子食无求饱，居无求安，敏于事而慎于言，就有道而正焉，可谓好学也已。"这里的"敏于事而慎于言"，就是讲要少说多做。孔子在《孔子家语》

---

① 《庄子·人间世》。
② 《庄子·大宗师》。
③ 《庄子·在宥》。
④ 《论语·述而》。

里还说过"知而弗为，莫如勿知"。作为教育家，孔子强调学生学习要学用结合、学以致用，《论语·子路》："子曰：'诵《诗》三百，授之以政，不达；使于四方，不能专对；虽多，亦奚以为？'"即使能把《诗经》背得滚瓜烂熟，若不能将其运用到政治、外交活动上，那就等于白学了。可见，在孔子看来，"行"要比"学"重要。孔子要求做到言行一致，反对言而无信，《论语·卫灵公》："子曰：'言忠行，行笃敬，虽蛮貊之邦，行矣。言不忠信，行不笃敬，虽州里，行乎哉？'"他说："君子名之必可言也，言之必可行也，君子于其言，无所苟而已矣。"君子应当"慎行""君子欲讷于言而敏于行""先行而言而后从之"①；要"讷于言""慎于言"，说话务必要谨慎，"君子耻其言而过其实"，切记不能说大话、空话，认为"巧言乱德"，"巧言令色，鲜矣仁"②。孔子认为，看一个人要"听其言而观其行"③，看其是否能说到做到。孔子还强调，无论是言还是行都应合乎于道义，言要"及义"，不能"言不及义"；行也要符合道义要求，要求"直道而行""行义以达其道"④，还主张"邦有道，危言危行；邦无道，危行言孙"⑤。

孔子也讲过"生而知之者，上也；学而知之者，次也"⑥，是典型的唯心先验论的观点。孟子发展了孔子"生而知之"的思想，对于"行"不够重视。他提出"仁义礼智，非由外铄我也，我固有之也"⑦，"人之所不学而能者，其良能也；所不虑而

---

① 《论语·为政》《论语·里仁》《论语·为政》。
② 《论语·宪问》《论语·卫灵公》《论语·学而》。
③ 《论语·公冶长》。
④ 《论语·卫灵公》《论语·季氏》。
⑤ 《论语·宪问》。
⑥ 《论语·季氏》。
⑦ 《孟子·告子》。

知者，其良知也"①，主张仁义礼智这些知识是人们生来就有的，这就割裂了知与行的关系。但他也有重视行、重视道德践履的一面，如他强调"权，然后知轻重；度，然后知长短"②。《孟子·告子下》又指出："子服尧之服，诵尧之言，行尧之行，是尧而已矣。子服桀之服，诵桀之言，行桀之行，是桀而已矣。"

荀子发展了孔子"学而知之"并重视行的思想，在学（知）与行的关系上，提出行高于学、学的目的在于行，具有朴素唯物主义知行观的含义。他指出，真知的获得离不开实行，《荀子·劝学》说："不登高山，不知天之高也；不临深溪，不知地之厚也。"《荀子·儒效》又说："不闻不若闻之，闻之不若见之，见之不若知之，知之不若行之。学至于行之而止矣。行之，明也……故闻之而不见，虽博必谬；见之而不知，虽识必妄；知之而不行，虽敦必困。"他认为如果知而不行，知道得再多也必然困惑糊涂，因此，重要的是把所学到的、所知道的落实于实际行动，以取得相应的实际效果。荀子也强调了学以致用的原则，《荀子·劝学》说："君子之学也，入乎耳，箸乎心，布乎四体，形乎动静；端而言，蠕而动，一可以为法则。"指出君子不尚空谈，总是把所学知识付诸实行，体现在举止、行动上，一言一行无不可以垂范于人。荀子还主张以"行"的效果检验"知"，提出"知有所合谓之智"③，也就是说只有符合客观事物的认识，才是真知、真理性认识。《荀子·性恶》说："善言古者必有节于今；善言天者必有征于人。凡论者，贵其有辨合、有符验。故坐而言之，起而可设，张而可施行。"这里的"有节""有征""有辨合""有符验"，都是强调要有事实的证验，"坐而言之"要看起而行之，要做到"起而可设，张而可施行"，即有操作性

---

① 《孟子·尽心上》。
② 《孟子·梁惠王上》。
③ 《荀子·正名》。

且有实际效果。在荀子看来，有价值的知识或言论，不仅要符合客观事实，而且要行之有效。

墨家创始人墨子十分重视"行"的作用，强调言行相合、知行统一。《墨子·耕柱》曰："言足以复行者常之，不足以举行者勿常。不足以举行而常之，是荡口也。"又《墨子·贵义》："言足以迁行者，常之；不足以迁行者，勿常。不足以迁行而常之，是荡口也。"言论如果可以付诸行动、可以改良人生行为，始可推尚；否则，就是空言妄语。他强调言行相合，《墨子·兼爱》说："言必信，行必果，使言行之合，犹合符节也，无言而不行也"，出言必守信用，没有出言而不实行的；若是言论无法落实为行动，无法指导实践，"用而不可，虽我亦将非之；且焉有善而不可用者"。一个学说如果"用而不可"，即使自己的也要坚决摒弃。他反对坐而论道，批评士大夫坐而言义不若商人之察。《墨子·贵义》曰："商人之四方，市贾信徙，虽有关梁之难，盗贼之危，必为之。今士坐而言义，无关梁之难，盗贼之危，此为信徙，不可胜计，然而不为，则士之计利，不若商人之察也。"墨子还阐述了"三表法"，在中国思想史上首次提出了以前人经验、大众耳闻目睹之实与实行效果对人的认识进行验证及标准问题。《墨子·非命上》载："何谓三表？子墨子言曰：有本之者，有原之者，有用之者。于何本之？上本之古者圣王之事。于何原之？下原察百姓耳目之实。于何用之？废以为刑政，观其中国家百姓人民之利。此所谓言有三表也。""表"就是标准、标志，墨子提出的第一个标准是"本之古者圣王之事"，就是要以前人的历史经验为依据；第二个标准是"原察百姓耳目之实"，就是要以人民百姓的亲历、亲见、亲闻的经验为依据；第三个标准是要看运用于社会政治所产生的效果，看是否有利于国家人民。这是朴素唯物主义经验论。

法家代表人物韩非提出了以"行"之效果检验"知"正确

与否的"参验"说。在韩非之前，就已出现了"参验"一词，如《庄子·天下》提出"以参为验"，《楚辞·九章·惜往日》提道"弗参验以考实兮，远迁臣而弗思"。"参"是比较，"验"是验证，"参验"是通过考查比较对认识进行验证。韩非认为，人类认识活动是有目的的，检验认识活动的价值，就要看其是否达到了预期目的，是否产生了好的功用、效果。《韩非子·问辩》指出："夫言行者，以功用为之的彀者也。夫砥砺杀矢而以妄发，其端未尝不中秋毫也，然而不可谓善射者，无常仪的也。设五寸之的，引十步之远，非羿、逢蒙不能必中者，有常也。故有常则羿、逢蒙以五寸的为巧，无常则以妄发之中秋毫为拙。今听言观行，不以功用为之的彀，言虽至察，行虽至坚，则妄发之说也。"韩非提出的检验认识是否正确、是否符合实际的"参验"法，其内容为"循名实而定是非，因参验而审言辞"①。即根据名实是否一致来判定一个人的言论是非；通过比较和验证来判定一个人的言论是否正确。"参验"就是"偶参伍之验，以责陈言之实"②，即通过相互参照、排队比较，来判断言论是否可靠。他主张从四个方面入手判断言论正确与否，即"言会众端，必揆之以地，谋之以天，验之以物，参之以人"③。他要求综合天、地、人、物等各个方面的实际情况，进行全面的比较、考核，认为只有各方面都符合的言论才是正确的、可信的。

先秦思想家多重"行"，秦汉思想家在知行论上发生了明显变化，围绕知行先后问题发生了激烈争论，以董仲舒为代表阐述了"知先行后"的思想，主张重知的唯心主义知行论；以扬雄、王充为代表，主张"行先知后"或知行统一，主张重行的朴素唯物主义知行论。

---

① 《韩非子·奸劫弑臣》。
② 《韩非子·备内》。
③ 《韩非子·八经》。

西汉时期，刘安等编著的《淮南子》提出"凡人之举事，莫不先以其知规虑揣度，而后敢以定谋"①，已包含了知先行后的思想。董仲舒最早明确提出了"知先行后"的思想，他说："何谓之智？先言而后当。凡人欲舍行为，皆以其知先规而后为之。其规是者，其所为得，其所事当，其行遂，其名荣，其身故利而无患，福及子孙，德加万民，汤武是也。其规非者，其所为不得其事，其事不当，其行不遂，其名辱，害及其身，绝世无复，残类灭宗亡国是也。"②所谓"知先规而后为之"，就是按神秘的"先知"、按预先知道的规则去做，先知后行。这是唯心主义的先知说。尽管如此，"知先行后"论者并不否认知与行的合一关系，他们只不过是更强调知对行的指导作用，如《淮南子·人间训》所说的"居智所为，行智所之，事智所秉，动智所由，谓之道"，强调要"为""行""事""动"，要接受"智"的指导，也包含了知行合一的思想。

西汉时期著名辞赋家扬雄则主张"行先知后"的重行的知行论思想。他在《法言·学行》中指出："学，行之，上也；言之，次也；教人，又其次也。"他将能付诸实行、身体力行的学习视为最好的学习。东汉时期杰出的唯物主义思想家王充在《论衡》中，阐述了行先知后、学用结合、知行统一、注重效验的思想。《论衡·超奇》指出："凡贵通者，贵其能用之也。即徒诵读，读诗讽术，虽千篇以上，鹦鹉能言之类也。"学习、博览、积累、精通知识，贵在学以致用，否则就是鹦鹉学舌，人云亦云。王充提出了检验认识正确与否的"效验"说，主张以"效验"来"订其真伪，辨其虚实"，"效验"之"效"指实行效果，"效验"之"验"指证验，"效验"就是要以实行效果进

---

① 《淮南子·人间训》。
② 《春秋繁露·必仁且智》。

行证验，以此确定认识、言论是否与客观事实相符合，是否具有真理性、正确性，如果不相符合就是虚妄之言、无稽之谈。《论衡·语增》说："凡天下之事，不可增损，考察前后，效验自列。自列，则是非之实有所定矣。""事莫明于有效，论莫定于有证"①，这里的"有效""有证"就是要求主观认识与客观事物相符合。他指出"凡论事者，违实不引效验，则虽甘义繁说，众不见信"②，批评"道家论自然，不知引物事以验其言行，故自然之说未见信"③。立论、发言重要的是务求"得其实""不违实"，要有经验、功效和事实方面的根据，否则，不论说得多么动听，不论重复多少次，都令人难以相信。东汉末年的仲长统也主张重行的知行合一论，他在《昌言》中有云"知言而不能行，谓之疾；此疾虽有天医，莫能治也"。

魏晋至隋唐时期，由于佛教传入、玄学盛行，思想家对知行关系的探讨变少，但争论依然存在。主张"知先行后"如魏晋玄学的重要代表人物王弼，他指出"得物之致，故虽不行，而虑可知也。识物之宗，故虽不见，而是非之理可得而名也"④。他主张"不行而虑可知"，认为知可以不依赖行，割裂了知行关系。主张"行先知后"的如西晋时期文学家、思想家傅玄，他指出："闻言不可不审也。闻言未审而以定善恶，则是非有错，而饰辩巧言之流起矣。故听言不如观事，观事不如观行。听言必审其本，观事必校其实，观行必考其迹，参三者而详之，近少失矣。"⑤东晋学者葛洪说过"托之于空言，不如著之于行事之有征也"⑥。南朝的王通也很重视"行"，他说过"知之者不如行之

---

① 《论衡·薄葬》。
② 《论衡·知实》。
③ 《论衡·自然》。
④ 王弼：《老子道德经》四十七章。
⑤ 《傅子·通志》。
⑥ 《抱朴子·祛志》。

者，行之者不如安之者"①的名言。

在宋明理学中，思想家们围绕知行关系展开了长时期的争论，但无论是主张"知先行后"的客观唯心主义的程朱理学、提出"知行合一"的主观唯心主义的陆王心学，还是主张"行先知后"的朴素唯物主义思想家们，他们均对"行"较为重视，强调躬行践履，也多认为知行之间互相依赖、不可偏废。只不过他们是各自站在不同的哲学观上，一是朴素唯物主义的哲学观，二是唯心主义的哲学观。

程朱学派主张"知先行后"说，但也重视知行合一，躬行实践。程颐说："到底须是知了方行得……学者固当勉强，然不致知，怎生行得"②，"须是识在所行之先，譬如行路，须得光照"③，"故人力行，先须要知，非特行难，知亦难也。《书》曰：'知之非艰，行之惟艰。'此固是也。然知之亦自艰。譬如人欲往京师，必知是出那门，行那路，然后可往。如不知，虽有欲往之心，其将何之？自古非无美材能力行者，然鲜能明道，以此见知之亦难矣"④。又说："君子之学，必先明诸心，知所养，然后力行以求至，所谓自明而诚也。"⑤ 程颐强调"知先行后"，但并不意味着他主张知行分离、主张知重行轻。他说："人既能知见，岂有不能行。"⑥ 还认为"知而不能行，只是知得浅"⑦。明清之际黄宗羲据此评论道："伊川先生已有知行合一之言矣。"⑧ 同时，程颐也更重视"行"，他说："始于致知，智之事也；行

---

① 《中说》卷六《礼乐篇》。
② 《河南程氏遗书》卷一八。
③ 《河南程氏遗书》卷三。
④ 《河南程氏遗书》卷一八。
⑤ 《河南程氏文集》卷八。
⑥ 《河南程氏遗书》卷一七。
⑦ 《河南程氏遗书》卷一五。
⑧ 《宋元学案·伊川学案上·案语》。

所知而极其至，圣之事也。"①

朱熹继承、发展了程颐"知先行后"、行重于知的思想，他说："知行常相须，如目无足不行，足无目不见。论先后，知为先；论轻重，行为重……致知力行，用功不可偏，偏过一边，则一边受病。如程子云：'涵养须用敬，进学则在致知。'分明自作两脚说，但只要分先后轻重。论先后，当以致知为先；论轻重，当以力行为重。"② 朱熹还说："知与行工夫须着并到。知之愈明，则行之愈笃；行之愈笃，则知之益明。二者皆不可偏废。如人两足相先后行，便会渐渐行得到。若一边软了，便一步也进不得。然又须先知得，方行得。"③ 朱熹对知行关系进行了比较系统的阐释，认为就时间上的先后顺序而言，"知先行后"，"知之为先，行之为后，无可疑者"④；就重要性而言，"力行为重"，"书不可不读，但比之行，不免差缓耳，不然则又何必言'行有余力而后学'耶"⑤，"夫学问岂以他求，不过欲明此理，而力行之耳，故圣贤教人，必以穷理为先，而力行以终之"⑥，最终要落实在躬行实践上；就两者关系而言，"知行相须"，"两者交相为用"，"两者不可偏一"，"二者皆不可偏废"，知与行是合一的。朱熹的弟子陈淳对"知行常相须"作了进一步的发展，他说："圣门用功节目，其大要不过致知力行而已……然二者亦非截然判先后为二事也。故心之明则行愈达，而行之力则所知益精。"⑦ 又说："知行不是两截事，譬如行路，目视足履，岂能废

---

① 《河南程氏遗书》卷一八。
② 《朱子语类》卷九。
③ 《朱子语类》卷一四。
④ 《朱子语类》卷一一四。
⑤ 《朱子文集》卷四七《答吕子约》。
⑥ 《朱子文集》卷五四《答郭希吕》。
⑦ 陈淳：《北溪字义》，中华书局1983年版，第77—78页。

一"①。这就更加明确地强调了知行、致知力行的合一。

陆王心学派仍主张知先行后，但强调躬行践履，提出了"知行合一"的命题。陆九渊在知行观上，与朱熹观点相近，主张知先行后，但强调躬行践履。他认为："为学有讲明，有践履。《大学》致知、格物，《中庸》博学、审问、慎思、明辨，《孟子》始条理者智之事，此讲明也。《大学》修身、正心，《中庸》笃行之，《孟子》终条理者圣之事，此践履也。"要先讲明后践履，"自《大学》言之，固先乎讲明矣。自《中庸》言之，'学之弗能，问之弗知，思之弗得，辩之弗明，则亦何所行哉？'未尝学问思辩，而曰吾惟笃行之而已，是冥行者也。自《孟子》言之，则事盖未有无始而有终者。讲明之未至，而徒恃其能力行，是犹射者不习于教法之巧，而徒恃其有力，谓吾能至于百步之外，而不计其未尝中也"②。不先讲明而践履，未尝学问思辩而笃行，就会迷失方向，就是一种"冥行"、一种盲目乱行。陆九渊虽主张先讲明后践履，主张"知之在先""行之在后"③，但他强调行的重要、强调践履的重要，指出"然必一意实学，不事空言，然后可以谓之讲明。若谓口耳之学为讲明，则又非圣人之徒矣"④。

王阳明的知行观则与程朱理学截然不同，他继承了主观唯心主义的陆九渊"心即理"的思想，并在"合心与理为一"的基础上阐发了"知行合一"，批评了程朱理学"析心与理为二""知先行后"论。但他在坚持主观唯心主义基础上强调了知与行的统一，指出："知是行的主意，行是知的工夫；知是行之始，行是知之成。若会得时，只说一个知，已自有行在，只说一个

---

① 《宋元学案》卷六八《北溪学案·北溪文集补》。
② 《陆九渊集》卷一二《与赵咏道》。
③ 《陆九渊集》卷三四《语录上》。
④ 《陆九渊集》卷十二《与赵咏道》。

行，已自有知在。古人所以既说一个知，又说一个行者，只为世间有一种人，懵懵懂懂的任意去做，全不解思惟省察，也只是个冥行妄作，所以必说个知，方才行得是。又有一种人，茫茫荡荡悬空去思索，全不肯着实躬行，也只是个揣摸影响，所以说一个行，方才知得真。此是古人不得已补偏救弊的说话。若见得这个意时，即一言而足。今人却就将知行分作两件去做，以为必先知了，然后能行。我如今且去讲习讨论做知的工夫，待知得真了，方去做行的工夫。故遂终身不行，亦遂终身不知。"① 又说："知之真切笃实处，即是行；行之明觉精察处，即是知。知行工夫，本不可离。只为后世学者分作两截用功，失却知行本体，故有合一并进之说。真知即所以为行，不行不足谓之知。"② 王阳明提出"知行合一"的宗旨是强调行的重要性，却失之于把"知"说成"行"，称"我今说个知行合一，正要人晓得一念发动处，便即是行"③。

与程朱理学、陆王心学唯心主义知行观不同，陈亮、叶适、王廷相、陈确、王夫之、颜元等具有唯物主义思想倾向的思想家，批评了唯心论的知行观，坚持了朴素唯物主义知行观，更进一步重视行、重视实践的作用，反对空谈义理心性，力倡"实事""实功""实学""实理""躬行""力行"，在思想界独树一帜。以陈亮、叶适为代表的南宋浙东事功学派，倡导务实事、求实功，与朱陆强调义理心性的治学倾向相抗衡。陈亮主张言论、知识的价值在于实际的功效，强调以实际效果检验人的认识，他说："人才以用而见其能否，安坐而能者不足恃也。兵食以用而见其盈虚，安坐而盈者不足恃也。"④ 他强调重在行动，

---

① 《传习录上·徐爱记》。
② 《传习录中·答顾东桥书》。
③ 《传习录下·王守仁语录》。
④ 《陈亮集》卷一《上孝宗皇帝第一书》。

认为"天下之事病于不为"①，批评腐儒安坐不动，指出"风不动则不入，蛇不动则不行，龙不动则不能变化，今之君子欲以安坐感动者，是真腐儒之谈也"②。叶适强调任何认识、理论必须根据事实加以检验，"欲折中天下之义理，必尽考详天下之事物而后不谬"③，"无验于事者，其言不合；无考于器者，其道不化。论高而实违，是又不可也"④。他主张"明道计功"，以"功利"衡量义理，认为道德不能脱离功利而存在，"既无功利，则道义者，乃无用之虚语"⑤。与客观实际不相符合的言论，是不合时宜的；与具体事务相脱节的道理，是没有价值的；脱离"功利"而空言道德，"论高而实违"，是"无用之虚语"。

明代思想家王廷相批评了知行分离的观点，提出了"知行兼举"的思想，所谓"知行兼举"就是认识与实践结合以求真知。他在《慎言·小宗篇》中说："学之术有二：曰致知，曰履事，兼之者上也……精于仁义之术，犹入尧舜之域，必知行兼举者能之矣。"该篇还使用了"实践"的概念："近世学者之弊有二：一则徒为泛然讲说，一则务为虚静以守其心，皆不于实践处用功，人事上体验。"他指出只有通过"行"才能获得"真知"："讲得一事即行一事，行得一事即知一事，所谓真知矣。徒讲而不行，则遇事终有眩惑。"⑥明末清初思想家陈确提出了"行到然后知到""知行并进"等命题。他赞成"知行合一"说，称"所谓有志者事竟成，君子之志于道者，不犹是乎？千闻不若一见，以此益信知行合一之说"⑦。他批评了张履祥"必先见得，

---

① 《陈亮集》卷一七《汉论·孝宣》。
② 《陈亮集》卷二八《与朱元晦癸卯秋书》。
③ 《叶适集·题西溪集》。
④ 《叶适集·进卷·总义》。
⑤ 《习学记言》卷二三。
⑥ 《王氏家藏集》卷二七《与薛君采二首》。
⑦ 《陈确集》文集卷二《与沈郎思书》。

然后行得"的"知先于行"论，而主张"行到然后知到"。他说："吾兄云：'如眼前一步，必先见得，然后行得。'此谓知先于行，可为切喻；然亦是行到此，故又见此一步耳。兄能见屋内步，更能见屋外步乎？能见山后步，更能见山前步乎？欲见屋外步，则必须行出屋外，始能见屋外步。欲见山前步，则更须行过山前，始能见山前步。所谓行到然后知到者，正以此也。"① 他强调"学者用功，知行并进，故知无穷，行亦无穷，行无穷，知亦无穷"②。明清之际另一思想家王夫之提出了行先知后、行能兼知、以行检验"知之效"的观点。他批评"宋诸先儒欲折陆杨知行合一、知不先行不后之说，而曰知先行后，立一划然之次序，以困学者于知见之中"，还通过诠释《尚书·说命》中"知之非艰，行之惟艰"，得出了"行先知后"的结论；认为"故'知之非艰，行之惟艰'，艰者先，先难也，非艰者后，后获也"，"先其易，而难者在后"，"知非先，行非后，行有余力而求知"③。他指出："知也者，固以行为功者也。行也者，不以知为功者。行焉，可以得知之效也；知焉，未可以得行之效也。将为格物穷理之学，抑必勉勉孜孜，而后择之精，语之详，是知必以行为功也。行于君民、亲友、喜怒、哀乐之间，得而信，失而疑，道乃益明，是行可得知之效也……行可兼知，而知不可兼行，下学而上达，岂达焉而始学乎？君子之学，未尝离行以为知也，必矣。"④ 他强调"知必以行为功""行焉，可以得知之效也""行可兼知，而知不可兼行"，表达了实践是认识的目的、是验证认识的标准，认识不能离开实践的思想，凸显了知行关系中以行统知、行高于知的主导地位，达到了中国古典哲学在知行

---

① 《陈确集》别集卷一六《答张考夫书》。
② 《陈确集》别集卷一四《答格致诚正问》。
③ 《尚书引义》卷三《说命中二》。
④ 同上。

观上的高峰。清代思想家颜元提倡"习性"说，主张实实在在地去做事。他说："人之为学，心中思想，口中谈论，尽有百千义理，不如身上行一理之为实也。"① 又说："吾辈只向习行上做功夫，不可向语言文字上着力。"② 颜元的"习行"虽有忽视知、轻视读书的偏颇，但在当时高谈心性义理或埋头考据朴学的情况下，力倡亲身实践，其积极意义是主要的。

中华传统思想家们虽然对知行关系的看法、对知行的先后、对知行的重要性认识不尽一致，反映了唯物主义与唯心主义哲学观的分歧，但无论从朴素唯物主义哲学观出发，还是从唯心主义哲学观出发，均强调知行的结合、强调躬行实践，反映了我们中华民族勇于实践、务实进取的精神。这种知行合一、躬行实践的贵在实干观，在西学、马克思主义传入的背景下，近代又有所发展。

魏源上承王夫之、颜元等人的唯物主义认识路线，反对"生而知之"，坚持"行先知后"，强调"亲历诸身"。他指出："'及之而后知，履之而后艰'，乌有不行而能知者乎？……披五岳之图，以为知山，不如樵夫之一足；谈沧溟之广，以为知海，不如估客之一瞥；疏八珍之谱，以为知味，不如庖丁之一啜。"③ 强调只有通过"及之""履之"的亲身实践，才能获得对事物的正确认识。孙中山在1918年所写的《建国方略·心理建设》中，针对《尚书·说命》中的"知之非艰，行之惟艰"之说，提出了"知难行易"的反命题。他认为中华民国成立以后"革命之建设"之所以无成，是因为革命党人与全国民众为"知之非艰，行之惟艰"之说所奴、所误，产生了轻知怯行的心理，"把极容易做的事，视为畏途，不去实行，求一点实际的结果，

---

① 《习斋言行录》卷下。
② 同上。
③ 《默觚上·学篇二》。

把极难知的事，看得太容易，不去探求"①，即视革命理论为空言而"不知"，视民国建设事业为畏途而"不行"。他认为"知易"的说法使人轻视革命理论，"行难"的说法让人畏惧革命行动，"倘能证明知非易而行非难也，使中国人无所畏而乐于行，则中国之事大有可为矣"。为此，他以饮食、用钱、作文等事证明"知难行易"。他强调"能知必能行"，"故天下事惟患于不能知耳，倘能由科学之理则，以求得其真知，则行之决无所难，此已十数回翻覆证明，无可疑义矣"②。

中国共产党人将马克思主义实践观与中华优秀传统思想知行合一、重行务实、重视实践效验的思想结合起来，加以当代升华，形成了解放思想、实事求是、与时俱进、求真务实的思想路线，即一切从实际出发，理论联系实际，实事求是，在实践中检验真理和发展真理。

20世纪20年代末30年代初，在探索中国革命道路的过程中，毛泽东逐步形成了"实事求是"的思想路线。1930年5月，他在《反对本本主义》一书中特别强调了一切从实际出发，反对教条主义的马克思主义认识路线，强调"中国革命斗争的胜利要靠中国同志了解中国情况"③，实事求是的思想路线具备了雏形。1937年7、8月间，毛泽东发表了《实践论》，强调了马克思主义实践第一的观点，深刻阐述了知行结合、理论与实践相统一的重要性，指出"我们的结论是主观和客观、理论和实践、知和行具体的历史的统一"④，"你要有知识，你就得参加变革现实的实践……一切真知都是从直接经验发源的"⑤，强调实践是

---

① 《孙中山全集》第6卷，中华书局1985年版，第71页。
② 同上书，第160、203页。
③ 《毛泽东选集》第1卷，人民出版社1991年版，第115页。
④ 同上书，第296页。
⑤ 同上书，第287—288页。

正确思想的唯一来源、是检验人们对于外界认识的真理性的唯一标准，阐述了实践—认识（行—知）、认识—实践（知—行）辩证唯物论的知行统一观，阐明了通过实践而发现真理、又通过实践而证实真理的正确认识路线。1938年10月，毛泽东在《中国共产党在民族战争中的地位》一文中使用了"实事求是"的概念，指出"共产党员应是实事求是的模范"[①]。1941年5月，毛泽东在《改造我们的学习》一文中，全面阐述了"实事求是"的内涵。中国革命和建设所取得的成就，是同中共确立实事求是的思想路线分不开的。

1976年"文化大革命"结束后，邓小平为冲破"两个凡是"的束缚、恢复实事求是的思想路线付出了巨大的努力。1978年5月11日，在他的大力倡导和支持下，《光明日报》刊登了题为"实践是检验真理的唯一标准"的特约评论员文章，引发了一场关于真理标准问题的大讨论。文章指出，检验真理的标准只能是社会实践，理论与实践的统一是马克思主义的一个最基本的原则，任何理论都要不断接受实践的检验。关于实践是检验真理的唯一标准的大讨论，对冲破"左"倾错误指导思想束缚，重新确立实事求是的思想路线起了重大作用。1978年12月13日，邓小平在中共中央工作会议闭幕会上发表了题为"解放思想，实事求是，团结一致向前看"的重要讲话，强调"解放思想是当前的一个重大政治问题"，指出"一个党，一个国家，一个民族，如果一切从本本出发，思想僵化，迷信盛行，那它就不能前进，它的生机就停止了，就要亡党亡国。这是毛泽东同志在整风运动中反复讲过的。只有解放思想，坚持实事求是，一切从实际出发，理论联系实际，我们的社会主义现代化建设才能顺

[①] 《毛泽东选集》第2卷，人民出版社1991年版，第522页。

利进行，我们党的马列主义、毛泽东思想的理论也才能顺利发展"[1]。他还强调"大胆地试，大胆地闯"，指出"我们改革开放的成功，不是靠本本，而是靠实践，靠实事求是"[2]；指出世界上的事都是干出来的，不干，半点马克思主义也没有。由于坚持了"解放思想、实事求是"，坚持了实践为要、实干兴邦，中国在新时期成功开启了改革开放的历史进程，走上了中国特色社会主义的广阔道路。

改革开放形势的不断发展，要求坚持马克思主义基本原理同中国具体实际相结合，根据新的实践要求，重新学习，不断推进新的创业。江泽民要求全党始终保持与时俱进的精神状态，在实践中不断探索，不断开拓，总结新的经验，形成新的认识。江泽民在毛泽东提出"实事求是"、邓小平提出"解放思想、实事求是"后，突出强调"与时俱进"。他在中共十六大报告中指出，"坚持党的思想路线，解放思想、实事求是、与时俱进，是我们党坚持先进性和增强创造力的决定性因素"[3]。他一再要求领导干部、青年学生做到知行合一、言行一致。如他在庆祝清华大学建校90周年大会发表讲话时，希望大学生成为理想远大、热爱祖国的人，成为追求真理、勇于创新的人，成为德才兼备、全面发展的人，成为视野开阔、胸怀宽广的人，成为知行统一、脚踏实地的人。

胡锦涛强调求真务实精神，进一步拓展了党的思想路线的内容。他指出："在全党大力弘扬求真务实精神、大兴求真务实之风，关键是要引导全党同志不断求我国社会主义初级阶段基本国情之真，务坚持长期艰苦奋斗之实；求社会主义建设规律和人类社会发展规律之真，务抓好发展这个党执政兴国的第一要务之

---

[1] 《邓小平文选》第 2 卷，人民出版社 1994 年版，第 143 页。
[2] 《邓小平文选》第 3 卷，人民出版社 1993 年版，第 382 页。
[3] 《江泽民文选》第 3 卷，人民出版社 2006 年版，第 537 页。

实；求人民群众的历史地位和作用之真，务发展最广大人民根本利益之实；求共产党执政规律之真，务全面加强和改进党的建设之实。"① 他在中共十七大报告中指出"以求真务实作风推进各项工作，多干打基础、利长远的事"②；在中共十八大报告中提出坚持"解放思想，实事求是，与时俱进，求真务实"的思想路线，不断研究新情况，总结新经验，解决新问题，在实践中丰富和发展马克思主义，推进马克思主义中国化。胡锦涛也多次对领导干部、青年学生提出了知行合一、言行一致的要求，2009年五四运动90周年前夕他在同中国农业大学师生代表座谈时表示，希望同学们把深入实践作为成长成才的必由之路，努力成为知行合一的高素质农业科技和管理人才。

强调"知行合一"、躬行实践，是习近平在谈治国理政时反复提及的内容。2013年7月11日至12日，他在河北省调研指导党的群众路线教育实践活动时强调"以知促行，以行促知，知行合一"。2014年1月，他强调"'知'是基础、是前提，'行'是重点、是关键，必须以'知'促'行'、以'行'促'知'，做到知行合一"③。2014年3月25日，他在《费加罗报》的署名文章中指出，中国人讲"知行合一"，法国人讲"打铁方能成铁匠"，都强调要把思想转化成行动。2014年5月2日，他在考察北京大学时勉励大学生"道不可坐论，德不能空谈。于实处用力，从知行合一上下功夫，核心价值观才能内化为人们的精神追

---

① 中央文献研究室编：《十六大以来重要文献选编》上册，中央文献出版社2005年版，第728—729页。
② 胡锦涛：《高举中国特色社会主义伟大旗帜　为夺取全面建设小康社会新胜利而奋斗——在中国共产党第十七次全国代表大会上的报告》，《人民日报》2007年10月25日第1版。
③ 习近平：《在党的群众路线教育实践活动第一批总结暨第二批部署会议上的讲话》，《人民日报》2014年1月21日第1版。

求，外化为人们的自觉行动"①。2014年5月24日习近平在上海考察时强调，培育和践行社会主义核心价值观，贵在坚持知行合一、坚持行胜于言。2014年9月24日，习近平在纪念孔子诞辰2565周年国际学术研讨会暨国际儒学联合会第五届会员大会开幕会上的讲话中指出，包括儒家思想在内的中国优秀传统文化中蕴藏着解决当代人类面临的难题的重要启示，提到了"经世致用、知行合一、躬行实践的思想"。2016年4月26日，习近平在有关讲话中强调"所有知识要转化为能力，都必须躬身实践。要坚持知行合一，注重在实践中学真知、悟真谛、加强磨练、增长本领"②；同年9月4日，习近平在G20杭州峰会开幕辞中指出二十国集团应"知行合一，采取务实行动"。2018年5月2日，习近平在北京大学师生座谈会上的讲话中提出："要力行，知行合一，做实干家。'纸上得来终觉浅，绝知此事要躬行。'学到的东西，不能停留在书本上，不能只装在脑袋里，而应该落实到行动上，做到知行合一、以知促行、以行求知，正所谓'知者行之始，行者知之成'。每一项事业，不论大小，都是靠脚踏实地、一点一滴干出来的。"③ 2019年1月11日，习近平在中共十九届中央纪委三次全会上的讲话中强调"领导干部特别是高级干部必须从知行合一的角度审视自己、要求自己、检查自己"；同年3月1日，习近平在中央党校（国家行政学院）中青年干部培训班开班式上的讲话中要求"牢记空谈误国、实干兴邦的道理，坚持知行合一、真抓实干、做实干家"。

总之，知行合一、躬行实践的贵在实干观，既是中华优秀传统思想反复阐述、倡导的精粹思想，是千百年来中华民族从历史

---

① 《习近平谈治国理政》第1卷，外文出版社2018年版，第173页。
② 习近平：《在知识分子、劳动模范、青年代表座谈会上的讲话》，人民出版社2016年版，第12页。
③ 习近平：《在北京大学师生座谈会上的讲话》，人民出版社2018年版，第13页。

经验教训中总结出来的重要智慧，更是中国共产党人强调理论与实际相结合、力求实干兴邦、注重担当作为优良传统的精神体现。

第十二节 "实事求是"的求真精神和思想方法

"实事求是"作为影响深远的学术态度和治学方法，作为源远流长的哲学精神和思想方法，在几千年的中华思想史中早已存在，并随着时间演进和思想发展而不断丰富。1961年1月，毛泽东在中央工作会议上讲道："河北省有个河间县，汉朝封了一个王叫河间献王。班固在《汉书·河间献王刘德》中说他'实事求是'，这句话一直流传到现在……我们党是有实事求是传统的，就是把马列主义的普遍真理同中国的实际相结合。"[①] 这段话不仅指出了中国共产党实事求是思想路线的深厚历史文化渊源，而且强调了这一思想路线的马克思主义本质。中国共产党人把"实事求是"优秀传统思想同马克思主义基本原理有机结合起来，进行马克思主义的提升，凝练为中国共产党的思想路线，形成了马克思主义中国化的重大理论创造。

"实事求是"一词，最早出自《汉书·河间献王刘德传》，班固表彰河间献王刘德"修学好古，实事求是"，成为中华优秀传统思想中影响深远的学术态度和治学方法。其传曰："河间献王德以孝景前二年立，修学好古，实事求是。从民得善书，必为好写与之，留其真，加金帛赐以招之。繇是四方道术之人不远千里，或有先祖旧书，多奉以奏献王者，故得书多，与汉朝等。是

---

① 《毛泽东文集》第8卷，人民出版社1999年版，第237页。

时,淮南王安亦好书,所招致率多浮辩。献王所得书皆古文先秦旧书,《周官》《尚书》《礼》《礼记》《孟子》《老子》之属,皆经传说记,七十子之徒所论。其学举六艺,立《毛氏诗》《左氏春秋》博士。修礼乐,被服儒术,造次必于儒者。山东诸儒多从而游。"[1] 在这个简短的传记中,班固不仅记述了献王刘德在儒经文献搜集、整理方面的贡献,而且概括了中华思想史上一种影响深远的治经传统、治学方法、学术态度和学术风格。

汉武帝时期,随着以儒学为核心的封建社会统治阶级主流意识形态的建构,对儒家经典的收集整理和学习研究,成为日后长期影响中国历史发展的重大思想史事件。暴秦之时,焚书坑儒,许多先秦重要典籍被毁或佚失;加之汉初好"黄老"之学,儒学经典更是散乱不齐。武帝之时,罢百家而尊儒术,搜集、恢复、考证、重构和解释儒家经典,成为当时儒家学者的核心工作。献王刘德就是一位代表人物,他一心复兴儒学,但当时儒经典籍不完整、不统一,各派博士、大师根据各自理解,形成自为一体的师法、家法。一些学者自造"伪书"以充经典,一些学者以谶语、纬书诠释儒学,把儒学神学化、宗教化。在此之时,刘德坚持儒学要依据可靠的经典来诠释,回到孔孟思想之原点,深挖圣王治理之道,找到儒学的本来面目。为此,刘德在民间遍求真迹,获取善书,不惜重金抄录、购买先秦古书尤其是儒学经典。他的这项工作取得很大成绩,各地有藏书者不远千里送来儒家经典,得书甚多,其中不乏《周官》《尚书》《礼》《礼记》《孟子》等儒家经典以及孔门弟子论著。刘德不仅搜集整理大量儒家经典,而且倡导并推动儒学研究,"其学举六艺,立《毛氏诗》《左氏春秋》博士。修礼乐,被服儒术,造次必于儒者。"

刘德搜集、整理、解释儒家经典的风格和方法,被班固以

---

[1] 《汉书》卷五三《景十三王传》。

"实事求是"加以概括。唐初经学家颜师古注解《汉书》时指出,"实事求是"就是"务得事实,每求真是也"。意指儒学经典的发掘和思想的诠释,首先要探究和考证经典文献的真实可靠性,必须做到言出有据,以实实在在的、可靠的经典文本和事实材料来求索真相,获得儒学的思想精义,而不能根据自己的好恶和兴趣言者自言、注者自注。当然,刘德"实事求是"的主要功夫是对经典的搜集和整理,考证文本的真实性,而不是研究和诠释方面,可以说主要是一种治学态度和治经方法。

这种"实事求是"的治学态度、治学方法和正确学风,在当时得到了儒家学者的认同,产生了很大影响,"山东诸儒多从而游"。在朝廷中也得到赞同和认可,其诏策应对被认为"得事之中,文约指明"。当朝大臣称刘德为"明知深察",朝廷誉其"聪明睿智",班固称其"夫唯大雅,卓尔不群"①。

唐初,对儒学经典的注释进入了一个高峰期,颜师古、孔颖达、司马才章、王恭、王琰等受诏撰定《五经正义》一百八十卷,唐太宗称誉"博综古今,义理该洽,考前儒之异说,符圣人之幽旨,实为不朽"②。他们在注经过程中对刘德的"实事求是"态度、方法和学风赞誉有加而承继发扬。其中,颜师古很具有代表性。颜师古"少传家业,博览群书,尤精诂训,善属文"。唐太宗李世民鉴于儒经传世已久,多有错讹,诏令师古等考订《五经》。颜师古大量考证古今各种注释版本,"多所厘正","援据详明,皆出其意表,诸儒莫不叹服。"后人赞其"家籍儒风,该博经义,至于详注史策,探测典礼,清明在躬,天有才格"。③

颜师古对《汉书》的注释,最能体现他对"实事求是"态

---

① 《汉书》卷五三《景十三王传》。
② 《旧唐书》卷七七《孔颖达传》。
③ 同上。

度、方法和学风的传承和弘扬。如果说汉代刘德的"实事求是"着重在对儒家经典文本的搜集、整理、鉴别方面，那么到了唐代，颜师古等人对于实事求是的发挥则更多是对各家注释的考证、甄别和比较，力求校正文本流传中的错讹，纠正注家的误传、误解，还归经典的本来面目和儒经的真实思想。"实事求是"作为一种方法，其重点从辨别文本真实性，上升到校正文本的错讹、追寻思想的真相，成为一种良好的治学态度、方法和学术风格。

颜师古详细审查前人如服虔、应劭、晋灼、臣瓒等的《汉书》注解，发现这些注解存在诸多问题，或"各为音义，自别施行"；或"颇以意增益，时辩前人当否"；或"以己之所见，续厕其末，举驳前说"；或"意浮功浅，不加隐括，属辑乖舛，错乱实多，或乃离析本文，隔其辞句，穿凿妄起"。他概括道："近代注史，竞为该博，多引杂说，攻击本文，至有诋诃言辞，掎摭利病，显前修之纰僻，骋己识之优长，乃效矛盾之仇雠，殊乖粉泽之光润。"为此，他提出要"翼赞旧书，一遵轨辙，闭绝歧路"，着力纠正前人之错讹，"曲核古本，归其真正"，"克复其旧"。对于诸表，"寻文究例，普更刊整，澄荡愆违，审定阡陌"；对于礼乐歌诗，"随其曲折，剖判义理，历然易晓，更无疑滞，可得讽诵，开心顺耳"。对于前人的注解，"凡旧注是者，则无间然，具而存之，以示不隐。其有指趣略举，结约未伸，衍而通之，使皆备悉。至于诡文僻见，越理乱真，匡而矫之，以祛惑蔽。若泛说非当，芜辞竞逐，苟出异端，徒为烦冗，祇秽篇籍，盖无取焉"。这种考证、注解旨在尽可能占有资料，依据真实可靠的文本来解释原意和真相，而不曲解妄论，"上考典谟，旁究《苍》《雅》，非苟臆说，皆有援据"①。正因为如此，他的

---

① 颜师古：《汉书注·汉书叙例》。

汉书注成为经典之作，史家称"师古注班固《汉书》，解释详明，深为学者所重"①。

宋学兴起后，这种建立在考据基础上的儒经诠释方法旁落，学者大都推崇"六经注我"式的义理之学，即陆九渊所谓的"六经皆我注脚"②，而对经典本身的真伪与否，诠释是否合乎经典本义，则考量不多。这种义理之学固然在哲学思维的提升和弘扬方面功绩颇巨，但在学风之严谨方面则缺陷明显。

明清之际，空谈之风受阻，实学之风兴起，实事求是的治学态度和治学方法重新振作，在经学、史学、哲学等领域得到了推广，成为一种学术态度和学术风气。顾炎武抨击晚明学者言心言性而不致实用、以一己之言而废先儒之说的学风，开启经世致用的思想方向。顾炎武研究方法中的一个主要特点就是"博证"，对任何观点必须要有证据，且不以孤证自足，无足够证据则舍弃之，孤证者则存疑，形成了清代考据思想的发端。他强调："经学自有源流，自汉而六朝，而唐，而宋，必一一考究，而后及于近儒之所著，日后可以知其异同离合之指。"③弟子潘耒在《日知录》序中赞其师"凡经义史学、官方吏治、财赋典礼、舆地艺文之属，一一疏通其源流，考正其谬误"④，此言不虚。黄宗羲精心治史，倡导以历史事实为根据，发掘历史传统的真实面目，其《明儒学案》就是这一主张的代表。全祖望评价黄宗羲时讲道："先生始谓学必原本于经术，而后不为蹈虚，必证明于史籍，而后足以应务。元元本本，可据可依。前此讲堂锢疾，为之一变。"⑤

---

① 《旧唐书》卷七七《颜师古传》。
② 《陆九渊集》卷三四《语录》上。
③ 《亭林文集》卷四《与人书》。
④ 潘耒：《日知录·序》。
⑤ 《鲒埼亭集外编》卷一六《甬上证人书院记》。

随着清代思想的进一步发展,考据成为主流,形成了清代学术思想中的乾嘉考据学派,"许郑之学大明,治宋学者已鲜,说经皆主实证,不空谈义理"①。乾嘉考据学秉持"实事求是"传统,强调对儒家经典进行训诂考据,务求还原经典之真相,依据真实史料解释经典而不为主观判断所左右:"昔河间献王实事求是。夫实事在前,吾所谓是者,人不能强辞而非之;吾所谓非者,人不能强辞而是之也。"② 清代考据学主要分为吴、皖两支,吴派以惠栋为代表,偏重追寻三代制度,以博闻强记为入门,以尊古守家法为究竟,把刘德以来的"实事求是"方法推向极致。

皖派以戴震为代表,注重名物典章制度的考证。梁启超对戴震的治学态度与治学方法评价甚高:"无论何人之言,决不漫然置信,必求其所以然之故,常从众人所不注意处觅得间隙,既得间,则层层逼拶直到尽头;苟无足以起其信者,虽圣哲父师之言不信也。"③ 戴震主张,不以谁为宗,但求真理,学者"当不以人蔽己,不以己自蔽"④,"学有三难,淹博难,识断难,精审难"⑤。就是说一定要做到博览、求真、信实。他在谈到自己治经方法及目的时说道:"凡仆所以寻求于遗经,惧圣人之绪言暗汶于后世也。然寻求而获,有十分之见,有未至十分之见。所谓十分之见,必征之古而靡不条贯,合诸道而不留余议,巨细必究,本末兼察。若夫依于传闻,以拟其是,择于众说,以裁其优,出于空言,以定其论,拘于孤证,以信其道,虽溯流可以知源,不目睹源泉所导,寻根可以达杪,不手批枝肆所歧,皆未至十分之见也。以此治经,失'不知为不知'之意,而徒增一惑,

---

① 皮锡瑞:《经学历史》。
② 《校礼堂文集》卷三五《戴东原先生事略状》。
③ 梁启超:《清代学术概论》,中国人民大学出版社 2004 年版,第 161 页。
④ 《戴东原集》卷九《答郑丈用牧书》。
⑤ 《戴东原集》卷九《与是仲明论学书》。

以滋识者之辨之也……夫然后传其信，不传其疑，疑则阙，庶几治经不害。"① 不仅把"实事求是"的学风和治学方法发扬光大，而且已经超越了"实事求是"的初始内涵，发展成为比较系统的研究方法和思想方法。

实事求是作为一种求真精神、思想方法和思维方式早已存在于中华思想之中，绵延几千年而始终存在并不断发展和丰富。构成了中华优秀传统思想源远流长的求真精神和思想方法。这种求真精神和思想方法的核心就是，主张从实际材料中获得对事物真相的认识，以实践效果来检验认识的有效性和合理性，突出了思想认识的来源及其真理性的检验问题。

中国早期文化典籍中已经包含着实事求是哲学精神和思想方法的萌芽。《诗经·国风》中的大部分篇目就是来自民间生活的"原始资料"，或者是对这些原始资料的提升。这就表明，在其萌生时期，中华思想就有注重采集实际资料的传统，注重从这些实际资料中抽象和提炼出反映社会生活或政治实践的经验和思想，这种自发的唯物主义的实事求是思想方法，是中华先人在征服自然过程中形成的宝贵思想财富。

春秋战国时期，许多思想家都高度重视言与行、思想与实际、理论与功用的关系，强调人们的思想认识和言论必须来源于生活实际，必须具有现实功用，形成了实事求是求真精神和思想方法的早期形态。《论语·子罕》强调"毋意、毋必、毋固、毋我"；又《论语·公冶长》："始吾于人也，听其言而信其行；今吾于人也，听其言而观其行"；又《论语·宪问》："君子耻其言而过其行"。就是强调，人的思想和认识不能固执于个人的主观意志、狭隘独断，而必须要符合实际；判断一个人，不能仅仅看其言论，更要看他的实际行动，用实际行动效果来判断个人的思

---

① 《戴东原集》卷九《与姚孝廉姬传书》。

想和意志；人们在思想和行动的过程中，一定要做到言行一致、表里如一，言行不一、言过于行都是不合理的。《墨子·非命上》提出"三表法"："言必有三表。何谓三表？子墨子言曰：有本之者，有原之者，有用之者。""于何本之？上本之于古者圣王之事；于何原之？下原察百姓耳目之实；于何用之？废以为刑政，观其中国家百姓人民之利。"这就是强调，人们的言论和思想，必须要有本源，这个本源就在于历史（古者圣王之事）、现实（百姓耳目之实）之中；必须要有实际的功用，即对国家百姓有实际利益。《荀子·儒效》提出"验符论"的思想："不闻不若闻之，闻之不若见之，见之不若知之，知之不若行之"；又《荀子·性恶》曰："善言古者必有节（验）于今，善言天者必有征于人。凡论者，贵其有辨合、有符验。故坐而言之，起而可设，张而可施行。"这就是强调，人们的言论一定要有事实根据，一定要能够经得起实际验证。《韩非子·问辩》强调，言论必须要注重事实和功用，若无事实基础和切实功用，则均为妄言虚语，"夫言行者，以功用为之的彀者也"；"今听言观行，不以功用为之的彀，言虽至察，行虽至坚，则妄发之说也。"

这些早期的实事求是求真精神和思想方法，在日后的发展中不断得到丰富和充实。汉代大儒王充提出"实知""效验"思想，强调必须要从事实出发，进行逻辑思考和推理，得出符合实际的、经得起实践检验的知识。在他看来，思想和言论"须任耳目以定情实"，"如无见闻，则无所状"，就是强调要从事实中获得认识，将感性经验和亲身实践作为认识的来源和基础。当然，他也绝不是把认识仅仅停留在感性认识或拘泥于个人经验层面，而是强调要在经验的基础上进行逻辑推理和抽象，"揆端类推，原始见终"，"案兆察迹，推原事类"，进而排除虚像获得对事物本质的真理性认识。他还强调，任何言论必须有所验证方为真实可信，"凡论事者违实，不引效验，则虽甘义繁说，众不见信。事有证验，以效实然"[①]。

宋代大儒朱熹的"格物致知"理论，其中一个方面的内容就是要从实在的事实中发现作为事物本质的"理"。朱熹在注释《大学》之"格物致知"时写道："致，推极也。知，犹识也。推极吾之知识，欲其所知无不尽也。格，至也。物，犹事也。穷至事物之理，欲其极处无不到也。""物格者，物理之极处无不到也。知至者，吾心之所知无不尽也。"朱熹在《大学章句》中专门增写了一段关于格物致知的话："所谓致知在格物者，言欲致吾之知，在即物而穷其理也。盖人心之灵莫不有知，而天下之物莫不有理，惟于理有未穷，故其知有不尽也。是以大学始教，必使学者即凡天下之物，莫不因其已知之理而益穷之，以求至乎其极。至于用力之久，而一旦豁然贯通焉，则众物之表里精粗无不到，而吾心之全体大用无不明矣。此谓物格，此谓知之至也。"在这里，朱熹就是强调，每一个人都有认识能力，但这个认识能力也是在同事物接触的过程中，不断丰富和发展的；人必须同事物接触，在不断地理解事物的过程中，抓住事物的本质和规律，最后达到致知；认识的过程就是一事一事地格，一物一物地格，日积月累，最后达到脱然贯通，一朝顿悟，获得潜藏于事物之中的"理"。他还强调，不仅要从事物本身出发来获得知识，而且要用实践来检验知识，"既致知，又须力行。若致知，而不力行，与不知同"。这些观点固然有客观唯心主义的哲学背景，但是作为一种思想方法、求真精神和认识论思想，有其合理性的方面，如果加以唯物主义改造，其合理的内核可以为唯物主义认识论所吸纳。

明清之际，王夫之改变宋明以来哲学走向，站在唯物主义立场上深入研究知识论问题，在实事求是思想上有重大的突破和贡

[①] 《论衡·知实篇》。

献，形成了中华思想史上朴素唯物主义认识论的重要发展阶段。宋代以来，中国学术长期以理学为重点，探究道、理、心、性等本体之论，特别是阳明学派倡导明心见性，向主观唯心主义方向深化发展，学者把大量功夫都花费在抽象的明心见性上面，到头来并无真实知识学问，更无经世致用之功。由此，在社会变迁之际，王夫之着重思考知识问题，探究知之真谛与途径。他反对生而知之的唯心主义先验论，坚持人的认识首先来自于人们对事物的感知；但是，这种得自耳目等感官的"见闻之知"，并没有达到对事物本质的认识，"缘见闻而生之知非真知"，必须进一步通过学问慎思等对这种感性认识进行抽象提升，获得洞明事物本质和规律的"德性之知"。他说："耳有聪，目有明，心思有睿知。入天下之声音研其理者，人之道也。聪必历于声而始辨，明必择于色而始晰，心出思而得之，不思则不得也。岂瞢然有闻，瞥然有见，心不待思，洞洞辉辉，如萤乍曜之得为生知哉？果尔，则天下之生知，无若禽兽。"[1] 他把经验和理性、见闻与真知结合起来，强调要从事实和经验出发，对事物进行深入研究，得到真理性的知识，即"循理而及其原，廓然于天地万物大始之理"的"德性之知"[2]。同时，他还提出"知行相资以为用"的知行观，在坚持知行不可分离的同时，强调"行"是知的目的，是检验真知的标准。他说："知也者，固以行为功者也；行也者，不以知为功者也。行焉可以得知之效也，知焉未可以得行之效也。"[3]

进入近代，经世致用成为主导性思想导向，实事求是思想方法也随时代发展而获得了新的意义和内容。曾国藩对实事求是的理解很有代表性。曾国藩一向以修身自律的君子标准要求自己，

---

[1] 《读四书大全说·论语·季氏篇》。
[2] 《张子正蒙注》卷四。
[3] 《尚书引义》卷三《说命》。

对"实事求是"的思想方法和治学方法倍加看重。他对实事求是不局限于儒经考证和诠释方法,而是把经世务实思想注入其中,提出自己的理解:"《大学》之纲领,皆己立身切要之事明矣。其条目有八,自我观之,其致功之处,则仅二者而已:曰格物,曰诚意。格物,致知之事也;诚意,力行之事也。物者何?即所谓本末之物也。身、心、意、知、家、国、天下皆物也,天地万物皆物也,日用常行之事皆物也。格者,即物而穷其理也。如事亲定省,物也;究其所以当定省之理,即格物也。事兄随行,物也;究其所以当随行之理,即格物也。吾心,物也;究其存心之理,又博究其省察涵养以存心之理,即格物也。吾身,物也;究其敬身之理,又博究其立齐坐尸以敬身之理,即格物也。每日所看之书,句句皆物也;切己体察,穷究其理即格物也。此致知之事也。所谓诚意者,即其所知而力行之,是不欺也,知一句便行一句,此力行之事也。此二者并进,下学在此,上达亦在此。"① "即物穷理云者,古昔贤圣共由之轨,非朱子一家之创解也。近世乾嘉之间,诸儒务为浩博。惠定宇、戴东原之流,钩研诂训,本河间献王实事求是之旨,薄宋贤为空疏。夫所谓事者,非物乎?是者,非理乎?实事求是,非即朱子所称即物穷理者乎?"② 这就是说,他继承了朱熹关于格物致知的合理性内涵,同时又把经世致用的追求融合到实事求是思想方法之中,把主体所探索的各种外在事物和主观现象都看作"事"与"物",人们就是要在对这些"事"的不断求索中,获得"是"和"理"。虽然曾国藩的"即物穷理""实事求是"思想,仍然没有上升到唯物主义的层面,但他把实事求是的治学方法和思想方法这两个方面的内涵合二为一,在思想史上还是有价值的。撇开政治因素

---

① 《曾国藩全集·家书之一》,岳麓书社2011年版,第35页。
② 《曾国藩全集·诗文》,岳麓书社2011年版,第229页。

来看，曾国藩对实事求是思想的理解和拓展，尤其是他把这种理解用于实践及其产生的实际效果，对近现代中国人进一步升华实事求是思想产生了一定影响。

在近代半殖民地半封建社会中，"实事求是"越来越表现为敢于抨击现实、变法革新、经世致用等"求是"思想，谋求通过对各种外来科学技术、典章制度、思想文化的引进、学习，探索救亡图存、民族复兴的思想和道路。

五四运动后，马克思主义作为一种科学的世界观和方法论传入中国，以马克思主义武装自己的中国共产党人在领导中国革命、建设、改革的实践过程中，对"实事求是"思想进行创造性转化和创新性发展，形成了马克思主义世界观方法论的中国化形态，创立了中国共产党人的实事求是思想路线，实现了马克思主义同中国优秀传统思想结合的伟大创造。

1941年，毛泽东在《改造我们的学习》中深刻总结中国革命的经验教训，坚决反对不做调查就瞎说一通的主观主义，特别是不考虑具体国情而照搬照抄马克思主义词句和外国经验的教条主义，明确提出必须要以实事求是的态度来对待马克思主义。他说："在这种态度下，就是要有目的去研究马克思列宁主义的理论，要使马克思列宁主义的理论和中国革命的实际运动结合起来，是为着解决中国革命的理论问题和策略问题而去从它找立场，找观点，找方法的。"就是在这篇经典著作中，他把实事求是的治学方法和思想方法作了马克思主义的理论提升："'实事'就是客观存在着的一切事物，'是'就是客观事物的内部联系，即规律性，'求'就是我们去研究。我们要从国内外、省内外、县内外、区内外的实际情况出发，从其中引出其固有的而不是臆造的规律性，即找出周围事变的内部联系，作为我们行动的向导。"[①] 这就是说，要

---

① 《毛泽东选集》第3卷，人民出版社1991年版，第801页。

在马克思列宁主义的指导下，从客观存在的事实出发，详细地占有材料，深入研究、深刻把握事物发展的内在规律，形成科学的真理性认识，以此来指导发展着的实践。在长期的革命建设过程中，毛泽东一直强调坚持实事求是的思想方法和思想路线。

自从提出实事求是思想路线之后，中国共产党人始终把它作为指导革命建设改革的根本遵循，毫不动摇地坚持并结合新的时代特征不断发扬光大。在改革开放之初，邓小平对实事求是思想路线进行了深刻论述，尤其是对实事求是与解放思想的关系做了辩证分析。他强调，毛泽东思想的基本点就是实事求是，就是把马列主义的普遍原理同中国革命的具体实践相结合，实事求是是毛泽东思想的精髓；理论联系实际，就是从实际出发，把实践经验加以概括，一切工作都必须要坚持实事求是，因地制宜。[①] 他指出："马克思、恩格斯创立了辩证唯物主义和历史唯物主义的思想路线，毛泽东同志用中国语言概括为'实事求是'四个大字。实事求是，一切从实际出发，理论联系实际，坚持实践是检验真理的标准，这就是我们党的思想路线。"[②] 全党同志和全国人民只有在马列主义、毛泽东思想的指导下，解放思想，努力研究新情况新事物新问题，坚持实事求是，一切从实际出发，理论联系实际的原则，我们党才能顺利地实现工作中心的转变，才能正确解决实现现代化的具体道路、方针、方法和措施，改革同生产力迅速发展不相适应的生产关系和上层建筑等问题。

中共十八大以来，在领导新时代中国特色社会主义伟大事业的过程中，习近平反复强调坚持实事求是思想路线的极端重要性。"我们必须解放思想、实事求是、与时俱进，坚定不移推进理论创新、实践创新、制度创新以及其他各方面创新，让党和国

---

① 参见《邓小平年谱（1975—1997）》（上），中央文献出版社2004年版，第377—378页。

② 《邓小平文选》第2卷，人民出版社1994年版，第278页。

家事业始终充满创造活力、不断打开创新局面。"[1] 他对实事求是的内涵做了系统论述,"坚持实事求是,就要深入实际了解事物的本来面貌。要透过现象看本质,从零乱的现象中发现事物内部存在的必然联系,从客观事物存在和发展的规律出发,在实践中按照客观规律办事"[2]。广大领导干部要把实事求是思想路线贯彻到工作全过程,自觉做调查研究、实事求是的表率,"要自觉坚持实事求是的信念、增强实事求是的本领,时时处处把实事求是牢记于心、付诸行动"。坚持实事求是,就要坚持求真务实的作风,"坚持求真务实,既要在'求真'上下功夫,更要在'务实'上做文章,尤其要做到讲实情、出实招、办实事、求实效"[3]。

实事求是思想路线是中国共产党取得胜利的重要基础。中国共产党在领导革命、建设、改革过程中,牢牢立足中国具体实际,科学把握中国基本国情,制定了符合中国实际的方针策略,赢得了一系列伟大胜利。毛泽东指出:"只有认清中国社会的性质,才能认清中国革命的对象、中国革命的任务、中国革命的动力、中国革命的性质、中国革命的前途和转变。所以,认清中国社会的性质,就是说,认清中国的国情,乃是认清一切革命问题的基本的根据。"[4] 这就是说,科学认识和把握基本国情,是正确制定路线方针政策的根本依据和出发点。在革命战争时期,毛泽东实事求是地分析中国具体国情,抓住中国的基本矛盾,即中华民族同帝国主义的矛盾、中国人民同封建主义的矛盾。中国社会的主要矛盾决定了中国的社会性质是半殖民地半封建社会,因而中国革命是无产阶级领导的、人民大众的、反帝反封建的新民

---

[1] 《习近平谈治国理政》第2卷,外文出版社2017年版,第54页。
[2] 《习近平谈治国理政》第1卷,外文出版社2018年版,第25—26页。
[3] 习近平:《坚持实事求是的思想路线》,《学习时报》2012年5月28日第1版。
[4] 《毛泽东选集》第2卷,人民出版社1991年版,第633页。

主主义革命，革命对象是帝国主义、封建主义和官僚资本主义，革命道路是农村包围城市武装夺取政权的道路。在作出这种理论探索的基础上，中国共产党制定了科学合理的革命策略，取得了新民主主义革命的伟大胜利。中华人民共和国成立后，毛泽东把握主要矛盾的变化，对基本国情作出了比较准确的分析，作出了我国处于"不发达社会主义阶段"的初步判断。他强调："中国的人口多、底子薄，经济落后，要使生产力很大地发展起来，要赶上和超过世界上最先进的资本主义国家，没有一百年的时间，我看是不行的。"[1] 这个判断为改革开放后党中央判定基本国情和社会主义初级阶段理论的提出，奠定了理论基础。

在领导拨乱反正、实行改革开放和开创中国特色社会主义的过程中，邓小平对中国的基本国情和主要矛盾作出了判定："中国社会主义是处在一个什么阶段，就是处在初级阶段，是初级阶段的社会主义。社会主义本身是共产主义的初级阶段，而我们中国又处在社会主义的初级阶段，就是不发达的阶段。一切都要从这个实际出发，根据这个实际来制订规划。"[2] 我国社会主义初级阶段的主要矛盾，就是人民日益增长的物质文化需要同落后的社会生产之间的矛盾，这就决定了我们的根本任务就是坚持以经济建设为中心，集中力量发展社会生产力。

中共十八大以来，以习近平为核心的党中央，立足于改革开放以来中国社会各方面的实际变化，对我国所处的历史方位和主要矛盾作出了新判断。中国特色社会主义进入新时代，我国社会主要矛盾已经转化为人民日益增长的美好生活需要和不平衡不充分的发展之间的矛盾。但是，我国社会主要矛盾的变化，没有改变我们对社会主义所处历史阶段的判断，我国仍处于并将长期处

---

[1]《毛泽东文集》第8卷，人民出版社1999年版，第302页。
[2]《邓小平文选》第3卷，人民出版社1993年版，第252页。

于社会主义初级阶段的基本国情没有变。基于国情实际、主要矛盾和历史方位的新变化，党中央牢牢坚持以人民为中心的发展理念，统筹推进"五位一体"，协调推进"四个全面"，统揽推进"四个伟大"，制定了一系列新部署、新举措，着力解决地域发展不平衡不协调的矛盾，不断推动新时代中国特色主义事业继续向前发展，团结带领全国人民为实现中华民族伟大复兴的中国梦不懈奋斗。

第十三节　唯物主义和辩证法的哲学精华

中国古代哲学具有优秀的唯物主义和辩证法传统。与世界哲学发展的路径一致，中国古代哲学始终贯穿着唯物主义和唯心主义、辩证法与形而上学的两种哲学思维方式的论争。与唯心主义学派相对应，中国哲学进程形成了相当实力的唯物主义学派，具有丰富的唯物主义思想。与形而上学思维相对应，中国古代哲学宝藏中的辩证法思想也极为丰富。唯物主义和辩证法思想是中华优秀传统思想的哲学精粹。

在中国商周时期，已经产生了原始的、自发的唯物主义哲学的最初形态，即朴素唯物主义哲学思想。 恩格斯曾经引用亚里士多德对于元素的观点，指出原始的、自发的唯物主义"在自己的起始时期就十分自然地把自然现象的无限多样性的统一看做不言而喻的，并且在某种具有固定形体的东西中，在某种特殊的东西中去寻找这个统一"[①]。恩格斯指出，古希腊人的整个宇宙观具有朴素唯物主义的性质。中国商周时期普遍存在着巫术占卜的

[①]《马克思恩格斯文集》第9卷，人民出版社2009年版，第429页。

天命观、鬼神观、宗教天人观,但其时存在的朴素唯物主义同样符合恩格斯所指明的古希腊朴素唯物主义的特征。《周易》中的《系辞》在讲到"八卦"起源时说:"古者包牺氏之王天下也,仰则观象于天,俯则观法于地,观鸟兽之文与地之宜,近取诸身,远取诸物,于是始作八卦,以通神明之德,以类万物之情。"[①] 表明八卦来源于对自然、生物等物质世界的观察以及人类自身经验的总结,表明了"物"的本原性,也呈现出先民在观察与实践中进行经验总结、理论提升的知识活动特点和思维特点,说明"物"是思想最初的来源。从"物"的天然性状出发,《周易》从自然界与人类社会复杂多样的事物、现象、属性中概括出阴与阳两种事物、现象和属性,以此作为天地万物的本原,并以之去表达无限事物多样性的统一性。"阳"是指称那些积极、进取、刚健、阳性的事物、现象和属性,"阴"则代表那些消极、退守、柔弱、阴性的事物、现象和属性。阴阳两种势力相摩相荡、交互作用,生成了天、地、雷、火、风、泽、水、山,并进而生成了万事万物。《尚书·洪范》认为构成物质世界的是五种基本元素——"五行":"一曰水,二曰火,三曰木,四曰金,五曰土。水曰润下,火曰炎上,木曰曲直,金曰从革,土爰稼穑。润下作咸,炎上作苦,曲直作酸,从革作辛,稼穑作甘。"《洪范》用"五行"这些当时人们在生产和生活中常见的具体物质形态作为世界万物的本源,在自然物质本身中寻求事物的根源,当作自然现象无限多样统一的基础,概括世界上复杂的事物,揭示自然万物的生成变化,表现了一种朴素、直观、自发的唯物主义思想。这与古希腊哲学家泰勒斯、赫拉克利特等以水、火作为宇宙的本原,在性质上是一样的。"五行"思想曾经被唯心主义思想家所利用,但是它的唯物主义内核却一直促进着

[①]《周易·系辞下》。

中国古代科学的发展。总之，朴素唯物主义思想最初来自先民的生活、生产、对自然的观察以及对各种实践经验的总结和提升。

恩格斯还指出，虽然古希腊人的整个宇宙观具有朴素唯物主义的性质，但是在他们那里"已经包藏着后来分裂的种子"，比如"早在泰勒斯那里，灵魂就被看做某种特殊的东西，某种和肉体不同的东西"[1]。殷周时期，由于巫术鬼神宗教迷信盛行，不仅思想上存在着分裂的种子，而且思想分裂、对立与斗争的情况也是存在的。其后的三千余年，天命神学在中国哲学中始终未绝。朴素唯物主义正是在与信奉神秘创世说和天命论的唯心主义斗争中发展的。

春秋战国时代，正是中国封建制度代替奴隶制度的社会大变革时期，封建地主阶级与奴隶主阶级之间的斗争反映在哲学思想上，表现为唯物主义和唯心主义两种哲学观的对垒，唯物主义正是在与唯心主义的斗争中发展起来的。以孔子、孟子为代表的儒家唯心主义，主张畏"天命"，维护唯心主义天命论，在认识论方面主张"生而知之"的唯心论先验论，为贵族等级秩序提供理论依据。以老子、庄子为代表的另一派唯心主义宣扬宿命论，倡导虚无，反对工艺技巧，主张人在自然面前无所作为，"绝圣弃智"，反求诸己，"万物皆备于我"，从另一角度宣扬唯心论先验论，给相对主义和宿命论打开了闸门。

唯物主义代表人物是荀子和他的学生韩非。他们都具有唯物主义的自然观和认识论，反对把"天"说成是主宰一切的有意志的上帝的唯心主义，把天解释为物质的天，即自然界。认为"气"才是构成万物和人的最根本的物质。否认人们必须服从"天命"，提出"制天命而用之"的"戡天"思想，主张发挥人的能动性。在认识论上，反对唯心主义先验论，主张唯物论的反

---

[1] 《马克思恩格斯文集》第9卷，人民出版社2009年版，第431页。

映论，提出知识和才能是后天学习得来的。荀子抨击天命、鬼神之说，倡言"天行有常，不为尧存，不为桀亡"①，"天地始者今日是也"②。韩非指出"万物各异理，而道尽稽万物之理，故不得不化。"③ "世异则事异" "事异则备变"④。荀子与韩非是先秦时期朴素唯物主义的集大成者。墨子承认外部物质世界的实在性，主张唯物论的经验论，他强调"耳目之实"的感性认识，把对外部事物的直接感觉看作认识的来源和根据，但他过分夸大了感性认识的作用。墨子思想中的唯物主义因素，被墨子后学所继承和发展，其宗教的形式与外衣也得到了克服。此外，先秦时期宋钘、尹文等人的思想，都属于朴素唯物主义。

封建社会制度战胜了奴隶社会制度。为适应封建地主阶级统治的巩固，西汉董仲舒主张"罢黜百家，独尊儒术"，把谶纬迷信神学与哲学以及神权、父权、夫权结合起来，建立了目的论的唯心主义哲学体系。 他以"天人感应"为思想核心，歪曲了唯物主义"五行说"的性质，把阴阳五行说成是天的恩德刑罚的表现，与封建社会的三纲五常伦理关系联系起来，认为五行的运转是有道德的，"道之大原出于天，天不变，道亦不变"⑤，整个自然万物都是为了体现上帝的意志。

与唯心主义相对应，唯物主义大放异彩，东汉唯物主义哲学家提出了唯物主义的元气自然论。 成书于汉代的医书《黄帝内经》发挥阴阳学说，丰富了先秦以来的朴素唯物论和辩证法思想。汉初的陆贾、贾谊均具有唯物主义思想。《淮南子》中包含着唯物主义的自然观和认识论。司马迁在《史记》中同样表达

---

① 《荀子·天论》。
② 《荀子·不苟》。
③ 《韩非子·解老》。
④ 《韩非子·五蠹》。
⑤ 《汉书》卷五六《董仲舒传》。

了朴素唯物主义思想，还体现了积极进步的历史发展观。东汉唯物主义哲学家王充针锋相对地反对董仲舒的目的论唯心主义，阐述了元气自然论。他提出"天地，含气之自然也"①，"元气，天地之精微也，何凶而恶之？人，物也；子，亦物也。子与万物之生何以异？"②，认为"天地合气，万物自生，犹夫妇合气，自自生矣"，世界万物的发生、消灭都是由于元气的自然运动聚散的结果，并不是天有意识有目的创造出来的。天没有意志、没有目的，"夫天道，自然也，无为；如谴告人，是有为，非自然也"③。事物产生都出于自然，人的生命和精神也一样。他高度重视理性思维，继承和发展了朴素唯物主义传统，坚持无神论，特别注重"效验""证验"，抨击宗教神秘主义和复古主义，把中国古代哲学唯物主义推向一个新的高度，其果决的勇气与战斗精神也很受后人敬仰。王充之后，东汉末期的仲长统提出"人事为本，天道为末"，"王天下、作大臣者，不待于知天道矣。所贵乎用天之道者，则指星辰以授民事、顺四时而兴功业。其大略吉凶之祥，又何取焉"④。继承并发展了王充等人的唯物主义思想。

魏晋玄学主张"贵天论"，以抽象的"本体"代替了神学的"上帝"和目的论的"天人感应"，使中国古代唯心主义哲学更狡猾、更隐蔽、更思辨、更精巧、更具欺骗性。他们认为，具体事物虽说存在，但是在具体事物之后、之上，还有一个更为根本的本体存在，这个本体虽然看不见，但它却是一切看得见的东西赖以存在的基础，万事万物都是这个精神性本体的体现。魏晋玄学的代表人物王弼把这个精神本体称为"无"或"本"。"无"

---

① 《论衡·谈天》。
② 王充：《论衡·四讳》。
③ 王充：《论衡·谴告》。
④ 《仲长子昌言》。

"本"（本体）是第一性的，"寂然至无是其本矣"①，而一切具体事物和现实世界是"无""本"（本体）的派生物，"凡有皆始于无"，是第二性的。西晋时期的郭象虽然否定了"无能生有"的唯心主义命题，却提出"生生者"是"独化""块然而自生"的观点②，陷入了不可知论。

南朝齐梁时期的著名唯物主义哲学家范缜针锋相对地提出了唯物主义和无神论思想。唯物主义者范缜对"神不灭论"和佛教因果报应说作了有力驳斥，对形神关系作了唯物主义分析，提出"形存则神存，形谢则神灭"，"形者神之质，神者形之用"，提出了"神灭论"。范缜的唯物主义思想和无神论思想是这一时期唯物主义的代表，对后世发挥了积极影响。魏晋南北朝时期具有唯物主义思想倾向与内涵的思想家还有嵇康、杨泉、裴頠、欧阳建等人。嵇康提出"元气陶铄，众生禀焉"③，"越名教而任自然"④；杨泉《物理论》提出"夫天，元气也，皓然而已，无他物焉"，"所以立天地者，水也，成天地者，气也。水土之气升而为天"。裴頠"崇有"，认为"无"不能生"有"，"生以有为己分，则虚无是有之所谓遗者也"⑤；欧阳建《言尽意论》提出："形不待名而圆方已著，色不俟称而黑白已彰。然则名之于物，无施者也；言之于理，无为者也。"这些思想都承继或发展了古代的朴素唯物主义理论，成为中国古代唯物主义思想长河中的重要组成部分。

**隋唐五代时期唯物主义与唯心主义的斗争，在"有无"之辨、"心物"之辨等主题下，与儒释道以及宗教教派之间的斗

---

① 王弼注：《周易·复卦》。
② 郭象注：《庄子·齐物论》。
③ 《嵇中散集·明胆论》。
④ 《嵇中散集·释私论》。
⑤ 《晋书》卷三五《裴秀传附裴頠》。

争、有神论与无神论之间的斗争纠缠在一起，呈现出更加复杂的局面**。佛教与道教作为两大宗教唯心主义派别，分别发展了自己的宗教哲学，其中尤其以禅宗的主观唯心主义对后世影响最大。在哲学与宗教、宗教与政治、政治与社会的多重关系中，出现了以傅奕为代表的无神论思想家，以吕才、柳宗元、刘禹锡为代表的唯物主义思想家。吕才在深刻批评宅葬迷信的论述中，认识到"极微"和"气"是世界本原，提出："三光运于上，四气通于下，斯乃阴阳之大经，不可失之于斯须也。"① 柳宗元认为"元气"是物质性的客观存在，说："夫雷霆雪霜者，特一气耳，非有心于物者也。"② "彼上而玄者，世谓之天；下而黄者，世谓之地；浑然而中处者，世谓之元气；寒而暑者，世谓之阴阳。是虽大，无异果蓏、痈痔、草木也。假而有能去其攻穴者，是物也。其能有报乎？繁而息之者，其能有怒乎？天地，大果蓏也；元气，大痈痔也；阴阳，大草木也；其乌能赏功而罚祸乎？功者自功，祸者自祸，欲望其赏罚者大谬；呼而怨，欲望其哀且仁者，愈大谬矣。"③ 刘禹锡提出了天与人"交相胜""还相用"的观点，认为"天非务胜乎人者也，何哉？人不宰则归乎天也。人诚务胜乎天者也，何哉？天无私，故人可务乎胜也"④。这样的言论与主张，出现在宗教唯心主义弥漫的唐朝，是非常难能可贵的。他们的思想，代表了唐朝唯物主义思想所达到的最高水平。

宋明理学则把孔孟哲学和魏晋玄学以来的唯心主义发展到中国古代唯心主义哲学的顶峰。他们把"道""理""太极"等作为世界万物的本体，并与整个封建伦常道德密切联系起来，由它来囊括整个自然和社会，为封建社会的"四条绳索"（政权、族

---

① 《旧唐书》卷七九《吕才传》。
② 《柳宗元集·断刑论下》。
③ 《柳宗元集·天说》。
④ 刘禹锡：《天论》中。附见于《柳宗元集》。

权、神权、夫权）提供了哲学依据。宋明理学分为两大派，一派是二程、朱熹的客观唯心主义理学，另一派是陆九渊、王阳明的主观唯心主义心学。程朱理学认为"理"是先天地而独立存在的实体，是至高无上的范畴和准则，"理在气先"，"即物穷理"。陆王心学则认为"心"才是宇宙万物的根本，"宇宙便是吾心，吾心便是宇宙"，"心即理也"，所以要"明本心""致良知"。特别是明代的王阳明，提出"心明便是天理""万事万物之理不外于吾心"，主张知行合一、知行并进，将中国古代的主观唯心主义哲学推向了最高点。

与宋明理学唯心主义的路线相对立，王安石、张载、陈亮、叶适、王夫之、颜元、戴震等，与理学进行了不断的斗争，把中国古代唯物主义哲学向前推进了一大步。他们强调，物质的"气""器"是第一性的，是本源，而"道""理"只是第二性的，是派生的，坚决反对和驳斥了超越事物之上的"道""理"为本体的唯心主义本体论。他们针对唯心主义本体论提出的体用、心性等问题，作了针锋相对的解答，从而把自然观、认识论、方法论等哲学各个方面贯通起来，构成了中国古代比较完整的唯物主义哲学体系。

王安石坚持世界本原是元气的物一元观，提出"道有体有用：体者，元气之不动；用者，冲气运行乎天地之间"[①]。"心生于气，气生于形。"[②] 肯定万物"皆各有耦"，"耦之中又有耦焉，而万物之变遂至于无穷"[③]。张载不仅建立了"太虚即气"唯物主义自然观，而且批评了佛、道两教关于"空""无"的主张，认为"理依存于气"。他说："凡可状，皆有也；凡有，皆象也；

---

① 王安石：《老子注》第四章。
② 《临川集·礼乐论》。
③ 《临川集·洪范传》。

凡象，皆气也。气之性本虚而神，则神与性乃气所固有。"[1] 他还提出了"民吾同胞，物吾与也"等重要观点，对后来唯物主义思想的发展发挥了积极作用。特别是明清之际的王夫之，在全面继承、总结以往朴素唯物主义思想的基础上，将中国古代的唯物主义思想推向了最高峰。他不仅坚持了"气"本体论，提出"尽天地之间，无不是气，即无不是理"，"气者，理之依也"[2]，"言心言性，言天言理，俱必在气上说，若无气处则俱无也"[3]。还论证了"气"的辩证属性，认为气"缊生化"，"阴阳各成其象，则相为对；刚柔、寒温、生杀，必相反而相为仇"，建构了一套具有鲜明的朴素唯物辩证法特点的概念范畴，并运用到对于政治、学术与艺术的批判。王夫之之后，戴震运用气一元论，对程朱理学和陆王心学作了深刻的批判，提出"理在气中"，成为清代乾嘉时期最突出的唯物主义代表。

中国古代唯物主义在自然观方面坚持了唯物论，其基本特点是以"气"为最基本的范畴，而唯心主义则或者主张"理"本体论，或者主张"心"本体论，但在社会历史领域，即使唯物主义也仍然是唯心主义的。

到了近代，由于中国国情所致，中国资产阶级具有严重的两面性，致使资本主义没有条件发展起来，中国近代资产阶级思想家倾向于机械唯物主义、庸俗进化论，有的则限于二元论的宇宙观，唯物主义不彻底，况且缺少革命辩证法。机械唯物主义的代表是章太炎，庸俗进化论的代表是康有为，二元论的代表是孙中山。从思想发展的基本规律上说，机械唯物主义高于朴素的唯物主义。

辩证法和唯物主义本来应该是一家，但在中国古代哲学史上

---

[1]《张载集·正蒙·乾称篇》。
[2]《船山遗书·思问录·内篇》。
[3]《船山遗书·读四书大全说·孟子尽心·上篇》。

却长期分裂。往往辩证法与唯心主义结合在一起，一些唯心主义哲学家却有着丰富的辩证法思想，而其辩证法思想又为唯心主义所"闷死"，或者流于相对主义，或者流于不可知论，或者流于诡辩论。最优秀的唯物主义者兼有辩证法的思想，而有些唯物主义者又往往陷入形而上学的泥坑。不过总体上看，中国古代的辩证法思想较之唯物主义思想更为发达，更能代表中国古代哲学的特色。

中国古代思想家都认可宇宙本体具有变易的本性，能直观地认识到事物的运动性与变化性，认识到对立面的统一和斗争，从而具有鲜明的朴素辩证法的特点。正如习近平所指出的："中国人早就知道矛盾的概念，所谓'一阴一阳之谓道'。"①《周易》从原始的阴阳说出发，建立了朴素的辩证法系统。它说"一阴一阳之谓道"，确认阴、阳两种性质不同的势力是推动世界万事万物变化发展的推动力，是中国传统哲学中朴素辩证法思想最集中的表达。阴阳具有对立性，又具有统一性，它们相互作用，相互转化，形成一对具有对立统一属性的范畴。《洪范》中的"五行"，同样具有既相互矛盾又相互依存、可以相互转化的属性。五行既朴素地揭示了世界的物质本原性，也揭示了自然万物之间的辩证关系。早在西周时期，关于阴阳以及五行的学说，都有进一步的发展和运用。

春秋战国诸子百家的思想不仅包含大量的辩证法思想，而且揭示了一些辩证逻辑的义理，建构了一大批具有辩证特色的思想范畴。例如天人、终始、仁义、圣智、礼乐、名实、言意、德刑、忠恕、强弱、奇正、中庸、君子、小人等。辩证法的希腊文原义就是交谈、论战。恩格斯说："人们远在知道什么是辩证法

---

① 习近平：《辩证唯物主义是中国共产党人的世界观和方法论》，《求是》2019 年第 1 期。

以前，就已经辩证地思考了。"① 列宁说："从最简单、最普通、最常见的等等东西开始；从任何一个命题开始，如树叶是绿的，伊万是人，茹奇卡是狗等等。在这里（正如黑格尔天才地指出过的）就已经有辩证法：个别就是一般。"② 中国古代哲学正是如此。诸子百家在论辩与著述过程中，自然地包含着很丰富的辩证法。孔孟的儒家、老子的道家，还有墨家、兵家、辩家、阴阳家都有朴素的辩证法思想。在诸子百家的辩证法思想中，或者突出"弱"，或者突出"强"，或者突出"中"，或者突出对立，或者突出转化，各具特色，但都是辩证法思想的体现。

《老子》《孙子兵法》是辩证法的上乘之作。《老子》的辩证法成就很高，它提出"反者道之动"③，"正言若反"④，属于水平很高的辩证法否定命题。书中还提出"有无相生，难易相成，长短相形，高下相倾，音声相和，前后相随"等许多富于辩证法意蕴的思想。庄子强调"万物之化"，《庄子·秋水》说"物之生也，若骤若驰，无动而不变，无时而不移"，但辩证法的思想与因素在庄子那里滑向了相对主义、怀疑论与不可知论，客观上促使朴素的辩证法向更精致的程度发展。《孙子兵法》集中了中国古代的军事辩证法思想，从相互依存和转化的对立面来考察战争形态与战术策略，并且能够与朴素的唯物主义结合起来。毛泽东对《孙子兵法》提出的"知彼知己，百战不殆"，曾给予很高评价。⑤ 名家提出"一尺之棰，日取其半，万世不竭"，

---

① 《马克思恩格斯文集》第9卷，人民出版社2009年版，第150页。
② 《列宁专题文集·论辩证唯物主义和历史唯物主义》，人民出版社2009年版，第150页。
③ 《老子》四十章。
④ 《老子》七十八章。
⑤ 毛泽东在《中国革命战争的战略问题》中三次引用《孙子兵法》，分别为"知己知彼，百战不殆""避其锐气，击其惰归""示形"。

"飞鸟之景未尝动"，"镞矢之疾而有不行不止之时"，等等。[①] 孔子讲"己欲立而立人，己欲达而达人"[②]，"惟仁者能好人，能恶人"[③]。《墨子·小取》提出"以名举实，以辞抒意，以说出故。以类取，以类予"，等等，打通了形式逻辑与辩证思维之间的关系，客观上有利于为朴素辩证法奠立形式逻辑的基础。荀子达到了朴素唯物主义与朴素辩证法统一的境界和高度。《荀子·礼论》说："天地合而万物生，阴阳接而变化起"，又《荀子·性恶》说："凡论者，贵其有辨合，有符验"，在认识论领域提出了"贵有符验"和"辨合"等重要主张。通过这些主张，荀子同时将先秦时期的唯物主义与辩证法推向了高峰。荀子的学生韩非无论在唯物主义方面，还是在辩证法方面，都继承了荀子的思想。"矛盾"概念就是韩非提出来的。韩非特别重视对立双方的无法调和与并立，《韩非子·显学》说："冰炭不同器而久，寒暑不兼时而至，杂反之学不两立而治"，反映了新兴地主阶级与没落贵族阶级之间斗争的不可调和，是进步的社会观念，但在哲学上含有形而上学和独断论的因素。韩非继承老子的辩证法思想，虽然高度重视对立，但也强调对立因素的转化。例如《韩非子·解老》说："人有福则富贵至，富贵至则衣食美，衣食美则骄心生，骄心生则行邪僻而动弃理；行邪僻则身死夭，动弃理则无成功。夫内有死夭之难而外无成功之名者，大祸也。而祸本生于有福。"强调对立双方的转化与互换，是中国古代朴素辩证法思想的一个突出特点。

中国古代朴素的辩证法思想在春秋战国时期已经完全确立起来。其后的两千余年间，中国哲学基本上以这一时期所确立的哲学范畴、哲学命题以及思维方法为前提和平台，因而辩证法思想

---

① 《庄子·天下》载惠施语。
② 《论语·雍也》。
③ 《论语·里仁》。

一直非常发达，不仅成为中国古代哲学的一个基本特色，而且成为各种具体科学发展的方法论，广泛而深刻地印刻在中国人的思想意识当中。正如毛泽东所说："神话中的许多变化，例如《山海经》中所说的'夸父逐日'，《淮南子》中所说的'羿射九日'，《西游记》中所说的孙悟空七十二变和《聊斋志异》中的许多鬼狐变人的故事等等，这种神话中所说的矛盾的互相变化，乃是无数复杂的现实矛盾的互相变化对于人们所引起的一种幼稚的、想象的、主观幻想的变化，并不是具体的矛盾所表现出来的具体的变化。"[①] 唯物主义哲学家运用朴素的辩证思维来论证自己的思想，唯心主义哲学家同样运用朴素的辩证思维来论证自己的思想。即使在整体上隶属于形而上学体系的思想家，在具体论述过程或某些较低层次的理论层面，也常常会夹杂着、断片式地使用辩证法。朴素的辩证法思想被广泛地运用到政治、经济、艺术、科学（医学、天文学、农学等）等领域，成为一种具有广泛社会性的思想方法。特别是先秦时期的阴阳、五行思想，一直贯穿下来。汉初的《黄帝内经》运用阴阳和五行学说阐述了以医学辩证法为基本特点的中医理论，辩证施治成为历代医家遵循的基本理论。汉代的扬雄也表达了辩证法的思想。与朴素辩证法的广泛运用相并行的是，形而上学也在发展。西汉董仲舒所建立的"天不变，道亦不变"的哲学体系，以唯心主义加形而上学的基本特征成为两千年封建专制统治的所谓理论依据。

魏晋南北朝时期，伴随着"名实""言意""形神""有无"等争论，辩证法在思维层面上的水平也有所提高。比如王弼提出"体""用"范畴，主张体用不二等，就很明显地将理论思维向更加精致化、哲理化的程度推进了一步。

中国的道教尊奉老子为教祖，奉《道德经》为经典，所以

[①] 《毛泽东选集》第 1 卷，人民出版社 1991 年版，第 330—331 页。

在不同教派与经书的宗教神学、神仙迷信严密包裹下，散布着朴素辩证法的思想。特别是在行医治病、健身养生方面，贯彻着朴素辩证的观念与思想。唐朝道教学者李筌具有朴素的辩证法思想，特别是其军事辩证法的思想，在中国哲学史上地位突出。刘禹锡说："祸福之胚胎也，其动甚微；倚伏之矛盾也，其理甚明。"① "万物之所以为无穷者，交相胜而已矣，还相用而已矣。"② 辩证法的意蕴非常明确。中国古代佛教思想也包含有大量的辩证法思想。例如华严宗强调万有的互融、互具、互相为缘，以相互对立的范畴"六相"来说明存在的相互依存、制约等关系。

宋明理学也内含着辩证法的思想。张载不仅是唯物主义哲学家，而且其唯物主义思想与朴素辩证法结合得非常紧密。《正蒙·太和》曰："太和所谓道，中涵浮沈、升降、动静、相感之性，是生絪缊、相荡、胜负、屈伸之始。""两不立则一不可见，一不可见则两之用息。两体者，虚实也，动静也，聚散也，清浊也，其究一而已。""感而后有通，不有两则无一。故圣人以刚柔立本，乾坤毁则无以见易。""气本之虚，则湛一无形。感而生，则聚而有象。有象斯有对，对必反其为；有反斯有仇，仇必和而解。"既强调变化，又强调相反相成，已经自觉地认识到事物的辩证统一性。需要指出的是，张载的朴素唯物主义与朴素辩证法思想不是零碎的，而是完整的、成系统的。二程同样强调矛盾双方的对立统一性。如说："天地万物之理，无独必有对，皆自然而然，非有安排也。"③ "万物莫不有对，一阴一阳，一善一恶，阳长则阴消，善增则恶减。斯理也，推之其远乎？"④ "天地

---

① 《刘梦得文集》卷二四《因论·儆舟》。
② 《刘梦得文集》卷一二《天论》。
③ 《二程遗书》卷一一《师训》。
④ 同上。

之间皆有对,有阴则有阳,有善则有恶。"① 朱熹讲理一分殊,蕴含着分析性很强的辩证法思想,他说:"一是一个道理,却有两端,用处不同。譬如阴阳,阴中有阳,阳中有阴;阳极生阴,阴极生阳,所以神化无穷。"② 又说:"一便对二,形而上便对形而下。然就一言之,一中又自有对。且如眼前一物,便有背有面,有上有下,有内有外,二又各自为对。虽说无独必有对,然独中又自有对"③,认识到事物不是孤立的,而是在对立面与矛盾中运动着,事物内部同样内在地存在着矛盾。但是,与张载不同,程朱的辩证法思想由于受其客观唯心主义本体论的束缚,最终是以形而上学为归宿的。

从王安石、张载到王夫之等,在唯物主义立场上把中国古代朴素辩证法思想提高到中国哲学史上一个新的水平。王安石关于事物变化有"对"有"耦"的观点,其辩证法的水平非常高。张载将"象"作为对立统一的范畴来加以运用,揭示"一物两体"以及"变"与"化"的属性,是中国古代辩证法思想的重要代表。王夫之弘扬《周易》和张载的辩证思想,建立了比较系统的朴素的辩证逻辑思想,达到了中国古代辩证思想的新高峰。他对张载的思想做了系统深入的研究,不仅坚持气一元论,而且论证了"气"辩证运动的性质,指出"动静互涵,以为万变之宗"④,"凡物,非相类则相反……万物之成,以错综而成用"⑤,"惟两端迭用,遂成对立之象,于是可知所动所静,所聚所散,为虚为实,为清为浊,皆取给于太和絪缊之实体。一之体立,故两之用行;如水唯一体,则寒可为冰,热可

---

① 《二程遗书》卷一五《八关语录》。
② 《朱子语类》卷九八。
③ 《朱子语类》卷九五。
④ 王夫之:《周易外传》卷四《震》。
⑤ 王夫之:《张子正蒙注》卷三《动物篇》。

为汤,于冰汤之异,足知水之常体"①。王夫之留下了非常丰富的著作,其辩证思想的表达较之前人要充分得多,其中涉及对立、否定、转化、运动、名实以及分析与综合、推理与判断等理论思维的辩证规律,领域非常广泛,提出了"君子乐观其反""相反而固会其通""大反而后能有所定""静即含动,动不舍静"等许多深刻的思想。可以这样说,王夫之是距离辩证唯物主义最近的中国古代哲学家。毛泽东指出:"我们中国人常说:'相反相成。'就是说相反的东西有同一性。这句话是辩证法的,是违反形而上学的。'相反'就是说两个矛盾方面的互相排斥,或互相斗争。'相成'就是说在一定条件之下两个矛盾方面互相联结起来,获得了同一性。而斗争性即寓于同一性之中,没有斗争性就没有同一性。"② 王夫之的朴素辩证法思想,符合毛泽东的论断。

当然,在中国封建社会的辩证法思想发展进程中,还缺乏自然科学的基础,也长期存在与辩证法思想对立的"天不变,道亦不变"的儒家形而上学观。正如毛泽东所指出的,在中国,所谓"天不变,道亦不变"的形而上学的思想,"曾经长期地为腐朽了的封建统治阶级所拥护"③。由于历史发展阶段的限制,古代的辩证法必然带着自然的朴素的性质,"根据当时的社会历史条件,还不可能有完备的理论,因而不能完全解释宇宙,后来就被形而上学所代替"④。当然,从思想方法方面来说,中国传统文化中反对形而上学思想方法的资源是非常丰富的。正如习近平所指出的那样,中国古代的"很多典故都是批评和讽刺形而上学的,如盲人摸象、郑人买履、坐井观天、掩耳盗铃、揠苗助

---

① 王夫之:《张子正蒙注》卷一《太和篇》。
② 《毛泽东选集》第1卷,人民出版社1991年版,第333页。
③ 同上书,第301页。
④ 同上书,第303页。

长、削足适履、画蛇添足，等等"①。

对于唯心主义哲学也要一分为二地看，既要看到它们的糟粕，也要看到它们可取的一面。列宁指出："从粗陋的、简单的、形而上学的唯物主义的观点看来，哲学唯心主义不过是胡说。相反地，从辩证唯物主义的观点看来，哲学唯心主义是把认识的某一特征、某一方面、某一侧面，片面地、夸大地、überschwengliches（狄慈根）发展（膨胀、扩大）为脱离了物质、脱离了自然的、神化了的绝对。"② 在中国哲学的发展进程中，唯心主义哲学是一朵不结果实的花朵。一方面，它极大地提高了中华民族的理论思维能力，极大地促进了唯物主义和辩证法哲学的发展；另一方面，它又包括了内涵相当丰富的哲学精华，如辩证法思想、人生伦理道德等。

分析历史上唯心主义哲学与唯物主义哲学的对立，既要坚持阶级分析的基本方法，也要从具体的历史背景和历史条件出发，努力将阶级分析方法与具体的历史分析结合起来。有些唯物主义哲学家，未必就直接代表劳动阶级的利益，而有些唯心主义者，在特定的历史条件下也可能会代表劳动人民的心声。有的哲学家虽然具有唯物主义思想，但同时也具有迷信思想。有的哲学家虽然是唯心主义者，却推动了辩证法的发展。同时，对于历史上朴素的辩证法传统，也要具体分析。一方面，要看到，中华民族具有源远流长的朴素辩证法传统，对之要加以总结，另一方面也要看到，这种辩证法既没有达到黑格尔唯心辩证法的高度，更没有达到马克思主义唯物辩证法的水平。许多情况下，中国古代的朴素辩证法掺杂着乃至是与折中主义、形而上学结合在一起的。

---

① 习近平：《辩证唯物主义是中国共产党人的世界观和方法论》，《求是》2019 年第 1 期。

② 《列宁专题文集·论辩证唯物主义和历史唯物主义》，人民出版社 2009 年版，第 151—152 页

毛泽东曾经指出："在人类的认识史中，从来就有关于宇宙发展法则的两种见解，一种是形而上学的见解，一种是辩证法的见解，形成了互相对立的两种宇宙观。"毛泽东说，形而上学思想"无论在中国，在欧洲，在一个很长的历史时间内，是属于唯心论的宇宙观，并在人们的思想中占了统治的地位"①。近代中国"输入了欧洲的机械唯物论和庸俗进化论，则为资产阶级所拥护"。"直到无产阶级运动的伟大的活动家马克思和恩格斯综合了人类认识史的积极的成果，特别是批判地吸取了黑格尔的辩证法的合理的部分，创造了辩证唯物论和历史唯物论这个伟大的理论，才在人类认识史上起了一个空前的大革命。"② 中国共产党是以辩证唯物主义作为理论武装的政党。正如习近平所指明的："辩证唯物主义是中国共产党人的世界观和方法论。"③ 中国共产党既继承了中国古代朴素唯物主义与朴素辩证法的精华，又对之进行了辩证唯物主义的革命性改造，从而将中国朴素唯物主义与辩证法发展到辩证唯物主义的科学阶段。毛泽东指出："唯物辩证法的宇宙观主张从事物的内部、从一事物对他事物的关系去研究事物的发展，即把事物的发展看做是事物内部的必然的自己的运动，而每一事物的运动都和它的周围其他事物互相联系着和互相影响着。事物发展的根本原因，不是在事物的外部而是在事物的内部，在于事物内部的矛盾性。任何事物内部都有这种矛盾性，因此引起了事物的运动和发展。事物内部的这种矛盾性是事物发展的根本原因，一事物和他事物的互相联系和互相影响则是事物发展的第二位的原因。这样，唯物辩证法就有力地反对了

---

① 《毛泽东选集》第 1 卷，人民出版社 1991 年版，第 300 页。
② 同上书，第 303—304 页。
③ 习近平：《辩证唯物主义是中国共产党人的世界观和方法论》，《求是》2019 年第 1 期。

形而上学的机械唯物论和庸俗进化论的外因论或被动论。"①

真正继承发展中华优秀传统哲学思想的是中国共产党人。中国共产党将唯物主义与辩证法运用于革命、建设、改革的全过程，从而推动了中国社会与历史的不断进步。中国共产党人把马克思主义哲学与当代中国实际、中华优秀传统哲学思想相结合，形成了中国化的马克思主义哲学，产生了毛泽东哲学思想、邓小平哲学思想和习近平关于中国化马克思主义哲学重要论述，不断推进中华优秀传统哲学思想的创造性转化和创新性发展，不断开拓马克思主义哲学中国化的新境界。

第十四节　中华思想的逻辑形式

马克思和恩格斯指出："各个世纪的社会意识，尽管形形色色、千差万别，总是在某些共同的形式中运动的，这些形式，这些意识形式，只有当阶级对立完全消失的时候才会完全消失。"②这就是说，意识与意识形式不同。在同样的意识形式下，可以包含不同的意识内容。较之意识，意识形式更加固定化、凝固化。这种意识与意识形式的不同，归根结底，是现实中的阶级差别和对立所造成的。

恩格斯还曾说："每一个时代的理论思维，包括我们这个时代的理论思维，都是一种历史的产物，它在不同的时代具有完全不同的形式，同时具有完全不同的内容。因此，关于思维的科学，也和其他各门科学一样，是一种历史的科学，是关于人的思

---

① 《毛泽东选集》第1卷，人民出版社1991年版，第302页。
② 《马克思恩格斯选集》第1卷，人民出版社2012年版，第421页。

维的历史发展的科学"① 这就是说，尽管各个时代理论思维的内容与形式并不相同，但它们都来自现实的历史，并且随着历史的发展而发生变化。同样的理论思维，在历史演变过程中又会变换形式，以另外一种形式出现。因此，无论考察理论思维的历史，还是考察理论思维形式的历史，都必须将其放置在历史发展演变的过程中，放在一定的历史条件下来进行。在阶级社会，则必须放在一定阶级关系和阶级矛盾的历史背景下来进行。

马克思、恩格斯指明了意识与意识形式、理论思维与理论思维形式之间的关系及其与现实历史的关系。思想与思想形式及其与现实历史的关系，也如同马克思、恩格斯所指明的那样，具有同样的属性，遵循着同样的规律。

依照辩证唯物主义关于内容与形式关系的观点，思想内容是第一位的，思想形式是第二位的，思想内容决定思想形式，思想形式为思想内容服务。思想形式只能在思想内容中派生出来。没有内容，就谈不上形式。正如马克思所说："如果形式不是内容的形式，那么它就没有任何价值了。"② 不过，思想形式一旦形成，就会具有相对独立的稳定性、固定性和反作用性。甚至相互对立的阶级，也会依照相同的思想形式去思考。因此，进行思想史研究应该首先考察思想的内容，而不是首先考察思想的形式。但是，思想的形式也非常重要，它是思想史研究不可或缺的重要研究对象。

在处理思想与思想形式的关系时，马克思主义自然是首先高度重视思想的内容，将人们的观念、观点和概念，亦即人们的意识、思想看作社会生活条件、社会关系、社会存在的产物，认为思想的历史最终所证明的是精神生产随着物质生产的改造

---

① 《马克思恩格斯选集》第 3 卷，人民出版社 2012 年版，第 873—874 页。
② 《马克思恩格斯全集》第 1 卷，人民出版社 1995 年版，第 288 页。

而改造。但是，马克思主义并不因此而轻视思想的形式。从辩证唯物主义和历史唯物主义的立场出发，马克思恩格斯都对思想形式有过深刻论述。特别是对形而上学的思想形式与形式逻辑的思维形式作过深刻剖析，从而促进人类的思想与思维形式超越形式逻辑、克服形而上学，"从形而上学思维向辩证思维复归"（恩格斯语），即向辩证法的高级思维形式过渡。正如恩格斯所说："对于现今的自然科学来说，辩证法恰好是最重要的思维形式。"[①]

所谓形式（form；shape），是指事物内在要素的组织结构或表现方式。思想、思维、理论、意识、观念等，都具有自己的形式，也就是实现的形式。一般来说，这种实现形式是通过概念、范畴、判断、推理、证明来完成的。具有不同结构的概念、范畴、判断、推理、证明有机地结合起来，即形成不同的思想形式与思维形式。由于逻辑学专门将思想形式与思维形式抽取出来作为研究对象，因此，研究历史上的思想形式与思维形式，需要通过逻辑史的研究来予以呈现。所谓思想形式与思维形式，也就是它们的逻辑形式。

中华民族在五千多年的文明历程中，不仅创造了丰富的思想内容，而且"按照自己的方式"，创造了具有本民族特点的独有的思想形式和思维形式，也就是创造了具有中华民族特点、风格和气质的逻辑形式。世界上公认，中国先秦时期的名辩学、古印度的因明学以及古希腊的逻辑学，是世界的三大逻辑学源头。这就是说，中华思想在世界上起源早，同时在逻辑形式上又不同于其他古老文明。众多研究成果表明，**中华思想形式最鲜明、最突出的特点，在于始终保持着发达的辩证逻辑形式**。可以这样说，中华民族创造了深入本民族意识的辩证法。这是中华思想与其他

[①] 《马克思恩格斯文集》第9卷，人民出版社2009年版，第436页。

文明思想最显著的区别点。正如李约瑟所说："当希腊人和印度人很早就仔细地考虑形式逻辑的时候，中国人则一直倾向于发展辩证逻辑。"[①]

辩证逻辑与形式逻辑不同。它同样运用概念、判断、推理等思维形式，但它不是关于思维的外在形式的学说，而是注重从整体性上考察概念的矛盾和转化，揭示现实矛盾运动在思维运动中的形态。因此，它不像形式逻辑那样单纯地在形式结构上将认识对象看作脱离了现实状态的静止的、孤立的、不变的逻辑符号，而是在对立统一的普遍联系当中展开思想的行程。辩证逻辑经过了长久的历史发展过程。唯物辩证法作为辩证法、认识论与逻辑的统一，是辩证逻辑的最高发展形态，亦即科学的形态。

中华思想的辩证逻辑形式，早在先秦时期便形成了。其后，便始终以它为最鲜明的特征。在古印度、古希腊、罗马的思想遗产中，同样具有辩证逻辑的内容，但始终没有成为其思想遗产的鲜明特征。在欧洲，经过康德的努力，直到黑格尔，才建立起完整的辩证逻辑体系。但是，中国虽然很早便建立起了辩证逻辑的思想系统，却始终保持在古代朴素的阶段上，并没有达到黑格尔客观唯心主义辩证法的高度。

中华民族的辩证逻辑思想与思维形式，早在先秦时期的论辩逻辑（也称作名辩逻辑、名辩学，包含名学与辩学）当中，便非常发达了。**论辩逻辑是中华民族辩证逻辑形式的源头，奠定了此后中华思想形式的基本形态**。

论辩逻辑是一种非形式化的逻辑系统，是辩证逻辑最初的形态。先秦时期，思想家们通过论辩逻辑的思想形式，建立起丰富多彩的思想学说，形成了百家争鸣的局面。诸子百家的思想内容虽然并不一致，甚至相互对立，但都遵循了论辩逻辑的形式。因

[①] ［英］李约瑟：《中国科学技术史》第3卷，科学出版社1978年版，第337页。

此，尽管贡献有大有小、方式互有歧异，但诸子百家对于论辩逻辑体系的形成，都作出了自己的贡献。

在先秦诸子百家当中，道家与兵家所具有的丰富的辩证思维特点，是举世公认的。将这种丰富的辩证思维以明理的形式展开，即形成朴素的辩证法思想。老子不但重视"名"，提出"名可名，非常名"，还提出"反者道之动"，提出"正言若反"。诸如此类注重对立统一、相互转化的命题，使得《老子》一书充满对立的范畴以及对范畴相互转化的论断。《庄子》同样运用了朴素辩证思维的方法，提出"同类相从，同声相应，固天之理也""无动而不动，无时而不移"等，将综合性、归类性与运动性结合起来。不过，道家的辩证法常常与相对主义相混淆，陷入虚无主义。兵家的《孙子兵法》是一部朴素辩证法的宝库，书中对于军事上敌我、众寡、强弱、虚实、攻守、进退等的分析，以及提出的诸如"兵无常势，水无常形"等军事思想，不仅蕴含着深刻的辩证思维方法，而且体现了辩证思维的形式。

儒家思想中同样蕴含着丰富的辩证思维形式。儒家经典《周易》从整体结构到具体论断，遍布着朴素的辩证法思想，同样是古代朴素辩证法的宝库。孔子提出"正名"以及类推等思想，去除其政治伦理与教育方面的含义，所具有的逻辑意义是非常明显的。孟子同样运用综合性的"类"概念来阐述思想，提出了"凡同类者，举相似"等逻辑命题。先秦儒家在论辩逻辑上所取得的最高成就，集中反映在《荀子》一书中，其中《正名》篇是先秦逻辑学的代表作之一。"名"是儒家极为重视的一个概念，"正名"的重要含义之一就是概念确证，由此而与"类"概念一起构成分析与综合相结合的思想方法。荀子提出"名也者，所以期累实也"，强调"名"与"实"的相符。《荀子》还把命题叫作"辞"，提出了"辨合""符验""共名""别名""单名""兼名""类不悖，虽久同理""物各从之其类"等重要命题。荀子的逻辑思想是系统的,不是零碎的;是自觉的,不是自发的,而且理论化程度很高,包含了对于概念的分类、概括、限定等逻辑内容。先秦之后,论辩学衰落,但儒家的朴素辩证法思想、富于辩证意蕴的概念范畴体系却不断发展,形成了由"中庸""三分"等范畴组成的完整的辩证思维形式系统。①

法家对于论辩逻辑的运用同样非常娴熟。"矛盾"一词即来自《韩非子》。不过,先秦诸子最接近纯粹逻辑学的派别,是名家。只有名家,是以其论辩的逻辑特征,而不是以其政治立场和教化主张来命名的。不过,名家的言论与见解大都没有流传下来。这一派的著名思想家惠施,据说曾提出"大同而与小同异,此之谓小同异;万物毕同毕异,此之谓大同异"的思想,对同一与差别的逻辑关系,进行了阐述。流传下来的《邓析子》一书,据说是名家邓析所作,其中提出了"形名之辩"与"两可之说",还提出了"循名责实""动之以类"的思想。名家中最著名的人物公孙龙则提出了"别同异,离坚白"以及"白马非马"的命题,在诡辩中包含着逻辑分析的意蕴。据记载,公孙龙还曾提出"夫名,实谓也"以及"物莫非指,而指非指""鸡三足""飞鸟之景,未尝动也""惟乎其彼此"等命题。

从流传下来的文献来看,先秦逻辑学的最高成就,集中体现在墨家学派的《墨子》一书当中。该书的《墨经》部分出自墨子后学,集中反映了墨家在认识论、逻辑学乃至几何学等方面的成就,故又称《墨辩》,是所谓"墨家名学"或"墨辩逻辑学"的主干。②特别是《墨经》中的《小取》,其逻辑学体系已经非常完整。墨辩逻辑学依然属于论辩逻辑的范畴,但形式化的程度达到了论辩逻辑的最高峰,而且系统非常完备,涉及逻辑学的各

---

① 参看庞朴《儒家辩证法研究》,中华书局1984年版。
② 关于这个概念,在学术界尚存在争议。

个方面。据说,惠施、公孙龙都是由祖述墨子的辩经而成名成家的,而且孟子在批评墨子的言辞中所运用的"辩言正辞"与墨家也是相同的。这种说法是否确实还需要进一步研究,但它从侧面说明了墨子在先秦名辩学体系中的首要地位。当然,墨辩逻辑学的建立目的并不是为了构筑独立的逻辑学体系,而是服务于墨家的政治学说,而且墨辩逻辑学的直观性高于抽象性,高度重视推类却忽视演绎(没有研究推理形式),缺乏应有的形式化论述,但它所包含与蕴含的形式逻辑与辩证逻辑内容,特别是关于类比推论的理论,却是极为丰富和深刻的。

例如墨家提出"辞以故生,以理长,以类性"的论辩原则,把"名"分为达名(可对应荀子所说的大共名)、类名(可对应荀子所说的大别名)、私名(可对应荀子所说的兼名)三类,很清晰地区隔了范畴、普遍概念以及单一概念的界限。将这些"名"关联起来的,是"辞",即判断。特称或选言判断叫"或",假说或假言判断叫"假"。论证的过程叫"辩",检验论证结论正确与否的标准是"当"。推理的过程叫"说",推理的原则是"明故"和"察类",检验的标准是"效"。墨家还区分了亲知、闻知、说知,即实践智慧、学习智慧、理论智慧。此外,墨家还提出了"推""援""辟""侔"(推论的一种形态)、"类""故"等具有逻辑术语意涵的概念,使得其论辩的理论形式非常完整。总之,墨家为名辩立法的理性自觉已经达到专门之学的高度。不过,《墨经》的逻辑学理论在秦统一后没有得到传承。[①]

由上可知,在逻辑形式上,先秦诸子普遍具有辩证思维的特点,具有论辩逻辑的共同特征。这种朴素辩证的思想与思维形

[①] 关于《墨经》的逻辑学,可参看沈有鼎《墨经的逻辑学》,中国社会科学出版社1980年版;崔清田《墨家逻辑与亚里士多德逻辑比较研究》,人民出版社2004年版。

式，与三段论、思维律具有明显的区别，但其本质与效能与古希腊和古印度的逻辑是一致的。中华民族用自己特有的语言所构建的这种逻辑成果，是中华民族原创性的伟大创造，是中华民族贡献给世界的一份珍贵的文化果实。特别是以天人关系、名实关系、言意关系为本体，围绕着概念（名）的内涵、外延、概括、限制、厘定、属性、范围、种属、同一、划分，以及判断（辞）、命题、推理（说）、论证（辩）的量项、周延、形式、性质、规则，等等，在对于正名、立辞、明说、辩当等实现条件的讨论中，达到了启人神智的逻辑高度。墨家从否定"木与夜孰长、智与粟孰多"的荒唐类比出发，提出"异类不吡"的命题，至今还令人激赏。当然，尽管这种论辩逻辑在某些方面已经超越亚里士多德的三段论体系，特别是墨家与荀子的形式逻辑论题非常高明，但在整体上，还没有达到古希腊逻辑的水平。辩证逻辑不能代替形式逻辑，墨家与荀子的形式逻辑命题是从属于其论辩逻辑系统的。论辩逻辑的形式化程度毕竟还比较低，而且更多的与政治主张、伦理主张、教育主张乃至汉语文学等结合在一起，其边界比较模糊，既没有导致形式逻辑的独立发展，也没有导致辩证逻辑的独立发展。论辩逻辑属于辩证逻辑，但辩证逻辑并不就是论辩逻辑；先秦辩证法属于辩证法，但辩证法并不就是先秦辩证法。当然，我们不能苛责古人，而应在唯物辩证法的指导下，通过中华思想史研究，对于古人留下的这一份珍贵遗产予以深刻的剖析与全面的总结。

先秦之后，中华思想的辩证逻辑形式，在论辩逻辑成就的基础上，继续丰富和深化。其中具有标识性意义的成果，是以即象认知的思想形式为核心，构建出以"意""象""言"为结构的论证形式。这种论证形式保证了演绎的有效性，既揭示了具有民族特点的思想认知的基本规律，也表明了具有民族特点的思想表达形式。它既不是纯粹的抽象思维形式，也不是完全的形象思维形式，而是抽象思维与形象思维的结合。

在中华思想中，"象"是一个非常重要的哲学范畴。《周易·系辞》说："子曰：书不尽言，言不尽意。然则圣人之言，其不可见乎？子曰：圣人立象以尽意，设卦以尽情伪，系辞焉以尽其言，变而通之以尽利，鼓之舞之以尽神。"这是一段集中表达中国人的认识路径、认识过程与认知形式的经典语录。"象""卦""辞"既是表达意义的中介，又是理解意义的中介。表达者要表达某种意义，需要借助于"象"去表达。理解者要理解某种意义，也要借助于"象"去理解。作为中介，"象"与"卦"和"辞"一样，都是认识的工具。之所以需要这种工具，是由于"书不尽言，言不尽意"，只有"变而通之""鼓之舞之"才能"尽意""尽情伪""尽利""尽神"，从而在"言"和"意"之间达成一致。

魏晋时期，荀粲、王弼、蒋济、钟会、傅嘏、张韩、欧阳健等一批思想家，就"言""象""意"的关系、特别是"言—意"关系，提出许多重要的认识论命题。再后来，宋明时期的思想家们，也提出了许多重要的论述。总体来看，"象"是有形的、具体的、直观的，又是能够起到象征或隐喻作用的一个居间者。它可以是一段故事、一个寓言、一个比喻，也可以是一个符号、一张图画，还可以是一个自然现象。但其功能是一样的，即能够发挥"变通"，也就是易于人的理解与认知的作用。先验的理或道很难直接通过语言去表达，因此《庄子》便采用"寓言十九"的言说方式，既方便了表达，也方便了理解。"寓言"便是"象"，这是先秦诸子普遍采用的言说方式。同样，大自然的奥妙也很难表达，但是，大自然会通过各种自然现象来显示自己；人们只能通过观察自然现象，才能够领悟或认识到自然之理、自然之道。

据说，创造八卦的伏羲氏，就是由于"仰则观象于天，俯则观法于地",以及"观鸟兽之文与地之宜",再加上"近取诸身,远取诸物"等一系列体察"象"的活动,才提炼归纳出八卦这一系统性的形式符号的。提炼出这些极端形式化的符号之后,再去驾驭万物,便达到了"通神明之德,类万物之情",也就是将万事万物范畴化的目的。在这里,伏羲一方面通过"观象""观法"来体悟大自然的"意";另一方面,再将这种"意"以"象""卦"的形式传达出去。接受者通过观他所造的"象"来理解他的"意",进而再去理解"天"的"象"和"意"。可见,"象"首先是一个无形本质的外在的有形的具象呈现形式,其次它又衍生出接受者所理解的变化的形式。如此循环传递,也就形成了认识的过程。扬雄的"太玄"、邵雍的"象数学"以及朱熹等人阐释的"河图洛书"之类,都遵循着这样的思维形式。

"象"虽然是中介,但也是独立的,自足的。"言"依靠"象"以尽"意"。人依靠"象"以达"意"。"常恨言语浅,不如人意深"。有了"象",就可以透过"浅言语",理解到"深人意"。因此,"象"是中华思想中非常重要的一个范畴,是中华思想辩证逻辑形式的深化与具体化。由于"象"的存在,中华思想形式既明显地区别于西方的逻辑演绎形式,也区别于一些民族单纯的寓言隐喻形式,而是在具象中传达抽象,透过形而下去认知形而上,所谓即器求理、以气求道、设象喻理、因形命名、格物致知。这种认识路径与认知方法,表明先秦时期论辩逻辑中的推类逻辑,在两汉之后,已经完全理论化和系统化了。

中华思想中的一系列范畴,例如阴阳、五行、太极、气、道等,本身就具有"象"的特点,是由"象"而生发出来的概念范畴。西方思想范畴的基本特点,在于去掉"象",从而趋于高度的形式化。中华思想范畴的基本特点,则借助"象"去表达,从而表现出中华思想特有的特点。"象"大体以隐喻为旨归。中国思想家、哲学家的思考方式、认知方式、著述形式（不讲究形式的严密与系统的完备），都与"象"的思维形式相关。诸子百家笔下的故事、寓言，理学家的讲论、语录等，都属于"象"。之所以形成这样的思维形式特点，是与汉语言的性质密不可分的。汉字本身就以"象"为最大的特点。围绕"言""意""象"的关系，历代思想家提出了非常丰富而深刻的思想理论主张，具有极高的认识论价值，例如"得意忘象""得意忘言"，等等。由此出发，"言""意""象"作为中华思想的基础性的逻辑形式，被应用到从精神活动到社会生活的各个方面。例如中医的取象比类、援物比类（四时五行、日月江河、天地阴阳均为取象比类的对象）即属于此。作为逻辑形式，"言—象—意"的结构非常稳定，在中华思想中一以贯之。它具有直觉性、模糊性以及分析性、精确性不强的弱点，也具有整体性、动态化和关联性的优点。中华思想中发达的阐释学传统，与这种"象"的思维形式，也是分不开的。

从先秦开始，经过长期的文明滋养，中华民族建构了一套以天人为基本架构的具有本民族鲜明特点的完备的逻辑范畴。中华思想正是在这套逻辑范畴中展开的。

前面已经说过，中华民族独立地原创出了论辩逻辑。先秦论辩逻辑包含着中华思想中的母题以及具有母题属性的逻辑范畴。其中最基本的逻辑范畴，反映在先秦时期的最高哲学问题——天道问题当中。从秦汉一直到隋，天人问题以及为之服务的逻辑范畴，构成中华思想形式与思维形式的基本内容。佛教传入中国之后，中华民族在论辩逻辑之内，又逐渐接受了印度因明逻辑的洗礼。随着魏晋时代有无问题的突出，南北朝时期神灭与不灭之争的展开，一直到隋唐时期儒释道三者并立局面的形成，演变到宋明时代心物、理气之辨的凸显，因明逻辑内在而深刻地融入中华思想。明清时期，随着西方"明理学"的传入，中华思想又逐步加入了西方形式逻辑的内容。但是，无论印度因明逻辑，还是西方形式逻辑，都没有妨碍或遮蔽中华思想的原创性，都没有折损中华思想的主体性。最突出的证明，就是中华思想中独有的概念和范畴，全部是原创的。正如张岱年所说："先秦哲学提出了很多概念、范畴。魏晋南北朝时期，佛教输入了，至隋唐而大盛。但佛教思想在中国哲学中始终没有占有统治地位。先秦哲学中的一些概念、范畴一直延续到后来。"① 中华思想的完整逻辑范畴体现了彻底的中国风格、中国特色、中国气派。

中华思想的逻辑范畴，在本体论方面，集中体现在"道""气""理""心"等几个范畴上。无论是理本体论、心本体论，还是气本体论，都通过这几个基本范畴来展开。对于天道的阐发，集中于"天人"范畴的展开，由此出发，为道法自然、天人合一的生存理念提供哲学证明。在认识论领域，名、形、象、类、同、异、决、推、一、万、假、索、论、非等，则是最常运用到的基本范畴。在自然观、发展观方面，"变易""大化""反复"是主要的范畴。在人性论方面，"性""命""善""恶""欲""情"等成为讨论人性问题必不可少的基本范畴。在人生论方面，中华思想集中在"仁""爱""诚""心""义""利"等范畴的展开上。人们常说，中华思想具有"贯通"的特点。所谓"通"，是指存在着源远流长、一脉相承的价值理性，例如亲仁善邻、协和万邦的处世之道，惠民利民、安民富民的价值导向，革故鼎新、与时俱进的精神气质，道法自然、天人合一的生存理念，等等。而所谓"贯"，则是指始终围绕着若干母题性的逻辑范畴而展开，例如"天人""心性""理气"等，体现出"多"而归"一"的特点。"通"是指内容，"贯"则指形式。

---

① 张岱年：《中国哲学史方法论发凡》，中华书局2005年版，第119页。

总之，内容与形式是辩证统一的，形式最终是内容决定的，是服务于内容的。尽管思想形式有其相对独立性和反作用力，表现为一定的普遍性和抽象性，但思想形式的普遍性和抽象性是来自于思想内容的特殊性、具体性和现实性。一定的思想形式是由一定的思想内容所决定的，并为思想内容所服务，中华优秀传统思想的一般的、普通的形式，如果离开其所服务并表达的内容，就会走向唯心主义的道路，中华思想史研究要力戒走上这条不归之途。当然，中华思想的逻辑形式具有鲜明的民族特点。对这一珍贵的思想遗产，需要站在新时代的高度，给予深入的研究和总结。

第十五节　在创造性转化和创新性发展中弘扬光大中华优秀传统思想

中华优秀传统思想是中国人赖以安身立命的精神家园，集中反映了中国人的思维方式与精神品格，是构筑中华民族自我认同、维系团结合作以及延续发展的思想基础，已经深深地积淀在中华民族的行为方式和精神深处，为中华民族的生生不息、发展进步提供了丰厚的思想滋养。作为中华优秀传统思想的忠实继承者和弘扬者，中国共产党人在长期的革命建设改革进程中，坚持把马克思主义基本原理同中华优秀传统思想创造性地结合起来，在实践创新、制度创新和理论创新的互动中，不断推进中华优秀传统思想的创造性转化和创新性发展，不断推进马克思主义中国化的历史飞跃。

自觉担当中华优秀传统思想的忠实继承者和弘扬者。习近平指出："包括儒家思想在内的中国传统思想文化中的优秀成分，对中华文明形成并延续发展几千年而从未中断，对形成和维护中国团结统一的政治局面，对形成和巩固中国多民族和合一体的大家庭，对形成和丰富中华民族精神，对激励中华儿女维护民族独立、反抗外来侵略，对推动中国社会发展进步、促进中国社会利益和社会关系平衡，都发挥了十分重要的作用。"[1] 中华优秀传统思想历史悠久，留下了浩如烟海的思想遗产，有大量探索宇宙自然和人生社会的深刻智慧，蕴藏着当代治国理政和解决当代人类难题的重要启示。

源远流长的中华传统文化中包含着丰富的优秀思想，延续了中华文明的思想血脉，积淀了中华民族最深层的精神追求，蕴含着中华民族最根本的精神基因。例如，"自强不息"的奋斗精神，"厚德载物"的道德修养，"天下兴亡，匹夫有责"的爱国主义，"苟日新、日日新、又日新"的创新精神，"小康""大同"的社会理想，"和而不同"的处世之道，"民为邦本、强国富民"的民本思想，"法道自然、天人合一"的自然生态观，"四海为家、天下为一"的"大一统"政治理念，"德法相辅"的治国方略，"知行合一、躬行实践"的贵在实干观，"实事求是"的求真精神和思想方法，唯物主义和辩证法的哲学精华等。这些精神基因代表着中华民族独特的精神标识，滋养着中华民族的发展进步，不仅为中华民族生生不息、发展壮大提供了丰厚滋养，也为人类文明进步作出了独特贡献，不仅铸就了历史的辉煌，在今天仍然闪耀着时代的光芒。

中国共产党人历来具有传承和发展中华优秀传统思想的高度自觉。在对待历史遗产和中华传统思想的问题上，中国共产党一直坚持决不能割断历史、割断思想，决不能成为历史虚无

---

[1] 习近平：《在纪念孔子诞辰2565周年国际学术研讨会暨国际儒学联合会第五届会员大会开幕会上的讲话》，人民出版社2014年版，第3—4页。

主义者、文化虚无主义者；既不能像全盘西化论者那样照搬照抄西方思想，也不能像文化复古论者那样不加分析地盲目接受传统思想，而是要始终在马克思主义指导下，坚持科学的态度和方法，立足社会实践，结合时代要求，既要回首过去、追溯历史，又要超越陈规、创新发展。1938年10月，毛泽东在提出马克思主义中国化概念时就强调："学习我们的历史遗产，用马克思主义的方法给以批判的总结，是我们学习的另一任务。我们这个民族有数千年的历史，有它的特点，有它的许多珍贵品。对于这些，我们还是小学生。今天的中国是历史的中国的一个发展；我们是马克思主义的历史主义者，我们不应当割断历史。从孔夫子到孙中山，我们应当给以总结，承继这一份珍贵的遗产。"[1] 1943年5月，《中国共产党中央委员会关于共产国际执委主席团提议解散共产国际的决定》明确指出："中国共产党人是我们民族一切文化、思想、道德的最优秀传统的继承者，把这一切优秀传统看成和自己血肉相连的东西，而且将继续加以发扬光大。"[2]

进入新时代，习近平结合新的时代特点进一步强调："中国共产党人是马克思主义者，坚持马克思主义的科学学说，坚持和发展中国特色社会主义，但中国共产党人不是历史虚无主义者，也不是文化虚无主义者。我们从来认为，马克思主义基本原理必须同中国具体实际紧密结合起来，应该科学对待民族传统文化，科学对待世界各国文化，用人类创造的一切优秀思想文化成果武装自己。在带领中国人民进行革命、建设、改革的长期历史实践中，中国共产党人始终是中国优秀传统文化的忠实继承者和弘扬者，从孔夫子到孙中山，我们都注意汲取其中

---

[1] 《毛泽东选集》第2卷，人民出版社1991年版，第533—534页。
[2] 《建党以来重要文献选编（1921—1949）》第20册，中央文献出版社2011年版，第318页。

积极的养分。"① 这就是说，要坚持从当代中国的实践和未来中国的发展这两个角度去观察和审视中华传统思想，创造性地传承和发展中华民族传统思想的优秀成果，弘扬其发展中积累下来的优良传统，为我所用、为今所用、为将来所用，实现历史思想、当代实践和未来发展的有效贯通。

创造性地传承和发展中华优秀传统思想的精神基因。中国共产党人是这样想的，这样说的，更是这样做的。近百年来，中国共产党人以马克思主义唯物史观为指导，对中华民族五千多年思想发展的历史进行深入发掘和梳理，在全面考察与总结中华思想的过程中，深度辨析传统思想的精华和糟粕，准确认知和把握传统思想的内核与实质，全面理解、吸收、传承和弘扬中华优秀传统思想的精华，不断在创造性转化和创新性发展的过程中传承中华优秀传统思想的精神基因，使之在新的历史条件下不断焕发出新的生机活力。

创造性地传承和发展"实事求是"的求真精神和思想方法，创立了中国共产党人的思想路线。"实事求是"是中华思想史上影响深远的治学理念和治学方法、学术态度和学术风格，同时作为源远流长的求真精神和思想方法历经几千年发展而不断丰富。中国共产党人在领导中国革命建设改革的实践过程中，对"实事求是"思想作了马克思主义的理论提升，进行创造性转化和创新性发展，形成了马克思主义世界观方法论的中国化形态，创立了中国共产党人的实事求是思想路线。毛泽东明确界定了实事求是的科学内涵："'实事'就是客观存在着的一切事物，'是'就是客观事物的内部联系，即规律性，'求'就是我们去研究。我们要从国内外、省内外、县内外、区内外的实际情况出发，从

---

① 习近平:《在纪念孔子诞辰2565周年国际学术研讨会暨国际儒学联合会第五届会员大会开幕会上的讲话》，人民出版社2014年版，第13页。

其中引出其固有的而不是臆造的规律性，即找出周围事变的内部联系，作为我们行动的向导。"① 就是要从客观存在的事实出发，详细地占有材料，深入研究、深刻把握事物发展的内在规律，形成科学的真理性认识，指导发展着的实践。邓小平明确阐述了实事求是的思想路线："实事求是，一切从实际出发，理论联系实际，坚持实践是检验真理的标准，这就是我们党的思想路线。"② 习近平提出坚持实事求是的要求："坚持实事求是，就要深入实际了解事物的本来面貌。要透过现象看本质，从零乱的现象中发现事物内部存在的必然联系，从客观事物存在和发展的规律出发，在实践中按照客观规律办事。"③ 实事求是是中国共产党革命建设改革取得伟大成功的思想基础，全党必须始终坚持解放思想、实事求是、与时俱进、求真务实，把实事求是思想路线贯彻到工作全过程，不断推动新时代中国特色主义事业、为实现中华民族伟大复兴的中国梦不懈奋斗。

创造性地传承和发展"小康""大同"的社会理想，形成强大的理想信念支撑和正确方向引领。大同社会理想长期浸润在中华优秀传统思想的底蕴当中，不仅成为历代有识之士的价值追求，而且成为社会大众对现实社会的判断标准，在几千年的历史发展中呈现出不同的形态，构成了中华民族发展的强大理想牵引力量。毛泽东在《人民民主专政》中就把共产主义学说与大同社会理想联系起来：共产党人就是要领导人民经过长期奋斗，"使阶级、国家权力和政党很自然地归于消灭，使人类进到大同境域"；"经过人民共和国到达社会主义和共产主义，到达阶级的消灭和世界的大同"④。这实际上就是在中华优秀传统思想中

---

① 《毛泽东选集》第3卷，人民出版社1991年版，第801页。
② 《邓小平文选》第2卷，人民出版社1994年版，第278页。
③ 《习近平谈治国理政》第1卷，外文出版社2018年版，第25—26页。
④ 《毛泽东选集》第4卷，人民出版社1991年版，第1469、1471页。

发掘与共产主义远大理想相关的思想基因，揭示大同社会理想同共产主义理想之间的相通性。党的十一届三中全会把全党工作重点转移到现代化建设上来，邓小平经过深思熟虑，在1979年3月提出20世纪末我们的目标是实现"中国式的现代化"。同年12月他把这样的现代化小平称为"小康"。在20世纪末我国提前进入"小康"。中共十六大提出2020年"全面建成小康社会"的宏伟目标，这实际上也就是在中华优秀传统思想中发掘与中国特色社会主义共同理想相关的思想基因，揭示小康社会同中国特色社会主义共同理想之间的相通性。中国共产党吸收了"小康""大同"社会理想的优秀思想因子，对其进行创造性地改造和提升，作为远大理想和共同理想内容熔铸于新型国家制度和治理体系当中，以共同的理想信念、价值理念、道德观念，促进全体人民在思想上精神上紧紧团结在一起，形成强大的方向引领力量和精神支撑效能。中华人民共和国成立70年来，中国共产党人正确处理远大理想和共同理想的关系，最高纲领和基本纲领的关系，加强理想信念建设，坚定政治定力，坚持正确方向，毫不动摇地坚持共产主义远大理想，脚踏实地建设中国特色社会主义，确保国家始终沿着社会主义方向前进，促进全体人民在思想上精神上紧紧团结在一起，凝聚起发展伟大事业、实现伟大梦想的磅礴力量。

创造性地传承和发展"和而不同"的处世之道和中华民族共同体意识，形成各民族共同团结奋斗、共同繁荣发展的治理效能。在中华民族发展的历史进程中，民族团结和融合始终是一个永恒主题，各民族的生产方式、生活习惯、社会风俗、知识体系、思维方式等相互交流，相互促进，相互融合，汇聚成多姿多彩、内容丰富的中华民族思想，形成了一体多元的中华民族共同体。中国共产党根据马克思主义民族问题的基本原理，结合中华民族的具体特点，将源远流长的中华民族共同体意识进行创造性的发扬和传承，作为重要的思想因子熔铸于政策制定和制度建构当中，创建了民族区域自治制度，实现了民族政策上的理论和制度创新，形成了坚持各民族一律平等，铸牢中华民族共同体意识，实现共同团结奋斗、共同繁荣发展的显著优势。几十年来，中国共产党以这个制度为基础，始终坚持民族团结，妥善处理民族问题，走出了一条具有中国特色的解决民族问题的正确道路，为推进国家治理体系和治理能力现代化提供了重要的思想保证和制度支撑。

创造性地传承和发展"大一统"的政治理念，形成集中统一领导、团结凝聚力量的强大精神力量。大一统的政治理念是中华优秀传统思想的重要内容，经过几千年的发展已经成为中华民族思想的深层精神追求和内在价值尺度。中华民族在发展进程中虽然历经朝代更迭，呈现分分合合的发展轨迹，但总体上是以团结统一为大方向，反对和抵制分裂、渴望和维护统一是大趋势，严厉谴责分裂者和高度赞扬统一者是中华民族思想的一个核心内容。中国共产党人根据马克思主义政治理论、政党理论，依据中国社会发展的实践逻辑和发展趋势，去除了传统的大一统思想的特定时代烙印尤其是其封建专制主义因素，保留其集中统一、维护大局、维护团结、反对分裂等合理性因素，赋之以马克思主义的、社会主义的现代性意义，使之与社会主义国家团结统一的制度取向、中国共产党的民主集中制原则等创造性地结合起来，熔铸于国家制度和治理体系当中，形成了坚持党的集中统一领导、坚持全国一盘棋等显著优势，使大一统思想在当今时代释放出强大效能。

创造性地传承和发展德法相辅、德法共治思想，形成德治与法治相辅相成、良性互动的国家治理理念和治理体系。道德伦理学说是中华思想体系中的重要组成部分，儒家对道德规范的认识价值和行为操作价值作了充分论证，赋予道德规范以具体的政治功能，主张以道德原则规划社会政治，约束政治行为，形成并发展了丰富的道德伦理思想。同时，中华优秀传统思想中也有丰富的法治思想，重视法律在国家治理中的重要作用，形成了"以法治国"的历史传统。中国共产党将内涵丰富的德治和法治思想进行创造性转化和创新性发展，熔铸于国家治理体系和治理能力当中，坚持德才兼备、选贤任能，培养造就更多更优秀人才，坚持全面依法治国，建设社会主义法治国家，形成了德治与法治相辅相成、良性互动的治理效能，推动国家制度和治理体系不断改革创新、与时俱进，不断实现自我完善、自我发展，始终充满着旺盛的生机活力。

创造性地传承和发展"民为邦本、强国富民"的民本思想，坚持人民当家作主的政治追求，坚持以人民为中心的发展思想，形成了强大动力支撑和不竭力量之源。《古文尚书·五子之歌》"民可近，不可下，民惟邦本，本固邦宁"的古训，管子"政之所兴在顺民心，政之所废在逆民心"的名言，孔子"节用而爱民，使民以时"的主张，孟子"民为本、社稷次之、君为轻"的思想，贾谊"王者以民人为天"的观点，柳宗元"吏为民役"的公仆思想等，集中表达了中国古代的民本思想。中国共产党忠实地继承了民本思想的合理内容，并按照马克思主义的群众史观思想进行改造和提升，牢牢树立马克思主义的人民立场，创造性地提出了全心全意为人民服务的根本宗旨、以人民为中心的发展思想、人民主体地位的首要原则、人民至上的执政理念，并把它们以人民民主专政的国家制度形式巩固下来，形成了坚持人民当家作主，发展人民民主，密切联系群众，紧紧依靠人民推动国家发展的显著优势，不断保障和改善民生、增进人民福祉，走共同富裕道路，使源远流长的民本思想在当代中国发展进步中显示出时代性价值。

当然，中国共产党人传承和发展的中华优秀传统思想基因决不只是这些内容，自强不息思想，创新思想，厚德载物思想，知行合一思想，经世致用思想，天人合一思想，和合发展思想，朴素的唯物主义和辩证法哲学思想，等等，都得到了创造性转化和创新性发展，成为中国共产党理论创新和实践创新的重要组成部分，在当代中国发展实践中释放出强大的思想力量。

把推进马克思主义中国化同传承中华优秀传统思想有机结合起来。马克思主义中国化的一个重要方面就是马克思主义同中华优秀传统思想的有机结合，中国化马克思主义就是在坚持马克思主义基本原理的前提下，充分吸收中华优秀传统思想的创新成果。在长期的革命建设改革实践中，中国共产党人一方面毫不动摇地坚持马克思主义指导地位，另一方面忠实地继承和发扬中华优秀传统思想，不断实现马克思主义同中华优秀传统思想的创造性结合，推动马克思主义中国化的历史性飞跃。

1938年10月，毛泽东在党的六届六中全会上提出马克思主义中国化概念时，就特别强调要学习和继承中华民族优秀传统思想。1943年5月，《中国共产党中央委员会关于共产国际执委主席团提议解散共产国际的决定》明确指出：中国共产党人"就是要使马克思列宁主义这一革命科学更进一步地和中国革命实践、中国历史、中国文化相结合起来"[①]。正是有了这样的思想自觉，中国共产党人不仅把马克思主义同中国革命的具体实践结合起来，领导伟大的社会革命；而且，把马克思主义同中华优秀传统思想创造性地结合起来，让马克思主义深植于中华优秀传统思想的土壤之中，指导中国传统思想的创造性转化和创新性发展，创造了中国化马克思主义这一中华思想发展的新形态，即毛泽东思想、邓小平理论、"三个代表"重要思想、科学发展观和

[①] 《建党以来重要文献选编（1921—1949）》第20册，中央文献出版社2011年版，第319页。

习近平新时代中国特色社会主义思想等,"把我国民族的思想水平提到了从来未有的合理的高度",形成了"中国民族智慧的最高表现和理论上的最高概括"①。

毛泽东思想既是马克思主义在中国发展的理论形态,也是中华思想的创新形态。正如刘少奇所说:毛泽东同志"在理论上敢于进行大胆的创造,抛弃马克思主义理论中某些已经过时的、不适合于中国具体环境的个别原理和个别结论,而代之以适合于中国历史环境的新原理和新结论,所以他能成功地进行马克思主义中国化这件艰巨的事业"②;"毛泽东思想,就是马克思列宁主义的理论与中国革命的实践之统一的思想,就是中国的共产主义,中国的马克思主义……是马克思主义民族化的优秀典型"③;"它是中国的东西,又是完全马克思主义的东西"④。随着改革开放以来马克思主义中国化的不断推进,中华思想不断增添新的内容,包括邓小平理论、"三个代表"重要思想、科学发展观在内的中国特色社会主义理论体系,在继承马克思列宁主义、毛泽东思想基本原理和活的精髓的基础上,结合时代发展特点和实践要求,深入研究并科学回答了什么是社会主义和怎样建设社会主义、建设什么样的党和怎样建设党、实现什么样的发展和怎样发展的问题,不断把中国特色社会主义发展实践中的丰富经验提升到马克思主义理论的高度。在中国特色社会主义新时代,以习近平为主要代表的中国共产党人,从理论和实践结合上系统回答新时代坚持和发展什么样的中国特色社会主义、怎样坚持和发展中国特色社会主义这个重大时代课题,以全新的视野深化对共产党执政规律、社会主义建设规律、人类社会发展规律的认识,创立

---

① 《刘少奇选集》上卷,人民出版社1981年版,第319、335页。
② 同上书,第336—337页。
③ 同上书,第333页。
④ 同上书,第334页。

了习近平新时代中国特色社会主义思想，形成了马克思主义中国化的最新成果，同时也形成了中华优秀思想的最新内容，提供了全党全国人民为实现中华民族伟大复兴而奋斗的行动指南。

随着实践的发展和理论的深入，中国化马克思主义必将得到进一步丰富和发展，而这也需要进一步吸收中华优秀传统思想的滋养。我们站在新时代的历史方位上研究中华优秀传统思想，就是要以马克思主义为指导，辨析中华传统思想的精华与糟粕，传承中华传统思想的精华，厚植中华民族伟大复兴中国梦的理论滋养，发掘共产主义远大理想和中国特色社会主义的共同理想的思想基因，筑牢中华民族的道德基础，凝聚中华儿女发展进步的思想共识，增强当代中国的思想自觉、自主与自信，为新时代坚持和发展中国特色社会主义作出积极贡献。同时，为当代中国马克思主义的进一步发展提供更加丰富的思想元素，通过中华优秀传统思想的创造性转化和创新性发展的"双创"过程，马克思主义中国化和中国实际马克思主义化的"两化"互动，推进马克思主义基本原理与中国具体实际、优秀传统思想和当今时代特征的创造性结合，为丰富和发展当代中国马克思主义、21世纪马克思主义作出应有的贡献。

主要参考文献

一　马克思主义经典著作

《马克思恩格斯全集》，人民出版社2016年版。
《马克思恩格斯文集》，人民出版社2009年版。
《马克思恩格斯选集》，人民出版社2012年版。
《列宁全集》，人民出版社2013年版。
《列宁选集》，人民出版社2012年版。
《列宁专题文集：论辩证唯物主义和历史唯物主义》，人民出版社2009年版。
《列宁专题文集：论马克思主义》，人民出版社2009年版。
《列宁专题文集：论社会主义》，人民出版社2009年版。
《列宁专题文集：论无产阶级政党》，人民出版社2009年版。
《斯大林文集》，人民出版社1985年版。

二　党和国家领导人著作及相关文献

《毛泽东文集》，人民出版社1993—1999年版。
《毛泽东选集》，人民出版社1993年版。
《毛泽东早期文稿》，湖南人民出版社1990年版。
《毛泽东著作选读》，人民出版社1986年版。
《建国以来毛泽东文稿》第6册，中央文献出版社1992年版。
《建国以来毛泽东文稿》第7册，中央文献出版社1992年版。
《刘少奇选集》，人民出版社1981年版。

《邓小平文选》第2卷，人民出版社1994年版。
《邓小平文选》第3卷，人民出版社2001年版。
《江泽民文选》，人民出版社2006年版。
《胡锦涛文选》，人民出版社2016年版。
《习近平谈治国理政》第1卷，外文出版社2018年版。
《习近平谈治国理政》第2卷，外文出版社2017年版。
中共中央宣传部编：《习近平总书记系列重要讲话读本（2016年版）》，学习出版社、人民出版社2016年版。
中共中央文献研究室编：《三中全会以来重要文献选编》（上、下），中央文献出版社2011年版。
中共中央文献研究室编：《十二大以来重要文献选编》（上、下），中央文献出版社2011年版。
中共中央文献研究室编：《十五大以来重要文献选编》（上、中），中央文献出版社2011年版。
中共中央文献研究室编：《十六大以来重要文献选编》上，中央文献出版社2005年版。
中共中央文献研究室编：《十六大以来重要文献选编》中，中央文献出版社2006年版。
中共中央文献研究室编：《十七大以来重要文献选编》上，中央文献出版社2009年版。
中共中央文献研究室编：《十八大以来重要文献选编》上，中央文献出版社2014年版。
中共中央文献研究室编：《十八大以来重要文献选编》中，中央文献出版社2016年版。
中共中央党史和文献研究院编：《十八大以来重要文献选编》下，中央文献出版社2018年版。
《中共中央文件选集》第1册，中共中央党校出版社1982年。
《中共中央文件选集》第17册，中共中央党校出版社1992年版。

中共中央文献研究室编：《建国以来重要文献选编》，中央文献出版社 2011 年版。

中共中央文献研究室、中央档案馆编：《建党以来重要文献选编（1921—1949）》，中央文献出版社 2011 年版。

三　古籍

《册府元龟》，中华书局 2010 年版。
《陈亮集》，中华书局 1974 年版。
《陈确集》，中华书局 2009 年版。
《楚辞》，中华书局 2009 年版。
《传习录》，中华书局 2016 年版。
《船山遗书》，中国书店 2016 年版。
《戴东原集》，商务印书馆 1933 年版。
《风俗通义》，中华书局 1985 年版。
《龚自珍全集》，上海古籍出版社 1975 年版。
《管子》，上海古籍出版社 2015 年版。
《国语》，上海古籍出版社 2015 年版。
《韩昌黎文集》，上海古籍出版社 1994 年版。
《韩非子》，上海古籍出版社 2015 年版。
（汉）董仲舒：《春秋繁露》，中华书局 2011 年版。
（汉）何休：《春秋公羊传解诂》，中华书局 1988 年版。
（汉）桓谭：《新论》，上海人民出版社 1977 年版。
（汉）贾谊：《新书》，中华书局 2012 年版。
（汉）刘向：《说苑》，北京图书馆出版社 2003 年版。
《汉书》，中华书局 2015 年版。
（汉）王符：《潜夫论》，上海古籍出版社 1978 年版。
（汉）扬雄：《法言》，中华书局 2012 年版。
（汉）扬雄：《太玄经》，上海书店出版社 1989 年版。

《河南程氏遗书》，商务印书馆1935年版。
《后汉书》，中华书局2007年版。
《淮南子》，上海中华书局1936年版。
《皇甫持正文集》，上海古籍出版社1994年版。
《晦庵先生朱文公文集》，上海书店出版社1989年版。
《鲒埼亭集》，上海书店出版社1989年版。
（晋）葛洪：《抱朴子》，上海书店出版社1986年版。
《晋书》，中华书局2014年版。
《旧唐书》，中华书局2010年版。
《老子道德经注校释》，王弼注，楼宇烈校释，中华书局2008年版。
《李鸿章全集》，安徽教育出版社2008年版。
梁启雄：《荀子简释》，中华书局1983年版。
《辽史》，中华书局2003年版。
《刘禹锡集笺证》，瞿蜕园笺证，上海古籍出版社1989年版。
《刘宗周全集》，浙江古籍出版社2012年版。
《陆九渊集》，中华书局1980年版。
《栾城集》，上海古籍出版社2009年版。
《吕氏春秋》，上海书店出版社1986年版。
《论衡》，上海古籍出版社1990年版。
（明）顾炎武：《亭林文集》，商务印书馆1936年版。
（明）黄宗羲：《明夷待访录》，中华书局2015年版。
《明史》，中华书局1974年版。
（明）王夫之：《船山思问录》，上海古籍出版社2000年版。
（明）王夫之：《读四书大全说》，中华书局1975年版。
（明）王夫之：《读通鉴论》，中华书局2013年版。
《墨子》，中华书局2015年版。
（清）皮锡瑞：《经学历史》，中华书局2008年版。

《日知录集释》，上海古籍出版社2006年版。

阮元校刻：《十三经注疏》，中华书局2009年版。

《三国志》，中华书局2007年版。

《商君书》，上海人民出版社1974年版。

《史记》，中华书局1998年版。

（宋）陈淳：《北溪字义》，中华书局1983年版。

（宋）程颢、程颐：《二程集》，王孝渔点校，中华书局1981年版。

（宋）黎靖德编：《朱子语类》，中华书局1986年版。

（宋）沈括：《梦溪笔谈》，中华书局2015年版。

（宋）石介：《徂徕石先生文集》，中华书局1984年版。

（宋）徐梦莘：《三朝北盟会编》，上海古籍出版社2008年版。

（宋）叶适：《习学记言》，上海古籍出版社1992年版。

《宋元学案》，中华书局1982年版。

（宋）朱熹：《四书集注》，岳麓书社1987年版。

（宋）朱熹：《周易本义》，天津市古籍书店1986年版。

《素书》，中华书局1985年版。

《太平天国印书》，江苏人民出版社1979年版。

《太平御览》，河北教育出版社1994年版。

《谭嗣同全集》，中华书局1988年版。

（唐）李鼎祚：《周易集解》，中华书局2016年版。

《王安石全集》，复旦大学出版社2017年版。

《王阳明全集》，中国书店2014年版。

《魏源全集》，岳麓书社2004年版。

《盐铁论》，中华书局2015年版。

《颜习斋先生言行录》，台湾商务印书馆1966年版。

《颜元集》，中华书局1987年版。

《杨龟山先生集》，商务印书馆1936年版。

《叶适集》，中华书局 2010 年版。
《曾国藩全集》，岳麓书社 2011 年版。
《战国策》，上海书店出版社 1987 年版。
《张文襄公全集》，中国书店 1990 年版。
《张载集》，中华书局 1978 年版。
朱谦之：《老子校释》，中华书局 1984 年版。
《庄子》，中华书局 2015 年版。
《资治通鉴》，中华书局 2012 年版。
《左传》，中华书局 2012 年版。

四 论著

蔡美彪等：《中国通史》第 10 册，人民出版社 2008 年版。
《蔡尚思全集》，上海古籍出版社 2005 年版。
蔡尚思：《中国传统思想总批判》，上海古籍出版社 2006 年版。
常乃悳：《中国思想小史》，中华书局 1928 年版。
晁福林：《春秋战国的社会变迁》，商务印书馆 2011 年版。
晁福林：《夏商西周的社会变迁》，中国人民大学出版社 2010 年版。
陈登原编著：《国史旧闻》，中华书局 2000 年版。
陈垣：《校勘学释例》，中华书局 1959 年版。
陈振中：《青铜生产工具与中国奴隶制社会经济》，中国人民大学出版社 2007 年版。
范文澜主编：《中国通史》第 4 册，人民出版社 2008 年版。
方立天：《中国佛教与传统文化》，上海人民出版社 1988 年版。
方勇：《庄子学史》，人民出版社 2008 年版。
冯桂芬：《校邠庐抗议》，中州古籍出版社 1998 年版。
冯时：《中国天文考古学》，中国社会科学出版社 2017 年版。
冯友兰：《中国哲学史》，商务印书馆 2001 年版。

冯自由:《革命逸史》,中华书局1981年版。
傅衣凌主编:《明史新编》,人民出版社1993年版。
高敏主编:《中国经济通史·魏晋南北朝》,经济日报出版社2007年版。
高星、裴树文:《三峡远古人类的足迹:三峡库区旧石器时代考古的发现和研究》,四川出版集团2010年版。
顾诚:《明末农民战争史》,光明日报出版社2012年版。
《郭沫若全集·历史编》第3卷,人民出版社1984年版。
郭沫若:《十批判书》,东方出版社1996年版。
郭沫若:《中国古代社会研究》,人民出版社1954年版。
郭沫若主编:《中国史稿》,人民出版社1976年版。
郭湛波:《近五十年中国思想史》,人文书局1936年版。
《洪业论学集》,中华书局1981年版。
侯外庐:《中国古代思想学说史》,文风书局1944年版。
侯外庐等:《中国思想通史》,人民出版社1957年版。
侯外庐:《韧的追求》,生活·读书·新知三联书店1985年版。
《侯外庐集》,中国社会科学出版社2001年版。
《侯外庐史学论文选集》,人民出版社1987年版。
胡适:《中国哲学史大纲》,商务印书馆2011年版。
黄宣民、陈寒鸣主编:《中国儒学发展史》,中国文史出版社2009年版。
翦伯赞主编:《中国史纲要》,人民出版社1995年版。
《剑桥中国晚清史》,中国社会科学出版社1985年版。
金景芳:《中国奴隶社会史》,上海人民出版社1983年版。
《康有为全集》,中国人民大学出版社2007年版。
匡亚明:《求索集》,人民出版社1995年版。
《李大钊全集》,人民出版社2006年版。
李学勤主编:《中国古代文明与国家形成研究》,中国社会科学出版社 2007 年版。
梁启超：《中国近三百年学术史》，东方出版社 1996 年版。
《梁启超选集》，上海人民出版社 1984 年版。
《梁漱溟全集》，山东人民出版社 1991 年版。
林甘泉：《中国封建土地制度史》，中国社会科学出版社 1990 年版。
林甘泉主编：《孔子与 20 世纪》，中国社会科学出版社 2008 年版。
刘克祥主编：《清代全史》第 10 卷，方志出版社 2007 年版。
刘日新：《新中国经济建设简史》，中央文献出版社 2006 年。
刘泽华、葛荃主编：《中国古代政治思想史》，南开大学出版社 2001 年版。
刘泽华、杨志玖、王玉哲等编著：《中国古代史》，人民出版社 1979 年版。
《鲁迅全集》，人民文学出版社 1991 年版。
《吕振羽全集》，人民出版社 2014 年版。
吕振羽：《殷周时代的中国社会》，生活·读书·新知三联书店 1962 年版。
庞朴：《儒家辩证法研究》，中华书局 1984 年版。
裴安平：《中国史前聚落群聚形态研究》，中华书局 2014 年版。
钱穆：《中国思想史》，台湾学生书局 1988 年版。
任继愈主编：《中国佛教史》，中国社会科学出版社 1981 年版。
任继愈主编：《中国思想史》，人民出版社 1979 年版。
任继愈主编：《中国哲学史》，人民出版社 2010 年版。
任式楠、吴耀利主编：《中国考古学·新石器时代卷》，中国社会科学出版社 2010 年版。
山东省文物管理处、济南市博物馆编：《大汶口：新石器时代墓葬发掘报告》，文物出版社 1974 年版。
沈有鼎：《墨经的逻辑学》，中国社会科学出版社 1980 年版。

宋镇豪主编：《商代史》卷4《商代国家与社会》，中国社会科学出版社2010年版。

苏秉琦主编：《中国远古时代》，上海人民出版社2010年版。

《苏联哲学问题》，李立三译，新华书店1950年版。

孙淼：《夏商史稿》，文物出版社1987年版。

《孙中山全集》，中华书局1981—1986年版。

汤志钧：《康有为的大同世界与〈大同书〉》，上海人民出版社2016年版。

《唐才常集》，中华书局1980年版。

田余庆：《东晋门阀政治》，北京大学出版社1991年版。

王韬：《弢园尺牍》，中华书局1959年版。

王韬：《弢园文录外编》，中州古籍出版社1998年版。

王幼平：《旧石器时代考古》，文物出版社2000年版。

王幼平：《中国远古人类文化的源流》，科学出版社2005年版。

王震中：《中国古代国家的起源与王权的形成》，中国社会科学出版社2013年版。

王震中：《中国文明起源的比较研究（增订本）》，中国社会科学出版社2013年版。

巫宝三主编：《先秦经济思想史》，中国社会科学出版社1996年版。

吴宗国主编：《中国古代官僚政治制度研究》，北京大学出版社2004年版。

武树臣：《中国法律思想史》，法律出版社2017年版。

许涤新、吴承明主编：《中国资本主义发展史》，人民出版社2003年版。

杨宽：《西周史》，上海人民出版社2016年版。

张岱年：《晚思集》，新世界出版社2002年版。

张岱年：《文化与哲学》，中国人民大学出版社2006年版。

张岱年:《中国哲学史方法论发凡》,中华书局1983年版。

赵春青、秦文生:《中华文明传真——原始社会:东方的曙光》,上海辞书出版社2001年版。

郑师渠、史革新主编:《历史视野下的中华民族精神》,广东人民出版社2014年版。

中国农业科学院、南京农学院中国农业遗产研究室:《中国农学史》,科学出版社1959年版。

中国社会科学院考古研究所编著:《中国考古学·两周卷》,中国社会科学出版社2004年版。

中国社会科学院考古研究所编著:《中国考古学·夏商卷》,中国社会科学出版社2011年版。

中国社会科学院历史研究所编写组:《简明中国历史读本》,中国社会科学出版社2012年版。

五　译著

[德] 黑格尔:《法哲学原理》,范扬、张企泰译,商务印书馆1961年版。

[美] 埃德加·斯诺:《红星照耀中国》,李方准等译,河北人民出版社1992年版。

[美] 弗兰西斯·福山:《历史的终结及最后之人》,黄胜强、许铭原译,中国社会科学出版社2003年版。

[美] 赫伯特·马尔库塞:《单面人——发达工业社会意识形态研究》,左晓斯、张宜生、肖滨译,湖南人民出版社1988年版。

[美] 赫伯特·马尔库塞:《现代文明与人的困境——马尔库塞文集》,李小兵等译,三联书店上海分店1989年版。

[美] 萨缪尔·亨廷顿:《文明的冲突与世界秩序的重建》,周琪、刘绯、张立平等译,新华出版社2010年版。

［英］柏特兰·罗素:《中国问题》,学林出版社1996版。

［英］李约瑟:《中国科学技术史》第2卷,科学出版社1990年版。

［英］李约瑟:《中国科学技术史》第3卷,科学出版社1978年版。